NOTICE

SUR

LE PAPYRUS GNOSTIQUE BRUCE,

TEXTE ET TRADUCTION

PUBLIÉS

PAR M. E. AMÉLINEAU.

TIRÉ DES NOTICES ET EXTRAITS DES MANUSCRITS
DE LA BIBLIOTHÈQUE NATIONALE ET AUTRES BIBLIOTHÈQUES,
TOME XXIX, 1re PARTIE.

PARIS.

IMPRIMERIE NATIONALE.

LIBRAIRIE C. KLINCKSIECK, RUE DE LILLE, 11.

M DCCC XCI.

NOTICE

SUR

LE PAPYRUS GNOSTIQUE BRUCE.

NOTICE

SUR

LE PAPYRUS GNOSTIQUE BRUCE,

TEXTE ET TRADUCTION

PUBLIÉS

PAR M. E. AMÉLINEAU.

TIRÉ DES NOTICES ET EXTRAITS DES MANUSCRITS
DE LA BIBLIOTHÈQUE NATIONALE ET AUTRES BIBLIOTHÈQUES,
TOME XXIX, 1re PARTIE.

PARIS.

IMPRIMERIE NATIONALE.

LIBRAIRIE C. KLINCKSIECK, RUE DE LILLE, 11.

M DCCC XCI.

NOTICE

SUR

LE PAPYRUS GNOSTIQUE BRUCE.

Le document que je publie est écrit sur papyrus; il a été apporté en Europe par le célèbre voyageur écossais Bruce. Le 15 septembre 1882, j'eus l'honneur d'attirer l'attention de l'Académie des inscriptions et belles-lettres sur ce papyrus[1] : je ne peux que répéter ici, à propos de ce document, ce que j'en disais alors; il n'y a rien à changer : « Du voyage qu'il avait entrepris en 1769 pour découvrir les sources du Nil, le célèbre voyageur écossais Bruce rapporta en Europe un assez grand nombre de manuscrits coptes qui sont maintenant dans différentes bibliothèques d'Angleterre. Parmi ces manuscrits, il s'en trouvait un écrit sur papyrus et contenant un traité gnostique. Dès l'année en laquelle il fut apporté en Angleterre, ce papyrus était très endommagé. Depuis un siècle, l'action du climat humide des Îles Britanniques a complété les ravages du temps, et aujourd'hui les lettres sont tellement effacées qu'elles défient les yeux les plus perçants. En outre, le tissu du papyrus lui-même s'est ressenti de l'humidité et quelques pages sont littéralement tombées en lambeaux. Cependant l'Administration de la bibliothèque Bodléienne, à laquelle Bruce

[1] Cf. *Comptes rendus de l'Académie des inscr. et belles-lettres*, 4e série, t. X, p. 184, 1882.

IMPRIMERIE NATIONALE.

avait confié la garde du précieux manuscrit, a voulu porter remède à cet état du manuscrit et faire coller les feuilles du papyrus sur carton. Mais comme le papyrus était écrit au recto et au verso, il a fallu couper les feuilles en deux dans leur épaisseur, et soit que l'opération ait mal réussi, soit que le manuscrit lui-même fût en trop mauvais état, la plupart des feuilles sont échancrées; peu ont été conservées intactes; beaucoup sont réduites à la moitié de leur largeur, même au tiers. De plus, dans l'opération, vingt feuilles environ ont disparu, car on ne les retrouve plus aujourd'hui dans le petit coffret où l'on a renfermé ces précieux restes, et l'on sait pertinemment qu'elles existaient à la fin du siècle dernier, puisque le célèbre Woïde a pu en prendre une copie, et cette copie contient un bien plus grand nombre de pages que le manuscrit dans l'état actuel. La copie prise par Woïde et conservée avec tous les papiers de ce savant à la *Clarendon Press* d'Oxford[1] atteste que le manuscrit fut remis incomplet aux mains de Bruce, et que plusieurs pages étaient déjà tellement effacées qu'elles ne pouvaient plus être lues. Les feuilles n'étaient plus rangées dans l'ordre; elles ne se tenaient plus les unes les autres, à part quelques heureuses exceptions, et Woïde lui-même, comme l'indique le *pro memoria* mis en tête de sa copie, ne savait pas comment les ranger ou du moins ne l'avait pas essayé. Cependant la chose n'est pas impossible, pas plus qu'il n'est impossible de combler la plupart des lacunes qui existaient à la fin du siècle dernier. En effet, il y a tant de pages qui sont la répétition les unes des autres, tant de séries qui se déroulent dans le même ordre, qu'il est presque facile de retrouver l'ordre primitif du manuscrit. D'ailleurs, comme

[1] Ils sont maintenant transportés à la bibliothèque Bodléienne pour l'usage du public sans cesser d'être la propriété de la *Clarendon Press*.

Woïde a pris soin de le copier page par page, de manière que chaque ligne de sa copie correspondît à chaque ligne du manuscrit, la tâche est encore simplifiée, et l'on peut collationner la copie avec l'original malgré l'effacement des lettres, ce qui serait totalement impossible si le copiste n'eût pas suivi la méthode indiquée[1]. »

LE PAPYRUS GNOSTIQUE BRUCE.

Cet état du papyrus a été, sans aucun doute, l'une des causes qui ont empêché la publication de l'œuvre gnostique : la mise en ordre des pages est en effet plus difficile que je ne l'avais cru d'abord, à cause du double ouvrage ou du double titre que renferme le papyrus. De ce double titre naissent des doutes qui conduisent bientôt à une grande incertitude. Malgré cette difficulté et les incertitudes qui m'ont plusieurs fois assailli, je me suis déterminé à un ordre que les savants jugeront, approuveront ou condamneront. Y eût-il d'ailleurs un meilleur ordre à proposer que celui dans lequel j'ai rangé les feuillets, cela ne tirerait pas à conséquence; car j'ai pris soin de noter minutieusement les endroits où le texte cesse d'être cohérent, et ainsi l'on pourra toujours juger des idées que renferme le double traité gnostique. Comme je le montrerai plus loin, quoique le titre soit double, les idées contenues en chacun des deux livres ne sont pas tellement différentes qu'elles doivent forcément se ranger sous l'un des deux titres plutôt que sous l'autre; c'est une difficulté de plus dans l'arrangement des feuillets; mais c'est aussi un avantage négatif, en ce sens que la valeur des idées et des développements ne saurait dépendre absolument de la place qu'occupait telle ou telle page de l'œuvre dans l'enchaînement des idées, car cet enchaînement, s'il existait, est purement artificiel. Si le manuscrit eût été complet lorsque Bruce en devint le possesseur, il serait sans

[1] *Comptes rendus de l'Acad. des inscr. et belles-lettres, loc. cit.*, p. 220-221.

LE PAPYRUS GNOSTIQUE BRUCE.

doute possible de remettre les feuillets à leur place; mais, comme je l'ai dit tout à l'heure, le manuscrit était déjà incomplet quand il vint aux mains du célèbre voyageur, et l'examen même superficiel de ce que les restes en contiennent suffit à le prouver. En un certain endroit, Jésus apprend à ses disciples comment ils devront traverser tous les mondes pour arriver au grand trésor de lumière; il donne un chiffre pour ces mondes qu'il détaille ensuite un par un, et le discours s'arrête longtemps avant que la série soit achevée, ainsi qu'on pourra s'en convaincre en lisant la traduction que je donne de l'ouvrage lui-même. En outre, à la fin de la copie de Woïde, et vraisemblablement aussi à la fin du second des deux ouvrages gnostiques contenus dans le papyrus, on trouve une série de tableaux représentant chacun des æons du *Plérôme* valentinien. Ce *Plérôme* se composait différemment selon que l'on était partisan de l'école orientale valentinienne ou de l'école italique valentinienne [1]; dans un cas, il était composé de trente mondes ou æons; dans l'autre, de trente-deux; en aucun cas de vingt-huit, comme dans le papyrus Bruce; non pas assurément que l'auteur eût adopté ce nombre vingt-huit, mais le papyrus est incomplet. Donc, de quelque façon que l'on se tourne et retourne, il est certain qu'il restera toujours des doutes sur la véritable place que doivent occuper les feuillets, et lorsque, dans le passage que j'ai cité, j'écrivais qu'il était presque facile de remettre les feuillets à leur place, je me suis servi d'une expression qui allait trop loin, et j'ai pris mon désir pour la réalité. Un examen plus attentif du papyrus et des études plus continues ont corrigé ma première manière de voir.

Malgré cette difficulté, j'ai tenté, et je le devais, de remettre

[1] Pour cette division, cf. *Philosoph.*, lib. VI, p. 296, l. 3-4; et E. Amélineau, *Essai sur le Gnosticisme*, p. 184-189.

les feuillets en ordre, aidé du *pro memoria* de Woïde. Comme ce *pro memoria* est une des assises de ma classification, je ne saurais mieux faire que de le citer ici tel qu'il se trouve écrit en tête de la copie de ce savant.

LE PAPYRUS GNOSTIQUE BRUCE.

CLARENDON PRESS.

63. Woide. Liber Gnosis Sahidice M. S. Woidii Apograph. Ex bod. Ms. Bruce.

Pro Memoria.

Initium Ms. bis *adest, et numerus* ⲁ̅ ⲃ̅ *in primo folio periit, sed in tertio* ⲅ̅ *et* ⲁ̅ *exstat; potest vero ex altero initio libri colligi hæc folia conjungenda esse. Quæ sequuntur separata sunt folia quæ erunt ordine disponenda. Sunt tamen in hisce foliis iidem characteres qui in sequentibus foliis* quæ cohærent, *et quorum primum incipit cum voce* ⲉⲧϩⲓϫⲉⲛ *et sequens deinde folium in fine paginæ primæ habet titulam* ⲡϫⲱⲱⲙⲉ ⲙⲡⲛⲟϭ ⲛⲗⲟⲅⲟⲥ ⲕⲁⲧⲁ ⲙⲩⲥⲧⲏⲣⲓⲟⲛ, *quæ omnia adhuc cohærent, ad folium quod finit cum* ⲱⲱⲱⲱⲱⲱ. *Sequuntur dein folia majori charactere et melius scripta, quæ inter se cohærent. Sex folia deinde eodem charactere scripta sed admodum lacera, ita ut plurima desint. 15 deinde folia quæ de* ⲓⲉⲟⲩ *agunt a primo* ⲓⲉⲟⲩ *usq. ad* ⲕ̅ⲏ̅ *vigesimum octavum unicum folium lineis ad marginem inclusum, lacerum, recentius et alia manu ac vitiose scriptum videtur.*

Initium libri hoc est : ⲁⲓⲙⲉⲣⲉ ⲧⲏⲩⲧⲛ ⲁⲓⲟⲩⲱϣ ⲛⲏⲧⲛ ⲙⲡⲱⲛϩ ⲓ̅ⲥ̅ ⲡⲉⲧⲟⲛϩ ⲡⲉⲧⲥⲟⲟⲩⲛ ⲛⲧⲙⲉ.

12 folia sunt, dubius sum quomodo disponenda. Duæ manus scripserunt ea [1].

6 folia. Initium secundum *libri cujas titulam modo allegavi. Disponenda quatuor ultima folia; priora duo certe conjungenda* [2].

14 folia cohærent [3]. *In folio secundo apparet titulus* ⲡϫⲱⲱⲙⲉ ⲙⲡⲛⲟϭ

[1] Fol. 1 et 2 a; fol. 3-12 b. — [2] Fol. 1 a; fol. 3, p. 1 a, 2 b; fol. 4, p. b; fol. 5, 6 a. — [3] Fol. b.

LE PAPYRUS GNOSTIQUE BRUCE.

ⲛⲗⲟⲅⲟⲥ. *Videtur character paululum a præcedentibus differre. Est tamen folium ubi una pagina ab hac manu, altera ab altera manu scripta est.*

25 folia quæ cohærent[1] *ab alia manu* tertia *charactere majori et distinctiori pulchrius exarato.*

6 folia ejusdem characteris lacera.

15 folia de ⲓⲉⲟⲩ *manu* secunda[2].

1 folium lineis inclusum, lacerum, a quarta *manu*[3].

Comme on pourra en juger, ce *pro memoria* ne pèche pas par trop de clarté; cependant, en l'examinant bien, on voit qu'il est en quelque sorte double, et que la dernière partie, celle qui commence par le titre du livre, n'est qu'un éclaircissement de la première, et qu'elle donne l'ordre et le chiffre des feuillets qui se rattachent, tels que Woïde les a trouvés dans le papyrus, avec les indications des pages à mettre à leur place. Le résultat est que, sur les 79 feuillets, 60 seulement se suivent à quatre reprises, d'abord 14, puis 25, puis 6 et enfin 15. Les douze premiers sont en désordre; les six qui suivent inspirent de grands doutes, et enfin le dernier est notoirement hors de sa place.

Je ne peux dire, dès maintenant, en quel ordre je les ai rangés; il faudrait, pour cela, entrer dans l'examen et l'étude même des deux ouvrages, et, avant d'en arriver à ce point, je dois résoudre plusieurs questions.

Tout d'abord, il est souverainement regrettable que Bruce, dans la relation de son voyage, n'ait pas jugé à propos de nous apprendre où il s'était procuré le papyrus[4]. Cet oubli cependant n'est pas complètement irréparable, car le texte des ouvrages nous permet de dire avec certitude que Bruce acquit la

[1] Fol. c. — [2] Fol. b. — [3] 79 folia. — [4] Cf. *Comptes rendus de l'Acad. des inscr. et belles-lettres, loc. cit.*, p. 221. Woïde affirme cependant que Bruce le prit à Thèbes.

possession du papyrus dans la Haute-Égypte. En effet, le texte copte se rapporte au dialecte employé dans le Sa'id; il est ainsi hors de doute que le papyrus provient du Sa'id, Bruce l'eût-il obtenu même dans le Delta. Mais si l'origine du manuscrit est thébaine, comme l'affirme Woïde, il ne s'en suit pas que l'origine des œuvres contenues dans le manuscrit le soit aussi; je suis persuadé au contraire que l'œuvre originale fut écrite en grec. En effet, les docteurs gnostiques furent des hommes ayant reçu avant tout une culture hellénique; leurs systèmes prouvent péremptoirement qu'ils connaissaient les œuvres des philosophes grecs, qu'ils en étaient imbus, et qu'ils les avaient alliés en leur esprit avec les idées purement orientales, découlant des antiques religions de l'Égypte, de la Chaldée, de la Perse ou même de l'Inde. Le but qu'ils se proposèrent fut de faire un amalgame aussi acceptable qu'ils le pourraient des idées ayant vogue en Orient, de la philosophie grecque et du christianisme naissant. Pour atteindre ce but, ils devaient user d'une langue connue de tous les esprits cultivés; aussi, d'après tout ce que nous savons par les Pères de l'Église ou les auteurs païens, les ouvrages gnostiques étaient écrits en langue grecque. En outre, la texture générale de la phrase copte dans le papyrus en question dénote une influence grecque; il y a des périodes nombreuses qui découlent en ligne directe de la construction grecque et qui sont absolument inconnues à la construction égyptienne. Pour ceux qui sont habitués aux textes d'origine égyptienne, il est évident que la langue est forcée et qu'on lui fait prendre des formes auxquelles elle n'est pas habituée. Pour ces raisons donc, je crois que l'original du double traité gnostique contenu dans le papyrus Bruce fut écrit en grec, traduit ensuite en égyptien. Je pourrais trouver une autre preuve de traduction dans l'emploi d'un

LE PAPYRUS GNOSTIQUE BRUCE.

LE PAPYRUS GNOSTIQUE BRUCE.

nombre considérable de mots grecs : cette preuve pourrait sourire et sembler bonne à nombre d'esprits sérieux; mais le commerce fréquent avec les œuvres coptes m'a montré que cet emploi ne peut fournir de base à un argument sérieux, car l'emploi des mots grecs fut considéré par les auteurs coptes comme un ornement de style, tout comme chez leurs ancêtres des temps pharaoniques l'emploi des mots sémitiques. Quant à l'époque où fut faite cette traduction, je ne puis la fixer; il n'y a aucune donnée pour résoudre le problème; mais il me semble nécessaire d'admettre que cette traduction dut être faite à une époque où le gnosticisme était en Égypte dans toute son efflorescence et sa vogue, c'est-à-dire au second et au troisième siècle de notre ère. Les deux grands gnostiques égyptiens, Basilide et Valentin, nous le savons avec certitude, parcoururent les nomes de l'Égypte pour recruter des adhérents à leurs systèmes : vraisemblablement ils ne s'adressèrent pas qu'aux Grecs ou aux indigènes connaissant le grec : eux-mêmes devaient connaître l'égyptien, et l'emploi de plusieurs mots d'origine égyptienne dans certaines formules de leurs œuvres montrent qu'ils le connaissaient; ils durent donc veiller à ce que leurs œuvres fussent traduites et peut-être les traduisirent-ils eux-mêmes. Pour ce qui regarde l'auteur du double ouvrage que je publie et traduis, il connaissait certainement l'ancienne écriture symbolique et monumentale de l'Égypte, les hiéroglyphes; car en plusieurs endroits, dans les sceaux de ses æons, il emploie des signes hiéroglyphiques ayant à peine subi une légère déformation ou n'en ayant subi aucune; tels sont les signes de la lyre, du bassin, de l'eau, etc.[1]. Je développerai, d'ailleurs,

[1] Ces signes se retrouvent dans les sceaux, c'est-à-dire les amulettes gnostiques, que les disciples devaient tenir à la main en pénétrant dans chaque æon. On y reconnaîtra facilement les hiéroglyphes ☥, ▭, et 〰, etc.

LE PAPYRUS GNOSTIQUE BRUCE.

ces idées plus loin comme elles le méritent. Les signes hiéroglyphiques ne sont pas les seuls employés dans le papyrus : le copiste ou l'auteur a employé aussi des signes ou des formes d'abréviations qui sont tout à fait dans le goût de l'Egypte. Sous les Pharaons, quand on devait écrire une formule connue, les scribes l'écrivaient tout entière ou l'abrégeaient à leur guise[1] : l'interprétation n'en est pas plus facile pour nous. De même en ce papyrus. Le scribe ou l'auteur a employé deux sigles qui sont de véritables hiéroglyphes idéographiques et des abréviations qui m'ont donné d'abord beaucoup de peine, parce que je n'étais pas fait à l'idée d'une pareille manière d'écrire, d'autant plus que le signe de l'abréviation est accompagné d'un nombre plus ou moins grand des mots qui composent la formule. Ces divers signes sont les suivants ⳨, ▣, ◎, ⳨ et ⳨. Le premier de ces signes est fort connu de tous ceux qui ont un peu pratiqué les manuscrits coptes : c'est celui qui est employé pour écrire en abrégé le mot ⲙⲁⲣⲧⲩⲣⲟⲥ. Ainsi, dans la formule dont se servent ordinairement les scribes pour dater leur copie, on trouve ce signe, comme dans l'exemple suivant : ⲭⲣⲟⲛⲟ ⲧⲟⲛ ⲁⲅⲓ ⳨, *ère des saints martyrs*. Mais, dans l'œuvre gnostique, on ne peut songer à une pareille abréviation quand on rencontre des phrases comme celle qui suit : ⲉⲧⲉⲧⲛϣⲁⲛⲡⲱⲣ ⲇⲉ ⲉⲡⲧⲟⲡⲟⲥ ⲉⲧⲙⲙⲁⲩ ⲥⲉⲛⲁⲛⲁⲩ ⲉⲣⲱⲧⲛ ⲉⲁⲧⲉⲧⲛϫⲓ ⲛⲛⲉ⳨ ⲧⲏⲣⲟⲩ ϣⲁⲧⲛ ⲡ⳨ ⲙⲡⲕⲁ ⲛⲟⲃⲉ ⲉⲃⲟⲗ ⲥⲉⲛⲁⲁⲙⲁϩⲧⲉ ⲙⲙⲱⲧⲛ ϩⲙ ⲡⲧⲟⲡⲟⲥ ⲉⲧⲙⲙⲁⲩ ⲉⲃⲟⲗϫⲉ ⲉⲙⲡⲁⲧⲟⲩϫⲓ ⲙⲡ⳨ ⲙⲡⲕⲁ ⲛⲟⲃⲉ ϫⲉⲕⲁⲁⲥ ⲉⲧⲉⲧⲛⲉⲓⲣⲉ ⲛⲙⲙⲁⲩ ⲛⲛⲉⲓ⳨ ⲉⲛⲧⲁⲧⲉⲧⲛϫⲓⲧⲟⲩ ⲉⲧⲃⲉ ⲡⲁⲓ ϭⲉ ϯϫⲱ

[1] On peut voir un exemple frappant de cette sorte d'abréviations dans les *Denkm.* de Leps., Bd. V, Abth. III, Bl. 8, où il s'agit de la purification du jeune Aménophis IV, après sa naissance. La formule, qui se compose d'une quarantaine de mots environ, est réduite à quelques signes.

ⲘⲘⲞⲤ ⲚⲎⲦⲚ ϪⲈ ⲘⲚ ϢϪⲞⲘ ⲈⲦⲢⲈⲦⲈⲦⲚⲂⲰⲔ ⲈⲠⲈⲨϨⲞⲨⲚ ϢⲀⲚⲦⲈⲦⲚϪⲒ ⲘⲠⲘⲢ ⲘⲠⲔⲀ ⲚⲞⲂⲈ ⲈⲂⲞⲖ ⲚϢⲞⲢⲠ. Ainsi, dans cette phrase, le signe ⲘⲢ revient cinq fois et en de telles circonstances qu'on ne peut songer à le traduire par martyr : je le traduis par *mystère* et c'est une abréviation pour le mot ⲘⲨⲤⲦⲎⲢⲒⲞⲚ écrit en son entier en d'autres passages. D'où il suit qu'il faut traduire ainsi la phrase qui précède : « Lorsque vous serez arrivés en ce lieu-là, ils (les Archons et les Anges de ce lieu) verront que vous avez reçu (la connaissance de) ces mystères à l'exception du mystère de remettre les péchés; ils se saisiront de vous en ce lieu, parce qu'ils n'ont pas encore reçu le mystère de la rémission des péchés, afin que vous leur fassiez les mystères que vous avez reçus. C'est pourquoi je vous dis qu'il n'est pas possible que vous entriez en l'intérieur de leur (monde) avant d'avoir reçu tout d'abord le mystère de la rémission des péchés. » Sans contredit, le mot mystère est pris ici dans un sens particulier : il signifie une sorte de sacrement conféré par initiation aux disciples du Jésus gnostique; mais ce sens est le sens premier du mot et n'a pas reçu encore cette acception spéciale que le christianisme doit lui donner. D'ailleurs, le même mot est employé dans la *Pistis Sophia* pour désigner le même mystère, et là le mot est écrit sans abréviation : ⲀⲨⲰ ϯⲚⲀϯ ⲚⲎⲦⲚ ⲘⲠⲘⲨⲤⲦⲎⲢⲒⲞⲚ ⲘⲠⲔⲀ ⲚⲞⲂⲈ ⲈⲂⲞⲖ ϨⲒϪⲘ ⲠⲔⲀϨ : « et je vous donnerai le mystère de la rémission des péchés sur la terre [1] ». Il n'y a donc aucun doute à avoir sur la lecture et le sens de cette première abréviation.

La seconde et la troisième sont connexes : ▣ et ⊛. Il n'est

[1] *Pistis Sophia*, éd. Schwartze, p. 374 du texte, ⲧⲗⲃ verso du ms. et 233 de la traduction. Le mot se retrouve un millier de fois peut-être; j'ai choisi le passage topique par excellence.

pas si facile d'en déterminer la valeur. Le premier représente une sorte de maison carrée avec un O inscrit; je le prends pour l'équivalent du mot ⲁⲓⲱⲛ, æon. Il y a tout d'abord en faveur de mon explication que l'auteur même du livre gnostique, voulant représenter la figure des æons l'a fait en traçant plusieurs carrés inscrits les uns dans les autres, comme les artisans emballeurs qui exposent à la devanture de leurs boutiques toute une série de boîtes de diverses dimensions, contenues les unes dans les autres. En outre, le sens semble bien demander que ce sigle reçoive cette interprétation toutes les fois qu'on le trouve; par exemple, Jésus dit à ses disciples : ⲡⲁⲗⲓⲛ ⲟⲛ ⲁⲛⲉⲓ ⲉⲃⲟⲗ ⲉⲡⲙⲉϩ ⲉ̂ ⲛ▣ . . . . . ⲥⲱⲧⲙ ϭⲉ ⲧⲉⲛⲟⲩ ⲉⲧϭⲓ ⲛⲕⲱ ⲉϩⲣⲁⲓ ⲙⲡⲉⲓ▣ ⲉⲧⲉⲧⲛϣⲁⲛⲉⲓ ⲉⲃⲟⲗ ⲉⲡⲉⲓ▣ ⲥⲫⲣⲁⲅⲓⲍⲉ ⲙⲙⲱⲧⲛ ϩⲛ ⲧⲉⲓⲥⲫⲣⲁⲅⲓⲥ. Comme dans ce passage il s'agit pour Jésus d'enseigner à ses disciples le moyen de traverser tous les mondes ou æons pour parvenir au grand trésor de toute lumière où réside le Père de toutes choses, on est naturellement amené à traduire le sigle par æon, puisque c'est le nom générique donné à tous les mondes gnostiques et que ce mot se trouve employé et écrit en toutes lettres en d'autres passages de l'ouvrage gnostique. Il y a cependant des difficultés apparentes à cette explication : dans des phrases tout à fait ou presque semblables, on trouve employés le mot ⲧⲟⲡⲟⲥ ou le troisième sigle ⊚. Mais je crois que ce n'est là qu'une difficulté apparente; le mot ⲧⲟⲡⲟⲥ, qui signifie *lieu*, *endroit*, comme dans le grec classique, est employé souvent en copte avec une acception un peu différente et toute déterminée. Ainsi on parle souvent dans les œuvres coptes du ⲧⲟⲡⲟⲥ d'un saint, pour désigner une église dédiée à ce saint, avec les maisons en dépendant pour le logement du clergé attaché à l'église et quelquefois les propriétés foncières données au saint et à son

LE PAPYRUS GNOSTIQUE BRUCE.

LE PAPYRUS GNOSTIQUE BRUCE.

église. Dans le document présent, il semble bien quelquefois comporter la même idée que le mot ⲀⲒⲰⲚ et s'échange avec celui-ci; mais il signifie aussi, avec certitude, une partie déterminée de l'æon, car dans un æon il y a plusieurs ⲦⲞⲠⲞⲤ, et les gnostiques égyptiens avaient reproduit, dans leurs mondes célestes, les divisions géographiques qui existaient en leur patrie. Quant au sigle ⊚, il semble aussi s'échanger avec le sigle ⊡; mais cependant on les trouve employés côte à côte, et d'une manière telle que la différence de leur sens spécifique saute aux yeux, comme dans cette phrase où Jésus, s'adressant à ses disciples, dit : ⲔⲰⲦⲈ ⲈⲢⲞⲒ ⲠⲀ ⲒⲂ ⲘⲘⲀⲐⲎⲦⲎⲤ ⲀⲨⲰ ⲘⲘⲀⲐⲎⲦⲢⲒⲀ ⲚⲤϨⲒⲘⲈ ⲚⲦⲀϪⲰ ⲈⲢⲰⲦⲚ ⲚⲚⲚⲞϬ ⲘⲘⲨⲤⲦⲎⲢⲒⲞⲚ ⲘⲠⲈ ⊡ ⲘⲠ⊚ ⲚⲀⲒ ⲈⲦⲈ ⲘⲚ ⲖⲀⲀⲨ ⲤⲞⲞⲨⲚ ⲘⲘⲞⲞⲨ ϨⲘ ⲠⲀϨⲞⲢⲀⲦⲞⲤ ⲚⲚⲞⲨⲦⲈ. Évidemment ici le ⊡ et le ⊚ ne désignent pas la même chose, puisque le premier fait partie du second. Il y a donc une différence entre le ⲦⲞⲠⲞⲤ et l'ⲀⲒⲰⲚ, et entre l'ⲀⲒⲰⲚ et le ⊚. Or ce sigle, que je crois être un Ⲑ renfermant un *omicron* me semble être l'abrégé du mot ⲐⲎⲤⲀⲨⲢⲞⲤ. En effet, ce mot ⲐⲎⲤⲀⲨⲢⲞⲤ est employé à satiété pour désigner certaines parties d'æon ou certains æons supérieurs, entre autres pour le monde où réside le Dieu de vérité, c'est-à-dire le grand principe de l'émanation gnostique. Je traduirai donc la phrase citée ainsi : « Entourez-moi, ô mes douze disciples, ainsi que les femmes disciples, afin que je vous dise les grands mystères de l'æon du trésor, que personne ne connaît dans l'invisible divin. » Que si l'on m'objectait que le mot trésor est un terme nouveau dans la nomenclature gnostique, je répondrais que là encore l'apparence est trompeuse, et que dans le système de Basilide un semblable mot est employé pour désigner le lieu où étaient rassemblés tous les germes à leur triple état de puissance avant de passer à

LE PAPYRUS GNOSTIQUE BRUCE.

l'acte[1]. Il n'y a donc rien d'étonnant à ce qu'un disciple de Valentin, qui était lui-même disciple de Basilide[2], se soit servi d'un mot employé dans le premier en date des grands systèmes gnostiques de l'Égypte. D'ailleurs, le mot ⲑⲏⲥⲁⲩⲣⲟⲥ se trouve souvent avec son orthographe complète ou l'abréviation facilement reconnaissable ⲑⲏⲥⲣ. On pourrait objecter, avec plus de raison que dans le passage cité, que la copie de Woïde porte deux fois ⲙⲡⲉ⊚ ⲙ⊡ et non ⲙⲡⲉ⊡ ⲙⲡ⊚; mais c'est là certainement une erreur de copie commise par ce savant (il en a d'ailleurs commis un fort grand nombre, à cause de l'état du manuscrit), et lui-même, dans la même page[3], fournit le moyen de le corriger, ce qui n'est pas toujours facile, en écrivant correctement ⲙⲡ⊚. D'ailleurs, la présence de la lettre ⲙ indique un mot qui doit commencer par un ⲃ ou par un ⲡ, ce qui demande l'insertion de l'article entre la préposition et le nom. La lecture et la traduction du sigle me semblent donc certaines.

Outre ces abréviations de mots, je pourrais citer un très grand nombre de mots qui sont écrits plus que sommairement, comme ⲡⲭ̄, pour ⲡⲭⲣⲓⲥⲧⲟⲥ, ϩⲁ⳿ pour ϩⲁⲣⲟⲟⲩ, ⲥⲫ⳿ pour ⲥⲫⲣⲁⲅⲓⲥ ou le verbe ⲥⲫⲣⲁⲅⲓⲍⲉⲥⲑⲁⲓ, ⲉϩ pour ⲉϩⲟⲩⲛ, ⲧⲏ⳿ pour ⲧⲏⲣⲟⲩ, ⲁⲭⲱ⳿ pour ⲁⲭⲱⲣⲏⲧⲟⲥ, etc. Ces abréviations n'offrent aucune difficulté, car le plus souvent le mot tout entier se trouve écrit non loin de la forme abrégée, et c'est sans doute la raison qui a porté le scribe à se servir de la dernière, principalement à la fin des lignes.

J'en viens maintenant aux deux derniers sigles ⳁ et ⳿°, auxquels on peut ajouter les deux suivants qui ne se rencon-

(1) Cf. E. Amélineau, *Essai sur le Gnost.*, livre III, ch. 1, p. 176. Il n'y a qu'à comparer les deux systèmes pour en être persuadé.

(2) Cf. *Philosoph.*, lib. VII, p. 352. — E. Amélineau, *Essai sur le Gnost. égypt.*, p. 124 et suiv. Le mot employé est le mot *σωρός*. L'idée est bien la même, si le terme est nouveau.

(3) C'est la page 42 de la copie de Woïde.

trent qu'une seule fois, ϩⲗ et ϩⲗⲗ. Je considère les deux premiers sigles comme une indication de répéter une formule qui se trouve précédemment et que le scribe ne prend pas la peine d'écrire chaque fois qu'il lui faudrait le faire. Les deux signes s'échangent l'un avec l'autre, sans que je puisse trouver une raison de ce changement réciproque. Voici le passage sur lequel je fonde mon interprétation : Jésus a assemblé ses disciples pour rendre gloire à son père; il leur dit : ⲡⲉϫⲁϥ ⲇⲉ ⲛⲁⲩ ϫⲉ ⲛⲁ ⲙⲡⲙⲛⲧⲓ̅ⲃ̅ ⲕⲱⲧⲉ ⲉⲣⲟⲓ ⲧⲏⲣⲧⲛ. ⲛⲧⲟⲟⲩ ⲇⲉ ⲁⲩⲕⲱⲧⲉ ⲉⲣⲟϥ ⲧⲏⲣⲟⲩ. ⲡⲉϫⲁϥ ⲛⲁⲩ ϫⲉ ⲟⲩⲱϣⲃ ⲛⲥⲱⲓ ⲛⲧⲉⲧⲛ⳿ ⲉⲟⲟⲩ ⲛⲙⲙⲁⲓ ⲛⲧⲁ⳿ ⲉⲟⲟⲩ ⲉϩⲟⲩⲛ ⲙⲡⲁⲉⲓⲱⲧ ⲉⲧⲃⲉ ⲧϭⲓ ⲛⲥⲱⲣ ⲉⲃⲟⲗ ⲛⲛⲉⲑⲏⲥⲁⲩⲣⲟⲥ ⲧⲏⲣⲟⲩ ⲛⲧⲟϥ ⲇⲉ ⲁϥⲁⲣⲭⲉⲓ ⲛϩⲩⲙⲛⲉⲩⲉ ⲉϥ⳿ ⲉⲟⲟⲩ ⲉϩⲟⲩⲛ ⲙⲡⲉϥⲉⲓⲱⲧ ⲉϥϫⲱ ⲙⲙⲟⲥ ⲛⲧⲉⲓϩⲉ ϫⲉ ⳿⳿ ⲉⲟⲟⲩ ⲛⲁⲕ ⲉⲧⲉ ⲛⲧⲟⲕ ⲡⲉ ⲡⲁ ⲡⲛⲟϭ ⲛⲣⲁⲛ ⲛⲧⲉ ⲡⲉⲓⲱⲧ ⲉⲧⲉ ⲛⲉϥⲥϩⲁⲓ ⲛⲉ ⲙⲡⲉⲓⲧⲟⲡⲟⲥ ϩⲗ ϩⲗⲗ ϫⲉ ⲛⲧⲟⲕ ⲡⲉ ⲛⲧⲁⲕⲥⲟⲕⲕ ⲉⲣⲟⲕ ⲧⲏⲣⲕ ⲛⲧⲁⲗⲏⲑⲉⲓⲁ ϣⲁⲛⲧⲕⲕⲁ ⲡⲙⲁ ⲙⲡⲉⲓⲕⲟⲩⲓ ⲙⲙⲉⲉⲩⲉ ⲉⲃⲟⲗ ⲉⲙⲡⲕⲥⲟⲕϥ ⲉⲣⲟϥ ϫⲉ ⲟⲩ ϭⲉ ⲡⲉ ⲡⲉⲕⲟⲩⲱϣ ⲡⲛⲟⲩⲧⲉ ⲡⲓⲁⲧⲛⲣⲁⲧϥ. ⲧⲟⲧⲉ ⲁϥⲧⲣⲉ ⲛⲉϥⲙⲁⲑⲏⲧⲏⲥ ⲟⲩⲱϣⲃ ϫⲉ ϩⲁⲙⲏⲛ ϩⲁⲙⲏⲛ ϩⲁⲙⲏⲛ ⲛϣⲟⲙⲛⲧ ⲛⲥⲟⲡ. ⲡⲉϫⲁϥ ⲛⲁⲩ ⲛⲟⲩⲱϩⲙ ϫⲉ ⲟⲩⲱϩⲙ ⲛⲥⲱⲓ ϫⲉ ϩⲁⲙⲏⲛ ⲕⲁⲧⲁ ⲉⲟⲟⲩ ⲛⲓⲙ. ⲡⲁⲗⲓⲛ ⲟⲛ ⲡⲉϫⲁϥ ϫⲉ ⳿ϩⲩⲙⲛⲉⲩⲉ ⲉⲣⲟⲕ ⲱ ⲡⲛⲟⲩⲧⲉ ⲡⲁⲉⲓⲱⲧ ϫⲉ ⲛⲧⲟⲕ ⲡⲉⲛⲧⲁⲕⲕⲁ ⲡⲙⲁ ⲙⲡⲉⲓⲕⲟⲩⲓ ⲙⲙⲉⲉⲩⲉ ⲉϥⲉⲃⲟⲩⲃⲟⲩ ϩⲣⲁⲓ ⲛϩⲏⲧⲕ ϫⲉ ⲟⲩ ϭⲉ ⲡⲉ ⲡⲉⲕⲟⲩⲱϣ ⲱ ⲡⲛⲟⲩⲧⲉ ⲡⲓⲁⲧⲛⲣⲁⲧϥ. ⲧⲟⲧⲉ ⲡⲉϫⲁⲩ ϫⲉ ⳨ ⲛⲅ̅ ⲛⲥⲟⲡ. C'est-à-dire : « Il leur dit : Ô mes douze, entourez-moi tous; » et ils l'entourèrent tous. Il leur dit : « Répondez après moi et glorifiez mon père après moi, afin que je le glorifie d'avoir fait dilater tous les trésors ! » Alors il commença de chanter un hymne en rendant gloire à son père et en prononçant ces paroles : « Je te rends gloire, car c'est toi qui es le grand nom

LE PAPYRUS GNOSTIQUE BRUCE.

dont les lettres sont en ce monde ϩⲁ ϩⲁ; car c'est toi qui as fait émaner de ton être entier la vérité, jusqu'à ce que tu eusses créé par ton émanation le lieu de cette petite pensée, car telle est ta volonté, ô Dieu immuable. » Alors il fit répondre par trois fois à ses disciples : « Amen, amen, amen. » Il leur dit en outre : « Répétez *amen* après moi à chaque glorification. » Il dit de nouveau : « Je te chanterai un hymne de louanges, ô Dieu, mon père; car c'est toi qui as créé le lieu de cette petite pensée, afin qu'elle brillât en toi, car, ô Dieu immuable, telle était ta volonté. » Alors ils dirent : « ⳩ trois fois. » Il est évident qu'ici le sigle ⳩ tient lieu de ce que devaient répondre les disciples, c'est-à-dire *amen*. On pourrait donc croire, avec un semblant de raison, que ce sigle répond au mot *amen* (ϩⲁⲙⲏⲛ); mais la suite du texte ne permet en aucune manière cette conclusion, car le même sigle est employé pour le commencement de la formule : ϯϩⲩⲙⲛⲉⲩⲉ ⲉⲣⲟⲕ ⲱ⳩ ϫⲉ ⲛⲧⲟⲕ ⲡⲉ. La formule entière est : ϯϩⲩⲙⲛⲉⲩⲉ ⲉⲣⲟⲕ ⲱ ⲡⲛⲟⲩⲧⲉ ⲡⲓⲁⲧⲛⲣⲁⲧϥ ϫⲉ ⲛⲧⲟⲕ ⲡⲉ, etc. En ce dernier cas, le sigle ⳩ tient donc la place de ⲡⲛⲟⲩⲧⲉ ⲡⲓⲁⲧⲛⲣⲁⲧϥ. Il est donc un signe que la formule dont il s'agit est abrégée lorsqu'on l'emploie, et ce n'est pas une abréviation d'une formule toujours la même. J'ai dit que ce sigle s'échangeait avec Γ°; la preuve en est dans la même formule : ϫⲉ ⲟⲩ ϭⲉ ⲡⲉⲕⲟⲩⲱϣ ⲡⲉ ⲉⲧⲣⲉ ⲛⲁⲓ ⲧⲏⲣⲟⲩ ϣⲱⲡⲉ ⲱ ⲡⲛΓ°, c'est-à-dire ⲱ ⲡⲛⲟⲩⲧⲉ ⲡⲓⲁⲧⲛⲣⲁⲧϥ. Ces sigles sont assez souvent suivis des dernières lettres de la formule, comme ϫⲉ⳩ ⲧϥ ou ⲱⲧϥ[1], c'est-à-dire ϩⲁⲙⲏⲛ, ϩⲁⲙⲏⲛ, ϩⲁⲙⲏⲛ, ⲱ ⲡⲛⲟⲩⲧⲉ ⲡⲓⲁⲧⲛⲣⲁⲧϥ. On rencontre même l'abrégé suivant : ϫⲉ ⳩ ⲱⲧϥΓ° ϫⲉ ⲛⲧⲟⲕ ⲁⲕⲥⲟⲕⲕ, etc.; c'est-à-dire ϫⲉ

[1] Ces lettres sont mises pour l'ⲱ initial de la formule ⲱ ⲡⲛⲟⲩⲧⲉ et les lettres finales ⲧϥ, ⲡⲓⲁⲧⲛⲣⲁⲧϥ.

ϩⲁⲙⲏⲛ ϩⲁⲙⲏⲛ ϩⲁⲙⲏⲛ ⲱ ⲡⲛⲟⲩⲧⲉ ⲡⲓⲁⲧⲛⲣⲁϫϥ ϯϩⲩⲙⲛⲉⲩⲉ ⲉⲣⲟⲕ ⲱ ⲡⲛⲟⲩⲧⲉ ⲡⲓⲁⲧⲛⲣⲁⲧϥ ϫⲉ ⲛⲧⲟⲕⲁⲕⲥⲟⲕⲕ, etc. Des deux sigles, [sigle] est le plus souvent employé; le second est assez rare. Quant aux deux autres [sigle] et [sigle] qui se suivent, ils ne se rencontrent qu'une fois et semblent former un seul mot; ils rappellent assez certains sigles hiératiques et démotiques. Je crois qu'ils sont employés dans le passage cité pour ne pas écrire le nom sacré du Dieu ineffable, inconnaissable et incompréhensible. Quant à savoir ce nom, c'est une chose plus difficile et sur laquelle je n'ai pas d'idée assez nette et assez arrêtée pour la consigner ici. Quand on étudiera ce document, on ne manquera pas sans doute de le rechercher; peut-être réussira-t-on! il est bien plus probable qu'on échouera.

J'en aurai fini avec les questions préliminaires en disant que le texte de Woïde est criblé de fautes : il n'y a pas une seule page qui n'en contienne plusieurs, quelquefois un grand nombre. Je l'ai déjà dit plus haut, mais il est bon d'y revenir ici plus longuement. La cause première de ces fautes très nombreuses est double, et Woïde n'en est responsable qu'en partie. L'état du manuscrit à l'époque où il l'a copié explique le plus souvent les erreurs de lecture, car les signes étaient tellement effacés qu'on ne pouvait guère les lire avec certitude, à moins d'avoir une connaissance très grande des systèmes gnostiques et une science approfondie de la langue copte. A la fin du siècle dernier, on ne pouvait avoir ni l'une ni l'autre. Il n'est donc pas étonnant qu'un copiste, même savant, en de pareilles conditions, n'ait pu tirer de l'original qu'une copie très imparfaite. En outre, il est évident, d'après la copie même de Woïde, que le scribe lui-même a fait un grand nombre de fautes; car, dans les formules qui reviennent et que Woïde avait parfaitement

LE PAPYRUS GNOSTIQUE BRUCE.

remarquées, le scribe a fait de grossières erreurs. Je crois volontiers qu'il n'était pas très ferré sur la grammaire et que sa traduction s'en ressent. Il y en a un exemple évident dans le passage que j'ai cité plus haut, dans la clause finale de la formule ϫⲉ ⲟⲩ ϭⲉ ⲡⲉⲕⲟⲩⲱϣ ⲡⲉ ⲉⲧⲣⲉ ⲛⲁⲓ ⲧⲏⲣⲟⲩ ϣⲱⲡⲉ « car telle était ta volonté de faire exister tout cela ». Le scribe écrit tantôt ϫⲉ ⲟⲩ ϭⲉ ⲡⲉ ⲡⲉⲕⲟⲩⲱϣ et tantôt ϫⲉ ⲟⲩ ϭⲉ ⲡⲉⲕⲟⲩⲱϣ ⲡⲉ. C'est la dernière forme qui est la bonne. Il s'est donc trompé lui-même et assez souvent, comme on le verra d'après la lecture du texte. S'il en est ainsi, le traducteur, qui doit compter à la fois avec les fautes du copiste moderne et avec celles du scribe ancien, se trouve dans une position assez embarrassante. Souvent, les fautes sont tellement grossières qu'elles sont tout à fait visibles; mais d'autres fois, quand même la faute se sent, il n'est pas facile, il m'a même été impossible de la corriger. Par tout cet ensemble de faits, on comprendra aisément, je l'espère, que la traduction est rendue le plus souvent très difficile et quelquefois, rarement cependant, impossible. Il ne faudra donc pas trop en vouloir au traducteur si l'on découvre que quelques passages ont été mal traduits; j'avoue, en toute franchise, avoir fait tous mes efforts pour que le nombre de ces passages soit le plus petit possible, et quand ma propre traduction ne me suffisait pas, j'ai indiqué mes doutes.

IMPRIMERIE NATIONALE.

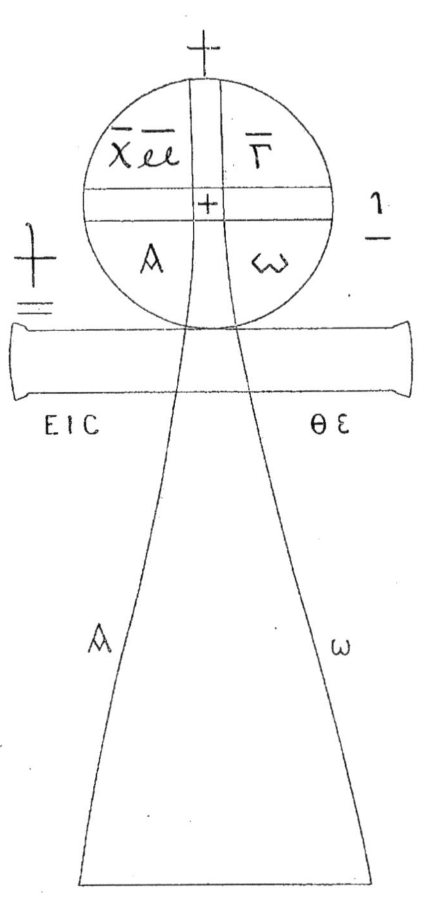
Γ
A
ω
EIC
ΘΕ
A
ω

ⲁⲓ̈ⲙⲉⲣⲉ ⲧⲏⲩⲧⲛ ⲁⲓ̈ⲟⲩⲱϣ ⲛⲏⲧⲛ ⲙⲡⲱⲛϩ
ⲓ̄ⲥ̄ ⲡⲉⲧⲟⲛϩ ⲡⲉⲧⲥⲟⲟⲩⲛ ⲛⲧⲙⲉ

ⲡⲁⲓ̈ ⲡⲉ ⲡϫⲱⲱⲙⲉ ⲛⲛⲉⲅⲛⲱⲥⲓⲥ ⲙⲡⲁϩⲟⲣⲁⲧⲟⲛ ⲛⲛⲟⲩⲧⲉ ϩⲓⲧⲛ ⲙⲙⲩⲥⲧⲏⲣⲓⲟⲛ ⲉⲧϩⲏⲡ ⲉⲧϫⲓ ⲙⲟⲉⲓⲧ ⲉϩⲟⲩⲛ ⲉⲡⲅⲉⲛⲟⲥ ⲉⲧⲥⲟⲧⲡ ϩⲙ ⲡⲉⲙⲧⲟⲛ ⲉϩⲟⲩⲛ ⲉⲡⲱⲛϩ ⲙⲡⲓⲱⲧ ϩⲛ ⲧϭⲓ ⲛⲉⲓ ⲙⲡⲥⲱⲧⲏⲣ ⲙⲡⲣⲉϥⲥⲱⲧⲉ ⲛⲙⲯⲩⲭⲟⲟⲩⲉ ⲉⲧⲛⲁϣⲱⲡ ⲉⲣⲟⲟⲩ ⲙⲡⲓⲗⲟⲅⲟⲥ ⲛⲱⲛϩ ⲉⲧϫⲟⲥⲉ ⲡⲁⲣⲁ ⲱⲛϩ ⲛⲓⲙ ϩⲛ ⲡⲥⲟⲟⲩⲛ ⲛⲓ̄ⲥ̄ ⲡⲉⲧⲟⲛϩ ⲡⲉⲛⲧⲁϥⲉⲓ ⲉⲃⲟⲗϩⲓⲧⲛ ⲡⲓⲱⲧ ϩⲙ ⲡⲁⲓⲱⲛ ⲛⲟⲩⲟⲉⲓⲛ ϩⲙ ⲡϫⲱⲕ ⲙⲡⲉⲡⲗⲏⲣⲱⲙⲁ ϩⲛ ⲧⲉⲥⲃⲱ ⲉⲧⲉ ⲙⲛ ϭⲉ ⲛⲃⲗⲗⲁⲥ ⲉⲛⲧ[ⲁ ⲓ̄ⲥ̄] ⲡⲉⲧⲟⲛϩ ϯ ⲥⲃⲱ ⲙⲙⲟⲥ ⲛⲛⲉϥⲁⲡⲟⲥⲧⲟⲗⲟⲥ ⲉϥϫⲱ ⲙⲙⲟⲥ ϫⲉ ϯⲧⲉ ⲧⲉⲥⲃⲱ ⲉⲧⲉⲣⲉ ⲡⲥⲟⲟⲩⲛ ⲧⲏ[ⲣϥ] ⲟⲩⲏϩ ϩⲣⲁⲓ̈ ⲛϩⲏⲧⲥ. ⲁ ⲓ̄ⲥ̄ ⲡⲉⲧⲟⲛϩ ⲟⲩⲱϣⲃ ⲡⲉϫⲁϥ

Je vous ai aimés, je vous ai souhaité la vie : Jésus le vivant et connaissant la vérité.

Voici le livre des gnoses de l'Invisible divin, d'après le mystère caché dans le livre qui conduit à la race élue dans la quiétude de la vie du Père [1], par la venue du Sauveur qui a racheté les âmes qui recevaient ce Verbe de vie, élevé au-dessus de toute vie, par la connaissance de Jésus vivant, qui est descendu d'auprès de son père dans l'æon de lumière, dans la plénitude du Plérôme, dans la science qui seule existe et que Jésus a enseignée à ses apôtres, en disant : « Je donne la science dans laquelle est contenue toute connaissance [2]. »

Jésus le vivant prit la parole et dit à ses disciples : « Heureux celui

[1] Il s'agit ici du chef du Plérôme qui a déjà déterminé *de toute éternité* quels seront les élus.

[2] Toute cette première phrase n'est qu'un préambule ajouté sans doute après coup. Il est très obscur, et l'obscurité vient en partie de la répétition de la préposition ϩⲙ, sans que rien fasse voir à quelle partie de la phrase, ou principale, ou relative, elle unit son régime. La construction est bizarre et inusitée. C'est aussi la première fois, à ma connaissance, que l'on trouve le mot ⲛⲃⲗⲗⲁⲥ, c'est-à-dire ⲃⲟⲗ en composition avec le suffixe de la troisième

ⲛⲛⲉϥⲁⲡⲟⲥⲧⲟⲗⲟⲥ ϫⲉ ⲛⲁïⲁⲧϥ ⲙⲡⲉⲛⲧⲁϥⲁϣⲧ ⲡⲕⲟⲥⲙⲟⲥ ⲁⲩⲱ ⲙⲡⲉϥⲕⲁ ⲡⲕⲟⲥⲙⲟⲥ ⲉⲁϣⲧϥ. ⲁ[ⲛⲁ]ⲡⲟⲥⲧⲟⲗⲟⲥ ⲟⲩⲱϣⲃ ϩⲛ ⲟⲩⲥⲙⲏ ⲛⲟⲩⲱⲧ ⲉⲩϫⲱ ⲙⲙⲟⲥ ϫⲉ ⲡϫⲟⲉⲓⲥ ⲙⲁⲧⲥⲁⲃⲟⲛ ⲉⲧ[ϩ]ⲉ ⲛⲁϣⲧ ⲡⲕⲟⲥⲙⲟⲥ ϫⲉⲕⲁⲁⲥ ⲛⲛⲉϥⲁϣⲧⲛ ⲛⲧⲛⲧⲁⲕⲟ ⲁⲩ[ⲱ] ⲛⲧⲉⲛⲥⲱⲣⲙ ⲙⲡⲉⲛⲱⲛϩ. ⲁ ⲓ̅ⲥ̅ ⲡⲉⲧⲟⲛϩ ⲟⲩⲱϣⲃ ⲡⲉϫⲁϥ ϫⲉ ⲡⲉⲛⲧⲁϥⲁϣⲧϥ ⲡⲉ ⲡⲁï ⲉⲛⲧⲁϥϭ[ⲡ] ⲛⲁϣⲁϫⲉ ⲁϥϫⲟⲕϥ ⲉⲃⲟⲗϩⲙ ⲡⲟⲩⲱϣ ⲙⲡⲉⲛⲧⲁϥⲧⲛⲛⲟⲟⲩⲧ. ⲁⲩⲟⲩⲱϣⲃ ⲛϭⲓ ⲛⲁⲡⲟⲥⲧⲟⲗⲟⲥ ⲉⲩϫⲱ ⲙⲙⲟⲟⲥ ϫⲉ ⲁϫⲓⲥ ⲉⲣⲟⲛ ⲡϫⲟⲉⲓⲥ ⲛⲧⲁⲣⲛⲥⲱⲧⲙ ⲛⲁⲕ ⲁⲛⲟⲛ ⲛⲉ ⲛⲧⲁⲩⲟⲩⲁϩⲛ ⲛⲥⲱⲕ ϩⲙ ⲡⲉⲛϩⲏⲧ ⲧⲏⲣϥ ⲁⲛⲕⲁ ⲉⲓⲱⲧ ⲁⲛⲕⲁ ⲙⲁⲁⲩ ⲁⲛⲕ[ⲁ] ⲛⲛⲕⲁⲁⲙ ⲙⲛ ⲛⲉⲛⲉⲓⲱϩⲉ ⲁⲛⲕⲁ ⲕ[ⲧⲏ]ⲥⲓⲥ ⲁⲛⲕⲱ ⲛⲧⲙⲛⲧⲛⲟϭ ⲙⲡⲣⲣⲟ ⲁⲛⲟⲩⲁϩ[ⲛ] ⲛⲥⲱⲕ ϫⲉⲕⲁⲁⲥ ⲉⲕⲉⲧⲥⲁⲃⲟⲛ ⲉⲡⲱⲛϩ ⲙⲡ[ⲉⲕ]ⲉⲓⲱⲧ ⲉⲛⲧⲁϥ-

---

qui crucifie le monde et qui ne l'a pas laissé le crucifier[1]! » Les apôtres lui répondirent d'une seule voix en disant : « Seigneur, enseigne-nous la manière de crucifier le monde, afin qu'il ne nous crucifie pas, de sorte que nous ne soyons pas perdus et que nous n'égarions pas notre vie[2]. » Jésus le vivant leur répondit en disant : « Celui qui crucifie le monde est celui qui observe mes paroles, qui accomplit la volonté de celui qui m'a envoyé. » Les apôtres lui répondirent en disant : « Parle-nous, Seigneur, afin que nous t'écoutions; nous sommes ceux qui t'avons suivi de tout notre cœur; nous avons laissé père, nous avons laissé mère, nous avons laissé nos jardins (?)[3] et nos champs, nous avons abandonné les richesses, nous avons abandonné la grandeur royale, nous t'avons suivi afin que tu nous enseignasses la vie du Père

personne du féminin. Cf. Peyron, *Lexicon*, p. 21, 2e col. Le livre commence vraiment avec la phrase suivante, d'une manière identique à la Pistis Sophia, mais sans le préambule d'exposition. Toute cette première partie est reproduite deux fois dans la copie de Woïde.

(1) Ce sens est certainement le sens général, tout ce passage de la première copie étant très fruste.

(2) Ne perdions pas notre vie.

(3) Le mot ⲕⲁⲁⲙ avec cette orthographe est nouveau pour moi. On ne trouve dans le lexique de Peyron que le mot ⲕⲁⲙ avec la signification de *jonc*, *roseau*. Ce sens ne peut convenir ici, et le contexte d'après la tradition historique semblerait bien emporter le sens de barque ou peut-être de filet; mais l'autre texte donne ϭⲱⲙ, qui signifie jardin.

ⲧⲛⲛⲟⲟⲩⲕ. ⲁ ⲓ̈ⲥ ⲡⲉⲧⲟⲛϩ ⲟⲩⲱϣⲃ ⲡⲉϫⲁϥ ϫⲉ ⲡⲱⲛϩ ⲙⲡⲁⲉⲓⲱⲧ ⲡⲉ
ⲡⲁï ⲉⲧⲣⲉⲧⲉⲧⲛϫⲓ ⲉⲃⲟⲗϩⲙ ⲡⲅⲉⲛⲟⲥ ⲙⲡⲛⲟⲩⲥ ⲛⲧⲉⲧⲛⲯⲩⲭⲏ [ⲥ-
ⲗ]ⲟ ⲉⲥⲟ ⲛⲭⲟⲓⲕⲏ ⲛⲥϣⲱⲡⲉ ⲛⲛⲟⲉⲣⲟⲛ ϩⲙ ⲡⲉⲧϯϫⲱ ⲙⲙⲟϥ ⲛⲏⲧⲛ
ⲙⲡⲉⲕⲧⲟ ⲙⲡⲁϣⲁϫⲉ ⲉⲧⲣⲉⲧⲉⲧ[ⲛ]ϫⲟⲕϥ ⲉⲃⲟⲗ ⲁⲩⲱ ⲛⲧⲉⲧⲛⲟⲩ-
ϫⲁï ⲉⲡⲁⲣⲭⲱⲛ ⲙⲡⲁⲓⲱⲛ ⲙⲛ ⲛⲉϥϭⲟⲣϭⲥ ⲉⲧⲉⲙⲛⲧⲁⲩ ϩⲁⲏ ⲙⲙⲁⲩ.
ⲛⲧⲱⲧⲛ ⲇⲉ ⲛⲧⲱⲧⲛ ⲛⲁⲙⲁⲑⲏⲧⲏⲥ ϣⲱⲡⲉ ⲉⲧⲉⲧ[ⲛ]ϭⲉⲡⲏ ⲉϣⲱⲡ
ⲉⲣⲱⲧⲛ ⲙⲡⲁϣⲁϫⲉ ϩⲛ ⲟⲩⲱⲣϫ. ⲙⲁⲣⲉⲧⲉⲧⲛⲥⲟⲩⲱⲛϥ ϫⲉⲕⲁⲥ
ⲛⲛⲉϥϯ ⲛⲙⲙⲏⲧⲛ ⲛϭⲓ ⲡⲁⲣⲭⲱⲛ ⲙⲡⲓⲁⲓⲱⲛ ⲡⲁï ⲉⲧⲉ ⲙⲡⲉϥϩⲉ ⲉⲗⲁⲁ[ⲩ]
ⲛⲟⲩⲉϩⲥⲁϩⲛⲉ ⲛⲧⲁϥ ϩⲣⲁⲓ ⲛϩⲏⲧ ϫⲉⲕⲁⲁⲥ ϩⲱⲱ[ⲧⲧ]ⲏⲩⲧⲛ ⲱ ⲛⲁ-
ⲁⲡⲟⲥⲧⲟⲗⲟⲥ ⲉⲧⲉⲧⲛⲛⲁϫⲱⲕ ⲉⲃⲟⲗ ⲙⲡⲁϣⲁϫⲉ ⲉϩⲟⲩⲛ ⲉⲣⲟⲓ ⲁⲛⲟⲕ
ϩⲱⲱⲧ ⲛⲧⲁⲣ ⲧⲏ[ⲩⲧⲛ] ⲛⲣⲙϩⲉ ⲛⲧⲉⲧⲛϣⲱⲡⲉ ϩⲓⲧⲛ ⲟⲩⲙⲛⲧⲉ-
ⲗⲉⲩⲑⲉ[ⲣⲟⲥ] ⲉⲥⲟⲩⲟϫ ⲉⲙⲛ ⲗⲁⲁⲩ ⲛϫⲃⲓⲛ ϣⲟⲟⲡ ϩⲣⲁⲓ ⲛϩⲏⲧⲥ
ⲁ[ⲩⲱ ⲛ]ⲑⲉ ⲉⲧⲉⲣⲉ ⲡⲉⲡⲛ̅ⲁ̅ ⲙⲡⲁⲣⲁⲕⲗⲏⲧⲟⲥ ⲟⲩⲟϫ ⲙ[ⲙ]ⲟⲟⲥ ⲧⲁï
ⲧⲉ ⲑⲉ ϩⲱⲧⲧⲏⲩⲧⲛ ⲉⲧⲉⲧⲛⲁⲟⲩϫⲁï [ⲙ]ⲙⲟⲟⲥ ϩⲓⲧⲛ ⲧⲙⲛⲧⲣⲙϩⲉ

---

qui t'a envoyé. » Jésus le vivant répondit et dit : « La vie de mon père est celle-ci : que vous receviez le genre de l'esprit, que votre âme cesse d'être hylique et devienne spirituelle par le moyen de ce que je vous dis dans le cercle de mes discours, afin que vous les accomplissiez et que vous soyez sauvés du chef de l'æon et de ses ruses éternelles. Mais vous, vous mes disciples, hâtez-vous de recevoir mes paroles avec une ferme croyance, apprenez-les, afin que le chef de l'æon ne vous combatte pas, celui qui n'a trouvé en moi aucun ordre qui lui appartînt, afin que vous aussi, ô mes apôtres, vous accomplissiez en moi mes propres paroles [1]. C'est moi-même qui vous ai faits libres, afin que vous viviez dans la liberté saine, en laquelle il ne se trouve aucune tache, et comme le Paraclet a été rendu sain, c'est ainsi que vous serez sanctifiés par cette liberté du Saint-Esprit consolateur. »

[1] Il s'agit ici des différents mondes superposés les uns aux autres et formant le Plérôme, mondes que devait traverser l'âme après avoir triomphé des embûches que lui tendaient les *Ἄρχοντες* ou chefs de l'æon. Le lecteur trouvera plus loin la nomenclature détaillée de tous ces mondes.

LE PAPYRUS GNOSTIQUE BRUCE.

ⲙⲡⲉⲡⲛ̄ⲁ ⲙⲡⲁⲣⲁ[ⲕⲗ]ⲏⲧⲟⲥ ⲉⲧⲟⲩⲁⲁⲃ. ⲁⲩⲟⲩⲱϣⲃ ⲛϭⲓ ⲛⲁⲡⲟⲥⲧⲟⲗⲟⲥ [ⲧⲏ]ⲣⲟⲩ ϩⲛ ⲟⲩⲥⲙⲏ ⲛⲟⲩⲱⲧ ⲙⲁⲑⲑⲁⲓⲟⲥ ⲙⲛ ⲓ̈ⲱ [ϩⲁ]ⲛⲛⲏⲥ ⲫⲓⲗⲓⲡⲡⲟⲥ ⲙⲛ ⲃⲁⲣⲑⲟⲗⲟⲙⲁⲓⲟⲥ ⲙⲛ [ⲓ]ⲁⲕⲕⲱⲃⲟⲥ ⲉⲩϫⲱ ⲙⲙⲟⲟⲥ ϫⲉ ⲡϫⲟⲉⲓⲥ ⲓ̄ⲥ̄ ⲡⲉ [ⲧ]ⲟⲛϩ ⲡⲉⲧⲉⲣⲉ ⲧⲉϥⲙⲛⲧⲁⲅⲁⲑⲟⲥ ⲡⲟⲣϣ ⲉⲃⲟⲗ [ⲉ]ϫⲛ ⲛⲉⲛⲧⲁⲩϭⲓⲛⲉ ⲛⲧⲉϥⲥⲟⲫⲓⲁ ⲙⲛ ⲡⲉϥ[ⲉ]ⲓⲛⲉ ⲉⲛⲧⲁϥⲣ ⲟⲩⲟⲉⲓⲛ ⲛϩⲏⲧϥ ⲡⲟⲩⲟⲉⲓⲛ ⲉⲧⲙⲡⲟⲩⲟⲉⲓⲛ ⲉⲛⲧⲁϥⲣ ⲟⲩⲟⲉⲓⲛ ⲉⲛⲉⲛϩⲏⲧ ϣⲁⲛ[ⲧⲛ]ϫⲓ ⲙⲡⲟⲩⲟⲉⲓⲛ ⲙⲡⲱⲛϩ ⲡⲗⲟⲅⲟⲥ ⲙⲙⲉ [ϩ]ⲓⲧⲛ ⲧⲉⲅⲛⲱⲥⲓⲥ ⲉⲧⲥⲁⲃⲟ ⲙⲙⲟⲛ ⲉⲡⲥⲟⲟⲩⲛ [ⲉⲧ]ϩⲏⲡ ⲙⲡϫⲟⲉⲓⲥ ⲓ̄ⲥ̄ ⲡⲉⲧⲟⲛϩ. ⲁ ⲓ̄ⲥ̄ ⲡⲉⲧⲟⲛϩ [ⲡⲉϫⲁ]ϥ ϫⲉ [(1)] ⲛⲁⲓⲁⲧϥ ⲙⲡⲣⲱⲙⲉ ⲉⲛⲧⲁϥⲥⲟⲩⲱⲛ ⲛⲁⲓ ⲁϥⲉⲓ ⲛⲧⲡⲉ ⲉⲡⲉⲥⲏⲧ ⲁⲩⲱ ⲁϥϥⲓ ⲡⲕⲁϩ [ⲁϥϫⲟⲟⲩϥ ⲉ] ⲧⲡⲉ ⲁⲩⲱ ⲁϥⲣ ⲧⲙⲏⲧⲉ ϫⲉ ⲟⲩⲗⲁⲁⲩ ⲧⲉ. ⲁⲩ[ⲟⲩⲱϣⲃ ⲛ]ϭⲓ ⲛⲁⲡⲟⲥⲧⲟⲗⲟⲥ ⲉⲩϫⲱ ⲙⲙⲟⲟⲥ ϫⲉ ⲓ̄ⲥ̄ [ⲡⲉⲧⲟⲛϩ ⲡ]ϫⲟⲉⲓⲥ ⲃⲱⲗ ⲉⲣⲟⲛ ⲛⲧⲡⲉ ϫⲉ ⲉϣⲁⲩⲛⲧⲥ [ⲉⲡⲉⲥⲏⲧ] ⲛⲁϣ ⲛϩⲉ ⲉⲛⲧⲁⲛⲟⲩⲁϩⲛ ⲅⲁⲣ ⲛⲥⲱⲕ [ϫⲉⲕⲁⲥ] ⲉⲕⲉⲧ-

(1) Toute cette page a le commencement des lignes frustes. Je l'ai rétabli d'après l'autre texte. Il manque ici ⲡⲉϫⲁ.

Tous les apôtres, Mathieu et Jean, Philippe, Barthélemy et Jacques, lui répondirent d'une seule voix : « Ô Seigneur Jésus le vivant [(1)], dont la bonté se répand sur ceux qui ont obtenu ta sagesse et ta ressemblance, qui illumines par toi-même, lumière qui es dans la lumière, qui as illuminé nos cœurs jusqu'à ce que nous recevions la lumière de vie; Logos véritable qui, par la gnose, nous enseignes la science cachée dans le Seigneur Jésus le vivant! » Jésus le vivant dit : « Heureux l'homme qui a connu ces choses, a descendu le ciel en terre, a pris la terre, l'a élevée au ciel et a fait que le milieu n'existe pas! » Les apôtres répondirent en disant : « Jésus le vivant, Seigneur, explique-nous comment on peut faire descendre le ciel, car nous t'avons suivi afin que tu nous

(1) Je dois dire ici, une fois pour toutes, que l'épithète de *vivant* est accolée au nom de Jésus pour marquer que les discours qui sont rapportés ici étaient censés avoir été tenus après sa résurrection et non dans sa première vie. Le silence des Évangiles sur ce point et le vague de leur récit donnaient toute latitude aux romanciers-philosophes des deux premiers siècles de notre ère.

ⲥⲁⲃⲟⲛ ⲉⲡⲟⲩⲟⲉⲓⲛ ⲛⲧⲙⲉ. ⲁ ⲓ̅ⲥ̅ [ⲡⲉⲧⲟⲛϩ] ⲟⲩⲱϣⲃ ⲡⲉϫⲁϥ ϫⲉ ⲡϣⲁϫⲉ ⲉⲧϣⲟⲟⲡ ϩⲣⲁ̈ⲓ [ϩⲛ ⲧⲡⲉ] ⲙⲡⲁⲧⲉ ⲡⲕⲁϩ ϣⲱⲡⲉ ⲡⲁ̈ⲓ ⲉϣⲁⲩⲙⲟⲩ[ⲧⲉ ⲉⲣⲟϥ] ϫⲉ ⲕⲟⲥⲙⲟⲥ ⲛⲧⲱⲧⲛ ⲇⲉ ⲉⲧⲉⲧⲛϣⲁⲛⲥⲟⲩⲱⲛ [ⲡⲁϣⲁϫⲉ] ⲧⲉⲧⲛⲁⲛ ⲧⲡⲉ ⲉⲡⲉⲥⲏⲧ ⲛϥⲟⲩⲱϩ ϩⲣⲁ̈ⲓ [ⲛϩⲏⲧⲧ]ⲏⲩⲧⲛ ⲧⲡⲉ ⲡⲉ ⲡϣⲁϫⲉ ⲛⲁϩⲟ[ⲣⲁ]ⲧⲟⲛ ⲙ[ⲡⲉⲓⲱⲧ] ⲉⲧⲉⲧⲛϣⲁⲛⲥⲟⲩⲱⲛϥ ⲡⲁⲓ ⲇⲉ ⲁⲣⲉⲧⲉⲧⲛⲁⲛ [ⲧⲡⲉ ⲉⲡⲉ]ⲥⲏⲧ ⲡⲕⲁϩ ϩⲱⲱϥ ⲉϫⲟⲟⲩϥ ⲉϩⲣⲁⲓ ⲉⲧⲡⲉ ϯⲙⲁⲧⲁⲙⲱⲧⲛ ⲉⲣⲟϥ ϫⲉ ⲛⲁϣ ⲛϩⲉ ⲉⲧⲉⲧⲛⲁⲥⲟⲩⲱⲛϥ [ϫⲉ ⲡ]ⲕⲁϩ ϩⲱⲱϥ ⲉϫⲟⲟⲩϥ ⲉϩⲣⲁⲓ ⲉⲧⲡⲉ ⲡⲉ ⲡⲉⲧⲥⲱⲧⲙ [ⲉⲡ]ϣⲁϫⲉ ⲛⲛⲓⲅⲛⲱⲥⲓⲥ ⲉⲁϥⲗⲟ ⲉϥⲟ ⲛⲛⲟⲩⲥ [ⲛⲣⲙ]ⲛⲕⲁϩ ⲁⲗⲗⲁ ⲁϥⲣ ⲣⲙ ⲛⲡⲉ ⲉⲁ ⲡⲉϥⲛⲟⲩⲥ [ⲗⲟ ⲉϥ]ⲟ ⲛⲭⲟⲓⲕⲟⲥ ⲁⲗⲗⲁ ⲁϥⲣ ⲉⲡⲟⲩⲣⲁⲛⲓⲟⲛ [ⲉⲧⲃⲉ] ⲧⲁⲓ ⲧⲉⲧⲛⲁⲟⲩϫⲁⲓ ⲉⲡⲁⲣⲭⲱⲛ ⲛⲙ ⲡⲓⲁⲣⲭⲱⲛ . . . ⲛϥⲣ ⲧⲙⲏⲧⲉ ϫⲉ ⲟⲩⲗⲁⲁⲩ ⲧⲉ. ⲁⲩⲱ ⲟⲛ [ⲡⲉϫⲁ]ϥ ⲛϭⲓ ⲓ̅ⲥ̅ ⲡⲉⲧⲟⲛϩ ϫⲉ ⲉⲧⲉⲧⲛ-

---

enseignes la lumière de la vérité. » Jésus le vivant répondit et dit : « Le Verbe était dans le ciel avant que la terre existât, celle que l'on nomme *Kosmos* [1]; pour vous, si vous connaissez ma parole, vous ferez descendre le ciel en terre, afin qu'il habite en vous. Le ciel, c'est le Verbe invisible du Père; si vous en avez connaissance, vous ferez descendre le ciel [2]. Quant à la terre, pour l'élever au ciel, je vous enseignerai la manière dont vous la connaîtrez, car la terre qu'on élève au ciel, c'est celui qui écoute la parole de ces gnoses, qui a cessé d'être un esprit terrestre et est devenu céleste, dont l'esprit a cessé d'être choïque et est devenu céleste. A cause de cette gnose vous serez sauvés du chef de cet *archôn* [3]. . . . . qu'il fasse que le milieu n'existe pas. »

[1] Je fais rapporter le mot *Kosmos* à la terre. Le verbe a un suffixe masculin pour régime : ce suffixe peut se rapporter à *terre* et à *Verbe*, lesquels sont tous deux du genre masculin en copte. Cependant le sens général semble bien demander le rapport que j'ai attribué au suffixe. Toute cette phrase est peu grammaticale et décèle la traduction.

[2] Ce mot *Verbe* renferme un jeu de mots. Le mot copte ϣⲁϫⲉ s'applique au *Verbe* et à la parole humaine. Le Verbe de Dieu a son verbe humain; de là le jeu de mots.

[3] Ce passage est tellement criblé de fautes et rempli de lacunes, la fin de toutes les lignes étant frustes, que j'ai renoncé en grande partie à le traduire.

ϣⲁⲛϣⲱⲡⲉ . . . ⲛⲟⲥ ⲧⲉⲧⲛⲁⲣ ⲧⲙⲏⲧⲉ ϫⲉ ⲟⲩⲗⲁⲁⲩ ⲉⲩⲉϫⲉ . . . ⲁⲣ
ⲛⲉ ⲛⲁⲣⲭⲏ ⲙⲛ ⲛⲉⲝⲟⲩⲥⲓⲁ ⲙⲡⲟⲛⲏⲣⲟⲛ . . . ⲛⲙⲙⲏⲧⲛ ⲁⲩⲱ ⲉⲩⲫ-
ⲑⲟⲛⲓ ⲉⲣⲱⲧⲛ ⲉⲃⲟⲗ [ϫⲉ ⲧ]ⲉⲧⲛⲥⲟⲩⲱⲛⲧ ϫⲉ ⲁⲛⲟⲕ ⲟⲩⲉⲃⲟⲗ ⲁⲛ
ⲙ[ⲡⲉⲓ]ⲕⲟⲥⲙⲟⲥ ⲁⲩⲱ ⲉⲉⲓⲛⲉ ⲁⲛ ⲛⲛⲁⲣⲭⲏ ⲙⲙⲛⲉ . . . . ⲙ
ⲙⲡⲟⲙⲕⲣⲟⲛ ⲧⲏ[ⲣⲟ]ⲩ ⲛϩⲉⲛ ⲉⲃⲟⲗ ⲛϩⲏⲧ ⲁⲛ ⲛⲉ ⲁⲩⲱ ⲟⲛ ⲡⲉ ⲡ . . .
ⲛⲧⲥⲁⲣⲝ ⲛⲧⲁⲇⲓⲕⲓⲁ ⲙⲛⲧⲁϥ ⲙⲉⲣ[ⲟⲥ ⲉ]ⲧⲙⲛⲧⲣⲣⲟ ⲙⲡⲁⲉⲓⲱⲧ ⲁⲩⲱ
ⲟⲛ ⲡⲉⲧ[ⲁⲩϫⲡⲟϥ] ⲕⲁⲧⲁ ⲥⲁⲣⲝ ⲙⲙⲛⲧⲁϥ ϩⲉⲗⲡⲓⲥ ⲙⲙⲟϥ[ⲉⲧⲙⲛ]
ⲧⲉⲣⲟ ⲙⲡⲛⲟⲩⲧⲉ ⲡⲓⲱⲧ. ⲁⲩⲟⲩⲱϣⲃ ⲛϭⲓ [ⲛⲁⲡⲟⲥⲧⲟⲗⲟⲥ] ϩⲛ
ⲟⲩⲥⲙⲏ ⲛⲟⲩⲱⲧ ⲡⲉϫⲉⲩ ϫⲉ ⲓ̅ⲥ̅ [ⲡⲉⲧⲟⲛϩ ⲡⲉⲛ]ϫⲟⲉⲓⲥ ⲁⲛⲟⲛ
ⲉⲛⲧⲁⲩϫⲡⲟⲛ ⲕⲁⲧⲁ ⲥⲁⲣⲝ ⲁ[ⲗⲗⲁ ⲁⲛ]ⲥⲟⲩⲱⲛⲕ ⲕⲁⲧⲁ ⲥⲁⲣⲝ ⲁϫⲓⲥ
ⲉⲣⲟⲛ ⲡϫⲟⲉ[ⲓⲥ ⲁⲛⲟⲛ] ⲅⲁⲣ ⲁⲛϣⲧⲟⲣⲧⲣ. ⲁ ⲓ̅ⲥ̅ ⲡⲉⲧⲟⲛϩ ⲟⲩⲱϣⲃ
ⲛⲛⲉϥⲁⲡⲟⲥⲧⲟⲗⲟⲥ ϫⲉ ⲉⲓϫⲉⲣⲟ ⲧⲥⲁⲣⲝ[ⲁⲛ] |ⲉⲧⲟⲩⲏϩ ϩⲣⲁⲓ ⲛϩⲏⲧⲥ
ⲁⲗⲗⲁ ⲧⲥⲁⲣⲝ ⲛⲧⲙ. . . . . ⲙⲉⲧⲁⲛⲟⲓⲁ ⲉⲧϣⲟⲟⲡ ϩⲛ ⲧⲙⲛⲧⲁⲧⲉⲓⲙⲉ
ⲧⲁⲓ ⲉⲧⲥⲱⲣⲙ ⲛⲟⲩⲙⲏϣⲉ ⲛⲥⲁⲃⲟⲗ ⲙ. . . . . ⲡⲁⲉⲓⲱⲧ. ⲁ ⲛⲁⲡⲟⲥⲧⲟⲗⲟⲥ ⲟⲩⲱϣⲃ ⲙⲡ. . . . . ⲛⲓ̅ⲥ̅ ⲡⲉⲧⲟⲛϩ ⲡⲉϫⲉⲩ ϫⲉ ⲁϫⲓⲥ ⲉⲣⲟⲛ
. . . . . ⲧⲁⲅⲛⲟⲓⲁ ⲟ ⲛⲁϣ ⲛϩⲉ ⲛⲧⲁⲣⲛ ϩⲉ[ⲗⲉⲩⲑⲉ]ⲣⲟⲥ ⲉϣⲱⲡⲉ

Et Jésus le vivant dit de nouveau : « Si vous devenez. . . . . vous ferez. . . . . car ce sont des commandements et des puissances qui vous (combattent) et qui vous haïssent, parce que vous me connaissez, à savoir que je ne suis pas de ce monde. . . . . tous ne sont pas de moi. Et aussi. . . . . de la chair d'iniquité, il n'a point de part au royaume de mon père; et aussi celui qui a été engendré selon la chair, il n'a point d'espérance au royaume de Dieu le Père. Les apôtres répondirent d'une seule voix; ils dirent : « Jésus le vivant, notre Seigneur; nous qui avons été enfantés selon la chair, nous te connaissons selon la chair! Parle-nous donc, Seigneur, car nous sommes troublés. » Jésus le vivant répondit à ses disciples : « Je ne dis pas la chair. . . . . qui habite en elle; mais la chair. . . . . qui est dans l'ignorance qui fait errer une foule loin de. . . . . de mon père. » Les apôtres répondirent. . . à Jésus le vivant; ils dirent : « Dis-nous . . . . . quelle est l'ignorance afin que nous devenions libres, si, oui

LE PAPYRUS GNOSTIQUE BRUCE.

ⲙⲙⲟⲛ ⲉⲛⲛⲁⲃⲱⲕ ⲙⲛ ⲡⲉ (?)[1]. ⲁ ⲓ̅ⲥ̅ ⲡⲉⲧⲟⲛϩ ⲟⲩⲱϣⲃ ⲡⲉϫⲁϥ ϫⲉ ⲟⲩⲟⲛ [ⲛⲓⲙ ⲉⲧ]ⲫⲟⲣⲓ ⲛⲧⲁⲙⲛⲧⲡⲁⲣⲑⲉⲛⲟⲥ ⲁⲩⲱ ⲧⲁⲡ... ⲙⲛ ⲧⲁϩⲃⲥⲱ ⲉⲙⲡⲉϥⲛⲟⲉⲓ ⲙⲙⲟϥ ⲉ..... ⲙⲙⲟⲉⲓ ⲉϥϫⲓ ⲟⲩⲁ ⲉⲡⲁⲣⲁⲛ ⲁⲩⲱ ⲉⲛⲧⲁⲓ ... (?) ⲛⲡⲧⲁⲕⲟ ⲁⲩⲱ ⲟⲛ ⲁϥⲣ ϣⲏⲣⲉ ⲛⲗⲟ... ⲙⲡⲉϥⲉⲓⲙⲉ ⲉⲡⲁϣⲁϫⲉ ϩⲛ ⲟⲩⲟⲣϫ..... ⲧⲁ ⲡⲓⲱⲧ ϫⲟⲟⲩ ϫⲉⲕⲁⲁⲥ ϩⲱⲱⲧ ⲉⲓⲛ..... ⲉⲛⲉⲧⲛⲁⲥⲟⲩⲱⲛⲧ ϩⲙ ⲡϫⲱⲕ ⲙⲡⲉⲡⲩⲗⲏ ⲙⲡⲉⲛⲧⲁϥⲧⲛⲛⲟⲟⲩⲧ. ⲁ ⲛⲁⲡⲟⲥⲧⲟⲗⲟⲥ [ⲟⲩⲱϣⲃ] ⲡⲉϫⲁⲩ ϫⲉ ⲡϫⲟⲉⲓⲥ ⲓ̅ⲥ̅ ⲡⲉⲧⲟⲛϩ ⲙⲁⲧⲥⲁ[ⲃⲟⲛ]..... ϩⲱⲱⲛ ⲉⲡϫⲱⲕ ⲁⲩⲱ ϩⲱ ⲉⲣⲟⲛ. ⲁⲩⲱ ⲡⲉϫ[ⲉ ⲓ̅ⲥ̅ ϫⲉ] ⲡϣⲁϫⲉ ⲉϯϯ ⲙⲙⲟϥ ⲛⲏⲧⲛ ϩⲱⲥⲧ[2].......

.... ⲁϥⲧⲁϩⲟϥ ⲉⲣⲁⲧϥ ⲉⲧⲣⲉⲩⲛⲁ... ⲱⲛ ...ⲉⲉϩ ⲛⲉⲧⲡⲟⲗⲓⲥ ⲧⲁⲓ̈ ⲉⲧⲉ .....ⲉⲧ ⲉⲧⲉⲓⲕⲱⲛ ⲛϩⲏⲧⲥ ⲁⲩⲱ ⲛⲧⲟⲥ ⲡⲉⲧⲟⲩⲕⲓⲙ ⲛϩⲏⲧⲥ ⲁⲩⲱ ⲉⲩⲟⲛϩ ⲛϩⲏⲧⲥ. ⲁⲩⲱ ⲛⲧⲟⲥ ⲡⲉ ⲡⲏⲓ̈ ⲙⲡⲉⲓⲱⲧ ⲁⲩⲱ ⲡⲉⲛⲇⲩⲙⲁ ⲙⲡϣⲏⲣⲉ ⲁⲩⲱ ⲧϭⲟⲙ ⲛⲧⲙⲁⲁⲩ ⲁⲩⲱ ⲑⲓⲕⲱⲛ ⲙⲡⲉⲡⲗⲏ-

(1) La copie de Woïde porte ces lettres, qui paraissent inexplicables. — (2) Ici vient une lacune qui devait être considérable.

ou non, nous entrerons au ciel (?). » Jésus le vivant répondit; il dit : « Quiconque porte ma virginité et ma..... et ma..... et mon vêtement sans qu'il pense être..... blasphémant mon nom et..... à la perdition, et aussi il est devenu fils ... sans savoir ma parole ... que le Père a envoyés, afin que moi aussi je... à ceux qui me connaissent dans la plénitude de la porte (?) de celui qui m'a envoyé. » Les apôtres répondirent; ils dirent : « Jésus le vivant, enseigne-nous ... jusqu'à la fin, et cela nous suffit. » Et Jésus leur dit : « Le *Verbe* que je vous donne, afin de..

....

... pour elle, c'est celle en qui l'on se meut et vit, c'est la maison du Père, le vêtement du Fils et la force de la Mère; c'est l'image du Plérôme. C'est le premier père de toutes choses, c'est le premier éternel (?), c'est le roi de ceux que l'on ne peut toucher; c'est celui dans lequel toutes choses se perdent; c'est celui qui a donné en lui-même la forme à toutes choses; c'est le lieu qui a crû de lui-même, qui est

IMPRIMERIE NATIONALE.

ⲣⲱⲙⲁ ⲡⲁï ⲡⲉ ⲡϣⲟⲣⲡ ⲛⲉⲓⲱⲧ ⲛⲛⲓⲡⲧⲏⲣϥ ⲡⲁï ⲡⲉ ⲡϣⲟⲣⲡ ⲛⲁⲉⲓ ⲡⲁï ⲡⲉ ⲡⲣⲣⲟ ⲛⲛⲓⲁⲧϭⲙϭⲱⲙⲟⲩ ⲡⲁⲓ ⲡⲉ ⲉⲧⲟⲩⲥⲟⲣⲙ ⲛϩⲏⲧϥ ⲛϭⲓ ⲛⲓⲡⲧⲏⲣϥ ⲡⲁⲓ ⲡⲉ ⲛⲧⲁϥϯ ⲙⲟⲣⲫⲏ ⲉⲣⲟⲟⲩ ⲛϩⲏⲧϥ. ⲡⲁï ⲡⲉ ⲡⲧⲟⲡⲟⲥ ⲛⲁⲩⲧⲟⲫⲩⲏⲥ ⲁⲩⲱ ⲛⲁⲩⲧⲟⲅⲉⲛⲛⲏⲧⲟⲥ ⲡⲁï ⲡⲉ ⲡⲃⲁⲑⲟⲥ ⲛⲛⲓⲡⲧⲏⲣϥ. ⲡⲁⲓ ⲡⲉ ⲡⲛⲟϭ ⲛϩⲁ ⲡⲛⲟⲩⲛ ⲛⲁⲙⲉ ⲡⲁⲓ ⲡⲉ ⲛⲧⲁ ⲡⲧⲏⲣϥ ⲡⲱϩ ⲉⲣⲟϥ ⲁⲩⲕⲁ ⲣⲱⲟⲩ ⲉⲣⲟϥ ⲙⲡⲟⲩϣⲁϫⲉ ⲉⲣⲟϥ ϫⲉ ⲁⲩⲁⲧϣⲁϫⲉ ⲡⲉ ⲉⲣⲟϥ, ⲟⲩⲁⲧⲛⲟⲓ ⲙⲙⲟϥ ⲡⲉ. ⲡⲁⲓ ⲡⲉ ⲡϣⲟⲣⲡ ⲙⲡⲏⲅⲏ. ⲡⲁⲓ ⲡⲉ ⲛⲧⲁ ⲡⲉϥϩⲟⲟⲩ ϫⲱⲧⲉ ϩⲙ ⲙⲁ ⲛⲓⲙ ⲡⲁⲓ ⲡⲉ ⲡϣⲟⲣⲡ ⲛⲥⲛⲥⲛ ϣⲁⲛⲧⲉ ⲡⲧⲏⲣϥ ⲁⲓ̈ⲥⲑⲁⲛⲉ ⲛⲥⲉⲣⲛⲟⲓ ⲡⲁⲓ ⲡⲉ ⲉⲧⲉⲣⲉ ⲛⲉϥⲙⲉⲗⲟⲥ ⲉⲓⲣⲉ ⲛⲟⲩⲧⲃⲁ ⲛⲧⲃⲁ ⲛⲇⲩⲛⲁⲙⲓⲥ ⲉⲧⲟⲩⲓ ⲧⲟⲩⲓ ⲛϩⲏⲧⲟⲩ.

ⲡⲙⲉϩ ⲥⲛⲁⲩ ⲛⲧⲟⲡⲟⲥ ϣⲱⲡⲉ ⲡⲁⲓ ⲉⲧⲟⲩⲛⲁⲙⲟⲩⲧⲉ ⲉⲣⲟϥ ϫⲉ ⲇⲏⲙⲓⲟⲩⲣⲅⲟⲥ ⲁⲩⲱ ⲛⲉⲓⲱⲧ ⲁⲩⲱ ⲛⲗⲟⲅⲟⲥ ⲁⲩⲱ ⲙⲡⲏⲅⲏ ⲁⲩⲱ ⲛⲛⲟⲩⲥ ⲁⲩⲱ ⲛⲣⲱⲙⲉ ⲁⲩⲱ ⲛⲁⲓⲇⲓⲟⲥ ⲁⲩⲱ ⲛⲁⲡⲉⲣⲁⲛⲧⲟⲥ ⲡⲁⲓ ⲡⲉ ⲡⲉⲥⲧⲩⲗⲟⲥ ⲡⲁⲓ ⲡⲉ ⲡⲉⲡⲓⲥⲕⲟⲡⲟⲥ ⲁⲩⲱ ⲡⲁⲓ ⲡⲉ ⲛⲓⲱⲧ ⲙⲡⲧⲏⲣϥ ⲁⲩⲱ ⲡⲁⲓ ⲡⲉ ⲡⲉⲧⲉⲣⲉ ⲛⲁⲓⲱⲛ ⲟ ⲛⲕⲗⲟⲙ ⲉϫⲱϥ ⲉⲩⲛⲉϫ ⲁⲕⲧⲓⲛ ⲉⲃⲟⲗ. ⲡⲕⲱⲧⲉ ⲙⲡⲉϥϩⲟ ⲧⲉ ⲧⲙⲛⲧⲁⲧⲥⲟⲩⲱⲛⲥ ϩⲛ ⲛⲕⲟⲥⲙⲟⲥ ⲉⲧϩⲓⲃⲟⲗ ⲛⲁⲓ ⲉⲧϣⲓⲛⲉ ⲛⲟⲩⲟⲉⲓϣ ⲛⲓⲙ ⲛⲥⲁ ⲡⲉϥϩⲟ ⲉⲩⲟⲩⲱϣ

---

né de lui-même; c'est l'abîme de toutes choses; c'est le grand et véritable qui est dans l'abîme, c'est celui en lequel le Plérôme est arrivé et s'est tu pour lui : ils ne l'ont point nommé parce qu'il est innommable et qu'on ne peut le penser; c'est la première source; c'est celui dont l'âge atteint en tous lieux; c'est le premier son, afin que toutes choses entendent et comprennent; c'est celui dont les membres forment une myriade de myriades de *Puissances*, chacune en elle-même (?).

Le second lieu est celui qu'on appelle Démiurge, Père, Logos, Source, Nous, Homme, Éternel, Infini. C'est la colonne; c'est le surveillant, c'est le père de toutes choses; c'est celui sur la tête duquel les æons forment une couronne en lançant leurs rayons. La plénitude de son visage est ce qui est ignoré des mondes extérieurs qui recherchent en tout temps son visage, désirant le connaître parce que son *Verbe*

ⲉⲥⲟⲩⲱⲛϥ ϫⲉ ⲡⲉϥϣⲁϫⲉ ⲡⲏϩ ϣⲁⲣⲟⲟⲩ ⲁⲩⲱ ⲥⲉⲟⲩⲱϣ ⲉⲛⲁⲩ ⲉⲣⲟϥ ⲁⲩⲱ ⲡⲟⲩⲟⲉⲓⲛ ⲙⲡⲉϥⲃⲁⲗ ϫⲱⲧⲉ ϣⲁ ⲛⲧⲟⲡⲟⲥ ⲙⲡⲉⲡⲗⲏ-ⲣⲱⲙⲁ ⲙⲡⲥⲁ ⲛⲃⲟⲗ ⲁⲩⲱ ⲡⲗⲟⲅⲟⲥ ⲡⲉ ⲉⲧⲛⲏⲩ ⲉⲃⲟⲗϩⲛ ⲣⲱϥ ϥϫⲱⲧⲉ ⲛⲛⲁ ⲧⲡⲉ ⲙⲛ ⲛⲁ ⲡⲉⲥⲏⲧ ⲁⲩⲱ ⲡϥⲱ ⲛⲧⲉϥⲁⲡⲉ ⲡⲉ ⲧⲏⲡⲉ ⲛⲛ-ⲕⲟⲥⲙⲟⲥ ⲉⲑⲏⲡ. ⲁⲩⲱ ⲡⲱⲣⲃ ⲉϩⲟⲩⲛ ⲙⲡⲉϥϩⲟ ⲡⲉ ⲡⲕⲁⲑⲓⲕⲱⲛ ⲛⲛⲁⲓⲱⲛ. ⲛϥⲱ ⲙⲡⲉϥϩⲟ ⲛⲉ ⲧⲏⲡⲉ ⲛⲛⲕⲟⲥⲙⲟⲥ ⲉⲧϩⲓ ⲡⲥⲁ ⲛⲃⲟⲗ. ⲁⲩⲱ ⲡⲡⲱⲣϣ ⲉⲃⲟⲗ ⲛⲛⲉϥϭⲓϫ ⲡⲉ ⲡⲟⲩⲱⲛϩ ⲉⲃⲟⲗ ⲙⲡⲉⲥ⳧ⲟⲥ ⲡⲡⲱⲣϣ ⲉⲃⲟⲗ ⲙⲡⲉⲥ⳧ⲟⲥ ⲡⲉ ⲑⲉⲛⲛⲁⲥ ⲉⲧⲥⲁ ⲟⲩⲛⲁⲙ ⲙⲛ ⲛⲉⲧϩⲓ ϩⲃⲟⲩⲣ ⲛϯ ⲟⲩⲱ ⲉϩⲣⲁⲓ ⲙⲡⲉⲥ⳧ⲟⲥ ⲡⲉ ⲡⲣⲱⲙⲉ ⲛⲁⲧⲙⲁϩⲧⲉ ⲙⲙⲟϥ. ⲡⲁⲓ ⲡⲉ ⲡⲓⲱⲧ ⲡⲁⲓ ⲡⲉ ⲡⲏⲅⲏ ⲉⲧⲃⲉⲉⲃⲉ ⲙⲡⲕⲁ ⲣⲱϥ. ⲡⲁϊ ⲡⲉ ⲉⲧⲟⲩ-ϣⲓⲛⲉ ⲛⲥⲱϥ ϩⲙ ⲙⲁ ⲛⲓⲙ ⲁⲩⲱ ⲡⲁⲓ ⲡⲉ ⲡⲓⲱⲧ ⲛⲧⲁ ⲧⲙⲟⲛⲁⲥ ⲑⲉ ⲉⲃⲟⲗ ⲙⲙⲟϥ ⲛⲑⲉ ⲛⲟⲩϯⲕ ⲛⲟⲩⲟⲉⲓⲛ ⲧⲁϊ ⲉⲧⲉⲣⲉ ⲛⲕⲟⲥⲙⲟⲥ ⲧⲏⲣⲟⲩ ⲛⲑⲉ ⲛⲟⲩⲗⲁⲁⲩ . . . . . ϩⲓⲁⲥ ⲉⲛⲧⲟⲥ ⲧⲉ ⲛⲧⲁⲥⲕⲓⲙ ⲉⲛⲕⲁ ⲛⲓⲙ ϩⲙ ⲡⲉⲥⲃⲟⲩⲃⲟⲩ ⲁⲩⲱ ⲁⲩϫⲓ ⲛⲧⲉⲅⲛⲱⲥⲓⲥ ⲁⲩⲱ ⲡⲱⲛϩ ⲁⲩⲱ ⲑⲉⲗⲡⲓⲥ ⲁⲩⲱ ⲧⲁⲛⲁⲡⲁⲩⲥⲓⲥ ⲁⲩⲱ ⲧⲡⲓⲥⲧⲓⲥ ⲁⲩⲱ ⲡⲉϫⲡⲟ ⲛⲕⲉ-ⲥⲟⲡ ⲁⲩⲱ ⲧⲉⲥⲫⲣⲁⲅⲓⲥ ⲧⲁⲓ ⲧⲉ ⲑⲉⲛⲛⲁⲥ ϩⲙ ⲡⲓⲱⲧ ⲛⲛⲁⲛⲁⲣⲭⲟⲥ

LE PAPYRUS GNOSTIQUE BRUCE.

est parvenu jusqu'à eux et qu'ils désirent le voir. La lumière de ses yeux pénètre jusqu'aux lieux du Plérôme extérieur et le Verbe sort de sa bouche; il parvient à ceux qui habitent le ciel et à ceux qui habitent en dessous. Les cheveux de sa tête sont en nombre égal aux mondes cachés; les traits (?) de son visage sont le type des æons, les poils de sa barbe sont en nombre égal à celui des mondes extérieurs. L'extension de ses mains est la manifestation de la croix. La tension de la croix, c'est l'Ennéade. Ce qui à droite et à gauche germe de la croix, c'est l'homme insaisissable. C'est le Père, c'est la Source qui fait jaillir le silence; c'est celui qu'on cherche en tout lieu, c'est le Père dont sort la Monade comme une étincelle de lumière, celle que tous les mondes comme un rien . . . c'est elle qui a mis toutes choses dans son rayonnement de splendeur, et ils ont reçu la gnose, la vie, l'espérance, le repos, la foi, la naissance une autre fois et le sceau. C'est l'Ennéade qui est sortie du Père, sans commencement, qui seul a été son propre

ⲡⲁï ⲉⲧⲟ ⲛⲉⲓⲱⲧ ⲉⲣⲟϥ ⲙⲁⲩⲁⲁϥ ϩⲓ[1] ⲙⲁⲁⲩ ⲡⲁï ⲉⲧⲉⲣⲉ ⲡⲉϥⲡⲗⲏ-
ⲣⲱⲙⲁ ⲕⲱⲧⲉ ⲉⲡⲙⲛⲧⲥⲛⲟⲟⲩⲥ ⲛⲃⲁⲑⲟⲥ. ⲡϣⲟⲣⲡ ⲛⲃⲁⲑⲟⲥ ⲡⲉ ⲁ̄
ⲡⲡⲁⲛⲡⲏⲅⲏ ⲉⲛⲧⲁ ⲙⲡⲏⲅⲏ ⲧⲏⲣⲟⲩ ⲉⲓ ⲉⲃⲟⲗ ⲛϩⲏⲧϥ. ⲡⲙⲉϩ ⲥⲛⲁⲩ ⲃ̄
ⲛⲃⲁⲑⲟⲥ ⲡⲉ ⲡⲡⲁⲛⲥⲟⲫⲟⲥ[2] ⲉⲛⲧⲁ ⲛⲥⲟⲫⲟⲥ ⲧⲏⲣⲟⲩ ⲉⲓ ⲉⲃⲟⲗ
ⲙⲙⲟϥ. ⲡⲙⲉϩ ϣⲟⲙⲛⲧ ⲛⲃⲁⲑⲟⲥ ⲡⲉ ⲡⲡⲁⲛⲙⲩⲥⲧⲏⲣⲓⲟⲛ ⲉⲛⲧⲁ ⲙⲩⲥ- ⲅ̄
ⲧⲏⲣⲓⲟⲛ ⲛⲓⲙ ⲉⲓ ⲉⲃⲟⲗ ⲙⲙⲟϥ ⲏ ⲉⲃⲟⲗ ⲛϩⲏⲧϥ. ⲡⲙⲉϩ ϥⲧⲟⲟⲩ ⲇⲉ ⲇ̄
ⲛⲃⲁⲑⲟⲥ ⲡⲉ ⲡⲡⲁⲛⲅⲛⲱⲥⲓⲥ ⲉⲛⲧⲁ ⲅⲛⲱⲥⲓⲥ ⲛⲓⲙ ⲉⲓ ⲉⲃⲟⲗ ⲛϩⲏⲧⲥ.
ⲡⲙⲉϩ ϯⲟⲩ ⲛⲃⲁⲑⲟⲥ ⲡⲉ ⲡⲡⲁⲛϩⲁⲅⲛⲟⲛ ⲉⲛⲧⲁ ϩⲁⲅⲛⲟⲛ ⲛⲓⲙ ⲉⲓ ⲉⲃⲟⲗ ⲉ̄
ⲛϩⲏⲧϥ. ⲡⲙⲉϩ ⲥⲟⲟⲩ ⲛⲃⲁⲑⲟⲥ ⲡⲉ ⲥⲓⲅⲏ ⲡⲁⲓ ⲡⲉ ⲉⲧⲉⲣⲉ ⲕⲁ ⲣⲱϥ ⲋ̄
ⲛⲓⲙ ⲉⲓ[3] ⲉⲃⲟⲗ ⲛϩⲏⲧϥ. ⲡⲙⲉϩ ⲥⲁϣϥ ⲛⲃⲁⲑⲟⲥ ⲡⲉ ⲡⲣⲟⲡⲁⲛⲟⲩⲥⲓⲟⲥ[4] ⲍ̄
ⲉⲛⲧⲁ ⲟⲩⲥⲓⲁ ⲛⲓⲙ ⲉⲓ ⲉⲃⲟⲗ ⲙⲙⲟϥ[5] ⲏ ⲉⲃⲟⲗ ⲛϩⲏⲧϥ. ⲡⲙⲉϩ
ϣⲙⲟⲩⲛ ⲇⲉ ⲛⲃⲁⲑⲟⲥ ⲡⲉ ⲡⲉⲡⲣⲟⲡⲁⲧⲱⲣ ⲉⲛⲧⲁ ⲡⲣⲟⲡⲁⲧⲱⲣ ⲛⲓⲙ
ϣⲱⲡⲉ ⲉⲃⲟⲗ ⲙⲙⲟϥ ⲏ ⲉⲃⲟⲗ ⲛϩⲏⲧϥ. ⲡⲙⲉϩ ⲯⲓⲥ ⲇⲉ ⲛⲃⲁⲑⲟⲥ ⲟⲩ-

(1) La dernière lettre de ce mot avait disparu et a semblé douteuse à Woïde.

(2) *Cod.* ⲡⲉ ⲡⲛⲁⲥⲟⲫⲟⲥ, faute évidente produite par un changement d'ordre dans les lettres. La barre qui est au-dessus de ⲡⲛⲁ prouve que la faute doit être attribuée au copiste.

(3) La copie de Woïde répète ici le mot ⲛⲓⲙ, ce qui est inutile. La formule est rétablie.

(4) *Cod.* ⲡⲣⲟⲛⲁⲛⲟⲩⲥⲓⲟⲥ, ce qui n'est susceptible d'aucun sens.

(5) Jusqu'ici un chiffre indique à la marge le numéro d'ordre des *abîmes* : ce chiffre cesse ici pour reprendre à la page suivante.

---

père et sa mère, celui dont le Plérôme entoure les douze abîmes. Le premier abîme, c'est la *Source universelle,* dont toutes les sources sont sorties. Le second abîme, c'est la *Sagesse universelle*, dont toutes les sagesses sont sorties. Le troisième abîme, c'est le *Mystère universel,* dont tous les mystères sont sortis. Le quatrième abîme, c'est la *Gnose universelle*, dont toute gnose est sortie. Le cinquième abîme, c'est la *Pureté universelle,* dont toute pureté est sortie. Le sixième abîme, c'est le *Silence,* qui contient tout silence. Le septième abîme, c'est l'*Universelle Essence avant* (*toute essence*), dont toute essence est sortie. Le huitième abîme, c'est le *Propator,* duquel ou par lequel existent tous les *propators*. Le neuvième abîme, c'est le *Pantopator* ou l'*Autopator,*

ⲡⲁⲛⲧⲟⲡⲁⲧⲱⲣ ⲡⲉ ⲧⲁⲩⲧⲟⲡⲁⲧⲱⲣ [1] ⲡⲁⲓ ⲡⲉ ⲉⲧⲉⲣⲉ ⲙⲛⲧⲉⲓⲱⲧ ⲛⲓⲙ (ⲉⲓ ⲉⲃⲟⲗ ⲛϩⲏ)ⲧϥ ⲉϥⲟ ⲛⲉⲓⲱⲧ ⲉⲣⲟⲟⲩ ⲙⲁⲁⲩⲁⲁⲩ. ⲡⲙⲉϩ ⲙⲏⲧ ⲛⲃⲁⲑⲟⲥ ⲡⲉ ⲡⲡⲁⲛⲧⲟⲇⲩⲛⲁⲙⲓⲥ ⲉⲛⲧⲁϭⲟⲙ ⲛⲓⲙ ⲉⲓ ⲉⲃⲟⲗ ⲛϩⲏⲧϥ. ⲡⲙⲉϩ ⲙⲛⲧⲟⲩⲉ ⲇⲉ ⲛⲃⲁⲑⲟⲥ ⲡⲉⲧⲉⲣⲉ ⲡϣⲟⲣⲡ ⲛϩⲁⲟⲣⲁⲧⲟⲥ ⲛϩⲏⲧϥ ⲡⲁⲓ ⲉⲛⲧⲁ ϩⲟⲣⲁⲧⲟⲥ ⲛⲓⲙ ⲉⲓ ⲉⲃⲟⲗ ⲛϩⲏⲧϥ. ⲡⲙⲉϩ ⲙⲛⲧⲥⲛⲟⲟⲩⲥ ⲇⲉ ⲛⲃⲁⲑⲟⲥ ⲡⲉ ⲧⲁⲗⲏⲑⲉⲓⲁ ⲉⲛⲧⲁ ⲙⲉ ⲛⲓⲙ ⲉⲓ ⲉⲃⲟⲗ ⲛϩⲏⲧϥ ⲧⲁϊ ⲧⲉ ⲧⲁⲗⲏⲑⲉⲓⲁ ⲉⲧϩⲱⲧⲃⲥ ⲙⲙⲟⲟⲩ ⲧⲏⲣⲟⲩ. ⲧⲁϊ ⲧⲉ ⲑⲓⲕⲱⲛ ⲙⲡⲉⲓⲱⲧ. ⲧⲁⲓ ⲧⲉ ϯϩⲁⲏ ⲙⲡⲧⲏⲣϥ. ⲧⲁⲓ ⲧⲉ ⲧⲙⲁⲁⲩ ⲛⲛⲁⲓⲱⲛ ⲧⲏⲣⲟⲩ. ⲧⲁⲓ ⲧⲉ ⲉⲧⲕⲱⲧⲉ ⲉⲛⲃⲁⲑⲟⲥ ⲧⲏⲣⲟⲩ. ⲧⲁϊ ⲧⲉ ⲧⲙⲟⲛⲁⲥ ⲉⲧⲟ ⲛⲁⲕⲁⲧⲁⲅⲛⲱⲥⲧⲟⲥ ⲏ ⲉⲧⲟ ⲛⲁⲧⲥⲟⲟⲩⲛ ⲙⲙⲟⲥ ⲧⲁⲓⲁⲧⲭⲁⲣⲁⲕⲧⲏⲣ ⲧⲁϊ ⲉⲧⲉⲣⲉ ⲛⲉⲭⲁⲣⲁⲕⲧⲏⲣ ⲧⲏⲣⲟⲩ ⲛϩⲏⲧⲥ ⲧⲁϊ ⲉⲧⲥⲙⲁⲙⲁⲁⲧ ϣⲁ ⲛⲓⲉⲛⲉϩ. ⲡⲁⲓ ⲡⲉ ⲡⲓⲱⲧ ⲛⲁⲧϣⲁϫⲉ ⲉⲣⲟϥ ⲛⲁⲧⲛⲟⲉⲓ ⲙⲙⲟϥ ⲛⲁⲧⲙⲟⲕⲙⲉⲕ ⲉⲣⲟϥ ⲛⲁⲧϫⲓⲟⲟⲣ ⲙⲙⲟϥ. ⲡⲁⲓ ⲡⲉ ⲛⲧⲁ ⲡⲧⲏⲣϥ ⲣ ⲉⲩⲛⲟⲩⲥⲓⲟⲥ (*sic*) ⲛϩⲏⲧϥ. ⲁⲩⲱ ⲁⲩⲣⲁϣⲉ ⲁⲩⲧⲉⲗⲏⲗ ⲁⲩ-

[1] La copie de Woïde porte ici un mot, ⲧⲉ, qui se trouve reproduit au commencement de la page qui suit. Woïde a mis en marge *sic*. Je considère le texte comme altéré en ce passage : ce qui en rend l'explication difficile et incertaine.

celui en qui est toute paternité, qui est lui seul leur père à tous. Le dixième abîme, c'est la *Toute-Puissance*, d'où sont sorties toutes les puissances. Le onzième abîme, c'est celui où se trouve le premier *Invisible*, celui d'où sont sortis les invisibles. Le douzième abîme, c'est la *Vérité*, d'où est sortie toute vérité : c'est la Vérité qui les a tous recouverts, c'est l'image du Père, c'est la fin de toutes choses, c'est la mère de tous les æons, c'est celle qui entoure tous les abîmes, c'est la Monade qui est inconnaissable et que l'on ne connaît pas; elle est sans *caractère* et tous les *caractères* sont en elle; elle est bénie de siècle en siècle. C'est le Père ineffable, inconcevable, incogitable, immuable. C'est celui auquel toutes choses sont devenues semblables en substance (?). Ils se sont réjouis [1] et ont été remplis d'allégresse; ils ont engendré

[1] Il s'agit des æons qui sont compris dans le ⲡⲧⲏⲣϥ que je traduis par toutes choses et qu'il faudrait peut-être traduire par Plérôme.

ϫⲡⲟ ⲛϩⲉⲛ ⲧⲃⲁ ⲛⲧⲃⲁ ⲛⲛⲁⲓⲱⲛ ϩⲙ ⲡⲉⲩⲣⲁϣⲉ ⲁⲩⲙⲟⲩⲧⲉ ⲉⲣⲟⲟⲩ ϫⲉ ⲛⲉϫⲡⲟ ⲙⲡⲣⲁϣⲉ ϫⲉ ⲁⲩⲣⲁϣⲉ ⲙⲛ ⲡⲓⲱⲧ. ⲛⲁї ⲛⲉ ⲛⲕⲟⲥⲙⲟⲥ ⲉⲛⲧⲁ ⲡⲉⲥ⳨ⲟⲥ † ⲟⲩⲱ ⲉⲃⲟⲗ ⲛϩⲏⲧⲟⲩ ⲁⲩⲱ ⲉⲛⲧⲁ ⲡⲣⲱⲙⲉ ϣⲱⲡⲉ ⲉⲃⲟⲗϩⲛ ⲛⲉїⲙⲉⲗⲟⲥ ⲛⲁⲥⲱⲙⲁⲧⲟⲥ ⲡⲁⲓ ⲡⲉ ⲡⲓⲱⲧ ⲁⲩⲱ ⲧⲉⲡⲏⲅⲏ ⲛⲟⲩⲟⲛ ⲛⲓⲙ ⲡⲁⲓ ⲉⲣⲉ ⲙⲉⲗⲟⲥ ⲛⲓⲙ ⲛⲧⲁϥϫⲏⲕ ⲉⲃⲟⲗ ⲁⲩⲱ ⲉⲛⲧⲁ ⲣⲁⲛ ⲛⲓⲙ[1] ϣⲱⲡⲉ ⲉⲃⲟⲗϩⲙ ⲡⲓⲱⲧ ⲉⲓⲧⲉ ⲁϩⲣⲏⲧⲟⲛ ⲉⲓⲧⲉ ⲁⲫⲑⲁⲣ-ⲧⲟⲛ ⲉⲓⲧⲉ ⲁϩⲟⲣⲁⲧⲟⲥ ⲉⲓⲧⲉ ϩⲁⲡⲗⲟⲩⲛ ⲉⲓⲧⲉ ⲉⲣⲏⲙⲟⲥ ⲉⲓⲧⲉ ⲇⲩ-ⲛⲁⲙⲓⲥ ⲉⲓⲧⲉ ⲡⲁⲛⲇⲩⲛⲁⲙⲓⲥ ⲉⲓⲧⲉ ⲣⲁⲛ ⲛⲓⲙ ⲉⲧϩⲙ ⲕⲁ ⲣⲱϥ ⲉⲛⲧⲁⲩ-ϣⲱⲡⲉ ⲧⲏⲣⲟⲩ ϩⲙ ⲡⲉⲓⲱⲧ. ⲡⲁⲓ ⲉⲧⲉⲣⲉ ⲛϭⲓ ⲛⲕⲟⲥⲙⲟⲥ ⲧⲏⲣⲟⲩ ⲉⲧϩⲓⲃⲟⲗ ⲛⲁⲩ ⲉⲣⲟϥ ⲛⲑⲉ ⲛⲛⲥⲓⲟⲩ ⲙⲡⲉⲥⲧⲉⲣⲉⲱⲙⲁ ϩⲛ ⲧⲉⲩϣⲏ. ⲛⲑⲉ ⲉⲧⲉⲣⲉ ⲛⲣⲱⲙⲉ ⲉⲡⲓⲑⲩⲙⲉⲓ ⲉⲛⲁⲩ ⲉⲡⲣⲏ ⲛⲧⲉⲓϩⲉ ϩⲱⲱϥ ⲥⲉ-ⲉⲡⲓⲑⲩⲙⲉⲓ ⲉⲛⲁⲩ ⲉⲣⲟϥ ⲛ́ϭⲓ ⲛⲕⲟⲥⲙⲟⲥ ⲉⲧϩⲓⲃⲟⲗ. ⲉⲧⲃⲉ ⲧⲉϥⲙⲛⲧ-ⲁⲧⲛⲁⲩ ⲉⲣⲟⲥ ⲉⲧⲙⲡⲉϥⲕⲱⲧⲉ ⲛⲧⲟϥ ⲛⲟⲩⲟⲉⲓϣ ⲛⲓⲙ ⲡⲉⲧϯ ⲙ-

[1] Le manuscrit porte la répétition de ⲛⲓⲙ, ce qui est fautif. D'ailleurs tout ce passage est mal construit : ou il manque un verbe après ⲛⲧⲁϥϫⲏⲕ ⲉⲃⲟⲗ, ou le verbe pour les deux membres de phrase est ϣⲱⲡⲉ ⲉⲃⲟⲗϩⲙ ⲡⲓⲱⲧ. La présence de ce dernier mot ne laisse pas que d'être embarrassante, et sans doute elle provient de ce que le traducteur n'a suivi que d'assez loin l'original grec. J'ai traduit comme si la première supposition était la bonne.

---

des myriades de myriades d'æons dans la joie, car ils se sont réjouis avec le Père. Ce sont les mondes où a poussé Stauros[1], et l'homme est sorti de ses membres incorporels; c'est le père et la source de tous les êtres, qui a produit les membres. Du Père existent tous les noms, soit *Ineffable*, soit *Incorruptible*, soit *Invisible*, soit *Simple*, soit *Solitaire*, soit *Puissance*, soit *Toute-Puissance*, soit tout nom qui est dans le silence : ils sont tous dans le Père. C'est celui que tous les mondes extérieurs voient comme les étoiles du firmament dans la nuit. Comme les hommes désirent voir le soleil, ainsi les mondes extérieurs désirent le voir à cause de son invisibilité qui l'entoure. C'est lui qui en tout temps donne la vie aux æons et c'est par son Verbe que . . . . . la

[1] Il y a ici un jeu de mots, parce que le mot ⲥⲧⲁⲩⲣⲟⲥ signifie *croix* et est en même temps le nom d'un æon.

LE PAPYRUS GNOSTIQUE BRUCE.

πωνϩ ννaιων aυω ϩιτμ πεϥϣaϫε εντa πaτπω..... coυν τμονac εειμε ερoc aυω ϩιτμ πεϥϣaϫε εντaϥϣωπε νϭι φιερον μπληρωμa. πaι πε πιωτ μπεϩ cνaυ νδημιουργoc πaï ϩιτμ πνιϥε νρωϥ a τεπρονοιa ρ ϩωβ ενετε νcεϣοοπ aν. aυϣωπε ϩιτν πεθελημa μπaï ϫε ντοϥ πετουεϩcaϩνε μπτηρϥ ετρεϥϣωπε. aϥτaμιο μφιερον μπληρωμa ντειϩε. νϥτο μπυλη ερε ϥτο μμονac νϩητϥ ουa μμονac ετπυλη τπυλη aυω cooυ μπaρacτaτηc ετπυλη τπυλη ϩa ϫουταϥτε μπaρacτaτηc aυω ϫουταϥτε ντβa νδυνaμιc ετπυλη τπυλη aυω ψιτε νϩεννac ετπυλη τπυλη aυω μητε νδεκac ετπυλη τπυλη aυω μνcνοουc νδωδεκac ετπυλη τπυλη aυω ϯε μπεντac νϭομ ετπυλη τπυλη. aυω ουεπιcκοπoc εουν ϣομντ νϩο μμοϥ ουϩο νaγεννητoc μν ουϩο νaληθειa μν ουϩο νaϩρητoc ετπυλη τπυλη. ερε ουa ννεϥϩο ϭωϣτ εβολ ντπυλη ενaιων ετϩιβολ aυω επκεουa ϭωϣτ εβολ εϩουν επcνθευc ερε πκεουa ϭωϣτ

Monade pour la connaître : c'est par son Verbe qu'a existé le saint Plérôme. C'est le Père, le second Démiurge; c'est par le souffle de sa bouche que la *Pronoia* a travaillé en faveur de ceux qui n'existaient pas, et ils ont existé par la volonté de celui-ci, car c'est lui qui a ordonné à toutes choses d'exister. Il a créé le saint Plérôme de cette manière. Aux quatre portes du Plérôme sont quatre Monades, une Monade à chaque porte, et six *Parastates* à chaque porte; en tout vingt-quatre *Parastates* et vingt-quatre myriades de Puissances à chaque porte, neuf Ennéades à chaque porte, dix Décades à chaque porte, douze Dodécades à chaque porte, cinq *pentades* de Puissances à chaque porte, un *Surveillant* à trois visages, un visage inné, un visage de vérité et un visage ineffable, à chaque porte. L'un de ces visages regarde en dehors de la porte les æons extérieurs, l'autre regarde dans le cνθευc [1], le troi-

[1] Je ne sais pas le moins du monde ce que c'est que ce cνθευc.

ⲉⲡϫⲓⲥⲉ ⲁⲩⲱ ⲧⲙⲛⲧϣⲏⲣⲉ ϩⲛ ⲧⲙⲟⲛⲁⲥ ⲧⲙⲟⲛⲁⲥ ⲉⲣⲉ ⲁⲫⲣⲏⲇⲱⲛ ⲙⲙⲁⲩ ⲙⲛ ⲡⲉϥⲙⲛⲧⲥⲛⲟⲟⲩⲥ ⲛⲭ̄ⲥ̄. ⲉϥⲙⲙⲁⲩ ⲛϭⲓ ⲡⲉ ⲡⲣⲟⲡⲁⲧⲱⲣ ⲉⲣⲉ ⲁⲇⲁⲙ ⲡⲁ ⲡⲟⲩⲟⲉⲓⲛ ⲙⲡⲙⲁ ⲉⲧⲙⲙⲁⲩ ⲁⲩⲱ ⲡⲉϥϣⲟⲙⲛⲧ ⲛϣⲉ ⲛⲛⲁⲓⲱⲛ. ⲁⲩⲱ ⲉⲣⲉ ⲡⲧⲉⲗⲉⲓⲟⲥ ⲛⲛⲟⲩⲥ ⲙⲙⲁⲩ ⲉⲩⲕⲱⲧⲉ ⲉⲟⲩⲕⲉⲛⲟⲩⲛ[1] ⲉϥⲛⲧⲁⲑⲁⲛⲁⲥⲓⲁ ⲉⲣⲉ ⲫⲟ ⲛⲁϩⲣⲏⲧⲟⲛ ⲙⲡⲉⲡⲓⲥⲕⲟⲡⲟⲥ ϭⲱϣⲧ ⲉϩⲟⲩⲛ ⲉⲡⲉⲧⲟⲩⲁⲁⲃ ⲛⲧⲉ ⲛⲉⲩⲟⲩⲁⲁⲃ ⲉⲧⲉ ⲡⲁⲡⲉⲣⲁⲛⲧⲟⲥ ⲡⲉ ⲉϥⲟ ⲛⲕⲉⲫⲁⲗⲏ ⲙⲫⲓⲉⲣⲟⲛ. ⲉⲣⲉ ϩⲟ ⲥⲛⲁⲩ ⲙⲙⲟϥ ⲉⲣⲉ ⲟⲩⲁ ⲟⲩⲏⲛ ⲉⲡⲧⲟⲡⲟⲥ ⲙⲡⲃⲁⲑⲟⲥ ⲁⲩⲱ ⲉⲣⲉ ⲡⲕⲉⲟⲩⲁ ⲟⲩⲏⲛ ⲉⲡⲧⲟⲡⲟⲥ ⲙⲡⲉⲡⲓⲥⲕⲟⲡⲟⲥ ⲉϣⲁⲩⲙⲟⲩⲧⲉ ⲉⲣⲟϥ ϫⲉ ⲡⲁⲗⲟⲩ. ⲁⲩⲱ ⲉⲣⲉ ⲟⲩⲃⲁⲑⲟⲥ ⲙⲙⲁⲩ ⲉϣⲁⲩⲙⲟⲩⲧⲉ ⲉⲣⲟϥ ϫⲉ ⲡⲟⲩⲟⲉⲓⲛ ⲏ ⲡⲉⲧⲣ ⲟⲩⲟⲉⲓⲛ ⲉⲣⲉ ⲟⲩⲙⲟⲛⲟⲅⲉⲛⲏⲥ ⲛϩⲏⲧϥ ⲉϥϩⲏⲡ ⲛⲧⲟϥ ⲡⲉⲧⲟⲩⲱⲛϩ ⲉⲃⲟⲗ ⲛϣⲙⲛⲧ ⲛϭⲟⲙ. ⲡⲁⲓ ⲉⲧϭⲙϭⲟⲙ ϩⲛ ϭⲟⲙ ⲛⲓⲙ. ⲡⲁⲓ ⲡⲉ ⲡⲁⲧⲡⲱϣ ⲡⲁⲓ ⲡⲉ ⲉⲧⲉⲙⲡϥⲡⲱϣ ⲉⲛⲉϩ ⲡⲁϊ ⲡⲉ ⲛⲧⲁ ⲡⲧⲏⲣϥ ⲟⲩⲱⲛ ⲛⲁϥ ϫⲉ ⲛⲟⲩϥ ⲛⲉ ⲛϭⲟⲙ. ⲟⲩⲛ ϣⲟⲙⲛⲧ ⲛϩⲟ ⲙⲙⲟϥ ⲟⲩϩⲟ ⲛⲁⲫⲣⲏⲇⲱⲛ ⲉϣⲁⲩⲙⲟⲩⲧⲉ ⲉⲣⲟϥ ϫⲉ ⲁⲫⲣⲏⲇⲱⲛ ⲡⲏϫⲟⲥ ⲉⲩⲛ ⲟⲩⲙⲟⲛⲟⲅⲉⲛⲏⲥ

[1] *Cod.* ⲉⲩⲕⲁⲛⲟⲩⲛ, ce qui n'offre aucun sens; mais je dois avertir que la correction est loin d'être certaine.

---

sième regarde en haut; dans chaque Monade est la *Filiété*[1]. C'est là que se trouve ⲁⲫⲣⲏⲇⲱⲛ avec ses douze *Christs*, là qu'est Propator, et dans ce lieu est aussi Adam, celui de la lumière, avec ses trois cents æons. Là est le Nous parfait. Ils environnent un autre abîme d'immortalité : le visage ineffable du Surveillant regardant dans le Saint des saints, qui est l'Infini, chef du (Plérôme) saint. Ce chef a deux visages, dont l'un est ouvert du côté du lieu de l'abîme et l'autre du côté du Surveillant que l'on nomme le *Serviteur*. Il y a là un abîme que l'on nomme *lumière*, ou *celui qui donne la lumière;* en cet abîme se trouve caché un Monogénès. C'est lui qui manifeste les trois Puissances, celui qui est puissant entre toutes les Puissances. C'est l'Indivisible, c'est celui qu'on ne divise jamais; c'est celui à qui tout est découvert parce que les Puissances sont siennes. Il a trois visages : un visage ⲁⲫⲣⲏⲇⲱⲛ que

[1] Ce mot *Filiété* (ⲙⲛⲧϣⲏⲣⲉ) nous reporte en plein dans le système de Basilide.

ϩⲏⲡ ϩⲣⲁ̈ⲓ ⲛϩⲏⲧϥ ⲉⲧⲉ ⲛⲧⲟϥ ⲡⲉ ⲡⲉⲧⲣⲓⲇⲩⲛⲁⲙⲓⲥ[1] ⲉⲣϣⲁⲛ ⲡⲙⲉⲉⲩⲉ ⲉⲓ ⲉⲃⲟⲗϩⲛ ⲡⲃⲁⲑⲟⲥ ϣⲁⲣⲉ ⲁⲫⲣⲏⲇⲱⲛ ϫⲓ ⲛⲧⲉⲡⲓⲛⲟⲓⲁ ⲛϥⲛⲧⲥ ⲙⲡⲙⲟⲛⲟⲅⲉⲛⲏⲥ ⲛⲧⲉ ⲡⲙⲟⲛⲟⲅⲉⲛⲏⲥ ⲛⲥⲉⲛⲧⲥ ⲙⲡⲁⲗⲟⲩ ⲛⲥⲉⲛⲧⲥ ⲉⲃⲟⲗ ⲉⲛⲁⲓⲱⲛ ⲧⲏⲣⲟⲩ ϣⲁ ⲡⲧⲟⲡⲟⲥ ⲙⲡⲉⲧⲣⲓⲇⲩⲛⲁⲙⲓⲥ ⲛⲥⲉϫⲟⲕⲟⲩ ⲛⲥⲉϫⲓⲧⲥ ⲉϩⲟⲩⲛ ⲙⲡϯⲟⲩ ⲛⲁⲅⲉⲛⲛⲏⲧⲟⲥ. ⲟⲩⲛ ⲕⲉⲧⲟⲡⲟⲥ ⲟⲛ ⲉⲩⲙⲟⲩⲧⲉ ⲉⲣⲟϥ ϫⲉ ⲃⲁⲑⲟⲥ ⲟⲩⲛ ϣⲟⲙⲛⲧ ⲙⲙⲛⲧⲉⲓⲱⲧ ⲛϩⲏⲧϥ ⲡϣⲟⲣⲡ ⲉⲣⲉ ⲡⲕⲁⲗⲩⲡⲧⲱ ⲙⲙⲁⲩ ⲉⲧⲉ ⲛⲧⲟϥ ⲡⲉ ⲡⲛⲟⲩⲧⲉ ⲉⲑⲏⲡ ⲁⲩⲱ ⲡⲙⲉϩ ⲥⲛⲁⲩ ⲛⲉⲓⲱⲧ[2] ⲉⲣⲉ ⲡϯⲟⲩ ⲛϣⲏⲛ ⲁϩⲉⲣⲁⲧⲟⲩ ⲛϩⲏⲧϥ ⲁⲩⲱ ⲟⲩⲛ ⲟⲩⲧⲣⲁⲡⲉⲍⲁ ϩⲛ ⲧⲉⲩⲙⲏⲧⲉ ⲉⲩⲛ ⲟⲩⲗⲟⲅⲟⲥ ⲙⲙⲟⲛⲟⲅⲉⲛⲏⲥ ⲁϩⲉⲣⲁⲧϥ ϩⲓϫⲛ ⲧⲉⲧⲣⲁⲡⲉⲍⲁ ⲉϥⲟ ⲙⲙⲛⲧⲥⲛⲟⲟⲩⲥ ⲛϩⲟ ⲙⲡⲛⲟⲩⲥ ⲙⲡⲧⲏⲣϥ ⲁⲩⲱ ⲡⲥⲟⲡⲥⲡ ⲛⲟⲩⲟⲛ ⲛⲓⲙ ⲉⲩϫⲓ ⲙⲙⲟϥ ⲉⲣⲁⲧϥ. ⲡⲁⲓ ⲡⲉ ⲛⲧⲁ ⲡⲧⲏⲣϥ ⲣⲁϣⲉ ⲉⲧⲃⲏⲧϥ ϫⲉ ⲁϥⲟⲩⲱⲛϩ ⲉⲃⲟⲗ. ⲁⲩⲱ ⲡⲁ̈ⲓ ⲡⲉ ⲛⲧⲁ ⲡⲁⲧⲡⲱϣ ⲁⲅⲱⲛⲓⲍⲉ ⲉⲥⲟⲩⲱⲛϥ. ⲁⲩⲱ ⲡⲁ̈ⲓ ⲡⲉ ⲛⲧⲁ ⲡⲣⲱⲙⲉ ⲟⲩⲱⲛϩ ⲉⲃⲟⲗ ⲉⲧⲃⲏⲏⲧϥ. ⲡⲙⲉϩ ϣⲟⲙⲛⲧ ⲉⲣⲉ ⲧⲥⲓⲅⲏ

[1] Il semble qu'avec ce nom grec féminin il faudrait l'article féminin; mais comme ce nom désigne un æon mâle, il peut se faire que l'article doive rester masculin. C'est pourquoi je n'ai pas osé le corriger.

[2] Il faudrait ici ⲙⲙⲛⲧⲉⲓⲱⲧ; mais la copie est formelle.

---

l'on nomme ⲁⲫⲣⲏⲇⲱⲛ ⲡⲏϩⲟⲥ, dans lequel se trouve caché un Monogénès, qui est la *Triple Puissance.* Si la Pensée sort de l'abîme, ⲁⲫⲣⲏⲇⲱⲛ prend l'Epinoia pour la conduire au Monogénès du Monogénès, pour qu'on la mène au Serviteur, pour qu'on la conduise jusqu'au lieu de la Triple Puissance, pour se perfectionner, pour la conduire dans le lieu des cinq Innés. Il y a aussi un autre lieu que l'on nomme abîme, où il y a trois Paternités; la première, où se trouve ⲕⲁⲗⲩⲡⲧⲱ, c'est le Dieu caché; dans la seconde Paternité il y a cinq arbres, au milieu desquels est une table. Un verbe Monogénès se tient sur cette table, ayant les douze visages du Nous de toutes choses; et les prières de tous les êtres, on les place devant lui : c'est à cause de lui que le Plérôme se réjouit, parce qu'il s'est manifesté. C'est lui que l'Invisible s'est efforcé de connaître, et c'est à cause de lui que l'Homme a paru. Dans le troisième se trouvent le *Silence* et la *Source* que douze Christs

LE PAPYRUS GNOSTIQUE BRUCE.

ⲛϩⲏⲧϥ ⲙⲛ ⲧⲡⲏⲅⲏ ⲉⲣⲉ ⲙⲛⲧⲥⲛⲟⲟⲩⲥ ⲛⲭ̅ⲥ̅ ϭⲱϣⲧ ⲉⲣⲟⲥ ⲉⲩⲛⲁⲩ ⲉⲣⲟⲟⲩ ⲛϩⲏⲧⲥ ⲁⲩⲱ ⲉⲣⲉ ⲧⲁⲅⲁⲡⲏ ⲛϩⲏⲧϥ ⲁⲩⲱ ⲡⲛⲟⲩⲥ ⲙⲡⲧⲏⲣϥ ⲁⲩⲱ ϯⲉ ⲛⲥⲫⲣⲁⲅⲓⲥ. ⲁⲩⲱ ⲙⲛⲛⲥⲱⲥ ⲡⲡⲁⲙⲙⲏⲧⲱⲣ ⲉⲛⲧⲁ ⲑⲉⲛⲛⲁⲥ ⲟⲩⲱⲛϩ ⲉⲃⲟⲗ ⲛϩⲏⲧϥ ⲉⲧⲉ ⲛⲁⲓ̈ ⲛⲉ ⲛⲉⲥⲣⲁⲛ ⲧⲉ ⲡⲣⲱⲧⲓⲁ[1] ⲧⲡⲁⲛⲇⲓⲁ ⲧⲡⲁⲛⲅⲉⲛⲓⲁ ⲇⲟⲝⲟⲫⲁⲛⲓⲁ ⲇⲟⲝⲟⲅⲉⲛⲓⲁ ⲇⲟⲝⲟⲕⲣⲁⲧⲓⲁ ⲁⲣⲥⲉⲛⲟⲅⲉⲛⲓⲁ ⲗⲱⲓ̈ⲁ ⲓⲟⲩⲏⲗ. ⲧⲁⲓ ⲧⲉ ⲡϣⲟⲣⲡ ⲛⲁⲕⲁⲧⲁⲅⲛⲱⲥⲧⲟⲥ ⲧⲙⲁⲁⲩ ⲛⲑⲉⲛⲛⲁⲥ ⲉϣⲁⲥϫⲱⲕ ⲉⲩⲇⲉⲕⲁⲥ ⲉⲃⲟⲗϩⲛ ⲧⲙⲟⲛⲁⲥ ⲛⲧⲉ ⲡⲓⲁⲅⲛⲱⲥⲧⲟⲥ. ⲙⲛⲛⲥⲁ ⲛⲁⲓ̈ ⲟⲩⲛ ⲕⲉⲧⲟⲡⲟⲥ ⲉϥⲟⲩⲱϣϫ ⲉⲃⲟⲗ ⲉⲟⲩⲛⲧϥ ⲟⲩⲛⲟϭ ⲙⲙⲛⲧⲣⲙⲙⲁⲟ ⲉⲥϩⲏⲡ ϩⲣⲁⲓ̈ ⲛϩⲏⲧϥ ⲉⲥⲭⲱⲣⲏⲅⲉⲓ ⲙⲡⲧⲏⲣϥ ⲉⲧⲉ ⲡⲁⲓ̈ ⲡⲉ ⲡⲃⲁⲑⲟⲥ ⲛⲁⲙⲉⲧⲣⲏⲧⲟⲥ. ⲉⲩⲛ ⲟⲩⲧⲣⲁⲡⲉⲍⲁ ⲙⲙⲁⲩ ⲉⲩⲥⲟⲟⲩϩ ⲉⲣⲟⲥ ⲛϭⲓ ϣⲟⲙⲛⲧ ⲙⲙⲛⲧⲛⲟϭ ⲟⲩⲏⲣⲉⲙⲟⲥ ⲙⲛ ⲟⲩⲁⲕⲁⲧⲁⲅⲛⲱⲥⲧⲟⲥ ⲙⲛ ⲟⲩⲁⲡⲉⲣⲁⲛⲧⲟⲥ ⲉⲩⲛ ⲟⲩⲙⲛⲧϣⲏⲏⲣⲉ ϩⲛ ⲧⲉⲩⲙⲏⲧⲉ ⲉⲩⲙⲟⲩⲧⲉ ⲉⲣⲟⲥ ϫⲉ ⲡⲉⲭ̅ⲥ̅ ⲡⲇⲟⲕⲓⲙⲁⲥⲧⲏⲥ. ⲛⲧⲟϥ ⲡⲉⲧⲇⲟⲕⲓⲙⲁⲍⲉ ⲙⲡⲟⲩⲁ ⲡⲟⲩⲁ ⲁⲩⲱ ⲉϥⲥⲫⲣⲁⲅⲓⲍⲉ ⲙⲙⲟϥ ϩⲛ ⲧⲉⲥⲫⲣⲁⲅⲓⲥ ⲙⲡⲓⲱⲧ ⲉϥϫⲟⲩ ⲙⲙⲟⲟⲩ ⲉϩⲟⲩⲛ ⲙⲡϣⲟⲣⲡ ⲛⲉⲓⲱⲧ ⲉⲧϣⲟⲟⲡ ϩⲁⲣⲓ ϩⲁⲣⲟϥ. ⲡⲁⲓ ⲉⲧⲃⲏⲏⲧϥ ⲉⲛⲧⲁ ⲡⲧⲏⲣϥ ϣⲱⲡⲉ ⲁⲩⲱ ⲁ-

[1] Je conserve l'orthographe du papyrus pour ces noms barbares.

---

contemplent, se voyant en elle. En lui se trouvent aussi ⲁⲅⲁⲡⲏ et le Nous du Plérôme, et de plus ⲡⲁⲙⲙⲏⲧⲱⲣ, duquel est sortie l'Ennéade dont voici les noms : ⲡⲣⲱⲧⲓⲁ, ⲡⲁⲛⲧⲓⲁ, ⲡⲁⲛⲅⲉⲛⲓⲁ, ⲇⲟⲝⲟⲫⲁⲛⲓⲁ, ⲇⲟⲝⲟⲅⲉⲛⲓⲁ, ⲇⲟⲝⲟⲕⲣⲁⲧⲉⲓⲁ, ⲁⲣⲥⲉⲛⲟⲅⲉⲛⲓⲁ, ⲗⲱⲓⲁ, ⲓⲟⲩⲏⲗ. C'est le premier Inconnaissable, la mère de l'Ennéade qui complète une Décade sortie de la Monade de l'Inconnaissable. Ensuite il y a un autre lieu plus étendu où est cachée une grande richesse qui entoure le Plérôme : c'est l'abîme incommensurable, où est une table sur laquelle sont rassemblées trois Puissances : un Solitaire, un Inconnaissable et un Infini, au milieu desquels se trouve une *Filiété* que l'on nomme Christos, le *glorificateur*. C'est lui qui glorifie chacun et lui imprime le sceau du Père, qui introduit tout le monde dans (l'æon) du premier père qui est seul, celui à cause duquel tout existe et sans lequel rien

ϫⲚⲦϤ ⲘⲠⲈⲖⲀⲀⲨ ϢⲰⲠⲈ.ⲀⲨⲰ ⲠⲈⲒⲬ︦Ⲥ︦ ϤⲫⲞⲢⲒ ⲘⲘⲚⲦⲤⲚⲞⲞⲨⲤ ⲚϨⲞ ⲞⲨϨⲞ ⲚⲀⲠⲈⲢⲀⲚⲦⲞⲤ ⲘⲚ ⲞⲨϨⲞ ⲚⲀⲬⲰⲢⲎⲦⲞⲤ ⲘⲚ ⲞⲨϨⲞ ⲚⲀϨⲢⲎⲦⲞⲤ ⲘⲚ ⲞⲨϨⲞ ⲚϨⲀⲠⲖⲞⲨⲚ ⲘⲚ ⲞⲨϨⲞ ⲚⲀⲫⲐⲀⲢⲦⲞⲚ ⲘⲚ ⲞⲨϨⲞ ⲚⲎⲢⲈⲘⲞⲤ ⲘⲚ ⲞⲨϨⲞ ⲚⲀⲔⲀⲦⲀⲄⲚⲰⲤⲦⲞⲤ ⲘⲚ ⲞⲨϨⲞ ⲚⲀϨⲞⲢⲀⲦⲞⲤ ⲘⲚ ⲞⲨϨⲞ ⲚⲦⲢⲒⲆⲨⲚⲀⲘⲒⲤ ⲘⲚ ⲞⲨϨⲞ ⲚⲀⲤⲀⲖⲈⲨⲦⲞⲤ ⲘⲚ ⲞⲨϨⲞ ⲚⲀⲄⲈⲚⲚⲎⲦⲞⲤ ⲘⲚ ⲞⲨϨⲞ ⲚϨⲈⲒⲖⲒⲔⲢⲒⲚⲈⲤ.ⲘⲘⲀ ⲈⲦⲘⲘⲀⲨ ⲞⲨⲚ ⲘⲚⲦⲒ︦Ⲃ︦ ⲘⲠⲎⲄⲎ ⲘⲘⲀⲨ ⲈⲨⲘⲞⲨⲦⲈ ⲈⲢⲞⲞⲨ ϪⲈ ⲘⲠⲎⲄⲎ ⲚⲖⲞⲄⲒⲔⲞⲚ ⲈⲨⲘⲈϨ ⲚⲰⲚϨ ϢⲀ ⲚⲒⲈⲚⲈϨ ⲈⲨⲘⲞⲨⲦⲈ ⲈⲢⲞⲞⲨ ⲞⲚ ϪⲈ ⲚⲂⲀⲐⲞⲤ ⲀⲨⲰ ⲞⲚ ϢⲀⲨⲘⲞⲨⲦⲈ ⲈⲢⲞⲞⲨ ϪⲈ ⲠⲘⲚⲦⲤⲚⲞⲞⲨⲤ ⲚⲬⲰⲢⲎⲘⲀ ⲈⲂⲞⲖϪⲈ ⲤⲈϢⲰⲠ ⲈⲢⲞⲞⲨ ⲚⲦⲞⲠⲞⲤ ⲚⲒⲘ ⲘⲘⲚⲦⲈⲒⲰⲦ ⲀⲨⲰ ⲠⲔⲀⲢⲠⲞⲤ ⲘⲠⲦⲎⲢϤ ⲠⲀЇ ⲈⲦⲞⲨⲢ ϨⲰⲂ ⲈⲢⲞϤ ⲠⲀЇ ⲠⲈ ⲠⲈⲬ︦Ⲥ︦ ⲈⲦϢⲰⲠ ⲘⲠⲦⲎⲢϤ ⲈⲢⲞϤ. ⲘⲚⲚⲤⲀ ⲚⲀЇ ⲦⲎⲢⲞⲨ ⲠⲂⲀⲐⲞⲤ ⲚⲤⲎⲐⲈⲨⲤ ⲠⲈ ⲠⲀЇ ⲈⲦϨⲒϨⲞⲨⲚ ⲘⲘⲞⲞⲨ ⲦⲎⲢⲞⲨ ⲚⲈⲦⲈⲢⲈ ⲘⲚⲦⲤⲚⲞⲞⲨⲤ ⲘⲘⲚⲦⲈⲒⲰⲦ ⲔⲰⲦⲈ ⲈⲢⲞϤ.ⲚⲦⲞϤ ⲆⲈ ⲠⲈⲦϨⲚ ⲦⲈⲨⲘⲎⲦⲈ ⲈⲢⲈ ⲠⲞⲨⲀ ⲠⲞⲨⲀ Ⲟ ⲚϢⲞⲘⲚⲦ ⲚϨⲞ Ⲡ-

LE PAPYRUS GNOSTIQUE BRUCE.

---

n'existe. Et ce Christ porte douze visages; un visage Infini, un visage Incontenable, un visage Ineffable, un visage Simple, un visage Impérissable, un visage Solitaire, un visage Inconnaissable, un visage Invisible, un visage Tridynamique, un visage Inébranlable, un visage Inné et un visage Pur. Les lieux où sont ces douze sources, que l'on nomme *Sources logiques*, pleines de vie pour l'éternité, on les appelle *Abîmes* et on les appelle aussi les douze *Contenances*, parce qu'ils reçoivent à eux tous les lieux de paternité de la part du Plérôme et le fruit du Plérôme que l'on a fait, qui est le Christ qui a reçu le Plérôme en lui [1]. Après tout cela vient l'abîme de ⲤⲎⲐⲈⲨⲤ. C'est celui qui est en eux tous et qu'entourent douze Paternités, au milieu desquelles il se trouve. Chaque Paternité a trois visages. La première d'entre elles est l'Indivisible; il a trois visages : un visage Infini, un visage Invisible et un visage Ineffable. Le second père a un visage Incontenable, un visage Inébranlable et un visage Incorruptible. Le troisième père a un visage Inconnais-

[1] La mention de ce fruit du Plérôme, nommé par les Pères grecs *Fruit commun du Plérôme*, nous reporte au système de Valentin.

ϣⲟⲣⲡ ⲛϩⲏⲧⲟⲩ ⲡⲉ ⲡⲁⲧⲡⲱϣ. ⲟⲩⲛ ϣⲟⲙⲛⲧ ⲛϩⲟ ⲙⲙⲟϥ ⲟⲩϩⲟ ⲛⲁⲡⲉⲣⲁⲛⲧⲟⲥ ⲙⲛ ⲟⲩϩⲟ ⲛⲁϩⲟⲣⲁⲧⲟⲥ ⲙⲛ ⲟⲩϩⲟ ⲛⲁϩⲣⲏⲧⲟⲥ. ⲁⲩⲱ ⲡⲙⲉϩ ⲥⲛⲁⲩ ⲛⲉⲓⲱⲧ ⲟⲩϩⲟ ⲛⲁⲭⲱⲣⲏⲧⲟⲥ ⲡⲉ ⲙⲛ ⲟⲩϩⲟ ⲛⲁⲥⲁⲗⲉⲩⲧⲟⲥ ⲙⲛ ⲟⲩϩⲟ ⲛⲁⲙⲓⲁⲛⲧⲟⲥ. ⲡⲙⲉϩ ϣⲟⲙⲛⲧ ⲛⲉⲓⲱⲧ ⲟⲩⲛ ⲟⲩϩⲟ ⲙⲙⲟϥ ⲛⲁⲕⲁⲧⲁⲅⲛⲱⲥⲧⲟⲥ ⲙⲛ ⲟⲩϩⲟ ⲛⲁⲫⲑⲁⲣⲧⲟⲥ ⲙⲛ ⲟⲩϩⲟ ⲛⲁⲫⲣⲏⲇⲱⲛ. ⲡⲙⲉϩ ϥⲧⲟⲟⲩ ⲛⲉⲓⲱⲧ ⲟⲩⲛ ⲟⲩϩⲟ ⲙⲙⲟϥ ⲛⲥⲓⲅⲏ ⲙⲛ ⲟⲩϩⲟ ⲙⲡⲏⲅⲏ ⲙⲛ ⲟⲩϩⲟ ⲛⲁⲧϭⲙϭⲱⲙϥ. ⲡⲙⲉϩ ϯⲟⲩ ⲛⲉⲓⲱⲧ ⲟⲩⲛ ⲟⲩϩⲟ ⲙⲙⲟϥ ⲛⲏⲣⲉⲙⲟⲥ ⲙⲛ ⲟⲩϩⲟ ⲙⲡⲁⲛⲧⲟⲇⲩⲛⲁⲙⲓⲥ ⲙⲛ ⲟⲩϩⲟ ⲛⲁⲅⲉⲛⲛⲏⲧⲟⲥ. ⲡⲙⲉϩ ⲥⲟⲟⲩ ⲛⲉⲓⲱⲧ ⲟⲩⲛ ⲟⲩϩⲟ ⲙⲙⲟϥ ⲙⲡⲁⲛⲧⲟⲡⲁⲧⲱⲣ ⲙⲛ ⲟⲩϩⲟ ⲛⲁⲩⲧⲟⲡⲁⲧⲱⲣ ⲙⲛ ⲟⲩϩⲟ ⲙⲡⲣⲟⲅⲉⲛⲛⲏⲧⲱⲣ. ⲡⲙⲉϩ ⲥⲁϣϥ ⲛⲉⲓⲱⲧ ⲟⲩⲛ ⲟⲩϩⲟ ⲙⲙⲟϥ ⲙⲡⲁⲛⲙⲩⲥⲧⲏⲣⲓⲟⲛ ⲙⲛ ⲟⲩϩⲟ ⲙⲡⲁⲛⲥⲟⲫⲟⲥ ⲙⲛ ⲟⲩϩⲟ ⲙⲡⲁⲛⲡⲏⲅⲏ. ⲡⲙⲉϩ ⲏ̅ ⲛⲉⲓⲱⲧ ⲟⲩⲛ ⲟⲩϩⲟ ⲙⲙⲟϥ ⲛⲟⲩⲟⲉⲓⲛ ⲙⲛ ⲟⲩϩⲟ ⲛⲁⲛⲁⲡⲁⲩⲥⲓⲥ ⲙⲛ ⲟⲩϩⲟ ⲛⲁⲛⲁⲥⲧⲁⲥⲓⲥ. ⲡⲙⲉϩ ⲯⲓⲥ ⲛⲉⲓⲱⲧ ⲟⲩⲛ ⲟⲩϩⲟ ⲙⲙⲟϥ ⲛⲕⲁⲧⲁⲗⲏⲡⲧⲟⲥ ⲙⲛ[1] ⲟⲩϩⲟ ⲙⲡⲣⲟⲧⲟⲫⲁⲛⲏⲥ. ⲡⲙⲉϩ ⲙⲏⲧ ⲇⲉ ⲛⲉⲓⲱⲧ ⲟⲩⲛ ⲟⲩϩⲟ ⲙⲙⲟϥ ⲛⲧⲣⲓⲥⲁⲣⲥⲏⲥ ⲙⲛ ⲟⲩϩⲟ ⲛⲁⲇⲁⲙⲁⲥ ⲙⲛ ⲟⲩϩⲟ ⲛϩⲉⲓⲗⲓⲕⲣⲓⲛⲉⲥ. ⲡⲙⲉϩ ⲙⲛⲧⲟⲩⲉ ⲇⲉ ⲛⲉⲓⲱⲧ ⲟⲩⲛ ⲟⲩϩⲟ ⲙⲙⲟϥ ⲛⲧⲣⲓⲇⲩⲛⲁⲙⲓⲥ ⲙⲛ

[1] *Cod.* ⲙⲙⲛ. Il doit y avoir un visage d'omis, puisqu'on n'en trouve que deux pour ce neuvième Père et que tous les douze doivent en avoir trois.

sable, un visage Impérissable et un visage ⲁⲫⲣⲏⲇⲱⲛ. Le quatrième père a un visage Silence, un visage Source et un visage Impalpable. Le cinquième père a un visage Solitaire, un visage Toute-Puissance et un visage Inengendré. Le sixième père a un visage Pantopator, un visage Autopator et un visage Pro engendreur. Le septième père a un visage Mystère universel, un visage Toute-Sagesse et un visage Source universelle. Le huitième père a un visage Lumière, un visage Repos et un visage Résurrection. Le neuvième père a un visage Saisissable, un visage de Proto-visible. . . Le dixième père a un visage ⲧⲣⲓⲥⲁⲣⲥⲏⲥ, un visage Adam et un visage Pur. Le onzième père a un visage Triple Puissance, un visage Parfait et un visage ⲥⲫⲓⲛⲑⲏⲣ, c'est-à-dire *Étincelle*. Le douzième père a un visage Vérité, un visage

ⲟⲩϩⲟ ⲛⲧⲉⲗⲉⲓⲟⲥ ⲙⲛ ⲟⲩϩⲟ ⲛⲥⲫⲓⲛⲑⲏⲣ ⲏ ⲛϯⲕ. ⲡⲙⲉϩ ⲙⲛⲧⲥⲛⲟⲟⲩⲥ ⲛⲉⲓⲱⲧ ⲟⲩⲛ ⲟⲩϩⲟ ⲙⲙⲟϥ ⲛⲁⲗⲏⲑⲓⲁ ⲙⲛ ⲟⲩϩⲟ ⲙⲡⲣⲟⲛⲟⲓⲁ ⲙⲛ ⲟⲩϩⲟ ⲛⲉⲡⲓⲛⲟⲓⲁ. ⲛⲁⲓ̈ ⲛⲉ ⲛⲙⲛⲧⲥⲛⲟⲟⲩⲥ ⲛⲉⲓⲱⲧ ⲉⲧⲕⲱⲧⲉ ⲉⲡⲥⲏⲑⲉⲩⲥ ⲉⲩⲉⲓⲣⲉ ⲛⲙⲁⲁⲃ ⲧⲁⲥⲉ ϩⲛ ⲧⲉⲩⲏⲡⲉ. ⲁⲩⲱ ⲉⲛⲧⲁ ⲛⲉⲧⲙⲡⲉⲩⲃⲟⲗ ϫⲓ ⲭⲁⲣⲁⲕⲧⲏⲣ ⲛϩⲏⲧⲟⲩ ⲁⲩⲱ ⲉⲧⲃⲉ ⲡⲁⲓ̈ ⲥⲉϯ ⲉⲟⲟⲩ ⲛⲁⲩ ⲛⲟⲩⲟⲉⲓϣ ⲛⲓⲙ. ⲟⲩⲛ ⲕⲉⲙⲛⲧⲥⲛⲟⲟⲩⲥ ⲟⲛ ⲉⲩⲕⲱⲧⲉ ⲉⲧⲉϥⲁⲡⲉ. ⲟⲩⲛ ⲟⲩϭⲣⲏ ⲡⲉ ϩⲓϫⲱⲟⲩ ⲉⲩⲛⲉϫ ⲁⲕⲧⲓⲛ ⲉⲃⲟⲗ ⲉⲛⲕⲟⲥⲙⲟⲥ ⲉⲩⲕⲱⲧⲉ ⲉⲣⲟⲟⲩ ⲉⲃⲟⲗϩⲙ ⲡⲟⲩⲟⲉⲓⲛ ⲙⲡⲙⲟⲛⲟⲅⲉⲛⲏⲥ ⲉⲧϩⲏⲡ ⲛϩⲏⲧϥ ⲡⲁⲓ̈ ⲉⲧⲟⲩⲕⲱⲧⲉ ⲛⲥⲱϥ. ⲡϣⲁϫⲉ ⲙⲉⲛ ⲉⲧⲣⲉⲛⲭⲱⲣⲉⲓ ⲙⲙⲟϥ ⲉⲃⲟⲗϩⲓⲧⲛ ⲛⲉⲧⲟⲩⲟⲧⲃ ⲉⲣⲟⲟⲩ ⲉϣⲁϫⲉ ⲉⲧⲃⲏⲏⲧⲛ ⲏⲇⲏ ⲙⲛ ϣϭⲟⲙ ⲙⲙⲟⲟⲩ ⲛⲕⲉϩⲉ ⲉⲛⲟⲓ̈ ⲙⲙⲟⲟⲩ ⲉⲧⲉ ⲁⲛⲟⲛ ⲡⲉ ⲉϣⲁϫⲉ ⲙⲉⲛ ⲉⲣⲟϥ ⲉⲃⲟⲗϩⲓⲧⲛ ⲟⲩⲗⲁⲥ ⲛⲥⲁⲣⲝ ⲛⲑⲉ ⲉⲧϥϣⲟⲟⲡ ⲙⲙⲟⲥ ⲟⲩⲁⲧϭⲟⲙ ⲡⲉ ⲡⲁⲓ̈. ϩⲉⲛ ⲛⲟϭ ⲅⲁⲣ ⲛⲉ ⲉⲩⲟⲩⲟⲧⲃ ⲉⲛⲇⲩⲛⲁⲙⲓⲥ ⲉⲧⲣⲉⲩⲥⲧⲙⲟⲩ ⲉⲃⲟⲗϩⲓⲧⲛ ⲟⲩⲉⲛⲛⲟⲓⲁ ⲁⲩⲱ ⲉⲟⲩⲁϩⲟⲩ ⲛⲥⲱϥ ⲉⲓⲙⲏⲧⲓ ⲛⲕⲉϩⲉ

LE PAPYRUS GNOSTIQUE BRUCE.

Pronoia et un visage Epinoia. Ce sont les douze Paternités qui entourent ⲥⲏⲑⲉⲩⲥ. Elles forment en tout un nombre de trente-six; ce sont celles de qui celles de l'extérieur ont reçu le caractère, et c'est pourquoi on leur rend gloire en tout temps. Il y en a encore douze autres qui environnent sa tête et qui portent une couronne sur la leur: ils lancent des rayons sur les mondes qui les entourent, grâce à la lumière du Monogénès qui est caché en lui, celui que l'on cherche. Quant au Verbe, pour le faire parvenir à lui par le moyen de ceux qui leur sont supérieurs, pour parler à notre sujet, désormais ils ne peuvent avoir une autre manière pour parler à eux, c'est-à-dire à nous[1]; mais quant à lui parler avec une langue de chair comme elle est, c'est ce qui est impossible. Ce sont en effet des Grandeurs trop supérieures aux Puissances pour qu'on les fasse obéir par une pensée et qu'on les

[1] Tout ce passage semble défier la traduction dans l'état présent du texte. Je ne présente la mienne que comme un pis aller, et j'avoue que je ne comprends presque rien à ce passage, sinon que l'on devait avoir besoin d'employer la parole, et non plus seulement la pensée, pour se rendre maître des æons de cette catégorie.

ⲉⲟⲩⲥⲩⲅⲅⲉⲛⲏⲥ ⲛⲧⲉ ⲛⲉⲧⲉⲙⲙⲁⲩ ϩⲣⲁï ϩⲛ ⲟⲩⲁ ⲉⲩⲛ ϣϭⲟⲙ ⲙⲙⲟϥ ⲉⲥⲱⲧⲙ ⲉⲧⲃⲉ ⲙⲙⲁ ⲉⲛⲧⲁϥⲉⲓ ⲉⲃⲟⲗ ⲛϩⲏⲧⲟⲩ. ϥⲱⲃ ⲅⲁⲣ ϥⲱⲃ ⲉϣⲁⲣⲉϥⲟⲩⲱϩ ⲛⲥⲁ ⲧⲉϥⲛⲟⲩⲛⲉ ϩⲟⲧⲓ ⲙⲉⲛ ϫⲉ ⲟⲩⲥⲩⲅⲅⲉⲛⲏⲥ ⲛⲧⲉ ⲙⲙⲩⲥⲧⲏⲣⲓⲟⲛ ⲡⲉ ⲡⲣⲱⲙⲉ ⲉⲧⲃⲉ ⲡⲁⲓ ⲡⲉ ⲁϥⲥⲱⲧⲙ ⲉⲡⲙⲩⲥⲧⲏⲣⲓⲟⲛ ⲁⲩⲟⲩⲱϣⲧ ⲛϭⲓ ⲛⲛⲟϭ ⲛⲇⲩⲛⲁⲙⲓⲥ ⲛⲛⲛⲟϭ ⲛⲛⲁⲓⲱⲛ ⲧⲏⲣⲟⲩ ⲛⲧⲇⲩⲛⲁⲙⲓⲥ ⲉⲧϩⲛ ⲙⲁⲣⲥⲁⲛⲏⲥ ⲡⲉϫⲁⲩ ϫⲉ ⲛⲓⲙ ⲡⲉ ⲡⲁï ⲉⲛⲧⲁϥⲛⲁⲩ ⲉⲛⲁⲓ ⲙⲡⲉⲙⲧⲟ ⲉⲃⲟⲗ ⲙⲡⲉϥϩⲟ ϫⲉ ⲉⲧⲃⲏⲏⲧϥ ⲁϥⲟⲩⲱⲛϩ ⲉⲃⲟⲗ ⲛⲧⲉïϩⲉ. ⲁ ⲡⲓⲕⲟ[ⲥⲙ?]ⲟⲥ ϣⲁϫⲉ ⲉⲧⲃⲏⲏⲧϥ ⲁϥⲛⲁⲩ ⲉⲣⲟϥ ϫⲉ ⲛⲧⲟϥ ⲡⲉ ⲡⲉⲧⲙⲙⲁⲩ. ⲡⲉϫⲁϥ ϫⲉ ϥϣⲟⲟⲡ ⲛϭⲓ ⲡⲓⲱⲧ ⲉϥⲟⲩⲟⲧⲃ ⲉⲧⲉⲗⲉⲓⲟⲥ ⲛⲓⲙ. ⲁϥⲟⲩⲱⲛϩ ⲉⲃⲟⲗ ⲙⲡⲁϩⲟⲣⲁⲧⲟⲥ ⲛⲧⲣⲓⲇⲩⲛⲁⲙⲓⲥ ⲛⲧⲉⲗⲉⲓⲟⲥ ⲁ ⲡⲟⲩⲁ ⲡⲟⲩⲁ ⲛⲛⲣⲱⲙⲉ ⲛⲧⲉⲗⲉⲓⲟⲥ ⲛⲁⲩ ⲉⲣⲟϥ ⲁⲩϣⲁϫⲉ ⲉⲣⲟϥ ⲉⲩϯ ⲉⲟⲟⲩ ⲛⲁϥ ⲕⲁⲧⲁ ⲣⲟⲟⲩ. ⲡⲁï ⲡⲉ ⲡⲙⲟⲛⲟⲅⲉⲛⲏⲥ ⲉⲧϩⲏⲡ ϩⲙ ⲡⲥⲏⲑⲉⲩⲥ ⲡⲁⲓ ⲡⲉ ⲛⲧⲁⲩⲙⲟⲩⲧⲉ ⲉⲣⲟϥ ϫⲉ ⲡⲕⲁⲕⲉ ⲛⲟⲩⲟⲉⲓⲛ ⲉⲧⲃⲉ ⲡⲉ ϩⲟⲩⲟ ⲙⲡⲉϥⲟⲩⲟⲉⲓⲛ ⲁⲩⲣ ⲕⲁⲕⲉ ⲛⲧⲟⲟⲩ ⲉⲣⲟⲟⲩ ⲙⲁⲩⲁⲁⲩ. ⲡⲁï ⲡⲉ ⲉⲧⲉⲣⲉ ⲡⲥⲏⲑⲉⲩⲥ ⲟ ⲛⲣⲣⲟ ⲉⲃⲟⲗϩⲓⲧⲟⲟⲧϥ.

---

fasse le suivre [1], à moins qu'on ne trouve quelque parent de ceux-là, par le moyen de quelqu'un qui ait pu apprendre au sujet des lieux d'où il est sorti. Car de toute chose il cherche la racine; c'est parce que l'homme est le parent des mystères, c'est pour cela qu'il a entendu le mystère. Les grandes Puissances de tous les grands æons de la Puissance qui se trouve dans ⲙⲁⲣⲥⲁⲛⲏⲥ ont adoré; elles ont dit : « Quel est celui qui a vu des choses en présence de son visage? car c'est à cause de lui qu'il s'est ainsi manifesté. Le (monde?) a parlé à cause de lui, il a vu que c'est celui-là; il a dit : « Le Père est plus puissant que tout parfait, il a apparu à l'Invisible de la Triple Puissance parfaite. » Tous les hommes parfaits l'ont vu, ils lui ont parlé, ils lui ont rendu gloire de leur propre bouche. C'est le Monogénès qui est caché dans ⲥⲏⲑⲉⲩⲥ, c'est celui que l'on nomme les *Ténèbres lumineuses;* car c'est par l'excès de sa lumière qu'ils sont devenus ténébreux pour eux seuls; c'est celui par lequel règne ⲥⲏⲑⲉⲩⲥ. C'est le Monogénès qui tient dans

[1] Cette phrase me semble aussi peu compréhensible.

ⲡⲁⲓ̈ ⲡⲉ ⲡⲙⲟⲛⲟⲅⲉⲛⲏⲥ ⲟⲩⲛ ⲙⲛⲧⲓ̈ⲃ̄ ⲙⲙⲛⲧⲉⲓⲱⲧ ϩⲛ ⲧⲉϥϭⲓϫ ⲛⲟⲩⲛⲁⲙ ⲙⲡⲧⲩⲡⲟⲥ ⲙⲡⲙⲛⲧⲥⲛⲟⲟⲩⲥ ⲛⲁⲡⲟⲥⲧⲟⲗⲟⲥ ⲁⲩⲱ ϩⲛ ⲧⲉϥϩⲃⲟⲩⲣ ⲉⲟⲩⲛ ⲙⲁⲁⲃⲉ ⲛⲇⲩⲛⲁⲙⲓⲥ ⲛϩⲏⲧⲥ ⲉⲣⲉ ⲧⲟⲩⲓ̈ ⲧⲟⲩⲓ̈ ⲉⲓⲣⲉ ⲙⲙⲛⲧⲥⲛⲟⲟⲩⲥ ⲉⲧⲛϩⲟ[1] ⲥⲛⲁⲩ ⲛⲧⲟⲩⲓ̈ ⲧⲟⲩⲓ̈ ⲙⲡⲧⲩⲡⲟⲥ ⲙⲡⲥⲏⲑⲉⲩⲥ. ⲡⲟⲩⲁ ⲛϩⲟ ⲉϥϭⲱϣⲧ ⲉⲡⲃⲁⲑⲟⲥ ⲉⲧϩⲓ ⲡⲥⲁ ⲛϩⲟⲩⲛ ⲡⲕⲉⲟⲩⲁ ⲇⲉ ϭⲱϣⲧ ⲉⲃⲟⲗ ⲉϫⲙ ⲡⲉⲧⲣⲓⲇⲩⲛⲁⲙⲓⲥ ⲁⲩⲱ ⲡⲟⲩⲁ ⲡⲟⲩⲁ ⲛⲛⲙⲛⲧⲉⲓⲱⲧ ϩⲛ ⲧⲉϥϭⲓϫ ⲛⲟⲩⲛⲁⲙ ⲥⲉⲉⲓⲣⲉ ⲛϣⲙⲧϣⲉ ⲥⲉ ⲧⲏ ⲛⲇⲩⲛⲁⲙⲓⲥ ⲕⲁⲧⲁ ⲡϣⲁϫⲉ ⲛⲧⲁ ⲇⲁⲩⲉⲓⲇ ϫⲟⲟⲩ ⲉϥϫⲱ ⲙⲙⲟⲥ ϫⲉ ϯⲛⲁϣⲛⲧ ⲡⲉⲕⲗⲟⲙ ⲛⲧⲉⲣⲟⲙⲡⲉ ϩⲛ ⲧⲉⲕⲙⲛⲧⲭ̄ⲥ̄. ⲛⲉⲓⲇⲩⲛⲁⲙⲓⲥ ϭⲉ ⲧⲏⲣⲟⲩ ⲥⲉⲕⲱⲧⲉ ⲉⲡⲙⲟⲛⲟⲅⲉⲛⲏⲥ ⲛⲑⲉ ⲛⲟⲩⲕⲗⲟⲙ ⲉⲩϯ ⲟⲩⲟⲉⲓⲛ ⲛⲛⲁⲓⲱⲛ ϩⲙ ⲡⲟⲩⲟⲉⲓⲛ ⲙⲡⲙⲟⲛⲟⲅⲉⲛⲏⲥ ⲛⲑⲉ ⲉⲧⲥⲏϩ ϫⲉ ϩⲙ ⲡⲉⲕⲟⲩⲟⲉⲓⲛ ⲧⲛⲛⲁⲛⲁⲩ ⲉⲟⲩⲟⲩⲟⲉⲓⲛ. ⲁⲩⲱ ⲉⲣⲉ ⲡⲙⲟⲛⲟⲅⲉⲛⲏⲥ ⲧⲁⲗⲏⲩ ⲉϩⲣⲁⲓ̈ ⲉϫⲱⲟⲩ ⲛⲑⲉ ⲟⲛ ⲉⲧⲥⲏϩ ϫⲉ ⲫⲁⲣⲙⲁ ⲙⲡⲛⲟⲩⲧⲉ ⲟⲩⲧⲃⲁ ⲛⲕⲱⲃ ⲡⲉ. ⲁⲩⲱ ⲟⲛ ϫⲉ ϩⲉⲛ ϣⲟ ⲉⲩⲣⲟⲟⲩⲧ ⲛⲉ ⲉⲣⲉ ⲡϫⲟⲉⲓ̈ⲥ

[1] *Cod.* ⲉⲧⲛϩⲟ. La seconde lettre n'est pas certaine. Tout ce passage me semble peu sûr.

---

sa main droite les douze Paternités selon le type des douze apôtres, et dans sa main gauche sont trente Puissances. Chacune en fait[1] douze qui ont chacune deux visages, selon le type du ⲥⲏⲑⲉⲩⲥ. L'un de ces visages regarde l'abîme qui est à l'intérieur; l'autre regarde au dehors sur la Triple Puissance. Chacune des Paternités qui sont dans sa main droite fait trois cent soixante-cinq Puissances, selon la parole qu'a dite David en disant : « Je chérirai (?) la couronne de l'année dans ta *christité.* » Toutes ces Puissances entourent Monogénès comme une couronne, elles éclairent les æons par la lumière de Monogénès, comme il est écrit : « Dans ta lumière nous verrons la lumière. » Et Monogénès est élevé sur elles, comme il est encore écrit : « Le char de Dieu est une myriade de multiplications; » et encore : « Ce sont des milliers d'êtres qui se réjouissent; le Seigneur est en eux. » C'est celui qui habite dans la Monade qui se trouve dans le ⲥⲏⲑⲉⲩⲥ, celle qui

[1] Cette traduction n'est pas certaine à cause de l'incertitude même du texte.

ⲚϨⲎⲦⲞⲨ. ⲠⲀⲒ ⲠⲈ ⲠⲈⲦⲞⲨⲎϨ ϨⲚ ⲦⲘⲞⲚⲀⲤ ⲈⲦϨⲘ ⲠⲤⲎⲐⲈⲨⲤ ⲦⲀⲒ̈ ⲈⲚⲦⲀⲤⲈⲒ ⲈⲂⲞⲖϨⲘ ⲠⲘⲀ ⲈⲚⲦⲈ ⲤⲈⲚⲀϢϪⲞⲞⲤ ⲀⲚ ϪⲈ ⲈⲦⲰⲚ ⲠⲈ ⲈⲚⲦⲀⲤⲈⲒ ⲈⲂⲞⲖϨⲘ ⲠⲀⲒ̈ ⲈⲦϨⲀⲐⲎ ⲚⲚⲒⲠⲦⲎⲢϤ ⲠⲀⲒ ⲠⲈ ⲠⲒⲞⲨⲀ ⲘⲀⲨⲀⲀϤ. ⲠⲀⲒ̈ ⲠⲈ ⲈⲚⲦⲀ ϯⲘⲞⲚⲀⲤ ⲈⲒ ⲈⲂⲞⲖ ⲘⲘⲞϤ ⲚⲐⲈ ⲚⲞⲨϪⲞⲒ ⲈϤⲞⲦⲠ ⲚⲚⲔⲀ ⲚⲒⲘ ⲚⲀⲄⲀⲐⲞⲚ ⲀⲨⲰ[1] ⲚⲐⲈ ⲚⲞⲨⲤⲰϢⲈ ⲈⲤⲘⲈϨ Ⲏ ⲈⲤⲢⲎⲦ ⲚⲄⲈⲚⲞⲤ ⲚⲒⲘ ⲚϢⲎⲚ ⲀⲨⲰ ⲚⲐⲈ ⲞⲨⲠⲞⲖⲒⲤ ⲈⲤⲘⲈϨ ⲚⲄⲈⲚⲞⲤ ⲚⲒⲘ ⲚⲢⲰⲘⲈ ⲀⲨⲰ ⲚϨⲈⲒⲔⲰⲚ ⲚⲒⲘ ⲚⲢⲢⲞ ⲦⲀⲒ ⲦⲈ ⲐⲈ ⲚⲦⲘⲞⲚⲀⲤ ⲈⲨⲚϨⲎⲦⲤ ⲦⲎⲢⲞⲨ. ⲞⲨⲚ ⲘⲚⲦⲤⲚⲞⲞⲨⲤ ⲘⲘⲞⲚⲀⲤ Ⲟ ⲚⲔⲖⲞⲘ ϨⲒϪⲰⲤ ⲈⲢⲈ ⲦⲞⲨⲒ̈ ⲦⲞⲨⲒ̈ ⲈⲒⲢⲈ ⲘⲚⲦⲤⲚⲞⲞⲨⲤ. ⲀⲨⲰ ⲞⲨⲚ ⲘⲎⲦⲈ ⲚⲆⲈⲔⲀⲤ ⲘⲠⲔⲰⲦⲈ ⲚⲚⲈⲤⲚⲀϨⲂ. ⲀⲨⲰ ⲞⲨⲚ ⲮⲒⲦⲈ ⲚϨⲈⲚⲚⲀⲤ ⲘⲠⲔⲰⲦⲈ ⲚϨⲎⲦⲤ ⲀⲨⲰ ⲞⲨⲚ ⲤⲀϢϤⲈ ⲚϨⲈⲂⲆⲞⲘⲀⲤ ϨⲀ ⲚⲈⲤⲞⲨⲈⲢⲎⲦⲈ ⲈⲢⲈ ⲦⲞⲨⲈⲒ ⲦⲞⲨⲈⲒ ⲈⲒⲢⲈ ⲚⲞⲨϨⲈⲂⲆⲞⲘⲀⲤ. ⲀⲨⲰ ⲠⲈⲤⲔⲀⲦⲀⲠⲈⲦⲀⲤⲘⲀ ⲈⲦⲔⲰⲦⲈ ⲈⲢⲞⲤ ⲚⲐⲈ ⲚⲞⲨⲠⲨⲢⲄⲞⲤ ⲞⲨⲚ ⲘⲚⲦⲤⲚⲞⲞⲨⲤ ⲘⲠⲨⲖⲎ ⲘⲘⲞϤ. ⲞⲨⲚ ⲘⲚⲦⲤⲚⲞⲞⲨⲤ ⲚⲦⲂⲀ ⲚⲆⲨⲚⲀⲘⲒⲤ ϨⲒϪⲚ ⲦⲠⲨⲖⲎ ⲦⲠⲨⲖⲎ ⲀⲨⲰ ⲤⲈⲘⲞⲨⲦⲈ ⲈⲢⲞⲞⲨ ϪⲈ ⲀⲢⲬⲀⲄⲄⲈⲖⲞⲤ ⲀⲨⲰ ⲞⲚ ϪⲈ ⲀⲄⲄⲈⲖⲞⲤ. ⲦⲀⲒ ⲦⲈ ⲦⲘⲎⲦⲢⲞⲠⲞⲖⲒⲤ ⲘⲠⲘⲞⲚⲞⲄⲈⲚⲎⲤ. ⲠⲀⲒ ⲠⲈ ⲠⲘⲞⲚⲞⲄⲈⲚⲎⲤ ⲈⲚⲦⲀ ⲪⲰ-

[1] Ce mot est mis à la fin de la page de la copie de Woïde comme appartenant au commencement de la première ligne de la page suivante, où cependant il ne se trouve pas; mais il faut évidemment le suppléer.

vient du lieu dont l'on ne dira pas : Où est-il? Elle vient de celui qui est avant ces Plérômes. C'est le Un unique : c'est celui dont est sortie la Monade, comme une barque chargée de toutes bonnes choses, ou comme un champ rempli ou planté de toute espèce d'arbres, ou comme une ville remplie d'hommes de toute race et de toutes les statues du roi. C'est ainsi qu'est la Monade où tout se trouve. Douze Monades forment une couronne sur sa tête; chacune en fait douze. Dix Décades entourent son cou, neuf Ennéades entourent son cœur et sept Hebdomades sont sous ses pieds, et chacune est une Hebdomade. Le firmament qui l'entoure est comme une tour ayant douze portes, et à chaque porte sont douze myriades de Puissances : on les nomme archanges ou anges. C'est la métropole du Monogénès. C'est de Mono-

ⲥⲓⲗⲁⲙⲡⲏⲥ ϣⲁϫⲉ ⲉⲣⲟϥ ϫⲉ ϥϣⲟⲟⲡ ϩⲁⲑⲏ ⲙⲡⲧⲏⲣϥ ⲡⲁϊ ⲉⲛⲧⲁϥⲉⲓ ⲉⲃⲟⲗϩⲙ ⲡⲁⲡⲉⲣⲁⲛⲧⲟⲛ ⲁⲩⲱ ⲛⲁⲧⲭⲁⲣⲁⲕⲧⲏⲣ ⲁⲩⲱ ⲛⲁⲧⲥⲭⲏⲙⲁ ⲁⲩⲱ ⲛⲁⲩⲧⲟⲅⲉⲛⲏⲥ ⲡⲁϊ ⲉⲛⲧⲁϥϫⲡⲟϥ ⲙⲙⲓⲛ ⲙⲙⲟϥ ⲡⲁϊ ⲉⲛⲧⲁϥⲉⲓ ⲉⲃⲟⲗϩⲙ ⲡⲓⲁⲧϣⲁϫⲉ ⲉⲣⲟϥ ⲁⲩⲱ ⲛⲁⲙⲉⲧⲣⲏⲧⲟⲥ ⲉⲧϣⲟⲟⲡ ⲟⲛⲧⲱⲥ ⲛⲁⲙⲉ ⲡⲁϊ ⲉⲧϣⲟⲟⲡ ⲛϩⲏⲧϥ. ⲛϭⲓ ⲡⲉⲧϣⲟⲟⲡ ⲛⲁⲙⲉ ⲉⲧⲉ ⲡⲁϊ ⲡⲉ ⲡⲓⲱⲧ ⲛⲁⲧⲧⲁϩⲟϥ ϥϣⲟⲟⲡ ϩⲙ ⲡⲉϥϣⲏⲣⲉ ⲙⲙⲟⲛⲟⲅⲉⲛⲏⲥ ⲉⲣⲉ ⲡⲧⲏⲣϥ ϩⲟⲣⲕ ϩⲙ ⲡⲓⲁⲧϣⲁϫⲉ ⲉⲣⲟϥ ⲁⲩⲱ ⲛⲁϩⲣⲏⲧⲟⲥ ⲛⲣⲣⲟ. ⲁⲩⲱ ⲉⲩⲁⲧⲉⲛⲱⲭⲗⲓ ⲛⲁϥ ⲡⲉ ⲉⲙⲛ ⲗⲁⲁⲩ ⲛⲁϣϣⲁϫⲉ ⲉⲧⲉϥⲙⲛⲧⲛⲟⲩⲧⲉ ⲧⲁⲓ ⲉⲧⲉ ⲛⲟⲩⲙⲛⲧⲉⲣⲱ ⲁⲛ. ⲧⲉ ⲁⲩⲱ ⲛⲧⲉⲣⲉϥⲛⲟϊ ⲙⲙⲟϥ ⲛϭⲓ ⲫⲱⲥⲓⲗⲁⲙⲡⲏⲥ ⲡⲉϫⲁϥ ϫⲉ ⲉⲧⲃⲏⲏⲧϥ ⲛⲉⲧϣⲟⲟⲡ ⲟⲛⲧⲱⲥ ⲛⲁⲙⲉ ⲙⲛ ⲛⲉⲧⲉⲛⲥⲉϣⲟⲟⲡ ⲁⲛ ⲛⲁⲙⲉ ⲡⲁⲓ ⲉⲧⲟⲩϣⲟⲟⲡ ⲉⲧⲃⲏⲏⲧϥ ⲛϭⲓ ⲛⲉⲧϣⲟⲟⲡ ⲛⲁⲙⲉ ⲉⲑⲏⲡ ⲙⲛ ⲛⲉⲧⲉⲛⲥⲉϣⲟⲟⲡ ⲁⲛ ⲛⲁⲙⲉ ⲉⲧⲟⲩⲟⲛϩ ⲉⲃⲟⲗ ⲡⲁⲓ ⲡⲉ ⲡⲛⲟⲩⲧⲉ ⲙⲙⲟⲛⲟⲅⲉⲛⲏⲥ ⲛⲁⲙⲉ ⲡⲁϊ ⲡⲉ ⲉⲛⲧⲁ ⲡⲧⲏⲣϥ ⲥⲟⲩⲱⲛϥ ⲁⲩⲣ ⲛⲟⲩⲧⲉ ⲁⲩⲱ ⲁⲩⲣ ⲡⲉⲧⲡⲉ ⲙⲡⲉϊⲣⲁⲛ ϫⲉ

---

génès que ⲫⲱⲥⲓⲗⲁⲙⲡⲏⲥ [1] a dit : « Il est avant toutes choses. » C'est lui qui est sorti de l'Infini : celui qui l'a lui-même engendré n'a ni caractère ni forme et s'est donné naissance à lui-même. C'est celui qui est sorti de l'Ineffable, de l'Incommensurable, qui existe vraiment, celui dans lequel se trouve celui qui existe vraiment, qui est le Père Incompréhensible. Il est dans son fils Monogénès, pendant que tout se repose dans l'Ineffable et l'Indicible Roi, qu'on ne peut embarrasser (?) et dont personne ne dira la divinité, celle qui n'est pas d'un royaume. Et lorsque ⲫⲱⲥⲓⲗⲁⲙⲡⲏⲥ pense à lui, il dit : « C'est à cause de lui qu'est vraiment ce qui existe réellement et ce qui n'existe pas réellement; c'est à cause de lui qu'existe ce qui existe réellement en étant caché et ce qui n'existe pas réellement (quoique) manifesté [2]. » C'est lui le vrai Dieu Monogénès; tout le Plérôme reconnaît que c'est par lui qu'ils sont devenus dieux et qu'ils sont devenus supérieurs en ce nom, Dieu. C'est

(1) J'ignore complètement quel æon désigne cette appellation.

(2) Tout ce passage est d'une compréhension fort difficile. Il s'agit de l'acte et de la puissance d'être, comme il est dit en scolastique.

IMPRIMERIE NATIONALE.

LE PAPYRUS GNOSTIQUE BRUCE.

ⲛⲟⲩⲧⲉ ⲡⲁï ⲡⲉ ⲉⲛⲧⲁ ïⲱϩⲁⲛⲛⲏⲥ ϫⲟⲟⲥ ⲉⲧⲃⲏⲏⲧϥ ϫⲉ ϩⲛ ⲧⲉϩⲟⲩⲉⲓⲧⲉ ⲛⲉϥϣⲟⲟⲡ ⲡⲉ ⲛϭⲓ ⲡⲗⲟⲅⲟⲥ ⲁⲩⲱ ⲡⲗⲟⲅⲟⲥ ⲛⲉϥϣⲟⲟⲡ ⲛⲛⲁϩⲣⲛ ⲡⲛⲟⲩⲧⲉ ⲁⲩⲱ ⲛⲉ ⲟⲩⲛⲟⲩⲧⲉ ⲡⲉ ⲡⲗⲟⲅⲟⲥ ⲡⲁï ⲁϫⲛⲧϥ ⲙⲡⲉ ⲗⲁⲁⲩ ϣⲱⲡⲉ ⲁⲩⲱ ⲡⲉⲛⲧⲁϥϣⲱⲡⲉ ϩⲣⲁï ⲛϩⲏⲧϥ ⲡⲉ ⲡⲱⲛϩ. ⲡⲁⲓ ⲡⲉ ⲡⲙⲟⲛⲟⲅⲉⲛⲏⲥ ⲉⲧϩⲛ ⲧⲙⲟⲛⲁⲥ ⲉⲧⲟⲩⲏϩ ⲛϩⲏⲧⲥ ⲛⲑⲉ ⲛⲟⲩⲡⲟⲗⲓⲥ ⲁⲩⲱ ⲧⲁï ⲧⲉ ⲧⲙⲟⲛⲁⲥ ⲉⲧϩⲛ ⲥⲏⲑⲉⲩⲥ ⲛⲑⲉ ⲛⲟⲩⲉⲛⲛⲟⲓⲁ ⲡⲁⲓ ⲡⲉ ⲥⲏⲑⲉⲩⲥ ⲉⲧⲟⲩⲏϩ ϩⲙ ⲫⲓⲉⲣⲟⲛ[1] ⲛⲑⲉ ⲛⲟⲩⲣⲣⲟ ⲁⲩⲱ ⲉϥⲟ ⲛⲛⲟⲩⲧⲉ ⲡⲁⲓ ⲡⲉ ⲡⲗⲟⲅⲟⲥ ⲛⲇⲏⲙⲓⲟⲩⲣⲅⲟⲥ ⲡⲁï ⲡⲉ ⲉⲧⲟⲩⲉϩⲥⲁϩⲛⲉ ⲙⲡⲧⲏⲣϥ ⲉⲧⲣⲉⲩⲣ ϩⲱⲃ ⲡⲁï ⲡⲉ ⲡⲛⲟⲩⲥ ⲛⲇⲏⲙⲓⲟⲩⲣⲅⲟⲥ ⲕⲁⲧⲁ ⲡⲟⲩⲉϩⲥⲁϩⲛⲉ ⲙⲡⲛⲟⲩⲧⲉ ⲡⲉⲓⲱⲧ ⲡⲁï ⲉⲧⲉⲣⲉ ⲡⲥⲱⲛⲧ ⲥⲟⲡⲥⲡ ⲙⲙⲟϥ ϩⲱⲥ ⲛⲟⲩⲧⲉ ⲁⲩⲱ ϩⲱⲥ ϫⲟⲉⲓⲥ ⲁⲩⲱ ϩⲱⲥ ⲥⲱⲧⲏⲣ ⲁⲩⲱ ϩⲱⲥ

[1] *Cod.* ⲫⲓⲉⲣⲟ. Le mot ⲓⲉⲣⲟ est un mot copte très connu; c'est le nom du Nil et il signifie *fleuve*. Cependant il ne saurait ici s'agir du Nil ni d'un autre fleuve, quel qu'il soit. En effet, ce mot est précédé de l'aspirée ⲫ; cette lettre, dans le dialecte thébain, remplace l'article suivi d'une aspiration, ce qui n'a jamais lieu que pour les mots empruntés au grec. ⲫⲓⲉⲣⲟ est donc mis pour ⲡϩⲓⲉⲣⲟ; mais ϩⲓⲉⲣⲟ, en grec *ἱερο*, n'est pas un mot grec, et c'est *ἱερον* qu'il faut lire, en copte ⲡϩⲓⲉⲣⲟⲛ, ⲫⲓⲉⲣⲟⲛ. L'absence de la lettre ⲛ s'explique avec d'autant plus de facilité que le mot suivant commence par cette même lettre. D'ailleurs, le mot en question se retrouve plus haut.

---

celui dont Jean a dit: « Au commencement était le Verbe, et le Verbe était en Dieu, et le Verbe était Dieu, celui sans qui rien n'a existé, » et ce qui a été fait en lui, c'est la vie. C'est le Monogénès qui se trouve dans la Monade, qui habite en elle comme dans une ville, et c'est la Monade qui est dans ⲥⲏⲑⲉⲩⲥ comme une pensée, c'est le ⲥⲏⲑⲉⲩⲥ qui habite dans le temple[1] comme un roi et qui est Dieu. C'est le Verbe Démiurge, celui qui a commandé au Plérôme de faire œuvre, c'est le Nous Démiurge, d'après l'ordre de Dieu le Père, celui que toute création implore comme Dieu et comme Seigneur, celui auquel tout est soumis. C'est celui que le Plérôme admire à cause de sa beauté et de sa bonté. C'est celui autour de la tête duquel ceux de l'intérieur du Plérôme

[1] Je ne sais quel est le temple dont il est ici question.

ЄΥϨΥΠΟΤΑССЄ ΝΑϤ ΠΑΪ ЄΡЄ ΠΤΗΡϤ Ρ ϢΠΗΡЄ ΜΜΟϤ ЄΤΒЄ ΠЄϤСΑΜΝ ΠЄϤΑΝΑΪ ΠΑΪ ЄΤЄΡЄ ΠΤΗΡϤ ΝΑ ΠϨΟΥΝ Ο ΝΚΛΟΜ ϨΙϪΩϤ ΑΥΩ ΝΑ ΠΒΟΛ ϨΑ ΝЄϤΟΥЄΡΗΤЄ ΑΥΩ ΝΑ ΤΜΗΤЄ ЄΥΚΩΤЄ ЄΡΟϤ ЄΥСΜΟΥ ЄΡΟϤ ЄΥϪΩ ΜΜΟС ϪЄ ϤΟΥΑΑΒ ϤΟΥΑΑΒ ϤΟΥΑΑΒ ΠЄΪ ΑΑΑ. ΗΗΗ. ЄЄЄ. ΟΟΟ. ΥΥΥ. ΩΩΩ. ЄΤЄ ΠΑΪ ΠЄ ϪЄ ΚΟΝϨ ϨΝ ΝЄΤΟΝϨ ΑΥΩ ΚΟΥΑΑΒ ϨΝ ΝЄΤΟΥΑΑΒ ΑΥΩ ΚϢΟΟΠ ϨΝ ΝЄΤϢΟΟΠ ΑΥΩ ΚΟ ΝЄΙΩΤ ϨΝ ΝЄΙΟΤЄ ΑΥΩ ΚΟ ΝΝΟΥΤЄ ϨΝ ΝΝΟΥΤЄ ΑΥΩ ΚΟ ΝϪΟЄΙС ϨΝ ΝϪΟЄΙС ΑΥΩ ΚΟ ΝΤΟΠΟС[1] ϨΝ ΝΤΟΠΟС. ΑΥΩ СЄСΜΟΥ ЄΡΟϤ ЄΥϪΩ ΜΜΟС ϪЄ ΝΤΟΚ ΠЄ ΠΗΙ ΑΥΩ ΝΤΟΚ ΠЄ ЄΤΟΥΗϨ ϨΜ ΠΗΪ ΑΥΩ ΟΝ ЄΥСΜΟΥ ЄΥϪΩ ΜΜΟС ЄΠϢΗΡЄ ЄΤϨΗΠ ϨΡΑΪ ΝϨΗΤϤ ϪЄ ΚϢΟΟΠ ΚϢΟΟΠ ΠΜΟΝΟΓЄΝΗС ΠΟΥΟЄΙΝ ΑΥΩ ΠΩΝϨ ΑΥΩ ΤЄΧΑΡΙС. ΤΟΤЄ СΗΘЄΥС ΑϤΤΝΝΟΟΥ ΜΠЄСΠΙΝΘΗΡ ЄϨΡΑΪ ЄΠΑΤΠΩϢ ΑΥΩ ΑϤΒΟΥΒΟΥ ΑϤΡ ΟΥΟЄΙΝ ЄΠΤΟΠΟС ΠΤΗΡϤ ΜΦΙЄΡΟΝ ΜΠΛΗΡΩΜΑ ΑΥΩ ΑΥΝΑΥ ЄΠΟΥΟЄΙΝ ΜΠЄСΠΙΝΘΗΡ

[1] Ce mot que je traduis par *æon* plus bas a été habituellement traduit par *lieu*. Je prie les lecteurs de regarder ces deux mots, *æon* et *lieu*, comme parfaitement synonymes dans cet ouvrage, en tant qu'ils désignent une même espèce de monde, quoique sous des appellations d'étymologie différente.

forment une couronne; ceux de l'extérieur sont sous ses pieds et ceux du milieu l'entourent, le bénissant et disant : « Il est saint, il est saint, il est saint; ΑΑΑ, ΗΗΗ, ЄЄЄ, ΟΟΟ, ΥΥΥ, ΩΩΩ, » ce qui veut dire : « Tu es Vivant parmi les vivants, tu es Saint parmi les saints, tu es Être parmi les êtres, tu es Père parmi les pères, tu es Dieu parmi les dieux, tu es Seigneur parmi les seigneurs, tu es Æon parmi les æons. » Ils le bénissent en disant : « Tu es la demeure et c'est toi qui habites la demeure; » et ils le bénissent en disant au Fils qui est caché en lui : « Tu es, tu es, ô Monogénès, lumière et vie et grâce. » Alors СΗΘЄΥС envoya l'Étincelle vers l'Indivisible; elle brûla et devint lumière pour tout lieu du temple du Plérôme. Et ils virent la lumière de l'Étincelle, ils se réjouirent, ils firent (entendre) des myriades de myriades de glorifications en l'honneur de СΗΘЄΥС et en l'honneur de l'Étincelle

ⲁⲩⲣⲁϣⲉ ⲁⲩⲱ ⲁⲩϯ ⲛϩⲉⲛ ⲧⲃⲁ ⲛⲧⲃⲁ ⲛⲉⲟⲟⲩ ⲉϩⲟⲩⲛ ⲉⲡⲉⲥⲛⲑⲉⲩⲥ ⲁⲩⲱ ⲉϩⲟⲩⲛ ⲉⲡⲉⲥⲡⲓⲛⲑⲏⲣ. ⲛⲟⲩⲟⲉⲓⲛ ⲡⲁï ⲉⲛⲧⲁϥⲟⲩⲱⲛϩ ⲉⲃⲟⲗ ⲉⲁⲩⲛⲁⲩ ⲉⲣⲟϥ ϫⲉ ⲡⲉⲩⲉⲓⲛⲉ ⲧⲏⲣⲟⲩ ⲛϩⲏⲧϥ ⲁⲩⲱ ⲁⲩⲍⲱⲅⲣⲁⲫⲉⲓ ⲙⲡⲉⲥⲡⲓⲛⲑⲏⲣ ϩⲣⲁï ⲛϩⲏⲧⲟⲩ ⲛⲟⲩⲣⲱⲙⲉ ⲛⲟⲩⲟⲉⲓⲛ ⲁⲩⲱ ⲙⲙⲉ ⲁⲩ-ⲙⲟⲩⲧⲉ ⲉⲣⲟϥ ϫⲉ ⲡⲁⲛⲧⲟⲙⲟⲣⲫⲟⲥ ⲁⲩⲱ ϫⲉ ⲫⲉⲓⲗⲓⲕⲣⲓⲛⲉⲥ ⲁⲩⲱ ⲁⲩⲙⲟⲩⲧⲉ ⲉⲣⲟϥ ϫⲉ ⲁⲥⲁⲗⲉⲩⲧⲟⲥ ⲁⲩⲱ ⲁ ⲛⲁⲓⲱⲛ ⲧⲏⲣⲟⲩ ⲙⲟⲩⲧⲉ ⲉⲣⲟϥ ϫⲉ ⲡⲁⲛⲧⲟⲇⲩⲛⲁⲙⲟⲥ. ⲡⲁï ⲡⲉ ⲡⲇⲓⲁⲕⲟⲛⲟⲥ ⲛⲛⲁⲓⲱⲛ ⲁⲩⲱ ϥⲇⲓⲁⲕⲟⲛⲉⲓ ⲙⲡⲉⲡⲗⲏⲣⲱⲙⲁ ⲁⲩⲱ ⲁ ⲡⲁⲧⲡⲱϩ ⲧⲛⲟⲟⲩ ⲙⲡⲉⲥⲡⲓⲛ-ⲑⲏⲣ ⲉⲃⲟⲗϩⲙ ⲡⲉⲡⲗⲏⲣⲱⲙⲁ ⲁⲩⲱ ϣⲁⲣⲉ ⲡⲉⲧⲣⲓⲇⲩⲛⲁⲙⲟⲥ ⲉⲓ ⲉ-ⲡⲉⲥⲏⲧ ⲉⲛⲧⲟⲡⲟⲥ ⲙⲡⲁⲩⲧⲟⲅⲉⲛⲏⲥ ⲁⲩⲱ ⲁⲩⲛⲁⲩ ⲉⲧⲉⲭⲁⲣⲓⲥ ⲛⲛⲁⲓⲱⲛ ⲙⲡⲟⲩⲟⲉⲓⲛ ⲉⲛⲧⲁⲩⲭⲁⲣⲓⲍⲉ ⲙⲙⲟⲥ ⲛⲁⲩ ⲁⲩⲣⲁϣⲉ ϫⲉ ⲁ ⲡⲉⲧϣⲟⲟⲡ ⲉⲓ ⲉⲃⲟⲗ ϩⲓⲣⲁⲧⲟⲩ. ⲧⲟⲧⲉ ⲁⲩⲟⲩⲱⲛ ⲛⲛⲕⲁⲧⲁⲡⲉⲧⲁⲥⲙⲁ ⲁⲩⲱ ⲁ ⲡⲟⲩⲟⲉⲓⲛ ϫⲱⲧⲉ ϣⲁ ⲡⲉⲥⲏⲧ ⲉⲑⲁⲏ ⲙⲡⲉⲥⲏⲧ ⲁⲩⲱ ⲛⲉⲧ-ⲉⲙⲛⲧⲟⲩ ⲥⲙⲟⲧ ⲉⲙⲛⲧⲟⲩⲉⲓⲛⲉ ⲁⲩⲱ ⲧⲁï ⲧⲉ ⲑⲉ ⲉⲛⲧⲁⲩⲕⲱ ⲡⲓⲛⲉ ⲙⲡⲟⲩⲟⲉⲓⲛ ⲛⲁⲩ ϩⲟⲉⲓⲛⲉ ⲙⲉⲛ ⲛⲁⲩⲣⲁϣⲉ ϫⲉ ⲁ ⲡⲟⲩⲟⲉⲓⲛ ⲉⲓ ⲛⲁⲩ ⲉⲁⲩⲣ ⲣⲙⲙⲁⲟ. ϩⲉⲛ ⲕⲟⲟⲩⲉ ⲁⲩⲣⲓⲙⲉ ϫⲉ ⲁⲩⲣ ϩⲏⲕⲉ ⲁⲩⲱ

---

de lumière qui s'était manifestée, voyant qu'en elle étaient toutes leurs images, et ils représentèrent l'Étincelle en eux-mêmes, comme un homme lumineux et vrai. Ils le nommèrent *Pantomorphe* et *Par,* et ils le nommèrent ⲁⲥⲁⲗⲉⲩⲧⲟⲥ, et tous les æons l'appellent ⲡⲁⲛⲧⲟⲇⲩ-ⲛⲁⲙⲟⲥ. Il est le serviteur des æons et il sert le Plérôme. Et l'Indivisible envoya l'Étincelle hors du Plérôme, et le Tridynamos descendit dans les lieux de l'ⲁⲩⲧⲟⲅⲉⲛⲏⲥ, et ils virent la grâce des æons de lumière qui leur avait été accordée; ils se réjouirent de ce que celui qui est était allé vers eux. Alors on ouvrit les firmaments et la lumière descendit en bas, jusqu'à l'extrémité inférieure et vers ceux qui étaient sans forme, étant sans ressemblance. Et c'est ainsi qu'ils acquirent la ressemblance de la lumière pour eux. Quelques-uns se réjouissaient de ce que la lumière était allée à eux et de ce qu'ils étaient devenus riches; d'autres pleuraient de ce qu'ils étaient devenus pauvres et de ce qu'on leur avait enlevé ce qui était à eux. Et c'est ainsi qu'il arriva à la Grâce

ⲁⲩϥⲓ ⲙⲡⲉⲧⲛⲧⲟⲟⲧⲟⲩ ⲁⲩⲱ ⲧⲁⲓ̈ ⲧⲉ ⲑⲉ ⲛⲧⲁⲥϣⲱⲡⲉ ⲛⲧⲉⲭⲁⲣⲓⲥ ⲉⲛⲧⲁⲥⲉⲓ ⲉⲃⲟⲗ ⲉⲧⲃⲉ ⲡⲁⲓ̈ ⲁⲩⲁⲓⲭⲙⲁⲗⲱⲧⲓⲍⲉ ⲛⲟⲩⲭⲙⲁⲗⲱⲥⲓⲁ ⲁⲩϯ ⲧⲁⲓ̈ⲟ ⲛⲛⲁⲓⲱⲛ ⲉⲛⲧⲁⲩϣⲉⲡ ⲡⲉⲥⲡⲓⲛⲑⲏⲣ ⲉⲣⲟⲟⲩ ⲁⲩⲧⲛⲛⲟⲟⲩ ⲛⲁⲩ ⲛϩⲉⲛ ⲫⲩⲗⲁⲝ ⲉⲧⲉ ⲅⲁⲙⲁⲛⲏⲗ ⲡⲉ ⲙⲛ ⲉⲧⲣⲉⲙⲯⲟⲩⲭⲟⲥ ⲙⲛ ⲁⲅⲣⲁⲙⲁⲥ ⲙⲛ ⲛⲉⲧⲛⲙⲙⲁϥ ⲁⲩⲣ ⲃⲟⲏⲑⲟⲥ ⲛⲛⲉⲛⲧⲁⲩⲡⲓⲥⲧⲉⲩⲉ ⲉⲡⲉⲥⲡⲓⲛⲑⲏⲣ ⲙⲡⲟⲩⲟⲉⲓⲛ. ⲁⲩⲱ ϩⲣⲁⲓ̈ ϩⲙ ⲡⲧⲟⲡⲟⲥ ⲙⲡⲁⲧⲡⲱϣ ⲟⲩⲛ ⲙⲛⲧⲥⲛⲟⲟⲩⲥ ⲙⲡⲏⲅⲏ ⲛϩⲏⲧϥ ⲉⲣⲉ ⲙⲛⲧⲥⲛⲟⲟⲩⲥ ⲙⲙⲛⲧⲉⲓⲱⲧ ϩⲓϫⲱⲟⲩ ⲉⲩⲕⲱⲧⲉ ⲉⲡⲁⲧⲡⲱϣ ⲛⲑⲉ ⲛⲛⲉⲓ̈ⲃⲁⲑⲟⲥ ⲏ ⲛⲑⲉ ⲛⲛⲉⲓⲕⲁⲧⲁⲡⲉⲧⲁⲥⲙⲁ ⲁⲩⲱ ⲟⲩⲛ ⲟⲩⲕⲗⲟⲙ ϩⲓϫⲙ ⲡⲁⲧⲡⲱϣ ⲉⲟⲩⲛ ⲅⲉⲛⲟⲥ ⲛⲓⲙ ⲛⲱⲛϩ ⲛϩⲏⲧϥ ⲁⲩⲱ ⲅⲉⲛⲟⲥ ⲛⲓⲙ ⲛⲧⲣⲓⲇⲩⲛⲁⲙⲟⲥ ⲁⲩⲱ ⲅⲉⲛⲟⲥ ⲛⲓⲙ ⲛⲁⲭⲱⲣⲏⲧⲟⲥ ⲁⲩⲱ ⲅⲉⲛⲟⲥ ⲛⲓⲙ ⲛⲁⲡⲉⲣⲁⲛⲧⲟⲥ ⲁⲩⲱ ⲅⲉⲛⲟⲥ ⲛⲓⲙ ⲛⲁϩⲣⲏⲧⲟⲥ ⲁⲩⲱ ⲅⲉⲛⲟⲥ ⲛⲓⲙ ⲛⲥⲓⲅⲏ ⲁⲩⲱ ⲅⲉⲛⲟⲥ ⲛⲓⲙ ⲛⲁⲅⲛⲱⲥⲧⲟⲥ ⲁⲩⲱ ⲅⲉⲛⲟⲥ ⲛⲓⲙ ⲛⲏⲣⲉⲙⲟⲥ ⲁⲩⲱ ⲅⲉⲛⲟⲥ ⲛⲓⲙ ⲛⲁⲥⲁⲗⲉⲩⲧⲟⲥ ⲁⲩⲱ ⲅⲉⲛⲟⲥ ⲛⲓⲙ ⲙⲡⲣⲱⲧⲟⲫⲁⲛⲏⲥ ⲁⲩⲱ ⲅⲉⲛⲟⲥ ⲛⲓⲙ ⲛⲁⲩⲧⲟⲅⲉⲛⲏⲥ ⲁⲩⲱ ⲅⲉⲛⲟⲥ

---

qui sortit. C'est pourquoi on la fit prisonnière [1]. Gloire fut rendue aux æons qui avaient reçu l'Étincelle, et des gardiens leur furent envoyés, qui sont : ⲅⲁⲙⲁⲛⲏⲗ, ⲉⲧⲣⲉⲙⲯⲟⲩⲭⲟⲥ et ⲁⲅⲣⲁⲙⲁⲥ, avec ceux qui sont avec lui. Ils portèrent secours à ceux qui avaient cru à l'Étincelle de lumière. Et dans le lieu de l'Indivisible sont douze Sources, au-dessus desquelles se trouvent douze Paternités qui environnent l'Indivisible, comme ces abîmes ou comme ces firmaments, et forment une couronne au-dessus de l'Indivisible, en lequel se trouve toute espèce de vie, toute espèce de ⲧⲣⲓⲇⲩⲛⲁⲙⲟⲥ, toute espèce d'ⲁⲭⲱⲣⲏⲧⲟⲥ, toute espèce d'Infini, toute espèce d'Ineffable, toute espèce de Silence, toute espèce d'Inconnu, toute espèce de Solitaire, toute espèce d'ⲁⲥⲁⲗⲉⲩⲧⲟⲥ, toute espèce de ⲡⲣⲱⲧⲟⲫⲁⲛⲏⲥ, toute espèce d'ⲁⲩⲧⲟⲅⲉⲛⲏⲥ, toute

(1) Mot à mot : « ils emprisonnèrent un emprisonnement; » ou même : « ils rendirent captive une captivité. » Cependant il ne serait pas impossible qu'il y eût un mot d'omis et que le texte dût porter ⲁⲩⲁⲓⲭⲙⲁⲗⲱⲧⲓⲍⲉ ⲙⲙⲟⲥ ϩⲙ ⲟⲩⲁⲓⲭⲙⲁⲗⲱⲥⲓⲁ; mais cela n'est pas certain. D'ailleurs, la traduction mot à mot que je viens de donner répond à une tournure tout à fait copte.

ⲛⲓⲙ ⲛⲁⲗⲏⲑⲉⲓⲁ ⲉⲟⲩⲛ ϩⲣⲁï ⲛϩⲏⲧϥ ⲧⲏⲣⲟⲩ ⲁⲩⲱ ⲡⲁï ⲡⲉ ⲉⲧⲉⲣⲉ ⲅⲉⲛⲟⲥ ⲛⲓⲙ ⲛϩⲏⲧϥ ⲁⲩⲱ ⲅⲛⲱⲥⲓⲥ ⲛⲓⲙ ⲁⲩⲱ ⲉⲣⲉ ϭⲟⲙ ⲛⲓⲙ ϫⲓ ⲟⲩⲟⲉⲓⲛ ⲉⲃⲟⲗ ⲛϩⲏⲧϥ ⲁⲩⲱ ⲛⲧⲁ ⲛⲟⲩⲥ ⲛⲓⲙ ⲟⲩⲱⲛϩ ⲉⲃⲟⲗ ⲛϩⲏⲧϥ. ⲡⲁï ⲡⲉ ⲡⲉⲕⲗⲟⲙ ⲉⲛⲧⲁ ⲡⲓⲱⲧ ⲛⲛⲓⲡⲧⲏⲣϥ ⲧⲁⲁϥ ⲙⲡⲁⲧⲡⲱϣ ⲡⲁⲓ ⲉⲣⲉ ϣⲙⲧϣⲉ ⲥⲉ ⲧⲏ ⲛⲅⲉⲛⲟⲥ ⲛϩⲏⲧϥ ⲁⲩⲱ ⲉⲩⲃⲟⲩⲃⲟⲩ ⲉⲩⲙⲟⲩϩ ⲙⲡⲧⲏⲣϥ ⲛⲟⲩⲟⲉⲓⲛ ⲛⲁⲧⲧⲁⲕⲟ ⲁⲩⲱ ⲛⲁⲧϩⲱϭⲃ ⲡⲁï ⲡⲉ ⲕⲗⲟⲙ ⲉⲧϯ ϭⲟⲙ ⲛⲇⲩⲛⲁⲙⲓⲥ ⲛⲓⲙ ⲁⲩⲱ ⲡⲁⲓ ⲡⲉ ⲕⲗⲟⲙ ⲉⲧⲟⲩϣⲗⲏⲗ ⲉⲧⲃⲏⲏⲧϥ ⲛϭⲓ ⲛⲁⲑⲁⲛⲁⲧⲟⲥ ⲧⲏⲣⲟⲩ ⲁⲩⲱ ⲉⲃⲟⲗϩⲙ ⲡⲁï ⲉⲩⲛⲁϯ ⲙⲡⲁϩⲟⲣⲁⲧⲟⲥ ⲛϩⲏⲧϥ ⲙⲡⲉϩⲟⲟⲩ ⲙⲡⲣⲁϣⲉ ⲛϭⲓ ⲛⲉⲛⲧⲁⲩⲟⲩⲱⲛϩ ⲉⲃⲟⲗ ⲛϣⲟⲣⲡ ϩⲣⲁï ϩⲙ ⲡⲉⲑⲉⲗⲏⲙⲁ ⲙⲡⲓⲁⲧⲥⲟⲩⲱⲛϥ ⲉⲧⲉ ⲧⲁï ⲧⲉ ⲧⲉⲡⲣⲟⲧⲓⲁ ⲧⲡⲁⲛⲇⲓⲁ ⲧⲡⲁⲛⲅⲉⲛⲓⲁ ⲛⲧⲟⲟⲩ ⲙⲛ ⲛⲉⲧⲛⲙⲙⲁⲩ. ⲁⲩⲱ ⲙⲛⲛⲥⲁ ⲛⲁϩⲟⲣⲁⲧⲟⲥ ⲛⲛⲁⲓⲱⲛ ⲧⲏⲣⲟⲩ ⲛⲁϫⲓ ⲡⲉⲩⲕⲗⲟⲙ ⲉⲃⲟⲗ ⲛϩⲏⲧϥ ⲛⲥⲉⲡⲱⲧⲉ ϩⲣⲁⲓ ⲙⲛ ⲛⲁϩⲟⲣⲁⲧⲟⲥ ⲉⲩϫⲓ ⲕⲗⲟⲙ ⲧⲏⲣⲟⲩ ⲙⲙⲁⲩ ϩⲙ ⲡⲉ-

---

espèce de Vérité : tout est en lui. C'est en lui qu'est toute espèce, toute gnose, en lui que toute Puissance a reçu la lumière, en lui que tout ⲛⲟⲩⲥ s'est manifesté. C'est la couronne que le Père du Plérôme a placée sur l'Indivisible, celui dans lequel se trouvent les trois cent soixante-cinq espèces, brillant et remplissant le Plérôme d'une lumière incorruptible et indéfectible. C'est la couronne qui couronne toute Puissance; c'est la couronne qu'implorent tous les Immortels; et par lui, en lui, deviendront invisibles[1], au jour de la joie, ceux qui ont d'abord été manifestés par la Volonté de l'Inconnaissable, c'est-à-dire ⲡⲣⲱⲧⲓⲁ, ⲡⲁⲛⲧⲓⲁ, ⲡⲁⲛⲅⲉⲛⲓⲁ, eux (ces æons) et ceux qui sont avec eux. Et ensuite tous les æons invisibles recevront de lui leur couronne pour se précipiter vers les Invisibles qui recevront là leur couronne dans la couronne de l'Invisible, et le Plérôme recevra sa perfection de l'Incorruptible. C'est à cause de cela que ceux qui ont pris corps font

[1] La traduction mot à mot de ce passage n'est pas du tout certaine, à cause de l'amphibologie des suffixes masculins. On pourrait traduire « en elle et par elle », s'il s'agit de la couronne. Mais qu'il s'agisse ou non de la couronne, il est certain qu'il s'agit de celui qu'on appelle aussi *Couronne*.

ⲕⲗⲟⲙ ⲙⲡⲁⲧⲡⲱϣ ⲁⲩⲱ ⲡⲧⲏⲣϥ ⲛⲁϫⲓ ⲙⲡⲉⲩϫⲱⲕ ⲉⲃⲟⲗϩⲙ ⲡⲓⲁⲧⲧⲁⲕⲟ ⲁⲩⲱ ⲉⲧⲃⲉ ⲡⲁï ⲥⲉϣⲗⲏⲗ ⲛϭⲓ ⲛⲉⲛⲧⲁⲩϫⲓ ⲥⲱⲙⲁ ⲉⲩⲟⲩⲱϣ ⲉⲕⲁ ⲡⲥⲱⲙⲁ ⲛⲥⲱⲟⲩ ⲛⲥⲉϫⲓ ⲙⲡⲉⲕⲗⲟⲙ ⲡⲁï ⲉⲧⲕⲏ ⲛⲁⲩ ⲉϩⲣⲁï ϩⲙ ⲡⲁⲓⲱⲛ ⲛⲁⲧⲧⲁⲕⲟ ⲁⲩⲱ ⲡⲁⲓ ⲡⲉ ⲡⲁⲧⲡⲱϣ ⲉⲛⲧⲁϥⲣ ⲡⲁⲓⲱⲛ[1] ϩⲁ ⲡⲧⲏⲣϥ ⲁⲩⲱ ⲁⲩⲭⲁⲣⲓⲍⲉ ⲛⲁϥ ⲛⲛⲕⲁ ⲛⲓⲙ ϩⲓⲧⲙ ⲡⲉⲧⲟⲧⲃ[2] ⲉⲛⲕⲁ ⲛⲓⲙ ⲁⲩⲱ ⲁⲩⲭⲁⲣⲓⲍⲉ ⲛⲁϥ ⲙⲡⲃⲁⲑⲟⲥ ⲛⲁⲙⲉⲧⲣⲏⲧⲟⲛ ⲡⲁï ⲉⲙⲡⲟⲩϫⲓ ⲏⲡⲉ ⲛⲙⲙⲛⲧⲉⲓⲱⲧ ⲉⲧⲛϩⲏⲧϥ ⲁⲩⲱ ⲡⲁï ⲉⲧⲉⲣⲉ ⲧⲉϥϩⲉⲛⲛⲁⲥ ⲟ ⲛⲁⲧⲭⲁⲣⲁⲕⲧⲏⲣ ⲁⲩⲱ ⲉⲣⲉ ⲛⲉⲭⲁⲣⲁⲕⲧⲏⲣ ⲙⲡⲥⲱⲛⲧ ⲧⲏⲣϥ ⲛϩⲏⲧⲥ ⲡⲁï ⲉⲣⲉ ⲧⲉϥϩⲉⲛⲛⲁⲥ ⲟ ⲙⲙⲛⲧⲥⲛⲟⲟⲩⲥ ⲛϩⲉⲛⲛⲁⲥ ⲉⲣⲉ ⲟⲩⲧⲟⲡⲟⲥ ⲛⲧⲉϥⲙⲏⲧⲉ ⲉⲩⲙⲟⲩⲧⲉ ⲉⲣⲟϥ ϫⲉ ⲡⲕⲁϩ ⲛⲣⲉϥⲙⲉⲥ ⲛⲟⲩⲧⲉ ⲏ ⲛⲣⲉϥϫⲡⲉ ⲛⲟⲩⲧⲉ ⲡⲁï ⲡⲉ ⲡⲕⲁϩ ⲉⲛⲧⲁⲩϫⲟⲟⲥ ⲉⲧⲃⲏⲏⲧϥ ϫⲉ ⲡⲉⲧⲣ ϩⲱⲃ ⲉⲡⲉϥⲕⲁϩ ϥⲛⲁⲥⲓ ⲛⲟⲉⲓⲕ ⲁⲩⲱ ϥⲛⲁϫⲓⲥⲉ ⲙⲡⲉϥϫⲓⲛⲟⲟⲩ ⲁⲩⲱ ⲟⲛ ϫⲉ ⲡⲣⲣⲟ ⲛⲧⲥⲱϣⲉ ⲉⲛⲧⲁⲩⲣ ϩⲱⲃ ⲉⲣⲟⲥ ϥϩⲓϫⲛ ⲟⲩⲟⲛ ⲛⲓⲙ. ⲁⲩⲱ ⲛⲉïϭⲟⲙ ⲧⲏⲣⲟⲩ ⲉⲧϩⲙ ⲡⲉⲓⲕⲁϩ ⲛⲣⲉϥϫⲡⲉ ⲛⲟⲩⲧⲉ ⲥⲉϫⲓ ⲕⲗⲟⲙ ϩⲓϫⲱⲟⲩ

(1) ⲡⲁⲅⲱⲛ. C'est bien le texte de la copie. Ce mot ⲁⲅⲱⲛ me surprend assez, car dans aucun système il n'est question de lutte. La correction semble tout indiquée; mais il ne devrait pas y avoir d'article.

(2) Ce mot, que je décompose ainsi, ⲡⲉⲧ et ⲟⲧⲃ, doit être une variante de ⲟⲩⲱⲧⲃ. Le sens n'est pas très certain, quoiqu'il convienne parfaitement à tout l'ensemble du passage.

---

une prière, désirant abandonner le corps pour recevoir la couronne qui leur est réservée dans l'æon incorruptible, et c'est l'Indivisible qui le premier a été æon avant tout et qui a été gratifié de tous les biens par celui qui est supérieur à tous les biens, et il a été gratifié de l'abîme incommensurable, celui où se trouvent des Paternités innombrables, celui dont l'Ennéade est sans caractère, ayant en elle les caractères de toute créature : celui dont l'Ennéade se compose de douze Ennéades et qui en son milieu a un lieu que l'on nomme *la terre productive des dieux* ou (*la terre*) *qui enfante les dieux;* c'est la terre dont il a été dit : « Celui qui travaille sa terre sera rassasié de pain et il agrandira son aire; » et aussi : « Le maître du champ que l'on aura travaillé possédera tout bien. » Et toutes ces Puissances qui sont dans cette terre qui engendre le Dieu ont reçu la couronne. C'est pourquoi

ⲉⲧⲃⲉ ⲡⲁⲓ ⲉϣⲁⲩⲥⲟⲩⲛ ⲙⲡⲁⲣⲁⲗⲏⲙⲡⲧⲱⲣ ⲉⲧⲃⲉ ⲡⲉⲕⲗⲟⲙ ⲉⲧϩⲓ-
ϫⲱⲟⲩ ϫⲉ ϩⲉⲛ ⲉⲃⲟⲗ ⲛⲉ ϩⲙ ⲡⲁⲧⲡⲱϣ ϫⲛ ⲙⲙⲟⲛ ⲁⲩⲱ ⲟⲛ ϩⲣⲁ̈ⲓ
ⲛϩⲏⲧϥ ⲥϣⲟⲟⲡ ⲛϭⲓ ⲧⲡⲁⲙⲙⲏⲧⲱⲣ ⲉⲟⲩⲛ ⲥⲁϣϥⲉ ⲛⲥⲟⲫⲓⲁ ⲛϩⲏⲧⲥ
ⲙⲛ ⲯⲓⲧⲉ ⲛϩⲉⲛⲛⲁⲥ ⲁⲩⲱ ⲙⲏⲧⲉ ⲛⲇⲉⲕⲁⲥ ⲁⲩⲱ ⲟⲩⲛ ⲟⲩⲛⲟϭ
ⲛⲕⲁⲛⲟⲩⲛ ϩⲛ ⲧⲉⲩⲙⲏⲧⲉ ⲁⲩⲱ ⲟⲩⲛ ⲟⲩⲛⲟϭ ⲛⲁϩⲟⲣⲁⲧⲟⲥ ⲁϩⲉⲣⲁⲧϥ
ϩⲓ ϫⲱϥ ⲙⲛ ⲟⲩⲛⲟϭ ⲛⲁⲅⲉⲛⲛⲏⲧⲟⲥ ⲁⲩⲱ ⲟⲩⲛⲟϭ ⲛⲁⲭⲱⲣⲏⲧⲟⲥ
ⲡⲟⲩⲁ ⲡⲟⲩⲁ ⲟⲩⲛ ϣⲟⲙⲛⲧ ⲛϩⲟ ⲙⲙⲟϥ ⲁⲩⲱ ⲡⲉϣⲗⲏⲗ ⲙⲛ ⲡⲉ-
ⲥⲙⲟⲩ ⲙⲛ ⲛϩⲩⲙⲛⲟⲥ ⲛⲛⲥⲱⲛⲧ ⲥⲉⲧⲁⲗⲟ ⲙⲙⲟⲩ ⲉϩⲣⲁ̈ⲓ ⲉϫⲙ ⲡⲕⲁ-
ⲛⲟⲩⲛ ⲉⲧⲙⲙⲁⲩ ⲡⲁ̈ⲓ ⲉⲧϩⲛ ⲧⲙⲏⲧⲉ ⲛⲧⲡⲁⲙⲙⲏⲧⲱⲣ ⲁⲩⲱ ϩⲛ ⲧⲙⲏⲧⲉ
ⲛⲥⲁϣϥⲉ ⲛⲥⲟⲫⲓⲁ ⲁⲩⲱ ϩⲛ ⲧⲙⲏⲧⲉ ⲛⲧⲉ ⲯⲓⲧⲉ ⲛϩⲉⲛⲛⲁⲥ ⲙⲛ
ⲧⲙⲏⲧⲉ ⲛⲇⲉⲕⲁⲥ ⲁⲩⲱ ⲉⲣⲉ ⲛⲁ̈ⲓ ⲁϩⲉⲣⲁⲧⲟⲩ ⲧⲏⲣⲟⲩ ϩⲓϫⲙ ⲡⲕⲁ-
ⲛⲟⲩⲛ ⲉⲩϫⲱⲕ ⲉⲃⲟⲗϩⲙ ⲡⲕⲁⲣⲡⲟⲥ ⲛⲛⲁⲓⲱⲛ ⲡⲁ̈ⲓ ⲉⲧϥⲟⲩⲉϩⲥⲁϩⲛⲉ
ⲙⲙⲟϥ ⲛⲁⲩ ⲛϭⲓ ⲡⲙⲟⲛⲟⲅⲉⲛⲏⲥ ⲉⲑⲏⲡ ϩⲙ ⲡⲁⲧⲡⲱϣ ⲡⲁ̈ⲓ ⲉⲟⲩⲛ
ⲟⲩⲡⲏⲅⲏ ϩⲓ ϩⲏ ⲙⲙⲟϥ ⲉⲟⲩⲛ ⲙⲛⲧⲥⲛⲟⲟⲩⲥ ⲛ ⲭ̅ⲣ̅ⲥ̅ ⲕⲱⲧⲉ ⲉⲣⲟⲥ ⲁⲩⲱ
ⲉⲟⲩⲛ ⲟⲩⲕⲗⲟⲙ ϩⲓϫⲛ ⲧⲁⲡⲉ ⲙⲡⲟⲩⲁ ⲡⲟⲩⲁ ⲉⲩⲛ ⲙⲛⲧⲥⲛⲟⲟⲩⲥ
ⲛⲇⲩⲛⲁⲙⲓⲥ ⲙⲙⲟϥ ⲉⲩⲕⲱⲧⲉ ⲉϩⲟⲩⲛ ⲉⲣⲟϥ ⲁⲩⲱ ⲉⲩⲥⲙⲟⲩ ⲉⲡⲣⲣⲟ
ⲡⲙⲟⲛⲟⲅⲉⲛⲏⲥ ⲉⲩϫⲱ ⲙⲙⲟⲥ ϫⲉ ⲉⲧⲃⲏⲏⲧⲕ ⲁⲛⲫⲟⲣⲉⲓ ⲙⲡⲓⲉⲟⲟⲩ

---

elles savent, à cause de la couronne qui est sur leur tête, si les ⲡⲁⲣⲁⲗⲏⲙⲡⲧⲱⲣ sont sortis de l'Indivisible ou non. C'est d'elle qu'est la *Mère universelle,* qui a en elle sept Sagesses, neuf Ennéades, dix Décades, et au milieu se trouve un grand ⲕⲁⲛⲟⲩⲛ; un grand Invisible se tient au-dessus avec un grand Inné, un grand ⲁⲭⲱⲣⲏⲧⲟⲥ, dont chacun a trois visages, et la prière, la bénédiction, l'hymne des créatures sont placés sur ce ⲕⲁⲛⲟⲩⲛ qui est au milieu de la *Mère universelle,* au milieu des sept *Sagesses,* au milieu des neuf Ennéades, au milieu des dix Décades. Et tous ceux-ci se tiennent debout sur le ⲕⲁⲛⲟⲩⲛ, rendus parfaits par le Fruit des æons, celui que leur a ordonné le Monogénès caché dans l'Indivisible, celui qui a une Source devant lui, environnée par douze Christs ayant chacun une couronne sur la tête, ayant douze Puissances qui l'environnent en dedans, bénissant le roi Monogénès et disant : « C'est à cause de toi que nous

ⲁⲩⲱ ⲉⲃⲟⲗϩⲓⲧⲟⲟⲧⲕ ⲁⲛⲛⲁⲩ ⲉⲡⲓⲱⲧ ⲙⲡⲧⲏⲣϥ ⲁⲁⲁ ⲱⲱⲱ ⲁⲩⲱ ⲧⲙⲁⲁⲩ ⲛⲛⲕⲁ ⲛⲓⲙ ⲧⲁï ⲉⲧϩⲏⲡ ϩⲙ ⲙⲁ ⲛⲓⲙ ⲉⲧⲉ ⲛⲧⲟⲥ ⲧⲉ ⲧⲉⲡⲓⲛⲟⲓⲁ ⲛⲁⲓⲱⲛ ⲛⲓⲙ ⲁⲩⲱ ⲛⲧⲟⲥ ⲧⲉ ⲧⲉⲛⲛⲟⲓⲁ ⲛⲛⲟⲩⲧⲉ ⲛⲓⲙ ⲙⲛ ϫⲟⲉⲓⲥ ⲛⲓⲙ ⲁⲩⲱ ⲛⲧⲟⲥ ⲧⲉ ⲧⲉⲅⲛⲱⲥⲓⲥ ⲛⲁϩⲟⲣⲁⲧⲟⲥ ⲛⲓⲙ ⲁⲩⲱ ⲧⲉⲕϩⲓⲕⲱⲛ ⲧⲉ ⲧⲙⲁⲁⲩ ⲛⲁⲭⲱⲣⲏⲧⲟⲥ ⲛⲓⲙ ⲁⲩⲱ ⲛⲧⲟⲥ ⲧⲉ ⲧϭⲟⲙ ⲛⲁⲡⲉⲣⲁⲛⲧⲟⲥ ⲛⲓⲙ. ⲁⲩⲱ ⲉⲩⲥⲙⲟⲩ ⲉⲡⲙⲟⲛⲟⲅⲉⲛⲏⲥ ⲉⲩϫⲱ ⲙⲙⲟⲥ ϫⲉ ⲉⲧⲃⲉ ⲧⲉⲕϩⲓⲕⲱⲛ ⲁⲛⲛⲁⲩ ⲉⲣⲟⲕ ⲁⲛⲡⲱⲧ ⲉⲣⲁⲧⲕ ⲁⲛⲁϩⲉⲣⲁⲧⲛ ⲛϩⲏⲧⲕ ⲁⲩⲱ ⲁⲛϫⲓ ⲙⲡⲉⲕⲗⲟⲙ ⲛⲁⲧϩⲱϭⲃ ⲡⲁï ⲉⲛⲧⲁⲩⲥⲟⲩⲱⲛϥ ⲉⲃⲟⲗϩⲓⲧⲟⲟⲧϥ ⲡⲉⲟⲟⲩ ⲛⲁⲕ ⲡⲙⲟⲛⲟⲅⲉⲛⲏⲥ ⲛϣⲁ ⲉⲛⲉϩ. ⲁⲩⲱ ⲁⲩϫⲱ ⲧⲏⲣⲟⲩ ⲙⲫⲁⲙⲏⲛ ϩⲓ ⲟⲩⲥⲟⲡ ⲁⲩⲱ ⲁϥⲣ ⲟⲩⲥⲱⲙⲁ ⲛⲟⲩⲟⲉⲓⲛ ⲁϥϫⲱⲧⲉ ϩⲛ ⲛⲁⲓⲱⲛ ⲙⲡⲁⲧⲡⲱϣ ϣⲁⲛⲧϥⲡⲱϩ ⲉϩⲟⲩⲛ ⲉⲡⲙⲟⲛⲟⲅⲉⲛⲏⲥ ⲉⲧϩⲛ ⲧⲙⲟⲛⲁⲥ ⲡⲁï ⲉⲧϭⲉⲉⲧ ϩⲛ ⲟⲩϩⲏⲥⲩⲭⲓⲁ ⲏ ϩⲛ ⲟⲩⲏⲣⲉⲙⲟⲥ ⲁⲩⲱ ⲁϥϫⲓ ⲛⲧⲉⲭⲁⲣⲓⲥ ⲙⲡⲙⲟⲛⲟⲅⲉⲛⲏⲥ ⲉⲧⲉ ⲡⲁï ⲡⲉ ⲛⲧⲉϥⲙⲛⲧⲭ︦ⲣ︦ⲥ ⲁⲩⲱ ⲁϥϫⲓ ⲙⲡⲉⲕⲗⲟⲙ ⲛϣⲁ ⲉⲛⲉϩ ⲡⲁï ⲡⲉ ⲡⲓⲱⲧ ⲛⲛⲉⲥⲡⲓⲛⲑⲏⲣ ⲧⲏⲣⲟⲩ ⲁⲩⲱ ⲡⲁⲓ ⲡⲉ ⲧⲁⲡⲉ ⲛⲥⲱⲙⲁ ⲛⲓⲙ ⲛⲁⲑⲁⲛⲁⲧⲟⲥ ⲁⲩⲱ ⲡⲁⲓ ⲡⲉ

portons la gloire et par toi que nous voyons le Père du Plérôme, ⲁⲁⲁ ⲱⲱⲱ, et la Mère de tous les biens, celle qui est cachée en tout lieu, c'est-à-dire l'Epinoia (pensée) de tous les æons, l'Ennoia de tous les dieux et de tous les seigneurs : elle est la gnose de tous les Invisibles, et ton image est la mère de tous les ⲁⲭⲱⲣⲏⲧⲟⲥ, la puissance de tous les Infinis. » Et ils bénissent le Monogénès en disant : « C'est à cause de ton image que nous te voyons, que nous avons couru à toi, que nous nous tenons en toi, que nous recevons la couronne incorruptible, celle que l'on connaît par elle. Gloire à toi, ô Monogénès, à jamais! » Et tous ils dirent *amen* à la fois, et il devint un corps lumineux; il traversa les æons de l'Indivisible, jusqu'à ce qu'il parvînt au Monogénès qui est dans la Monade, qui habite dans une Tranquillité ou une Solitude, et il reçut la Grâce du Monogénès, c'est-à-dire de sa *Christité;* il reçut aussi la couronne éternelle. C'est le père de toutes les Étincelles; c'est le chef de tous les corps immortels; c'est celui à cause duquel on donne la résurrection aux corps. Mais en dehors de l'Indivisible et en dehors

IMPRIMERIE NATIONALE.

ⲈⲚⲦⲀⲨϮ ⲀⲚⲀⲤⲦⲀⲤⲒⲤ ⲚⲚⲤⲰⲘⲀ ⲈⲦⲂⲎⲎⲦϤ. ϨⲒⲂⲞⲖ ⲆⲈ ⲘⲠⲀⲦⲠⲰϢ ⲀⲨⲰ ϨⲒⲂⲞⲖ ⲚⲦⲈϤϨⲈⲚⲚⲀⲤ ⲚⲀⲦⲬⲀⲢⲀⲔⲦⲎⲢ ⲦⲀÏ ⲈⲦⲈⲢⲈ ⲚⲈⲬⲀⲢⲀⲔⲦⲎⲢ ⲦⲎⲢⲞⲨ ⲚϨⲎⲦⲤ ⲞⲨⲚ ⲔⲈϢⲞⲘⲦⲈ ⲚϨⲈⲚⲚⲀⲤ ⲈⲢⲈ ⲦⲞⲨⲈⲒ ⲦⲞⲨⲈⲒ ⲈⲒⲢⲈ ⲘⲮⲒⲦⲈ ⲚϨⲈⲚⲚⲀⲤ ⲀⲨⲰ ⲦⲞⲨⲈⲒ ⲦⲞⲨⲈⲒ ⲞⲨⲚ ⲞⲨⲔⲀⲚⲞⲨⲚ ⲚϨⲎⲦⲤ ⲈⲨⲤⲞⲞⲨϨ ⲈⲢⲞϤ ⲚϬⲒ ϢⲞⲘⲚⲦ ⲚⲈⲒⲰⲦ ⲞⲨⲀⲠⲈⲢⲀⲚⲦⲞⲤ ⲘⲚ ⲞⲨⲀϨⲢⲎⲦⲞⲤ ⲘⲚ ⲞⲨⲀⲬⲰⲢⲎⲦⲞⲤ. ⲀⲨⲰ ϨⲢⲀÏ ϨⲚ ⲦⲘⲈϨ ⲤⲚⲦⲈ ⲞⲨⲚ ⲔⲀⲚⲞⲨⲚ ϨⲚ ⲦⲈⲤⲘⲎⲦⲈ ⲈⲨⲚ ϢⲞⲘⲦⲈ ⲘⲘⲚⲦⲈⲒⲰⲦ ⲚϨⲎⲦⲤ ⲞⲨⲀϨⲞⲢⲀⲦⲞⲤ ⲘⲚ ⲞⲨⲀⲄⲈⲚⲚⲎⲦⲞⲤ ⲘⲚ ⲞⲨⲀⲤⲀⲖⲈⲨⲦⲞⲤ ϨⲢⲀÏ ⲞⲚ ϨⲚ ⲦⲘⲈϨ ϢⲞⲘⲦⲈ ⲞⲨⲚ ⲞⲨⲔⲀⲚⲞⲨⲚ ⲚϨⲎⲦⲤ ⲞⲨⲚ ϢⲞⲘⲚⲦⲈ ⲘⲘⲚⲦⲈⲒⲰⲦ ⲚϨⲎⲦⲤ ⲞⲨⲎⲢⲈⲘⲞⲤ ⲘⲚ ⲞⲨⲀⲄⲚⲰⲤⲦⲞⲤ ⲘⲚ ⲞⲨⲦⲢⲒⲆⲨⲚⲀⲘⲞⲤ ⲀⲨⲰ ⲈⲂⲞⲖϨⲒⲦⲚ ⲚⲀÏ ⲈⲚⲦⲀ ⲠⲦⲎⲢϤ ⲤⲞⲨⲚ ⲠⲚⲞⲨⲦⲈ ⲀⲨⲰ ⲀⲨⲠⲰⲦ ⲈⲢⲀⲦϤ ⲀⲨⲰ ⲀⲨϪⲠⲞ ⲚⲞⲨⲘⲎⲎϢⲈ ⲚⲚⲀⲒⲰⲚ ⲚⲀⲦϮⲎⲠⲈ ⲈⲢⲞⲞⲨ ⲀⲨⲰ ⲔⲀⲦⲀ ⲐⲈⲚⲚⲀⲤ ⲐⲈⲚⲚⲀⲤ ⲤⲈⲈⲒⲢⲈ ⲚϨⲈⲚⲦⲂⲀ ⲚⲦⲂⲀ ⲚⲈⲞⲞⲨ ⲀⲨⲰ ⲞⲨⲚⲦⲈ ⲦⲞⲨⲈⲒ ⲦⲞⲨÏ ⲚⲚⲈⲒϨⲈⲚⲚⲀⲤ ⲞⲨⲘⲞⲚⲀⲤ ⲈϨⲢⲀÏ ⲚϨⲎⲦⲤ ⲀⲨⲰ ⲞⲨⲚ ⲞⲨⲦⲞⲠⲞⲤ ϨⲚ ⲦⲘⲞⲚⲀⲤ ⲦⲘⲞⲚⲀⲤ ⲈⲨⲘⲞⲨⲦⲈ ⲈⲢⲞϤ ϪⲈ ⲀⲪⲐⲀⲢⲦⲞⲤ ⲈⲦⲈ ⲠⲀÏ ⲠⲈ ⲠⲔⲀϨ ⲈⲦⲞⲨⲀⲀⲂ ⲞⲨⲚ ⲞⲨⲠⲎⲄⲎ ϨⲘ ⲠⲔⲀϨ ⲚⲦⲞⲨÏ ⲦⲞⲨⲒ ⲚⲚⲈÏⲘⲞⲚⲀⲤ ⲈⲞⲨⲚ ϨⲈⲚ ⲦⲂⲀ ⲚⲦⲂⲀ ⲚⲆⲨⲚⲀⲘⲒⲤ ⲈⲨϪⲒ ⲔⲖⲞⲘ ϨⲒϪⲰⲤ

---

de son Ennéade sans caractère, celle en laquelle se trouvent tous les caractères, il y a trois autres Ennéades dont chacune fait neuf Ennéades, et en chacune se trouve un ⲔⲀⲚⲞⲨⲚ où sont rassemblés trois Pères, un Infini, un Ineffable et un ⲀⲬⲰⲢⲎⲦⲞⲤ. Dans le milieu de la seconde est un ⲔⲀⲚⲞⲨⲚ, et il y a trois Pères; un Invisible, un Inengendré et un ⲀⲤⲀⲖⲈⲨⲦⲞⲤ. Dans la troisième se trouve aussi un ⲔⲀⲚⲞⲨⲚ, et elle renferme trois Paternités : un Solitaire, un Inconnu et un Tridynamos. C'est par ceux-ci que le Plérôme a connu Dieu; ils ont couru vers lui, ils ont engendré une multitude d'æons innombrables, et dans chaque Ennéade ils font des myriades de myriades de louanges. Et dans chacune de ces Ennéades se trouve une Monade, et dans chaque Monade un lieu que l'on nomme *Incorruptible*, c'est-à-dire la *Terre sainte*. Il y a une source dans la terre de chacune de ces Monades, et il y a des myriades de myriades de Puissances ayant reçu sur leur

ϩⲙ ⲡⲉⲕⲗⲟⲙ ⲙⲡⲉⲧⲣⲓⲇⲩⲛⲁⲙⲓⲥ ⲁⲩⲱ ϩⲛ ⲧⲙⲏⲧⲉ ⲛⲛϩⲉⲛⲛⲁⲥ ⲁⲩⲱ ϩⲛ ⲧⲙⲏⲧⲉ ⲛⲙⲙⲟⲛⲁⲥ ϥϣⲟⲟⲡ ⲛϭⲓ ⲡⲃⲁⲑⲟⲥ ⲛⲁⲙⲉⲧⲣⲏⲧⲟⲛ ⲉⲣⲉ ⲛⲓⲡⲧⲏⲣϥ ϭⲱϣⲧ ⲉϩⲣⲁⲓ̈ ⲉϫⲱϥ ⲛⲁ ⲡϩⲟⲩⲛ ⲙⲛ ⲛⲁ ⲡⲃⲟⲗ ⲉⲩⲛ ⲙⲛⲧⲥⲛⲟⲟⲩⲥ ⲙⲙⲛⲧⲉⲓⲱⲧ ϩⲓϫⲱϥ ⲉⲩⲛ ⲙⲁⲁⲃⲉ ⲛⲇⲩⲛⲁⲙⲓⲥ ⲕⲱⲧⲉ ⲉⲡⲟⲩⲁ ⲡⲟⲩⲁ. ⲧϣⲟⲣⲡ ⲙⲙⲛⲧⲉⲓⲱⲧ ⲟⲩϩⲟ ⲛⲁⲡⲉⲣⲁⲛⲧⲟⲥ ⲡⲉ ⲉⲟⲩⲛ ⲙⲁⲁⲃⲉ ⲛⲇⲩⲛⲁⲙⲓⲥ ⲕⲱⲧⲉ ⲉⲣⲟϥ ⲉⲩⲟ ⲛⲁⲡⲉⲣⲁⲛⲧⲟⲥ. ⲧⲙⲉϩ ⲥⲛⲧⲉ ⲙⲙⲛⲧⲉⲓⲱⲧ ⲟⲩϩⲟ ⲛⲁϩⲟⲣⲁⲧⲟⲥ ⲡⲉ ⲁⲩⲱ ⲟⲩⲛ ⲙⲁⲁⲃ ⲛⲁϩⲟⲣⲁⲧⲟⲥ ⲕⲱⲧⲉ ⲉⲣⲟϥ. ⲧⲙⲉϩ ϣⲟⲙⲧⲉ ⲙⲙⲛⲧⲉⲓⲱⲧ ⲟⲩϩⲟ ⲛⲁⲭⲱⲣⲏⲧⲟⲥ ⲡⲉ ⲁⲩⲱ ⲟⲩⲛ ⲙⲁⲁⲃ ⲛⲁⲭⲱⲣⲏⲧⲟⲥ ⲕⲱⲧⲉ ⲉⲣⲟϥ. ⲁⲩⲱ ⲧⲙⲉϩ ϥⲧⲟ ⲙⲙⲛⲧⲉⲓⲱⲧ ⲟⲩϩⲟ ⲛⲁϩⲟⲣⲁⲧⲟⲥ ⲡⲉ ⲟⲩⲛ ⲙⲁⲁⲃ ⲛⲇⲩⲛⲁⲙⲓⲥ ⲛⲁϩⲟⲣⲁⲧⲟⲥ ⲕⲱⲧⲉ ⲉⲣⲟϥ. ⲧⲙⲉϩ ϯⲉ ⲙⲙⲛⲧⲉⲓⲱⲧ ⲟⲩϩⲟ ⲙⲡⲁⲛⲧⲟⲇⲩⲛⲁⲙⲟⲥ ⲡⲉ ⲁⲩⲱ ⲟⲩⲛ ⲙⲁⲁⲃ ⲙⲡⲁⲛⲧⲟⲇⲩⲛⲁⲙⲟⲥ ⲕⲱⲧⲉ ⲉⲣⲟϥ. ⲧⲙⲉϩ ⲥⲟ ⲙⲙⲛⲧⲉⲓⲱⲧ ⲟⲩϩⲟ ⲛⲡⲁⲛⲥⲟⲫⲟⲥ ⲡⲉ ⲉⲩⲛ ⲙⲁⲁⲃ ⲛⲡⲁⲛⲥⲟⲫⲟⲥ ⲕⲱⲧⲉ ⲉⲣⲟϥ. ⲧⲙⲉϩ ⲥⲁϣϥⲉ ⲙⲙⲛⲧⲉⲓⲱⲧ ⲟⲩϩⲟ ⲛⲁⲅⲛⲱⲥⲧⲟⲥ ⲡⲉ ⲉⲩⲛ ⲙⲁⲁⲃ ⲛⲇⲩⲛⲁⲙⲓⲥ ⲛⲁⲅⲛⲱⲥⲧⲟⲥ ⲕⲱⲧⲉ ⲉⲣⲟϥ. ⲧⲙⲉϩ ϣⲙⲟⲩⲛⲉ ⲙⲙⲛⲧⲉⲓⲱⲧ ⲟⲩϩⲟ ⲛⲏⲣⲉⲙⲟⲥ ⲡⲉ ⲁⲩⲱ ⲟⲩⲛ ⲙⲁⲁⲃ ⲛⲇⲩⲛⲁⲙⲓⲥ ⲛⲏⲣⲉⲙⲟⲥ ⲕⲱⲧⲉ ⲉⲣⲟϥ. ⲧⲙⲉϩ ⲯⲓⲧⲉ ⲙⲙⲛⲧⲉⲓⲱⲧ ⲟⲩϩⲟ

---

tête une couronne de la couronne de la Triple Puissance. Au milieu des Ennéades et au milieu des Monades est un abîme incommensurable vers lequel regarde tout le Plérôme, ceux de l'intérieur comme ceux de l'extérieur, ayant au-dessus de lui douze Paternités dont chacune est entourée de trente Puissances. La première Paternité est un visage d'Infini; trente Puissances infinies l'environnent. La seconde Paternité est un visage d'Invisible, et trente Invisibles l'entourent. La troisième Paternité est un visage d'ⲁⲭⲱⲣⲏⲧⲟⲥ, et trente ⲁⲭⲱⲣⲏⲧⲟⲥ l'environnent. La quatrième Paternité est un visage d'Invisible, et trente Puissances invisibles l'environnent. La cinquième Paternité est un visage de Pantodynamos, et trente Pantodynamos l'entourent. La sixième Paternité est un visage de Toute-Sagesse, et trente Toutes-Sagesses l'entourent. La septième Paternité est un visage d'Inconnu, et trente Puissances inconnues l'entourent. La huitième Paternité est un visage

ⲛⲁⲅⲉⲛⲛⲏⲧⲟⲥ ⲡⲉ ⲁⲩⲱ ⲟⲩⲛ ⲙⲁⲁⲃ ⲛⲇⲩⲛⲁⲙⲓⲥ ⲛⲁⲅⲉⲛⲛⲏⲧⲟⲥ ⲕⲱⲧⲉ ⲉⲣⲟϥ. ⲧⲙⲉϩ ⲙⲏⲧⲉ ⲙⲙⲛⲧⲉⲓⲱⲧ ⲟⲩϩⲟ ⲛⲁⲥⲁⲗⲗⲉⲩⲧⲟⲥ ⲡⲉ ⲉⲩⲛ ⲙⲁⲁⲃ ⲛⲇⲩⲛⲁⲙⲓⲥ ⲛⲁⲥⲁⲗⲗⲉⲩⲧⲟⲥ ⲕⲱⲧⲉ ⲉⲣⲟϥ. ⲧⲙⲉϩ ⲙⲛⲧⲟⲩⲉ ⲙⲙⲛⲧⲉⲓⲱⲧ ⲟⲩϩⲟ ⲙⲡⲁⲙⲙⲩⲥⲧⲏⲣⲓⲟⲛ ⲡⲉ ⲁⲩⲱ ⲟⲩⲛ ⲙⲁⲁⲃ ⲛⲇⲩⲛⲁⲙⲓⲥ ⲙⲡⲁⲙⲙⲩⲥⲧⲏⲣⲓⲟⲛ ⲕⲱⲧⲉ ⲉⲣⲟϥ. ⲧⲙⲉϩ ⲙⲛⲧⲥⲛⲟⲟⲩⲥ ⲛⲙⲛⲧⲉⲓⲱⲧ ⲟⲩϩⲟ ⲛⲧⲣⲓⲇⲩⲛⲁⲙⲟⲥ ⲡⲉ ⲁⲩⲱ ⲟⲩⲛ ⲙⲁⲁⲃ ⲛⲇⲩⲛⲁⲙⲓⲥ ⲛⲧⲣⲓⲇⲩⲛⲁⲙⲟⲥ ⲕⲱⲧⲉ ⲉⲣⲟϥ. ⲁⲩⲱ ϩⲛ ⲧⲙⲏⲧⲉ ⲙⲡⲃⲁⲑⲟⲥ ⲛⲁⲙⲉⲧⲣⲏⲧⲟⲥ ⲟⲩⲛ ϯ ⲛⲇⲩⲛⲁⲙⲓⲥ ⲉⲩⲙⲟⲩⲧⲉ ⲉⲣⲟⲟⲩ[1] ⲛⲛⲉϊⲣⲁⲛ ⲛⲁϩⲣⲏⲧⲟⲛ ⲧϣⲟⲣⲡ ⲉⲩⲙⲟⲩⲧⲉ ⲉⲣⲟⲥ ϫⲉ ⲧⲁⲅⲁⲡⲏ ⲉⲛⲧⲁ ⲁⲅⲁⲡⲏ ⲛⲓⲙ ⲉⲓ ⲉⲃⲟⲗⲛϩⲏⲧⲥ ⲧⲙⲉϩ ⲥⲛⲧⲉ ⲉⲩⲙⲟⲩⲧⲉ ⲉⲣⲟⲥ ϫⲉ ⲑⲉⲗⲡⲓⲥ ⲉⲃⲟⲗϩⲓⲧⲟⲟⲧⲥ ⲉⲛⲧⲁⲩϩⲉⲗⲡⲓⲍⲉ[2] ⲉⲡⲙⲟⲛⲟⲅⲉⲛⲏⲥ ⲡϣⲏⲣⲉ ⲛⲧⲉ ⲡⲛⲟⲩⲧⲉ. ⲧⲙⲉϩϣⲟⲙⲧⲉ ⲥⲉⲙⲟⲩⲧⲉⲉⲣⲟⲥ ϫⲉ ⲧⲡⲓⲥⲧⲓⲥ ⲧⲁϊ ⲉⲃⲟⲗϩⲓⲧⲟⲟⲧⲥ ⲉⲛⲧⲁⲩⲡⲓⲥⲧⲉⲩⲉ ⲉⲙⲙⲩⲥⲧⲏⲣⲓⲟⲛ ⲙⲡⲓⲁⲧϣⲁϫⲉ ⲉⲣⲟϥ. ⲧⲙⲉϩ ϥⲧⲟ ⲉⲩⲙⲟⲩ-

[1] *Cod.* ⲉⲣⲟⲥ; mais je ne crois pas qu'on puisse mettre le singulier, malgré la présence du nom de nombre.

[2] Ces deux mots ont été omis par le copiste. Après cette page vient dans la copie de Woïde une page laissée en blanc; mais au bas de celle-ci Woïde a écrit cette note que je transcris telle quelle : « Pagina secunda hujus folii vacua est; sed quæ folio sequenti inscripta sunt, uti contextus docet, hic sequi debent. » Ce jugement de Woïde est parfaitement fondé et l'on voit que le papyrus présentait ainsi une page non écrite.

de Solitaire, et trente Puissances solitaires l'entourent. La neuvième Paternité est un visage d'Inengendré, et trente Puissances inengendrées l'entourent. La dixième Paternité est un visage d'ⲁⲥⲁⲗⲗⲉⲩⲧⲟⲥ, et trente Puissances ⲁⲥⲁⲗⲗⲉⲩⲧⲟⲥ l'entourent. La onzième Paternité est un visage de *Mystère universel*, et trente Puissances de *Mystère universel* l'entourent. La douzième Paternité est un visage de Tridynamos, et trente Puissances Tridynamos l'entourent. Et au milieu de l'Abîme incommensurable il y a cinq Puissances que l'on nomme de ces noms ineffables : la première, on l'appelle ⲁⲅⲁⲡⲏ (Amour), et c'est d'elle que vient tout amour; la seconde, on l'appelle ⲉⲗⲡⲓⲥ (Espérance), et c'est par elle qu'on espère en Monogénès, le Fils de Dieu; la troisième, on l'appelle ⲡⲓⲥⲧⲓⲥ (la Foi), et c'est par elle que l'on croit les mystères

LE PAPYRUS GNOSTIQUE BRUCE.

ⲧⲉ ⲉⲣⲟⲥ ϫⲉ ⲧⲉⲅⲛⲱⲥⲓⲥ ⲉⲃⲟⲗϩⲓⲧⲟⲟⲧⲥ ⲁⲩⲥⲟⲩⲛ ⲡϣⲟⲣⲡ ⲛⲉⲓⲱⲧ ⲡⲁï ⲉⲧⲟⲩϣⲟⲟⲡ ⲉⲧⲃⲏⲧϥ ⲁⲩⲱ ⲁⲩⲥⲟⲩⲛ ⲡⲙⲩⲥⲧⲏⲣⲓⲟⲛ ⲙⲡⲕⲁⲣⲱϥ ⲡⲁⲓ ⲉⲧϣⲁϫⲉ ϩⲁ ϩⲱⲃ ⲛⲓⲙ ⲡⲁⲓ ⲉⲑⲏⲡ ⲧⲙⲟⲛⲁⲥ ⲛϩⲟⲩⲉⲓⲧⲉ ⲧⲁï ⲉⲛⲧⲁ ⲡⲧⲏⲣϥ ⲣ ⲁⲛⲟⲩⲥⲓⲟⲥ ⲉⲧⲃⲏⲧⲥ ⲡⲁⲓ ⲡⲉ ⲡⲙⲩⲥⲧⲏⲣⲓⲟⲛ ⲉⲧⲉⲣⲉ ⲡϣⲙⲧ-ϣⲉ ⲥⲉ ⲧⲏ ⲛⲟⲩⲥⲓⲁ ⲟ ⲛⲕⲗⲟⲙ ϩⲓϫⲛ ⲧⲉϥⲁⲡⲉ ⲛⲑⲉ ⲙⲡϥⲱ ⲛⲟⲩ-ⲣⲱⲙⲉ ⲁⲩⲱ ⲉⲣⲉ ⲫⲓⲉⲣⲟⲛ ⲙⲡⲗⲏⲣⲱⲙⲁ ⲟ ⲛⲑⲉ ⲛⲛⲉïϩⲩⲡⲟⲡⲟⲇⲓⲟⲛ ϩⲁ ⲛⲉϥⲟⲩⲉⲣⲏⲧⲉ ⲡⲁⲓ ⲡⲉ ⲡⲣⲟ ⲙⲡⲛⲟⲩⲧⲉ. ⲧⲙⲉϩ ϯⲉ ⲥⲉⲙⲟⲩⲧⲉ ⲉⲣⲟⲥ ϫⲉ ϯⲣⲏⲛⲏ ⲉⲃⲟⲗϩⲓⲧⲟⲟⲧⲥ ⲁⲩϯ ⲛϯⲣⲏⲛⲏ ⲛⲟⲩⲟⲛ ⲛⲓⲙ ⲛⲛⲁ ⲡϩⲟⲩⲛ ⲙⲛ ⲛⲁ ⲡⲃⲟⲗ ϫⲉ ϩⲣⲁï ⲛϩⲏⲧⲥ ⲁⲩⲥⲱⲛⲧ ⲙⲡⲧⲏⲣϥ ⲡⲁï ⲡⲉ ⲡⲃⲁⲑⲟⲥ ⲛⲁⲙⲉⲧⲣⲏⲧⲟⲛ ⲡⲁⲓ ⲡⲉ ⲉⲧⲉⲣⲉ ⲡϣⲙⲧϣⲉ ⲥⲉ ⲧⲏ ⲙⲙⲛⲧⲉⲓⲱⲧ ⲛϩⲏⲧϥ ⲁⲩⲱ ⲉⲛⲧⲁⲩⲡⲱϣ ⲛⲧⲉⲣⲟⲙⲡⲉ ϩⲓⲧⲛ ⲛⲁï ⲡⲁï ⲡⲉ ⲡⲃⲁⲑⲟⲥ ⲉⲧⲕⲱⲧⲉ ϩⲓⲃⲟⲗ ⲙⲫⲓⲉⲣⲟⲛ ⲙⲡⲗⲏⲣⲱⲙⲁ ⲡⲁⲓ ⲡⲉ ⲉⲧⲉⲣⲉ ⲡⲉⲧⲣⲓⲇⲩⲛⲁⲙⲟⲥ ϩⲓϫⲱϥ[1] ⲙⲛ ⲛⲉϥⲕⲗⲁⲇⲟⲥ ⲛⲑⲉ ⲛⲛⲉïϣⲏⲛ ⲁⲩⲱ ⲡⲁï ⲡⲉ ⲉⲧⲉⲣⲉ

[1] *Cod.* ϩⲓϫⲱⲩ, ce qui est une faute pour ϩⲓϫⲱⲟⲩ, qui ne saurait convenir, comme le contexte le montre. D'ailleurs on trouve ϩⲓϫⲱϥ plus bas.

---

de l'Ineffable; la quatrième, on l'appelle ⲅⲛⲱⲥⲓⲥ (la Gnose); c'est par elle que l'on connaît le premier Père, celui à cause duquel on existe, que l'on connaît, le mystère du silence, qui parle avant toute chose, celui qui est caché, la première Monade, celle pour laquelle le Plérôme est devenu substance (?); c'est sur la tête de ce mystère que les trois cent soixante-cinq substances forment une couronne, comme les cheveux d'un homme, et le temple du Plérôme est comme ses marchepieds sous ses pieds, c'est la porte de Dieu; la cinquième, on l'appelle ⲉⲓⲣⲏⲛⲏ (la Paix), et c'est par elle qu'on donne la paix à tous, à ceux du dedans et à ceux du dehors, parce que c'est en elle que tout a été créé, c'est l'Abîme incommensurable, celui en lequel se trouvent trois cent soixante-cinq Paternités, grâce auxquelles on a divisé l'année, c'est l'Abîme qui entoure le temple du Plérôme, celui sur lequel se trouve le Tridynamos avec ses rameaux, comme ses arbres, celui sur lequel se trouve le ⲙⲟⲩⲥⲁⲛⲓⲟⲥ avec tous ceux qui

ⲡⲙⲟⲩⲥⲁⲛⲓⲟⲥ ϩⲓϫⲱϥ ⲙⲛ ⲛⲉⲧⲉⲛⲟⲩϥ ⲧⲏⲣⲟⲩ ⲛⲉ ⲁⲩⲱ ⲉⲣⲉ ⲁⲫⲣⲏⲇⲱⲛ ⲙⲙⲁⲩ ⲙⲛ ⲡⲉϥⲙⲛⲧⲥⲛⲟⲟⲩⲥ ⲛⲭ̄ⲣ̄ⲥ ⲉⲣⲉ ⲟⲩⲕⲁⲛⲟⲩⲛ ϩⲛ ⲧⲉⲩⲙⲏⲧⲉ ⲉⲩⲉⲓ ⲛⲥⲉⲉϩⲟⲩⲛ ⲛⲛⲉⲥⲙⲟⲩ ⲙⲛ ⲛϩⲩⲙⲛⲟⲥ ⲁⲩⲱ ⲛⲥⲟⲡⲥ ⲙⲛ ⲛⲉϣⲗⲏⲗ ⲛⲧⲙⲁⲁⲩ ⲛⲛϩⲟⲗⲟⲛ ⲏ ⲧⲙⲁⲁⲩ ⲙⲡⲧⲏⲣϥ ⲉⲧⲉ ⲧⲁï ⲧⲉ ⲉⲧⲟⲩⲙⲟⲩⲧⲉ ⲉⲣⲟⲥ ϫⲉ ⲫⲁⲛⲉⲣⲓⲟⲥ ⲁⲩⲱ ⲛⲥⲉϯ ⲙⲟⲣⲫⲏ ⲉⲣⲟⲟⲩ ϩⲓⲧⲙ ⲡⲙⲛⲧⲥⲛⲟⲟⲩⲥ ⲛⲭⲣⲓⲥⲧⲟⲥ ⲥⲉϫⲟⲟⲩ ⲙⲙⲟⲟⲩ ⲉϩⲣⲁⲓ ⲉⲡⲉⲡⲗⲏⲣⲱⲙⲁ ⲛⲥⲏⲑⲉⲩⲥ ⲉⲃⲟⲗϩⲓⲧⲟⲟⲧϥ ⲥⲉⲉⲓⲣⲉ ⲙⲡⲙⲉⲉⲩⲉ ⲛⲛⲁï ϩⲙ ⲡⲁⲓⲱⲛ ⲉⲧϩⲓⲃⲟⲗ ⲡⲁï ⲉⲧⲉ ⲧϩⲩⲗⲏ ⲛϩⲏⲧϥ ⲡⲁï ⲡⲉ ⲛⲃⲁⲑⲟⲥ ⲉⲛⲧⲁ ⲡⲉⲧⲣⲓⲇⲩⲛⲁⲙⲟⲥ ϫⲓ ⲉⲟⲟⲩ ⲙⲙⲟϥ ϣⲁⲛⲧϥⲡⲱϩ ⲉⲡⲁⲧⲡⲱϣ ⲁⲩⲱ ⲁϥϫⲓ ⲛⲧⲉⲭⲁⲣⲓⲥ ⲙⲡⲓⲁⲧⲥⲟⲩⲱⲛⲧϥ ⲧⲁï ⲉⲃⲟⲗϩⲓⲧⲟⲟⲧⲥ ⲁϥϫⲓ ⲛϯⲙⲛⲧϣⲏⲣⲉ ⲛⲧⲉïϭⲟⲧ ⲧⲁï ⲉⲧⲉ ⲙⲡⲉ ⲡⲉⲡⲗⲏⲣⲱⲙⲁ ⲉϣϭⲙϭⲟⲙ ⲉⲧⲱⲟⲩⲛ ϩⲁⲣⲟⲥ ⲉⲧⲃⲉ ⲡⲉϩⲟⲩⲟ ⲙⲡⲉⲥⲟⲩⲟⲉⲓⲛ ⲁⲩⲱ ⲡⲃⲟⲩⲃⲟⲩ ⲉⲧⲛϩⲏⲧϥ ⲁⲩⲱ ⲁ ⲡⲉⲡⲗⲏⲣⲱⲙⲁ ⲧⲏⲣϥ ϣⲧⲟⲣⲧⲣ ⲁⲩⲱ ⲡⲃⲁⲑⲟⲥ ⲕⲓⲙ ⲙⲛ ⲛⲉⲧⲛϩⲏⲧϥ ⲧⲏⲣⲟⲩ ⲁⲩⲱ ⲁⲩⲡⲱⲧ ⲉⲃⲟⲗ ⲉⲡⲁⲓⲱⲛ ⲛⲧⲙⲁⲩ ⲁⲩⲱ ⲁϥⲕⲉⲗⲉⲩⲉ ⲛϭⲓ ⲡⲙⲩⲥⲧⲏⲣⲓⲟⲛ ⲉⲧⲣⲉⲩⲥⲱⲕ ⲛⲛⲕⲁⲧⲁⲡⲉⲧⲁⲥⲙⲁ ⲛⲛⲁⲓⲱⲛ ϣⲁⲛⲧⲉ ⲡⲉⲡⲓⲥⲕⲟⲡⲟⲥ ⲧⲁϫⲣⲉ ⲛⲁⲓⲱⲛ ⲛⲕⲉⲥⲟⲡ ⲁⲩⲱ ⲁ

---

lui appartiennent : là se trouve ⲁⲫⲣⲏⲇⲱⲛ et ses douze Christs au milieu desquels est un ⲕⲁⲛⲟⲩⲛ ; ils viennent pour en traduire les louanges, les hymnes, les prières et les supplications de la Mère universelle, c'est-à-dire de la Mère du Plérôme (c'est elle que l'on appelle ⲫⲁⲛⲉⲣⲓⲟⲥ), et pour leur donner une forme, grâce aux douze Christs; on les envoie dans le Plérôme de ⲥⲏⲑⲉⲩⲥ, par lequel ils se souviennent de ceux qui sont dans l'æon extérieur, celui dans lequel se trouve la Matière. C'est l'abîme où le Tridynamos a été glorifié jusqu'à ce qu'il parvînt à l'Indivisible et qu'il reçût la grâce de l'Inconnaissable, celle par laquelle il reçut une Filiété telle que le Plérôme ne peut pas se tenir debout devant elle, à cause de l'excès de sa lumière et de l'éclat qui est en (cette lumière). Le Plérôme tout entier est troublé, l'abîme avec tout ce qu'il contient est ému, et ils se sont enfuis vers l'æon de la Mère, et le Mystère a ordonné de tirer les voiles des æons, jusqu'à ce que le surveillant eût affermi les æons une

ⲡⲉⲡⲓⲥⲕⲟⲡⲟⲥ ⲧⲁϫⲣⲟ ⲛⲛⲁⲓⲱⲛ ⲛⲕⲉⲥⲟⲡ ⲕⲁⲧⲁ ⲑⲉ ⲉⲧⲥⲏϩ ϫⲉ ⲁϥⲧⲁϫⲣⲟ ⲛⲧⲟⲓⲕⲟⲩⲙⲉⲛⲏ ⲁⲩⲱ ⲛⲥⲛⲁⲕⲓⲙ ⲁⲛ ⲁⲩⲱ ⲟⲛ ϫⲉ ⲁ ⲡⲕⲁϩ ⲃⲱⲗ ⲉⲃⲟⲗ ⲙⲛ ⲛⲉⲧϣⲟⲟⲡ ⲧⲏⲣⲟⲩ ϩⲓϫⲱϥ ⲁⲩⲱ ⲧⲟⲧⲉ ⲁ ⲡⲉⲧⲣⲓⲇⲩⲛⲁⲙⲟⲥ ⲉⲓ ⲉⲃⲟⲗ ⲉⲣⲉ ⲡϣⲏⲣⲉ ϩⲏⲡ ϩⲣⲁï ⲛϩⲏⲧϥ ⲁⲩⲱ ⲉⲣⲉ ⲡⲉⲕⲗⲟⲙ ⲛⲧⲁϫⲣⲟ ϩⲓϫⲛ ⲧⲉϥⲁⲡⲉ ⲉϥⲉⲓⲣⲉ ⲛϩⲉⲛ ⲧⲃⲁ ⲛⲧⲃⲁ ⲛⲉⲟⲟⲩ ⲁⲩⲱ ⲛⲉⲩⲱϣ ⲉⲃⲟⲗ ϫⲉ ⲥⲟⲟⲩⲧⲛ ⲛⲧϩⲓⲏ ⲙⲡϫⲟⲉⲓⲥ ⲁⲩⲱ ϣⲱⲡ ⲉⲣⲱⲧⲛ ⲛⲧⲉⲭⲁⲣⲓⲥ ⲙⲡⲛⲟⲩⲧⲉ ⲁⲩⲱ ⲁⲓⲱⲛ ⲛⲓⲙ ⲉⲡⲱⲧⲛ ⲡⲉ ϥⲛⲁⲙⲟⲩϩ ϩⲛ ⲧⲉⲭⲁⲣⲓⲥ ⲙⲡϣⲏⲣⲉ ⲙⲙⲟⲛⲟⲅⲉⲛⲏⲥ. ⲁⲩⲱ ⲁϥⲁϩⲉⲣⲁⲧϥ ϩⲓϫⲛ ⲡⲃⲁⲑⲟⲥ ⲛⲁⲙⲉⲧⲣⲏⲧⲟⲥ ⲛϭⲓ ⲡⲓⲱⲧ ⲉⲧⲟⲩⲁⲁⲃ ⲁⲩⲱ ⲡⲡⲁⲛⲧⲉⲗⲉⲓⲟⲥ ⲁⲩⲱ ⲡⲁï ⲉⲣⲉ ⲡϫⲱⲕ ⲧⲏⲣϥ ⲛⲧⲟⲟⲧϥ ⲉⲃⲟⲗϩⲙ ⲡⲉϥϫⲱⲕ ⲁⲛϫⲓ ⲛⲧⲉⲭⲁⲣⲓⲥ ⲧⲟⲧⲉ ⲁ ⲡⲁⲓⲱⲛ ⲧⲁϫⲣⲟ ⲁϥⲗⲟ ⲉϥⲕⲓⲙ ⲁ ⲡⲉⲓⲱⲧ ⲧⲁϫⲣⲟϥ ϫⲉ ⲉⲛⲉϥⲕⲓⲙ ⲛϣⲁ ⲉⲛⲉϩ ⲁⲩⲱ ⲁ ⲡⲁⲓⲱⲛ ⲛⲧⲙⲁⲁⲩ ϭⲱ ⲉϥⲙⲉϩ ⲉⲃⲟⲗϩⲛ ⲛⲉⲧⲛϩⲏⲧϥ ϣⲁⲛⲧⲉ ⲧⲕⲉⲗⲉⲩⲥⲓⲥ ⲉⲓ ⲉⲃⲟⲗϩⲓⲧⲙ ⲡⲙⲩⲥⲧⲏⲣⲓⲟⲛ ⲉⲑⲏⲡ ϩⲙ ⲡϣⲟⲣⲡ ⲛⲉⲓⲱⲧ ⲡⲁï ⲉⲛⲧⲁ ⲡⲙⲩⲥⲧⲏⲣⲓⲟⲛ

---

autre fois. Et le surveillant affermit les æons une autre fois, comme il est écrit : « Il a affermi la terre et elle ne sera point ébranlée ; » et aussi : « La terre a été dissoute avec tout ce qui était sur elle. » Alors le Tridynamos sortit ; le Fils était caché en lui et la couronne de confirmation était sur sa tête, faisant des myriades de myriades de gloires, et ils criaient : « Rendez droite la voie du Seigneur et recevez la Grâce de Dieu : tout æon qui est vôtre sera rempli de la grâce du Fils Monogénès, et le Père saint et tout parfait s'est tenu debout au-dessus de l'Abîme incommensurable. C'est en lui que se trouve toute perfection, et c'est de sa plénitude [1] que nous avons reçu la grâce. » Alors l'æon fut affermi ; il cessa d'être agité : le Père l'affermit afin qu'il ne fût jamais agité, et l'æon de la Mère resta rempli de ceux qui étaient en lui jusqu'à ce que l'ordre vînt du Mystère caché dans le premier Père, celui

[1] Le mot que je traduis par plénitude est ϫⲱⲕ, que je viens, dans la même phrase, de traduire par perfection. Ce mot signifie perfection ; je mets ici plénitude, parce que ce mot est consacré dans la traduction du verset 16 du chapitre I de l'Évangile selon saint Jean, que cite ici le texte copte.

ⲉⲓ̈ ⲉⲃⲟⲗ ⲙⲙⲟϥ ϫⲉⲕⲁⲁⲥ ⲟⲛ ⲉⲣⲉ ⲡⲉϥϣⲏⲣⲉ ⲧⲁϩⲉ ⲡⲧⲏⲣϥ ⲉⲣⲁⲧϥ
ⲛⲕⲉⲥⲟⲡ ϩⲛ ⲧⲉϥⲅⲛⲱⲥⲓⲥ ⲧⲁⲓ̈ ⲉⲧⲉⲣⲉ ⲡⲧⲏⲣϥ ⲛϩⲏⲧⲥ. ⲧⲟⲧⲉ ⲁ ⲡⲥⲏⲑⲉⲩⲥ ⲧⲛⲛⲟⲟⲩ ⲛⲟⲩⲗⲟⲅⲟⲥ ⲛⲇⲏⲙⲓⲟⲩⲣⲅⲟⲥ ⲡⲁⲓ̈ ⲉⲟⲩⲛ ⲟⲩⲙⲏⲏϣⲉ
ⲛⲇⲩⲛⲁⲙⲓⲥ ⲛⲙⲙⲁϥ ⲉⲩϫⲓ ⲕⲗⲟⲙ ϩⲓϫⲱⲟⲩ ⲉⲣⲉ ⲛⲉⲩⲕⲗⲟⲙ ⲛⲉϫ
ⲁⲕⲧⲓⲛ ⲉⲃⲟⲗ ⲁⲩⲱ ⲉⲣⲉ ⲡⲃⲟⲩⲃⲟⲩ ⲛⲛⲉⲩⲥⲱⲙⲁ [ⲟⲩ]ⲟⲛϩ ϩⲙ ⲡⲧⲟⲡⲟⲥ
ⲉⲛⲧⲁⲩⲉⲓ ⲉⲣⲟϥ ⲁⲩⲱ ⲡⲗⲟⲅⲟⲥ ⲉⲧⲛⲏⲩ ⲉⲃⲟⲗϩⲛ ⲧⲉⲩⲧⲁⲡⲣⲟ ⲟⲩⲱⲛϩ ⲡⲉ ⲛϣⲁ ⲉⲛⲉϩ ⲁⲩⲱ ⲡⲟⲩⲟⲉⲓⲛ ⲉⲧⲛⲏⲩ ⲉⲃⲟⲗϩⲛ ⲛⲉⲩⲃⲁⲗ ⲟⲩⲁⲛⲁ-
ⲡⲁⲩⲥⲓⲥ ⲛⲁⲩ ⲡⲉ ⲁⲩⲱ ⲡⲕⲓⲙ ⲛⲧⲉⲩϭⲓϫ ⲡⲉ [1] ⲧⲉⲩϭⲓ ⲛⲡⲱⲧ ⲉϩⲟⲩⲛ
ⲉⲡⲧⲟⲡⲟⲥ ⲉⲛⲧⲁⲩ ⲉⲓ̈ ⲉⲃⲟⲗⲛϩⲏⲧϥ ⲁⲩⲱ ⲧⲉⲩϭⲓ ⲛϭⲱϣⲧ ⲉϩⲟⲩⲛ
ⲉϩⲣⲁⲩ ⲡⲉ ⲧⲉⲅⲛⲱⲥⲓⲥ ⲉϩⲟⲩⲛ ⲉⲣⲟⲟⲩ ⲁⲩⲱ ⲧⲉⲩϭⲓ ⲙⲙⲟⲟϣⲉ ϣⲁⲣⲟⲟⲩ ⲡⲉ ⲡⲉⲩⲕⲧⲟ ⲉϩⲟⲩⲛ ⲛⲕⲉⲥⲟⲡ ⲁⲩⲱ ⲡⲡⲱⲣϣ ⲉⲃⲟⲗ ⲛⲛⲉⲩϭⲓϫ
ⲡⲉ ⲧⲉⲩϭⲓ ⲛⲧⲁϩⲟⲟⲩ ⲉⲣⲁⲧⲟⲩ ⲁⲩⲱ ⲡⲥⲱⲧⲙ ⲛⲛⲉⲩⲙⲁⲁϫⲉ ⲡⲉ
ⲧⲁⲓⲥⲑⲏⲥⲓⲥ ⲉⲧϩⲙ ⲡⲉⲩϩⲏⲧ ⲁⲩⲱ ⲡϣⲱⲛⲃ ⲛⲛⲉⲩⲙⲉⲗⲟⲥ ⲡⲉ ⲡⲥⲱ-
ⲟⲩϩ ⲉϩⲟⲩⲛ ⲙⲡϫⲱⲱⲣⲉ ⲉⲃⲟⲗ ⲙⲡⲓ̅ⲏ̅ⲗ ⲁⲩⲱ ⲧϭⲓ ⲛⲁⲙⲁϩⲧⲉ ⲙⲙⲟⲟⲩ

[1] Ce mot devrait se trouver à la fin du second membre de phrase; s'il se trouve, ici et dans les phrases suivantes, après le premier membre, c'est peut-être qu'il y a transposition des divers membres. D'ailleurs la traduction n'en souffre pas; mais c'est la marque que nous avons affaire à une traduction.

d'où vient le Mystère, afin que son Fils rétablît le Plérôme une autre fois dans sa gnose, celle qui renferme le Plérôme. Alors ⲥⲏⲑⲉⲩⲥ envoya un Verbe Démiurge ayant avec lui une foule de Puissances portant la couronne sur leurs têtes, et leurs couronnes lançaient des rayons, et l'éclat de leurs corps se manifesta dans le lieu où elles allaient. La parole qui sort de leurs bouches est vie éternelle, et la lumière qui sort de leurs yeux est un repos pour elles (?); le mouvement de leurs mains, c'est leur course vers le lieu d'où elles sont sortis; leur contemplation de leur intérieur, c'est leur gnose interne; leur marche vers elles, c'est leur nouveau retour en dedans; l'extension de leurs mains, c'est leur stabilité; l'ouïe de leurs oreilles, c'est la perception qui est dans leurs cœurs; la conjonction de leurs membres, c'est la réunion de la dispersion d'Israël; leur compréhension d'elles-mêmes, c'est leur contem-

ⲡⲉ ⲡⲉⲩϭⲱϣⲧ ⲉϩⲟⲩⲛ ⲉⲡⲗⲟⲅⲟⲥ ⲁⲩⲱ ⲧⲉⲯⲏⲫⲟⲥ ⲉⲧϩⲛ ⲛⲉⲩⲧⲏⲏⲃⲉ ⲡⲉ ⲡⲁⲣⲓⲑⲙⲟⲥ ⲏ ⲡⲱⲡ ⲉⲛⲧⲁϥⲉⲓ̈ ⲉⲃⲟⲗ ⲕⲁⲧⲁ ⲡⲉⲧⲥⲏϩ ϫⲉ ⲡⲉⲧⲱⲡ ⲛⲙⲙⲏⲏϣⲉ ⲛⲥⲓⲟⲩ ⲉⲧϯ ⲣⲁⲛ ⲉⲣⲟⲟⲩ ⲧⲏⲣⲟⲩ ⲁⲩⲱ ⲡϣⲱⲛⲃ ⲧⲏⲣϥ ⲙⲡⲗⲟⲅⲟⲥ ⲛⲇⲏⲙⲓⲟⲩⲣⲅⲟⲥ ⲁϥϣⲱⲡⲉ ⲙⲛ ⲛⲉⲛⲧⲁⲩⲉⲓ̈ ϩⲙ ⲡⲕⲓⲙ ⲉⲛⲧⲁϥϣⲱⲡⲉ ⲁⲩⲱ ⲁⲩⲣ ⲟⲩⲁ ⲛⲟⲩⲱⲧ ⲧⲏⲣⲟⲩ ⲕⲁⲧⲁ ⲑⲉ ⲉⲧⲥⲏϩ ϫⲉ ⲁⲩⲣ ⲟⲩⲁ ⲛⲟⲩⲱⲧ ⲧⲏⲣⲟⲩ ϩⲙ ⲡⲓⲟⲩⲁ ⲛⲟⲩⲱⲧ ⲙⲁⲩⲁⲁϥ. ⲁⲩⲱ ⲧⲟⲧⲉ ⲁ ⲡⲓⲗⲟⲅⲟⲥ ⲛⲇⲏⲙⲓⲟⲩⲣⲅⲟⲥ ⲁϥϣⲱⲡⲉ ⲛϭⲟⲙ ⲛⲛⲟⲩⲧⲉ ⲁⲩⲱ ⲛϫⲟⲉⲓⲥ ⲁⲩⲱ ⲛⲥⲱⲧⲏⲣ ⲁⲩⲱ ⲛⲭ̅ⲣ̅ⲥ̅ ⲁⲩⲱ ⲛⲣⲣⲟ ⲁⲩⲱ ⲛⲁⲅⲁⲑⲟⲥ ⲁⲩⲱ ⲛⲉⲓⲱⲧ ⲁⲩⲱ ⲙⲙⲁⲁⲩ. ⲡⲁⲓ̈ ⲡⲉ ⲉⲛⲧⲁ ⲡⲉϥϩⲱⲃ ⲣ ϣⲁⲩ ⲁϥϫⲓ ⲧⲁⲓ̈ⲟ ⲁⲩⲱ ⲁϥϣⲱⲡⲉ ⲛⲉⲓⲱⲧ ⲛⲛⲉⲛⲧⲁⲩⲡⲓⲥⲧⲉⲩⲉ. ⲁ ⲡⲁⲓ̈ ϣⲱⲡⲉ ⲛⲛⲟⲙⲟⲥ ϩⲛ ⲧⲁⲫⲣⲏⲇⲱⲛⲓⲁ ⲁⲩⲱ ⲛⲇⲩⲛⲁⲧⲟⲥ. ⲁⲩⲱ ⲁ ⲧⲡⲁⲛⲇⲏⲗⲟⲥ ⲉⲓ̂ ⲉⲃⲟⲗ ⲉⲣⲉ ⲡⲉⲕⲗⲟⲙ ϩⲓϫⲱⲥ ⲁⲥⲧⲁⲁϥ ⲉϫⲛ ⲛⲉⲛⲧⲁⲩⲡⲓⲥⲧⲉⲩⲉ. ⲁⲩⲱ ⲁ ⲧⲙⲁⲁⲩ ⲧⲡⲁⲣⲑⲉⲛⲟⲥ ⲁⲩⲱ ⲧϭⲟⲙ ⲛⲛⲁⲓⲱⲛ ⲁⲩⲱ ⲁ ϯⲧⲁⲝⲓⲥ ⲛⲛⲉⲥⲕⲟⲥⲙⲟⲥ ⲕⲁⲧⲁ ⲡⲧⲱϣ ⲙⲡⲧⲥⲁ ⲛϩⲟⲩⲛ [1]. ⲁⲩⲱ ⲁⲥⲕⲱ ϩⲣⲁⲓ̈ ⲛϩⲏⲧⲥ ⲙⲡⲉⲥⲡⲓⲛⲑⲏⲣ ⲛⲟⲩⲟⲉⲓⲛ

[1] Tout ce passage me semble fautif; il doit y avoir plusieurs mots d'omis ou des mots en trop. Pour s'expliquer comme je l'explique, le texte devrait être le suivant : ⲁⲩⲱ

---

plation du Logos; le chiffre qui est en leurs doigts, c'est le nombre qui est sorti selon ce qu'il est écrit : « Celui qui compte les multitudes d'étoiles et qui leur donne à toutes leur nom. » Et toute la jonction du Verbe Démiurge se fit avec ceux qui sortirent de l'agitation qui eut lieu : ils devinrent tous ensemble une seule et même (chose) selon ce qui est écrit : « Ils sont tous devenus une seule et même (chose) dans ce seul et unique. » Alors ce Verbe Démiurge devint un puissant Dieu, Seigneur, Sauveur, Christ, Roi, Bon, Père, Mère. C'est lui dont l'œuvre fut bonne, il fut glorifié et devint Père pour ceux qui ont cru : il devint *Loi* dans l'ⲁⲫⲣⲏⲇⲱⲛⲓⲁ et Puissant. La Toute-Évidence sortit; elle avait une couronne sur la tête, elle la plaça sur ceux qui avaient cru. Et la Mère Vierge, la Puissance des æons, la hiérarchie de ses mondes fut selon l'ordre du lieu intérieur. Elle plaça en elle l'étincelle de lumière selon le type de la Monade; elle plaça le ⲕⲁⲧⲁⲗⲩⲡⲧⲟⲥ

ⲕⲁⲧⲁ ⲡⲧⲩⲡⲟⲥ ⲛⲧⲙⲟⲛⲁⲥ ⲁⲩⲱ ⲁⲥⲕⲱ ⲙⲡⲕⲁⲧⲁⲗⲩⲡⲧⲟⲥ ⲉϥⲕⲱⲧⲉ ⲉⲣⲟⲥ ⲁⲩⲱ ⲁⲥⲕⲱ ⲙⲡⲉⲡⲣⲟⲡⲁⲧⲱⲣ ⲙⲡⲧⲩⲡⲟⲥ ⲙⲡⲁⲧⲡⲱϣ ⲁⲩⲱ ⲡⲙⲛⲧⲥⲛⲟⲟⲩⲥ ⲛⲭ︦ⲣ︦ⲥ ⲉⲩⲕⲱⲧⲉ ⲉⲣⲟϥ ⲉⲣⲉ ϩⲉⲛ ⲕⲗⲟⲙ ϩⲓϫⲱⲟⲩ ⲁⲩⲱ ⲟⲩⲥⲫⲣⲁⲅⲓⲥ ⲛⲉⲟⲟⲩ ϩⲛ ⲧⲉⲩⲟⲩⲛⲁⲙ ⲁⲩⲱ ⲟⲩⲁⲅⲁⲡⲏ ϩⲛ ⲧⲉⲩⲙⲏⲧⲉ ⲁⲩⲱ ⲟⲩϩⲟ ⲛⲧⲣⲓⲇⲩⲛⲁⲙⲟⲥ ϩⲛ ⲧⲡⲏⲅⲏ ⲁⲩⲱ ⲟⲩⲕⲁⲛⲟⲩⲛ ⲉⲩⲕⲱⲧⲉ ⲉⲣⲟϥ ⲛϭⲓ ⲡⲙⲛⲧⲥⲛⲟⲟⲩⲥ ⲛⲉⲓⲱⲧ ⲁⲩⲱ ⲟⲩⲙⲛⲧϣⲏⲣⲉ ⲉⲥϩⲏⲡ ⲛϩⲏⲧⲟⲩ. ⲁⲩⲱ ⲁⲥⲧⲁϩⲟ ⲉⲣⲁⲧϥ ⲙⲡⲁⲩⲧⲟⲡⲁⲧⲱⲣ ⲙⲡⲧⲩⲡⲟⲥ ⲛϯϩⲉⲛⲛⲁⲥ ⲛⲁⲧⲭⲁⲣⲁⲕⲧⲏⲣ ⲁⲩⲱ ⲁⲥϯ ⲛⲁϥ ⲛⲧⲉⲝⲟⲩⲥⲓⲁ ⲉϫⲛ ⲟⲩⲟⲛ ⲛⲓⲙ ⲉⲧⲟ ⲛⲉⲓⲱⲧ ⲉⲣⲟϥ ⲙⲁⲩⲁⲁϥ ⲁⲩⲱ ⲁⲥⲥⲧⲉⲫⲁⲛⲟⲩ ⲙⲙⲟϥ ϩⲛ ⲉⲟⲟⲩ ⲛⲓⲙ ⲁⲩⲱ ⲁⲥϯ ⲛⲁⲩ ⲛⲧⲁⲅⲁⲡⲏ ⲙⲛ ϯⲣⲏⲛⲏ ⲁⲩⲱ ⲧⲁⲗⲏⲑⲉⲓⲁ ⲁⲩⲱ ϩⲉⲛⲧⲃⲁ ⲛⲇⲩⲛⲁⲙⲓⲥ ϫⲉⲕⲁⲁⲥ ⲉϥⲛⲁⲥⲱⲟⲩϩ ⲉϩⲟⲩⲛ ⲛⲛⲉⲛⲧⲁⲩϫⲱⲱⲣⲉ ⲉⲃⲟⲗ ϩⲙ ⲡⲉϣⲧⲟⲣⲧⲣ ⲉⲛⲧⲁϥϣⲱ̂ⲡⲉ ⲙⲡⲛⲁⲩ ⲉⲛⲧⲁ ⲡⲉⲧⲣⲓⲇⲩⲛⲁⲙⲟⲥ ⲉⲓ ⲉⲃⲟⲗ ⲙⲛ ⲡⲣⲁϣⲉ ⲁⲩⲱ ⲡϫⲟⲉⲓⲥ ⲙⲡⲧⲏⲣϥ ⲡⲁⲓ ⲉⲧⲟⲩⲛ ϭⲟⲙ ⲙⲙⲟϥ ⲉⲧⲁⲛϩⲟ ⲁⲩⲱ ⲉⲧⲁⲕⲟ ⲁⲩⲱ ⲁⲥⲧⲁϩⲟ ⲉⲣⲁⲧϥ ⲙⲡⲉⲡⲣⲱⲧⲟⲅⲉⲛⲛⲏⲧⲱⲣ ⲛϣⲏⲣⲉ ⲙⲡⲧⲩⲡⲟⲥ ⲙⲡⲉⲧⲣⲓⲇⲩⲛⲁⲙⲟⲥ ⲁⲩⲱ ⲁⲥϯ ⲛⲁϥ ⲛⲟⲩϩⲉⲛⲛⲁⲥ ⲙⲯⲓⲥ ⲛⲥⲟⲡ ⲁⲩⲱ ⲁⲥϯ ϯⲟⲩ ⲛⲇⲉⲕⲁⲥ

ⲁⲧⲙⲁⲁⲩ ⲧⲡⲁⲣⲑⲉⲛⲟⲥ ⲁⲩⲱ ⲧϭⲟⲙ ⲛⲛⲁⲓⲱⲛ ⲁⲩⲱ ϯⲧⲁⲝⲓⲥ ⲛⲛⲉⲥⲕⲟⲥⲙⲟⲥ ϣⲱⲡⲉ ⲕⲁⲧⲁ ⲡⲧⲱϣ ⲙⲡⲥⲁ ⲛϩⲟⲩⲛ. La traduction n'est pas certaine.

---

qui l'entoure; elle plaça le Propator selon le type de l'Indivisible et des douze Christs qui l'entourent, ayant des couronnes sur leurs têtes et un sceau de gloire dans leur main droite; une ⲁⲅⲁⲡⲏ est au milieu d'eux, un visage de Tridynamos dans la *source* et un ⲕⲁⲛⲟⲩⲛ qu'entourent les douze Paternités dans lesquelles est cachée une Filiété. Elle établit l'Autopator selon le type de l'Ennéade sans caractère, elle lui donna la puissance sur quiconque est seulement père pour lui, elle le couronna de toute gloire, elle lui donna l'Amour, la Paix, la Vérité et des myriades de Puissances, afin qu'il rassemblât ceux qui avaient été dispersés par le trouble qui eut lieu au moment où il sortit avec joie. Quant au Seigneur du Plérôme celui qui a la puissance de vivifier et de perdre, elle l'établit Fils Protogennètor, selon le type du Tridynamos; elle lui donna une Ennéade neuf fois; elle lui donna

LE PAPYRUS GNOSTIQUE BRUCE.

ⲘⲘⲎⲦ ⲚⲤⲞⲠ ϪⲈⲔⲀⲀⲤ ⲈϤⲚⲀϢϬⲘϬⲞⲘ ⲈϪⲰⲔ ⲈⲂⲞⲖ ⲘⲠⲀⲄⲰⲚ ⲈⲚⲦⲀⲨⲦⲀⲀϤ ⲚⲀϤ ⲀⲨⲰ ⲀⲤϮ ⲚⲀϤ ⲚⲦⲀⲠⲀⲢⲬⲎ ⲚⲦⲘⲚⲦϢⲎⲢⲈ ⲦⲀЇ ⲈϨⲢⲀЇ ⲚϨⲎⲦⲤ ⲀϤϬⲘϬⲞⲘ ⲈϢⲰⲠⲈ ⲚⲦⲢⲒⲆⲨⲚⲀⲘⲞⲤ ⲀⲨⲰ ⲀϤϪⲒ ⲘⲠⲈⲢⲎⲦ ⲚⲦⲘⲚⲦϢⲎⲢⲈ ⲠⲀЇ ⲈⲚⲦⲀⲨϮ ⲘⲠⲦⲎⲢϤ ⲈⲂⲞⲖ ⲚϨⲎⲦϤ ⲀⲨⲰ ⲀϤϪⲒ ⲘⲠⲀⲄⲰⲚ ⲈⲚⲦⲀⲨⲦⲀⲚϨⲞⲨⲦϤ ⲈⲢⲞϤ ⲀⲨⲰ ⲀϤⲦⲞⲨⲚⲞⲤ ⲘⲪⲈⲒⲖⲒⲔⲢⲒⲚⲈⲤ ⲦⲎⲢϤ ⲚⲐⲨⲖⲎ ⲀⲨⲰ ⲀϤⲀⲀϤ ⲚⲞⲨⲔⲞⲤⲘⲞⲤ ⲀⲨⲰ ⲚⲞⲨⲀⲒⲰⲚ ⲀⲨⲰ ⲚⲞⲨⲠⲞⲖⲒⲤ ⲠⲀЇ ⲈⲦⲞⲨⲘⲞⲨⲦⲈ ⲈⲢⲞϤ ϪⲈ ⲀⲪⲐⲀⲢⲤⲒⲀ ⲀⲨⲰ ϪⲈ ϨⲒⲈⲢⲞⲨⲤⲀⲖⲎⲘ ⲀⲨⲰ ⲞⲚ ⲤⲈⲘⲞⲨⲦⲈ ⲈⲢⲞϤ ϪⲈ ⲠⲔⲀϨ[1] ⲚⲂⲢⲢⲈ ⲀⲨⲰ ⲞⲚ ⲤⲈⲘⲞⲨⲦⲈ ⲈⲢⲞϤ ϪⲈ ⲀⲨⲦⲞⲦⲈⲖⲎⲤ ⲀⲨⲰ ⲞⲚ ⲤⲈⲘⲞⲨⲦⲈ ⲈⲢⲞϤ ϪⲈ ⲀⲂⲀⲤⲒⲖⲈⲨⲦⲞⲤ. ⲀⲨⲰ ⲞⲚ ⲠⲈЇⲔⲀϨ ⲈⲦⲘⲘⲀⲨ ⲞⲨⲢⲈϤⲘⲈⲤ ⲚⲞⲨⲦⲈ ⲠⲈ ⲀⲨⲰ ⲞⲨⲢⲈϤⲦⲀⲚϨⲞ ⲠⲈ ⲠⲀЇ ⲠⲈ ⲈⲚⲦⲀ ⲦⲘⲀⲀⲨ ⲀⲒⲦⲈⲒ ⲘⲘⲞϤ ⲈⲦⲀϨⲞϤ ⲈⲢⲀⲦϤ ⲈⲦⲂⲈ ⲠⲀЇ ⲀⲤⲔⲀ ⲦⲰϢ ϨⲒ ⲦⲀⲜⲒⲤ ⲀⲨⲰ ⲀⲤⲔⲀ ⲠⲢⲞⲚⲞⲒⲀ ϨⲒ ⲀⲄⲀⲠⲎ ϨⲘ ⲠⲈЇⲔⲀϨ. ⲠⲀⲒ ⲠⲈ ⲠⲔⲀϨ ⲈⲚⲦⲀⲨⲤϨⲀЇ ⲈⲦⲂⲎⲎⲦϤ ϪⲈ ⲠⲔⲀϨ ⲈⲦⲤⲰ ⲘⲠⲘⲞⲨ ⲚϨⲰⲞⲨ ⲚϨⲀϨ ⲚⲤⲞⲠ ⲈⲦⲈ ⲠⲀЇ

[1] *Cod.* ϪⲈ ⲠⲔⲀϨ ⲠⲔⲀϨ ⲚⲂⲢⲢⲈ. J'ai cru devoir retrancher l'un des ⲠⲔⲀϨ, le considérant comme abusif, quoiqu'on trouve plus bas une semblable répétition, qui peut s'expliquer et que j'ai conservée dans le texte.

---

cinq Décades dix fois, afin qu'il eût la force d'accomplir le combat qu'on lui a imposé, et elle lui donna les prémices de la Filiété qui était en elle. Il put devenir un Tridynamos et il reçut la promesse de la Filiété, promesse qui fut donnée au Plérôme grâce à lui; il accepta le combat qu'on lui confia et il fit surgir tout ce qu'il y avait de pur dans la matière; il fit un monde, un æon, une ville : c'est ce monde qu'on nomme Incorruptibilité et Jérusalem. On le nomme aussi la *Terre nouvelle;* on le nomme aussi ⲀⲨⲦⲞⲦⲈⲖⲎⲤ; on le nomme aussi *Sans roi.* Cette terre est une terre qui enfante les dieux, une terre vivificatrice; c'est celle que la Mère a demandé d'établir; c'est pourquoi elle (la Mère) a placé des *ordres* ou hiérarchies dans cette terre, elle a placé Pronoia et ⲀⲄⲀⲠⲎ. C'est la terre dont il est écrit : « La terre qui boit la pluie une multitude de fois, » c'est-à-dire qui multiplie la

LE PAPYRUS GNOSTIQUE BRUCE.

ΠΕ ΠΕΤΤΑϢΕ ΟΥΟΕΙΝ ΝϨΗΤϤ ΝϨΑϨ ΝϨΑϨ ΝϹΟΠ ϪΙΝ ΜΠΕϤΕΪ ΕΒΟΛ ϢΑ ΠΕϤΕΪ ΕϨΟΥΝ ΠΑΙ ΠΕ ΕΝΤΑΥϹϨΑΪ ΠΡΩΜΕ ΝΑΙϹΘΗΤΟϹ ΕΤΒΗΗΤϤ ΑΥΩ ΑΥΤΥΠΟΥ ΜΜΟϤ ΑΥΤΑΜΙΟϤ ΜΠΤΥΠΟϹ ΜΠΚΑϨ. ΠΑΪ ΠΕ ΕΝΤΑ ΠΕΠΡΩΤΟΓΕΝΝΗΤΩΡ ΤΟΥϪΟΟϤ ΕΒΟΛϨΝ ΤΕϤΜΝΤϪΩΩΡΕ ΜΜΙΝ ΜΜΟϤ ΕΤΒΕ ΠΕΪϨΩΒ Α ΠΙΩΤ ΝΝΙ ΠΤΗΡϤ ΠΙΑΛΕΚΤΟϹ ΑϤΤΝΝΟΟΥ ΝΟΥΚΛΟΜ ΕΡΕ ΠΡΑΝ ΝΝΕΪ ΠΤΗΡϤ ΝϨΗΤϤ ΕΙΤΕ ΑΠΕΡΑΝΤΟϹ ΕΙΤΕ ΑϨΡΗΤΟϹ ΕΙΤΕ ΑΧΩΡΗΤΟϹ ΕΙΤΕ ΑϤΘΑΡΤΟϹ ΕΙΤΕ ΑΓΝΩϹΤΟϹ ΕΙΤΕ ΕΡΗΜΟϹ ΕΙΤΕ ΠΑΝΤΟΔΥΝΑΜΟϹ ΕΙΤΕ ΠΑΤΠΩϢ. ΠΑΪ ΠΕ ΠΕΚΛΟΜ ΕΝΤΑΥϹϨΑΪ ΕΤΒΗΗΤϤ ϪΕ ΑΥΤΑΑϤ ΝϹΟΛΟΜΩΝ ΜΠΕϨΟΟΥ ΜΠΕϤΟΥΝΟϤ ΝϨΗΤ ΑΥΩ ΟΝ Α ΤΜΟΝΑϹ ΝϨΟΥΕΙΤΕ ΑϹΤΝΝΟΟΥ ΝΑϤ ΝΟΥϨΒϹΩ ΝΑΤϢΑϪΕ ΕΡΟϹ ΕΟΥΟΥΟΕΙΝ ΤΗΡϹ ΤΕ ΑΥΩ ΕΟΥΩΝϨ ΤΗΡϹ ΤΕ ΑΥΩ ΕΟΥΑΓΑΠΗ ΤΗΡϹ ΤΕ ΑΥΩ ΕΟΥϨΕΛΠΙϹ ΤΗΡϹ ΤΕ ΑΥΩ ΕΟΥΠΙϹΤΙϹ ΤΗΡϹ ΤΕ ΑΥΩ ΕΟΥϹΟΦΙΑ ΤΗΡϹ ΤΕ ΑΥΩ ΟΥΓΝΩϹΙϹ ΤΗΡϹ ΤΕ ΑΥΩ ΟΥΑΛΗΘΕΙΑ ΤΗΡϹ ΤΕ ΑΥΩ ΟΥΕΙΡΗΝΗ ΤΗΡϹ ΤΕ ΑΥΩ ΟΥΠΑΝΤΗΛΩϹ (*sic*) ΤΗΡϹ ΤΕ ΑΥΩ ΟΥΠΑΝΜΗΤΩΡ ΤΗΡϹ ΤΕ ΑΥΩ ΟΥΠΑΜΜΥϹΤΗΡΙΟΝ ΤΗΡϹ ΤΕ ΑΥΩ ΟΥΠΑΝΠΗΓΗ ΤΗΡϹ ΤΕ ΑΥΩ ΟΥΠΑΝΤΕΛΙΟϹ ΤΗΡϹ ΤΕ ΑΥΩ ΟΥΑϨΟΡΑΤΟϹ ΤΗΡϹ ΤΕ ΑΥΩ ΟΥΑΓΝΩϹΤΟϹ ΤΗΡϹ ΤΕ

---

lumière en elle des multitudes de multitudes de fois, depuis sa sortie jusqu'à son entrée, c'est-à-dire celle pour laquelle l'homme est nommé *Sensible*. Il est façonné, on l'a créé selon le type de cette terre : c'est celui que le Protogennètor a sauvé de sa dispersion lui-même. A cause de cela, le Père de tous ceux du Plérôme, le *Sans lit,* a envoyé une couronne portant le nom de tous ceux du Plérôme, soit Infini, soit Ineffable, soit ΑΧΩΡΗΤΟϹ, soit Incorruptible, soit Inconnu, soit Solitaire, soit Pantodynamos, soit Indivisible. C'est la couronne dont il est écrit : « On la donna à Salomon dans le jour de son exultation de cœur. » La première Monade lui envoya un vêtement ineffable qui est toute Lumière, toute Vie, tout Amour, tout Espérance, toute Foi, toute Sagesse, toute Gnose, toute Vérité, toute Paix, tout Évidence, toute Mère universelle, tout Mystère universel, toute Source univer-

ⲁⲩⲱ ⲟⲩⲁⲡⲉⲣⲁⲛⲧⲟⲥ ⲧⲏⲣⲥ ⲧⲉ ⲁⲩⲱ ⲟⲩⲁϩⲣⲏⲧⲟⲥ ⲧⲏⲣⲥ ⲧⲉ ⲁⲩⲱ ⲟⲩⲃⲁⲑⲟⲥ ⲧⲏⲣⲥ ⲧⲉ ⲁⲩⲱ ⲟⲩⲁⲭⲱⲣⲏⲧⲟⲥ ⲧⲏⲣⲥ ⲧⲉ ⲁⲩⲱ ⲟⲩⲡⲗⲏ-ⲣⲱⲙⲁ ⲧⲏⲣⲥ ⲧⲉ ⲁⲩⲱ ⲟⲩⲥⲓⲅⲏ ⲧⲏⲣⲥ ⲧⲉ ⲁⲩⲱ ⲟⲩⲁⲥⲁⲗⲉⲩⲧⲟⲥ ⲧⲏⲣⲥ ⲧⲉ ⲁⲩⲱ ⲟⲩⲁⲅⲉⲛⲛⲏⲧⲟⲥ ⲧⲏⲣⲥ ⲧⲉ ⲁⲩⲱ ⲟⲩⲡⲁⲛⲏⲣⲉⲙⲟⲥ ⲧⲏⲣⲥ ⲧⲉ ⲁⲩⲱ ⲟⲩⲙⲟⲛⲁⲥ ⲧⲏⲣⲥ ⲧⲉ ⲁⲩⲱ ⲟⲩϩⲉⲛⲛⲁⲥ ⲧⲏⲣⲥ ⲧⲉ ⲁⲩⲱ ⲟⲩⲇⲱⲇⲉⲕⲁⲥ ⲧⲏⲣⲥ ⲧⲉ ⲁⲩⲱ ⲟⲩϩⲟⲅⲇⲟⲁⲥ ⲧⲏⲣⲥ ⲧⲉ ⲁⲩⲱ ⲟⲩ-ⲇⲉⲕⲁⲥ ⲧⲏⲣⲥ ⲧⲉ ⲁⲩⲱ ⲟⲩϩⲉⲃⲇⲟⲙⲁⲥ ⲧⲏⲣⲥ ⲧⲉ ⲁⲩⲱ ⲟⲩⲉⲝⲁⲥ ⲧⲏⲣⲥ ⲧⲉ ⲁⲩⲱ ⲟⲩⲡⲉⲛⲧⲁⲥ ⲧⲏⲣⲥ ⲧⲉ ⲁⲩⲱ ⲟⲩⲧⲉⲧⲣⲁⲥ ⲧⲏⲣⲥ ⲧⲉ ⲁⲩⲱ ⲟⲩⲧⲣⲓⲁⲥ ⲧⲏⲣⲥ ⲧⲉ ⲁⲩⲱ ⲟⲩⲇⲩⲁⲥ ⲧⲏⲣⲥ ⲧⲉ ⲁⲩⲱ ⲟⲩⲙⲟⲛⲁⲥ ⲧⲏⲣⲥ ⲧⲉ ⲁⲩⲱ ⲉⲣⲉ ⲡⲧⲏⲣϥ ⲛϩⲏⲧⲥ ⲁⲩⲱ ⲉⲛⲧⲁ ⲡⲧⲏⲣϥ [ⲟⲩ]ⲟⲛϩ ⲉⲣⲟⲟⲩ ϩⲛ ⲧⲁï ⲁⲩⲱ ⲁⲩⲥⲟⲩⲱⲛⲟⲩ ⲛϩⲏⲧⲥ ⲁⲩⲱ ⲁⲥϯ ⲟⲩⲟⲉⲓⲛ ⲛⲁⲩ ⲧⲏⲣⲟⲩ ϩⲙ ⲡⲉⲥⲟⲩⲟⲉⲓⲛ ⲛⲁⲧϣⲁϫⲉ ⲉⲣⲟϥ ⲁⲥϯ ⲛⲁⲩ[1] ⲛϩⲉⲛ ⲧⲃⲁ ⲛⲧⲃⲁ ⲛⲇⲩⲛⲁⲙⲓⲥ ϫⲉⲕⲁⲁⲥ ⲉⲥⲛⲁⲧⲁϩⲉ ⲡⲧⲏⲣϥ ⲉⲣⲁⲧϥ ⲛⲟⲩⲥⲟⲡ ⲛⲟⲩⲱⲧ ⲁⲩⲱ ⲁⲥⲥⲱⲟⲩϩ ⲛⲛⲉⲥⲉⲛⲇⲩⲙⲁ ⲉⲣⲟⲥ ⲉⲁⲥⲁⲁⲩ ⲙⲡⲉⲥⲙⲟⲩ ⲛⲟⲩ-

[1] *Cod.* ⲁⲩϯ ⲛⲁⲥ. Si le texte était le bon, il faudrait traduire : « Ils lui donnèrent; » mais le contexte montre nettement, je crois, que les créatures ne peuvent rien donner à la Puissance qui crée. Cependant ce texte pourrait s'entendre dans le sens passif : « Il lui fut donné. » Ce serait alors un æon supérieur qui aurait donné ces myriades de myriades de Puissances. Je laisse au lecteur toute la liberté de son choix.

---

selle, tout Parfait universel, tout Invisible, tout Inconnu, tout Infini, tout Ineffable, tout Abîme, tout ⲁⲭⲱⲣⲏⲧⲟⲥ, tout Plérôme, tout Silence, tout ⲁⲥⲁⲗⲉⲩⲧⲟⲥ, tout Inengendré, tout Solitaire universel, toute Monade, tout Ennéade, toute Dodécade, tout Ogdoade, toute Décade, tout Ebdomade, tout Exade, toute Pentade, toute Tétrade, toute Triade, toute Dyade, toute Monade. Le Plérôme tout entier est en elle, et c'est celle dans lequel s'est manifesté le Plérôme[1], et ils ont tous été connus en elle. Elle leur a donné à tous la lumière dans sa lumière ineffable; elle leur a donné des myriades de myriades de Puissances, afin d'établir le Plérôme en une seule fois; elle rassembla ses

[1] Cette traduction n'est pas certaine et ne me satisfait nullement, mais je n'en vois pas d'autre.

ⲕⲁⲧⲁⲡⲉⲧⲁⲥⲙⲁ ⲉϥⲕⲱⲧⲉ ⲉⲣⲟⲥ ⲛⲥⲁⲥⲁ ⲛⲓⲙ ⲙⲙⲟⲥ ⲁⲩⲱ ⲁⲥⲡⲁϩⲧⲥ ⲉⲃⲟⲗ ⲉϫⲱⲟⲩ ⲧⲏⲣⲟⲩ ⲁⲥⲧⲟⲩⲛⲟⲥⲟⲩ ⲧⲏⲣⲟⲩ ⲁⲩⲱ ⲁⲥⲇⲓⲁⲕⲣⲓⲛⲉ ⲙⲙⲟⲟⲩ ⲧⲏⲣⲟⲩ ⲕⲁⲧⲁ ⲧⲁⲝⲓⲥ ⲁⲩⲱ ⲕⲁⲧⲁ ⲧⲱϣ ⲁⲩⲱ ⲕⲁⲧⲁ ⲡⲣⲟⲛⲟⲓⲁ. ⲁⲩⲱ ⲧⲟⲧⲉ ⲁ ⲡⲉⲧϣⲟⲟⲡ ⲡⲱⲣϫ ⲉⲃⲟⲗ ⲙⲡⲉⲧⲉⲛϥϣⲟⲟⲡ ⲁⲛ ⲁⲩⲱ ⲡⲉⲧⲉⲛϥϣⲟⲟⲡ ⲁⲛ ⲡⲉ ⲧⲕⲁⲕⲓⲁ ⲧⲁï ⲉⲛⲧⲁⲥⲟⲩⲱⲛϩ ⲉⲃⲟⲗ ϩⲛ ⲑⲩⲗⲏ ⲁⲩⲱ ⲁ ⲧⲇⲩⲛⲁⲙⲓⲥ ⲛϩⲃⲥⲱ ⲡⲱⲣϫ ⲉⲃⲟⲗ ⲛⲛⲉⲧϣⲟⲟⲡ ⲛⲛⲉⲧⲉⲛⲥⲉϣⲟⲟⲡ ⲁⲛ ⲁⲩⲱ ⲁⲥⲙⲟⲩⲧⲉ ⲉⲛⲉⲧϣⲟⲟⲡ ϫⲉ ⲡⲁⲓⲱⲛⲓⲟⲥ ⲁⲩⲱ ⲁⲥⲙⲟⲩⲧⲉ ⲉⲛⲉⲧⲉⲛⲥⲉϣⲟⲟⲡ ⲁⲛ ϫⲉ ϩⲩⲗⲏ ⲁⲩⲱ ⲁⲥⲡⲱⲣϫ ⲉⲃⲟⲗϩⲛ ⲧⲙⲏⲧⲉ ⲛⲛⲉⲧϣⲟⲟⲡ ⲙⲛ ⲛⲉⲧⲉⲛⲥⲉϣⲟⲟⲡ ⲁⲛ ⲁⲩⲱ ⲁⲥⲕⲱ ⲛϩⲉⲛ ⲕⲁⲧⲁⲡⲉⲧⲁⲥⲙⲁ ⲟⲩⲧⲱⲟⲩ ⲁⲩⲱ ⲁⲥⲕⲱ ⲛϩⲉⲛ ϭⲟⲙ ⲛⲣⲉϥⲥⲱⲧϥ ϫⲉⲕⲁⲁⲥ ⲉⲩⲉⲥⲟⲧϥⲟⲩ ⲁⲩⲱ ⲛⲥⲉⲕⲁⲑⲁⲣⲓⲍⲉ ⲙⲙⲟⲟⲩ ⲁⲩⲱ ⲁⲥϯ ⲧⲱϣ ⲉⲛⲉⲧϣⲟⲟⲡ ⲛⲧⲉïϩⲉ ⲁⲩⲱ ⲁⲥⲕⲱ ⲛⲧⲙⲁⲁⲩ ⲛⲁⲡⲉ ⲁⲩⲱ ⲁⲥϯ ⲛⲁⲥ ⲙⲙⲏⲧ ⲛⲁⲓⲱⲛ ⲉⲟⲩⲛ ⲟⲩⲧⲃⲁ ⲛⲇⲩⲛⲁⲙⲓⲥ ϩⲙ ⲡⲁⲓⲱⲛ ⲡⲁⲓⲱⲛ ⲁⲩⲱ ⲟⲩⲙⲟⲛⲁⲥ ⲙⲛ ⲟⲩϩⲉⲛⲛⲁⲥ ϩⲙ ⲡⲁⲓⲱⲛ ⲡⲁⲓⲱⲛ ⲁⲩⲱ ⲁⲥⲕⲱ ϩⲣⲁï ⲛϩⲏⲧⲥ ⲛⲟⲩⲡⲁⲙⲙⲏⲧⲱⲣ ⲁⲩⲱ ⲁⲥϯ ⲛⲁⲥ ⲛⲟⲩϭⲟⲙ ϫⲉⲕⲁⲁⲥ ⲉⲥⲉⲕⲁⲁⲥ ⲉⲥϩⲏⲡ ϩⲣⲁï ⲛϩⲏⲧⲥ ϫⲉ ⲉⲛⲉ ⲗⲁⲁⲩ ⲥⲟⲩⲱⲛⲥ ⲁⲩⲱ

---

vêtements et leur donna la forme d'un voile qui l'enveloppait de tous les côtés; elle se répandit sur eux tous, elle les fit tous lever, elle les partagea tous selon les hiérarchies et selon les ordres et selon la Pronoia. Alors ce qui était se sépara de ce qui n'était pas, et ce qui n'était pas fut le mal qui se manifesta dans la matière, et le Puissant Vêtement sépara ce qui existait de ce qui n'existait pas. Elle nomma ce qui existe ⲁⲓⲱⲛⲓⲟⲥ (Éternel?) et ce qui n'existe pas ϩⲩⲗⲏ (matière). Elle sépara par le milieu ce qui existe d'avec ce qui n'existe pas, et elle plaça des voiles entre les (deux sortes de choses). Elle plaça des Puissances purificatrices, afin qu'elles les purifiassent et les rendissent pures. Elle donna de cette manière un ordre à ce qui existe et elle fit de la Mère le chef. Elle lui donna dix æons, et chaque æon a une myriade de Puissances : il y a aussi une Monade et une Ennéade dans chaque æon. Elle plaça en elle (la Mère) une *mère universelle*, et elle lui donna une Puissance, afin qu'elle restât cachée en elle et que personne ne la

ⲁⲥⲕⲱ ⲛϩⲏⲧⲥ ⲛⲟⲩⲛⲟϭ ⲛⲕⲁⲛⲟⲩⲛ ⲉⲩⲛ ϣⲟⲙⲧⲉ ⲛⲇⲩⲛⲁⲙⲓⲥ ⲁϩⲉⲣⲁⲧⲟⲩ ⲉⲣⲟϥ ⲟⲩⲁⲅⲉⲛⲛⲏⲧⲟⲥ ⲙⲛ ⲟⲩⲁⲥⲁⲗⲉⲩⲧⲟⲥ ⲙⲛ ⲡⲛⲟϭ ⲛϩⲉⲓⲗⲓⲕⲣⲓⲛⲉⲥ ⲁⲩⲱ ⲁⲥϯ ⲛⲁϥ ⲛⲕⲉⲓ̈ⲃ̄ ⲉⲩϫⲓ ⲕⲗⲟⲙ ⲉⲩⲕⲱⲧⲉ ⲉⲣⲟϥ ⲁⲩⲱ ⲁⲥϯ ⲛⲁϥ ⲛⲕⲉⲥⲁϣϥ ⲛⲥⲧⲣⲁⲧⲏⲗⲁⲧⲏⲥ ⲉⲩⲛⲧⲁⲩ ⲙⲙⲁⲩ ⲛⲧⲉⲥⲫⲣⲁⲅⲓⲥ ⲙⲡⲁⲛⲧⲉⲗⲉⲓⲟⲥ ⲁⲩⲱ ⲉⲩⲛ ⲟⲩⲕⲗⲟⲙ ϩⲓϫⲙ ⲧⲉⲩⲁⲡⲉ ⲉⲩⲛ ⲙⲛⲧⲥⲛⲟⲟⲩⲥ ⲛⲱⲛⲉ ⲛϩⲏⲧϥ ⲛⲁⲇⲁⲙⲁⲛⲧⲟⲥ ⲉϩⲉⲛ ⲉⲃⲟⲗ ⲛⲉ ϩⲛ ⲁⲇⲁⲙⲁⲥ ⲡⲣⲱⲙⲉ ⲛⲟⲩⲟⲉⲓⲛ ⲁⲩⲱ ⲁⲥⲧⲁϩⲟ ⲉⲣⲁⲧϥ ⲙⲡⲉⲡⲣⲟⲡⲁⲧⲱⲣ ϩⲛ ⲛⲁⲓⲱⲛ ⲛⲧⲙⲁⲁⲩ ⲛⲛϩⲟⲗⲱⲛ ⲁⲥϯ ⲛⲧⲉⲝⲟⲩⲥⲓⲁ ⲧⲏⲣⲥ ⲛⲧⲙⲛⲧⲉⲓⲱⲧ ⲛⲁϥ ⲁⲩⲱ ⲁⲥϯ ⲛⲁϥ ⲛϩⲉⲛ ϭⲟⲙ ⲉⲧⲣⲉⲩⲥⲱⲧⲙ ⲛⲥⲱϥ ϩⲱⲥ ⲉⲓⲱⲧ ⲁⲩⲱ ϩⲱⲥ ϣⲟⲣⲡ ⲛⲉⲓⲱⲧ ⲛⲛⲉⲛⲧⲁⲩϣⲱⲡⲉ ⲧⲏⲣⲟⲩ ⲁⲩⲱ ⲁⲥϯ ⲛⲁϥ ⲛⲟⲩⲕⲗⲟⲙ ⲉϫⲱϥ ⲙⲙⲛⲧⲥⲛⲟⲟⲩⲥ ⲛⲅⲉⲛⲟⲥ ⲁⲩⲱ ⲁⲥϯ ⲛⲁϥ ⲛⲟⲩⲇⲩⲛⲁⲙⲓⲥ ⲉⲥⲟ ⲛⲧⲣⲓⲇⲩⲛⲁⲙⲟⲥ ⲁⲩⲱ ⲉⲥⲟ ⲙⲡⲁⲛⲧⲟⲇⲩⲛⲁⲙⲟⲥ ⲁⲩⲱ ⲁⲥϯ ⲛⲁϥ ⲛⲧⲙⲛⲧϣⲏⲣⲉ ⲁⲩⲱ ϩⲉⲛ ⲧⲃⲁ ⲛⲧⲃⲁ ⲛⲉⲟⲟⲩ ⲉⲁⲥⲧⲁⲁⲩ ⲛⲁϥ ⲁⲩⲱ ⲁⲥⲕⲧⲟ ⲉⲣⲟϥ ⲙⲡⲉⲡⲗⲏⲣⲱⲙⲁ ⲁⲩⲱ ⲁⲥϯ ⲧⲉ-

---

connût. Elle plaça en elle un grand ⲕⲁⲛⲟⲩⲛ au-dessus duquel se tiennent trois Puissances, un Inengendré, un ⲁⲥⲁⲗⲉⲩⲧⲟⲥ et le grand Pur. Elle lui donna les douze autres (Puissances) qui ont reçu la couronne et qui l'entourent. Elle lui donna aussi sept *stratélates* qui ont le sceau du Tout-Parfait, et ils ont sur leur tête une couronne où il y a douze pierres de diamant qui proviennent d'Adam, l'homme de lumière [1]. Elle établit le Protopator dans tous les æons de la Mère de toute chose; elle lui donna toute la puissance de la Paternité; elle lui donna des Puissances pour lui obéir comme au Père et au premier Père de tout ce qui existe. Elle lui donna sur la tète une couronne de douze espèces; elle lui donna une Puissance qui est Tridynamos et qui est Pantodynamos; elle lui donna la Filiété et des myriades de myriades de Gloires qu'elle lui donna; elle tourna vers lui le Plérôme et lui

[1] Il semblera assez curieux au lecteur que l'on puisse tirer des diamants d'Adam; mais je le prie de recourir au texte en cet endroit, et il y trouvera un jeu de mots qu'il m'est tout à fait impossible de faire passer en français. Le diamant et le premier homme ont, en effet, le même nom, ⲁⲇⲁⲙⲁⲥ.

ⲝⲟⲩⲥⲓⲁ ⲛⲁϥ ⲉⲣ ϩⲱⲃ ⲛⲓⲙ ⲉⲧⲁⲛϩⲟ ⲁⲩⲱ ⲉⲧⲁⲕⲟ ⲁⲩⲱ ⲁⲥϯ ⲛⲁϥ ⲛ-ⲟⲩⲇⲩⲛⲁⲙⲓⲥ ⲉⲃⲟⲗϩⲙ ⲡⲁⲓⲱⲛ ϫⲉ ⲉⲛⲧⲁϥⲟⲩⲱⲛϩ ⲉⲃⲟⲗ ⲧⲱⲛ ⲁⲩⲱ ⲁⲩϯ ⲛⲁϥ ⲛϩⲉⲛ ⲧⲃⲁ ⲛⲧⲃⲁ ⲛⲉⲟⲟⲩ ⲙⲛ ⲛⲁⲓⲱⲛ ⲉⲧⲛⲙⲙⲁϥ ⲥⲉⲙⲟⲩⲧⲉ ⲙⲉⲛ ⲉⲧⲇⲩⲛⲁⲙⲓⲥ ⲉⲛⲧⲁⲩⲧⲁⲁⲥ ⲙⲡⲉⲡⲣⲟⲡⲁⲧⲱⲣ ϫⲉ ⲡⲣⲱⲧⲟ-ⲫⲁⲛⲏⲥ ⲉⲃⲟⲗϫⲉ ⲛⲧⲟϥ ⲡⲉ ⲛⲧⲁϥⲟⲩⲱⲛϩ ⲉⲃⲟⲗ ⲛϣⲟⲣⲡ ⲁⲩⲱ ⲁⲩⲙⲟⲩⲧⲉ ⲉⲣⲟϥ ϫⲉ ⲁⲅⲉⲛⲛⲏⲧⲟⲥ ⲉⲃⲟⲗϫⲉ ⲙⲡⲉ ⲗⲁⲁⲩ ⲧⲁⲙⲓⲟϥ ⲁⲩⲱ ⲟⲛ ⲁⲩⲙⲟⲩⲧⲉ ⲉⲣⲟϥ ϫⲉ ⲡⲓⲁⲧϣⲁϫⲉ ⲉⲣⲟϥ ⲁⲩⲱ ⲡⲓⲁⲧϯ ⲣⲁⲛ ⲉⲣⲟϥ ⲁⲩⲱ ⲟⲛ ⲁⲩⲙⲟⲩⲧⲉ ⲉⲣⲟϥ ϫⲉ ⲁⲩⲧⲟⲅⲉⲛⲏⲥ ⲁⲩⲱ ⲟⲛ ⲛⲁⲩ-ⲧⲟⲑⲉⲗⲏⲧⲟⲥ ⲉⲃⲟⲗϫⲉ ϩⲣⲁï ϩⲙ ⲡⲉϥⲟⲩⲱϣ ⲁϥⲟⲩⲱⲛϩ ⲉⲃⲟⲗ ⲁⲩⲱ ⲁⲩⲙⲟⲩⲧⲉ ⲉⲣⲟϥ ϫⲉ ⲁⲩⲧⲟⲇⲟⲝⲁⲥⲧⲟⲥ ⲉⲃⲟⲗϫⲉ ⲁϥⲟⲩⲱⲛϩ ⲉⲃⲟⲗ ⲙⲛ ⲛⲉⲟⲟⲩ ⲉⲧⲉⲟⲩⲛⲧⲁϥⲥⲟⲩ ⲁⲩⲙⲟⲩⲧⲉ ⲉⲣⲟϥ ⲟⲛ ϫⲉ ⲁϩⲟⲣⲁⲧⲟⲥ ⲉⲃⲟⲗϫⲉ ϥϩⲏⲡ ⲉⲛⲥⲉⲛⲁⲩ ⲉⲣⲟϥ ⲁⲛ ⲁⲩⲱ ⲁⲥϯ ⲛⲁϥ ⲛⲕⲉϭⲟⲙ ⲧⲁï ⲉⲛⲧⲁⲥⲟⲩⲱⲛϩ ⲉⲃⲟⲗ ⲙⲡϯⲕ ϫⲓⲛ ⲛϣⲟⲣⲡ ϩⲙ ⲡⲓⲙⲁ ⲛⲟⲩⲱⲧ ⲧⲁï ⲉⲧⲟⲩⲙⲟⲩⲧⲉ ⲉⲣⲟⲥ ⲛⲛⲣⲁⲛ ⲉⲧⲟⲩⲁⲁⲃ ⲁⲩⲱ ⲛⲣⲁⲛ ⲙⲡⲁⲛⲧⲉⲗⲓⲟⲥ ⲉⲧⲉ ⲛⲧⲟⲥ ⲧⲉ ⲧⲉⲡⲣⲱⲧⲓⲁ ⲉⲧⲉ ⲧϣⲟⲣⲡ ⲧⲉ ⲥⲉⲙⲟⲩⲧⲉ ⲉⲣⲟⲥ ϫⲉ

---

donna la puissance de faire toute chose pour vivifier et pour perdre. Elle lui donna une Puissance de l'æon, afin qu'il la manifestât[1]. Elle lui donna des myriades de myriades de Gloires, ainsi qu'aux æons qui étaient avec lui. On appelle la Puissance qu'on a donnée au Propator ⲡⲣⲱⲧⲟⲫⲁⲛⲏⲥ, parce que c'est lui qui a été manifesté le premier. On l'appelle Inengendré, parce que personne ne l'a créé. On l'appelle aussi *Ineffable* et *Sans nom*. On l'appelle aussi ⲁⲩⲧⲟⲅⲉⲛⲏⲥ et aussi ⲁⲩⲧⲟⲑⲉⲗⲏⲧⲟⲥ, parce qu'il s'est manifesté par sa propre volonté. On l'appelle aussi ⲁⲩⲧⲟⲇⲟⲝⲁⲥⲧⲟⲥ, parce qu'il s'est manifesté avec les Gloires qui étaient à lui. On l'appelle aussi Invisible, parce qu'il est caché et qu'on ne le voit pas. Elle lui donna aussi une autre Puissance, celle qui dès le commencement, dans ce lieu, fit apparaître l'étincelle, celle que l'on nomme des noms saints et des noms tout parfaits, qui est la ⲡⲣⲱⲧⲓⲁ, c'est-à-dire la *Première*.

(1) Ce petit membre de phrase est très embarrassant, et je suis loin de trouver ma traduction satisfaisante.

ⲡⲁⲛⲧⲓⲁ ⲉⲧⲉ ⲧϣⲟⲟⲡ ⲛϩⲏⲧⲟⲩ ⲧⲏⲣⲟⲩ ⲧⲉ ⲥⲉⲙⲟⲩⲧⲉ ⲟⲛ ⲉⲣⲟⲥ ϫⲉ ⲡⲁⲅⲅⲉⲛⲓⲁ ⲉⲧⲉ ⲧⲉ ⲛⲧⲁⲥϫⲡⲟⲟⲩ ⲧⲏⲣⲟⲩ ⲧⲉ ⲥⲉⲙⲟⲩⲧⲉ ⲟⲛ ⲉⲣⲟⲥ ϫⲉ ⲇⲟⲝⲟⲅⲉⲛⲓⲁ ϫⲉ ⲛⲧⲟⲥ ⲧⲉ [ⲉ]ⲧⲣⲉϥϫⲡⲟ ⲙⲡⲉⲟⲟⲩ ⲥⲉⲙⲟⲩⲧⲉ ⲟⲛ ⲉⲣⲟⲥ ϫⲉ ⲇⲟⲝⲟⲫⲁⲛⲓⲁ ϫⲉ ⲛⲧⲟⲥ ⲧⲉ [ⲉ]ⲧⲣⲉϥⲟⲩⲱⲛϩ ⲉⲃⲟⲗ ⲙⲡⲉⲟⲟⲩ ⲥⲉⲙⲟⲩⲧⲉ ⲟⲛ ⲉⲣⲟⲥ ϫⲉ ⲇⲟⲝⲟⲕⲣⲁⲧⲉⲓⲁ[1] ϫⲉ ⲥⲁⲙⲁϩⲧⲉ ⲧⲉ ⲉϫⲙ ⲡⲉⲟⲟⲩ ⲥⲉⲙⲟⲩⲧⲉ ⲟⲛ ⲉⲣⲟⲥ ⲁⲣⲥⲉⲛⲟⲅⲉⲛⲓⲁ ⲉⲧⲉ [ⲉ]ⲧⲣⲉϥϫⲡⲉ ϩⲟⲟⲩⲧ ⲧⲉ ⲥⲉⲙⲟⲩⲧⲉ ⲟⲛ ⲉⲣⲟⲥ ϫⲉ ⲗⲱϊⲁ ⲉⲧⲉ ⲡⲉⲥⲟⲩⲱϩⲙ ⲡⲉ ⲡⲛⲟⲩⲧⲉ ⲛⲙⲙⲁⲛ ⲥⲉⲙⲟⲩⲧⲉ ⲟⲛ ⲉⲣⲟⲥ ϫⲉ ⲓⲟⲩⲏⲗ ⲉⲧⲉ ⲡⲉⲥⲟⲩⲱϩⲙ ⲡⲉ ϫⲉ ⲡⲛⲟⲩⲧⲉ ϣⲁ ⲉⲛⲉϩ. ⲧⲉⲛⲧⲁⲥⲟⲩⲉϩⲥⲁϩⲛⲉ ⲇⲉ ⲛⲛⲉⲓⲇⲩⲛⲁⲙⲓⲥ ⲉⲟⲩⲱⲛϩ ⲉⲃⲟⲗ ⲥⲉⲙⲟⲩⲧⲉ ⲉⲣⲟⲥ ϫⲉ ⲫⲁⲛⲓⲁ ⲉⲧⲉ ⲡⲉⲥⲟⲩⲱϩⲙ ⲡⲉ ⲡⲟⲩⲱⲛϩ ⲉⲃⲟⲗ ⲁⲩⲱ ⲡⲁⲅⲅⲉⲗⲟⲥ ⲉⲛⲧⲁϥⲟⲩⲱⲛϩ ⲉⲃⲟⲗ ⲛⲙⲙⲁⲩ ⲡⲁⲓ ⲉⲧⲟⲩⲙⲟⲩⲧⲉ ⲉⲣⲟϥ ⲛϭⲓ ⲛⲉⲟⲟⲩ ϫⲉ ⲇⲟⲝⲟⲅⲉⲛⲏⲥ ⲁⲩⲱ ⲇⲟⲝⲟⲫⲁⲛⲏⲥ ⲉⲧⲉ ⲡⲉϥⲟⲩⲱϩⲙ ⲡⲉ ⲡⲉⲧϫⲡⲟ ⲙⲡⲉⲟⲟⲩ ⲁⲩⲱ ⲡⲉⲧⲟⲩⲱⲛϩ ⲉⲃⲟⲗ ⲙⲡⲉⲟⲟⲩ ⲉⲃⲟⲗ ϫⲉ ⲟⲩⲁ ⲡⲉ

[1] Woïde a écrit ⲁⲣⲧⲟⲕⲣⲁⲧⲓⲁ, ce qui ne peut pas avoir de sens dans ce passage. A la première vue du mot, j'ai pensé à ⲁⲩⲧⲟⲕⲣⲁⲧⲉⲓⲁ, mais la place explicative où vient le mot ⲉⲟⲟⲩ ne permet pas cette correction. J'ai donc mis le mot ⲇⲟⲝⲟ, comme plus haut. On trouve d'ailleurs plus bas le mot ⲇⲟⲝⲟⲕⲣⲁⲧⲱⲣ.

On l'appelle ⲡⲁⲛⲧⲓⲁ, c'est-à-dire celle qui se trouve en eux tous. On l'appelle aussi ⲡⲁⲛⲅⲉⲛⲓⲁ, c'est-à-dire celle qui les a tous mis au monde. On l'appelle aussi ⲇⲟⲝⲟⲅⲉⲛⲓⲁ, c'est-à-dire celle qui enfante la Gloire. On l'appelle aussi ⲇⲟⲝⲟⲫⲁⲛⲓⲁ, c'est-à-dire celle qui manifeste la Gloire. On l'appelle aussi ⲇⲟⲝⲟⲕⲣⲁⲧⲉⲓⲁ, parce qu'elle a domination sur la Gloire. On l'appelle aussi ⲁⲣⲥⲉⲛⲟⲅⲉⲛⲓⲁ, parce qu'elle enfante des mâles. On l'appelle aussi ⲗⲱⲓⲁ, dont l'interprétation est : *Dieu avec nous.* On l'appelle aussi ⲓⲟⲩⲏⲗ, dont l'interprétation est : *Dieu à jamais.* C'est elle qui a ordonné à ces Puissances d'apparaître. On l'appelle aussi ⲫⲁⲛⲉⲓⲁ, dont la traduction est : *Manifestation;* et l'Ange qui a paru avec eux, c'est celui que les Gloires nomment ⲇⲟⲝⲟⲅⲉⲛⲏⲥ et ⲇⲟⲝⲟⲫⲁⲛⲏⲥ, dont l'interprétation est : *Celui qui engendre la Gloire et qui manifeste la Gloire,* parce que c'est l'une de ces Gloires

IMPRIMERIE NATIONALE.

ЄВОλ2Ν ΝЄЇЄΟΟΥ ΝΑЇ ЄΤΑ2ЄΡΑΤΟΥ ΜΠΚωΤЄ ΜΠΙΝΟϬ ΝΔΥΝΑΜΙC ΠΑЇ ЄΤΟΥΜΟΥΤЄ ЄΡΟϤ ϪЄ ΔΟⲜΟΚΡΑΤωΡ ЄΤЄ 2Μ ΠЄϤΟΥωΝ2 ЄΒΟλ ΑϤΑΜΑ2ΤЄ ЄϪΝ 2Ν ΝΟϬ ΝЄΟΟΥ ΝΑЇ ΝЄ ΝΔΥΝΑΜΙC ЄΝΤΑΥΤΑΑΥ ΜΠЄΠΡΟΠΑΤωΡ ЄΝΤΑΥΚΑΑϤ 2Μ ΠΑΙωΝ ΝΤΜΑΑΥ ΑΥω 2ЄΝ ΤΒΑ ΝΤΒΑ ΝЄΟΟΥ ΑΥΤΑΑΥ ΝΑϤ ΑΥω 2ЄΝ ΑΓΓЄλΟC ΑΥω 2ЄΝ ΑΡΧΑΓΓЄλΟC ΑΥω 2ЄΝ λЄΙΤΟΥΡΓΟC ϪЄ ЄΥЄΔΙΑΚΟΝЄΙ ΝΑϤ ΝΝΑ ΘΥλΗ ΑΥω ΑΥϯ ΤЄⲜΟΥCΙΑ ΝΑϤ Ν2ωΒ ΝΙΜ ΑΥω ΑϤΤΑΜΙΟ ΝΑϤ ΝΟΥΝΟϬ ΝΑΙωΝ ΑΥω ΑϤΚω Ν2ΗΤϤ ΝΟΥΝΟϬ ΜΠλΗΡωΜΑ ΑΥω ΟΥΝΟϬ Ν2ΙЄΡΟΝ ΑΥω ΝΔΥΝΑΜΙC ΤΗΡΟΥ ЄΤΑϤϪΙΤΟΥ ЄΤΑϤΚΑΑΥ Ν2ΗΤϤ ΑΥω ΑϤΤЄλΗλ ΜΜΟϤ ΝΜΜΑΥ ЄϤϪΠΟ ΝΝЄϤCωΝΤ ΝΚЄCΟΠ ΚΑΤΑ ΠΟΥЄ2CΑ2ΝЄ ΜΠΙωΤ ЄΘΗΠ 2Μ ΠΚΑ ΡωϤ ΠΑΙ ЄΝΤΑϤΤΝΝΟΟΥ ΝΑϤ ΝΝЄЇΜΝΤΡΜΜΑΟ ΑΥω ΠЄΚλΟΜ ΝΤΜΝΤЄΙωΤ ΑΥΤΑΑϤ ΝΑϤ ϪЄ ΑϤΚΑΑϤ ΝЄΙωΤ ΝΝЄΝΤΑΥϢωΠЄ ΜΝΝCωϤ ΑΥω ΤΟΤЄ ΑϤωϢ ЄΒΟλ ЄϤϪω ΜΜΟC ϪЄ ΝΑϢΗΡЄ ΝΑЇ ЄϯϯΝΑΑΚЄ ΜΜΟΟΥ ϢΑΝΤЄ ΠЄⲬ̅Ⲥ̅ ϪΙ ΜΟΡΦΗ Ν2ΗΤΤΗΥΤΝ ΑΥω ΟΝ ϤωϢ ЄΒΟλ ϪЄ ϯCΒΤωΤ ΓΑΡ ЄΠΑΡ2ΙCΤΑ ΜΝ ΟΥΠΑΡΘЄΝΟC ЄCΟΥΑΑΒ ΝΟΥ2ΑЇ ΝΟΥωΤ ΠЄⲬ̅Ⲥ̅. ΑλλΑ ЄΠЄΙΔΗ ΑϤΝΑΥ ЄΤЄ-

---

qui se tiennent autour de cette grande Puissance, celle que l'on nomme ΔΟⲜΟΚΡΑΤωΡ, parce que dans sa manifestation il a eu domination sur les grandes Gloires. Telles sont les Puissances qui furent données au Propator que l'on plaça dans l'æon de la Mère, et on lui donna des myriades de myriades de Gloires, des anges, des archanges, des Liturges, afin qu'ils lui servissent les choses de la matière. On lui donna pouvoir sur toute chose. Il se fit un grand æon et il y plaça un grand Plérôme et un grand temple et toutes les Puissances qu'il a prises, qu'il a placées en lui, et il s'est réjoui avec elles, enfantant ses créatures une autre fois selon l'ordre du Père caché dans le Silence, celui qui lui a envoyé ces richesses; et la couronne de la Paternité lui fut donnée parce qu'il l'avait fait père de ce qui exista après lui. Et alors il s'écria, disant : « Mes enfants que j'enfante de nouveau jusqu'à ce que le Christ soit formé en vous; » et il cria aussi : « Je suis prêt à

ⲭⲁⲣⲓⲥ ⲉⲛⲧⲁ ⲡⲓⲱⲧ ⲉⲧϩⲏⲡ ⲧⲁⲁⲥ ⲛⲁϥ ⲛⲧⲟϥ ϩⲱⲱϥ ⲡⲉⲡⲣⲟⲡⲁⲧⲱⲣ ⲁϥⲟⲩⲱϣ ⲉⲕⲧⲉ ⲉⲡⲧⲏⲣϥ ⲉϩⲟⲩⲛ ⲉⲡⲓⲱⲧ ⲉⲑⲏⲡ ϫⲉ ⲡⲉϥⲟⲩⲱϣ ⲡⲉ ⲡⲁï ⲉⲧⲣⲉ ⲡⲧⲏⲣϥ ⲕⲟⲧϥ ⲉⲣⲟϥ. ⲁⲩⲱ ⲛⲧⲉⲣⲉⲥⲛⲁⲩ ⲉⲛⲉïⲙⲛⲧⲛⲟϭ ⲛϭⲓ ⲧⲙⲁⲁⲩ ⲛⲁï ⲉⲛⲧⲁⲩⲧⲁⲁⲩ ⲙⲡⲉⲥⲡⲣⲟⲡⲁⲧⲱⲣ ⲁⲥⲣⲁϣⲉ ⲉⲙⲁⲧⲉ ⲁⲩⲱ ⲁⲥⲧⲉⲗⲏⲗ ⲙⲙⲟⲥ ⲉⲧⲃⲉ ⲡⲁï ⲥϫⲱ ⲙⲙⲟⲥ ϫⲉ ⲁ ⲡⲁϩⲏⲧ ⲉⲩ-ⲫⲣⲁⲛⲉ ⲁⲩⲱ ⲁ ⲡⲗⲁⲥ ⲧⲉⲗⲏⲗ. ⲙⲛⲛⲥⲱⲥ ⲁⲥⲱϣ ⲉⲃⲟⲗ ⲟⲩⲃⲉ ⲧϭⲟⲙ ⲛⲁⲡⲉⲣⲁⲛⲧⲟⲥ ⲧⲁï ⲉⲧⲁϩⲉⲣⲁⲧⲥ ϩⲁⲧⲙ ⲡⲁⲓⲱⲛ ⲉⲑⲏⲡ ⲙⲡⲓⲱⲧ ⲧⲁⲓ ⲛⲛⲟϭ ⲛⲇⲩⲛⲁⲙⲓⲥ ⲛⲉⲟⲟⲩ ⲧⲁï ⲉⲧⲟⲩⲙⲟⲩⲧⲉ ⲉⲣⲟⲥ ϩⲁⲧⲛ ⲛⲉⲟⲟⲩ ϫⲉ ⲧⲣⲓⲅⲉⲛⲓⲉⲗⲟⲥ ⲉⲧⲉ ⲧⲁï ⲧⲉ ⲛⲧⲁⲩϫⲡⲟⲥ ⲛϣⲟⲙⲛⲧ ⲛⲥⲟⲡ ⲧⲁï ⲉⲧⲟⲩⲙⲟⲩⲧⲉ ⲟⲛ ⲉⲣⲟⲥ ϫⲉ ⲧⲣⲓⲅⲉⲛⲏⲥ ⲁⲩⲱ ⲥⲉⲙⲟⲩⲧⲉ ⲟⲛ ⲉⲣⲟⲥ ϫⲉ ϩⲁⲣⲙⲏⲥ ⲁⲩⲱ ⲁⲥⲥⲟⲡⲥ ϩⲱⲱⲥ ⲙⲡⲉⲧϩⲏⲡ ⲉⲛⲕⲁ ⲛⲓⲙ ϫⲉⲕⲁⲁⲥ ⲉϥⲉⲧⲛⲛⲟⲟⲩⲛ ⲧⲙⲁⲁⲩ ⲙⲡⲉⲧⲥⲁϩⲉ ⲛⲁϥ. ⲁⲩⲱ ⲁϥⲧⲛⲛⲟⲟⲩ ⲛⲁⲥ ⲛϭⲓ ⲡⲓⲱⲧ ⲉⲑⲏⲡ ⲙⲡⲙⲩⲥⲧⲏⲣⲓⲟⲛ ⲡⲁï ⲉⲧϩⲱⲃⲥ ⲉϫⲛ ⲛⲁⲓⲱⲛ ⲧⲏⲣⲟⲩ ⲙⲛ ⲛⲉⲟⲟⲩ ⲧⲏⲣⲟⲩ ⲡⲁⲓ ⲉⲧⲉⲣⲉ ⲟⲩⲕⲗⲟⲙ ⲛⲧⲟⲟⲧϥ ⲙⲡⲁⲛⲧⲉⲗⲏⲥ ⲉⲧⲉ ⲡⲁï ⲡⲉ ⲉϥϫⲏⲕ ⲉⲃⲟⲗ ⲛϥⲧⲁⲗⲟϥ ⲉϫⲛ ⲧⲁⲡⲉ ⲙⲡⲓⲛⲟϭ ⲛⲁϩⲟ-ⲣⲁⲧⲟⲥ ⲉⲧⲛϩⲏⲧⲥ ⲉⲑⲏⲡ ⲡⲁï ⲉⲧⲟ ⲛⲁⲫⲑⲁⲣⲧⲟⲥ ⲁⲩⲱ ⲉⲧⲟ ⲛⲁⲅⲉⲛ-

me tenir avec une vierge sainte devant un seul époux, le Christ. » Mais lorsqu'il eut vu la Grâce que le Père caché lui avait donnée (c'est lui-même un Propator), il voulut tourner le Plérôme vers le Père caché, car c'est sa volonté que le Plérôme se tourne vers lui. Et lorsque la Mère vit toutes ces grandeurs qu'on avait données à son Propator, elle se réjouit beaucoup, elle exulta; c'est pourquoi elle dit : « Mon cœur s'est réjoui et ma langue a été dans l'exultation. » Ensuite elle s'écria vers la Puissance infinie qui se tient près de l'æon du Père, cette grande Puissance de gloire, celle que chez les Gloires on appelle ⲧⲣⲓⲅⲉⲛⲓⲉⲗⲟⲥ, c'est-à-dire *Engendrée trois fois*. C'est elle qu'on appelle aussi ⲧⲣⲓⲅⲉⲛⲏⲥ et qu'on nomme encore ϩⲁⲣⲙⲏⲥ. Elle pria aussi celui qui est caché en tout lieu, afin qu'il lui envoyât la mère de celui qui s'est retiré, et le Père caché lui envoya le mystère qui revêt tous les æons ainsi que toutes les Gloires qui forment la couronne du ⲡⲁⲛⲧⲉⲗⲏⲥ, c'est-à-dire du Parfait, afin qu'il la mît sur la tête de l'Indivisible caché

ⲛⲏⲧⲟⲥ ⲙⲛ ⲧⲛⲟϭ ⲛϭⲟⲙ ⲉⲧⲛⲉⲙⲙⲁϥ ⲧⲁï ⲉⲧⲟⲩⲙⲟⲩⲧⲉ ⲉⲣⲟⲥ ϫⲉ ⲁⲣⲥⲉⲛⲟⲅⲉⲛⲓⲁ ⲧⲁï ⲉⲧⲛⲁⲙⲟⲩϩ ⲛⲛⲁⲓⲱⲛ ⲧⲏⲣⲟⲩ ⲛⲉⲟⲟⲩ. ⲁⲩⲱ ⲛⲧⲉïϩⲉ ⲡⲧⲏⲣϥ ⲛⲁϫⲓ ⲕⲗⲟⲙ ⲉⲃⲟⲗϩⲓⲧⲟⲟⲧϥ. ⲁⲩⲱ ⲙⲛⲛⲥⲱⲥ ⲁⲥⲧⲁϩⲟ ⲉⲣⲁⲧϥ ⲙⲡⲁⲩⲧⲟⲡⲁⲧⲱⲣ ⲛⲉⲓⲱⲧ ⲁⲩⲱ ⲛⲁⲓⲱⲛⲓⲟⲥ ⲁⲩⲱ ⲁⲥϯ ⲛⲁϥ ⲙⲡⲁⲓⲱⲛ ⲙⲡⲕⲁⲗⲩⲡⲧⲟⲥ ⲡⲁï ⲉⲧⲉⲣⲉ ⲡⲧⲏⲣϥ ⲛϩⲏⲧϥ ⲛⲅⲉⲛⲟⲥ ⲙⲛ ⲛⲉⲥⲙⲟⲧ ⲁⲩⲱ ⲛⲉⲓⲛⲉ ⲙⲛ ⲙⲙⲟⲣⲫⲏ ⲁⲩⲱ ⲛϭⲓ ⲛϣⲓⲛⲉ ⲁⲩⲱ ⲛⲇⲓⲁⲫⲟⲣⲁ ⲙⲛ ⲧⲉϥⲧⲟ ⲛϭⲓ ⲛϣⲓⲃⲉ ⲁⲩⲱ ⲡⲱⲡ[1] ⲙⲛ ⲡⲉⲧⲟⲩⲱⲡ ⲙⲙⲟϥ ⲁⲩⲱ ⲡⲉⲧⲛⲟⲉï ⲙⲛ ⲡⲉⲧⲟⲩⲛⲟⲉï ⲙⲙⲟϥ ⲁⲩⲱ ⲁⲥⲕⲁⲁϥ ⲉⲧⲣⲉϥϩⲱⲃⲥ ⲉϫⲛ ⲛⲉⲧⲛϩⲏⲧϥ ⲧⲏⲣⲟⲩ ⲁⲩⲱ ϫⲉⲕⲁⲁⲥ ⲉϥⲛⲁϯ ⲙⲡⲉⲧⲥⲟⲡⲥ ⲙⲙⲟϥ ⲁⲩⲱ ⲁⲥϯ ⲛⲁϥ ⲙⲙⲏⲧⲉ ⲛⲇⲩⲛⲁⲙⲓⲥ ⲁⲩⲱ ⲯⲓⲧⲉ ⲛϩⲉⲛⲛⲁⲥ ⲁⲩⲱ ⲟⲩⲡⲉⲛⲧⲁⲥ ⲛⲛⲁⲓⲱⲛ ⲁⲩⲱ ⲁⲩϯ ⲛⲁϥ ⲛϩⲉⲛ ⲫⲱⲥⲧⲏⲣ ⲁⲩⲱ ⲁⲩϯ ⲛⲁϥ ⲧⲉⲝⲓⲟⲩⲥⲓⲁ ⲉϫⲛ ⲛⲉⲑⲏⲡ ⲧⲏⲣⲟⲩ ϫⲉⲕⲁⲁⲥ ⲉϥⲛⲁⲭⲁⲣⲓⲍⲉ ⲛⲛⲉⲛⲧⲁⲩⲁⲅⲱⲛⲓⲍⲉ ⲁⲩⲱ ⲁⲩⲡⲱⲧ ⲛⲧⲛ ⲑⲩⲗⲏ ⲙⲡⲁⲓⲱⲛ ⲉⲁⲩⲕⲁⲁⲥ ⲛⲥⲱⲟⲩ ⲁⲩⲱ ⲁⲩⲡⲱⲧ ⲉϩⲣⲁï ⲉⲡⲁⲓⲱⲛ ⲙⲡⲁⲩⲧⲟ-

[1] D'après le membre de phrase suivant, le texte doit être incorrect et il faut sans doute ⲡⲉⲧⲱⲡ au lieu de ⲡⲱⲡ, comme il y a ⲡⲉⲧⲛⲟⲓ.

en elle, celui qui est Incorruptible et qui est Inengendré, avec la grande Puissance qui est en sa compagnie, celle que l'on nomme ⲁⲣⲥⲉⲛⲟⲅⲉⲛⲓⲁ, celle qui remplira tous les æons de Gloires. Et ainsi le Plérôme recevra de lui la couronne. Ensuite elle établit ⲁⲩⲧⲟⲡⲁⲧⲱⲣ Père et Éternel; elle lui donna l'æon du *Caché,* celui dans lequel toutes choses se trouvent comme espèces, figures, images, formes, interrogations, dissemblances et changements, ce qui compte et ce qui est compté, ce qui pense et ce qui est pensé. Elle en fit un vêtement sur tout ce qui était en lui, afin qu'il donne à celui qui le prie. Elle lui donna dix Puissances, neuf Ennéades, cinq æons, et on lui donna des ⲫⲱⲥⲧⲏⲣ (*éclaireurs*), et on lui donna pouvoir sur toutes les choses cachées, afin qu'il donne grâce à ceux qui ont combattu, qui ont fui de la matière vers l'æon, en la laissant derrière eux; et ils ont fui vers l'æon de l'Autopator, ils ont pris pour eux la promesse qui leur a été

ⲡⲁⲧⲱⲣ ⲁⲩϫⲓ ⲛⲁⲩ ⲙⲡⲉⲣⲏⲧ ⲉⲛⲧⲁⲩⲉⲣⲏⲧ ⲙⲙⲟϥ ⲛⲁⲩ ϩⲓⲧⲙ ⲡⲉⲧϫⲱ ⲙⲙⲟⲥ ϫⲉ ⲡⲉⲧⲛⲁⲕⲁ ⲉⲓⲱⲧ ϩⲓ ⲙⲁⲁⲩ ϩⲓ ⲥⲟⲛ ϩⲓ ⲥⲱⲛⲉ ϩⲓ ⲥϩⲓⲙⲉ ϩⲓ ϣⲏⲣⲉ ϩⲓ ϩⲩⲡⲁⲣⲝⲓⲥ ⲁⲩⲱ ⲛϥϥⲓ ⲙⲡⲉϥⲥⲧⲁⲩⲣⲟⲥ ⲛϥⲟⲩⲁϩϥ ⲛⲥⲱⲓ̈ ϥⲛⲁϫⲓ ⲛⲛⲉⲣⲏⲧ ⲉⲛⲧⲁⲓ̈ⲉⲣⲏⲧ ⲙⲙⲟⲟⲩ ⲛⲁϥ ⲁⲩⲱ ⲡⲙⲩⲥⲧⲏⲣⲓⲟⲛ ⲙⲡⲁⲓ̈ⲱⲧ ⲉⲟⲏⲡ ϯⲛⲁⲧⲁⲁϥ ⲛⲁⲩ ϫⲉ ⲁⲩⲙⲉⲣⲉ ⲡⲉⲧⲉⲡⲱⲟⲩ ⲡⲉ ⲁⲩⲱ ⲁⲩⲡⲱⲧ ⲉⲃⲟⲗ ⲙⲡⲉⲧⲡⲏⲧ ⲛⲥⲱⲟⲩ ϩⲛ ⲟⲩϫⲓ ⲛϭⲟⲛⲥ ⲁⲩⲱ ⲁϥϯ ⲛⲁⲩ ⲙⲡϣⲟⲩϣⲟⲩ ⲁⲩⲱ ⲡⲣⲁϣⲉ ⲁⲩⲱ ⲡⲧⲉⲗⲏⲗ ⲁⲩⲱ ⲡⲟⲩⲛⲟϥ ⲁⲩⲱ ϯⲣⲏⲛⲏ ⲁⲩⲱ ⲑⲉⲗⲡⲓⲥ ⲁⲩⲱ ⲧⲡⲓⲥⲧⲓⲥ ⲁⲩⲱ ⲧⲁⲅⲁⲡⲏ ⲁⲩⲱ ⲧⲁⲗⲏⲑⲉⲓⲁ ⲉⲧⲉ ⲙⲉⲥⲡⲱⲱⲛⲉ ⲁⲩⲱ ⲧⲁⲓ̈ ⲧⲉ ⲑⲉⲛⲛⲁⲥ ⲉⲛⲧⲁⲩⲭⲁⲣⲓⲍⲉ ⲙⲙⲟⲥ ⲛⲛⲉⲛⲧⲁⲩⲡⲱⲧ ⲛⲧⲛ ⲑⲩⲗⲏ ⲁⲩⲱ ⲁⲩⲣ ⲙⲁⲕⲁⲣⲓⲟⲥ ⲁⲩⲱ ⲁⲩⲣ ⲧⲉⲗⲉⲓⲟⲥ ⲁⲩⲱ ⲁⲩⲥⲟⲩⲛ ⲡⲛⲟⲩⲧⲉ ⲛⲧⲁⲗⲏⲑⲉⲓⲁ ⲁⲩⲱ ⲁⲩⲉⲓⲙⲉ ⲉⲡⲙⲩⲥⲧⲏⲣⲓⲟⲛ ⲉⲛⲧⲁϥϣⲱⲡⲉ ⲙⲡⲣⲱⲙⲉ ϫⲉ ⲉⲧⲃⲉ ⲟⲩ ⲁϥⲟⲩⲱⲛϩ ⲉⲃⲟⲗ ϣⲁⲛⲧⲟⲩⲛⲁⲩ ⲉⲣⲟϥ ⲉⲩⲁⲧⲛⲁⲩ ⲣⲱ[1] ⲉⲣⲟϥ ⲡⲉ ⲁⲩⲱ ϫⲉ ⲉⲧⲃⲏⲏⲧϥ ⲁϥⲗⲟⲅⲣⲫⲏ[2] ⲉⲡⲉϥⲗⲟⲅⲟⲥ ϣⲁⲛⲧⲟⲩⲥⲟⲩⲱⲛϥ ⲛⲥⲉⲡⲱⲧ

(1) *Cod.* ⲉⲩⲁⲧⲛⲁⲩ ⲣⲱⲓ. Le mot ⲣⲱⲓ est pointillé. Woïde ne le regardait donc pas comme certain : j'ai corrigé en ⲣⲱ qui se trouve quelquefois seul dans cette acception; mais la correction n'est pas certaine.

(2) Ce mot qui se trouve bien dans le papyrus, car Woïde a écrit en marge *sic*, est absolument indéchiffrable et ne peut présenter de sens dans aucune langue. J'ai lu ⲭⲱⲅⲣⲁⲫⲉⲓ.

promise par celui qui dit : « Celui qui abandonnera père, mère, frère, sœur, femme, enfants, richesses, qui portera sa croix et me suivra, celui-là recevra les promesses que je lui ai promises, et je leur donnerai le mystère du Père caché, parce qu'ils ont aimé ce qui était à eux et qu'ils se sont enfuis de celui qui les poursuivait avec injustice. » Et il leur donna la Gloire, la Joie, l'Exultation, l'Allégresse, la Paix, l'Espérance, la Foi, l'Amour et la Vérité qui ne change pas. C'est là l'Ennéade dont il gratifia ceux qui s'enfuirent de la matière; ils devinrent heureux, ils devinrent parfaits, ils connurent le Dieu et la Vérité, ils comprirent le mystère qui s'est opéré dans l'Homme, pourquoi il s'est manifesté, afin qu'ils le vissent, (car) ils ne le voyaient pas, et, à cause de lui, il a représenté son Verbe, afin qu'ils le connussent, qu'ils courussent à lui, qu'ils

LE PAPYRUS GNOSTIQUE BRUCE.

ⲉⲣⲁⲧϥ ⲁⲩⲱ ⲛⲥⲉⲣ ⲛⲟⲩⲧⲉ ⲁⲩⲱ ⲛⲥⲉⲣ ⲧⲉⲗⲉⲓⲟⲥ. ⲙⲛⲛⲥⲱⲥ ⲁ ⲧⲙⲁⲁⲩ ⲧⲁϩⲟ ⲉⲣⲁⲧϥ ⲙⲡⲉⲡⲣⲱⲧⲟⲅⲉⲛⲛⲏⲧⲟⲥ ⲛϣⲏⲣⲉ ⲛⲁⲥ ⲁⲩⲱ ⲁⲥϯ ⲧⲉⲝⲟⲩⲥⲓⲁ ⲛⲁϥ ⲛⲧⲙⲛⲧϣⲏⲣⲉ ⲁⲩⲱ ⲁⲥϯ ⲛⲁϥ ⲛϩⲉⲛ ⲥⲧⲣⲁⲧⲓⲁ ⲛⲁⲅⲅⲉⲗⲟⲥ ⲙⲛ ϩⲉⲛ ⲁⲣⲭⲁⲅⲅⲉⲗⲟⲥ ⲁⲩⲱ ⲁⲥϯ ⲛⲁϥ ⲙⲙⲛⲧⲥⲛⲟⲟⲩⲥ ⲛⲇⲩⲛⲁⲙⲓⲥ ⲉⲩⲇⲓⲁⲕⲟⲛⲓ ⲛⲁϥ ⲁⲩⲱ ⲁⲥϯ ⲛⲁϥ ⲛⲟⲩⲉⲛⲇⲩⲙⲁ ⲉⲣⲉ ϩⲱⲃ ⲛⲓⲙ ⲛϩⲏⲧϥ ⲁⲩⲱ ⲉⲣⲉ ⲥⲱⲙⲁ ⲛⲓⲙ ⲛϩⲏⲧϥ ⲡⲥⲱⲙⲁ ⲙⲡⲕⲱϩⲧ ⲁⲩⲱ ⲡⲥⲱⲙⲁ ⲙⲡⲙⲟⲟⲩ ⲁⲩⲱ ⲡⲥⲱⲙⲁ ⲙⲡⲁⲏⲣ ⲁⲩⲱ ⲡⲥⲱⲙⲁ ⲙⲡⲕⲁϩ ⲁⲩⲱ ⲡⲥⲱⲙⲁ ⲙⲡⲧⲏⲟⲩ ⲁⲩⲱ ⲡⲥⲱⲙⲁ ⲛⲛⲁⲅⲅⲉⲗⲟⲥ ⲁⲩⲱ ⲡⲥⲱⲙⲁ ⲛⲛⲁⲣⲭⲁⲅⲅⲉⲗⲟⲥ ⲁⲩⲱ ⲡⲥⲱⲙⲁ ⲛⲛⲇⲩⲛⲁⲙⲓⲥ ⲁⲩⲱ ⲡⲥⲱⲙⲁ ⲛⲛⲇⲩⲛⲁⲧⲟⲥ ⲁⲩⲱ ⲡⲥⲱⲙⲁ ⲛⲛⲛⲟⲩⲧⲉ ⲁⲩⲱ ⲡⲥⲱⲙⲁ ⲛⲛϫⲟⲉⲓⲥ ϩⲁⲡⲗⲱⲥ ⲉⲣⲉ ⲥⲱⲙⲁ ⲛⲓⲙ ⲛϩⲏⲧϥ ϫⲉⲕⲁⲁⲥ ⲛⲛⲉ ⲗⲁⲁⲩ ⲕⲱⲗⲩ ⲙⲙⲟϥ ⲉⲃⲱⲕ ⲉⲡϫⲓⲥⲉ ⲏ ⲉⲃⲱⲕ ⲉⲡⲉⲥⲏⲧ ⲉⲡⲛⲟⲩⲛ ⲁⲩⲱ ⲡⲁï ⲡⲉ ⲡⲣⲱⲧⲟⲅⲉⲛⲛⲏⲧⲱⲣ ⲉⲛⲧⲁ ⲛⲁ ⲡϩⲟⲩⲛ ⲙⲛ ⲛⲁ ⲡⲃⲟⲗ ⲉⲣⲏⲧ ⲛⲁϥ ⲙⲡⲉⲧϥⲛⲁⲟⲩⲁϣϥ ⲧⲏⲣϥ ⲁⲩⲱ ⲡⲁï ⲡⲉ ⲉⲛⲧⲁϥⲛⲁⲕⲣⲓⲛⲉ ⲛⲑⲩⲗⲏ ⲧⲏⲣⲥ ⲁⲩⲱ ⲛⲑⲉ ⲉⲛⲧⲁϥⲡⲁϩⲧϥ ⲉⲃⲟⲗ ⲉϫⲱⲥ ⲛⲑⲉ ⲛⲟⲩϩⲁⲗⲏⲧ ⲉϥϣⲁϥⲡⲱⲣϣ ⲉⲃⲟⲗ ⲛⲛⲉϥⲧⲛϩ ⲉϫⲛ ⲛⲉϥⲥⲟⲟⲩϩⲉ ⲧⲁï ⲧⲉ ⲑⲉ ⲉⲛⲧⲁϥⲁⲁⲥ ⲛⲑⲩⲗⲏ ⲛϭⲓ

---

devinssent dieux et qu'ils devinssent parfaits. Ensuite la Mère établit le ⲡⲣⲱⲧⲟⲅⲉⲛⲛⲏⲧⲱⲣ comme son fils, elle lui donna la Puissance de la Filiété, elle lui donna des armées d'Anges et d'Archanges, elle lui donna douze Puissances qui le servent, elle lui donna un vêtement pour faire toute chose en lui et dans lequel se trouvaient tous les corps : le corps du feu, le corps de l'eau, le corps de l'air, le corps de la terre, le corps du vent, le corps des Anges, le corps des Archanges, le corps des Puissances, le corps des *Dynatos* (?), le corps des Dieux, le corps des Seigneurs, en un mot tous les corps, afin que rien ne l'empêchât de monter vers les hauteurs ou de descendre vers les profondeurs du Noun. C'est le ⲡⲣⲱⲧⲟⲅⲉⲛⲛⲏⲧⲱⲣ à qui ceux de l'intérieur et ceux de l'extérieur ont promis tout ce qui lui fera plaisir, et c'est celui qui discernera toute la matière; et, comme il s'est étendu sur elle, ainsi qu'un oiseau qui étend ses ailes sur ses œufs, c'est ainsi que le ⲡⲣⲱⲧⲟⲅⲉⲛⲛⲏⲧⲱⲣ a fait pour la matière, et il a fait surgir des myriades de

ⲡⲉⲡⲣⲱⲧⲟⲅⲉⲛⲛⲏⲧⲱⲣ ⲁⲩⲱ ⲁϥⲧⲟⲩⲛⲟⲥ ⲛϩⲉⲛ ⲧⲃⲁ ⲛⲧⲃⲁ ⲛⲉⲓⲇⲟⲥ
ⲏ ⲛⲅⲉⲛⲟⲥ ⲛⲧⲉⲣⲉ ⲑⲩⲗⲏ ϩⲙⲟⲙ ⲁⲥⲃⲱⲗ ⲉⲃⲟⲗ ⲙⲡⲁϣⲁï ⲛⲛⲇⲩⲛⲁⲙⲓⲥ ⲉⲧⲛⲙⲙⲁϥ ⲁⲩⲱ ⲁⲩϯ ⲟⲩⲱ ⲉϩⲣⲁï ⲛⲑⲉ ⲙⲡⲣⲱⲧ ⲁⲩⲱ ⲁⲥⲡⲟⲣ-
ϫⲟⲩ ⲉⲃⲟⲗ ⲕⲁⲧⲁ ⲅⲉⲛⲟⲥ ⲁⲩⲱ ⲕⲁⲧⲁ ⲉⲓⲇⲟⲥ ⲁⲩⲱ ⲁϥϯ ⲛⲟⲙⲟⲥ
ⲛⲁⲩ ⲉⲙⲉⲣⲉ ⲛⲉⲩⲉⲣⲏⲩ ⲁⲩⲱ ⲉⲧⲁïⲉ ⲡⲛⲟⲩⲧⲉ ⲁⲩⲱ ⲉⲥⲙⲟⲩ ⲉⲣⲟϥ
ⲁⲩⲱ ⲉϣⲓⲛⲉ ⲛⲥⲱϥ ϫⲉ ⲛⲓⲙ ⲡⲉ ⲁⲩⲱ ϫⲉ ⲟⲩ ⲡⲉ ⲁⲩⲱ ⲛⲥⲉⲣ
ϣⲡⲏⲣⲉ ⲙⲡⲙⲁ ⲉⲛⲧⲁⲩⲉⲓ ⲉⲃⲟⲗ ⲛϩⲏⲧϥ ϫⲉ ϥϭⲏⲟⲩ ⲁⲩⲱ ϥⲙⲟⲕϩ
ⲁⲩⲱ ⲛⲥⲉⲧⲙⲕⲟⲧⲟⲩ ⲉⲣⲟϥ ⲛⲕⲉⲥⲟⲡ ⲁⲗⲗⲁ ⲉⲡⲱⲧ ⲛⲥⲁ ⲡⲉⲛⲧⲁϥϯ
ⲛⲟⲙⲟⲥ ⲛⲁⲩ ⲁⲩⲱ ⲁϥⲛⲧⲟⲩ ⲉⲃⲟⲗϩⲙ ⲡⲕⲁⲕⲉ ⲛⲑⲩⲗⲏ ⲉⲧⲟ ⲙⲙⲁⲁⲩ
ⲛⲁⲩ ⲁⲩⲱ ⲁϥϫⲟⲟⲥ ⲛⲁⲩ ϫⲉ ⲟⲩⲛ ⲟⲩⲟⲉⲓⲛ ϣⲟⲟⲡ ⲉⲃⲟⲗϫⲉ ⲙ-
ⲡⲁⲧⲟⲩⲉⲓⲙⲉ ⲉⲡⲟⲩⲟⲉⲓⲛ ϫⲉ ⲛⲉϥϣⲟⲟⲡ ⲡⲉ ϫⲛ ⲙⲙⲟⲛ. ⲧⲟⲧⲉ ⲁϥϯ
ⲁⲛⲥⲙⲙⲉ[1] ⲉⲧⲟⲧⲟⲩ ⲉⲧⲙϫⲓ ⲛⲛⲉⲩⲉⲣⲏⲩ ⲛϭⲟⲛⲥ ⲁϥⲃⲱⲕ ⲉⲃⲟⲗ-
ϩⲓⲧⲟⲟⲧⲟⲩ ⲉϩⲣⲁï ⲉ ⲡⲧⲟⲡⲟⲥ ⲛⲧⲙⲁⲁⲩ ⲙⲡⲧⲏⲣϥ ϩⲁⲧⲙ ⲡⲉⲡⲣⲟⲡⲁ-

[1] Cette locution ϯ ⲁⲛⲥⲙⲙⲉ est extrêmement rare. Peut-être même ne se trouve-t-elle qu'une fois dans le passage de Zoëga (p. 151) cité par Peyron dans son dictionnaire (p. 201) ϯϯⲁⲛⲥⲙⲙⲓ. Peyron ajoute ϯϯ lege ϯϯ ⲛⲥⲙⲙⲓ. Cela n'est pas du tout certain d'après notre texte, et la locution ⲁⲛⲥⲙⲙⲉ pourrait bien venir d'une autre racine que ⲥⲙⲙⲉ ou ⲥⲉⲙⲓ.

myriades d'*idées* ou de genres. Lorsque la matière fut échauffée, elle produisit la multitude de Puissances qui étaient en elle, elles poussèrent comme une plante, et elle les sépara par genre et par *idée* (type), elle leur donna une loi de s'aimer les uns les autres, de glorifier le Dieu, de le bénir, de chercher qui il était et ce qu'il était, afin qu'ils admirassent le lieu d'où ils étaient sortis (en voyant) combien il était étroit et triste et qu'ils n'y retournassent pas une autre fois, mais qu'ils courussent à celui qui leur a donné une loi et qui les a fait sortir des ténèbres de la matière qui est leur mère. Il leur a dit : « Que la lumière soit! » Car ils ne savaient pas si la lumière existait ou non. Alors il leur donna l'ordre de ne point se violenter, et il les quitta pour aller vers le lieu de la Mère du Plérôme, près du Propator et de l'Autopator, afin qu'ils dépassassent ceux qui étaient sortis de la matière. La Mère du

LE PAPYRUS GNOSTIQUE BRUCE.

ⲧⲱⲣ ⲙⲛ ⲡⲁⲩⲧⲟⲡⲁⲧⲱⲣ ϫⲉⲕⲁⲁⲥ ⲉⲩⲉϯ ⲧⲱϣ ⲛⲛⲉⲛⲧⲁⲩⲉⲓ ⲉⲃⲟⲗ ϩⲛ ⲑⲩⲗⲏ ⲁⲩⲱ ⲁ ⲧⲙⲁⲁⲩ ⲙⲡⲧⲏⲣϥ ⲙⲛ ⲡⲉⲡⲣⲟⲡⲁⲧⲱⲣ ⲙⲛ ⲡⲁⲩⲧⲟⲡⲁⲧⲱⲣ ⲙⲛ ⲡⲉⲡⲣⲟⲅⲉⲛⲛⲏⲧⲱⲣ ⲙⲛ ⲛϭⲟⲙ ⲙⲡⲁⲓⲱⲛ ⲛⲧⲙⲁⲁⲩ ⲁⲩϯ [1] ⲛⲟⲩⲛⲟϭ ⲛϩⲩⲙⲛⲟⲥ ⲉⲩⲥⲙⲟⲩ ⲉⲡⲓⲟⲩⲁ ⲙⲁⲩⲁⲁϥ ⲉⲩϫⲱ ⲙⲙⲟⲥ ⲉⲣⲟϥ ϫⲉ ⲛⲧⲟⲕ ⲡⲉ ⲡⲁⲡⲉⲣⲁⲛⲧⲟⲥ ⲙⲁⲩⲁⲁⲕ ⲁⲩⲱ ⲛⲧⲟⲕ ⲡⲉ ⲡⲃⲁⲑⲟⲥ ⲙⲁⲩⲁⲁⲕ ⲁⲩⲱ ⲛⲧⲟⲕ ⲡⲉ ⲡⲁⲧⲥⲟⲩⲱⲛϥ ⲙⲁⲩⲁⲁⲕ ⲁⲩⲱ ⲛⲧⲟⲕ ⲡⲉⲧⲉⲣⲉ ⲟⲩⲟⲛ ⲛⲓⲙ ϣⲓⲛⲉ ⲛⲥⲱⲕ ⲁⲩⲱ ⲙⲡⲟⲩϩⲉ ⲉⲣⲟⲕ ϫⲉ ⲙⲛ ϣϭⲟⲙ ⲛⲗⲁⲁⲩ ⲉⲥⲟⲩⲱⲛⲅ ⲉϫⲙ ⲡⲉⲕⲟⲩⲱϣ ⲁⲩⲱ ⲙⲛ ϣϭⲟⲙ ⲛⲗⲁⲁⲩ ⲉⲥⲙⲟⲩ ⲉⲣⲟⲕ ⲉϫⲙ ⲡⲉⲕⲟⲩⲱϣ ⲙⲁⲩⲁⲁⲕ ⲁⲩⲱ ⲡⲉⲕⲟⲩⲱϣ ⲙⲁⲩⲁⲁⲕ ⲡⲉ ⲛⲧⲁϥϣⲱⲡⲉ ⲛⲁⲕ ⲛⲧⲟⲡⲟⲥ ϫⲉ ⲙⲛ ϣϭⲟⲙ ⲛⲗⲁⲁⲩ ⲉϣⲱⲡⲉ ⲛⲁⲕ ⲛⲧⲟⲡⲟⲥ ϫⲉ ⲛⲧⲟⲕ ⲡⲉ ⲡⲉⲩⲧⲟⲡⲟⲥ ⲧⲏⲣⲟⲩ ⲉïⲥⲡⲥⲡ ⲙⲙⲟⲕ ϫⲉⲕⲁⲁⲥ ⲉⲕⲉϯ ⲧⲁⲝⲓⲥ ⲛⲛⲁ ⲡⲕⲟⲥⲙⲟⲥ ⲁⲩⲱ ⲛⲅϯ ⲧⲱϣ ⲛⲛⲁϯⲟⲩⲱ ⲕⲁⲧⲁ ⲡⲉⲧⲉϩⲛⲁⲕ ⲁⲩⲱ ⲙⲡⲣⲗⲩⲡⲉⲓ ⲛⲛⲁϯⲟⲩⲱ ϫⲉ ⲙⲡⲉ ⲗⲁⲁⲩ ⲗⲩⲡⲉⲓ ⲉⲃⲟⲗϩⲓⲧⲟⲟⲧⲕ ⲉⲛⲉϩ ⲁⲩⲱ ⲙⲡⲉ ⲗⲁⲁⲩ ⲉⲓⲙⲉ ⲉⲡⲉⲕϣⲟϫⲛⲉ ⲛⲧⲟⲕ ⲡⲉⲕⲟⲩϣⲁⲁⲧ ⲙⲙⲟⲕ ⲧⲏⲣⲟⲩ ⲛⲁ ⲡϩⲟⲩⲛ ⲙⲛ ⲛⲁ ⲡⲃⲟⲗ ϫⲉ ⲛⲧⲕ ⲟⲩⲁⲭⲱⲣⲏⲧⲟⲥ ⲙⲁⲩⲁⲁⲕ ⲁⲩⲱ ⲛⲧⲟⲕ ⲡⲉ ⲡⲁϩⲟ-

[1] Tout ce passage est un fouillis presque inextricable. Il doit y avoir corruption de texte et changement de personne dans les suffixes.

Plérôme, le Propator, l'Autopator, le ⲡⲣⲟⲅⲉⲛⲛⲏⲧⲱⲣ et les Puissances de l'æon de la Mère firent entendre un grand hymne, bénissant cet Un unique et lui disant : « C'est toi le seul Infini, c'est toi le seul Abîme, c'est toi le seul Inconnu, c'est toi que tout être cherche et qu'on ne trouve pas, car personne ne peut te connaître contre ta volonté et personne ne peut te bénir contre ta volonté, à toi seul. C'est ta volonté seule qui est un lieu pour toi, car rien ne peut être un lieu pour toi, parce que tu es leur lieu à tous. Je t'invoque afin que tu donnes hiérarchie à ceux du monde, que tu disposes les germes selon ta volonté. N'attriste pas mes germes, car jamais rien n'a été attristé par toi. Personne ne connaît ton dessein, c'est de toi qu'ont besoin tous ceux de l'intérieur et de l'extérieur, car tu es le seul ⲁⲭⲱⲣⲏⲧⲟⲥ, tu es le seul Indivisible, tu es le seul ⲁⲛⲟⲩⲥⲓⲟⲥ, tu es le

ⲣⲁⲧⲟⲥ ⲙⲁⲩⲁⲁⲕ ⲁⲩⲱ ⲛⲧⲟⲕ ⲡⲉ ⲡⲁⲛⲟⲩⲥⲓⲟⲥ ⲙⲁⲩⲁⲁⲕ ⲛⲧⲟⲕ ⲡⲉ
ⲛⲧⲁⲕϯ ⲭⲁⲣⲁⲕⲧⲏⲣ ⲙⲁⲩⲁⲁⲕ ⲉⲥⲱⲛⲧ ⲛⲓⲙ ⲁⲕⲟⲩⲟⲛϩⲟⲩ ⲉⲃⲟⲗ
ⲛϩⲏⲧⲕ ⲛⲧⲟⲕ ⲡⲉ ⲡⲇⲏⲙⲓⲟⲩⲣⲅⲟⲥ ⲛⲛⲉⲧⲉⲙⲡⲁⲧⲟⲩⲟⲩⲱⲛϩ ⲉⲃⲟⲗ
ϫⲉ ⲛⲁï ⲉⲧⲕⲥⲟⲟⲩⲛ ⲙⲙⲟⲟⲩ ⲙⲁⲩⲁⲁⲕ ⲛⲁï ⲁⲛⲟⲛ ⲉⲧⲉ ⲛⲧⲛⲥⲟⲟⲩⲛ
ⲙⲙⲟⲟⲩ ⲁⲛ ⲛⲧⲟⲕ ⲙⲁⲩⲁⲁⲕ ⲡⲉⲧϯ ⲙⲁⲉⲓⲛ ⲙⲙⲟⲟⲩ ⲛⲁⲛ ϫⲉⲕⲁⲁⲥ
ⲉⲛⲉⲁⲓⲧⲉⲓ ⲙⲙⲟⲕ ⲉⲧⲃⲏⲧⲟⲩ ϫⲉ ⲉⲕⲉⲟⲩⲟⲛϩⲟⲩ ⲉⲃⲟⲗ ⲛⲧⲛⲥⲟⲩⲱ-
ⲛⲟⲩ ⲉⲃⲟⲗϩⲓⲧⲟⲟⲧⲕ ⲙⲁⲩⲁⲁⲕ ⲛⲧⲟⲕ ⲙⲁⲩⲁⲁⲕ ⲡⲉ ⲛⲧⲁⲕⲛⲧⲕ ⲉⲡ-
ϣⲱⲓ [1] ⲛⲛⲕⲟⲥⲙⲟⲥ ⲉⲑⲏⲡ ϣⲁⲛⲧⲟⲩⲥⲟⲩⲱⲛⲅ ⲛⲧⲟⲕ ⲡⲉ ⲛⲧⲁⲕ-
ⲧⲁⲁⲥ ⲛⲁⲩ ⲉⲧⲣⲉⲩⲥⲟⲩⲱⲛⲅ ϫⲉ ⲛⲧⲟⲕ ⲡⲉ ⲛⲧⲁⲕⲙⲉⲥⲓⲟⲟⲩ ϩⲙ ⲡⲉⲕ-
ⲥⲱⲙⲁ ⲛⲁⲥⲱⲙⲁⲧⲟⲥ ⲁⲩⲱ ⲁⲕⲧⲁⲙⲟⲟⲩ ϫⲉ ⲛⲧⲁⲕϫⲡⲉ ⲡⲣⲱⲙⲉ ϩⲙ
ⲡⲉⲕⲛⲟⲩⲥ ⲛⲁⲩⲧⲟⲫⲩⲏⲥ ⲁⲩⲱ ϩⲛ ⲧⲇⲓⲁⲛⲟⲓⲁ ⲙⲛ ⲡⲙⲉⲉⲩⲉ ⲉⲧϫⲏⲕ
ⲡⲁï ⲡⲉ ⲡⲣⲱⲙⲉ ⲛϫⲡⲟ ⲛⲛⲟⲩⲥ ⲉⲛⲧⲁ ⲇⲓⲁⲛⲟⲓⲁ ϯ ⲙⲟⲣⲫⲏ ⲉⲣⲟϥ.
ⲛⲧⲟⲕ ⲡⲉ ⲛⲧⲁⲕϯ ⲛⲕⲁ ⲛⲓⲙ ⲙⲡⲣⲱⲙⲉ ⲁⲩⲱ ⲁϥⲫⲟⲣⲉⲓ ⲙⲙⲟⲟⲩ ⲛⲑⲉ
ⲛⲛⲉⲓϩⲟⲉⲓⲧⲉ ⲁⲩⲱ ⲁϥⲧⲁⲁⲩ ϩⲓⲱⲱϥ ⲛⲑⲉ ⲛⲛⲉïϣⲧⲏⲛ ⲁⲩⲱ ⲁϥϭⲟ-

[1] *Cod.* ⲉⲡϣⲓ. La correction n'est pas certaine. Woïde a écrit en marge *sic*.

---

seul qui as donné un *caractère* à toutes les créatures et qui les as fait paraître de toi-même; tu es le Démiurge de ce qui ne s'est pas encore manifesté, car ces choses que tu connais seul et que nous ne connaissons pas, c'est toi seul qui nous les montres, afin que nous t'invoquions à leur sujet pour que tu les fasses apparaître et que nous les connaissions, grâce à toi seul. C'est toi seul qui t'es élevé jusqu'aux mondes cachés, jusqu'à ce qu'ils te connaissent; c'est toi qui leur as donné de te connaître, car c'est toi qui leur as donné naissance de ton corps incorporel[1] et tu leur as appris que tu as produit l'Homme de ton Nous qui se produit lui-même, dans une *Dianoia* et une pensée parfaite; c'est l'Homme produit par le Nous, celui auquel la Pensée (*Dianöia*) a donné une forme. C'est toi qui as donné tous les biens à l'Homme,

[1] Le lecteur ne doit pas s'étonner de trouver une antithèse de cette force. Il est évident que, pour exprimer par des mots de semblables rêveries, il faut de toute nécessité violer les règles ordinaires du langage humain.

IMPRIMERIE NATIONALE.

ⲗⲉϥ ⲙⲡⲥⲱⲛⲧ ⲛⲑⲉ ⲛⲟⲩⲣϣⲉ ⲟⲛ[1] ⲡⲁï ⲡⲉ ⲡⲣⲱⲙⲉ ⲉⲧⲉⲣⲉ ⲡⲧⲏⲣϥ ϣⲗⲏⲗ ⲉⲥⲟⲩⲱⲛϥ ⲛⲧⲟⲕ ⲙⲁⲩⲁⲁⲕ ⲡⲉ ⲛⲧⲁⲕⲟⲩⲉϩⲥⲁϩⲛⲉ ⲙⲡⲣⲱⲙⲉ ϫⲉⲕⲁⲁⲥ ⲉϥⲉⲟⲩⲱⲛϩ ⲉⲃⲟⲗ ⲛⲥⲉⲥⲟⲩⲱⲛⲅ ⲉⲃⲟⲗϩⲓⲧⲟⲟⲧϥ ϫⲉ ⲛⲧⲟⲕ ⲡⲉ ⲛⲧⲁⲕϫⲡⲟϥ ⲁⲩⲱ ⲁⲕⲟⲩⲱⲛϩ ⲉⲃⲟⲗ ⲕⲁⲧⲁ ⲡⲉⲕⲟⲩⲱϣ ⲛⲧⲟⲕ ⲡⲉⲧϯ ϣⲗⲏⲗ ⲉϩⲣⲁï ⲉⲣⲟⲕ ⲡⲓⲱⲧ ⲙⲙⲛⲧⲉⲓⲱⲧ ⲛⲓⲙ ⲁⲩⲱ ⲡϫⲟⲉⲓⲥ ⲛϫⲟⲉⲓⲥ ⲛⲓⲙ ⲡⲁï ⲁⲛⲟⲕ ⲉϯⲥⲟⲡⲥⲡ ⲙⲙⲟϥ ϫⲉⲕⲁⲁⲥ ⲉϥⲉϯ ⲧⲁⲝⲓⲥ ⲛⲛⲁⲉⲓⲇⲟⲥ ⲙⲛ ⲛⲁϯⲟⲩⲱ ⲛⲁï ⲛⲧⲁϯ ⲟⲩⲣⲟⲧ ⲛⲁⲩ ϩⲙ ⲡⲉⲕⲣⲁⲛ ⲁⲩⲱ ϩⲛ ⲧⲉⲕϭⲟⲙ ⲡⲙⲟⲛⲁⲣⲭⲏⲥ ⲙⲁⲩⲁⲁϥ ⲁⲩⲱ ⲡⲁⲧϣⲓⲃⲉ ⲙⲁⲩⲁⲁϥ ⲙⲁ ⲛⲁï ⲛⲟⲩϭⲟⲙ ⲁⲩⲱ ϯⲛⲁⲧⲣⲉ ⲛⲁϯⲟⲩⲱ ⲥⲟⲩⲱⲛⲅ ϫⲉ ⲛⲧⲟⲕ ⲡⲉ ⲡⲉⲩⲥⲱⲧⲏⲣ. ⲁⲩⲱ ⲛⲧⲉⲣⲉ ⲧⲙⲁⲁⲩ ϭⲱ ⲉⲥⲥⲟⲡⲥⲡ ⲙⲡⲁⲡⲉⲣⲁⲛⲧⲟⲥ ⲁⲩⲱ ⲡⲉⲁⲅⲛⲱⲥⲧⲟⲥ ⲁⲩⲱ ⲡⲉⲧⲙⲟⲩϩ ⲙⲡⲧⲏⲣϥ ⲁⲩⲱ ⲉϥⲧⲁⲛϩⲟ ⲙⲙⲟⲟⲩ ⲧⲏⲣⲟⲩ ⲁⲩⲱ ⲁϥⲥⲱⲧⲙ ⲉⲣⲟⲥ ⲙⲛ ⲛⲉⲧⲛⲙⲙⲁⲥ ⲉⲧⲏⲡ ⲉⲣⲟⲥ ⲧⲏⲣⲟⲩ ⲁⲩⲱ ⲁϥⲧⲛⲛⲟⲟⲩ ⲛⲁⲥ ⲛⲟⲩⲇⲩⲛⲁⲙⲓⲥ ⲉⲃⲟⲗϩⲙ ⲡⲣⲱⲙⲉ ⲡⲏ ⲉⲧⲟⲩⲉⲡⲓⲑⲩⲙⲉⲓ ⲉⲛⲁⲩ ⲉⲣⲟϥ ⲁⲩⲱ ⲁϥⲉî ⲉⲃⲟⲗϩⲙ ⲡⲁⲡⲉⲣⲁⲛⲧⲟⲥ

[1] *Cod.* ⲛⲑⲉ ⲁⲩⲣϣⲥⲟⲛ, ce qui est parfaitement incompréhensible, je crois. Ma correction n'est pas certaine; aussi le sens n'est-il pas satisfaisant, quoiqu'il puisse se comprendre et se justifier jusqu'à un certain point.

et il les porte comme ces vêtements, il s'en est revêtu comme de ces tuniques et il en est revêtu comme d'une sauvegarde. C'est l'Homme que le Plérôme demande à connaître. C'est toi seul qui as ordonné à l'Homme de se manifester afin qu'on te connût par lui, (qu'on sût) que c'est toi qui l'as produit et que c'est toi qui es apparu selon ta volonté. C'est toi que j'invoque, ô Père de toute Paternité, Seigneur de tout Seigneur, celui que je supplie de donner hiérarchie à mes *idées* (types) et à mes germes que je réjouis en ton nom et en ta vertu, ô seul Monarque, seul Immuable. Donne-moi une vertu et je ferai connaître à mes germes que tu es leur Sauveur. » Et quand la Mère eut fini de prier l'Infini, l'Inconnaissable, celui qui remplit tout le Plérôme et qui leur donne à tous la vie, il l'exauça (elle) et ceux qui sont avec elle, tous ceux qui lui appartiennent, et il lui envoya une Puissance sortie de l'Homme, celui qu'on désire voir. Et de l'Infini sortit l'Étincelle

LE PAPYRUS GNOSTIQUE BRUCE.

ⲛϭⲓ ⲡⲓⲥⲡⲓⲛⲑⲏⲣ ⲛⲁⲡⲉⲣⲁⲛⲧⲟⲥ ⲡⲁⲓ̈ ⲉⲛⲧⲁ ⲛⲁⲓⲱⲛ ⲣ ϣⲡⲏⲣⲉ ⲙⲙⲟϥ ϫⲉ ⲉⲛⲉϥϩⲏⲡ ⲧⲱⲛ ⲡⲉ ⲉⲙⲡⲁⲧϥⲟⲩⲱⲛϩ ⲉⲃⲟⲗϩⲙ ⲡⲁⲡⲉⲣⲁⲛⲧⲟⲥ ⲛⲉⲓⲱⲧ ⲡⲁⲓ̈ ⲉⲛⲧⲁϥⲟⲩⲱⲛϩ ⲡⲧⲏⲣϥ ⲉⲃⲟⲗⲛϩⲏⲧϥ ⲁⲩⲱ ⲉⲣⲉ ⲡⲁⲓ̈ ϩⲏⲡ ⲧⲱⲛ ⲁⲩⲱ ⲁⲩⲟⲩⲁϩⲟⲩ ⲛⲥⲱϥ ⲛϭⲓ ⲛϭⲟⲙ ⲛⲛⲁⲓⲱⲛ ⲛⲉⲑⲏⲡ ϣⲁⲛⲧⲟⲩⲉⲓ ⲉⲩⲉⲧⲟⲩⲟⲛϩ ⲉⲃⲟⲗ ⲁⲩⲱ ϣⲁⲛⲧⲟⲩⲡⲱϩ ⲉⲫⲓⲉⲣⲟⲛ ⲙⲡⲗⲏⲣⲱⲙⲁ ⲁⲩⲱ ⲁϥϩⲟⲡϥ ϩⲛ ⲛⲇⲩⲛⲁⲙⲓⲥ ⲛⲛⲁⲓ̈ ⲉⲛⲧⲁⲩⲉⲓ ⲉⲃⲟⲗϩⲙ ⲡⲉⲑⲏⲡ ⲁϥⲁⲁⲩ ⲛⲟⲩⲕⲟⲥⲙⲟⲥ ⲁϥⲫⲟⲣⲉⲓ ⲙⲙⲟϥ ϩⲙ ⲫⲓⲉⲣⲟⲛ ⲁⲩⲱ ⲁⲩⲛⲁⲩ ⲉⲣⲟϥ ⲛϭⲓ ⲇⲩⲛⲁⲙⲓⲥ ⲙⲡⲉⲡⲗⲏⲣⲱⲙⲁ ⲁⲩⲙⲉⲣⲓⲧϥ ⲁⲩⲥⲙⲟⲩ ⲉⲣⲟϥ ϩⲛ ϩⲉⲛ ϩⲩⲙⲛⲟⲥ ⲉϩⲉⲛ ⲁⲧϣⲁϫⲉ ⲛϩⲏⲧⲟⲩ ⲛⲉ ⲉϩⲉⲛ ⲁⲧϫⲟⲟⲩ ⲛⲉ ϩⲛ ⲗⲁⲥ ⲛⲥⲁⲣⲝ ⲉϣⲁⲩⲙⲟⲕⲙⲉⲕ ⲉⲣⲟⲟⲩ ϩⲙ ⲡⲣⲱⲙⲉ ⲉⲃⲟⲗⲛϩⲏⲧϥ ⲁⲩⲱ ⲁϥϫⲓ ⲙⲡⲉⲩϩⲩⲙⲛⲟⲥ ⲁϥⲁⲁϥ ⲛⲟⲩⲕⲁⲧⲁⲡⲉⲧⲁⲥⲙⲁ ⲉⲛⲉⲩⲕⲟⲥⲙⲟⲥ ⲉϥⲕⲱⲧⲉ ⲉⲣⲟⲟⲩ ⲛⲑⲉ ⲛⲟⲩⲥⲟⲃⲧ ⲁⲩⲱ ⲁϥⲉⲓ ⲉⲃⲟⲗ ⲉⲛⲧⲟϣ ⲛⲧⲙⲁⲁⲩ ⲙⲡⲧⲏⲣϥ ⲁϥⲁϩⲉⲣⲁⲧϥ ϩⲓϫⲙ ⲡⲁⲓⲱⲛ ⲙⲡⲁⲛϩⲟⲗⲟⲛ ⲁⲩⲱ ⲁ ⲡⲧⲏⲣϥ ⲕⲓⲙ ⲙⲡⲉⲙⲧⲟ ⲉⲃⲟⲗ ⲙⲡϫⲟⲉⲓⲥ ⲙⲡⲕⲁϩ ⲧⲏⲣϥ ⲁⲩⲱ ⲁ ⲡⲁⲓⲱⲛ

---

infinie, celle que tous les æons admirent (en se demandant) où elle était cachée avant de se manifester en dehors du Père infini, celle d'où le Plérôme s'est manifesté, celle qui était cachée là. Les Puissances des æons cachés la suivirent jusqu'à ce qu'ils se fussent manifestés et qu'ils parvinssent au temple du Plérôme. Elle se cacha parmi les Puissances qui étaient sorties du *Caché*, elle en fit un monde, elle le porta dans le temple. Alors les Puissances du Plérôme la virent, elles l'aimèrent, elles la bénirent dans des hymnes ineffables, indicibles pour des langues charnelles, dignes d'être méditées par l'homme en lui-même. Elle reçut leur hymne, elle en fit un voile entourant leur monde comme une muraille, et elle s'en alla vers les limites de la Mère du Plérôme, elle se tint au-dessus de l'æon universel. Le Plérôme fut ému en présence du Seigneur de toute la terre[1], l'æon fut troublé, il fut en

[1] Ce Seigneur de la terre doit être l'Étincelle. Tout ce passage est rendu obscur par l'incertitude du nom que représente le suffixe de la troisième personne du masculin. Le mot ⲥⲡⲓⲛⲑⲏⲣ est du masculin; malheureusement le mot *Étincelle*, mal consacré dans tous ces systèmes, est féminin. Étincelle est un æon comme un autre,

ϢⲦⲞⲢⲦⲢ ⲀⲨⲰ ⲀϤϬⲰ ϪⲈ ⲀϤⲚⲀⲨ ⲈⲠⲈⲦⲈⲚϤⲤⲞⲞⲨⲚ ⲘⲘⲞϤ ⲀⲚ ⲀⲨⲰ Ⲁ ⲠϪⲞⲈⲒⲤ ⲘⲠⲈⲞⲞⲨ ⲀϤϨⲘⲞⲞⲤ ⲈϨⲢⲀЇ ⲀϤⲠⲰⲢϪ ⲈⲂⲞⲖ ⲚⲐⲨⲖⲎ ⲀϤⲀⲀⲤ ⲘⲘⲈⲢⲞⲤ ⲤⲚⲀⲨ ⲀⲨⲰ ⲚⲬⲰⲢⲀ ⲤⲚⲦⲈ ⲀⲨⲰ ⲀϤϮ ⲦⲞϢ ⲈⲦⲈⲬⲰⲢⲀ ⲦⲈⲬⲰⲢⲀ ⲀⲨⲰ ⲀϤⲦⲀⲘⲞⲞⲨ ϪⲈ ϨⲈⲚ ⲈⲂⲞⲖ ⲚⲈ ϨⲚ ⲞⲨⲈⲒⲰⲦ ⲚⲞⲨⲰⲦ ⲀⲨⲰ ⲞⲨⲘⲀⲀⲨ ⲚⲞⲨⲰⲦ ⲀⲨⲰ ⲚⲈⲚⲦⲀⲨⲠⲰⲦ ⲈⲢⲀⲦϤ ⲀⲨⲞⲨⲰϢⲦ ⲚⲀϤ ⲀϤϮ ⲚⲀⲨ ⲚⲦⲈⲬⲰⲢⲀ ⲈⲦⲤⲀⲞⲨⲚⲀⲘ ⲘⲘⲞϤ ⲀⲨⲰ ⲀϤⲬⲀⲢⲒⲌⲈ ⲚⲀⲨ ⲘⲠⲰⲚϨ ϢⲀ ⲈⲚⲈϨ ⲀⲨⲰ ⲦⲘⲚⲦⲀⲦⲘⲞⲨ ⲀⲨⲰ ⲀϤⲘⲞⲨⲦⲈ ⲈⲦⲈⲦⲤⲀ ⲞⲨⲚⲀⲘ ϪⲈ ⲦⲈⲬⲰⲢⲀ ⲘⲠⲰⲚϨ ⲀⲨⲰ ⲦⲈⲦⲤⲀ ϨⲂⲞⲨⲢ ϪⲈ ⲦⲈⲬⲰⲢⲀ ⲘⲠⲘⲞⲨ ⲀⲨⲰ ⲀϤⲘⲞⲨⲦⲈ ⲈⲦⲈⲬⲰⲢⲀ ⲈⲦⲤⲀ ⲞⲨⲚⲀⲘ ϪⲈ ⲦⲈⲬⲰⲢⲀ ⲘⲠⲞⲨⲞⲈⲒⲚ ⲀⲨⲰ ⲦⲈⲦⲤⲀ ϨⲂⲞⲨⲢ ϪⲈ ⲦⲈⲬⲰⲢⲀ ⲘⲠⲔⲀⲔⲈ ⲀⲨⲰ ⲀϤⲘⲞⲨⲦⲈ ⲈⲦⲈⲬⲰⲢⲀ ⲈⲦⲤⲀ ⲞⲨⲚⲀⲘ ϪⲈ ⲦⲈⲬⲰⲢⲀ ⲚⲦⲀⲚⲀⲠⲀⲨⲤⲒⲤ ⲀⲨⲰ ⲦⲈⲬⲰⲢⲀ ⲈⲦⲤⲀ ϨⲂⲞⲨⲢ ϪⲈ ⲦⲈⲬⲰⲢⲀ ⲘⲠϨⲒⲤⲈ ⲀⲨⲰ ⲀϤϮ ⲚϨⲈⲚ ⲦⲞϢ ⲞⲨⲦⲰⲞⲨ ⲀⲨⲰ ϨⲈⲚ ⲔⲀⲦⲀⲠⲈⲦⲀⲤⲘⲀ ⲞⲨⲦⲰⲞⲨ ϪⲈ ⲈⲚⲈⲨⲚⲀⲨ ⲈⲚⲈⲨⲈⲢⲎⲨ ⲀⲨⲰ ⲀϤⲔⲰ ⲚϨⲈⲚ ⲪⲨⲖⲀⲜ ϨⲒϪⲚ ⲚⲈⲨⲔⲀⲦⲀⲠⲈⲦⲀⲤⲘⲀ ⲀⲨⲰ ⲀϤϮ ⲚϨⲈⲚ ⲦⲀЇⲞ ⲈⲚⲀϢⲰⲞⲨ ⲚⲚⲈⲚⲦⲀⲨⲞⲨⲰϢⲦ ⲚⲀϤ ⲀⲨⲰ ⲀϤⲀⲀⲨ ⲚⲚⲞϬ ⲈϪⲚ ⲚⲈⲚⲦⲀⲨⲀⲚⲦⲒⲖⲈⲄⲈ ⲀⲨⲰ

suspens parce qu'il avait vu celui que l'on ne connaît pas. Le Seigneur de Gloire s'assit, il partagea la matière en deux parties et en deux endroits, il fixa des limites à chaque endroit, il leur apprit qu'ils provenaient d'un seul père et d'une seule mère. A ceux[1] qui coururent à lui et l'adorèrent, il leur donna l'endroit placé à droite, puis il les gratifia de la vie pour toujours et de l'immortalité. Il nomma la partie de droite *la terre de la vie*, et la partie de gauche *la terre de la mort;* il nomma la terre de droite *la terre de la lumière*, et la terre de gauche *la terre des ténèbres;* il nomma la terre de droite *la terre du repos*, et la terre de gauche *la terre de la douleur*. Il plaça des limites entre elles, et des voiles, afin qu'elles ne se vissent pas; il donna des Gloires nombreuses à ceux qui l'avaient adoré et il les fit supérieurs à ceux qui

jouant son rôle au moment voulu : il n'est donc pas étonnant que cet æon reçoive tous les titres que son rôle comporte.

(1) C'est-à-dire à tous les êtres matériels formés en cette circonstance.

ⲁⲩⲟⲩⲱϩⲙ ⲛⲁϥ ⲁⲩⲱ ⲁϥⲥⲱⲣ ⲉⲃⲟⲗ ⲛⲧⲉⲭⲱⲣⲁ ⲉⲧⲥⲁ ⲟⲩⲛⲁⲙ ⲉϩⲉⲛ ⲭⲱⲣⲁ ⲉⲛⲁϣⲱⲟⲩ ⲁⲩⲱ ⲁϥⲁⲁⲩ ⲛⲧⲁⲝⲓⲥ ⲧⲁⲝⲓⲥ ⲁⲩⲱ ⲁⲓⲱⲛ ⲁⲓⲱⲛ ⲁⲩⲱ ⲕⲟⲥⲙⲟⲥ ⲕⲟⲥⲙⲟⲥ ⲁⲩⲱ ⲡⲉ[1] ⲡⲉ ⲁⲩⲱ ⲥⲧⲉⲣⲉⲱⲙⲁ ⲥⲧⲉⲣⲉⲱⲙⲁ ⲁⲩⲱ ⲙⲡⲏⲩⲉ ⲡⲏⲩⲉ ⲁⲩⲱ ⲛⲧⲟⲡⲟⲥ ⲧⲟⲡⲟⲥ ⲁⲩⲱ ⲙⲙⲁ ⲙⲁ ⲁⲩⲱ ⲛⲭⲱⲣⲏⲙⲁ ⲭⲱⲣⲏⲙⲁ ⲁⲩⲱ ⲁϥⲧⲱϣ ⲛⲁⲩ ⲛϩⲉⲛ ⲛⲟⲙⲟⲥ ⲁϥϯ ⲛⲁⲩ ⲛϩⲉⲛ ⲁⲛⲥⲙⲙⲉ[2] ϫⲉ ϭⲱ ϩⲙ ⲡⲁϣⲁϫⲉ ⲁⲩⲱ ϯⲛⲁϯ ⲛⲏⲧⲛ ⲙⲡⲱⲛϩ ϣⲁ ⲉⲛⲉϩ ⲁⲩⲱ ϯⲛⲁⲧⲛⲛⲟⲟⲩ ⲛⲏⲧⲛ ⲛϩⲉⲛ ⲇⲩⲛⲁⲙⲓⲥ ⲁⲩⲱ ϯⲛⲁⲧⲁϫⲣⲱⲧⲛ ϩⲛ ϩⲉⲛ ⲡⲛ̅ⲁ̅ ⲛϭⲟⲙ ⲁⲩⲱ ϯⲛⲁϯ ⲛⲏⲧⲛ ⲛⲟⲩⲉⲝⲟⲩⲥⲓⲁ ⲉⲧⲉϩⲛⲏⲧⲛ ⲁⲩⲱ ⲙⲛ ⲗⲁⲁⲩ ⲛⲁⲕⲱⲗⲩ ⲙⲙⲱⲧⲛ ⲉⲡⲉⲧⲉⲧⲛⲟⲩⲁϣϥ ⲁⲩⲱ ⲧⲉⲧⲛⲁϫⲡⲟ ⲛⲏⲧⲛ ⲛϩⲉⲛ ⲁⲓⲱⲛ ⲙⲛ ϩⲉⲛ ⲕⲟⲥⲙⲟⲥ ⲙⲛ ϩⲉⲛ ⲡⲉ ϫⲉⲕⲁⲁⲥ ⲉⲣⲉ ⲛⲉⲡⲛ̅ⲁ̅ ⲛⲛⲟⲉⲣⲟⲛ ⲉⲓ̂ ⲛⲥⲉⲟⲩⲱϩ ⲛϩⲏⲧⲟⲩ ⲁⲩⲱ ⲧⲉⲧⲛⲉⲣ ⲛⲟⲩⲧⲉ ⲛⲧⲉⲧⲛⲉⲓⲙⲉ ϫⲉ ⲛⲧⲉⲧⲛ ϩⲉⲛ ⲉⲃⲟⲗϩⲙ ⲡⲛⲟⲩⲧⲉ ⲁⲩⲱ ⲧⲉⲧⲛⲉⲛⲁⲩ ⲉⲣⲟϥ ⲉϥⲟ ⲛⲛⲟⲩⲧⲉ ⲛϩⲏⲧⲧⲏⲩⲧⲛ ⲁⲩⲱ ϥⲛⲁⲟⲩⲱϩ ϩⲙ ⲡⲉⲧⲛⲁⲓⲱⲛ. ⲁⲩⲱ ⲛⲉⲓϣⲁϫⲉ ⲁ ⲡϫⲟⲉⲓⲥ ⲙⲡⲧⲏⲣϥ

(1) La préposition est rejetée ici, et plus bas deux autres fois. Je ne sais pourquoi, car si elle doit se rejeter, elle ne devrait accompagner aucun des noms qui se trouvent ici et que je regarde comme des appellations diverses d'une même chose.

(2) Ce nouvel exemple du mot ⲁⲛⲥⲙⲙⲉ montre bien que j'ai eu raison de faire plus haut mes réserves sur la racine dont le fait dériver Peyron.

avaient résisté et qui s'étaient opposés à lui. Il dispersa la terre de droite en de nombreux endroits, il les plaça en chaque hiérarchie, en chaque æon, en chaque monde, en chaque ciel, en chaque firmament, en tous les cieux, en chaque endroit, en chaque lieu, en chaque ⲭⲱⲣⲏⲙⲁ. Il leur donna des lois, il leur donna des ordres en disant : « Observez mes paroles et je vous donnerai la vie pour toujours; je vous enverrai des Puissances, je vous affermirai en des esprits puissants et je vous donnerai le pouvoir qui vous plaira; personne ne vous empêchera (de faire) ce que vous désirez, et vous produirez des æons, des mondes et des cieux, afin que les esprits *intellectuels* viennent habiter en vous, que vous deveniez dieux, que vous sachiez que vous êtes sortis de Dieu, et que vous voyiez Dieu en vous-mêmes : il habitera

LE PAPYRUS GNOSTIQUE BRUCE.

ϫⲟⲟⲩ ⲛⲁⲩ ⲁⲩⲱ ⲁϥⲁⲛⲁⲭⲱⲣⲉⲓ ⲉⲃⲟⲗ ⲙⲙⲟⲟⲩ ⲁⲩⲱ ⲁϥϩⲟⲡϥ ⲉⲣⲟⲟⲩ ⲁⲩⲱ ⲁⲩⲣⲁϣⲉ ⲛϭⲓ ⲛⲉϫⲡⲟ ⲛⲑⲩⲗⲏ ϫⲉ ⲁⲩⲣ ⲡⲉⲩⲙⲉⲉⲩⲉ ⲁⲩⲱ ⲁⲩⲣⲁϣⲉ ϫⲉ ⲁⲩⲉⲓ ⲉⲃⲟⲗϩⲙ ⲡⲉⲧϭⲏⲩ ⲁⲩⲱ ⲉⲧⲙⲟⲕϩ ⲁⲩⲱ ⲁⲩⲥⲟⲡⲥⲡ ⲙⲡⲙⲩⲥⲧⲏⲣⲓⲟⲛ ⲉⲑⲏⲡ ϫⲉ ϯ ⲉⲝⲟⲩⲥⲓⲁ ⲛⲁⲛ ⲛⲧⲛⲧⲁⲙⲓⲟ ⲛⲁⲛ ⲛϩⲉⲛ ⲁⲓⲱⲛ ⲙⲛ ϩⲉⲛⲕⲟⲥⲙⲟⲥ ⲕⲁⲧⲁ ⲡⲉⲕϣⲁϫⲉ ⲛⲧⲟⲕ ⲡϫⲟⲉⲓⲥ ⲛⲧⲁⲕⲥⲙⲛⲧϥ ⲙⲛ ⲡⲉⲕϩⲙϩⲁⲗ[1] ϫⲉ ⲛⲧⲟⲕ ⲡⲉ ⲡⲁⲧϣⲓⲃⲉ ⲙⲁⲩⲁⲁⲕ ⲁⲩⲱ ⲛⲧⲟⲕ ⲡⲉ ⲡⲁⲡⲉⲣⲁⲛⲧⲟⲥ ⲙⲁⲩⲁⲁⲕ ⲁⲩⲱ ⲡⲁⲭⲱⲣⲏⲧⲟⲥ ⲙⲁⲩⲁⲁⲕ ⲁⲩⲱ ⲛⲧⲟⲕ ⲙⲁⲩⲁⲁⲕ ⲡⲉ ⲡⲁⲅⲉⲛⲛⲏⲧⲟⲥ ⲁⲩⲱ ⲛⲁⲩⲧⲟⲅⲉⲛⲏⲥ ⲁⲩⲱ ⲛⲁⲩⲧⲟⲡⲁⲧⲱⲣ ⲁⲩⲱ ⲛⲧⲟⲕ ⲙⲁⲩⲁⲁⲕ ⲡⲉ ⲡⲁⲥⲁⲗⲉⲩⲧⲟⲥ ⲁⲩⲱ ⲛⲁⲅⲛⲱⲥⲧⲟⲥ ⲁⲩⲱ ⲛⲧⲟⲕ ⲙⲁⲩⲁⲁⲕ ⲡⲉ ⲡⲥⲓⲅⲏ ⲁⲩⲱ ⲧⲁⲅⲁⲡⲏ ⲁⲩⲱ ⲧⲡⲏⲅⲏ ⲙⲡⲧⲏⲣϥ ⲁⲩⲱ ⲛⲧⲟⲕ ⲙⲁⲩⲁⲁⲕ ⲡⲉ ⲡⲁⲧϩⲩⲗⲏ ⲁⲩⲱ ⲡⲁⲧϫⲱϩⲙ[2] ⲁⲩⲱ ⲡⲁⲧϣⲁϫⲉ ⲉⲧⲉϥⲅⲉⲛⲉⲁ ⲁⲩⲱ ⲡⲁⲧⲛⲟⲉⲓ̈ ⲛⲧⲉϥϭⲓ ⲛⲟⲩⲱⲛϩ ⲉⲃⲟⲗ. ϩⲁⲓ̈ⲟ ⲥⲱⲧⲙ ⲉⲣⲟⲓ̈ ⲡⲓⲱⲧ ⲛⲁⲫⲑⲁⲣⲧⲟⲥ ⲁⲩⲱ ⲡⲓⲱⲧ ⲛⲁⲑⲁⲛⲁⲧⲟⲥ ⲁⲩⲱ ⲡⲛⲟⲩⲧⲉ ⲛⲛⲉⲑⲏⲡ ⲁⲩⲱ ⲡⲟⲩⲟⲉⲓⲛ ⲙⲁⲩⲁⲁϥ

[1] J'avais d'abord cru qu'il fallait lire ⲛⲉⲕϩⲙϩⲁⲗ; mais la suite montre clairement qu'il y a un coryphée parlant au nom de tous.

[2] La copie de Woïde contient ensuite deux feuillets laissés en blanc, mais le sens n'en continue pas moins à la ligne qui commence le troisième feuillet.

dans votre æon. » Ces paroles, le Seigneur du Plérôme les leur dit, puis il se retira loin d'eux, il se cacha d'eux. Et ceux qui avaient été produits de la matière se réjouirent de ce que leur pensée avait été accomplie; ils se réjouirent d'être sortis de l'*Étroit* et du *Triste*. Ils prièrent le Mystère caché en disant : « Donne-nous la puissance de nous créer des æons et des mondes selon la parole que toi, Seigneur, tu as jurée à ton serviteur, car c'est toi qui es le seul Immuable, c'est toi le seul Infini et le seul ⲁⲭⲱⲣⲏⲧⲟⲥ, toi le seul Inengendré, né de toi-même, ⲁⲩⲧⲟⲡⲁⲧⲱⲣ; toi seul es l'ⲁⲥⲁⲗⲉⲩⲧⲟⲥ et l'Inconnaissable; toi seul es le Silence, l'Amour et la Source du Plérôme; toi seul es immatériel et le seul qui n'aies pas de souillure, l'Ineffable dans sa génération et l'Inconcevable dans sa manifestation. Écoute-moi donc, ô Père incorruptible, Père immortel, Dieu des êtres cachés, seule lumière

ⲁⲩⲱ ⲡⲱⲛϩ ⲁⲩⲱ ⲡⲁⲧⲛⲁⲩ ⲉⲣⲟϥ ⲙⲁⲩⲁⲁϥ ⲁⲩⲱ ⲡⲁϩⲣⲏⲧⲟⲥ ⲙⲁⲩⲁⲁϥ ⲁⲩⲱ ⲡⲁⲙⲓⲁⲛⲧⲟⲥ ⲙⲁⲩⲁⲁϥ ⲁⲩⲱ ⲡⲁⲇⲁⲙⲁⲛⲧⲟⲥ ⲙⲁⲩⲁⲁϥ
ⲁⲩⲱ ⲡⲉⲧϣⲟⲟⲡ ⲛϣⲟⲣⲡ ⲙⲁⲩⲁⲁϥ ⲁⲩⲱ ⲙⲛ ⲡⲉⲧϩⲓ ⲑⲏ ⲙⲙⲟⲕ.
ⲥⲱⲧⲙ ⲉⲡⲉⲛϣⲗⲏⲗ ⲡⲁⲓ ⲉⲛⲧⲁⲛϣⲗⲏⲗ ⲛϩⲏⲧϥ ⲉϩⲣⲁï ⲉⲡⲉⲧϩⲏⲡ ϩⲙ
ⲙⲁ ⲛⲓⲙ ⲥⲱⲧⲙ ⲉⲣⲟⲛ ⲛⲅⲧⲉⲛⲛⲟⲟⲩ ⲛⲁⲛ ⲛϩⲉⲛ ⲡ̄ⲛ̄ⲁ ⲛⲁⲥⲱⲙⲁⲧⲟⲥ
ϫⲉⲕⲁⲁⲥ ⲉⲩⲛⲁⲟⲩⲱϩ ⲛⲙⲙⲁⲛ ⲁⲩⲱ ⲛⲥⲉⲧⲥⲁⲃⲟⲛ ⲉⲛⲉⲛⲧⲁⲕⲉⲣⲏⲧ
ⲙⲙⲟⲟⲩ ⲛⲁⲛ ⲁⲩⲱ ⲛⲥⲉⲟⲩⲱϩ ⲛϩⲏⲧⲛ ⲛⲧⲛϣⲱⲡⲉ ⲛⲁⲩ ⲛⲥⲱⲙⲁ
ϫⲉ ⲡⲉⲕⲟⲩⲱϣ ⲡⲉ ⲡⲁï ⲉⲧⲣⲉϥϣⲱⲡⲉ ⲙⲁⲣⲉϥϣⲱⲡⲉ ⲁⲩⲱ ⲛⲅϯ-
ⲧⲱϣ ⲉⲡⲉⲛϩⲱⲃ ⲁⲩⲱ ⲛⲅⲧⲁϩⲟϥ ⲉⲣⲁⲧϥ ⲕⲁⲧⲁ ⲡⲉⲕⲟⲩⲱϣ ⲁⲩⲱ
ⲕⲁⲧⲁ ⲡⲧⲱϣ ⲛⲛⲁⲓⲱⲛ ⲉⲑⲏⲡ ⲁⲩⲱ ⲛⲅⲧⲱϣ ⲛϩⲱⲱⲛ ϫⲉ ⲁⲛⲟⲛ
ⲛⲟⲩⲕ. ⲁⲩⲱ ⲁϥⲥⲱⲧⲙ ⲉⲣⲟⲟⲩ ⲁϥⲧⲛⲛⲟⲟⲩ ⲛϩⲉⲛ ⲇⲩⲛⲁⲙⲓⲥ
ⲛⲣⲉϥⲇⲓⲁⲕⲣⲓⲛⲉ ⲛⲁï ⲉⲧⲥⲟⲟⲩⲛ ⲙⲡⲧⲱϣ ⲛⲛⲁⲓⲱⲛ ⲉⲑⲏⲡ ⲁϥⲧⲛ-
ⲛⲟⲟⲩⲥⲟⲩ ⲉⲃⲟⲗ ⲕⲁⲧⲁ ⲡⲧⲱϣ ⲛⲛⲉⲑⲏⲡ ⲁⲩⲱ ⲁϥⲥⲙⲛ ⲛⲧⲁⲝⲓⲥ
ⲕⲁⲧⲁ ⲛⲧⲁⲝⲓⲥ ⲙⲡϫⲓⲥⲉ ⲁⲩⲱ ⲕⲁⲧⲁ ⲡⲧⲱϣ ⲉⲑⲏⲡ ⲁⲩⲁⲣⲭⲉⲓ ϫⲓⲛ
ⲙⲡⲉⲥⲏⲧ ϣⲁ ϩⲣⲁⲓ ϫⲉⲕⲁⲁⲥ ⲉⲣⲉ ⲡⲕⲱⲧ ⲛⲁⲧⲱⲱⲙⲉ ⲉⲛⲉϥⲉⲣⲏⲩ

---

et vie, seul Invisible, seul Indicible, seul ⲁⲙⲓⲁⲛⲧⲟⲥ, seul ⲁⲇⲁⲙⲁⲛⲧⲟⲥ[1], seul Être premier, et rien n'a été avant toi. Écoute cette prière que nous adressons à celui qui est caché en tout lieu. Exauce-nous, envoie-nous des esprits incorporels, afin qu'ils habitent avec nous, qu'ils nous enseignent ce que tu nous as promis, qu'ils demeurent en nous, que nous soyons pour eux des corps, car c'est ta volonté qu'il en soit ainsi : ainsi soit-il. Dispose notre œuvre et affermis-la selon ta volonté et selon la disposition des æons cachés; dispose-nous nous-mêmes, car nous sommes tiens. » Et il les exauça; il leur envoya des Puissances capables de discerner, connaissant la disposition des æons cachés; il les envoya selon la disposition de ceux qui sont cachés, il établit la hiérarchie selon les hiérarchies d'en haut et selon la dispo-

[1] Je ne sais ce que signifient ces deux mots. Le second doit même contenir l'article copte, mais je n'en suis pas certain. Dans ce cas, il faudrait traduire : seul ⲁⲇⲁⲙⲁⲛⲧⲟⲥ, seul diamant? Il est probable qu'il doit y avoir encore ici une allusion au nom d'Adam. (Voir plus haut, p. 127.)

ⲁⲩⲱ ⲁϥⲧⲁⲙⲓⲟ ⲙⲡⲕⲁϩ ⲛⲁⲏⲣ ⲙⲙⲁ ⲛϣⲱⲡⲉ ⲛⲛⲉⲛⲧⲁⲩⲉⲓ̈ ⲉⲃⲟⲗ ϫⲉ ⲉⲩⲉϭⲱ ϩⲓϫⲱϥ ϣⲁ ⲡⲧⲁϫⲣⲟ ⲛⲛⲉⲧⲙⲡⲉⲥⲏⲧ ⲙⲙⲟⲟⲩ ⲙⲛⲛⲥⲱⲥ ⲡⲙⲁ ⲛϭⲟⲉⲓⲗⲉ ⲛⲁⲙⲉ ⲙⲡϩⲟⲩⲛ ⲙⲡⲁⲓ̈ ⲡⲙⲁ ⲛⲧⲙⲉⲧⲁⲛⲟⲓⲁ ⲙⲡϩⲟⲩⲛ ⲙⲡⲁⲓ̈ ⲛⲁⲛⲧⲓⲧⲩⲡⲟⲥ ⲛⲁⲉⲣⲟⲇⲓⲟⲥ ⲙⲛⲛⲥⲱⲥ ⲧⲡⲁⲣⲟⲓⲕⲏⲥⲓⲥ ⲧⲙⲉⲧⲁⲛⲟⲓⲁ ⲙⲡϩⲟⲩⲛ ⲙⲡⲁⲓ̈ ⲛⲁⲛⲧⲓⲧⲩⲡⲟⲥ ⲛⲁⲩⲧⲟⲅⲉⲛⲏⲥ ϩⲙ ⲡⲙⲁ ⲉⲧⲙⲙⲁⲩ ϣⲁⲩϫⲱⲕⲙ ⲉⲡⲣⲁⲛ ⲙⲡⲁⲩⲧⲟⲅⲉⲛⲏⲥ ⲡⲉⲧⲟ ⲛⲛⲟⲩⲧⲉ ⲉϫⲱⲟⲩ ⲁⲩⲱ ⲁⲩⲕⲱ ⲛϩⲉⲛ ϭⲟⲙ ⲙⲡⲙⲁ ⲉⲧⲙⲙⲁⲩ ϩⲓϫⲛ ⲧⲡⲏⲅⲏ ⲙⲙⲟⲟⲩ ⲛⲱⲛϩ ⲛⲁⲓ̈ ⲉⲛⲧⲁⲩⲛⲧⲟⲩ ⲉⲃⲟⲗ ⲉⲩⲛⲏⲩ. ⲛⲁⲓ̈ ⲛⲉ ⲛⲣⲁⲛ ⲛⲛϭⲟⲙ ⲛⲧϩⲓϫⲙ ⲡⲙⲟⲟⲩ ⲉⲧⲟⲛϩ ⲙⲓⲭⲁⲣ ⲙⲛ ⲙⲓⲭⲉⲩ ⲁⲩⲱ ϣⲁⲩⲧⲃⲃⲟⲟⲩ ϩⲓⲧⲛ ⲃⲁⲣⲫⲁⲣⲁⲅⲅⲏⲥ ⲁⲩⲱ ⲙⲡϩⲟⲩⲛ ⲛⲛⲁⲓ̈ ⲛⲁⲓⲱⲛ ⲛⲧⲥⲟⲫⲓⲁ ⲙⲡϩⲟⲩⲛ ⲛⲛⲁⲓ̈ ⲛⲁⲗⲏⲑⲓⲁ ⲛⲁⲙⲉ ⲉⲣⲉ ⲡⲓⲥⲧⲓⲥ ⲥⲟⲫⲓⲁ ⲙⲙⲁⲩ ⲙⲛ ⲡⲉⲡⲣⲟⲟⲛⲧⲟⲥ ⲓ̅ⲥ̅ ⲡⲉⲧⲟⲛϩ ⲙⲛ ⲛⲁⲉⲣⲟⲇⲓⲟⲥ ⲙⲛ ⲡⲉϥⲙⲛⲧⲥⲛⲟⲟⲩⲥ ⲛⲁⲓⲱⲛ ⲁⲩⲕⲱ ⲙⲡⲙⲁ ⲉⲧⲙⲙⲁⲩ ⲛⲥⲉⲗⲗⲁⲱ ⲙⲛ ⲉⲗⲉⲓⲛⲟⲥ ⲙⲛ ⲍⲱ-

---

sition cachée : ils commencèrent depuis le bas jusqu'en haut, afin que l'édification les unît à leurs compagnons. Il créa la terre aérienne comme lieu d'habitation pour ceux qui étaient sortis, afin qu'ils demeurassent sur elle jusqu'à l'affermissement de ceux qui sont en dessous d'eux; ensuite (il créa) l'habitation vraie dans l'intérieur de celle-ci, le lieu de la repentance dans l'intérieur de celle-ci, l'antitype d'ⲁⲉⲣⲟⲇⲓⲟⲥ; ensuite la demeure de la repentance dans l'intérieur de celle-ci, l'antitype d'ⲁⲩⲧⲟⲅⲉⲛⲏⲥ; en ce lieu on se purifie au nom d'ⲁⲩⲧⲟⲅⲉⲛⲏⲥ qui est Dieu sur eux, et on a placé des Puissances en ce lieu sur la source des eaux de vie, dont on les a fait sortir quand ils sont sortis (?)[1]. Voici les noms des Puissances qui sont sur l'eau de vie : *Michar* et *Michen*; et elles se purifient au nom de Barpharangès[2]. Dans l'intérieur de ceux-ci, sont les æons de Sophia; dans l'intérieur de ceux-ci est la vérité vraie, et Pistis Sophia se trouve là, ainsi que le ⲡⲣⲟⲟⲛⲧⲟⲥ Jésus vivant, ⲁⲉⲣⲟⲇⲓⲟⲥ et ses douze æons. On a placé en ce lieu ⲥⲉⲗⲗⲁⲱ,

[1] Je ne comprends pas très bien ce dernier membre de phrase; d'ailleurs tout ce passage est terriblement confus.

[2] C'est-à-dire, si je ne me trompe, le *Fils du Gouffre*, mot hybride du chaldéen et du grec.

ⲅⲉⲛⲉⲑⲗⲏⲥ ⲙⲛ ⲥⲉⲗⲙⲉⲗϫⲉ ⲙⲛ ⲡⲁⲩⲧⲟⲅⲉⲛⲏⲥ ⲛⲛⲁⲓⲱⲛ ⲁⲩⲕⲱ
ⲛϩⲏⲧϥ ⲛϥⲧⲟⲟⲩ ⲙⲫⲱⲥⲧⲏⲣ ⲏ̣ⲗⲏⲗⲏⲑ ⲇⲁⲩⲉⲓⲑⲉ ⲱⲣⲟⲓⲁⲏⲗ ...
.ϩⲟ ⲙⲡⲟⲩⲧⲁϩⲟϥ[1] ...... ⲛⲛⲓⲡⲧⲏⲣϥ ⲁⲩ[ⲱ] ...... ⲛⲛⲓⲡⲧⲏⲣϥ
ⲁⲩⲱ ..... ⲟⲛ ⲛⲛⲉⲓ̈ⲡⲧⲏⲣϥ ..... ⲟⲩⲥⲓⲟⲥ ⲛⲁϩⲟⲣⲁ[ⲣⲁⲧⲟⲥ]
..... ⲥⲟⲩⲱⲛϥ ⲛⲁⲡⲉⲣⲁⲛ[ⲧⲟⲥ] ..... ⲛⲁⲅⲛⲱⲥⲧⲟⲥ ⲛⲁⲧ.....
ⲧⲉϥϩⲓⲕⲱⲛ ⲛⲁⲧ... ⲛⲁⲧⲛⲣⲁⲧⲟ ⲉⲣⲉ ... ⲟⲣⲃ ⲉϩⲟⲩⲛ ϩⲓⲧⲟⲟⲧⲥ
... ⲣⲙ ⲛϩⲏⲧⲥ ⲛⲧⲉⲓϩⲉ ⲛ ...ⲧ† (?) ⲧⲟϣ ⲉⲣⲟⲟⲩ ⲧⲏⲣⲟⲩ ... ⲥ
ⲙⲛ·ⲧⲁⲧⲥⲱⲙⲁ ⲛⲧⲟⲥ ... ⲉⲣⲟⲟⲩ ⲧⲏⲣⲟⲩ ϩⲛ ⲟⲩ...ⲥⲓⲟⲥ. ⲡⲁⲓ ⲡⲉ
ⲡⲉⲓⲱⲧ ⲛⲁⲡⲁϩⲣⲏⲧⲟⲥ ⲛⲁϩⲣⲏⲧⲟⲥ ⲛⲁⲕⲁⲧⲁⲅⲛⲱⲥⲧⲟⲥ ⲛⲁϩⲟⲣⲁⲧⲟⲥ
ⲛⲁⲙⲉⲧⲣⲏⲧⲟⲥ ⲁⲩⲱ ⲛⲁⲡⲉⲣⲁⲛⲧⲟⲥ ⲡⲁⲓ ϩⲣⲁⲓ̈ ⲛϩⲏⲧϥ ⲙⲙⲓⲛ ⲙⲙⲟϥ
ⲉⲁϥⲛⲧϥ ⲉⲡϣ[ⲱ]ⲓ ⲛⲛⲉⲧⲛϩⲏⲧϥ ⲁⲩⲱ ⲧⲉ ⲧⲉⲛⲛⲟⲓ̈ⲁ ⲛⲧⲉϥⲙⲛⲧⲛⲟϭ
ⲉⲁϥⲛⲧⲥ ⲉⲡϣ[ⲱ]ⲓ ⲛⲧⲙⲛⲧⲁⲛⲟⲩⲥⲓⲟⲥ ϣⲁⲛⲧϥⲁⲁⲩ ⲛⲁⲛⲟⲩⲥⲓⲟⲥ

[1] Cette page et les suivantes sont déchirées. J'ai restitué ce que j'ai pu et je n'ai pas traduit ce dont je n'étais pas sûr.

ⲉⲗⲉⲓⲛⲟⲥ, ⲍⲱⲅⲉⲛⲉⲑⲗⲏⲥ, ⲥⲉⲗⲙⲉⲗϫⲉ et l'ⲁⲩⲧⲟⲅⲉⲛⲏⲥ des æons. On a placé en lui quatre *Luminaires*, ⲏⲗⲏⲗⲏⲑ, ⲇⲁⲩⲉⲓⲑⲉ, ⲱⲣⲟⲓⲁⲏⲗ,

....

....

....

....

....

....

....

....

C'est le Père Ineffable, Indicible, Inconnaissable, Invisible, Incommensurable, Infini. C'est en lui-même qu'il a produit ceux qui sont en lui, c'est la Pensée de sa grandeur qu'il a produite de la non-substance, jusqu'à ce qu'il les eût rendus substantiels; mais lui, il est incompréhensible dans ses membres; il s'est fait un lieu pour ses membres[1]

[1] Il s'agit ici des émanations diverses qui sont nommées les membres du principe émanateur.

IMPRIMERIE NATIONALE.

ⲚⲦⲞϤ ⲆⲈ ⲈⲞⲨⲀⲦⲦⲀϨⲞϤ ⲠⲈ ϨⲒⲦⲚ ⲚⲈϤⲘⲈⲖⲞⲤ ⲘⲘⲒⲚ ⲘⲘⲞϤ ⲀϤⲀⲀϤ ⲚⲦⲞ[Ⲡ]ⲞⲤ ⲚⲚⲈϤⲘⲈⲖⲞⲤ ⲈⲦⲢⲈⲨⲞⲨⲰϨ ⲚϨⲎⲦϤ ⲀⲨⲰ ⲚⲤⲈⲤⲞⲨⲰⲚϤ ϪⲈ ⲠⲈ ⲠⲈⲨⲈⲒⲰⲦ ⲀⲨⲰ ⲚⲦⲞϤ ⲠⲈ ⲚⲦⲀϤⲠⲢⲞⲂⲀⲖ[Ⲗ]Ⲉ ⲘⲘⲞⲞⲨ ⲈⲂⲞⲖϨⲚ ⲦⲈϤϢⲞ[Ⲣ]Ⲡ ⲚⲈⲚⲚⲞⲒⲀ ⲦⲀÏ ⲈⲚⲦⲀⲤⲢ ⲦⲞ[Ⲡ]ⲞⲤ ⲚⲀⲨ ⲈⲀⲤⲀⲀⲨ ⲚⲀⲚⲞⲨⲤⲒⲞⲤ .... ⲘⲈⲈⲨⲈ[1] ⲤⲞⲨⲰⲚϤ ⲚⲈϤⲞ ...ⲠⲈ ⲚⲀⲦⲤⲞⲨⲰⲚϤ ϨⲒⲦⲚ ⲞⲨⲞⲚ ⲚⲒⲘ ⲠⲀⲒ ⲀϤⲢ ⲦⲈϤ... ⲞⲨⲞⲈⲒⲚ ⲘⲠⲈⲤⲘⲞⲦ.... ⲀⲨⲰ ⲘⲠⲈⲤⲘⲞⲦ ⲚⲞ.... [ⲀⲨ]Ⲱ ⲘⲠⲈⲤⲘⲞⲦ ⲚⲞⲨ.... ϯϢⲰⲠⲈ ⲚⲀⲨ ϨⲚ Ⲧ... ⲦⲈϤⲘⲚⲦⲚⲞϬ ⲀϤⲚ ... ϨⲚ ⲦⲈϤⲈⲠⲒⲚⲞⲒⲀ ⲀⲤ..... ⲤⲒⲞⲤ ⲚϬⲒ ⲚⲈϤⲘⲈⲖⲞⲤ ... ⲆⲈ ⲘⲠⲒⲦⲞⲠⲞⲤ ϨⲈⲚ ⲀⲦ.... ⲚⲈ ⲠⲞⲨⲀ ⲠⲞⲨⲀ ⲘⲘⲞ[ⲞⲨ] ... ⲚⲞⲨⲦⲂⲀ ϨⲚ ⲚⲈϤⲘⲈⲖⲞ[Ⲥ ⲀⲨ]Ⲱ Ⲁ ⲠⲞⲨⲀ ⲠⲞⲨⲀ ⲚⲀⲨ ⲈⲢⲞ[Ϥ] ϢⲎⲢⲈ ϪⲈ ⲚⲈϤϪⲎⲔ ϨⲀⲢ..... ⲀⲨⲰ ⲠⲒⲰⲦ ⲤⲪⲢⲀⲄⲒⲌⲈ ... ⲘⲠⲈϤϢⲎⲢⲈ ϨⲒϨⲞⲨⲚ ⲘⲘ[ⲞⲞⲨ] ⲈⲨⲈⲤⲞⲨⲰⲚϤ ϨⲒϨⲞⲨⲚ ⲘⲘⲞⲞⲨ ⲀⲨⲰ Ⲁ ⲠⲢⲀⲚ ⲔⲒⲘ ⲈⲢⲞⲞⲨ ϨⲒϨⲞⲨⲚ ⲘⲘⲞⲞⲨ ⲈⲦⲢⲈⲨⲚⲀⲨ ⲈⲠⲒⲀⲦⲚⲀⲨ ⲈⲢⲞϤ ⲚⲀⲦⲤⲞⲨⲰⲚϤ ⲀⲨⲰ ⲀⲨϯ ⲈⲞⲞⲨ ⲘⲠⲒⲞⲨⲀ ⲘⲀⲨⲀⲀϤ ⲀⲨⲰ ⲦⲈⲚⲚⲞⲒⲀ ⲈⲦⲚϨⲎⲦϤ ⲀⲨⲰ ⲠⲖⲞⲄⲞⲤ ⲚⲚⲞⲈⲢⲞⲚ ⲈⲀⲨϯ ⲈⲞⲞⲨ ⲘⲠϢⲞⲘⲚⲦ ⲈⲦⲞ ⲚⲞⲨⲀ ⲚⲞⲨⲰⲦ ϪⲈ ⲈⲚⲦⲀⲨⲢ ⲀⲚⲞⲨⲤⲒⲞⲤ

[1] La copie de Woïde porte ici ...ⲤⲈⲔ ...ⲘⲈⲈⲨⲈ, ce qui ne donne aucun sens. D'ailleurs Woïde n'était pas sûr de sa lecture ⲤⲈⲔ, car il a pointillé les trois lettres.

---

afin qu'ils habitent lui et qu'ils reconnaissent qu'il est leur père et que c'est lui qui les a fait émaner de sa première Pensée, celle qui est devenue un lieu pour eux, qui les a rendus substantiels ....
....
..... celui qui a fait sa ..... lumineuse dans la forme ..... et dans la forme ..... et dans la forme ....
....
....
....

Et le Père signa ..... son fils dans leur intérieur, afin qu'ils le connussent dans leur intérieur. Le *Nom* (le Verbe) les mut dans leur intérieur à regarder l'Invisible inconnaissable, et ils rendirent gloire à cet (être) unique, à la Pensée qui est en lui et au Verbe intellectuel,

ⲉⲧⲃⲏⲧϥ ⲁⲩⲱ ⲁ ⲡⲓⲱⲧ ϥⲓ ⲙⲡⲉⲩⲉⲓⲛⲉ ⲧⲏⲣϥ ⲁϥⲁⲁϥ ⲛⲟⲩⲡⲟⲗⲓⲥ ⲏ ⲛⲟⲩⲣⲱⲙⲉ ⲁϥⲍⲱⲅⲣⲁⲫⲉⲓ ⲛⲛⲓⲡⲧⲏⲣϥ ⲉⲣⲟϥ ⲉⲧⲉ ⲡⲁï ⲡⲉ ⲛⲉïⲇⲩ-ⲛⲁⲙⲓⲥ ⲧⲏⲣⲟⲩ ⲁ ⲡⲟⲩ[ⲁ] ⲡⲟⲩⲁ ⲥⲟⲩⲱⲛϥ ϩⲛ ϯⲡⲟⲗⲓⲥ ⲁ ⲡⲟⲩⲁ ⲡⲟⲩⲁ ⲛϩⲉⲛ ⲧⲃⲁ ⲛⲉⲟ[ⲟⲩ] ⲉϩⲟⲩⲛ ⲉⲡⲣⲱⲙⲉ ⲏ ⲉⲧⲡⲟⲗⲓ[ⲥ] ⲙⲡⲓⲱⲧ ⲉⲧϩⲙ ⲡⲧⲏⲣϥ ⲁⲩⲱ [ⲁ] ⲡⲓⲱⲧ ϥⲓ ⲙⲡⲉⲟⲟⲩ ⲁϥⲁⲁϥ ⲛⲉ[ⲛ]ⲇⲩⲙⲁ ϩⲓⲃⲟⲗ ⲙⲡⲣⲱⲙⲉ ⲡⲁï ⲉⲛ . . . ⲉⲣⲟⲕ ⲡ[ⲙⲟⲛⲟⲅⲉ]ⲛⲏⲥ [ⲛⲟⲩ] ⲟⲉⲓⲛ . . . . . ⲙⲟⲩ. . . . . ⲥⲉ ⲉⲣⲟϥ ⲛⲟⲩⲥⲉ. . . . .

ϯⲥⲙⲟⲩ ⲉⲣⲟⲕ ⲡⲓⲁⲧⲙⲉⲉⲩⲉ ⲉⲣ. . . . . ⲙⲙⲟϥ ⲛⲟⲩⲟⲉⲓⲛ ϯ[ⲥⲙⲟⲩ ⲉ]ⲣⲟⲕ ⲡⲁⲅⲉⲛⲛⲏⲧⲟⲥ ⲛ[ⲟⲩⲟⲉⲓⲛ] ϯⲥⲙⲟⲩ ⲉⲣⲟⲕ ⲡⲁⲩⲧⲟ[ⲅⲉⲛⲏⲥ] ⲛⲟⲩⲟⲉⲓⲛ ϯⲥⲙⲟⲩ ⲉⲣ[ⲟⲕ ⲡ]ⲡⲣⲟⲡⲁⲧⲱⲣ ⲛⲟⲩⲟⲉⲓⲛ [ⲉⲧⲟⲩϩ]ⲟⲧⲃ ⲉⲡⲣⲟⲡⲁⲧⲱⲣ ⲛⲓⲙ [ϯⲥⲙⲟⲩ] ⲉⲣⲟⲕ ⲡⲁϩⲟⲣⲁⲧⲟⲥ ⲛⲟⲩⲟ[ⲉⲓⲛ] ⲉⲧϩⲁⲑⲏ ⲛⲁϩⲟⲣⲁⲧⲟⲥ ⲛ[ⲓⲙ ϯ]ⲥⲙⲟⲩ ⲉⲣⲟⲕ ⲧⲉⲡⲓⲛⲟⲓⲁ [ⲛ]ⲟⲩⲟⲉⲓⲛ ⲉⲧⲟⲩⲟⲧⲃ ⲉⲉⲡⲓⲛ[ⲟⲓⲁ] ⲛⲓⲙ ϯⲥⲙⲟⲩ ⲉⲣⲟⲕ ⲡⲛ[ⲟⲩⲧⲉ] ⲛⲟⲩⲟⲉⲓⲛ ⲉⲧϩⲁⲑⲏ ⲛⲛⲟⲩ[ⲧⲉ] ⲛⲓⲙ ϯⲥⲙⲟⲩ ⲉⲣⲟⲕ ⲧⲉⲅⲛⲱⲥⲓⲥ ⲉⲧⲟ ⲛⲟⲩⲟⲉⲓⲛ ⲉⲥⲟⲩ-ⲟⲧⲃ ⲉⲅⲛⲱⲥⲓⲥ ⲛⲓⲙ ϯⲥⲙⲟⲩ ⲉⲣⲟⲕ ⲡⲁⲅⲛⲱⲥⲧⲟⲥ ⲛⲟⲩⲟⲉⲓⲛ

LE PAPYRUS GNOSTIQUE BRUCE.

---

rendant gloire à ces trois (êtres), qui ne sont qu'un, de ce qu'ils les avaient faits substantiels à cause de lui. Le Père prit toute leur ressemblance, il en fit une ville ou un homme, il représenta en lui tous ceux du Plérôme, c'est-à-dire toutes les Puissances : chacun le connut dans la ville, chacune des myriades de Gloires se trouva dans l'Homme ou dans la ville du Père qui est dans le Plérôme. Le Père prit la gloire, il en fit un vêtement extérieur pour l'homme, celui . . . .
Je te bénis, Monogénès de lumière, ...
. . . .
. . . .
. . . . Je te bénis, lumière inengendrée; je te bénis, lumière qui s'est engendrée elle-même; je te bénis, Propator de lumière qui surpasses tout Propator. Je te bénis, lumière invisible qui es avant tout invisible. Je te bénis, Pensée de lumière qui surpasses toute Pensée. Je te bénis, Dieu de lumière qui surpasses tout Dieu. Je te bénis, Gnose de lumière qui surpasses toute Gnose. Je te bénis, Inconnaissable de

LE PAPYRUS GNOSTIQUE BRUCE.

ⲉⲧϩⲁⲑⲏ ⲛⲁⲅⲛⲱⲥⲧⲟⲥ ⲛⲓⲙ ⳿ⲥⲙⲟⲩ ⲉⲣⲟⲕ ⲡⲏⲣⲉⲙⲟⲥ ⲛⲟⲩⲟⲉⲓⲛ ⲉⲧϩⲁⲑ[ⲏ] ⲛⲏⲣⲉⲙⲟⲥ ⲛⲓⲙ ⳿ⲥⲙⲟⲩ ⲉⲣ[ⲟⲕ] ⲡⲡⲁⲛⲧⲟⲇⲩⲛⲁⲙⲟⲥ ⲛⲟⲩⲟⲉⲓ[ⲛ] ⲉⲕⲟⲩⲟⲧⲃ[1] ⲉⲡⲁⲛⲧⲟⲇⲩⲛⲁⲙ[ⲟⲥ] ⲛⲓⲙ ⳿ⲥⲙⲟⲩ ⲉⲣⲟⲕ ⲡⲉⲧⲣ[ⲓⲇⲩ]ⲛⲁⲙⲟⲥ ⲛⲟⲩⲟⲉⲓⲛ ⲉⲕⲟⲩⲟ[ⲧⲃ] ⲉⲧⲣⲓⲇⲩⲛⲁⲙⲟⲥ ⲛⲓⲙ ⳿ⲥⲙ[ⲟⲩ] ⲉⲣⲟⲕ ⲡⲓⲁⲧⲇⲓⲁⲕⲣⲓⲛⲉ ⲛⲟⲩ[ⲟⲉⲓⲛ] ⲛⲧⲟⲕ ⲇⲉ ⲡⲉⲧⲇⲓⲁⲕⲣⲓⲛⲉ ⲛ[ⲟⲩⲟⲉⲓ]ⲛ ⲛⲓⲙ ⳿ⲥⲙⲟⲩ ⲉⲣⲟⲕ ϩⲉⲓⲗ[ⲓ]ⲕⲣⲓⲛⲉⲥ ⲛⲟⲩⲟⲉⲓⲛ ⲉⲕⲟⲩⲟⲧⲃ ⲛϩⲉⲓⲗⲓⲕⲣⲓⲛⲉⲥ ⲛⲓⲙ ⳿ⲥⲙⲟⲩ.....

Hæc pagina vix legi potest. Aliquoties occurrit ⳿ⲥⲙⲟⲩ ⲉⲣⲟⲕ et finit cum voce ⳿ⲥⲙⲟⲩ.

....

....

ⲉⲕϣⲁϫⲉ ⲛⲧⲟⲕ ... [ⲧ]ⲏⲣⲟⲩ ⳿ⲥⲙⲟⲩ ⲉ[ⲣⲟⲕ] ⲙⲟⲓ̈ ⲛⲛⲕⲁ ⲛⲓⲙ ⲉⲙⲛ ⲙⲙⲟϥ ⲛⲧⲟϥ ⳿ⲥⲙⲟⲩ [ⲉⲣⲟⲕ ⲡⲉ]ⲧϣⲱⲡ ⲙⲡⲧⲏⲣϥ ⲉⲣⲟϥ ... ⲛⲧⲁϥϣⲱⲡ ⲙⲙⲟϥ ⳿ⲥⲙⲟⲩ ⲉⲣⲟⲕ ⲡⲉⲧϫⲡⲟ ⲙⲙⲟⲟⲩ [ⲧⲏⲣⲟⲩ] ⲛⲟⲩⲁⲙⲛ ⲧⲁⲅⲉⲛⲛⲏⲧⲟⲥ [ϫⲉ ⲛⲧⲁ] ⲙⲡⲉⲗⲁⲁⲩ ϫⲡⲟϥ ⳿ [ⲥⲙⲟⲩ ⲉⲣ]ⲟⲕ

[1] Ce changement de personne dans le suffixe ne doit pas surprendre, il est très fréquent.

---

lumière qui es au-dessus de tout Inconnaissable. Je te bénis, Solitaire de lumière qui es au-dessus de tout Solitaire. Je te bénis, Pantodynamos de lumière qui surpasses tout Pantodynamos. Je te bénis, Tridynamos de lumière qui surpasses tout Tridynamos. Je te bénis, lumière qu'on ne peut discerner, car c'est toi qui discernes toute lumière. Je te bénis, pure lumière qui surpasses toute pureté. Je te bénis, ...

(Page entière non copiée et où l'on voit quelques ⳿ⲥⲙⲟⲩ ⲉⲣⲟⲕ, et qui finit avec le mot ⳿ⲥⲙⲟⲩ)..........................

....

....

....

....

Je te bénis, toi qui les as engendrés dans une absence de génération,

ⲧⲡⲏⲅⲏ ⲙⲡⲧⲏⲣϥ [ⲛⲙⲙ]ⲟⲟⲩ[1] ⲧⲏⲣⲟⲩ ϯⲥⲙⲟⲩ [ⲉⲣⲟⲕ ⲡⲁⲩ]ⲧⲟⲅⲉⲛⲏⲥ ⲛⲁⲙⲉ ⲛ [ⲟⲩⲟⲉⲓⲛ] ⲡⲉⲧϩⲁⲑⲏ ⲛⲁⲩⲧⲟⲅⲉ[ⲛⲏⲥ ⲛⲓⲙ] ϯⲥⲙⲟⲩ ⲉⲣⲟⲕ ⲡⲁⲥⲁⲗⲉⲩ[ⲧⲟⲥ ⲛⲟⲩ]ⲟⲉⲓⲛ ⲛⲁⲙⲉ ⲛⲧⲟⲕ ..... ⲉⲛⲉⲛⲧⲁⲩⲕⲓⲙ ϩⲙ ⲡⲉⲕ ..... ϯⲥⲙⲟⲩ ⲉⲣⲟⲕ ⲡⲕⲁ ⲣⲱϥ [ⲛⲕⲁ]ⲣⲱϥ ⲛⲓⲙ ⲛⲟⲩⲟⲉⲓⲛ ϯⲥⲙⲟⲩ ⲉⲣⲟⲕ ⲡⲥⲱⲧⲏⲣ ⲛⲥⲱⲧⲏ[ⲣ ⲛⲓ]ⲙ ⲛⲟⲩⲟⲉⲓⲛ ϯⲥⲙⲟⲩ [ⲉⲣⲟ]ⲕ ⲡⲁⲧⲧⲁⲙⲁⲍⲉ[2] ⲙⲙⲟϥ ⲛⲟⲩ[ⲟⲉⲓⲛ] ⲙⲁⲩⲁⲁϥ ϯⲥⲙⲟⲩ ⲉⲣⲟⲕ [ⲡⲉⲧ]ⲟ ⲛⲧⲟⲡⲟⲥ ⲛⲧⲟⲡⲟⲥ ⲛⲓⲙ [ⲙⲡⲧⲏ]ⲣϥ ⲙⲁⲩⲁⲁϥ ϯⲥⲙⲟⲩ ⲉ[ⲣⲟⲕ] ⲡⲥⲟⲫⲟⲥ ⲙⲁⲩⲁⲁϥ ⲁⲩⲱ ..... ⲛⲥⲟⲫⲓⲁ ⲙⲁⲩⲁⲁϥ ϯⲥⲙⲟⲩ [ⲉⲣⲟⲕ] ⲡⲡⲁⲛⲙⲩⲥⲧⲏⲣⲓⲟⲛ ⲙⲁⲩⲁⲁϥ [ϯⲥ]ⲙⲟⲩ ⲉⲣⲟⲕ ⲡⲡⲁⲛⲧⲉⲗⲉⲓⲟⲥ ⲛⲟⲩ[ⲟⲉⲓ]ⲛ ⲙⲁⲩⲁⲁϥ ϯⲥⲙⲟⲩ ⲉⲣⲟⲕ ⲡ[ⲁⲧ]ϭⲙϭⲱⲙϥ ⲙⲁⲩⲁⲁϥ ϯⲥⲙⲟⲩ ..... ⲉⲣⲟⲕ .... ⲉϥϯ ....
ϯⲥⲙⲟⲩ ⲉⲣⲟⲕ ⲡⲁⲅⲁⲑⲟⲥ [ⲛⲁⲙⲉ ⲉⲕⲟⲩⲱ]ⲛϩ ⲉⲃⲟⲗ ⲛⲛⲁⲅⲁⲑⲟ[ⲥ ⲧⲏⲣⲟⲩ] ϯⲥⲙⲟⲩ ⲉⲣⲟⲕ ⲛⲟⲩⲟ[ⲉⲓⲛ ⲛⲁⲙⲉ] ⲉⲕⲟⲩⲱⲛϩ ⲉⲃⲟⲗ ⲛ ⲛ[ⲟⲩ-

[1] Cette restitution me laisse des doutes, et par conséquent la traduction n'est pas sûre.

[2] Je ne suis pas certain de ce mot, dont l'étrangeté avait aussi frappé Woïde, qui a mis en marge ⲧⲉ *sic*.

---

c'est-à-dire que personne ne l'a engendré[1]. Je te bénis, source de l'universalité des æons. Je te bénis, véritable ⲁⲩⲧⲟⲅⲉⲛⲏⲥ de lumière qui es avant tout ⲁⲩⲧⲟⲅⲉⲛⲏⲥ. Je te bénis, véritable ⲁⲥⲁⲗⲉⲩⲧⲟⲥ de lumière; c'est en ta . . . que tout est mû. Je te bénis, Silence de tout Silence de lumière. Je te bénis, Sauveur de tout Sauveur de lumière. Je te bénis, seul *Indomptable* (?) de lumière. Je te bénis, seul Lieu de tous les lieux du Plérôme. Je te bénis, seul Sage et seule Sagesse. Je te bénis, seul Mystère universel. Je te bénis, seule lumière toute parfaite. Je te bénis, seul Intangible. Je te bénis, ...
....
.... Je te bénis, bonté véritable, qui as fait paraître toutes les bontés; je te bénis, lumière véritable, qui seule as fait

[1] L'état du manuscrit ne me permet pas de savoir à qui se rapporte ce suffixe de la troisième personne du masculin. Peut-être n'y a-t-il ici qu'un changement de personne, un passage de la seconde à la troisième.

ⲟⲉⲓⲛ ⲧⲏ]ⲣⲟⲩ ⲙⲁⲩⲁⲁⲕ ϯⲥⲙ[ⲟⲩ ⲉⲣⲟⲕ] ⲡⲉⲧⲧⲟⲩⲛⲟⲥ ⲛⲛⲟ[ⲩⲟⲉⲓⲛ ⲉⲕ]ϯ ⲱⲛϩ ⲙⲯⲩⲭⲏ ⲛⲓⲙ [ϯⲥⲙⲟⲩ ⲉⲣⲟⲕ] ⲧⲁⲛⲁⲡⲁⲩⲥⲓⲥ ⲛⲛⲉⲧ. . . [ϯ]ⲥⲙⲟⲩ ⲉⲣⲟⲕ ⲡⲉⲧⲟⲩ . . . . . ⲙⲛⲧⲉⲓⲱⲧ ⲛⲓⲙ ϫⲓⲛ [ⲡϣⲟⲣⲡ] ϣⲁ ⲧⲉⲛⲟⲩ ⲥⲉϣⲓⲛ[ⲉ ⲛⲥⲱⲕ] ϫⲉ ⲛⲧⲟⲕ ⲡⲉ ⲡⲉⲩϣ . . . . . ⲥⲱⲧⲙ ⲉⲡⲉϣⲗⲏⲗ ⲙⲡ. . . . . ⲙⲙⲁ ⲛⲓⲙ ⲡⲁï ⲉⲧⲧ. . . . . ϩⲏⲧ ⲧⲏⲣϥ ⲡⲁⲓ ⲡⲉ ⲡⲓ[ⲱⲧ ⲛ]ⲉⲓⲱⲧ ⲛⲓⲙ ⲁⲩⲱ [ⲡⲛⲟⲩⲧⲉ] ⲛⲛⲟⲩⲧⲉ ⲛⲓⲙ ⲁⲩⲱ [ⲡϫⲟⲉⲓⲥ] ⲛϫⲟⲉⲓⲥ ⲛⲓⲙ ⲁⲩⲱ [ⲡϣⲏⲣⲉ] ⲛⲛϣⲏⲣⲉ ⲧⲏⲣⲟⲩ ⲡⲉ [ⲁⲩⲱ] ⲡⲥⲱⲧⲏⲣ ⲛⲛⲥⲱⲧⲏⲣ ⲧ[ⲏⲣⲟⲩ] ⲡⲉ ⲁⲩⲱ ⲡⲁϩⲟⲣⲁⲧⲟⲥ [ⲛⲛⲁϩⲟ]ⲣⲁⲧⲟⲥ ⲧⲏⲣⲟⲩ ⲡⲉ ⲁⲩ[ⲱ] ⲛⲛⲉⲛ. . . . . ⲧⲏⲣⲟⲩ ⲡⲉ ⲁⲩ[ⲱ ⲡⲁ] ⲡⲉⲣⲁⲛⲧⲟⲥ ⲛⲛⲁⲡⲉⲣⲁⲛ[ⲧⲟⲥ ⲧⲏ]ⲣⲟⲩ ⲡⲉ ⲡⲁⲭⲱⲣⲏⲧⲟⲥ ⲛ[ⲛⲁ]ⲭⲱⲣⲏⲧⲟⲥ ⲧⲏⲣⲟⲩ ⲡⲉ ⲁ[ⲩⲱ ⲡ]ⲁⲡⲛⲟⲩⲛ ⲡⲉ ⲛⲛⲁⲡⲛⲟⲩⲛ [ⲧⲏⲣⲟⲩ] ⲡⲉ ⲁⲩⲱ ⲟⲩⲧⲟⲡⲟⲥ ⲡⲉ [ⲛⲛ]ⲧⲟⲡⲟⲥ ⲧⲏⲣⲟⲩ ⲡⲉ ⲡⲱ. . . ⲛⲧⲟϥ ⲛⲟⲩⲱⲧ ⲛⲛⲟⲉⲣⲟⲛ ⲉϥϣⲟⲟⲡ ⲛⲧⲟϥ ϩⲁⲑⲏ ⲛⲛⲟⲩ. . . . . [ⲛⲧⲟϥ] ⲟⲛ ⲟⲩⲛⲟⲩⲥ ⲛ [ⲛⲟⲉⲣⲟⲛ] ⲉϥϣⲟⲟⲡ ϩⲁⲑⲏ ⲛⲛⲟⲩⲥ ⲛⲓⲙ . . . . . [ⲛⲧⲟϥ ⲟⲩ]ⲁⲧⲧⲁⲟϥ ⲡⲉ ⲉϥ. . . ⲩ ⲟⲩⲁⲧⲉⲓⲛⲉ . . . ⲓⲉⲓⲛⲉ ⲧⲏⲣⲟⲩ ⲉϥ. . . ⲛⲓⲙ ⲉϥⲟⲩⲱϣⲥ . . . . . ⲛⲓⲙ ⲁⲩⲱ ⲉϥϣⲟ[ⲟⲡ] . . . . . ⲥ ⲛⲓⲙ ⲁⲩⲱ ⲉϥϫⲓⲥⲉ ⲧⲏⲣⲟⲩ

---

paraître toutes les lumières. Je te bénis, toi qui suscites les lumières et qui donnes la vie à toute âme. Je te bénis, repos de ceux . . . . . Je te bénis . . . . . de toute paternité, depuis le commencement jusqu'à ce jour. Ils te cherchent parce que tu es leur . . . . . Écoute la prière . . . . . en tout lieu, qui est . . . . . de tout cœur. C'est le Père de tous les Pères, le Dieu de tous les Dieux, le Seigneur de tous les Seigneurs, le Fils de tous les Fils, le Sauveur de tous les Sauveurs, l'Invisible de tous les Invisibles, le . . . . . de tous les . . . . ., l'Infini de tous les Infinis, l'ⲁⲭⲱⲣⲏⲧⲟⲥ de tous les ⲁⲭⲱⲣⲏⲧⲟⲥ, l'ⲁⲡⲛⲟⲩⲛ de tous les ⲁⲡⲛⲟⲩⲛ, le Lieu de tous les Lieux . . . . qui existe avant . . . . c'est un Nous spirituel qui existe avant tous les Nous spirituels . . . .

. . . .

ⲁⲩⲱ [ⲛⲧⲟϥ ⲟⲩ]ⲥⲟⲫⲟⲥ ⲡⲁⲣⲁ ⲛⲥⲟⲫⲓⲁ [ⲧⲏⲣⲟⲩ] ⲁⲩⲱ ⲉϥⲟⲩⲁⲁⲃ ⲡⲁⲣⲁ ⲛⲉ[ⲧⲟⲩⲁⲁⲃ] ⲧⲏⲣⲟⲩ ⲟⲩⲁⲅⲁⲑⲟⲥ [ⲛϩ]ⲟⲩⲟ ⲡⲁⲣⲁ ⲛⲓⲁⲅⲁⲑⲟⲥ ⲧⲏ[ⲣⲟⲩ ⲛ]ⲧⲟϥ ⲡⲉ ⲡⲉϭⲣⲟϭ ⲛⲛⲁⲅⲁⲑⲟⲛ ⲧⲏⲣⲟⲩ ⲛⲧⲟϥ ⲟⲛ ⲡⲉⲧⲉⲉⲧ ⲙⲙⲟⲟⲩ ⲧⲏⲣⲟⲩ ⲡⲓⲁⲩⲧⲟⲫⲩⲏⲥ ⲏ ⲡⲓⲣⲱⲧ ⲙⲁⲩⲁⲁϥ ⲉϥϣⲟⲟⲡ ϩⲁⲑⲏ ⲛⲛⲓⲡⲧⲏⲣϥ ⲉⲛⲧⲁϥϫⲡⲟϥ ⲙⲁⲩⲁⲁϥ ⲉϥϣⲟⲟⲡ ⲛⲟⲩⲟⲉⲓϣ ⲛⲓⲙ ⲟⲩⲁⲩⲧⲟⲅⲉⲛⲛⲏⲧⲟⲥ ⲡⲉ ⲁⲩⲱ ⲟⲩϣⲁ ⲉⲛⲉϩ ⲡⲉ ⲉⲙⲛⲧϥ ⲣⲁⲛ ⲧⲏⲣⲟⲩ [1] ⲁⲩⲱ ⲉⲛⲟⲩϥ ⲛⲉ ⲛⲣⲁⲛ ⲧⲏⲣⲟⲩ ⲉϥⲣ ϣⲣⲡ ⲛⲥⲟⲟⲩⲛ ⲉⲛⲉϊⲡⲧⲏⲣϥ ⲉϥⲑⲉⲱⲣⲉⲓ ⲛⲛⲓⲡⲧⲏⲣϥ ⲉϥϭⲱϣⲧ ⲉϩⲣⲁⲓ ⲉϫⲛ ⲛⲓⲡⲧⲏⲣϥ ⲉϥⲥⲱⲧⲙ ⲉⲛⲓⲡⲧⲏⲣϥ ⲉϥϭⲙϭⲟⲙ ⲛϩⲟⲩⲟ ⲡⲁⲣⲁ ϭⲟⲙ ⲛⲓⲙ ⲡⲁϊ ⲉⲧⲉ ⲙⲛ ϣϭⲟⲙ ⲛϭⲱϣⲧ ⲉϩⲟⲩⲛ ⲉϩⲙ ⲡⲉϥϩⲟ ⲛⲁⲧⲧⲁϩⲟϥ ⲡⲁϊ ⲡⲉ ⲡⲉⲧϣⲟⲟⲡ ϩⲛ ⲟⲩⲉⲓⲛⲉ ⲛⲟⲩⲱⲧ ⲛⲁⲛⲟⲩⲥⲓⲟⲥ ⲛⲏⲣⲉⲙⲟⲥ ⲛⲁⲅⲛⲱⲥⲧⲟⲥ ⲁⲩⲱ ⲡⲡⲁⲛⲙⲩⲥⲧⲏⲣⲓⲟⲛ ⲡⲉ ⲁⲩⲱ ⲡⲡⲁⲛⲥⲟ[ⲫⲟⲥ ⲡⲉ ⲁⲩⲱ ⲡ]ⲡⲁⲛⲁⲣⲭⲟⲥ ⲡⲉ [ⲁⲩⲱ] ..... ⲡⲟⲥ ⲉⲛⲟⲩϥ ⲛ..... ⲣⲟⲩ ⲉⲩⲛϩⲏⲧ[ϥ ⲁⲩⲱ ⲉⲣⲉ ⲛⲟⲩⲟ]ⲉⲓⲛ ⲧⲏⲣⲟⲩ ⲛⲉ [ⲛϩⲏⲧϥ ⲁⲩⲱ ⲉ]ⲣⲉ ⲡⲱⲛϩ ⲧⲏⲣϥ [ⲛϩⲏⲧϥ

[1] Cette construction est assez bizarre, mais elle peut se justifier.

C'est un saint au-dessus de tous les saints, un bon au-dessus de tous les bons; c'est la semence de tous les biens, c'est lui qui les a tous enfantés [1], cet ⲁⲩⲧⲟⲫⲩⲏⲥ ou cet être qui seul se produit lui-même, qui existe avant tous (les êtres) du Plérôme que lui seul a produits, qui est en tout temps. C'est un (être) inengendré et éternel, qui n'a aucun nom et dont tous les noms sont siens, qui a été le premier à connaître ceux du Plérôme, qui a regardé ceux du Plérôme, qui a considéré ceux du Plérôme, qui entend ceux du Plérôme; qui est puissant plus que toute Puissance, celui dont on ne peut regarder le visage incompréhensible; c'est lui qui existe dans une seule forme, ⲁⲛⲟⲩⲥⲓⲟⲥ, Solitaire, Inconnaissable; c'est lui le mystère universel; c'est la sagesse universelle, le commencement universel ....

[1] Cette traduction paraîtra une absurdité, puisqu'il s'agit d'un être masculin. Cependant la traduction est affaiblie, car la racine ϭⲉⲧ signifie être grosse. Je prie le lecteur de se souvenir que nous sommes en pleine émanation.

ⲁⲩⲱ] ⲉⲣⲉ ⲧⲁⲛⲁⲡⲁⲩⲥ[ⲓⲥ ⲧⲏⲣⲥ ⲛϩⲏ]ⲧϥ ⲁⲩⲱ ⲉⲣⲉ ⲧ. . . . . [ⲧⲏⲣⲥ] ⲛϩⲏⲧϥ ⲁⲩⲱ ⲧ. . . . . ⲁⲩⲱ ⲧⲙⲁⲁⲩ ⲁⲩⲱ ⲡ. . . . . ⲡⲁï ⲡⲉ ⲡⲙⲁⲕⲁⲣⲓⲟⲥⲙⲁ . . . . . ⲥⲉⲣ ⲭⲣⲓⲁ ⲅⲁⲣ ⲙⲡⲁⲓ ⲛϭⲓ [ⲛⲓ]ⲡⲧⲏⲣϥ ⲉⲩⲟⲛϩ ⲅⲁⲣ [ⲧⲏⲣⲟⲩ] ⲉⲧⲃⲉ ⲡⲁï ⲉⲛⲧⲟϥ ⲡⲉ ⲟⲩⲛ ⲛⲛⲉïⲡⲧⲏⲣϥ ⲛⲡⲉⲧⲑⲉⲱⲣⲉⲓ ⲛⲛⲓⲡⲧⲏⲣϥ ϩⲣⲁⲓ ⲛϩⲏⲧϥ ⲟⲩⲁⲭⲱⲣⲏⲧⲟⲥ ⲡⲉ ⲛⲧⲟϥ ⲇⲉ ⲉϥⲭⲱⲣⲉⲓ ⲛⲛⲓⲡⲧⲏⲣϥ ⲉϥϣⲱⲡ ⲙⲙⲟⲟⲩ ⲉⲣⲟϥ ⲁⲩⲱ ⲙⲛ ⲗⲁⲁⲩ ϣⲟⲟⲡ ⲙⲡⲃⲟⲗ ⲙⲡⲁï ⲁⲗⲗⲁ ⲉⲣⲉ ⲛⲓⲡⲧⲏⲣϥ ϣⲟⲟⲡ ϩⲣⲁï ⲛϩⲏⲧϥ ⲉϥⲟ ⲛⲧⲟϣ ⲛⲁⲩ ⲧⲏⲣⲟⲩ ⲉϥⲱⲣⲃ ⲙⲙⲟⲟⲩ ⲉϩⲟⲩⲛ ⲧⲏⲣⲟⲩ ⲉⲩϣⲟⲟⲡ ϩⲣⲁï ⲛϩⲏⲧϥ ⲧⲏⲣⲟⲩ ⲙⲙⲛ ⲗⲁⲁⲩ ⲛⲧⲟⲡⲟⲥ ⲙⲡⲃⲗ ⲙⲡⲁï ⲙⲙⲛ ⲗⲁⲁⲩ ⲛⲛⲟⲉⲣⲟⲛ ⲟⲩⲧⲉ ⲗⲁⲁⲩ ⲉⲡⲧⲏⲣϥ ⲛⲥⲁ ⲡⲓⲟⲩⲁ ⲙⲁⲩⲁⲁϥ ⲉⲩϭⲱϣⲧ ⲉⲧⲉϥⲙⲛⲧⲁⲧⲧⲁϩⲟ ⲉⲧϣⲟⲟⲡ ⲛϩⲏⲧⲟⲩ ⲧⲏⲣⲟⲩ. ⲛⲧⲟⲟⲩ ⲇⲉ ⲙⲡⲟⲩⲧⲁϩⲟϥ ⲥⲉⲣ ϣⲡⲏⲣⲉ ⲙⲙⲟϥ ϫⲉ ⲉϥϯ ⲧⲟϣ ⲉⲣⲟⲟⲩ ⲧⲏⲣⲟⲩ ⲥⲉⲁⲅⲱⲛⲓⲍⲉ . .
. . . .
. . . ⲉϩⲟⲩⲛ ⲙⲙⲟⲥ ⲁⲩⲱ ⲁϥⲧⲁⲙⲓⲟ ⲛϩⲏⲧϥ ⲙⲡⲧⲩⲡⲟⲥ ⲙⲫⲓⲉⲣⲟⲛ ⲙⲡⲗⲏⲣⲱⲙⲁ ⲁⲩⲱ ⲁϥⲧⲁⲙⲓⲟ ⲛⲛⲉϥⲙⲟⲩⲧⲉ ⲉⲩⲃⲏⲕ[1] ⲉⲃⲟⲗϩⲛ ⲛⲉⲩ-

[1] *Cod.* ⲩⲟⲃⲏⲕ. Tout ce mot est pointillé par Woïde comme incertain. Peut-être est-ce en effet une mauvaise lecture, car le sens n'est pas très satisfaisant.

toutes les lumières sont en lui, toute vie est en lui, tout repos est en lui. . . . . c'est la béatitude . . . . . dont ont besoin ceux du Plérôme, car ils vivent tous à cause d'elle. C'est lui . . . . . ceux du Plérôme . . . . . qui voit ceux du Plérôme en lui-même; c'est un ⲁⲭⲱⲣⲏⲧⲟⲥ, et c'est lui qui sépare ceux du Plérôme, qui les reçoit tous à lui : rien n'existe en dehors de lui, mais tous ceux du Plérôme existent en lui; il est leur limite à tous, il les renferme tous, car ils sont tous en lui. Il n'y a aucun lieu en dehors de celui-là, rien d'intelligent; en dehors de celui-là seul, rien n'existe. Ils regardent son incompréhensibilité qui se trouve en eux tous, mais ils ne le comprennent pas; ils en sont dans l'admiration parce qu'il les limite tous; ils combattent . . . .
. . . . dans son intérieur, et il créa en lui le type du temple du Plérôme; il a créé ses

ⲉⲣⲏⲩ ⲙⲡⲧⲩⲡⲟⲥ ⲛϣⲉ ⲛⲧⲃⲁ ⲛⲇⲩⲛⲁⲙⲓⲥ ϣⲁⲧⲛ ϥⲧⲟⲟⲩ ⲛⲧⲃⲁ ⲁⲩⲱ ⲁϥⲧⲁⲙⲓⲟ ⲙⲡⲉϫⲟⲩⲱⲧ ⲛⲧⲏⲏⲃⲉ ⲙⲡⲓⲛⲉ ⲛⲧⲇⲉⲕⲁⲥ ⲥⲛⲧⲉ ⲧⲇⲉⲕⲁⲥ ⲉⲑⲏⲡ ⲙⲛ ⲧⲇⲉⲕⲁⲥ ⲉⲧⲟⲩⲟⲛϩ ⲉⲃⲟⲗ ⲁⲩⲱ ⲁϥⲧⲁⲙⲓⲟ ⲛⲉϫⲡⲉ ⲛϩⲏⲧϥ ⲙⲡⲓⲛⲉ ⲛⲧⲙⲟⲛⲁⲥ ⲉⲑⲏⲡ ϩⲙ ⲡⲥⲏⲑⲉⲩⲥ ⲁⲩⲱ ⲁϥⲧⲁⲙⲓⲟ ⲉⲛⲓⲛⲟϭ ⲙⲙⲁϩⲧ ⲙⲡⲓⲛⲉ ⲙⲡⲉϥⲥⲏⲑⲉⲩⲥ ⲉⲧⲟ ⲛϫⲟⲉⲓⲥ ⲉϫⲙ ⲡⲉⲡⲗⲏⲣⲱⲙⲁ ⲁⲩⲱ ⲁϥⲧⲁⲙⲓⲟ ⲛⲛⲕⲟⲩⲓ̈ ⲙⲙⲁϩⲧ ⲙⲡⲓⲛⲉ ⲛϩⲉⲛ ⲛⲁⲉⲧϫⲓ ⲛⲧⲙ ⲡⲥⲏⲑⲉⲩⲥ ⲁⲩⲱ ⲁϥⲧⲁⲙⲓⲟ ⲛⲧⲉϥⲙⲏⲧⲣⲁ ⲙⲡⲧⲩⲡⲟⲥ ⲙⲡⲥⲁ ⲛϩⲟⲩⲛ ⲙⲫⲓⲉⲣⲟⲛ . . . .

. . . . [1]

. . . ⲙⲟⲥ ⲁⲩⲱ ⲁϥⲧⲁⲙⲓⲟ ⲛⲛⲉϥⲡⲁⲧ ⲙⲡⲧⲩⲡⲟⲥ ⲙⲡⲉⲣⲏⲙⲟⲥ ⲙⲛ ⲡⲁⲅⲛⲱⲥⲧⲟⲥ ⲛⲁⲓ̈ ⲉⲧⲇⲓⲁⲕⲟⲛⲉⲓ ⲙⲡⲧⲏⲣϥ ⲁⲩⲱ ⲉⲩⲣⲁϣⲉ ⲙⲛ ⲛⲉⲧⲛⲟⲩϫⲁⲓ ⲁⲩⲱ ⲁϥⲧⲁⲙⲓⲟ ⲛⲛⲉϥⲙⲉⲗⲟⲥ ⲙⲡⲧⲩⲡⲟⲥ ⲙⲡⲃⲁⲑⲟⲥ ⲉⲧⲉⲣⲉ ϣⲙⲧ ϣⲉ ⲥⲉ ⲧⲏ ⲙⲙⲛⲧⲉⲓⲱⲧ ⲛϩⲏⲧϥ ⲕⲁⲧⲁ ⲡⲧⲩⲡⲟⲥ ⲛⲙⲙⲛⲧⲉⲓⲱⲧ . . . . [ⲁⲩ]ⲱ ⲁϥⲧⲁⲙⲓⲟ ⲛϥϣⲉ ⲛϩⲏⲧϥ

[1] Il y a ici deux lignes et demie d'effacées, et Woïde a écrit en marge : *Altera pars folii*. Je ne sais trop ce qu'il a entendu par là. Peut-être le folio était-il déchiré.

épaules, qui sortent l'une de l'autre, au type des cent myriades de Puissances, moins quatre myriades; il a créé les vingt doigts à la ressemblance des deux Décades, la Décade cachée et la Décade apparente. Il a créé en lui les générations [1] à la ressemblance de la Monade cachée dans le ⲥⲏⲑⲉⲩⲥ. Il a créé les grandes entrailles à la ressemblance de son ⲥⲏⲑⲉⲩⲥ, qui est Seigneur sur le Plérôme. Il créa ses petites entrailles à la ressemblance . . . . du ⲥⲏⲑⲉⲩⲥ. Il fit la matrice selon le type de l'intérieur du temple . . . .

. . . .

et il créa ses pieds selon le type du Solitaire et de l'Inconnaissable, qui servent le Plérôme, se réjouissant avec ceux qui sont dans la joie (?). Il créa ses membres selon le type de l'abîme qui renferme trois cent soixante-cinq Paternités selon le type des Paternités . . . .

[1] Sans doute l'organe de la génération.

IMPRIMERIE NATIONALE.

ⲘⲠⲦⲨⲠⲞⲤ ⲚⲚⲔⲞⲤⲘⲞⲤ ⲘⲠⲈⲠⲖⲎⲢⲰⲘⲀ ⲀⲨⲰ ⲀϤⲘⲀϨϤ ⲘⲘⲚⲦⲤⲀⲂⲈ ⲚⲐⲈ ⲘⲠⲠⲀⲚⲤⲞⲪⲞⲤ ⲀⲨⲰ ⲀϤⲘⲀϨϤ ⲘⲘⲨⲤⲦⲎⲢⲒⲞⲚ ϨⲒ ϨⲞⲨⲚ ⲚⲐⲈ ⲘⲠⲤⲎⲐⲈⲨⲤ ⲀⲨⲰ ⲀϤⲘⲀϨϤ ϨⲒⲂⲞⲖ ⲚⲐⲈ ⲘⲠⲀⲦⲠⲰϢ ⲀⲨⲰ ⲀϤⲦⲀⲘⲒⲞϤ ⲈϤⲞ ⲚⲀⲦⲀⲘⲀϨⲦⲈ ⲘⲘⲞϤ ⲘⲠⲦⲨⲠⲞⲤ ⲘⲠⲒⲀⲦⲀⲘⲀϨⲦⲈ ⲘⲘⲞϤ ⲈⲦϨⲚ ⲘⲀ ⲚⲒⲘ ⲈⲦⲞ ⲚⲞⲨⲀ ⲚⲞⲨⲰⲦ ϨⲘ ⲠⲦⲎⲢϤ ⲀⲨⲰ ⲚⲤⲈⲦⲀϨⲞ ⲘⲘⲞϤ ⲀⲚ ⲀⲨⲰ ⲀϤⲦⲀⲘⲒⲞϤ ⲈϤⲔⲰⲦⲈ ⲈϨⲞⲨⲚ ⲈⲚⲈⲨⲈⲢⲎⲨ ⲘⲠⲦⲨⲠⲞⲤ ⲘⲠⲔⲀ ⲘⲠⲦⲞⲠⲞⲤ ⲈⲦϨⲰⲂⲤ ⲚⲘⲘⲨⲤⲦⲎⲢⲒⲞⲚ ⲈⲐⲎⲠ ⲀⲨⲰ ⲈϤⲦ[ⲀⲘⲒⲞ] ⲚⲦⲈϤⲂⲎⲦⲈ [1] ⲚⲤⲨ. . . . . [ⲘⲠⲦⲨ]ⲠⲞⲤ ⲘⲠⲀⲦⲠⲰϢ . . . .
ϪⲈ ⲞⲨⲈⲢⲎⲦⲈ Ⲛ . . . .
ϤⲦⲞⲞⲨ [2] ⲚⲔⲞⲞϨ ⲘⲠⲦⲨ[ⲠⲞⲤ Ⲛ]ⲦⲈϤⲦⲎⲨ ⲘⲠⲨⲖⲎ ⲀⲨⲰ ⲀϤⲦⲀⲘⲒⲞ ⲘⲠⲘⲎⲢⲞⲤ ⲤⲚⲀⲨ ⲘⲠⲦⲨⲠⲞⲤ ⲚⲘⲘⲨⲢⲒⲀⲢⲬⲞⲤ ⲚⲈⲦϨⲒ ⲞⲨⲚⲀⲘ ⲘⲚ ⲚⲈⲦϨⲒ ϨⲂⲞⲨⲢ ⲀⲨⲰ ⲀϤⲦⲀⲘⲒⲞ ⲚⲚⲈϤⲀⲚⲀⲄⲔⲀⲒⲞⲚ ⲘⲠⲦⲨⲠⲞⲤ ⲚⲚⲈⲦⲂⲎⲔ ⲈⲂⲞⲖ ⲘⲚ ⲚⲈⲦⲚⲎⲨ ⲈϨⲞⲨⲚ ⲀⲨⲰ ⲀϤⲦⲀⲘⲒⲞ ⲚⲦⲔⲈϨⲦⲈ ⲤⲚⲦⲈ Ⲙ . . .

[1] *Cod.* ⲚⲦⲈϤⲞⲨⲂⲎⲦⲈ. La correction n'est pas certaine; c'est pourquoi je n'ai pas traduit. Le mot ⲂⲎⲦⲈ se rapproche de ⲂⲎⲦ, qui signifie côte. — [2] Woïde a mis en note à la marge : *Altera pars folii laceri.*

---

et il fit des cheveux selon le type des mondes du Plérôme, et il le remplit de sagesse comme le Sage universel; il le remplit intérieurement de mystère comme le ⲤⲎⲐⲈⲨⲤ, et il le remplit à l'extérieur comme l'Indivisible. Il le créa insaisissable à la manière de l'Insaisissable qui est en tout lieu, qui est unique dans le Plérôme et qu'on ne peut atteindre. Il le créa entourant ses compagnons, selon le type de la position du lieu qui couvre les mystères cachés. Il créa . . . . . .
. . . .
. . . . les quatre côtés selon le type des quatre portes; il fit les deux cuisses selon le type des Myriarques, ceux qui sont à droite et ceux qui sont à gauche. Il fit ses *nécessités* [1] selon le type de ceux qui sortent et de ceux qui entrent. Il fit ses deux flancs, selon . . . .

[1] Ce mot doit s'entendre du membre viril. Après cette page vient une lacune dont je ne peux préciser l'étendue.

LE PAPYRUS GNOSTIQUE BRUCE.

ⲥⲱⲧⲙ ⲉⲣⲟⲓ̈ ⲉⲓϩⲩⲙⲛⲉⲩⲉ ⲉⲣⲟⲕ ⲡⲙⲩⲥⲧⲏⲣⲓⲟⲛ ⲉⲧϣⲟⲟⲡ ϩⲁ ⲑⲏ ⲛⲁⲭⲱⲣⲏⲧⲟⲛ ⲛⲓⲙ ⲙⲛ ⲁⲡⲉⲣⲁⲛⲧⲟⲛ ⲛⲓⲙ ⲥⲱⲧⲙ ⲉⲣⲟⲓ ⲉⲓϩⲩⲙⲛⲉⲩⲉ ⲉⲣⲟⲕ ⲡⲙⲩⲥⲧⲏⲣⲓⲟⲛ ⲉⲛⲧⲁϥⲃⲟⲩⲃⲟⲩ ϩⲛ ⲡⲉⲩⲙⲩⲥⲧⲏⲣⲓⲟⲛ ϫⲉ ⲉϥϫⲱⲕ ⲉⲃⲟⲗ ⲛϭⲓ ⲡⲙⲩⲥⲧⲏⲣⲓⲟⲛ ⲉⲧϣⲟⲡ ϫⲓⲛ ⲛϣⲟⲣⲡ ⲁⲩⲱ ϩⲛ ⲡⲧⲣⲉϥⲃⲟⲩⲃⲟⲩ ⲁϥϣⲱⲡⲉ ⲛⲟ[ⲩ]ⲙ[ⲟ]ⲟⲩ ⲙⲡⲱⲕⲉⲁⲛⲟⲥ ⲉⲧⲉ ⲡⲉϥⲣⲁⲛ ⲛⲁⲫⲑⲁⲣⲧⲟⲛ ⲡⲉ ⲓⲁⲏⲍⲱⲁ. ⲥⲱⲧⲙ ⲉⲣⲟⲓ̈ ⲉⲓϩⲩⲙⲛⲉⲩⲉ ⲉⲣⲟⲕ ⲡⲙⲩⲥⲧⲏⲣⲓⲟⲛ ⲉⲧϣⲟⲟⲡ ϩⲁⲑⲏ ⲛⲁⲭⲱⲣⲏⲧⲟⲛ ⲛⲓⲙ ⲙⲛ ⲁⲡⲉⲣⲁⲛⲧⲟⲛ ⲛⲓⲙ ⲙⲡⲉⲓⲉⲛⲧⲁϥⲃⲟⲩⲃⲟⲩ ϩⲛ ⲡⲉϥⲙⲩⲥⲧⲏⲣⲓⲟⲛ ⲁϥⲥⲱⲧϥ ⲉⲃⲟⲗ ⲛϭⲓ ⲡⲕⲁϩ ϩⲛ ⲧⲙⲏⲧⲉ ⲙⲡⲱⲕⲉⲁⲛⲟⲥ ⲉⲧⲉ ⲡⲉϥⲣⲁⲛ ⲛⲁⲫⲑⲁⲣⲧⲟⲛ ⲡⲉ ⲡⲉⲓⲁⲍⲱⲁⲉ. ⲥⲱⲧⲙ ⲉⲣⲟⲓ̈ ⲉⲓϩⲩⲙⲛⲉⲩⲉ ⲉⲣⲟⲕ ⲡⲙⲩⲥⲧⲏⲣⲓⲟⲛ ⲉⲧϣⲱⲡⲉ ϩⲁ ⲑ[ⲏ ⲛⲁⲭⲱ]ⲣⲏⲧⲟⲛ ⲛⲓⲙ ⲙⲛ ⲁⲡⲉⲣⲁⲛⲧⲟⲛ [ⲛⲓⲙ ⲙⲡⲉⲓⲉⲛ]ⲧⲁϥⲃⲟⲩⲃⲟⲩ ϩⲛ ⲡⲉϥⲙⲩⲥⲧⲏⲣⲓⲟⲛ [ⲁϥⲥⲱ]ⲧϥ ⲉⲃⲟⲗ ⲛϭⲓ ⲑⲩⲗⲏ ⲧⲏⲣⲥ ⲉⲧⲛⲁϣⲧ ⲛⲧⲉ ⲡⲱⲕⲉⲁⲛⲟⲥ ⲉⲧⲉ ⲛⲧⲟⲥ ⲧⲉ ⲑⲁⲗⲁⲥⲥⲁ ⲙⲛ ⲉⲓ[ⲇ]ⲟⲥ ⲛⲓⲙ ⲉⲧⲛϩⲏⲧⲥ ⲉⲧⲉ ⲡⲉϥⲣⲁⲛ ⲛⲁϥⲑⲁⲣⲧⲟⲛ ⲡⲉ ⲧⲉⲓⲁⲱⲍⲟⲉ

Écoute-moi, je chante un hymne en ton honneur, ô Mystère qui existes avant tout ⲁⲭⲱⲣⲏⲧⲟⲥ et tout Infini. Écoute-moi, je chante un hymne en ton honneur, ô Mystère qui as brillé dans leur mystère, afin que fût parfait le mystère qui existe dès le commencement. Et dans son action de briller, il est devenu l'eau de l'Océan, dont le nom incorruptible est le ⲓⲁⲏⲍⲱⲁ. Écoute-moi, je chante un hymne en ton honneur, ô Mystère qui existes avant tout ⲁⲭⲱⲣⲏⲧⲟⲥ et tout Infini : s'il n'avait pas brillé dans son mystère, la terre se fût abîmée dans l'Océan, dont le nom incorruptible est le ⲓⲁⲍⲱⲁⲉ. Écoute-moi, je chante un hymne en ton honneur, ô Mystère qui existes avant tout ⲁⲭⲱⲣⲏⲧⲟⲥ et tout Infini; s'il n'avait pas brillé dans son mystère, la matière tout entière se fût abîmée, (la matière) informe[1] de l'Océan, qui est la mer avec tout ce qu'elle contient et dont le nom incorruptible est la ⲓⲁⲱⲍⲱⲉ. Écoute-moi, je chante un hymne en ton honneur, ô

(1) Je rends ainsi le mot ⲉⲧⲛⲁϣⲧ. Le mot ⲛⲁϣⲧⲉ, avec l'article ⲧ du féminin, signifie ordinairement *protection*. Le sens que je lui attribue ici n'est pas certain, mais semble convenir au contexte. Le texte est peut-être mauvais.

ⲥⲱⲧⲙ ⲉⲣⲟⲓ ⲉϊϩⲩⲙⲛⲉⲩⲉ ⲉⲣⲟⲕ ⲡⲙⲩⲥⲧⲏⲣⲓⲟⲛ ⲉⲧϣⲟⲡ ϩⲁⲑⲏ ⲛⲁⲭⲱⲣⲏⲧⲟⲛ ⲛⲓⲙ ⲙⲛ ⲁⲡⲉⲣⲁⲛⲧⲟⲛ [ⲛⲓⲙ ⲙ]ⲡⲉⲓ ⲉⲛⲧⲁϥⲃⲟⲩⲃⲟⲩ ϩⲛ ⲡⲉϥⲙⲩⲥⲧⲏⲣⲓⲟⲛ ⲁⲩⲱ ϩⲛ ⲡⲧⲣⲉϥ... ⲧⲟ ⲁϥⲥⲫⲣ [ⲁⲅⲓⲍⲉ ⲛⲧ]ⲑⲁⲗⲁⲥⲥⲁ ⲙⲛ ⲛⲉⲧⲛϩⲏⲧⲥ ⲧⲏⲣⲟⲩ ... ⲁⲧⲁⲕⲧⲓ ⲛϭⲓ ⲧϭⲟⲙ ⲉⲧⲛϩⲏⲧⲟⲩ [ⲉⲧⲉ] ⲡⲉⲕⲣⲁⲛ ⲛⲁⲫⲑⲁⲣⲧⲟⲛ [ⲡⲉ] ..... ⲥⲱⲧⲙ ⲉⲣⲟϊ ⲉϊϩⲩⲙⲛⲉⲩⲉ [ⲉⲣⲟⲕ ⲡⲙⲩⲥⲧⲏ]ⲣⲓⲟⲛ ⲉⲧϣⲟⲡ ϩⲁⲑⲏ ⲛ[ⲁⲭⲱⲣⲏⲧⲟⲛ ⲛⲓⲙ ⲙⲛ ⲁⲡⲉⲣⲁⲛⲧⲟⲛ ⲛⲓⲙ] ....

.....ⲛⲉⲯⲩⲭⲟⲟⲩⲉ ⲡⲉⲣⲉⲥⲓⲙⲟⲛ ⲁⲩⲱ ⲉⲩϣⲁⲛⲁϫⲓ ⲛⲧⲁⲯⲩⲭⲏ ⲉⲡⲧⲟⲡⲟⲥ ⲉⲧⲙⲙⲁⲩ ⲉⲥⲉϯ ⲛⲏⲩ ⲙⲡⲙⲩⲥⲧⲏⲣⲓⲟⲛ ⲛⲧⲉ ⲧⲉⲩϩⲟⲧⲉ ⲉⲧⲉ ⲡⲁ ⲡⲓⲥⲭⲁⲣⲓⲏⲣ ⲁⲩⲱ ⲉⲩϣⲁⲛϫⲓⲧⲥ ⲉⲡⲧⲟⲡⲟⲥ ⲙⲛ ⲧⲁⲝⲉⲓⲥ (*sic*) ⲧⲏⲣⲟⲩ ⲛⲧⲉ ⲡⲁⲣⲁⲡⲗⲏⲝ ϯⲛⲟϭ ⲛⲁⲣⲭⲱⲛ ⲉⲧⲛⲁϣⲧ ϯⲉⲧⲥⲏⲣ ⲉⲃⲟⲗ ϩⲓ ⲧⲉϩⲓⲏ ⲛⲧⲙⲏⲧⲉ ⲉⲥϥⲓ ⲛ[ⲛⲉⲯⲩ]ⲭⲟⲟⲩⲉ ⲛⲥⲧⲉⲣⲉⲥⲓⲙⲟⲥ ⲁⲩⲱ ⲉⲩϣⲁⲛϫⲓ [ⲛⲧⲁ]ⲯⲩⲭⲏ ⲉⲡⲧⲟⲡⲟⲥ ⲉⲧⲙⲙⲁⲩ ⲉⲥⲉϯ ⲛⲏⲩ ⲙ[ⲡⲙ]ⲩⲥⲧⲏⲣⲓⲟⲛ ⲛⲧⲉ ⲧⲉⲩϩⲟⲧⲉ ⲉⲧⲉ ⲡⲁⲓ ⲡⲉ ⲁⲭⲣⲟ ... ⲁⲩⲱ ⲉⲩϣⲁⲛϫⲓ ⲛⲧⲁⲯⲩⲭⲏ ⲉⲡⲧⲟⲡⲟⲥ...ⲟⲩⲫⲱⲛ ⲡⲓⲛⲟϭ ⲛⲁⲣⲭⲱⲛ ⲉⲧⲛⲁϣⲧ ⲛϩ..

Mystère qui existes avant tout ⲁⲭⲱⲣⲏⲧⲟⲥ et tout Infini; s'il n'avait pas brillé dans ce mystère .... et il scella la mer avec tout ce qu'elle renferme ..... la Puissance, qui est en eux et dont le nom incorruptible est ..... Écoute-moi, car je chante un hymne en ton honneur, ô Mystère qui existes avant tout ⲁⲭⲱⲣⲏⲧⲟⲥ et tout Infini

....

les âmes ⲡⲉⲣⲉⲥⲓⲙⲟⲥ. Et si l'on conduit mon âme en ce lieu, on lui donnera le mystère de leur crainte, qui est celui de ⲡⲓⲥⲭⲁⲣⲓⲏⲣ. Et si on la mène dans le lieu de toutes les hiérarchies de Paraplix, ce grand et dur archon (femelle), qui est disséminé sur le chemin du milieu qui prend les âmes ⲥⲧⲉⲣⲉⲥⲓⲙⲟⲥ, et si l'on conduit mon âme en ce lieu, on lui donnera le mystère de leur crainte, qui est celui-ci ⲁⲭⲣⲟ..... Et si l'on conduit mon âme au lieu .... ⲟⲩⲫⲱⲛ, ce grand et dur archon........ qui est disséminé sur le chemin.... .... les âmes ⲡⲉⲣⲉⲥⲓⲙⲟⲥ. De nouveau, si l'on conduit mon âme en cet endroit, on lui donnera le mystère de leur crainte,

...ⲉⲓⲱⲕⲁⲙⲏⲡⲓⲟⲛ ⲉⲧⲥⲏⲣ ⲉⲃⲟⲗ ϩⲓ ⲧⲉϩⲓⲏ ⲛ.....ⲙⲏ...ⲩϥⲓⲙⲟⲥ ⲛⲛⲉⲯⲩⲭⲟⲟⲩⲉ ⲛⲡⲉⲣⲉⲥⲓ[ⲙⲟⲥ ⲉⲩϣ]ⲁⲛϫⲓ ⲟⲛ ⲛⲧⲁⲯⲩⲭⲏ ⲉⲡⲧⲟⲡⲟⲥ ⲉⲧⲙⲙⲁⲩ ⲉⲥⲉϯ ⲛⲏⲩ ⲛⲧⲙⲩⲥⲧⲏⲣⲓⲟⲛ (*sic*) ⲛⲧⲉ ⲧ[ⲉⲩ]ϩⲟⲧⲉ [ⲉⲧⲉ] ⲡⲁ ⲡⲓⲥⲧⲁⲱⲣ. ⲁⲩⲱ ⲟⲛ ⲉⲩϣ[ⲁⲛϫⲓ] ϣⲁϫ...ⲛⲧⲁⲯⲩⲭⲏ ⲉⲡⲧⲟⲡⲟⲥ ⲛⲛⲧⲁⲝⲉⲓⲥ ⲧⲏ[ⲣⲟ]ⲩ ⲛⲧⲉⲓⲁⲭⲑⲁⲛⲁⲃⲁⲥ ⲡⲓⲛⲟϭ ⲛⲁⲣⲭⲱⲛ ⲉⲧ[ⲛⲁ]ϣ[ⲧ]...ⲡⲏ ⲉⲧⲙⲉϩ ⲛϭⲱⲛⲧ ⲡⲇⲓⲁⲧⲟⲕⲟⲥ (*sic*) ⲛⲧⲁ..... ⲱⲛ ⲙⲡⲕⲁⲕⲉ ⲉⲧϩⲓⲃⲟⲗ ⲡⲙⲁ ⲉϣⲁϥϣⲃⲱ... [ⲙ]ⲟⲣⲫⲏ ⲛⲓⲙ ⲉⲧⲛⲁϣⲧ ⲡⲉⲓ ⲉⲧⲥⲏⲣ ⲉⲃⲟⲗϩ[ϩⲓⲧⲉ]ϩⲓⲏ [ⲛ]ⲧⲙⲏⲧⲉ ⲉⲥϥⲓ ⲛⲛⲉⲓⲯⲩⲭⲟⲟⲩⲉ ⲙⲡⲉⲣⲉ[ⲥⲓ]ⲙⲟⲥ ⲉⲩϣⲁⲛϫⲓ ⲟⲛ ⲛⲧⲁⲯⲩⲭⲏ ⲉⲡⲧⲟⲡⲟⲥ [ⲉⲧ]ⲙⲙⲁⲩ ⲉⲥⲉϯⲛⲏⲩ ⲙⲡⲙⲩⲥⲧⲏⲣⲓⲟⲛ ⲛⲧⲉ[ⲧⲉⲩ]ϩⲟⲧⲉ ⲉⲧ[ⲉ ⲡ]ⲁⲓ ⲡⲉ ⲁⲩⲏⲣⲛⲉⲃⲣⲱⲁⲑⲣⲙ..... [ⲁ]ⲩⲱ ⲛⲛⲁⲓ ⲁⲩⲱ ⲛⲛⲁⲓ ⲡⲉⲓ ϣⲟⲙⲛⲧ..... ⲉϯϫⲏⲕ ⲉⲃⲟⲗϩⲛ ⲛⲙⲩⲥⲧⲏⲣⲓⲟⲛ ⲛ[ⲓⲙ]...ⲙⲥ...ⲛⲁ ⲁⲩⲱ ⲛⲛⲁ... ⲩⲁϫⲓ...ⲉⲣⲁⲛⲧⲟⲥ ⲡⲉⲓ ⲉϣⲁϥⲇ...........ϫⲟⲟⲩ ⲁⲩⲱ ⲉⲩϣⲁⲛⲁϫⲓⲧⲥ[1].......................................

ϩⲱⲱϥ ⲛⲟⲩⲥⲟⲡ ⲙⲙⲁⲧⲉ ⲉⲧⲉⲧⲛⲟⲛⲟⲙⲁⲍⲉ ⲙⲙⲟϥ ⲉⲧⲉⲧⲛⲕⲱⲧⲉ

[1] Je laisse cette page sans traduction suivie à cause des lacunes qu'elle présente. D'ailleurs, elle est criblée de fautes; j'ai corrigé les plus apparentes, et il est évident que Woïde n'avait pu lire son modèle, qui était trop effacé. Il y avait ensuite une lacune dont je ne peux apprécier l'étendue.

---

qui est celui de ⲡⲓⲥⲧⲁⲱⲣ. Et si l'on conduit.... mon âme au lieu de toutes les hiérarchies de ⲧⲉⲓⲁⲭⲑⲁⲛⲁⲃⲁⲥ, le grand et dur archon... rempli de colère, le successeur de..... des ténèbres extérieures, le lieu où il change toute forme dure, celui qui est disséminé sur le chemin du milieu, qui prend ces âmes ⲡⲉⲣⲉⲥⲓⲙⲟⲥ; si l'on conduit mon âme en ce lieu, ils lui donneront le mystère de leur crainte, qui est celui-ci ⲁⲩⲏⲣⲛⲉⲃⲣⲱⲁⲑⲣⲙ..... et ces choses, ces choses, ces trois..... je suis parfait en tout mystère.................

....

....

....

lui-même seulement une fois, prononcez son nom, tournez-vous vers

ⲙⲙⲱⲧⲛ ⲉⲡⲉⲇ̄ ⲕⲟⲟϩ ⲙⲡⲉ⊡ ⲉⲧⲉⲧⲛⲛϩⲏⲧϥ ⲉⲧⲉⲧⲛϣⲁⲛⲟⲩⲱ ⲉⲧⲉⲧⲛⲟⲛⲟⲙⲁⲍⲉ ⲙⲙⲟϥ ⲁϫⲓⲥ ϫⲉ ⲙⲁⲣⲉ ⲛⲉⲫⲩⲗⲁⲝ ⲙⲡⲥⲉ ⲛ⊡ ⲛⲧⲁϩⲟⲩⲛ ⲙⲛ ⲡⲥⲉ⊡ ⲛⲧⲁⲃⲟⲗ ⲙⲛ ⲛⲧⲁⲝⲓⲥ ⲧⲏ ⲙⲅ̄ⲛⲕ̄[1] ⲛ⊡ ⲙⲛ ⲛⲕⲁⲧⲁⲡⲉⲧⲁⲥⲙⲁ ⲙⲅ̄ⲛⲕ̄ ⲛ⊡ ⲙⲛ ⲛⲧⲟⲡⲟⲥ ⲛⲛⲉϩⲓⲟⲟⲩⲉ ⲙⲙⲟⲟϣⲉ ⲛⲧⲉⲩⲙⲛⲧⲉⲓⲱⲧ ⲧⲏⲣⲥ ⲙⲁⲣⲟⲩⲥⲟⲕⲟⲩ ⲛⲁⲩ ϫⲉ ⲁ̈ⲓⲟⲛⲟⲙⲁⲍⲉ ⲙⲡⲛⲟϭ ⲛⲣⲁⲛ ⲛⲧⲁϥϫⲟⲟϥ ⲛⲁⲛ ⲛϭⲓ ⲡⲛⲟⲩⲧⲉ ⲛⲛⲧⲟⲡⲟⲥ ⲧⲏⲣⲟⲩ ⲛⲛⲉ⊡ ⲧⲏⲣⲟⲩ ϣⲁⲛϯⲃⲱⲕ ⲉ̣ⲡⲧⲟⲡⲟⲥ ⲙⲡⲛⲟⲩⲧⲉ ⲛⲧⲁⲗⲏⲑⲓⲁ. ⲛⲧⲉⲩⲛⲟⲩ ⲉⲧⲉⲧⲛⲉϫⲉ ⲡⲉⲓⲣⲁⲛ ⲙⲛ ⲛⲉⲓ̈ϣⲁϫⲉ ⲙⲛ ⲡⲉⲓ⳩[2] ⲉⲧⲉⲧⲛⲉⲕⲱⲧⲉ ⲙⲙⲱⲧⲛ ⲉⲡⲉϥⲇ̄ ⲛⲕⲟⲟϩ ⲙⲡⲉⲑⲏⲥⲁⲩⲣⲟⲥ ⲉⲧϩⲙ ⲡⲧⲟⲡⲟⲥ ⲉⲧⲉⲧⲛⲛϩⲏⲧϥ ⲛⲉ ⲛⲉⲫⲩⲗⲁⲝ ⲛⲙⲡⲩⲗⲏ ⲙⲛ ⲛⲧⲁⲝⲓⲥ ⲛⲛⲉⲑⲏⲥⲁⲩⲣⲟⲥ ⲙⲛ ⲛⲉⲩⲕⲁⲧⲁⲡⲉⲧⲁⲥⲙⲁ ⲉⲧⲥⲏⲕ ⲉⲣⲛ ⲛⲉⲉⲓ̈ⲟⲩⲉ ⲥⲉⲛⲁⲥⲟⲕⲟⲩ

[1] Ces quatre lettres doivent être expliquées comme il suit : ⲙ préposition; ⲅ̄ premier chiffre (3); ⲛ préposition; ⲕ̄ second chiffre (20) : ce qui fait 23. A 23 si l'on ajoute les 6 æons précédents, plus celui qui est au-dessus de tout et le terme du voyage, on a bien le chiffre qui exprime le nombre des æons du Plérôme.

[2] Je ne sais comment lire ce sigle, qui habituellement se lit ⲙⲁⲣⲧⲩⲣⲱⲛ dans les textes hagiographiques. Ici il signifie évidemment *sceau*, comme le montre le contexte; peut-être ⳩ est-il l'abrégé du mot mystère.

les quatre côtés de l'æon où vous vous trouverez. Lorsque vous aurez fini de prononcer ce nom, dites : « Que les gardiens des six æons intérieurs et des six æons extérieurs, avec les hiérarchies des vingt-trois æons et les firmaments des vingt-trois æons et de tous les mondes où il y a des vestiges de leur paternité tout entière, s'écartent devant moi, parce que j'ai prononcé le grand nom que nous a enseigné le Dieu de tous les mondes et de tous les æons, afin que j'arrive vers le monde du Dieu de vérité [1]. » Lorsque vous aurez dit ce nom avec ces paroles et ce mystère, que vous vous serez tournés vers les quatre côtés du trésor dans le monde où vous vous trouverez, les gardiens des portes, les

[1] Le mot ϣⲁⲛⲧⲉ signifie jusqu'à ce que, mais il renferme ici et plus bas une force d'intensité qui doit conduire au dernier æon : cette nuance m'a fait traduire par *afin que*.

LE PAPYRUS GNOSTIQUE BRUCE.

ⲛⲁⲩ ⲧⲏⲣⲟⲩ ϫⲓⲛ ⲛϩⲟⲩⲛ ⲉⲃⲟⲗ ⲙⲙⲟⲟⲩ ⲧⲏⲣⲟⲩ ϫⲓⲛ ⲛϣⲟⲣⲡ ϣⲁ ϩⲣⲁⲓ ⲉⲫⲁⲉ ⲙⲙⲟⲟⲩ ⲧⲏⲣⲟⲩ ⲥⲉⲛⲁⲥⲟⲕⲟⲩ ⲛⲁⲩ ⲉϩⲣⲁⲓ ⲉⲡⲉⲩⲉⲓⲛⲉ ⲙⲙⲓⲛ ⲙⲙⲟⲟⲩ ϣⲁⲛⲧⲉⲧⲛϫⲓⲟⲟⲣ ⲉϩⲟⲩⲛ ϩⲛ ⲛⲧⲟⲡⲟⲥ ⲛⲛⲉ⊡ ⲧⲏⲣⲟⲩ ϣⲁⲛⲧⲉⲧⲛⲃⲱⲕ ϣⲁ ⲡⲧⲟⲡⲟⲥ ⲙⲡⲛⲟⲩⲧⲉ ⲛⲧⲁⲗⲏⲑⲉⲓⲁ ⲉⲧⲙⲡⲃⲟⲗ ⲛⲛⲧⲟⲡⲟⲥ ⲛⲧⲉ ⲡⲁϊⲱⲧ. ⲉⲓⲥϩⲏⲏⲧⲉ ⲁⲓϫⲱ ⲉⲣⲱⲧⲛ ⲙⲡⲣⲁⲛ ⲉⲛⲧⲁⲓϫⲟⲟϥ ⲉⲣⲱⲧⲛ ⲛϣⲟⲣⲡ ϫⲉ ϯⲛⲁϫⲟⲟϥ ⲉⲣⲱⲧⲛ ϣⲁⲛⲧⲉ ⲛⲧⲟⲡⲟⲥ ⲧⲏⲣⲟⲩ ⲛⲛⲉ⊡ ⲥⲟⲕⲟⲩ ⲛⲁⲩ ϣⲁⲛⲧⲉⲧⲛⲃⲱⲕ ϣⲁ ⲡⲧⲟⲡⲟⲥ ⲙⲡⲛⲟⲩⲧⲉ ⲛⲧⲁⲗⲏⲑⲉⲓⲁ ⲉⲧⲙⲡⲃⲟⲗ ⲛⲛⲧⲟⲡⲟⲥ ⲙⲡⲁⲓⲱⲧ. ⲉⲓⲥϩⲏⲏⲧⲉ ϭⲉ ⲁϊϫⲟⲟϥ ⲉⲣⲱⲧⲛ ϩⲁⲣⲉϩ ⲉⲣⲱⲧⲛ ⲙⲡⲣϫⲟⲟϥ ⲉⲧⲉⲧⲛⲙⲏⲛ ⲉⲃⲟⲗϫⲉ ⲉⲛⲉ ⲛⲧⲟⲡⲟⲥ ⲧⲏⲣⲟⲩ ϣⲧⲟⲣⲧⲣ ⲉⲧⲃⲉ ⲧⲉϥⲙⲛⲧⲛⲟϭ ⲉⲧϣⲟⲟⲡ ϩⲣⲁⲓ ⲛϩⲏⲧϥ. ⲉⲓⲥϩⲏⲏⲧⲉ ϭⲉ ⲁϊϫⲟⲟϥ ⲉⲣⲱⲧⲛ ⲙⲡⲙⲛⲧⲓ̅ⲃ̅ ⲉⲧⲉⲧⲛⲕⲱⲧⲉ ⲉⲣⲟⲓ ⲧⲏⲣⲧⲛ ⲙⲛ ⲧⲉⲥⲫⲣⲁⲅⲓⲥ ⲙⲛ ⲧⲉⲯⲏ-

---

hiérarchies des trésors et leurs firmaments étendus au-devant des eaux se retireront devant vous depuis leur intérieur à tous, hors d'eux tous, depuis le premier jusqu'au dernier d'eux tous; ils s'écarteront chacun selon sa ressemblance [1], jusqu'à ce que vous ayez traversé les mondes de tous les æons et que vous soyez arrivés au monde du Dieu de vérité qui se trouve en dehors des mondes de mon Père. Voici que je vous ai dit le nom dont je vous avais parlé auparavant en disant : Je vous le ferai connaître, afin que tous les lieux des æons se retirent devant vous jusqu'à ce que vous arriviez au monde du Dieu de vérité [2], qui se trouve en dehors du monde qu'habite mon Père. Je vous l'ai donc appris, gardez-le, ne le dites jamais, parce que tous les mondes sont effrayés de la puissance qu'il renferme. Voici que je vous l'ai

[1] C'est-à-dire que chacun suivra la manière dont son archétype se sera conduit, afin de l'imiter en tout selon cette règle d'imitation qui est au fond de tous les systèmes gnostiques et dont j'ai si souvent parlé dans ma thèse : *Le gnosticisme égyptien.*

[2] Je dois faire ici la même observation que plus haut sur le mot ϣⲁⲛⲧⲉ (cf. note 1 de la page précédente). Les difficultés de la traduction m'ont forcé d'employer ici la conjonction *afin que* dans le premier cas et la conjonction *jusqu'à ce que* dans le second.

LE PAPYRUS GNOSTIQUE BRUCE.

ⲫⲟⲥ ⲉⲓⲥϩⲏⲏⲧⲉ ϭⲉ ⲁⲓϫⲱ ⲉⲣⲱⲧⲛ ⲙⲡⲣⲁⲛ ⲉⲛⲧⲁⲧⲉⲧⲛϣⲛⲧ ⲉⲣⲟϥ ⲉⲧⲣⲉⲧⲉⲧⲛⲕⲁⲁϥ ϩⲙ ⲡⲉⲧⲛϩⲏⲧ. ⲛⲧⲉⲣⲉϥⲟⲩⲱ ⲇⲉ ⲉϥϫⲱ ⲙⲙⲟϥ ⲉⲣⲟⲟⲩ ⲡⲉϫⲁϥ ⲛⲁⲩ ⲉϥⲁϩⲉⲣⲁⲧϥ ϩⲙ ⲡⲉ⊡ ⲛⲛⲁ ⲡⲥⲁ ⲛϩⲟⲩⲛ ϫⲉ ⲟⲩⲉϩ ⲧⲏⲩⲧⲛ ⲛⲥⲱï. ⲛⲧⲟⲟⲩ ⲇⲉ ⲁⲩⲟⲩⲁϩⲟⲩ ⲛⲥⲱϥ ⲁϥⲙⲟⲟϣⲉ ⲉϩⲟⲩⲛ ⲛⲛⲉ⊡ ⲁϥⲉî ⲉϩⲣⲁï ⲉⲡⲙⲉϩ ⲥⲁϣϥ ⲛ⊡ ⲛϩⲟⲩⲛ ⲁϥⲁϩⲉⲣⲁⲧϥ ϩⲙ ⲡⲧⲟⲡⲟⲥ ⲉⲧⲙⲙⲁⲩ ⲡⲉϫⲁϥ ⲇⲉ ⲛⲁⲩ ϫⲉ ⲛⲁ ⲙⲡⲙⲛⲧⲓ̈ⲃ̄ ⲕⲱⲧⲉ ⲉⲣⲟï ⲧⲏⲣⲧⲛ. ⲛⲧⲟⲟⲩ ⲇⲉ ⲁⲩⲕⲱⲧⲉ ⲉⲣⲟϥ ⲧⲏⲣⲟⲩ. ⲡⲉϫⲁϥ ⲛⲁⲩ ϫⲉ ⲟⲩⲱϣⲃ ⲛⲥⲱï ⲛⲧⲉⲧⲛϯ ⲉⲟⲟⲩ ⲛⲙⲙⲁï ⲛⲧⲁϯ ⲉⲟⲟⲩ ⲉϩⲟⲩⲛ ⲙⲡⲁïⲱⲧ ⲉⲧⲃⲉ ⲧϭⲓ ⲛⲥⲱⲣ ⲉⲃⲟⲗ ⲛⲛⲉⲑⲏⲥⲁⲩⲣⲟⲥ ⲧⲏⲣⲟⲩ. ⲛⲧⲟϥ ⲇⲉ ⲁϥⲁⲣⲭⲉⲓ ⲛϩⲩⲙⲛⲉⲩⲉ ⲉϥϯ ⲉⲟⲟⲩ ⲉϩⲟⲩⲛ ⲙⲡⲉϥⲉⲓⲱⲧ ⲉϥϫⲱ ⲙⲙⲟⲥ ⲛⲧⲉⲓϩⲉ ϫⲉ ϯϯ ⲉⲟⲟⲩ ⲛⲁⲕ ⲉⲧⲉ ⲛⲧⲟⲕ ⲡⲉ ⲡⲁ ⲡⲛⲟϭ ⲛⲣⲁⲛ ⲛⲧⲉ ⲡⲓⲱⲧ ⲉⲧⲉⲛⲉϥⲥϩⲁï ⲛⲉ ⲙⲡⲉⲓⲧⲟⲡⲟⲥ 2̲ 2̲ [1] ϫⲉ ⲛⲧⲟⲕ ⲡⲉ ⲛⲧⲁⲕⲥⲟⲕⲕ ⲉⲣⲟⲕ

(1) Je ne sais ce que veulent dire ces sigles. Woïde les a pris pour des lettres effacées, et il a mis en marge : *Sic deleta.*

---

appris, à vous tous, au nombre de douze, qui m'entourez, ainsi que le sceau et le nombre. Voici que je vous ai appris le nom sur lequel vous m'avez interrogé, afin que vous le mettiez dans votre cœur. » Lorsqu'il eut achevé de leur parler ainsi, il leur dit en se tenant dans l'intérieur de l'æon : « Suivez-moi. » Et eux, ils le suivirent. Il entra dans l'intérieur des æons, il arriva dans l'intérieur du septième æon, il s'arrêta en ce monde. Il leur dit (à ses disciples) [1] : « Ô mes douze, entourez-moi tous ; » et ils l'entourèrent tous. Il leur dit : « Répondez après moi et glorifiez mon Père avec moi, afin que je le glorifie d'avoir fait se dilater [2] tous les trésors. » Alors il commença de chanter un hymne en rendant gloire à son Père et en prononçant ces paroles : « Je te rends gloire, car c'est toi qui es le grand nom dont les lettres sont en ce monde, 2̲ 2̲, car c'est toi qui as fait émaner de ton être

(1) Peut-être pourrait-on lire ⲡⲉϫⲁϥ ⲛⲁⲩ ϫⲉ ⲙⲡⲙⲛⲧⲓ̈ⲃ̄ : il leur dit, c'est-à-dire : il dit aux douze ; mais ce serait attribuer au mot ϫⲉ un sens qu'il n'a pas.

(2) Le mot *se dilater* doit se comprendre ici comme synonyme d'*émaner*.

ⲦⲎⲢⲔ ⲚⲦⲀⲖⲎⲐⲈⲒⲀ ϢⲀⲚⲦⲔⲔⲀ ⲠⲘⲀ ⲘⲠⲈⲒⲔⲞⲨⲒ̈ ⲘⲘⲈⲈⲨⲈ ⲈⲂⲞⲖ ⲈⲘⲠⲔⲤⲞⲔϤ ⲈⲢⲞⲔ ϪⲈ ⲞⲨ ϬⲈ ⲠⲈ [1] ⲠⲈⲔⲞⲨⲰϢ ⲠⲚⲞⲨⲦⲈ ⲠⲒⲀⲦⲚⲢⲀⲦϤ [2]. ⲦⲞⲦⲈ ⲀϤⲦⲢⲈ ⲚⲈϤⲘⲀⲐⲎⲦⲎⲤ ⲞⲨⲰϢⲂ ϪⲈ ϨⲀⲘⲎⲚ ϨⲀⲘⲎⲚ ϨⲀⲘⲎⲚ ⲚϢⲞⲘⲚⲦ ⲚⲤⲞⲠ. ⲠⲈϪⲀϤ ⲚⲀⲨ ⲚⲞⲨⲰϨⲘ ϪⲈ ⲞⲨⲰϨⲘ ⲚⲤⲰⲒ̈ ϪⲈ ϨⲀⲘⲎⲚ ⲔⲀⲦⲀ ⲈⲞⲞⲨ ⲚⲒⲘ. ⲠⲀⲖⲒⲚ ⲞⲚ ⲠⲈϪⲀϤ ϪⲈ ϮϨⲨⲘⲚⲈⲨⲈ ⲈⲢⲞⲔ Ⲱ ⲠⲚⲞⲨⲦⲈ ⲠⲀⲒ̈ⲰⲦ ϪⲈ ⲚⲦⲞⲔ ⲠⲈ ⲚⲦⲀⲔⲔⲀ ⲠⲘⲀ ⲘⲠⲈⲒ̈ⲔⲞⲨⲒ̈ ⲘⲘⲈⲈⲨⲈ ⲈϤⲈⲂⲞⲨⲂⲞⲨ ϨⲢⲀⲒ̈ ⲚϨⲎⲦϤ ϪⲈ ⲞⲨ ϬⲈ ⲠⲈ ⲠⲈⲔⲞⲨⲰϢ [3] Ⲱ ⲠⲚⲞⲨⲦⲈ ⲠⲒⲀⲦⲚⲢⲀⲦϤ. ⲦⲞⲦⲈ ⲠⲈϪⲀⲨ ϪⲈ ⳥ ⲚⲄ̄ ⲚⲤⲞⲠ. ⲦⲞⲦⲈ ⲠⲈϪⲀϤ ϪⲈ ϮϨⲨⲘⲚⲈⲨⲈ ⲈⲢⲞⲔ Ⲱ ⲠⲚⲞⲨⲦⲈ ⲠⲒⲀⲦⲚⲢⲀⲦϤ ϪⲈ ⲚⲦⲞⲔ

LE PAPYRUS GNOSTIQUE BRUCE.

[1] *Cod.* ϫⲉ ⲟⲩ ϭⲉ ϫⲉ. Le texte est évidemment corrompu. Comme l'expression ⲟⲩ ϭⲉ ⲡⲉⲕⲟⲩⲱϣ se trouve plus loin, je me suis cru obligé de conserver ⲟⲩ, qui aurait ici le sens de *tel*, sens nouveau qui ne me semble pas être sûr : aussi je crois que, malgré ma correction, le texte demeure incorrect.

[2] Ce mot ⲡⲓⲁⲧⲛⲣⲁⲧϥ est assez difficile à comprendre. Il est nouveau et semble incorrect. J'avais cru tout d'abord qu'il y avait quelques lettres d'omises au milieu; mais à la réflexion le texte est très correct. Le mot se compose de la particule ⲁⲧ + ⲛ + ⲣⲁⲧϥ. La racine ⲛ est réduite à sa plus simple expresssion parce qu'elle est dans son état construit. Le mot signifie immuable. Ce mot se retrouve plusieurs fois dans la page suivante; mais, chaque fois ou à peu près, il est écrit avec une orthographe qui se simplifie de plus en plus, comme je le ferai observer.

[3] *Cod.* ϫⲉ ⲱ ϭⲉ ⲱ ⲡⲛⲟⲩⲧⲉ, etc. Cela ne présente aucun sens. Comme c'est ici la formule supérieure et qu'elle finit ce second hymne, comme la première finissait le premier, je l'ai rétablie, avec raison, je crois.

---

entier la vérité, jusqu'à ce que tu eusses créé par ton émanation le lieu de cette petite Pensée, car telle est ta volonté, ô Dieu immuable. » Alors il fit répondre par trois fois à ses disciples : *Amen, amen, amen.* Il leur dit en outre : « Répondez après moi *amen* à chaque glorification. » Il dit de nouveau : « Je te chanterai un hymne de louanges, ô Dieu, mon Père; car c'est toi qui as créé le lieu de cette petite Pensée afin qu'elle brillât en toi; car, ô Dieu immuable, telle était ta volonté immuable. » Alors par trois fois ils dirent : « Ô Dieu, etc. » Alors il dit : « Je te chanterai un hymne de louanges, ô Dieu immuable; car c'est toi qui as brillé en toi-même, car c'était ta volonté de briller, ô Dieu

IMPRIMERIE NATIONALE.

LE PAPYRUS GNOSTIQUE BRUCE.

ⲡⲉ ⲛⲧⲁⲕⲃⲟⲩⲃⲟⲩ ϩⲣⲁï ⲛϩⲏⲧⲕ ⲛⲙⲓⲛ ⲙⲙⲟⲕ ϫⲉ ⲟⲩ ϭⲉ ⲡⲉⲕⲟⲩⲱϣ ⲡⲉ ⲉⲧⲣⲉⲕⲃⲟⲩⲃⲟⲩ[1] ⲱ ⲡⲛⲟⲩⲧⲉ ⲡⲓⲁⲧⲛⲣⲁⲧϥ. ⲡⲉϫⲁⲩ ⲟⲛ ϫⲉ ⳨[2] ⲛⲅ̅ ⲛⲥⲟⲡ. ϯϩⲩⲙⲛⲉⲩⲉ ⲉⲣⲟⲕ ⲱ ⲡⲛⲟⲩⲧⲉ ⲡⲓⲁⲧⲛⲣⲁⲧϥ ϫⲉ ⲛⲧⲟⲕ ϩⲓⲧⲙ ⲡⲉⲕⲟⲩⲱϣ ⲙⲙⲓⲛ ⲙⲙⲟⲕ ⲁⲓⲃⲟⲩⲃⲟⲩ ϩⲣⲁï ⲛϩⲏⲧⲕ ⲉ̈ⲓⲟ ⲛⲟⲩⲡⲣⲟⲃⲟⲗⲏ ⲛⲟⲩⲱⲧ ⲁ̈ⲓⲡⲱⲛⲉ ⲉⲃⲟⲗ ϩⲣⲁï ⲛϩⲏⲧⲕ ϫⲉ ⲟⲩ ϭⲉ ⲡⲉⲕⲟⲩⲱϣ ⲡⲉ ⲉⲧⲣⲉ ⲛⲁï ⲧⲏⲣⲟⲩ ϣⲱⲡⲉ ⲱ ⲡⲛⲟⲩⲧⲉ ⲡⲓⲁⲧⲛⲣⲁⲧϥ. ⲧⲟⲧⲉ ⲁⲩⲟⲩⲱϣⲃ ϫⲉ ⳨ ⲛⲅ̅ ⲛⲥⲟⲡ ⲱ ⲡⲛⲟⲩⲧⲉ ⲡⲓⲁⲧⲛⲣⲁⲧϥ. ϯϩⲩⲙⲛⲉⲩⲉ ⲉⲣⲟⲕ ⲱ ⳨ ϫⲉ ⲛⲧⲟⲕ ⲁⲕⲡⲣⲟⲃⲁⲗⲗⲉ ⲙⲙⲟⲓ ⲉⲃⲟⲗ ⲉ̈ⲓⲟ ⲛⲟⲩⲡⲣⲟⲃⲟⲗⲏ ⲛⲟⲩⲱⲧ ϫⲉ ⲟⲩ ϭⲉ ⲡⲉⲕⲟⲩⲱϣ ⲡⲉ ⲉⲧⲣⲉ ⲛⲁï ⲧⲏⲣⲟⲩ ϣⲱⲡⲉ ⲱ ⲡⲛ⳨. ⲧⲟⲧⲉ ⲁⲩⲟⲩⲱϣⲃ ϫⲉ ϩⲁⲙⲏⲛ ϩⲁⲙⲏⲛ ϩⲁⲙⲏⲛ ⲛⲅ̅ ⲛⲥⲟⲡ ⲱ ⲡⲛ⳨. ϯϩⲩⲙⲛⲉⲩⲉ ⲉⲣⲟⲕ ϫⲉ ⲛⲧⲟⲕ ⲡⲉⲛⲧⲁⲕⲧⲁϩⲟⲓ ⲉⲣⲁⲧ ⲙⲡⲉⲕⲙⲧⲟ ⲉⲃⲟⲗ ⲉⲓⲟ ⲙⲡⲉⲕⲉⲓⲛⲉ ⲧⲏⲣϥ ⲙⲛ ⲧⲉⲕϩⲉⲓⲕⲱⲛ ⲧⲏⲣⲥ ⲁⲕⲧⲱⲧ ⲛϩⲏⲧ ⲉϩⲣⲁï ⲉϫⲱï ϫⲉ ⲟⲩ ϭⲉ ⲡⲉⲕⲟⲩⲱϣ ⲡⲉ ⲉⲧⲣⲉ ⲛⲁï

(1) Le manuscrit est fort mauvais en cet endroit; il porte : ⲙⲙⲓⲛ ⲙⲙⲟⲕ ⲉⲡⲉⲕⲟⲩⲱϣ ⲡⲉ ⲉⲧⲣⲉϥⲃⲟⲩⲃⲟⲩ ϫⲉ ⲟⲩ ϭⲉ ⲱ, etc. Il faut évidemment reconstruire la phrase comme je l'ai fait. La leçon ⲉⲧⲣⲉϥⲃⲟⲩⲃⲟⲩ n'offre, en effet, aucun sens.

(2) Abréviation.

immuable. » Ils dirent de nouveau par trois fois : « Ô Dieu, etc. — Je te chanterai un hymne de louanges, ô Dieu immuable; car c'est par ta volonté même que j'ai brillé en toi; étant une émanation unique, je suis sorti de toi, car c'était ta volonté que toutes ces choses existassent, ô Dieu immuable. » Alors ils répondirent par trois fois : « Ô Dieu immuable, etc. — Je te chanterai un hymne de louanges, ô Dieu immuable; car tu m'as fait émaner de toi (comme) une émanation unique, car c'était ta volonté que toutes ces choses existassent, ô Dieu, etc. » Alors ils répondirent par trois fois : « Amen, amen, amen, ô Dieu, etc. — Je te chanterai un hymne de louanges, car c'est toi qui m'as placé en ta présence, étant ta ressemblance entière et ton image parfaite : tu as pris tes complaisances en moi, car c'était ta volonté que toutes ces choses existassent. » Alors ils répondirent par trois fois : « Ô Dieu, etc.

ⲧⲏⲣⲟⲩ ϣⲱⲡⲉ ⲱ ⲡⲛ⳥. ⲧⲟⲧⲉ ⲁⲩⲟⲩⲱϣⲃ ϫⲉ ⳥ ⲛⲅ̄ ⲛⲥⲟⲡ ⲱ ⲡⲛ⳥. ϯϩⲩⲙⲛⲉⲩⲉ ⲉⲣⲟⲕ ⲛⲧⲟⲕ ⲡⲛⲟⲩⲧⲉ ⲡⲓⲁⲧⲛⲣⲁⲧϥ ϫⲉ ⲛⲧⲟⲕ ⲡⲉ ⲛⲧⲁⲕⲃⲟⲩⲃⲟⲩ ϩⲣⲁï ⲛϩⲏⲧⲕ ⲙⲙⲓⲛ ⲙⲙⲟⲕ ⲙⲡⲉïⲕⲟⲩï ⲙⲙⲉⲉⲩⲉ ⲁⲕⲡⲣⲟⲃⲁⲗⲗⲉ ⲉⲃⲟⲗ ⲛⲧⲙⲉϩⲃ̄ ⲙⲡⲣⲟⲃⲟⲗⲏ ⲁⲕⲥⲟⲣⲥ ⲉⲃⲟⲗ ⲛϩⲉⲛ ⲧⲟ-ⲡⲟⲥ ⲉⲩⲕⲱⲧⲉ ⲉⲣⲟⲕ ϫⲉ ⲟⲩ ϭⲉ ⲡⲉⲕⲟⲩⲱϣ ⲡⲉ ⲉⲧⲣⲉ ⲛⲁï ⲧⲏⲣⲟⲩ ϣⲱⲡⲉ ⲱ ⲡⲛ⳥. ⲧⲟⲧⲉ ⲁⲩⲟⲩⲱϣⲃ ϫⲉ ⳥ ⲱ ⲡⲛⲟⲩⲧⲉ ⲡⲓⲁⲧⲛⲣⲁⲧϥ. ϯϩⲩⲙⲛⲉⲩⲉ ⲉⲣⲟⲕ ⲱ ⲡⲛ⳥ ϫⲉ ⲛⲧⲟⲕ ⲡⲉ ⲛⲧⲁⲕⲃⲟⲩⲃⲟⲩ ϩⲣⲁï ⲛϩⲏⲧⲕ ⲙⲙⲓⲛ ⲙⲙⲟⲕ ⲁⲕⲡⲣⲟⲃⲁⲗⲗⲉ ⲉⲃⲟⲗ ⲛⲧⲙⲉϩⲅ̄ ⲙⲡⲣⲟⲃⲟⲗⲏ ⲉⲧⲉ ⲛⲧⲟⲥ ⲧⲉ ⲛⲧⲁⲕⲧⲣⲉⲥϣⲱⲡⲉ ⲉⲕⲥⲱⲣ ⲙⲙⲟⲕ ⲉⲃⲟⲗ ϩⲛ ⲛⲧⲟⲡⲟⲥ ⲧⲏⲣⲟⲩ ϫⲉ ⲟⲩ ϭⲉ ⲱ ⲡⲛ⳥ ⲡⲉⲕⲟⲩⲱϣ ⲟⲛ ⲡⲉ ⲉⲧⲣⲉ ⲛⲁï ⲧⲏⲣⲟⲩ ϣⲱⲡⲉ. ⲧⲟⲧⲉ ⲡⲉϫⲁⲩ ϫⲉ ⳥ ⲅ̄ ⲱ ⲡⲓⲁⲧⲛⲣⲁⲧϥ. ϯϩⲩⲙⲛⲉⲩⲉ ⲉⲣⲟⲕ [ⲱ ⲡⲛ⳥ ϫⲉ ⲛⲧⲟⲕ ⲡⲉ ⲛⲧⲁⲕⲃⲟⲩⲃⲟⲩ ϩⲣⲁⲓ ⲛϩⲏⲧⲕ][1] ⲙⲙⲓⲛ ⲙⲙⲟⲕ

(1) Tout ce passage manque dans la copie, où une ligne a été laissée en blanc. La restitution est facile.

— Je te chanterai un hymne de louanges, à toi, ô Dieu immuable; car c'est toi qui as brillé en toi-même (et as fait émaner)[1] cette petite Pensée. Tu as fait émaner la seconde émanation, tu l'as disséminée dans tous les mondes qui t'entourent[2], car c'était ta volonté que toutes ces choses existassent, ô Dieu, etc ». Alors ils répondirent : Ô Dieu immuable, etc. — Je te chanterai un hymne de louanges, ô Dieu; car c'est toi qui as brillé en toi-même, et tu as fait émaner la troisième émanation, qui est celle que tu as fait exister en te dilatant[3] en dehors dans tous les mondes, car c'était ta volonté, ô notre Dieu, que toutes ces choses existassent. » Alors ils dirent par trois fois :

(1) Le verbe ⲛⲧⲁⲕⲃⲟⲩⲃⲟⲩ a ici une force active que j'ai rendue par les mots entre parenthèses. Peut-être y avait-il le verbe ⲁⲕⲡⲣⲟⲃⲁⲗⲗⲉ, qui a été omis.

(2) Cette seconde émanation consistait en une série d'émanations, comme la Dodécade : cette Dodécade a été la même dans tous les mondes, par suite de la loi d'imitation. C'est ce qu'exprime ce membre de phrase.

(3) Ce mot doit encore s'entendre dans le sens d'émanation progressive.

LE PAPYRUS GNOSTIQUE BRUCE.

ⲁⲕⲡⲣⲟⲃⲁⲗⲗⲉ ⲉⲃⲟⲗ ⲛ̄ⲧⲉⲓⲕⲉⲡⲣⲟⲃⲟⲗⲏ ⲁⲕⲕⲁⲑⲓⲥⲧⲁ ⲙ̄ⲙⲟⲥ ⲉϫⲛ̄ ⲛ̄ⲧⲟⲡⲟⲥ ⲧⲏⲣⲟⲩ [ϫⲉ ⲟⲩ ϭⲉ ⲡⲉⲕⲟⲩⲱϣ ⲡⲉ ⲉⲧⲣⲉ ⲛⲁⲓ ⲧⲏⲣⲟⲩ ϣⲱⲡⲉ ⲱ ⲡⲛⳁ ⲡⲓⲁⲧⲛⲣⲁⲧϥ][(1)]. ⲧⲟⲧⲉ ⲡⲉϫⲁⲩ ϫⲉ ⳁ ⲅ̄ ⲱ ⲡⲛϯ°. ϯϩⲩⲙⲛⲉⲩⲉ ⲉⲣⲟⲕ ϫⲉ ⲛ̄ⲧⲟⲕ ⲡⲉ ⲛ̄ⲧⲁⲕⲃⲟⲩⲃⲟⲩ ⲛ̄ϩⲏⲧⲕ ⲙ̄ⲙⲓⲛ ⲙ̄ⲙⲟⲕ ⲁⲕⲡⲣⲟⲃⲁⲗⲗⲉ ⲉⲃⲟⲗ ⲛ̄ϩⲛ̄ ⲣⲁⲛ ⲁⲕϯ ⲣⲁⲛ ⲉⲣⲟⲟⲩ ϫⲉ ▣ ϫⲉ ⲟⲩ ϭⲉ ⲡⲉⲕⲟⲩⲱϣ ⲡⲉ ⲱ ⲡⲛⳁ. ⲡⲉϫⲁⲩ ϫⲉ ⳁ ⲱ ⲡⲓⲁⲧⲛⲣⲁⲧϥ. ϯϩⲩⲙⲛⲉⲩⲉ ⲉⲣⲟⲕ ϫⲉ ⲛ̄ⲧⲟⲕ ⲡⲉ ⲛ̄ⲧⲁⲕⲃⲟⲩⲃⲟⲩ ϩⲣⲁⲓ ⲛ̄ϩⲏⲧⲕ ⲙ̄ⲙⲓⲛ ⲙ̄ⲙⲟⲕ ⲁⲕⲡⲣⲟⲃⲁⲗⲗⲉ ⲉⲃⲟⲗ ⲛ̄ⲛⲕⲉⲧⲟⲡⲟⲥ ⲁⲕⲧⲣⲉⲩϣⲱⲡⲉ ϩⲛ̄ ⲛⲉ▣ ⲧⲏⲣⲟⲩ ϫⲉ ⲟⲩ ϭⲉ ⲡⲉⲕⲟⲩⲱϣ ⲡⲉ ⲉⲧⲣⲉ ⲛⲁϊ ⲧⲏⲣⲟⲩ ϣⲱⲡⲉ ⲱ ⳁ. ⲧⲟⲧⲉ ⲁⲩⲟⲩⲱϣⲃ ϫⲉ ⳁ ⲅ̄ ⲱ ⲡⲛϯ°. ϯϩⲩⲙⲛⲉⲩⲉ ⲉⲣⲟⲕ ⲛ̄ⲧⲟⲕ ⲱ ⳁ ⲡⲓⲁⲧⲛⲣⲁⲧϥ ϫⲉ ⲛ̄ⲧⲟⲕ ⲡⲉⲛⲧⲁⲕⲃⲟⲩⲃⲟⲩ ϩⲣⲁϊ ⲛ̄ϩⲏⲧⲕ ⲙ̄ⲙⲓⲛ ⲙ̄ⲙⲟⲕ ⲁⲕ-

(1) Passage qui manque également dans la copie : ligne omise.

« Ô Dieu immuable, etc. — Je te chanterai un hymne de louanges, ô Dieu; car tu as brillé en toi-même et tu as produit une autre émanation, que tu as établie sur tous les mondes, car c'était ta volonté que toutes ces choses existassent, ô Dieu immuable. » Alors ils dirent par trois fois : « Ô Dieu immuable, etc. — Je te chanterai un hymne de louanges; car c'est toi qui as brillé en toi-même, et tu as fait émaner les noms[1] et tu les as nommés æons, car c'était ta volonté que toutes ces choses existassent, ô Dieu immuable. » Et ils dirent par trois fois : « Ô Dieu immuable, etc. — Je te chanterai un hymne de louanges, car tu as brillé en toi-mème et tu as fait émaner les autres mondes, et tu les as fait exister dans tous les æons, car c'était ta volonté que toutes ces choses existassent, ô Dieu, etc. » Alors ils répondirent par trois fois : « Ô Dieu immuable, etc. — Je te chanterai un hymne de louanges, ô Dieu immuable; car c'est toi qui as brillé en toi-même et qui as fait émaner une Puissance se mouvant au-dessus de ces Chefs,

(1) Le texte semble ici corrompu : peut-être, au lieu de ⲛ̄ϩⲛ̄ ⲣⲁⲛ, faudrait-il lire ⲛ̄ϩⲛ̄ ⲧⲟⲡⲟⲥ et traduire : les mondes; mais la bizarrerie des pensées et du style est si grande, qu'on peut à la rigueur admettre la leçon ⲛ̄ϩⲛ̄ ⲣⲁⲛ.

ⲡⲣⲟⲃⲁⲗⲗⲉ ⲉⲃⲟⲗ ⲛⲟⲩⲇⲩⲛⲁⲙⲓⲥ ⲁⲥⲕⲓⲙ ⲉⲛⲉⲓ̈ⲁⲡⲏⲩⲉ ϫⲉⲕⲁⲁⲥ ⲉⲕⲉϯ ⲣⲁⲛ ⲉⲟⲩⲟⲛ ⲛϩⲏⲧⲟⲩ ϫⲉ ⲡⲛⲟⲩⲧⲉ ⲛⲧⲁⲗⲏⲑⲉⲓⲁ ϫⲉ ⲟⲩ ϭⲉ ⲡⲉⲕⲟⲩⲱϣ ⲡⲉ ⲉⲧⲣⲉ ⲛⲁⲓ̈ ⲧⲏⲣⲟⲩ ϣⲱⲡⲉ. ⲧⲟⲧⲉ ⲁⲩⲟⲩⲱϣⲃ ϫⲉ ⳨ ⲅ̄ ⲱ ⲡⲛⲧϥ. ϯϩⲩⲙⲛⲉⲩⲉ ⲉⲣⲟⲕ ⲛⲧⲟⲕ ⲡⲛ ⳨ ϫⲉ ⲛⲧⲟⲕ ⲡⲉⲛⲧⲁⲕⲃⲟⲩⲃⲟⲩ ⲛϩⲏⲧⲕ ⲙⲙⲓⲛ ⲙⲙⲟⲕ ⲁⲕⲡⲣⲟⲃⲁⲗⲗⲉ ⲉⲃⲟⲗ ⲟⲩⲇⲩⲛⲁⲙⲓⲥ ⲁⲥⲕⲓⲙ ⲉⲡⲛⲟⲩⲧⲉ ⲛⲧⲁⲗⲏⲑⲉⲓⲁ ⲉⲧⲣⲉϥⲕⲓⲙ ⲉⲡⲕⲉϣⲱϫⲡ ⲙⲡⲣⲟⲃⲟⲗⲏ ⲉⲧϩⲓϫⲛ ⲛⲉ⊡ ϫⲉⲕⲁⲁⲥ ⲉⲩⲉⲡⲣⲟⲃⲁⲗⲉ ⲉⲃⲟⲗ ⲛϩⲉⲛ ⲕⲉⲡⲣⲟⲃⲟⲗⲏ ⲛⲅⲧⲁ[ϩⲟ]ⲟⲩ ⲉⲣⲁⲧⲟⲩ ⲛϩⲉⲛ ⲧⲁⲝⲓⲥ ⲧⲏⲣⲟⲩ ϩⲛ ⲛⲉ⊡ ϫⲉ ⲟⲩ ϭⲉ ⲡⲉⲕⲟⲩⲱϣ ⲡⲉ ⲡⲁⲓ ⲉⲧⲣⲉ ⲛⲁⲓ̈ ⲧⲏⲣⲟⲩ ϣⲱⲡⲉ ⲱ⳨. ⲧⲟⲧⲉ ⲁⲩⲟⲩⲱϣⲃ ϫⲉ ⳨ ⲅ̄ ⲱ ⲧϥ[1]. ϯϩⲩⲙⲛⲉⲩⲉ ⲉⲣⲟⲕ ⲛⲧⲟⲕ ⲡⲛⲟⲩⲧⲉ ⲡⲓⲁⲧⲛⲣⲁⲧϥ ϫⲉ ⲛⲧⲟⲕ ⲡⲉⲛⲧⲁⲕⲃⲟⲩⲃⲟⲩ ϩⲣⲁⲓ̈ ⲛϩⲏⲧⲕ ⲙⲙⲓⲛ ⲙⲙⲟⲕ ⲁⲕⲡⲣⲟⲃⲁⲗⲗⲉ ⲉⲃⲟⲗ ⲛⲟⲩⲡⲣⲟⲃⲟⲗⲏ ⲉⲧⲣⲉⲥⲧⲁⲩⲟ ⲉⲃⲟⲗ ⲛϩⲉⲛ ⲫⲩⲗⲁⲝ ⲕⲁⲧⲁ ⊡ ϫⲓⲛ ⲙⲡϣⲟⲣⲡ ϣⲁ ϩⲣⲁⲓ ⲉⲫⲁⲉ ⲙⲙⲟⲟⲩ ⲧⲏⲣⲟⲩ ϫⲉ ⲟⲩ ϭⲉ

(1) ⳨ ⲅ̄ ⲱ ⲧϥ. J'explique ce groupe de sigles de la manière suivante : ⳨ est le signe de l'abréviation que je rends par *etc.* ⲅ ne m'offre pas encore, pour le moment, d'explication suffisante, mais plus loin on verra avec une entière évidence qu'il est mis pour ⲛϣⲟⲙⲛⲧ ⲛⲥⲟⲡ, trois fois; ⲱ ⲧϥ, ce sont les dernières et la première letre de ⲱ ⲡⲛⲟⲩⲧⲉ ⲡⲓⲁⲧⲛⲣⲁⲧϥ : plusieurs passages qui suivent rendent cette explication tout à fait indubitable.

afin de donner à l'un d'eux le nom de Dieu de vérité, car c'était ta volonté que toutes ces choses existassent. » Alors ils répondirent par trois fois : « Ô Dieu immuable, etc. — Je te chanterai un hymne de louanges, à toi, ô Dieu, car c'est toi qui as brillé en toi-même et qui as fait émaner une Puissance qui se meut au-dessus du Dieu de vérité, pour le faire se mouvoir au-dessus du reste des émanations, qui est sur les æons, afin qu'ils fassent émaner d'autres émanations et que tu les disposes dans toutes les hiérarchies qui sont dans les æons; car c'est ta volonté que tout cela existe, ô Dieu, etc. » Alors ils répondirent en disant : « Etc., ô Dieu immuable. — Je chante un hymne en ton honneur, ô Dieu immuable; car tu as brillé en toi-même, et tu as fait émaner une émanation, afin qu'elle produisît des gardiens dans chaque æon, depuis le

ⲡⲉⲕⲟⲩⲱϣ-ⲡⲉ ⲉⲧⲣⲉ ⲛⲁï ⲧⲏⲣⲟⲩ ϣⲱⲡⲉ ⲱ ⲡⲛ ⲅ̄ ⲃⲟⲧϥ[1]. ⲁⲩⲟⲩⲱϣⲃ ϫⲉ ⳨ ⲱ ⲧϥ. Ϯϩⲩⲙⲛⲉⲩⲉ́ ⲉⲣⲟⲕ ⲛⲧⲟⲕ ⲡⲛ ⳨ ⲧϥ ϫⲉ ⲛⲧⲟⲕ ⲡⲉⲛⲧⲁⲕⲃⲟⲩⲃⲟⲩ ϩⲣⲁï ⲛϩⲏⲧⲕ ⲙⲙⲓⲛ ⲙⲙⲟⲕ ⲁⲕⲡⲣⲟⲃⲁⲗⲗⲉ ⲉⲃⲟⲗ ⲛⲟⲩⲡⲣⲟⲃⲟⲗⲏ ⲁⲕⲧⲣⲉⲥⲧⲁⲩⲟ ⲉⲃⲟⲗ ⲛⲥⲉ ⲙⲡⲣⲟⲃⲟⲗⲏ ⲉⲧⲉ ⲛⲉⲓⲙⲛⲧⲉⲓⲱⲧ ⲛⲉ ⲁⲕⲕⲁⲑⲓⲥⲧⲁ ⲛⲟⲩⲏⲧ ⲙⲡ(ⲩⲗ)ⲏ ⲕⲁⲧⲁ ⊡ ϫⲓⲛ ⲙⲡϣⲟⲣⲡ ϣⲁ ϩⲣⲁï ⲉⲫⲁⲉ ⲙⲙⲟⲟⲩ ⲧⲏⲣⲟⲩ ⲉⲧⲉ ⲛⲧⲟⲟⲩ ⲛⲉ ⲛⲧⲁⲕϮ ⲣⲁⲛ ⲉⲣⲟⲟⲩ ϫⲉ ⲛⲧⲁⲝⲓⲥ ⲙⲡϮⲟⲩ ⲛϣⲏⲛ ϫⲉ ⲟⲩ ϭⲉ ⲡⲉⲕⲟⲩⲱϣ ⲡⲉ ⲉⲧⲣⲉ ⲛⲁï ⲧⲏⲣⲟⲩ ϣⲱⲡⲉ ⲱ ⲡⲛ⳨ ⲧϥ. ⲧⲟⲧⲉ ⲁⲩⲟⲩⲱϣⲃ ϫⲉ ⳨ ⲱ ⲧϥ. Ϯϩⲩⲙⲛⲉⲩⲉ ⲉⲣⲟⲕ ⲛⲧⲟⲕ ⲡⲛⲟⲩⲧⲉ ⲡⲓⲁⲧⲛⲣⲁⲧϥ ϫⲉ ⲛⲧⲟⲕ ⲡⲉ ⲛⲧⲁⲕⲃⲟⲩⲃⲟⲩ ϩⲣⲁï ⲛϩⲏⲧⲕ ⲙⲙⲓⲛ ⲙⲙⲟⲕ ⲁⲕⲡⲣⲟⲃⲁⲗⲗⲉ ⲉⲃⲟⲗ ⲛⲟⲩⲛⲟϭ ⲛϭⲟⲙ

(1) Ces lettres ⲱ ⲡⲛ ⲅ̄ ⲃⲟⲧϥ, que je n'ose changer, me semblent fautives. Il devrait y avoir, selon moi, ⲱ ⲡⲛ ⳨ ⲱ ⲧϥ, ce qui rend compte de tous les sigles et ce qui rentre dans la formule abréviative précédemment expliquée.

---

premier jusqu'au dernier d'eux tous; car c'est ta volonté que tout cela existe, ô Dieu immuable. » Ils répondirent en disant : « Etc., ô Dieu immuable. — Je chante un hymne en ton honneur, à toi, ô Dieu immuable, qui as brillé en toi-même et qui as fait émaner soixante émanations[1] qui sont ces paternités, et tu en as placé une aux portes de chaque æon[2], depuis le premier jusqu'au dernier d'eux tous, et c'est à elles que tu as donné le nom de *hiérarchies des cinq arbres*[3], car c'est ta volonté que tout cela existe, ô Dieu immuable. » Alors ils répondirent en disant : « Etc., ô Dieu immuable. — Je chante un hymne en ton honneur, à toi, ô Dieu immuable, qui as brillé en toi-même et qui as fait émaner

(1) Je ne sais ce que vient faire ici ce chiffre de soixante émanations, que l'on ne trouve dans aucun système gnostique, à moins que ce ne soit le chiffre dont il est parlé dans le système de Valentin, lorsque les æons, pour manifester leur reconnaissance, se dédoublent et font soixante mondes au lieu de trente.

(2) Cette traduction est tout à fait conjecturale, puisqu'il y a une lacune dans le texte.

(3) Cette traduction semble bien certaine, et nous avons ainsi le nom de nouvelles hiérarchies tout à fait inconnues.

ⲁⲕⲕⲓⲙ ⲉⲣⲟⲥ ⲉⲧⲣⲉⲥⲧⲁⲩⲉ ⲥⲫⲣⲁⲅⲓⲥ ⲉϩⲣⲁⲓ ϫⲉ ⲟⲩ ϭⲉ ⲡⲉⲕⲟⲩⲱϣ ⲡⲉ ⲉⲧⲣⲉ ⲛⲁï ⲧⲏⲣⲟⲩ ϣⲱⲡⲉ ⲱ ⲡⲛ ⳨ ⲧϥ. ⲧⲟⲧⲉ ⲁⲩⲟⲩⲱϣⲃ ϫⲉ ⳨ ⲱ ⲧϥ. ϯϩⲩⲙⲛⲉⲩⲉ ⲉⲣⲟⲕ ⲛⲧⲟⲕ ϯ° ϫⲉ ⲛⲧⲟⲕ ⲡⲉ ⲛⲧⲁⲕⲃⲟⲩⲃⲟⲩ ϩⲣⲁⲓ ⲛϩⲏⲧⲕ ⲙⲙⲓⲛ ⲙⲙⲟⲕ ⲁⲕⲧⲁ[ⲩⲟ][1] ⲉⲣⲟⲛ ⲙⲡⲉⲓⲛⲟϭ ⲛⲣⲁⲛ ⲉⲛⲧⲁⲕⲧⲁⲁϥ ⲉⲉ[ⲏⲏ]ⲟⲟ[ⲱⲱ][2] ⲉⲧⲉ ⲡⲁⲓ ⲡⲉ ⲉⲁⲕϫⲟⲟϥ ⲛⲉⲛⲧⲟⲡⲟⲥ ⲧⲏⲣⲟⲩ [ⲁⲩ]ⲥⲟⲕⲟⲩ ⲛⲁⲩ ϫⲉ ⲟⲩ ϭⲉ ⲱ ⲡⲛϯ°. ⲧⲟⲧⲉ ⲁⲩⲟⲩⲱϣⲃ ϫⲉ ⳨ ⲅ̄ ⲱ ⲧϥ. ϯϩⲩⲙⲛⲉⲩⲉ ⲉⲣⲟⲕ ⲛⲧⲟⲕ ⲡⲛⲟⲩⲧⲉ ⲡⲓⲁⲧⲛⲣⲁⲧϥ ϫⲉ ⲛⲧⲟⲕ ⲡⲉⲛⲧⲁⲕⲃⲟⲩⲃⲟⲩ ϩⲣⲁï ⲛϩⲏⲧⲕ ⲙⲙⲓⲛ ⲙⲙⲟⲕ ⲁⲕⲡⲣⲟⲃⲁⲗⲗⲉ ⲉⲃⲟⲗ ⲛⲟⲩⲙ̄ⲣ ϩⲣⲁⲓ ⲛϩⲏⲧⲕ ϫⲉ ⲟⲩ ϭⲉ ⲡⲉⲕⲟⲩⲱϣ ⲡⲉ ⲉⲧⲣⲉ ⲛⲁï ⲧⲏⲣⲟⲩ ϣⲱⲡⲉ ⲱ ⲡⲛⲟⲩⲧⲉ ⲡⲓⲁⲧⲛⲣⲁⲧϥ. ⲁⲩⲟⲩⲱϣⲃ ϫⲉ ϩⲁ[3] ⳨

(1) Cette restitution n'est pas certaine; avec ⲧⲁⲩⲟ il faudrait une préposition, ⲉⲃⲟⲗ ou ⲉϩⲣⲁⲓ. J'ai pensé à ⲧⲁⲙⲟ; mais il faudrait aussi ⲧⲁⲙⲟⲛ.

(2) Cette manière de compléter ce nom n'est pas, à la vérité, très certaine, mais elle est bien d'accord avec les coutumes gnostiques, en particulier dans ce livre.

(3) Cette syllabe ϩⲁ indique que la formule qui est remplacée par le signe d'abréviation commençait par ϩⲁⲙⲏⲛ. On trouve d'ailleurs plus loin la formule entière consistant en trois *amen* qu'on répétait trois fois.

---

une grande puissance : tu l'as excitée à produire un sceau[1], car c'est ta volonté que tout cela existe, ô Dieu immuable. » Alors ils répondirent en disant : « Etc., ô Dieu immuable. — Je chante un hymne en ton honneur, à toi, etc., car c'est toi qui as brillé en toi-même. Tu nous a traduit ce grand nom que tu as donné ⲉⲉⲏⲏⲟⲟⲱⲱ; c'est celui que tu as dit à tous les mondes, et ils se sont écartés, car c'est, etc., ô Dieu, etc. » Alors ils répondirent en disant : « Etc., ô Dieu immuable. — Je chante un hymne en ton honneur, à toi, ô Dieu immuable, car tu as brillé en toi-même, et tu as fait émaner un mystère hors de toi : c'est en effet ta volonté que tout cela existe, ô Dieu immuable. » Ils répondirent en disant : « Amen, etc., ô Dieu immuable. — Je chante un hymne en ton

(1) Je ne sais ce que signifie cette phrase. Peut-être le texte est-il fautif.

ⲱ ⲧϥ. ϯϩⲩⲙⲛⲉⲩⲉ ⲉⲣⲟⲕ ⲛⲧⲟⲕ ⲡⲛⲟⲩⲧⲉ ⲡⲓⲁⲧⲛⲣⲁⲧϥ ϫⲉ ⲉⲛⲧⲟⲕ[1] ⲡⲉ ⲛⲧⲁⲕⲃⲟⲩⲃⲟⲩ ϩⲣⲁ̈ⲓ ⲛϩⲏⲧⲕ ⲙⲙⲓⲛ ⲙⲙⲟⲕ ⲁⲕⲡⲣⲟⲃⲁⲗⲗⲉ ⲉⲃⲟⲗ ⲛⲟⲩϩⲓⲕⲱⲛ ⲛⲟⲩⲟⲉⲓⲛ ⲁⲕⲧⲁϩⲟⲥ ⲉⲣⲁⲧⲥ ⲉⲥⲕⲱⲧⲉ ⲉⲣⲟⲕ ⲙⲙⲓⲛ ⲙⲙⲟⲕ ϫⲉ ⲟⲩ ϭⲉ ⲡⲉⲕⲟⲩⲱϣ ⲡⲉ ⲉⲧⲣⲉ ⲛⲁ̈ⲓ ⲧⲏⲣⲟⲩ ϣⲱⲡⲉ ⲱ ⳨. ⲧⲟⲧⲉ ⲁⲩⲟⲩⲱϣⲃ ϫⲉ ⳨ ⲱ ⲧϥ.. ϯϩⲩⲙⲛⲉⲩⲉ ⲉⲣⲟⲕ ⲛⲧⲟⲕ ⲡⲛⲟⲩ[ⲧⲉ] ⲡⲓⲁⲧⲛⲣⲁⲧϥ ϩⲛ ϩⲉⲛ ⲕⲉⲧⲟⲡⲟⲥ ⲛⲧⲕ ⲟⲩⲁⲧⲛⲣⲁⲧϥ ⲛϩⲏⲧⲟⲩ ϩⲛ ⲛⲉⲓⲧⲟⲡⲟⲥ ⲛⲛⲉⲓⲛⲟϭ ⲛⲗⲟⲅⲟⲥ ⲛⲕⲁⲧⲁ ⲙⲩⲥⲧⲏⲣⲓⲟⲛ ⲧⲉⲕⲙⲛⲧⲛⲟϭ ⲁⲕⲕⲁⲁⲥ ⲛϩⲏⲧⲟⲩ ⲉⲡⲉⲕⲟⲩⲱϣ ⲟⲛ ⲡⲉ ⲉⲧⲣⲉⲩⲛⲣⲁⲧⲕ ⲛϩⲏⲧⲟⲩ ϫⲉ ⲟⲩ ϭⲉ ⲡⲉⲕⲟⲩⲱϣ ⲡⲉ ⲉⲧⲣⲉ ⲛⲁⲓ ⲧⲏⲣⲟⲩ ϣⲱⲡⲉ ⲱ ⲡⲛϯ°. ⲧⲟⲧⲉ ⲁⲩⲟⲩⲱϣⲃ ϫⲉ ⳨ ⲱ ⲧϥ. ϯϩⲩⲙⲛⲉⲩⲉ ⲉⲣⲟⲕ ⲱ ⲛⲧⲟⲕ ⲡⲛⲟⲩⲧⲉ ⲡⲓⲁⲧⲛⲣⲁⲧϥ ϫⲉ ⲛⲧⲟⲕ ⲡⲉ ⲛⲧⲁⲕⲃⲟⲩⲃⲟⲩ ϩⲣⲁ̈ⲓ ⲛϩⲏⲧⲕ ⲙⲙⲓⲛ ⲙⲙⲟⲕ ⲁⲕⲡⲣⲟⲃⲁⲗⲗⲉ ⲉⲃⲟⲗ ⲛⲟⲩⲡⲣⲟⲃⲟⲗⲏ ϫⲓⲛ ⲛϣⲟⲣⲡ ⲉⲕⲛⲁⲥⲱⲣ ⲉⲃⲟⲗ ⲛⲛⲧⲟⲡⲟⲥ ⲧⲏⲣⲟⲩ ⲁⲕⲙⲟⲩⲧⲉ ⲉⲣⲟⲥ ϫⲉ ⲓⲉⲟⲩ ϫⲉⲕⲁⲁⲥ ⲉⲩⲉⲙⲟⲩⲧⲉ ⲉⲛⲉⲧϩⲛ ⲛⲧⲟⲡⲟⲥ ⲧⲏⲣⲟⲩ ϫⲉ ⲓ̈ⲉⲟⲩ ⲉⲧⲣⲉⲩⲁⲁⲩ ⲛⲣⲣⲟ ⲉϩⲣⲁ̈ⲓ

[1] C'est une orthographe pleine, que l'on rencontre assez fréquemment. Plus loin, on trouve une forme ⲉⲛⲧⲕ : je crois que, dans cette forme, la lettre ⲉ est mise pour indiquer une forme participiale qui englobe un membre de phrase et qui correspond à une sorte d'ablatif absolu.

honneur, ô Dieu immuable, car c'est toi qui as brillé en toi-même, et tu as fait émaner une image de lumière que tu as placée toi-même autour de toi; car c'est ta volonté que tout cela existe, ô Dieu, etc. » Alors ils répondirent en disant : « Etc., ô Dieu immuable. — Je chante un hymne en ton honneur, à toi, ô Dieu immuable dans les autres lieux : tu es immuable en eux, dans ces lieux de ces grands Logos qui sont en chaque mystère : tu as placé en eux ta grandeur, ta volonté étant qu'ils te reçoivent (?) en eux; car c'est ta volonté que tout cela existe, ô Dieu, etc. » Alors ils répondirent en disant : « Etc., ô Dieu immuable. — Je chante un hymne en ton honneur, ô toi, Dieu immuable; car c'est toi qui as brillé en toi-même et qui as d'abord fait émaner une émanation pour la répandre dans tous les lieux : tu l'as nommée ⲓⲉⲟⲩ afin que dans tous les lieux on la nommât ⲓⲉⲟⲩ, afin qu'on fît (de

ⲉϫⲱⲟⲩ ⲧⲏⲣⲟⲩ ϫⲉ ⲟⲩ ϭⲉ ⲡⲉⲕⲟⲩⲱϣ ⲡⲉ ⲉⲧⲣⲉ ⲛⲁï ⲧⲏⲣⲟⲩ ϣⲱⲡⲉ ⲱ ⲡⲛ[sigle]ⲧϥ. ⲧⲟⲧⲉ ⲁⲩⲟⲩⲱϣⲃ ϫⲉ [sigle]ⲧϥ. ϯϩⲩⲙⲛⲉⲩⲉ ⲉⲣⲟⲕ ⲛⲧⲟⲕ ⲡⲛⲟⲩⲧⲉ ⲡⲓⲁⲧⲛⲣⲁⲧϥ ϫⲉ ⲛⲧⲟⲕ ⲡⲉ ⲛⲧⲁⲕⲃⲟⲩⲃⲟⲩ ⲉϩⲣⲁï ⲛϩⲏⲧⲕ ⲙⲙⲓⲛ ⲙⲙⲟⲕ ⲁⲕⲡⲣⲟⲃⲁⲗⲉ ⲉⲃⲟⲗ ⲙⲡⲉⲕ☧ ⲙⲙⲓⲛ ⲙⲙⲟⲕ ⲉⲛⲧⲕ ⲟⲩⲛⲟⲩⲧⲉ ⲛⲁⲧⲛⲣⲁⲧϥ ϩⲛ ⲛⲗⲟⲅⲟⲥ ⲛⲧⲕ ⲟⲩⲁⲧⲛⲣⲁⲧϥ ⲛϩⲏⲧⲟⲩ ϩⲙ ⲛⲉïⲛⲟϭ ⲛⲗⲟⲅⲟⲥ ⲛⲕⲁⲧⲁ ☧ ⲛⲓⲉⲟⲩ ⲡⲓⲱⲧ ⲛⲛⲓⲉⲟⲩ ⲧⲏⲣⲟⲩ ⲉⲧⲉ ⲛⲧⲟⲕ ⲡⲉ ⲙⲙⲓⲛ ⲙⲙⲟⲕ ϫⲉ ⲟⲩ ϭⲉ ⲡⲉⲕⲟⲩⲱϣ ⲡⲉ ⲙⲙⲓⲛ ⲙⲙⲟⲕ ⲟⲛ ⲉⲧⲣⲉⲩⲛ ⲣⲁⲧⲕ ⲛϩⲏⲧⲟⲩ ⲱ [sigle] ⲧϥ ⲉⲛⲧⲁⲩⲛ ⲣⲁⲧϥ ϩⲙ ⲡⲉïⲛⲟϭ ⲛⲗⲟⲅⲟⲥ ⲛⲕⲁⲧⲁ ⲙⲩⲥⲧⲏⲣⲓⲟⲛ ⲛⲓⲉⲟⲩ ⲡⲛⲟϭ ⲛⲛⲉïⲟⲧⲉ ⲧⲏⲣⲟⲩ ⲱ [sigle]ⲧϥ. ⲧⲟⲧⲉ ⲁⲩⲟⲩⲱϣⲃ ϫⲉ [sigle] ⲱ ⲧϥ. [sigle]ϫⲉ [1] ⲛⲧⲟⲕ ⲡⲉ ⲛⲧⲁⲕⲃⲟⲩⲃⲟⲩ ϩⲣⲁï ⲛϩⲏⲧⲕ ⲙⲙⲓⲛ ⲙⲙⲟⲕ ⲁⲕⲥⲟⲕⲕ ⲉⲣⲟⲕ ⲧⲏⲣⲕ ϩⲙ ⲡⲉⲕⲉⲓⲛⲉ ⲧⲏⲣⲥ ⲙⲛ ⲡⲉⲕⲙⲉⲉⲩⲉ ⲧⲏⲣϥ ⲁⲕϣⲱϫⲡ ⲉⲡⲁϩⲟⲩ ⲛⲟⲩⲕⲟⲩï

(1) Ici l'abréviation se trouve en tête de la formule. C'est le sigle [sigle] qui est employé, et un peu auparavant c'est le sigle [sigle], ce qui montre bien l'identité des deux sigles.

ces ⲓⲉⲟⲩ) des rois sur tous (les lieux); car c'est ta volonté que tout cela existe, ô Dieu immuable. » Alors ils répondirent en disant : « Etc., ô Dieu immuable. — Je chante un hymne en ton honneur, à toi, ô Dieu immuable; car c'est toi qui as brillé en toi-même et tu as fait toi-même émaner ton mystère, étant un Dieu immuable dans les Logos; tu es immuable encore en ce grand Logos de ceux qui sont en chaque mystère de ⲓⲉⲟⲩ, le père de tous les ⲓⲉⲟⲩ, c'est-à-dire toi-même; car c'est encore ta volonté à toi-même qu'ils reçoivent (?) en eux, ô Dieu immuable, que l'on a reçu (?) en ce grand Logos qui est en chaque mystère de ⲓⲉⲟⲩ, le plus grand de tous les pères, ô Dieu immuable. » Alors ils répondirent en disant : « Etc., ô Dieu immuable. — Je chante un hymne en ton honneur, ô Dieu immuable[1]; car c'est toi qui as brillé en toi-même, car tu t'es fait émaner toi-même tout entier en ton image entière et dans toute ta pensée : tu as laissé en

(1) Tout ce commencement de la formule ne se trouve pas dans le texte, où il est remplacé par le sigle [sigle].

IMPRIMERIE NATIONALE.

LE PAPYRUS GNOSTIQUE BRUCE.

ⲙⲙⲉⲉⲩⲉ ϫⲉⲕⲁⲁⲥ ⲉⲕⲉⲟⲩⲱⲛϩ ⲉⲃⲟⲗ ⲛⲛⲉⲕⲛⲟϭ ⲙⲙⲛⲧⲣⲙⲙⲁⲟ ⲙⲛ ⲧⲉⲕⲙⲛⲧⲛⲟϭ ⲧⲏⲣⲥ ⲙⲛ ⲛⲉⲕⲛⲟϭ ⲙⲁ͞ⲣ ϫⲉ ⲟⲩ ϭⲉ ⲡⲉⲕⲟⲩⲱϣ ⲡⲉ ⲉⲧⲣⲉ ⲛⲁï ⲧⲏⲣⲟⲩ ϣⲱⲡⲉ ⲱ ⳨ⲧϥ. ⲧⲟⲧⲉ ⲁⲩⲟⲩⲱϣⲃ ϫⲉ ⳨ ⲱ ⲧϥ. ϯϩⲩⲙⲛⲉⲩⲉ ⲉⲣⲟⲕ ⲛⲧⲟⲕ ⲡⲓⲱⲧ ⲉⲧϣⲟⲟⲡ ϫⲓⲛ ⲛϣⲟⲣⲡ ⲡⲉⲛⲧⲁⲧⲛⲟⲩⲛⲉ[1] ⲛⲛⲉïⲙⲛⲧⲛⲟϭ ⲧⲏⲣⲟⲩ ⲛⲧⲉ ⲡⲉïⲕⲟⲩⲓ ⲙⲙⲉⲉⲩⲉ ⲉⲛⲧⲁⲕⲡⲣⲟⲃⲁⲗⲉ[2] ⲙⲙⲟⲥ ⲉⲃⲟⲗ ϫⲉ ⲟⲩ ϭⲉ ⲡⲉⲕⲟⲩⲱϣ ⲟⲛ ⲡⲉ ⲉⲧⲣⲉ ⲛⲁï ⲧⲏⲣⲟⲩ ϣⲱⲡⲉ ⲱ ⳨ⲧϥ. ⲧⲟⲧⲉ ⲁⲩⲟⲩⲱϣⲃ ϫⲉ ϩⲁⲙⲏⲛ ϩⲁⲙⲏⲛ ϩⲁⲙⲏⲛ ⲛϣⲟⲙⲛⲧ ⲛⲥⲟⲡ ϯ°.

[1] Le texte me semble corrompu en ce passage, que je ne peux expliquer.

[2] *Cod.* ⲉⲛⲧⲁϥⲡⲣⲟⲃⲁⲗⲉ. Je ne vois pas à quoi peut se rapporter ce pronom de la troisième personne. Malgré cette incertitude du texte, la traduction de ce passage semble être assez évidente; cependant elle n'est pas certaine.

arrière une petite Pensée, afin de manifester tes grandes richesses, ta grandeur entière et tes grands mystères, car c'est ta volonté que tout cela existe, ô Dieu immuable. » Alors ils répondirent en disant : « Etc., ô Dieu immuable. — Je chante un hymne en ton honneur, à toi, ô Père qui existes depuis le commencement, toi qui es la racine (?) de toutes les grandeurs de cette petite Pensée que tu as fait émaner, car c'est ta volonté que tout cela existe, ô Dieu immuable. » Alors ils répondirent en disant : « Amen, amen, amen, » par trois fois, etc.

LE PAPYRUS GNOSTIQUE BRUCE.

ⲠϪⲰⲰⲘⲈ ⲘⲠⲚⲞϬ ⲚⲖⲞⲄⲞⲤ ⲔⲀⲦⲀ ⲘⲨⲤⲦⲎⲢⲒⲞⲚ

ⲠⲈϪⲈ Ⲓ̅Ⲥ̅ ⲚⲚⲈϤⲘⲀⲐⲎⲦⲎⲤ ⲈⲨⲤⲞⲞⲨϨⲈ ⲈⲢⲞϤ ⲘⲠⲘⲚⲦⲒ̅Ⲃ̅ ⲘⲚ ⲘⲘⲀⲐⲎⲦⲢⲒⲀ ⲚⲤϨⲒⲘⲈ ϪⲈ ⲔⲰⲦⲈ ⲈⲢⲞⲒ ⲠⲀ Ⲓ̅Ⲃ̅ ⲘⲘⲀⲐⲎⲦⲎⲤ ⲀⲨⲰ ⲘⲘⲀⲐⲎⲦⲢⲒⲀ ⲚⲤϨⲒⲘⲈ ⲚⲦⲀϪⲰ ⲈⲢⲰⲦⲚ ⲚⲚⲚⲞϬ ⲘⲀⲢ ⲘⲠⲈ⊡ ⲘⲠ◎ ⲚⲀЇ ⲈⲦⲈ ⲘⲚ ⲖⲀⲀⲨ ⲤⲞⲞⲨⲚ ⲘⲘⲞⲞⲨ ϨⲘ ⲠⲀϨⲞⲢⲀⲦⲞⲤ ⲚⲚⲞⲨⲦⲈ ⲞⲨⲦⲈ ⲈⲦⲈⲦⲚϢⲀⲚⲀⲀⲨ ⲘⲈⲢⲈϢ ⲚⲀⲒⲰⲚ[1] ⲘⲠⲀϨⲞⲢⲀⲦⲞⲤ ⲚⲚⲞⲨⲦⲈ ⲘⲈⲨϢⲦⲰⲞⲨⲚ ϨⲀⲢⲞⲞⲨ ⲈⲂⲞⲖ ϪⲈ ⲚⲦⲞⲞⲨ ⲚⲈ ⲚⲚⲞϬ ⲚⲀⲢ ⲘⲠⲈ⊡ ⲘⲠⲤⲀ ⲚϨⲞⲨⲚ ⲚⲦⲈ ⲚⲈЇⲤⲀ ⲚϨⲞⲨⲚ ⲀⲨⲰ ⲞⲚ ⲈⲦⲈⲦⲚϢⲀⲚⲀⲀⲨ ⲘⲈⲢⲈϢ ⲚⲀⲒⲰⲚ ⲚⲚⲀⲢⲬⲰⲚ ⲦⲰⲞⲨⲚ ϨⲀⲢⲞⲞⲨ ⲞⲨⲆⲈ ⲘⲈⲨϢⲀⲘⲀϨⲦⲈ ⲘⲘⲞⲞⲨ

[1] Cette construction est très rare, cependant elle s'explique très bien.

LE LIVRE DU GRAND LOGOS EN CHAQUE MYSTÈRE[1].

Jésus dit à ses disciples rassemblés autour de lui, aux douze et à la troupe des femmes, ses disciples : « Entourez-moi, ô mes douze disciples et (vous) aussi femmes qui êtes mes disciples, afin que je vous dise les grands mystères de l'æon du trésor, ceux que personne ne connaît dans le Dieu invisible, et si vous les faites, les æons du Dieu invisible ne peuvent s'élever contre eux, car ce sont les grands mystères de l'æon de l'intérieur de ces intérieurs; et si vous les faites, les æons des archons[2] ne peuvent s'élever contre eux et ne peuvent les

[1] C'est ainsi que je traduis. La traduction qui semble s'offrir tout d'abord est : « Le livre du Logos selon le mystère. » Pour traduire ainsi, il faudrait que devant le mot ⲘⲨⲤⲦⲎⲢⲒⲞⲚ l'article se trouvât; or il est absent, comme il est absent dans tous les passages qui précèdent. Le mot grec ⲔⲀⲦⲀ est employé souvent dans un sens tout particulier et signifie : *en chacun de*. C'est le sens que j'adopte ici, et je crois bien en effet qu'il s'agit de dévoiler aux adeptes quel est ce grand Logos qui se retrouvait dans chaque æon, d'après ce principe de similitude des mondes dont j'ai parlé dans mon livre sur le gnosticisme égyptien.

[2] On s'attendrait plutôt à trouver les *archons* des æons, et il y a là sans doute une transposition de mots faite par le copiste.

ⲁⲗⲗⲁ ⲉϣⲁⲩⲉⲓ̂ ⲛϭⲓ ⲙⲡⲁⲣⲁⲗⲏⲙⲧⲏⲥ ⲙⲡⲉ⊡ ⲙⲡ◎ ⲛⲥⲉⲛ ⲧⲉⲯⲩⲭⲏ ⲉⲃⲟⲗϩⲙ ⲡⲥⲱⲙⲁ ϣⲁⲛⲧⲟⲩⲟⲩⲱⲧⲃ ⲛⲛⲁⲓⲱⲛ ⲧⲏⲣⲟⲩ ⲙⲛ ⲛⲧⲟⲡⲟⲥ ⲙⲡⲁϩⲟⲣⲁⲧⲟⲥ ⲛⲛⲟⲩⲧⲉ ⲛⲥⲉϫⲓⲧⲥ ⲉϩⲟⲩⲛ ⲉⲡⲉ⊡ ⲙⲡ◎ ⲁⲩⲱ ⲛⲟⲃⲉ ⲛⲓⲙ ⲉⲛⲧⲁⲩⲁⲁⲩ ⲉⲩⲥⲟⲟⲩⲛ ⲙⲛ ⲛⲉⲛⲧⲁⲁⲩ ⲉⲛⲥⲉⲥⲟⲟⲩⲛ ⲁⲛ ϣⲁⲩϥⲟⲧⲟⲩ ⲉⲃⲟⲗ ⲧⲏⲣⲟⲩ ⲛⲥⲉⲁⲁⲩ ⲛⲟⲩϩⲉⲓⲗⲓⲕⲣⲓⲛⲉⲥ ⲛⲟⲩⲟⲉⲓⲛ ⲁⲩⲱ ϣⲁⲣⲉ ⲧⲉⲯⲩⲭⲏ ϭⲱ ⲉⲥϥⲱϭⲉ ⲕⲁⲧⲁ ⲧⲟⲡⲟⲥ ⲧⲟⲡⲟⲥ ϣⲁⲛⲧⲥⲉⲓ̈ ϣⲁ ⲡⲉ⊡ ⲙⲡ◎ ⲁⲩⲱ ϣⲁⲥⲟⲩⲱⲧⲃ ⲉϩⲟⲩⲛ ⲙⲫⲟⲩⲛ ⲛⲛⲉⲫⲩⲗⲁⲝ ⲙⲡⲉ⊡ ⲙⲡ◎ ⲁⲩⲱ ϣⲁⲩⲟⲩⲱⲧⲃ ⲉϩⲟⲩⲛ ⲙⲫⲟⲩⲛ ⲛⲧⲅ̄ ⲛϩⲁⲙⲏⲛ ⲁⲩⲱ ϣⲁⲩⲟⲩⲱⲧⲃ ⲉϩⲟⲩⲛ ⲙⲫⲟⲩⲛ ⲛⲛϩⲁⲧⲣⲉ̂ⲉⲩ ⲁⲩⲱ ϣⲁⲩⲟⲩⲱⲧⲃ ⲉϩⲟⲩⲛ ⲙⲫⲟⲩⲛ ⲛⲧⲉ ⲧⲣⲓⲇⲩⲛⲁⲙⲟⲥ ⲁⲩⲱ ϣⲁⲩⲟⲩⲱⲧⲃ ⲉϩⲟⲩⲛ ⲙⲫⲟⲩⲛ ⲛⲛⲧⲁⲝⲓⲥ ⲙⲡⲉ̄ ⲛϣⲏⲛ ⲁⲩⲱ ϣⲁⲩⲟⲩⲱⲧⲃ ⲉϩⲟⲩⲛ ⲙⲫⲟⲩⲛ ⲛⲧⲍ̄ ⲙⲫⲱⲛⲏ ϩⲙ ⲡⲧⲟⲡⲟⲥ ⲉⲧⲙⲡⲉⲩϩⲟⲩⲛ ⲉⲧⲉ ⲛⲧⲟϥ ⲡⲉ ⲡⲧⲟⲡⲟⲥ ⲛⲛⲓⲁⲭⲱⲣⲏⲧⲟⲥ ⲛⲧⲉ ⲡⲉ⊡ ⲙⲡ◎ ⲁⲩⲱ ⲟⲛ ϣⲁⲣⲉ ⲛⲉⲓ̈ⲧⲁⲝⲓⲥ ⲧⲏⲣⲟⲩ ϯ ⲛⲁⲩ ⲛⲛⲉⲩⲥⲫⲣⲁⲅⲓⲥ ⲙⲛ ⲛⲉ⳩ ⲉⲃⲟⲗ ϫⲉ ⲁⲩϫⲓ ⳩ ⲉⲙⲡⲁⲧⲟⲩⲉⲓ̈ ⲉⲃⲟⲗϩⲛ ⲥⲱⲙⲁ. ⲛⲧⲉⲣⲉϥⲟⲩⲱ ⲇⲉ ⲉϥϫⲱ ⲛⲛⲁⲓ̈ ⲡⲉϫⲁϥ ⲛⲁⲩ ⲛⲟⲩⲱϩⲙ ϫⲉ ⲛⲉⲓ̈⳩ ⲉϯⲛⲁⲧⲁⲁⲩ ⲛⲏⲧⲛ ϩⲁⲣⲉϩ ⲉⲣⲟⲟⲩ ⲙⲡⲣⲧⲁⲁⲩ ⲣⲱⲙⲉ

saisir; mais les ⲡⲁⲣⲁⲗⲏⲙⲡⲧⲏⲥ de l'æon du trésor vont prendre l'âme hors du corps, jusqu'à ce qu'ils traversent tous les æons et le lieu du Dieu invisible et qu'ils la conduisent dans l'æon du trésor. Et tout péché qu'on a fait avec conscience et ceux qu'on a faits sans le savoir seront effacés; on en fera une lumière pure, et l'âme restera traversant de monde en monde jusqu'à ce qu'elle arrive à l'æon du trésor. Alors elle passe à l'intérieur des gardiens de l'æon du trésor; puis elles passent dans l'intérieur des trois *amen*, puis elles passent dans l'intérieur des Gémeaux, puis elles passent dans l'intérieur des *Tridynamos*, puis elles passent dans l'intérieur des hiérarchies des cinq arbres, puis elles passent dans l'intérieur des sept voix, dans le lieu qui est à l'intérieur, c'est le lieu des ⲁⲭⲱⲣⲏⲧⲟⲥ de l'æon du trésor; et toutes ces hiérarchies leur donnent leurs sceaux et les mystères, parce qu'elles ont reçu le mystère avant de sortir du corps. » Lorsqu'il eut achevé de dire ces choses, il leur dit de nouveau : « Ces mystères que je vous donnerai, gardez-les, ne les donnez à aucun homme,

LE PAPYRUS GNOSTIQUE BRUCE.

ⲚⲒⲘ ⲈⲒⲘⲎⲦⲈ ⲚⲈⲦⲘⲠϢⲀ ⲘⲘⲞⲞⲨ ⲘⲠⲢⲦⲀⲀⲨ ⲚⲈⲒⲰⲦ ⲞⲨⲦⲈ ⲘⲀⲀⲨ ⲞⲨⲆⲈ ⲤⲞⲚ ⲞⲨⲆⲈ ⲤⲰⲚⲈ ⲞⲨⲆⲈ ⲤⲨⲄⲄⲈⲚⲎⲤ ⲞⲨⲆⲈ ϨⲀ ⲞⲨⲰⲘ ⲞⲨⲆⲈ ϨⲀ ⲤⲰ ⲞⲨⲆⲈ ϨⲀ ⲘⲚⲦⲤϨⲒⲘⲈ ⲞⲨⲆⲈ ϨⲀ ⲚⲞⲨⲂ ⲞⲨⲆⲈ ϨⲀ ϨⲀⲦ ⲞⲨⲆⲈ ϨⲀ ⲖⲀⲀⲨ ⲚⲦⲈ ⲠⲈⲒⲔⲞⲤⲘⲞⲤ ⲈⲠⲦⲎⲢϤ ϨⲀⲢⲈϨ ⲈⲢⲞⲞⲨ ⲘⲠⲢⲦⲀⲀⲨ ⲚⲖⲀⲀⲨ ⲈⲠⲦⲎⲢϤ ⲈⲦⲂⲈ ⲚⲚⲔⲀ ⲘⲠⲈⲒⲔⲞⲤⲘⲞⲤ ⲦⲎⲢϤ ⲘⲠⲢⲦⲀⲀⲨ ⲚⲖⲀⲀⲨ ⲚⲤϨⲒⲘⲈ Ⲏ ⲖⲀⲀⲨ ⲚⲢⲰⲘⲈ ⲈϤϨⲚ ⲖⲀⲀⲨ ⲘⲠⲒⲤⲦⲒⲤ ⲚⲦⲈ ⲦⲈⲒ̈Ⲟ̄Ⲃ̄ ⲚⲀⲢⲬⲰⲚ Ⲏ ⲚⲀⲒ ⲈⲦϢⲘϢⲈ ⲘⲘⲞⲞⲨ ⲞⲨⲆⲈ ⲘⲠⲢⲦⲀⲀⲨ ⲚⲚⲀⲒ̈ ⲈⲦϢⲘϢⲈ ⲚⲆⲨⲚⲀⲘⲒⲤ ⲘⲠⲚⲞϬ ⲚⲀⲢⲬⲰⲚ ⲈⲦⲈ ⲚⲦⲞⲞⲨ ⲚⲈⲦⲞⲨⲰⲘ ⲘⲠⲈⲤⲚⲞϤ ⲚⲦⲈϢⲢⲰ ⲚⲦⲈ ⲦⲈⲨⲀⲔⲀⲐⲀⲢⲤⲒⲀ ⲘⲚ ⲘⲘⲞⲨⲈⲒⲞⲞⲨⲈ ⲚⲚϨⲞⲞⲨⲦ ⲈⲨϪⲰ ⲘⲘⲞⲤ ϪⲈ ⲀⲚⲤⲞⲨⲚ ⲠⲤⲞⲞⲨⲚ ⲚⲦⲈ ⲦⲀⲖⲎⲐⲈⲒⲀ ⲀⲨⲰ ϪⲈ ⲈⲚϢⲀⲚⲖⲈ[1] ⲠⲚⲞⲨⲦⲈ ⲚⲦⲀⲖⲎⲐⲈⲒⲀ ⲠⲈⲨⲚⲞⲨⲦⲈ ϨⲰⲰϤ ⲈϤⲞ ⲘⲠⲞⲚⲎⲢⲞⲤ. ⲤⲰⲦⲘ ϬⲈ ⲦⲈⲚⲞⲨ ⲚⲦⲀϪⲈ ⲠⲈϤⲔⲰ ⲈϨⲢⲀⲒ̈ ⲈⲢⲰⲦⲚ ⲚⲦⲞϤ ⲠⲈ ⲦⲘⲈϨⲄ̄ ⲚⲆⲨⲚⲀⲘⲒⲤ ⲘⲠⲚⲞϬ ⲚⲀⲢⲬⲰⲚ ⲠⲀⲒ̈ ϨⲰⲰϤ ⲠⲈ ⲠⲈϤⲢⲀⲚ ⲦⲢⲒⲬⲐⲀⲤ ⲠϢⲎⲢⲈ ⲚⲤⲀⲂⲀⲰⲐ

[1] Si ce mot est bien lu, il est inexplicable, parce qu'il est inconnu. Je crois qu'il doit y avoir eu erreur de lecture ou erreur de copiste.

---

sinon à ceux qui en sont dignes; ne les donnez ni à père, ni à mère, ni à frère, ni à sœur, ni à parent, ni pour nourriture, ni pour boisson, ni pour femme, ni pour or, ni pour argent, ni pour quoi que ce soit des biens de ce monde : gardez-les, ne les donnez à personne à cause des biens de ce monde; ne les donnez à aucune femme, à aucun homme qui ait quelque foi en ces quatre-vingt-deux[1] archons ou à ceux qui les servent. Ne les donnez pas non plus à ceux qui servent la huitième puissance du grand archon. Ce sont ceux qui mangent le sang de la menstruation de leur impureté et les spermes des mâles en disant : « Nous avons la connaissance de la Vérité et nous connaissons (?) le Dieu de la Vérité. » Leur dieu aussi est méchant. Écoutez maintenant que je vous dise la disposition de ce dieu. C'est la troisième puissance du grand archon. Son nom à lui est ⲦⲀⲢⲒⲬⲐⲀⲤ, fils de ⲤⲀⲂⲀⲰⲐ Adamas : c'est

[1] Voici encore un nombre dont on ne trouve mention dans aucun des systèmes connus; mais peut-être faut-il lire simplement ⲒⲂ̄, douze.

LE PAPYRUS GNOSTIQUE BRUCE.

ⲡⲁⲇⲁⲙⲁⲥ ⲡϫⲁϫⲉ ⲡⲉ ⲛⲧⲙⲛⲧⲉⲣⲟ ⲛⲙⲡⲏⲩⲉ ⲉⲣⲉ ⲡⲉϥϩⲟ ⲟ ⲛϩⲟ[1] ⲛⲣⲓⲣ ⲉⲣⲉ ⲛⲉϥϣⲟⲗ ⲙⲡⲃⲟⲗ ⲛⲣⲱϥ ⲉⲣⲉ ⲕⲉϩⲟ ⲙⲙⲟⲩ̈ⲓ ϩⲓ ⲡⲁϩⲟⲩ ⲙⲙⲟϥ ϩⲁⲣⲉϩ ϭⲉ ⲉⲣⲱⲧⲛ ⲙⲡⲣϯ ⲛⲣⲱⲙⲉ ⲉϥϩⲛ ⲧⲡⲓⲥⲧⲓⲥ ⲉⲧⲙⲙⲁⲩ ⲟⲩⲇⲉ ⲙⲡⲣϫⲱ ⲉⲣⲟⲟⲩ ⲙⲡⲧⲟⲡⲟⲥ ⲙⲡ⊚ ⲙⲛ ⲛⲉⲧⲛϩⲏⲧϥ ⲉⲃⲟⲗϫⲉ ⲛⲧⲟϥ ⲡⲉ ⲡⲉ⊡ ⲙⲡ⊚ ⲙⲛ ⲛⲉⲧⲛϩⲏⲧϥ ⲁⲩⲱ ⲛⲧⲟϥ ⲡⲉ ⲛⲧⲁ ⲡⲛⲟⲩⲧⲉ ⲡⲁⲧⲛⲣⲁⲧϥ ⲡⲣⲟⲃⲁⲗⲉ ⲉⲃⲟⲗ ⲉⲣⲟϥ ⲙⲡⲣϫⲱ ⲉⲣⲟϥ ⲛⲛⲉⲓ̈ⲙⲣ ⲛⲧⲉ ⲡⲉ⊡ ⲙⲡ⊚ ⲉⲓ̈ⲙⲏⲧⲓ ⲉⲛⲉⲧⲛⲁⲙⲡϣⲁ ⲙⲙⲟⲟⲩ ⲉⲁϥⲥⲁϩⲱϥ ⲉⲃⲟⲗ ⲙⲡⲕⲟⲥⲙⲟⲥ ⲧⲏⲣϥ ⲙⲛ ⲛⲉϩⲃⲏⲩⲉ ⲧⲏⲣⲟⲩ ⲙⲛ ⲛⲉⲩⲛⲟⲩⲧⲉ ⲙⲛ ⲛⲉⲩⲙⲛⲧⲛⲟⲩⲧⲉ ⲉⲛⲥⲉ ϩⲛ ⲗⲁⲁⲩ ⲁⲛ ⲙⲡⲓⲥⲧⲓⲥ ⲉ̈ⲙⲏⲧⲓ ⲉⲧⲡⲓⲥⲧⲓⲥ ⲙⲡ⊚ ⲕⲁⲧⲁ ⲑⲉ ⲛⲛϣⲏⲣⲉ ⲙⲡⲟⲩⲟⲉⲓⲛ ⲉⲩⲥⲱⲧⲙ ⲛⲥⲁ ⲛⲉⲩⲉⲣⲏⲟⲩ ⲉⲩϩⲩⲡⲟⲧⲁⲥⲥⲉ ⲛⲛⲉⲩⲉⲣⲏⲩ ϩⲱⲥ ϣⲏⲣⲉ ⲙⲡ⊚. ⲧⲉⲛⲟⲩ ϭⲉ ⲉⲓⲥ ϩⲏⲏⲧⲉ ⲁⲓ̈ϣⲁϫⲉ ⲛⲙⲙⲏⲧⲛ ⲉⲧⲃⲉ ⲙⲣ ϫⲉ ϩⲁⲣⲉϩ ⲉⲣⲟⲟⲩ ⲙⲡⲣⲧⲁⲁⲩ ⲛⲗⲁⲁⲩ ⲛⲣⲱⲙⲉ ⲉⲓ̈ⲙⲏⲧⲓ ⲉⲛⲉⲧⲙϣⲁ ⲙⲙⲟⲟⲩ ⲧⲉⲛⲟⲩ ϭⲉ ⲉⲡⲉⲓⲇⲏ ⲁⲧⲉⲧⲛⲕⲁ ⲛⲉⲧⲛⲉⲓ̈ⲱⲧ ⲛⲥⲱⲧⲛ ⲙⲛ ⲛⲉⲧⲛⲙⲁⲁⲩ ⲁⲩⲱ ⲙⲛ ⲛⲉⲧⲛⲥⲛⲏⲩ ⲙⲛ ⲡⲕⲟⲥⲙⲟⲥ ⲧⲏⲣϥ ⲁⲧⲉⲧⲛⲟⲩⲉϩ ⲧⲏⲩⲧⲛ ⲛⲥⲱⲓ̈ ⲁⲧⲉⲧⲛϫⲱⲕ ⲉⲃⲟⲗ

[1] *Cod.* ⲛϩⲁ, ce qui ne peut s'expliquer et ce qui est une faute.

l'ennemi du royaume des cieux. Son visage est un groin de porc, ses dents sortent de sa bouche. Il a aussi par derrière un visage de lion. Gardez-vous, ne (les) donnez pas à un homme qui voit cette foi; ne leur dites pas, à de tels hommes, le lieu du trésor ni ceux qui s'y trouvent, car c'est l'æon du trésor avec ceux qui s'y trouvent, et c'est lui que le Dieu immuable a fait émaner. Ne dites pas ces mystères de l'æon du trésor, si ce n'est à ceux qui en seront dignes; il est en dehors du monde entier, de toutes choses, de leurs dieux et de leurs divinités, afin qu'il n'y ait personne dans la foi, si ce n'est dans la foi du trésor, comme des enfants de la lumière, s'écoutant les uns les autres, s'obéissant les uns aux autres, comme des enfants du trésor. Or maintenant, voici que je vous ai dit au sujet de ces mystères : Gardez-les, ne les donnez à aucun homme, si ce n'est à ceux qui en sont dignes. Maintenant donc, puisque vous avez laissé vos pères et vos mères, vos frères et le monde entier, que vous m'avez suivi, que vous avez ac-

LE PAPYRUS GNOSTIQUE BRUCE.

ⲛⲛⲉⲛⲧⲟⲗⲟⲟⲩⲉ ⲧⲏⲣⲟⲩ ⲉⲛⲧⲁïϩⲟⲛⲟⲩ ⲉⲧⲟⲧⲧⲏⲩⲧⲛ ⲧⲉⲛⲟⲩ ϭⲉ ⲥⲱⲧⲙ ⲉⲣⲟï ⲛⲧⲁϫⲱ ⲉⲣⲱⲧⲛ ⲛⲙ︦ⲙ︦ⲣ︦. ϩⲁⲙⲏⲛ ϩⲁⲙⲏⲛ ϯϫⲱ ⲙⲙⲟⲥ ⲛⲏⲧⲛ ϫⲉ ϯⲛⲁϯ ⲛⲏⲧⲛ ⲙⲡⲙ︦ⲣ︦ ⲙⲡⲓ̅ⲃ̅ ⲛⲁⲓⲱⲛ ⲛⲛⲟⲩⲧⲉ[1] ⲁⲩⲱ ⲙⲛ ⲛⲉⲩⲡⲁⲣⲁⲗⲏⲙⲡⲧⲱⲣ ⲙⲛ ⲑⲉ ⲛⲉⲡⲓⲕⲁⲗⲓ ⲙⲙⲟⲟⲩ ⲉⲃⲱⲕ ⲉⲛⲉⲩⲧⲟⲡⲟⲥ ⲁⲩⲱ ϯⲛⲁϯ ⲛⲏⲧⲛ ⲙⲡⲙ︦ⲣ︦ ⲙⲡⲁϩⲟⲣⲁⲧⲟⲥ ⲛⲛⲟⲩⲧⲉ ⲙⲛ ⲙⲡⲁⲣⲁⲗⲏⲙⲡⲧⲏⲥ ⲙⲡⲧⲟⲡⲟⲥ ⲉⲧⲙⲙⲁⲩ ⲙⲛ ⲑⲉ ⲛⲧ° ⲉⲃⲱⲕ ⲉⲛⲉⲩⲧⲟⲡⲟⲥ ⲁⲩⲱ ⲙⲛⲛⲥⲁ ⲛⲁï ϯⲛⲁⲧⲥⲁⲃⲉ ⲧⲏⲩⲧⲛ ⲉⲡⲙ︦ⲣ︦ ⲛⲛⲁ ⲧⲙⲉⲥⲟⲥ ⲙⲛ ⲙⲡⲁⲣⲁⲗⲏⲙⲡⲧⲱⲣ ⲙⲛ ⲑⲉ ⲧⲡ̄ ⲁⲩⲱ ϯⲛⲁϯ ⲛⲏⲧⲛ ⲙⲡⲙ︦ⲣ︦ ⲛⲛⲁ ⲟⲩⲛⲁⲙ ⲙⲛ ⲛⲉⲩⲡⲁⲣⲁⲗⲏⲙⲡⲧⲱⲣ ⲙⲛ ⲑⲉ ⲛ ⲧⲡ̄ ⲁⲗⲗⲁ ϩⲁⲑⲏ ⲛⲛⲁⲓ ⲧⲏⲣⲟⲩ ϯⲛⲁϯ ⲛⲏⲧⲛ ⲙⲡ̅ⲅ̅ ⲛⲃⲁⲡⲧⲓⲥⲙⲁ ⲡⲃⲁⲡⲧⲓⲥⲙⲁ ⲙⲡⲙⲟⲟⲩ ⲙⲛ ⲡⲃⲁⲡⲧⲓⲥⲙⲁ ⲙⲡⲉⲕⲣⲱⲙ ⲙⲛ ⲡⲃⲁⲡⲧⲓⲥⲙⲁ ⲙⲡⲉⲡ̅ⲛ̅ⲁ̅ ⲉⲧⲟⲩⲁⲁⲃ ⲁⲩⲱ ϯⲛⲁϯ ⲛⲏⲧⲛ ⲙⲡⲙ︦ⲣ︦ ⲛϥⲓ ⲧⲕⲁⲕⲓⲁ ⲛⲛⲁⲣⲭⲱⲛ ϩⲣⲁï ⲛϩⲏⲧⲧⲏⲩⲧⲛ ⲁⲩⲱ ⲙⲛⲛⲥⲁ ⲛⲁï ϯⲛⲁϯ ⲛⲏⲧⲛ ⲙ︦ⲣ︦ ⲙⲡⲉⲭⲣⲓⲥⲙⲁ ⲙⲡ̅ⲛ̅ⲓⲕⲟⲛ ⲁⲩⲱ ϩⲁ ⲑⲏ ⲛϩⲱⲃ ⲛⲓⲙ ⲡⲉⲧⲉⲧⲛⲁϯ ⲛⲁϥ ⲛⲛⲉⲓ̈ⲙ︦ⲣ︦ ϩⲱⲛ ⲉⲧⲟⲟⲧϥ ⲉⲧⲙⲱⲣⲕ ⲛⲛⲟⲩϫ ⲟⲩⲇⲉ

[1] *Cod.* ⲛⲛⲟⲩ. J'ai hésité avant de reconnaître dans cette abréviation le mot ⲛⲟⲩⲧⲉ; mais ce mot, qui revient plus loin écrit en entier, montre bien qu'il faut le lire aussi ici.

---

compli tous les commandements que je vous ai donnés; maintenant donc, écoutez-moi que je vous dise les mystères. En vérité, en vérité je vous le dis, je vous donnerai le mystère des douze æons divins et de leurs ⲡⲁⲣⲁⲗⲏⲙⲡⲧⲱⲣ et la manière de les invoquer pour entrer dans leurs lieux. Je vous donnerai aussi le mystère de l'Invisible divin et du ⲡⲁⲣⲁⲗⲏⲙⲧⲏⲥ (*sic*) de ce lieu et la manière de, etc. . . pour entrer dans leurs lieux. Après cela, je vous apprendrai le mystère de ceux du milieu et des ⲡⲁⲣⲁⲗⲏⲙⲡⲧⲱⲣ et la manière, etc. Je vous donnerai aussi le mystère de ceux de la droite avec leurs ⲡⲁⲣⲁⲗⲏⲙⲡⲧⲱⲣ et la manière de, etc. Mais avant tout cela, je vous donnerai les trois baptêmes, le baptême d'eau, le baptême de feu et le baptême de l'Esprit-Saint, et je vous donnerai le mystère d'enlever de vous la méchanceté des archons; et après tout cela, je vous donnerai l'onction pneumatique. Et avant toute chose, à celui auquel vous donnerez ces mystères

ⲉⲧⲙⲧⲣⲉϥⲱⲣⲕ ⲣⲱ ⲉⲡⲧⲏⲣϥ ⲟⲩⲇⲉ ⲛϥⲧⲙⲡⲟⲣⲛⲉⲩⲉ ⲟⲩⲇⲉ ⲛϥⲧⲙⲣ ⲙⲛⲧⲛⲟⲉⲓⲕ ⲟⲩⲇⲉ ⲛϥⲧⲙϫⲓ ⲟⲩⲉ ⲟⲩⲇⲉ ⲛϥⲧⲙⲉⲡⲓⲑⲩⲙⲓ ⲉⲗⲁⲁⲩ ⲛϩⲱⲃ ⲟⲩⲇⲉ ⲛϥⲧⲙⲣ ⲙⲁï ϩⲁⲧ ⲟⲩⲇⲉ ⲛϥⲧⲙⲣ ⲙⲁï ⲛⲟⲩⲃ ⲟⲩⲇⲉ ⲛϥⲧⲙⲣⲟⲛⲟⲙⲁⲍⲉ ⲙⲡⲣⲁⲛ ⲛⲛⲁⲣⲭⲱⲛ ⲟⲩⲇⲉ ⲡⲣⲁⲛ ⲛⲛⲉⲩⲁⲅⲅⲉⲗⲟⲥ ⲉϩⲣⲁï ⲉϫⲛ ⲗⲁⲁⲩ ⲛϩⲱⲃ ⲟⲩⲇⲉ ⲛϥⲧⲙϥⲱϭⲉ ⲟⲩⲇⲉ ⲛϥⲧⲙⲥⲁϩⲟⲩ ⲟⲩⲇⲉ ⲛϥⲧⲙϩⲓⲗⲁ ⲛⲛⲟⲩϫ ⲟⲩⲇⲉ ⲛϥⲧⲙⲕⲁⲧⲁⲗⲁⲗⲉï ⲁⲗⲗⲁ ⲙⲁⲣⲉ ⲡⲉⲩⲛⲥⲉ ϣⲱⲡⲉ ⲛⲥⲉ ⲁⲩⲱ ⲡⲉⲩⲙⲙⲟⲛ ⲛⲙⲙⲟⲛ (*sic*) ϩⲁⲡⲁⲝ ϩⲁⲡⲗⲱⲥ ⲛⲥⲉϫⲱⲕ ⲉⲃⲟⲗ ⲛⲛⲉⲛⲧⲟⲗⲏ ⲉⲧⲛⲁⲛⲟⲩⲟⲩ... ⲁⲥϣⲱⲡⲉ ϭⲉ ⲙⲛⲛⲥⲁ ⲧⲣⲉ ⲓ̅ⲥ̅ ⲟⲩⲱ ⲉϥϫⲱ ⲛⲛⲉⲓϣⲁϫⲉ ⲉⲛⲉϥⲙⲁⲑⲏⲧⲏⲥ ⲁⲩⲗⲩⲡⲉⲓ ⲉⲙⲁⲧⲉ ⲁⲩⲱ ⲁⲩⲡⲁϩⲧⲟⲩ ϩⲁ ⲛⲟⲩⲉⲣⲏⲧⲉ ⲛⲓ̅ⲥ̅ ⲉⲩϫⲓ ⲕⲁⲕ ⲉⲃⲟⲗ ⲉⲩⲣⲓⲙⲉ ⲡⲉϫⲁⲩ ϫⲉ ⲡϫⲟⲉⲓⲥ ⲉⲧⲃⲉ ⲟⲩ ⲛⲧⲟϥ ⲙⲡⲕϫⲟⲟⲥ ⲉⲣⲟⲛ ϫⲉ ϯⲛⲁϯ ⲛⲏⲧⲛ ⲛⲙ☧ ⲙⲡⲉ⊡ ⲙⲡ⦾. ⲓ̅ⲥ̅ ⲇⲉ ⲁ ⲡⲉϥϩⲏⲧ ⲗⲩⲡⲉⲓ ϩⲁ ⲛⲉϥⲙⲁⲑⲏⲧⲏⲥ ⲉⲃⲟⲗϫⲉ ⲁⲩⲕⲱ ⲛⲥⲱⲟⲩ ⲛⲛⲉⲩⲉîⲟⲧⲉ ⲙⲛ ⲛⲉⲩⲥⲛⲏⲩ ⲁⲩⲱ ⲛⲉⲩϩⲓⲟⲙⲉ ⲙⲛ ⲛⲉⲩϣⲏⲣⲉ ⲁⲩⲱ ⲁⲩⲕⲱ ⲛⲥⲱⲟⲩ ⲙⲡⲃⲓⲟⲥ ⲧⲏⲣϥ ⲙⲡⲉⲓⲕⲟⲥⲙⲟⲥ ⲁⲩⲟⲩⲁϩⲟⲩ ⲛⲥⲱϥ ⲙⲓ̅ⲃ̅ ⲛⲣⲟⲙⲡⲉ ⲁⲩⲱ ⲁⲩⲉîⲣⲉ ⲛⲉⲛⲧⲟⲗⲏ ⲛⲓⲙ ⲉⲛⲧⲁϥϩⲟⲛⲟⲩ ⲉⲧⲟⲟⲧⲟⲩ ⲁϥⲟⲩⲱϣⲃ ⲡⲉϫⲁϥ

---

ordonnez de ne point jurer faussement, de ne point jurer du tout, de ne point forniquer, de ne point commettre d'adultère, de ne point voler, de ne point avoir de convoitise pour quoi que ce soit, de ne point aimer l'argent, de ne point aimer l'or, de ne point prononcer en vain le nom des archons ni le nom de leurs anges, de ne point frauder, de ne point médire, de ne point calomnier faussement, de ne point bavarder; mais que leur oui soit oui, et leur non soit non; en un mot qu'ils observent les bons commandements. » Il arriva que, lorsque Jésus eut dit ces choses à ses disciples, ils furent dans un grand chagrin; ils se jetèrent aux pieds de Jésus, s'écriant et pleurant. Ils lui dirent : « Seigneur, pourquoi donc ne nous as-tu pas dit : Je vous donnerai le mystère de l'æon du trésor? » Mais Jésus, son cœur se chagrina au sujet de ses disciples, parce qu'ils avaient abandonné leurs pères et leurs frères, leurs femmes et leurs fils, et aussi toute vie dans ce monde, qu'ils l'avaient suivi pendant douze ans et qu'ils avaient observé tous

LE PAPYRUS GNOSTIQUE BRUCE.

ⲛⲛⲉϥⲙⲁⲑⲏⲧⲏⲥ ϫⲉ ϩⲁⲙⲏⲛ ϯϫⲱ ⲙⲙⲟⲥ ⲛⲏⲧⲛ ϫⲉ ϯⲛⲁϯ ⲛⲏⲧⲛ ⲛⲙⲣ̄ ⲙⲡⲉⲑ̄ ⲙⲫⲩⲗⲁⲝ ⲛⲅ̄ ⲙⲡⲩⲗⲏ ⲙⲡⲉ⊡ ⲙⲡ◎ ⲙⲛ ⲑⲉ ⲛⲉ[1] ꝯ ⲁⲩⲱ ⲟⲛ ϯⲛⲁϯ ⲛⲏⲧⲛ ⲛⲙⲣ̄ ⲙⲡⲁⲗⲟⲩ ⲡⲁⲗⲟⲩ ⲙⲛ ⲑⲉꝯ ⲁⲩⲱ ⲟⲛ ⲙⲛⲛⲥⲁ ⲛⲁï ϯⲛⲁϯ ⲛⲏⲧⲛ ⲙⲡⲙⲣ̄ ⲙⲡⲅ̄ ⲛϩⲁⲙⲏⲛ ⲙⲛ ⲑⲉ ꝯ. ⲁⲩⲱ ⲟⲛ ϯⲛⲁϯ ⲛⲏⲧⲛ ⲙⲡⲙⲣ̄ ⲙⲡⲉ̄ ⲛϣⲏⲛ ⲙⲡⲉ⊡[2] ⲙⲡ◎ ꝯ. ⲁⲩⲱ ⲟⲛ ⲙⲛⲛⲥⲁ ⲛⲁï ϯⲛⲁϯ ⲛⲏⲧⲛ ⲙⲡⲙⲣ̄ ⲛⲧⲍ̄ ⲙⲫⲱⲛⲏ ⲙⲛ ⲡⲉⲑⲉⲗⲏⲙⲁ ⲛⲧⲉ ⲙ̄ⲑ̄ ⲛⲇⲩⲛⲁⲙⲓⲥ ⲁⲩⲱ ⲟⲛ ϯⲛⲁϯ ⲛⲏⲧⲛ ⲙⲡⲙⲣ̄ ⲙⲡⲛⲟϭ ⲛⲣⲁⲛ ⲛⲧⲉ ⲣⲁⲛ ⲛⲓⲙ ⲉⲧⲉ ⲛⲧⲟϥ ⲡⲉ ⲡⲛⲟϭ ⲛ◎ ⲉⲧⲕⲱⲧⲉ ⲉⲡⲉ⊡ ⲙⲡ◎ ⲁⲩⲱ ⲙⲛ ⲑⲉꝯ ⲉⲃⲱⲕ ⲙⲫⲟⲩⲛ ⲛⲧⲍ̄[3] ⲙⲫⲱⲛⲏ ⲁⲩⲱ ϩⲁⲙⲏⲛ ϯϫⲱ ⲙⲙⲟⲥ ⲛⲏⲧⲛ

(1) Le texte porte ⲙⲛ ⲉⲡⲉ ⲛⲉ : j'ai corrigé d'après la formule qui précède et qui suit.

(2) J'ai supposé tout d'abord que c'était là une manière abrégée de parler des hiérarchies des cinq arbres, comme on le verra plus loin; mais je crois, après réflexion, que le mot a été omis, et je l'ai rétabli.

(3) Le ⲧ est effacé à moitié.

---

les commandements qu'il leur avait donnés. Il répondit à ses disciples en leur disant : « En vérité, je vous le dis, je vous ferai connaître le mystère du trésor et les gardiens des trois portes de l'æon du trésor et le, etc.[1]. Je vous donnerai aussi le mystère des Gémeaux[2] et la manière, etc. Ensuite je vous donnerai le mystère des trois *amen* et la manière, etc. Je vous donnerai aussi le mystère des cinq arbres de l'æon du trésor. Et après cela je vous donnerai le mystère des sept voix et la volonté des quarante-neuf puissances. Je vous donnerai aussi le mystère du grand nom de tout nom, qui est le grand trésor qui entoure

(1) Je crois qu'il devait y avoir ici comme ailleurs la formule complète indiquée par abréviation et qui commence par ces mots : « et la manière de ». Le texte devrait alors porter ⲙⲛ ⲑⲉꝯ. Peut-être Woïde a-t-il mal lu. Du reste, soit par la faute de Woïde, soit par celle du copiste, le mystère des Tridynamos qui précède celui des Gémeaux a été omis dans l'énumération.

(2) Le mot *Gémeaux* étant exprimé plus haut par ϩⲁⲧⲣⲉⲉⲩ et placé en cette place, il semblerait qu'il fût exprimé ici d'une manière particulière : ⲡⲓⲁⲗⲟⲩ, ⲡⲓⲁⲗⲟⲩ, par la réduplication du mot qui signifie enfant; mais il y a ici une hiérarchie d'omise, comme on le voit plus loin.

IMPRIMERIE NATIONALE.

LE PAPYRUS GNOSTIQUE BRUCE.

ⲉⲓ̈ϩⲱⲛ ⲉⲧⲟⲟⲧⲧⲏⲩⲧⲛ ϫⲉⲕⲁⲁⲥ ⲉⲧⲉⲧⲛⲉⲉⲓ̂ⲣⲉ ⲙⲡ⳩ ⲙⲡϯⲟⲩ ⲛϣⲏⲛ ⲙⲛ ⲡ⳩ ⲛⲧⲍ̄ ⲙⲫⲱⲛⲏ ⲙⲛ ⲡ⳩ ⲙⲡⲛⲟϭ ⲛⲣⲁⲛ ⲉⲧⲉ ⲡⲛⲟϭ ⲛ⊚ ⲡⲉ ⲉⲧⲕⲱⲧⲉ ⲉⲡⲉ⊡ ⲙⲡ⊚. ⲡⲉⲧⲛⲁⲣ ⲛⲁⲓ̈ ⲅⲁⲣ ⲛϥⲣ ⲭⲣⲓⲁ ⲁⲛ ⲛⲕⲉⲗⲁⲁⲩ ⲙ⳩ ⲛⲧⲉ ⲧⲙⲛⲧⲉⲣⲟ ⲙⲡⲟⲩⲟⲉⲓ̈ⲛ ⲉⲓⲙⲏⲧⲓ ⲉⲡ⳩ ⲙⲡⲕⲁ ⲛⲟⲃⲉ ⲉⲃⲟⲗ. ϩⲁⲡⲥ ⲅⲁⲣ ⲡⲉ ⲉⲣⲱⲙⲉ ⲛⲓⲙ ⲉⲧⲛⲁⲡⲓⲥⲧⲉⲩⲉ ⲉⲡⲙⲛⲧⲉⲣⲟ ⲙⲡ⊚ ⲉⲧⲣⲉϥⲉⲓ̂ⲣⲉ ⲙⲡ⳩ ⲙⲡⲕⲁ ⲛⲟⲃⲉ ⲉⲃⲟⲗ ⲛⲟⲩⲥⲟⲡ ⲙⲙⲁⲧⲉ ⲣⲱⲙⲉ ⲅⲁⲣ ⲛⲓⲙ ⲉⲧⲛⲁⲉⲓ̂ⲣⲉ ⲙⲡ⳩ ⲙⲡⲕⲁ ⲛⲟⲃⲉ ⲉⲃⲟⲗ ⲛⲟⲃⲉ ⲛⲓⲙ ⲉⲛⲧⲁϥⲁⲁⲩ ⲉϥⲥⲟⲟⲩⲛ ⲙⲛ ⲛⲉⲛⲧⲁϥⲁⲁⲩ ϩⲛ ⲟⲩⲙⲛⲧⲁⲧⲥⲟⲟⲩⲛ ϫⲓⲛ ⲧⲉϥⲙⲛⲧⲕⲟⲩⲓ̈ ϩⲉⲱⲥ ϣⲁ ⲡⲟⲟⲩ ⲛϩⲟⲟⲩ ⲁⲩⲱ ⲛⲉⲛⲧⲁϥⲁⲁⲩ ϫⲓⲛ ⲧⲕⲁⲧⲁⲃⲟⲗⲏ ⲙⲡⲕⲟⲥⲙⲟⲥ ϩⲉⲱⲥ ϣⲁ ⲡⲟⲟⲩ ⲛϩⲟⲟⲩ ⲥⲉⲛⲁϥⲟⲧⲟⲩ ⲉⲃⲟⲗ ⲧⲏⲣⲟⲩ ⲛⲥⲉⲁⲁϥ ⲛⲟⲩϩⲓⲗⲓⲕⲣⲓⲛⲉⲥ ⲛⲟⲩⲟⲉⲓⲛ ⲛⲥⲉϫⲓⲧϥ ⲉⲡ⊚ ⲛⲧⲉ ⲡⲉⲓ̈⊚ ⲁⲩⲱ ϯϫⲱ ⲙⲙⲟⲥ ⲛⲏⲧⲛ ϫⲉ ϫⲓⲛ ⲉⲩϩⲓϫⲙ ⲡⲕⲁϩ ⲁⲩⲟⲩⲱ ⲉⲩⲕⲗⲏⲣⲟⲛⲟⲙⲉⲓ

---

l'æon du trésor, avec la manière de l'invoquer pour entrer dans l'intérieur des sept voix. En vérité je vous le dis, je vous ordonne de faire le mystère des cinq arbres, le mystère des sept voix et le mystère du grand nom, qui est le grand trésor qui entoure l'æon du trésor; car celui qui les fera n'a besoin d'aucun autre mystère du royaume de la lumière, si ce n'est du mystère de remettre les péchés. Il faut en effet que tout homme qui croira dans le royaume du trésor fasse le mystère de remettre les péchés une fois seulement; car tout homme qui fera le mystère de remettre les péchés, tous les péchés qu'il aura commis avec conscience, tous ceux qu'il aura commis par ignorance, depuis son enfance jusqu'à ce jour, ainsi que ceux qu'il aura commis depuis l'établissement du monde jusqu'à ce jour, lui seront tous remis: il deviendra une pure lumière et on l'introduira dans le trésor de ce trésor. Et je vous dis que, depuis qu'ils sont sur la terre, ils ont déjà hérité[1] le royaume de Dieu, leur part est dans l'æon du trésor; ils sont

[1] Cette traduction rend bien la pensée, mais non le mot à mot du texte. Le mot à mot, en effet, signifie : ils ont cessé d'hériter; c'est-à-dire qu'ils sont déjà en possession de l'héritage, et non pas qu'ils n'hériteront pas. Cette dernière nuance se trouve assez souvent attachée au verbe ⲟⲩⲱ.

LE PAPYRUS GNOSTIQUE BRUCE.

ⲛⲧⲙⲛⲧⲉⲣⲟ ⲙⲡⲛⲟⲩⲧⲉ ⲁ ⲧⲉⲩⲙⲉⲣⲓⲥ ϣⲱⲡⲉ ϩⲙ ⲡⲉ⊡ ⲙⲡ⊚ ⲁⲩⲱ ϩⲉⲛ ⲛⲟⲩⲧⲉ ⲛⲉ ⲛⲁⲑⲁⲛⲁⲧⲟⲥ ⲁⲩⲱ ⲉⲩϣⲁⲛⲉⲓ̈ ⲉⲃⲟⲗϩⲙ ⲡⲥⲱⲙⲁ ⲛϭⲓ ⲛⲉⲛⲧⲁⲩϫⲓ ⲛⲛⲉⲓ̈⳩ ⲙⲛ ⲡ⳩ ⲙⲡⲕⲁ ⲛⲟⲃⲉ ⲉⲃⲟⲗ ϣⲁⲣⲉ ⲛⲁⲓⲱⲛ ⲧⲏⲣⲟⲩ ⲥⲟⲕⲟⲩ ⲛⲁⲩ ⲛⲥⲁ ⲛⲉⲩⲉⲣⲏⲩ ⲛⲥⲉⲡⲱⲧⲉ ⲡⲉⲙⲛⲧ ⲉⲧⲉ ϩⲃⲟⲩⲣ ⲉⲧⲃⲉ ⲧⲉⲯⲩⲭⲏ ⲉⲛⲧⲁⲥϫⲓ ⲙⲡ⳩ ⲙⲡⲕⲁ ⲛⲟⲃⲉ ⲉⲃⲟⲗ ϣⲁⲛⲧⲟⲩⲡⲱϩ ⲉⲙⲡⲩⲗⲏ ⲙⲡⲉ⊡ ⲙⲡ⊚ ⲛⲥⲉ ⲛⲉⲫⲩⲗⲁⲝ ⲛⲙⲡⲩⲗⲏ ⲁⲟⲩⲱⲛ ⲛⲁⲩ ⲉⲩϣⲁⲛⲡⲱϩ ⲉⲛⲧⲁⲝⲓⲥ ⲙⲡⲉ⊡ ϣⲁⲣⲉ ⲛⲕⲉⲧⲁⲝⲓⲥ ⲥⲫⲣⲁⲅⲓⲍⲉ ⲙⲙⲟⲟⲩ ϩⲛ ⲧⲉⲩⲥⲫⲣⲁⲅⲓⲥ ⲁⲩⲱ ϣⲁⲩϯ ⲛⲁⲩ ⲙⲡⲛⲟϭ ⲛⲣⲁⲛ ⲙⲡⲉⲩ⳩ ⲁⲩⲱ ϣⲁⲩⲟⲩⲱⲧⲃ ⲉϩⲟⲩⲛ ⲙⲡⲉⲩϩⲟⲩⲛ ⲉⲩϣⲁⲛⲡⲱϩ ⲉⲧⲧⲁⲝⲓⲥ ⲙⲡϯⲟⲩ ⲛϣⲏⲛ ⲙⲡⲉ⊡ ⲙⲡ⊚ ϣⲁⲩϯ ⲛⲁⲩ ⲙⲡⲛⲟϭ ⲛⲣⲁⲛ ⲁⲩⲱ ⲛⲥⲉⲥⲫⲣⲁⲅⲓⲍⲉ ⲙⲙⲟⲟⲩ ϩⲛ ⲧⲉⲩⲥⲫⲣⲁⲅⲓⲥ ⲁⲩⲱ ⲛⲥⲉϯ ⲛⲁⲩ ⲙⲡⲉⲩ⳩ ϣⲁⲛⲧⲟⲩⲱⲧⲃ ⲉϩⲟⲩⲛ ⲙⲫⲟⲩⲛ ⲛⲧⲍ̅ ⲙⲫⲱⲛⲏ ⲉⲩϣⲁⲛⲡⲱϩ ⲉⲧⲧⲁⲝⲓⲥ ⲉⲧⲙⲙⲁⲩ ϣⲁⲩϯ ⲛⲁⲩ ⲙⲡⲛⲟϭ ⲛⲣⲁⲛ ⲁⲩⲱ ⲛⲥⲉⲥⲫⲣⲁⲅⲓⲍⲉ ⲙⲙⲟⲟⲩ ϩⲛ ⲧⲉⲩⲥⲫⲣⲁⲅⲓⲥ ⲁⲩⲱ ⲛⲥⲉϯ ⲛⲁⲩ ⲙⲡⲉⲩ⳩ ϣⲁⲛⲧⲟⲩⲟⲩⲱⲧⲃ ⲉϩⲟⲩⲛ ⲙⲫⲟⲩⲛ ⲛⲛⲧⲁⲝⲓⲥ ⲛⲧⲉ ⲛⲓⲁⲡⲁⲧⲱⲣ ϩⲉⲱⲥ ϣⲁ ⲧⲧⲁⲝⲓⲥ ⲛⲛⲧⲟⲡⲟⲥ ⲛⲧⲉⲩⲕⲗⲏⲣⲟⲛⲟⲙⲓⲁ ϣⲁⲣⲉ ⲛⲧⲁⲝⲓⲥ ⲉⲧⲙⲙⲁⲩ ϯ ⲛⲁⲩ ⲙⲡⲛⲟϭ ⲛⲣⲁⲛ ⲁⲩⲱ ϣⲁⲩ-

---

des dieux immortels, et lorsque ceux qui ont reçu le mystère de remettre les péchés sortent du corps, tous les æons s'écartent les uns devant les autres, s'enfuient à l'occident, c'est-à-dire à gauche, à cause de l'âme qui a reçu le mystère de remettre les péchés, jusqu'à ce que ces (âmes) arrivent aux portes de l'æon du trésor, que les gardiens des portes leur ouvrent. Lorsqu'elles arrivent aux hiérarchies du trésor, d'autres hiérarchies leur impriment leur sceau, leur donnent le grand nom de leur mystère, et les font traverser jusque dans leur intérieur. Lorsqu'elles sont arrivées à la hiérarchie des cinq arbres de l'æon du trésor, ils leur donnent le grand nom et ils impriment leurs sceaux sur elles jusqu'à ce qu'elles passent dans l'intérieur des sept voix. Lorsqu'elles sont arrivées à cette hiérarchie, les sept voix leur donnent le grand nom et leur impriment leur sceau; elles leur donneront leur mystère jusqu'à ce qu'elles passent dans l'intérieur des hiérarchies des ⲁⲡⲁⲧⲱⲣ, jusqu'à la hiérarchie des lieux de leur héritage.

ⲥⲫⲣⲁⲅⲓⲍⲉ ⲙⲙⲟⲟⲩ ϩⲛ ⲧⲉⲩⲥⲫⲣⲁⲅⲓⲥ ⲁⲩⲱ ϣⲁⲩϯ ⲛⲁⲩ ⲙⲡⲉⲩⲙ̅ⲁ̅ⲣ̅ ⲁⲩⲱ ϣⲁⲩⲟⲩⲱⲧⲃ ⲉϩⲟⲩⲛ ⲙⲫⲟⲩⲛ ϣⲁ ⲧⲧⲁⲝⲓⲥ ⲛⲛⲉⲧⲣⲓⲡⲛⲉⲩⲙⲁⲧⲟⲥ ⲁⲩⲱ ϣⲁⲩϯ ⲛⲁⲩ ⲙⲡⲛⲟϭ ⲛⲣⲁⲛ ⲙⲛ ⲡⲉⲩⲙ̅ⲁ̅ⲣ̅ ⲁⲩⲱ ϣⲁⲩⲥⲫⲣⲁⲅⲓⲍⲉ ⲙⲙⲟⲟⲩ ϩⲛ ⲧⲉⲩⲥⲫⲣⲁⲅⲓⲥ ϣⲁⲛⲧⲟⲩⲡⲱϩ ⲉⲡⲧⲟⲡⲟⲥ ⲛⲓⲉⲟⲩ ⲡⲁ ⲡⲉ⊡ ⲛⲛⲁ ⲡⲥⲁ ⲛⲃⲟⲗ ⲉⲧⲉ ⲛⲧⲟϥ ⲡⲉⲧⲟ ⲛⲛⲟϭ ⲉϩⲣⲁⲓ[1] ⲉϫⲙ ⲡⲉ⊡ ⲧⲏⲣϥ. ⲉⲩϣⲁⲛⲡⲱϩ ⲇⲉ ⲉⲡⲧⲟⲡⲟⲥ ⲉⲧⲙⲙⲁⲩ ϣⲁϥϯ ⲛⲁⲩ ⲙⲡⲛⲟϭ ⲛⲣⲁⲛ ⲙⲛ ⲡⲉϥⲙⲩⲥⲧⲏⲣⲓⲟⲛ ⲁⲩⲱ ϣⲁϥⲥⲫⲣⲁⲅⲓⲍⲉ ⲙⲙⲟⲟⲩ ϩⲛ ⲧⲉϥⲥⲫⲣⲁⲅⲓⲥ ϣⲁⲛⲧⲟⲩⲃⲱⲕ ⲉⲡⲉϥϩⲟⲩⲛ ⲉⲡⲉ⊡ ⲛⲛⲁ ⲡⲥⲁ ⲛϩⲟⲩⲛ ⲉⲛⲧⲟⲡⲟⲥ ⲙⲡⲥⲁ ⲛϩⲟⲩⲛ ⲛⲧⲉ ⲛⲓⲥⲁ ⲛϩⲟⲩⲛ ⲉⲛⲧⲟϥ ⲛⲥⲓⲅⲏ ϩⲓ ϩⲣⲟⲕ ⲛⲥⲉⲙⲧⲟⲛ ⲙⲙⲟⲟⲩ ϩⲛ ⲛⲧⲟⲡⲟⲥ ⲉⲧⲙⲙⲁⲩ ⲉⲃⲟⲗϫⲉ ⲁⲩϫⲓ ⲙⲡⲙ̅ⲁ̅ⲣ̅ ⲙⲡⲕⲁ ⲛⲟⲃⲉ ⲉⲃⲟⲗ. ⲁⲩⲱ ϯⲛⲁϯ ⲛⲏⲧⲛ ⲙ̅ⲁ̅ⲣ̅ ⲛⲓⲙ ϫⲉⲕⲁⲁⲥ ⲉⲓⲉϫⲉⲕ ⲧⲏⲩⲧⲛ ⲉⲃⲟⲗ ⲙ̅ⲁ̅ⲣ̅ ⲛⲓⲙ ⲛⲧⲉ ⲧⲙⲛⲧⲉⲣⲟ ⲙⲡ⊙ ϫⲉⲕⲁⲁⲥ ⲉⲩⲉⲙⲟⲩⲧⲉ ⲉⲣⲱⲧⲛ ϫⲉ ⲛϣⲏⲣⲉ ⲙⲡⲉⲡⲗⲏⲣⲱⲙⲁ ⲉⲧϫⲏⲕ ⲉⲃⲟⲗ ⲙ̅ⲁ̅ⲣ̅ ⲛⲓⲙ.

[1] Le mot du texte ⲉϩⲗⲏ, qui se trouve en cet endroit, m'est inconnu. Je pense que le texte est altéré et a été mal lu par Woïde. Je crois qu'il faut lire ⲉϩⲣⲁⲓ, ce qui a l'avantage de donner une locution toute faite, tandis que, s'il y avait un nom de dignité après, le mot devrait être précédé de la préposition ⲛ, ce qui n'est pas le cas. D'ailleurs Woïde avait lui-même indiqué qu'il n'était pas certain de sa lecture.

Ces hiérarchies leur donnent le grand nom, leur impriment leur sceau, leur donnent le mystère, et elles passent dans l'intérieur jusqu'à la hiérarchie des ⲧⲣⲓⲡⲛⲉⲩⲙⲁⲧⲟⲥ. Ceux-ci leur donnent le grand nom et leur mystère, leur impriment leur sceau, jusqu'à ce qu'elles arrivent au lieu de ⲓⲉⲟⲩ, celui de l'æon de ceux qui sont à l'extérieur : c'est lui qui est le grand sur tout æon. Lorsqu'elles sont arrivées en ce lieu, il leur donne le grand nom et son mystère, il leur imprime son sceau jusqu'à ce qu'elles entrent dans son intérieur, dans l'æon de ceux qui sont à l'intérieur, dans les lieux de celui qui est à l'intérieur de ceux qui sont à l'intérieur de ⲥⲓⲅⲏ ou le silence, afin qu'elles se reposent en ce lieu, parce qu'elles ont reçu le mystère de remettre les péchés. Je vous donnerai aussi tout mystère, afin que je vous rende parfaits en tout mystère du royaume du trésor, afin qu'on vous nomme les fils du Plérôme, parfaits en tous les mystères. » Il arriva aussi

LE PAPYRUS GNOSTIQUE BRUCE.

ⲁⲥϣⲱⲡⲉ ⲟⲛ ⲙⲛⲛⲥⲁ ⲛⲉⲓϣⲁϫⲉ ⲁ ⲓ̅ⲥ̅ ⲙⲟⲩⲧⲉ ⲉⲛⲉϥⲙⲁⲑⲏⲧⲏⲥ ⲡⲉϫⲁϥ ⲛⲁⲩ ϫⲉ ⲁⲙⲏⲉⲓⲧⲛ ⲧⲏⲣⲧⲛ ⲛⲧⲉⲧⲛϫⲓ ⲙⲡ̅ⲅ̅ ⲛⲃⲁⲡⲧⲓⲥⲙⲁ ϩⲙⲡⲁϯϫⲱ ⲉⲣⲱⲧⲛ ⲙⲡ⳩ ⲛⲛⲁⲣⲭⲱⲛ. ⲁⲩⲉⲓ̈ ϭⲉ ⲧⲏⲣⲟⲩ ⲛϭⲓ ⲙⲙⲁⲑⲏⲧⲏⲥ ⲛϩⲟⲟⲩⲧ ⲙⲛ ⲙⲙⲁⲑⲏⲧⲣⲓⲁ ⲛⲥϩⲓⲙⲉ ⲁⲩⲕⲱⲧⲉ ⲉⲓ̅ⲥ̅ ⲧⲏⲣⲟⲩ ϩⲓ ⲟⲩⲥⲟⲡ ⲡⲉϫⲁϥ ϭⲉ ⲛⲁⲩ ⲛϭⲓ ⲓ̅ⲥ̅ ϫⲉ ⲃⲱⲕ ⲉϩⲣⲁⲓ ⲉⲧⲕⲁⲗⲓⲗⲁⲓⲁ ⲛⲧⲉⲧⲛϭⲓⲛⲉ ⲛⲟⲩⲣⲱⲙⲉ[1] ⲏ ⲟⲩⲥϩⲓⲙⲉ ⲉⲁ ⲡⲉϩⲟⲩⲟ ⲛⲧⲕⲁⲕⲓⲁ ⲙⲟⲩ ⲛϩⲏⲧⲟⲩ ⲉϣⲱⲡⲉ ⲟⲩϩⲟⲟⲩⲧ ⲡⲉ ⲉⲛϥⲉⲓ̈ⲣⲉ ⲁⲛ ⲛⲧⲥⲩⲛⲟⲩⲥⲓⲁ ⲏ ⲉϣⲱⲡⲉ ⲟⲩⲥϩⲓⲙⲉ ⲧⲉ ⲉⲁⲥⲗⲟ ⲉⲥⲉⲓ̈ⲣⲉ ⲛⲧⲕⲟⲓⲛⲱⲛⲓⲁ ⲛⲧⲉ ⲛⲉϩⲓⲟⲙⲉ ⲁⲩⲱ ⲛⲥⲉⲓ̈ⲣⲉ ⲁⲛ ⲛⲧⲥⲩⲛⲟⲩⲥⲓⲁ ⲁⲩⲱ ⲛⲧⲉⲧⲛϣⲱⲡ ⲛⲁⲅⲅⲓⲟⲛ ⲥⲛⲁⲩ ⲛⲏⲣⲡ ⲛⲧⲟⲧⲟⲩ ⲛⲛⲁⲓ̈ ⲛⲧⲉⲓ̈ⲙⲓⲛⲉ ⲛⲧⲉⲧⲛⲛⲧⲁⲩ ⲛⲁⲓ̈ ⲙⲡⲉⲓ̈ⲧⲟⲡⲟⲥ ⲁⲩⲱ ⲛⲧⲉⲧⲛⲉⲓ̈ⲛⲉ ⲛⲁⲓ̈ ⲛϩⲉⲛ ϣⲉ ⲛⲉⲗⲟⲟⲗⲉ. ⲙⲙⲁⲑⲏⲧⲏⲥ ⲇⲉ ⲁⲩⲉⲓ̈ⲛⲉ ⲙⲡⲁⲅⲅⲓⲟⲛ ⲥⲛⲁⲩ ⲛⲏⲣⲡ ⲙⲛ ⲛϣⲉ ⲛⲉⲗⲟⲟⲗⲉ. ⲓ̅ⲥ̅ ⲇⲉ ⲁϥⲧⲁⲗⲟ ⲉϩⲣⲁⲓ̈ ⲛⲟⲩⲑⲩⲥⲓⲁ ⲁϥⲕⲱ ⲛⲟⲩⲁⲅⲅⲓⲟⲛ ⲛⲏⲣⲡ ϩⲓ ϩⲃⲟⲩⲣ ⲛⲧⲉⲑⲩⲥⲓⲁ ⲁⲩⲱ ⲁϥⲕⲱ ⲙⲡⲕⲉⲁⲅⲅⲓⲟⲛ ⲛⲏⲣⲡ ϩⲓ ⲟⲩⲛⲁⲙ ⲛⲧⲉⲑⲩⲥⲓⲁ

[1] Le mot ⲣⲱⲙⲉ avait disparu dès le temps de Woïde, qui a mis en note *deletà*. La restitution est certaine.

qu'après ces paroles Jésus appela ses disciples et leur dit : « Venez tous, recevez les trois baptêmes avant que je vous dise le mystère des archons. » Ils allèrent tous, les disciples mâles avec les disciples femelles, ils entourèrent Jésus tous à la fois. Jésus leur dit : « Allez en Galilée, trouvez un homme ou une femme en qui la plupart des iniquités aient cessé : si c'est un homme, qu'il n'ait point de rapport avec une femme; si c'est une femme, qu'elle cesse de pratiquer la *communauté*[1] des femmes et qu'elle n'ait pas de rapport avec un homme. Prenez deux vases de vin des mains de ceux que vous m'avez ici amenés en cet état; apportez-moi des branches de vigne. » Les disciples apportèrent deux vases de vin et des branches de vigne. Alors Jésus disposa une offrande pour le sacrifice : il plaça un vase de vin à gauche de l'offrande et

[1] Je ne sais trop ce que signifie le mot ⲕⲟⲓⲛⲱⲛⲓⲁ, *communauté*, en ce passage. Dans certaines sectes gnostiques, les femmes servaient indifféremment à tous les hommes : c'est peut-être ce qui est indiqué par ce mot, mais je n'ose l'affirmer.

ⲁϥϯ ⲁⲣⲕⲉⲩⲑⲓⲥ ⲉϩⲣⲁï ⲉⲧⲉⲑⲩⲥⲓⲁ ⲙⲛ ⲟⲩⲕⲁⲥⲇⲁⲗⲁⲛⲑⲟⲥ ⲙⲛ ⲟⲩⲛⲁⲣⲇⲟⲥⲧⲁⲗⲟⲥ ⲁϥⲧⲣⲉ ⲙⲙⲁⲑⲏⲧⲏⲥ ⲧⲏⲣⲟⲩ ⲕⲟⲟⲗⲟⲩ ⲛϩⲉⲛ ϩⲃⲟⲟⲥ ⲛⲛⲉⲓⲁⲁⲩ ⲁϥⲕⲱ ⲙⲡⲓⲉⲛⲧⲏϭ ⲇⲉ ⲛⲕⲩⲛⲟⲕⲉⲫⲁⲗⲟⲛ ⲛϩⲟⲩⲛ ⲛⲣⲱⲟⲩ ⲁⲩⲱ ⲁϥⲕⲱ ⲛⲧⲉⲯⲏⲫⲟⲥ ⲛⲧⲍ̅ ⲙⲫⲱⲛⲏ ϩⲛ ⲧⲉⲩϭⲓϫ ⲥⲛⲧⲉ ⲉⲧⲉ ⲧⲁï ⲧⲉ ⲑ̅ⲱ̅ⲟ̅ⲑ̅ ⲯⲓⲥ ⲛϣⲟ ⲁⲩⲱ ϣⲙⲟⲩⲛ ⲛϣⲉ ⲁⲩⲱ ϣϥⲉ ⲙⲛ ⲯⲓⲥ ⲁⲩⲱ ⲁϥⲕⲱ ⲙⲡⲓⲉⲛⲧⲏϭ ϫⲉ ⲏⲗⲓⲁⲕⲟⲛ ϩⲛ ⲧⲉϭⲓϫ ⲥⲛⲧⲉ ⲁϥⲕⲱ ⲛⲛⲉϥⲙⲁⲑⲏⲧⲏⲥ ϩⲓⲑⲏ ⲛⲧⲉⲑⲩⲥⲓⲁ. ⲓ̅ⲥ̅ ⲇⲉ ⲁϥⲁϩⲉⲣⲁⲧϥ ϩⲓϫⲙ ⲧⲉⲑⲩⲥⲓⲁ ⲁϥⲡⲱⲣϣ ⲛⲟⲩⲧⲟⲡⲟⲥ ⲛϩⲃⲟⲟⲥ ⲛⲛⲉⲓⲁⲁⲩ ⲁⲩⲱ ⲁϥⲕⲱ ⲛⲟⲩⲁⲡⲟⲧ ⲛⲏⲣⲡ ⲉϩⲣⲁï ϩⲓϫⲱϥ ⲁⲩⲱ ⲁϥⲕⲱ ⲛϩⲉⲛ ⲟⲉⲓⲕ ϩⲓϫⲱϥ

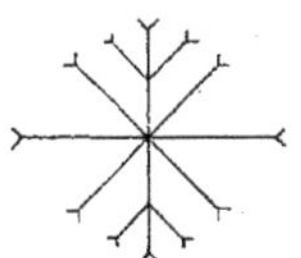

ⲕⲁⲧⲁ ⲧⲏⲡⲉ ⲛⲙⲙⲁⲑⲏⲧⲏⲥ ⲁϥⲕⲱ ⲛϩⲉⲛ ⲕⲗⲁⲇⲟⲥ ⲛϫⲟⲉⲓⲧ ϩⲣⲁï ϩⲓϫⲙ ⲡⲧⲟⲡⲟⲥ ⲛⲧⲉ ⲡⲣⲟⲥⲫⲟⲣⲁ ⲁⲩⲱ ⲁϥⲥⲧⲉⲫⲁⲛⲟⲩ ⲙⲙⲟⲟⲩ ⲧⲏⲣⲟⲩ ϩⲛ ϩⲉⲛ ⲕⲗⲁⲇⲟⲥ ⲛϫⲟⲉⲓⲧ ⲁⲩⲱ ⲁ ⲓ̅ⲥ̅ ⲥⲫⲣⲁⲅⲓⲍⲉ ⲛⲛⲉϥⲙⲁⲑⲏⲧⲏⲥ ϩⲛ ⲧⲉïⲥⲫⲣⲁⲅⲓⲥ ⲧⲉⲥϩⲉⲣⲙⲏⲛⲓⲁ ⲧⲉ ⲧⲁï ⲉ̅ⲏ̅ⲍ̅ⲱ̅ⲍ̅ⲁ̅ⲍ̅ (1) ⲡⲉⲥⲣⲁⲛ ⲥⲁⲍⲁⲫⲁⲣⲁⲥ. ⲁ ⲓ̅ⲥ̅ ⲙⲛ ⲛⲉϥⲙⲁⲑⲏⲧⲏⲥ ⲁϥ-

(1) Ce mot ⲉⲏⲍⲱⲍⲁⲍ est coupé en deux par la figure du sceau. Dans la copie de Woïde, il y a un espace libre avant ce mot; peut-être la syllabe ⲍⲁⲍ était-elle la première; mais rien n'est moins certain.

---

l'autre à droite, il plaça du genièvre sur l'offrande avec de la fausse cannelle et du nard en épis, il fit revêtir tous ses disciples de vêtements de lin et mit dans leur bouche des racines de cynocéphale. Il plaça dans leurs deux mains le chiffre des sept voix, qui est 9879, neuf mil huit cent soixante-dix-neuf; il plaça aussi dans leurs deux mains de l'herbe héliaque. Il plaça ses disciples devant l'offrande et

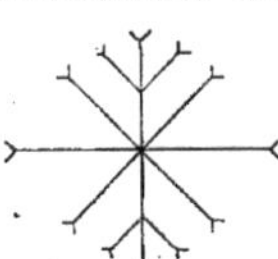

Jésus se tint debout au-dessus de l'offrande : il étendit un coin du linge de lin, il plaça par-dessus une coupe de vin, puis des pains en nombre égal à celui de ses disciples, il mit des rameaux d'olivier sur l'endroit où était l'offrande et il les couronna tous de rameaux d'olivier. Et Jésus imprima sur ses disciples ce sceau, dont l'interprétation est ⲉⲏⲍⲱⲍⲁⲍ et le nom ⲥⲁⲍⲁⲫⲁⲣⲁⲥ. Jésus, avec ses disciples,

LE PAPYRUS GNOSTIQUE BRUCE.

ⲕⲱⲧⲉ ⲉⲡⲇ̄[1] ⲛⲕⲟⲟϩ ⲙⲡⲕⲟⲥⲙⲟⲥ ⲁϥϩⲱⲛ ⲉⲧⲟⲟⲧⲟⲩ ⲉⲧⲣⲉ ⲡⲟⲩⲁ ⲡⲟⲩⲁ ⲙⲙⲟⲟⲩ ⲕⲟⲗⲗⲁ ⲛⲛⲉⲩⲟⲩⲉⲣⲏⲧⲉ ⲉⲛⲉⲩⲣⲏⲩ ⲁϥϫⲱ ⲛϯⲉⲩⲭⲏ ⲉϥϫⲱ ⲙⲙⲟⲥ ϫⲉ ⲓⲱⲁⲍⲁⲍⲏⲑ ⲁⲍⲁⲍⲏ ⲁⲥⲁⲍⲏⲑ ϩⲁⲙⲏⲛ ϩⲁⲙⲏⲛ ϩⲁⲙⲏⲛ ⲉⲓⲁⲍⲉⲓ ⲉⲓⲁⲍⲉⲓ ϫⲏⲑ ⲍⲁⲏⲑ ⲍⲁⲏⲑ ϩⲁⲙⲏⲛ ⳁ ⲁⲣⲃⲁⲍⲁⲍⲁⲍⲁ ⲃⲁⲱⲍⲁⲍⲍⲁⲍ ⲍⲁⲍⲍⲟⲱⲥ ϩⲁⲙⲏⲛ ⳁ ⲁⲍⲁⲁⲭⲁⲍⲁⲣⲁⲭⲁ ⲍⲁⲣⲁⲭⲁ ⲍⲁⲣⲃⲁⲑⲱ ⲍⲁⲣⲃⲁⲑⲱⲍ ⲍⲁⲣⲁⲉⲓ ⲍⲁⲣⲁⲉⲓ ⲍⲁⲣⲁⲉⲓ ⲁⲍⲁⲣⲁⲭⲁ ⲭⲁⲣⲍⲁ ⲃⲁⲣⲭⲁ ⲑⲁⲍⲁⲑ ⲑⲁⲍⲁⲑ ⲑⲁⲍⲁⲑ ϩⲁⲙⲏⲛ ⳁ ⲥⲱⲧⲙ ⲉⲣⲟï ⲡⲁⲉⲓⲱⲧ ⲡⲓⲱⲧ ⲙⲙⲛⲧⲉⲓⲱⲧ ⲛⲓⲙ ⲡⲓⲁⲡⲉⲣⲁⲛⲧⲟⲥ ⲛⲟⲩⲟⲉⲓⲛ ⲉⲧϩⲙ ⲡⲉ⊡ ⲙⲡⲑ ⲙⲁⲣⲟⲩⲉï ⲛϭⲓ ⲡⲙⲛⲧⲏ ⲙⲡⲁⲣⲁⲥⲧⲁⲧⲏⲥ ⲛⲁⲓ ⲉⲧⲇⲓⲁⲕⲟⲛⲓ ϩⲁⲣⲁⲧⲟⲩ ⲛⲧⲍ̄ ⲙⲡⲁⲣⲑⲉⲛⲟⲥ ⲙⲡⲑ ⲛⲁï ⲉⲧϩⲣⲁï ϩⲓϫⲙ ⲡⲃⲁⲡⲧⲓⲥⲙⲁ ⲙⲡⲱⲛϩ ⲉⲧⲉ ⲛⲁï ⲛⲉ ⲛⲉⲩⲣⲁⲛ ⲛⲁϩⲣⲏⲧⲟⲛ ⲁⲥⲧⲣⲁⲡⲁ ⲧⲉⲫⲟ[ⲓⲟ]ⲇⲉ[2] ⲟⲛⲧⲟⲛⲓⲟⲥ ⲥⲓⲛⲏⲧⲟⲥ ⲗⲁⲭⲟⲛ ⲡⲟⲗⲓⲧⲁⲛⲟⲥ ⲟⲡⲁⲕⲓⲥ ⲫⲁⲓⲇⲣⲟⲥ ⲟⲇⲟⲛⲧⲟⲭⲟⲟⲥ ⲇⲓⲁⲕⲧⲓⲟⲥ ⲕⲛⲏⲥⲓⲟⲛ ⲇⲣⲟⲙⲟⲥ ⲉⲩïⲇⲉⲛⲟⲥ ⲡⲟⲗⲩⲡⲁⲓⲇⲟⲥ ⲉⲛⲧⲣⲟⲡⲟⲛ. ⲙⲁⲣⲟⲩⲉï ⲛⲥⲉ-

[1] Le manuscrit porte ⲁϥⲕⲱⲧⲉ ⲡⲉϥⲇ̄ ⲛⲕⲟⲟϩ ⲙⲡⲕⲟⲥⲙⲟⲥ, ce qui ne peut avoir de sens.

[2] Ce mot est incertain parce que les lettres ⲓⲟ sont douteuses. D'ailleurs, certains de ces noms, qui ont tous une apparence grecque, sont incertains, tellement ils sont corrompus.

---

se tourna vers les quatre angles du monde, il ordonna à chacun d'eux de rapprocher les pieds les uns des autres, il pria en disant : « ⲓⲱⲁⲍⲁⲍⲏⲑ ⲁⲍⲁⲍⲏ ⲁⲥⲁⲍⲏⲑ, amen, amen, amen; ⲉⲓⲁⲍⲉⲓ ⲉⲓⲁⲍⲉⲓ ϫⲏⲑ ⲍⲁⲏⲑ ⲍⲁⲏⲑ, amen, etc.; ⲁⲃⲣⲁⲍⲁⲍⲁⲍⲁ ⲃⲁⲱⲍⲁⲍⲍⲁⲍ ⲍⲁⲍⲍⲟⲱⲥ, amen, etc.; ⲁⲍⲁⲁⲭⲁⲍⲁⲣⲁⲭⲁ ⲍⲁⲣⲁⲭⲁ ⲍⲁⲣⲃⲁⲑⲱ ⲍⲁⲣⲃⲁⲑⲱⲍ ⲍⲁⲣⲁⲉⲓ ⲍⲁⲣⲁⲉⲓ ⲍⲁⲣⲁⲉⲓ ⲁⲍⲁⲣⲁⲭⲁ ⲭⲁⲣⲍⲁ ⲃⲁⲣⲭⲁ ⲑⲁⲍⲁⲑ ⲑⲁⲍⲁⲑ ⲑⲁⲍⲁⲑ, amen, etc. Écoute-moi, ô mon Père, père de toute paternité, lumière infinie qui se trouve dans l'æon du trésor : que viennent les quinze *parastates* qui sont au service des sept vierges du trésor, qui sont préposés au baptême de vie et dont voici les noms ineffables : ⲁⲥⲧⲣⲁⲡⲁ, ⲧⲉⲫⲟⲓⲟⲇⲉ, ⲟⲛⲧⲟⲛⲓⲟⲥ, ⲥⲓⲛⲏⲧⲟⲥ, ⲗⲁⲭⲟⲛ, ⲡⲟⲗⲓⲧⲁⲛⲟⲥ, ⲟⲡⲁⲕⲓⲥ, ⲫⲁⲓⲇⲣⲟⲥ, ⲟⲇⲟⲛⲧⲟⲭⲟⲟⲥ, ⲇⲓⲁⲕⲧⲓⲟⲥ, ⲕⲛⲏⲥⲓⲟⲛ, ⲇⲣⲟⲙⲟⲥ, ⲉⲩⲓⲇⲉⲛⲟⲥ, ⲡⲟⲗⲩⲡⲁⲓⲇⲟⲥ, ⲉⲛⲧⲣⲟⲡⲟⲛ;

ⲃⲁⲡⲧⲓⲍⲉ ⲛⲛⲁⲙⲁⲑⲏⲧⲏⲥ ϩⲙ ⲙⲙⲟⲟⲩ ⲙⲡⲱⲛϩ ⲛⲧⲍ̄ ⲙⲡⲁⲣⲑⲉⲛⲟⲥ ⲙⲡ⊚ ⲁⲩⲱ ⲛⲥⲉⲕⲱ ⲉⲃⲟⲗ ⲛⲛⲉⲩⲛⲟⲃⲉ ⲁⲩⲱ ⲛⲥⲉⲕⲁⲑⲁⲣⲓⲍⲉ ⲛⲛⲉⲩⲁⲛⲟⲙⲓⲁ ⲛⲥⲉⲟⲡⲟⲩ ⲉϩⲟⲩⲛ ⲉⲡⲉⲕⲗⲏⲣⲟⲥ ⲛⲧⲙⲛⲧⲉⲣⲟ ⲙⲡⲟⲩⲟⲉⲓⲛ. ⲉϣⲱⲡⲉ ϭⲉ ⲁⲕⲥⲱⲧⲙ ⲉⲣⲟï ⲁⲩⲱ ⲉϣⲱⲡⲉ ⲟⲛ ⲁⲩⲱⲡ ⲉϩⲟⲩⲛ ⲉⲡⲉⲕⲗⲏⲣⲟⲥ ⲛⲧⲙⲛⲧⲉⲣⲟ ⲙⲡ⊡ ⲁⲩⲱ ⲉϣⲱⲡⲉ ⲁⲕⲕⲱ ⲉⲃⲟⲗ ⲛⲛⲉⲩⲛⲟⲃⲉ ⲁⲩⲱ ⲁⲕϥⲱⲧⲉ ⲉⲃⲟⲗ ⲛⲛⲉⲩⲁⲛⲟⲙⲓⲁ ⲉϥⲉϣⲱⲡⲉ ⲛϭⲓ ⲟⲩⲙⲁⲉⲓⲛ ⲁⲩⲱ ⲉϥⲉⲉⲓ̂ ⲛϭⲓ ⲍⲟⲣⲟⲕⲟⲑⲟⲣⲁ ⲛϥⲉⲓⲛⲉ ⲉⲃⲟⲗ ⲙⲡⲙⲟⲟⲩ ⲙⲡⲃⲁⲡⲧⲓⲥⲙⲁ ⲙⲡⲱⲛϩ ϩⲣⲁï ϩⲛ ⲟⲩⲉⲓ̂ ⲛⲛⲉïⲁⲅⲅⲓⲟⲛ ⲛⲏⲣⲡ. ⲁⲩⲱ ⲛⲧⲉⲩⲛⲟⲩ ⲉⲧⲙⲙⲁⲩ ⲁϥϣⲱⲡⲉ ⲛϭⲓ ⲡⲙⲁⲉⲓⲛ ⲛⲧⲁ ⲓ̅ⲥ̅ ⲇⲟⲟϥ ⲁⲩⲱ ⲁ ⲡⲏⲣⲡ ⲉⲧϩⲓ ⲟⲩⲛⲁⲙ ⲉⲧⲉⲑⲩⲥⲓⲁ ⲁϥⲣ ⲙⲟⲟⲩ. ⲁⲩⲱ ⲁⲩⲉⲓ̂ ⲛϭⲓ ⲙⲙⲁⲑⲏⲧⲏⲥ ⲉⲣⲁⲧϥ ⲛⲓ̅ⲥ̅ ⲁϥⲃⲁⲡⲧⲓⲍⲉ ⲙⲙⲟⲟⲩ. ⲁⲩⲱ ⲁϥϯ ⲛⲁⲩ ⲉⲃⲟⲗϩⲛ ⲧⲉⲡⲣⲟⲥⲫⲟⲣⲁ ⲁⲩⲱ ⲁϥⲥⲫⲣⲁⲅⲓⲍⲉ ⲙⲙⲟⲟⲩ ϩⲛ ⲧⲉïⲥⲫⲣⲁⲅⲓⲥ ○—ⲕ ⲁⲩⲱ ⲁ ⲙⲙⲁⲑⲏⲧⲏⲥ ⲣⲁϣⲉ ϩⲛ ⲟⲩⲛⲟϭ ⲛⲣⲁϣⲉ ⲉⲙⲁϣⲟ ⲉⲙⲁϣⲟ ϫⲉ ⲁⲩⲕⲱ ⲉⲃⲟⲗ ⲛⲉⲩⲛⲟⲃⲉ ⲁⲩⲱ ⲁⲩϩⲱⲃⲥ ⲉⲃⲟⲗ ⲉϫⲛ ⲛⲉⲩⲁⲛⲟⲙⲓⲁ ⲁⲩⲱ ⲁⲩⲱⲡ ⲉϩⲟⲩⲛ ⲉⲡⲉⲕⲗⲏⲣⲟⲥ ⲛⲧⲙⲛⲧⲉⲣⲟ ⲙⲡⲟⲩⲟⲉⲓⲛ ⲁⲩⲱ ϫⲉ ⲁⲩⲃⲁⲡⲧⲓⲍⲉ ⲙⲙⲟⲟⲩ ϩⲙ ⲡⲙⲟⲟⲩ ⲙⲡⲱⲛϩ ⲛⲧⲍ̄

---

qu'ils viennent baptiser mes disciples dans l'eau de vie des sept vierges du trésor; qu'ils leur remettent leurs péchés, les purifient de leurs iniquités, qu'ils les inscrivent dans l'héritage du royaume de lumière. Et si tu m'écoutes, si tu prends pitié de mes disciples, s'ils sont inscrits dans l'héritage du royaume de la lumière, si tu leur remets leurs péchés, si tu effaces leurs iniquités, qu'il y ait un prodige et que ⲍⲟⲣⲟⲕⲟⲑⲟⲣⲁ apporte l'eau du baptême de vie dans l'un de ces vases de vin. » Et en ce moment-là eut lieu le prodige dont Jésus avait parlé : le vin qui était à droite de l'oblation fut changé en eau. Les disciples vinrent devant Jésus, qui les baptisa, leur distribua l'offrande et leur imprima ce sceau ○—ⲕ. Les disciples se réjouirent d'une grande joie, grandement, grandement, parce que leurs péchés avaient été remis, leurs iniquités couvertes et qu'on les avait inscrits dans l'héritage du royaume de la lumière, qu'ils avaient été baptisés dans l'eau de vie des sept vierges

LE PAPYRUS GNOSTIQUE BRUCE.

ⲘⲠⲀⲢⲐⲈⲚⲞⲤ ⲘⲠ▣ ⲀⲨϪⲒ ⲚⲦⲈⲤⲪⲢⲀⲄⲒⲤ ⲈⲦⲞⲨⲀⲀⲂ. ⲀⲤϢⲰⲠⲈ ⲞⲚ Ⲁ Ⲓ̅Ⲥ̅ ⲞⲨⲰϨ ⲈⲦⲞⲞⲦϤ ϨⲘ ⲠϢⲀϪⲈ ⲠⲈϪⲀϤ ⲚⲚⲈϤⲘⲀⲐⲎⲦⲎⲤ ϪⲈ ⲀⲚⲒⲚⲈ ⲚⲀⲒ̈ ⲚϨⲈⲚ ϢⲈ ⲚⲈⲖⲞⲞⲖⲈ ⲚⲦⲀⲦⲀⲢⲈⲦⲈⲦⲚϪⲒ (*sic*) ⲘⲠⲂⲀⲠⲦⲒⲤⲘⲀ ⲘⲠⲔⲢⲰⲘ. ⲀⲨⲰ ⲘⲘⲀⲐⲎⲦⲎⲤ ⲈⲒ̈ⲚⲈ ⲚⲀϤ ⲚⲚϢⲈ ⲚⲈⲖⲞⲞⲖⲈ ⲀϤⲦⲀⲖⲞ ⲈϨⲢⲀⲒ̈ ⲚⲞⲨϢⲞⲨϨⲎⲚⲈ ⲀϤϮ ⲀⲢⲔⲎⲐⲒⲤ ⲈϨⲢⲀⲒ̈ ϨⲒ ϢⲀⲖ ⲀⲨⲰ ϨⲒ ⲖⲒⲂⲀⲚⲞⲤ ϨⲒ ⲘⲀⲤⲦⲒⲬⲒⲚ ϨⲒ ⲚⲀⲢⲆⲞⲤⲦⲀⲬⲞⲤ ϨⲒ ⲔⲀⲤⲆⲀⲖⲀⲚⲐⲞⲚ ϨⲒ ⲦⲈⲢⲈⲂⲈⲚⲐⲞⲤ ϨⲒ ⲤⲦⲀⲔⲦⲎ ⲀⲨⲰ ⲞⲚ ⲀϤⲠⲰⲢϢ ⲘⲠⲦⲞⲠⲞⲤ ⲚⲦⲈⲠⲢⲞⲤⲪⲞⲢⲀ ⲚϨⲂⲞⲞⲤ ⲚⲈⲒⲀⲀⲨ ⲀⲨⲰ ⲀϤⲔⲰ ϨⲒϪⲰϤ ⲚⲞⲨⲀⲠⲞⲦ ⲚⲎⲢⲠ ⲀⲨⲰ ⲀϤⲔⲰ ⲚϨⲈⲚ ⲞⲈⲒⲔ ϨⲒϪⲰϤ ⲔⲀⲦⲀ ⲦⲎⲠⲈ ⲚⲘⲘⲀⲐⲎⲦⲎⲤ ⲀⲨⲰ ⲀϤⲦⲢⲈ ⲚⲈϤⲘⲀⲐⲎⲦⲎⲤ ⲦⲎⲢⲞⲨ ϬⲞⲞⲖⲞⲨ ⲚϨⲂⲞⲞⲤ ⲚⲈⲒⲀⲀⲨ ⲀⲨⲰ ⲀϤⲤⲦⲈⲪⲀⲚⲞⲨ ⲘⲘⲞⲞⲨ ⲘⲠⲒⲈⲚⲦⲎϬ ϪⲈ ⲠⲈⲢⲒⲤⲦⲈⲢⲈⲰⲚ ⲞⲤⲞⲢⲈⲞⲨ ⲀⲨⲰ ⲀϤⲔⲰ ⲘⲠⲒⲈⲚⲦⲎϬ ϪⲈ ⲔⲨⲚⲞⲔⲈⲪⲀⲖⲞⲚ ⲚϨⲞⲨⲚ ⲚⲢⲰⲞⲨ ⲀⲨⲰ ⲀϤⲦⲢⲈⲨⲔⲰ ⲚⲦⲈⲮⲎⲪⲞⲤ ⲚⲦⲌ̅ ⲘⲪⲰⲚⲎ ϨⲚ ⲚⲈⲨϬⲒϪ ⲤⲚⲦⲈ ⲈⲦⲈ ⲦⲀⲒ ⲦⲈ Ⲑ̅Ⲱ̅Ⲟ̅Ⲑ̅ ⲀⲨⲰ ⲀϤⲔⲰ ⲠⲒⲈⲚⲦⲎϬ ϪⲈ ⲬⲢⲨⲤⲀⲚⲐⲈⲘⲞⲚ ϨⲚ ⲦⲈⲨϬⲒϪ ⲤⲚⲦⲈ ⲀⲨⲰ ⲀϤⲔⲰ ⲘⲠⲒⲈⲚⲦⲎϬ ϪⲈ ⲠⲞⲖⲨⲄⲞⲚⲞⲚ ϨⲀ ⲚⲈⲨⲞⲨⲈⲢⲎⲦⲈ ⲀⲨⲰ ⲀϤⲔⲀⲀⲨ ϨⲒ ⲐⲎ ⲚⲚϢⲞⲨϨⲎⲚⲈ ⲈⲚⲦⲀϤⲦⲀⲖⲞⲞⲨ ⲈϨⲢⲀⲒ̈ ⲀⲨⲰ ⲀϤⲦⲢⲈⲨ-

---

du trésor et qu'ils avaient reçu le sceau sacro-saint. Il arriva aussi que Jésus continua de parler et dit à ses disciples : « Apportez-moi des branches de vigne, afin que vous receviez le baptême de feu. » Et les disciples lui apportèrent des branches de vigne qu'il plaça sur de l'encens; il mit du myrthe par-dessus, il y ajouta de l'encens du Liban, du mastic de lentisque, du nard en épis, des fleurs de cannellier, de la térébenthine et de la gomme. Il étendit à l'endroit où était l'offrande des linges de lin, il plaça dessus une coupe de vin et des pains en nombre égal à celui de ses disciples, il fit revêtir à tous ses disciples des habits de lin, il les couronna de l'herbe appelée verveine d'Osiris (?) et il mit dans leur bouche de l'herbe nommée cynocéphale. Il leur plaça le chiffre des sept voix dans les deux mains : c'est celui de 9879. Il plaça aussi de l'herbe appelée chrysanthème dans leurs deux mains : il mit de l'herbe nommée renouée sous leurs pieds et il les plaça devant les aromates qu'il avait disposés. Il leur fit rapprocher leurs pieds les uns des

LE PAPYRUS GNOSTIQUE BRUCE.

ⲕⲟⲗⲗⲁ ⲛⲛⲉⲩⲟⲩⲉⲣⲏⲧⲉ ⲉⲛⲉⲩⲉⲣⲏⲩ. ⲁⲩⲱ ⲁ ⲓ̅ⲥ̅ ⲉⲓ̂ ⲉⲡⲁϩⲟⲩ ⲛⲛ-ϣⲟⲩϩⲏⲛⲉ ⲉⲛⲧⲁϥⲧⲁⲗⲟⲟⲩ ⲉϩⲣⲁⲓ ⲁϥⲥⲫⲣⲁⲅⲓⲍⲉ ⲙⲙⲟⲟⲩ ϩⲛ ⲧⲉⲓ̈ⲥ-

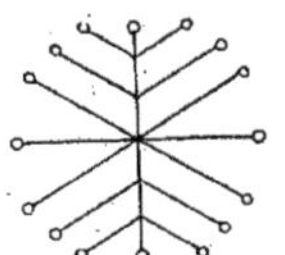

ⲫⲣⲁⲅⲓⲥ ⲡⲁⲓ̈ ⲡⲉ ⲡⲉⲥⲣⲁⲛ ⲑⲱⲍⲁⲉⲏⲍ ⲧⲁⲓ̈ ⲧⲉ ⲧⲉⲥ-ϩⲉⲣⲙⲏⲛⲓⲁ ⲍⲱⲍⲁⲏⲍ. ⲁ ⲓ̅ⲥ̅ ⲕⲟⲧϥ ⲉⲡⲇ̅ ⲛⲕⲟⲟϩ ⲙⲡ-ⲕⲟⲥⲙⲟⲥ ⲙⲛ ⲛⲉϥⲙⲁⲑⲏⲧⲏⲥ ⲁϥⲉⲡⲓⲕⲁⲗⲉⲓ ⲛ†ⲉⲩⲭⲏ ⲉϥϫⲱ ⲙⲙⲟⲥ ⲛⲧⲉⲓϩⲉ ϫⲉ ⲥⲱⲧⲙ ⲉⲣⲟⲓ ⲡⲁⲓⲱⲧ ⲡⲓⲱⲧ ⲙⲙⲛⲧⲉⲓⲱⲧ ⲛⲓⲙ ⲡⲓⲁⲡⲉⲣⲁⲛⲧⲟⲥ ⲛⲟⲩⲟⲉⲓⲛ ⲛⲅⲧⲣⲉⲩⲙⲡϣⲁ ⲛϭⲓ [1] ⲛⲁⲙⲁⲑⲏⲧⲏⲥ ⲉϫⲓ ⲙⲡⲃⲁⲡⲧⲓⲥⲙⲁ ⲙⲡⲉⲕⲣⲱⲙ ⲁⲩⲱ ⲉⲕⲧⲣⲉⲩⲕⲱ ⲉⲃⲟⲗ ⲛⲛⲉⲩⲛⲟⲃⲉ ⲁⲩⲱ ⲉⲕⲉⲧⲣⲉⲩⲕⲁⲑⲁⲣⲓⲍⲉ ⲛⲛⲉⲩⲁⲛⲟⲙⲓⲁ ⲛⲉⲛⲧⲁⲁⲩⲁⲩ ⲉⲩⲥⲟⲟⲩⲛ ⲁⲩⲱ ⲛⲉⲛⲧⲁⲩⲁⲁⲩ ⲛⲥⲉⲥⲟ-ⲟⲩⲛ ⲁⲛ ⲛⲉⲛⲧⲁⲩⲁⲁⲩ ϫⲓⲛ ⲧⲉⲩⲙⲛⲧⲕⲟⲩⲓ ϣⲁ ϩⲟⲩⲛ ⲉⲡⲟⲟⲩ ⲛϩⲟⲟⲩ ⲁⲩⲱ ⲛⲉⲩⲕⲁⲧⲁⲗⲁⲗⲉⲓⲁ ⲙⲛ ⲛⲉⲩⲥⲁϩⲟⲩ ⲙⲛ ⲛⲉⲩⲱⲣⲕ ⲛⲛⲟⲩϫ ⲙⲛ ⲛⲉⲩϫⲓ ⲟⲩⲉ ⲙⲛ ⲛⲉⲩϫⲓ ϭⲟⲗ ⲙⲛ ⲛⲉⲩϩⲓ ⲗⲁ ⲛⲛⲟⲩϫ ⲙⲛ ⲛⲉⲩⲡⲟⲣⲛⲉⲓⲁ

[1] Ce mot ⲛϭⲓ, qui sert à indiquer le sujet, est tout à fait digne de remarque. L'expression ⲛⲅⲧⲣⲉⲩⲙⲡϣⲁ est une; elle a pour sujet ⲛⲅ. Mais comme l'action faite par ⲛⲅ a pour résultat immédiat la production d'un état où doivent être les disciples, le mot ⲛϭⲓ sert à indiquer que les disciples sont le sujet de cet état marqué par la dernière partie du mot ⲩⲙⲡϣⲁ. La traduction mot à mot donne : « Fais qu'ils soient dignes à savoir mes disciples. »

---

autres. Jésus vint par derrière les aromates qu'il avait disposés, il imprima sur eux ce sceau, dont le nom est ⲑⲱⲍⲁⲉⲏⲍ et l'interpréta-

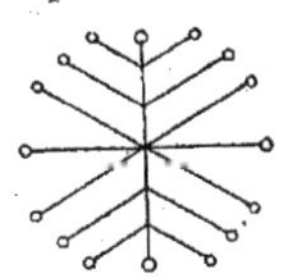

tion ⲍⲱⲍⲁⲏⲍ. Jésus se tourna vers les quatre angles du monde avec ses disciples; il fit cette prière et dit : « Écoute-moi, ô mon Père, père de toute paternité, lumière infinie : rends mes disciples dignes de recevoir le baptême de feu, remets-leur leurs péchés, purifie les iniquités qu'ils ont commises avec conscience et celles qu'ils ont commises sans le savoir, celles qu'ils ont commises depuis leur enfance jusqu'à ce jour, leurs paroles légères, leurs médisances, leurs faux témoignages, leurs vols, leurs mensonges, leurs calomnies trompeuses, leurs fornications, leurs adultères, leurs convoitises, leur avarice et tout ce

LE PAPYRUS GNOSTIQUE BRUCE.

ⲙⲛ ⲛⲉⲩⲙⲛⲧⲛⲟⲉⲓⲕ ⲙⲛ ⲛⲉⲩⲉⲡⲓⲑⲩⲙⲓⲁ ⲙⲛ ⲛⲉⲩϥⲱϭⲉ ⲙⲛ ⲛⲉⲛⲧⲁⲩⲁⲁⲩ ϫⲓⲛ ⲧⲉⲩⲙⲛⲧⲕⲟⲩⲓ ϣⲁ ϩⲟⲩⲛ ⲉⲡⲟⲟⲩ ⲛϩⲟⲟⲩ ⲉⲕⲉϥⲟⲧⲟⲩ ⲉⲃⲟⲗ ⲧⲏⲣⲟⲩ ⲁⲩⲱ ⲉⲕⲉⲑⲁⲣⲓⲍⲉ ⲙⲙⲟⲟⲩ ⲧⲏⲣⲟⲩ ⲁⲩⲱ ⲉⲕⲉⲧⲣⲉϥⲉⲓ̈ ⲛϭⲓ ⲍⲟⲣⲟⲕⲟⲑⲟⲣⲁ ⲙⲉⲗ[1] ϩⲛ ⲟⲩϩⲱⲡ ⲛϥⲉⲓⲛⲉ ⲉⲃⲟⲗ ⲙⲡⲙⲟⲟⲩ ⲙⲡⲃⲁⲡⲧⲓⲥⲙⲁ ⲙⲡⲉⲕⲣⲱⲙ ⲛⲧⲡⲁⲣⲑⲉⲛⲟⲥ ⲙⲡ⊚ ⲧⲉⲕⲣⲓⲧⲏⲥ ϩⲛⲟ[2] ⲥⲱⲧⲙ ⲉⲣⲟⲓ ⲡⲁⲓⲱⲧ ⲉⲓ̈ⲉⲡⲓⲕⲁⲗⲉⲓ ⲛⲛⲉⲕⲣⲁⲛ ⲛⲁⲫⲑⲁⲣⲧⲟⲛ ⲉⲧϩⲛ ⲡⲉ⊡ ⲙⲡ⊚ ⲁⲍⲁⲣⲁⲕⲁⲍⲁ ⲁⲁⲙⲁⲑⲕⲣⲁⲧⲓⲧⲁⲑ ⲓⲱⲓⲱⲓⲱ ⲍⲁⲙⲏⲛ ⲍⲁⲙ[ⲏⲛ ⲍⲁⲙⲏⲛ] ⲓⲁⲱⲑ ⲓⲁⲱⲑ ⲓⲁⲱⲑ ⲫⲁⲱⲫ ⲫⲁⲱⲫ ⲫⲁⲱⲫ ⲭⲓⲱⲉⲫⲟⲍⲡⲉ ⲭⲉⲛⲟⲃⲓⲛⲩⲑ ⲍⲁⲣⲗⲁⲓ̈ ⲗⲁⲍⲁⲣⲗⲁⲓ̈ ⲗⲁⲓ̈ ⲍⲁⲓ ϩⲁⲙⲏⲛ ϩⲁⲙⲏⲛ ϩⲁⲙⲏⲛ ⲍⲁⲍⲓⲍⲁⲩⲁⲭ ⲛⲉⲃⲉⲟⲩⲛⲓⲥⲫ ⲫⲁⲙⲟⲩ ⲫⲁⲙⲟⲩ ⲫⲁⲙⲟⲩ ⲁⲙⲟⲩⲛⲁⲓ ⲁⲙⲟⲩⲛⲁⲓ ϩⲁⲙⲏⲛ ϩⲁⲙⲏⲛ ϩⲁⲙⲏⲛ ⲍⲁⲍⲁⲍⲁⲍⲓ ⲉⲧⲁⲍⲁⲍⲁ ⲍⲱⲑⲁⲍⲁⲍⲁⲍ. ⲥⲱⲧⲙ ⲉⲣⲟⲓ ⲡⲁⲓ̈ⲱⲧ ⲡⲓⲱⲧ ⲙⲙⲛⲧⲉⲓⲱⲧ ⲛⲓⲙ ⲡⲓⲁⲡⲉⲣⲁⲛⲧⲟⲥ ⲛ⊚ ⲉⲁⲓ̈ⲉⲡⲓⲕⲁⲗⲉⲓ ⲛⲛⲉⲕⲁⲫⲑⲁⲣⲧⲟⲛ ⲛⲣⲁⲛ ⲉⲧϩⲙ ⲡⲉ⊡ ⲙⲡ⊚ ⲉⲕⲧⲣⲉϥⲉⲓ̈ ⲛϭⲓ ⲍⲟⲣⲟⲕⲟ-

(1) Je ne sais pas ce que signifie cette abréviation, ni à quel mot elle se rapporte. Ce mot ne se trouve pas dans les autres passages similaires.

(2) Je ne peux expliquer ces mots : ⲧⲉⲕⲣⲓⲧⲏⲥ ϩⲛⲟ. La copie de Woïde porte ⲧⲉⲕⲣⲓⲡⲓⲥ ϩⲛⲟ. Les lettres ⲡⲓⲥ sont pointillées comme douteuses, et les lettres ϩⲛⲟ sont soulignées. Woïde doit avoir mal lu, et je ne sais comment restituer le texte.

---

qu'ils ont fait depuis leur enfance jusqu'à ce jour : efface le tout, purifie-les tous et que ⲍⲟⲣⲟⲕⲟⲑⲟⲣⲁ..... vienne en secret, qu'il apporte l'eau du baptême de feu de la vierge du trésor... Écoute-moi, mon Père, j'invoque tes noms incorruptibles qui sont dans l'æon du trésor ⲁⲍⲁⲣⲁⲕⲁⲍⲁ ⲁⲁⲙⲁⲑⲕⲣⲁⲧⲓⲧⲁⲑ ⲓⲱⲓⲱⲓⲱ ⲍⲁⲙⲏⲛ ⲍⲁⲙⲏⲛ ⲍⲁⲙⲏⲛ ⲓⲁⲱⲑ ⲓⲁⲱⲑ ⲓⲁⲱⲑ ⲫⲁⲱⲫ ⲫⲁⲱⲫ ⲫⲁⲱⲫ ⲭⲓⲱⲉⲫⲟⲍⲡⲉ ⲭⲉⲛⲟⲃⲓⲛⲩⲑ ⲍⲁⲣⲗⲁⲓ ⲗⲁⲍⲁⲣⲗⲁⲓ ⲗⲁⲓⲍⲁⲓ, amen, amen; ⲍⲁⲍⲓⲍⲁⲩⲁⲭ ⲛⲉⲃⲉⲟⲩⲛⲓⲥⲫ ⲫⲁⲙⲟⲩ ⲫⲁⲙⲟⲩ ⲫⲁⲙⲟⲩ ⲁⲙⲟⲩⲛⲁⲓ ⲁⲙⲟⲩⲛⲁⲓ ⲁⲙⲟⲩⲛⲁⲓ[1], amen, amen, amen; ⲍⲁⲍⲁⲍⲁⲍⲓ ⲉⲧⲁⲍⲁⲍⲁ ⲍⲱⲑⲁⲍⲁⲍⲁⲍ. Écoute-moi, mon Père, ô père de toute paternité, lumière infinie, j'invoque ton nom incorruptible qui est dans l'æon de lumière. Que vienne ⲍⲟⲣⲟⲕⲟ-

(1) Si ces mots sont coptes, ils peuvent se traduire ainsi : *Viens à moi, viens à moi, viens à moi*, ce qui serait tout à fait dans le sens.

LE PAPYRUS GNOSTIQUE BRUCE.

ⲑⲟⲣⲁ ⲁⲕⲛ ⲡⲙⲟⲟⲩ ⲙⲡⲃⲁⲡⲧⲓⲥⲙⲁ ⲙⲡⲉⲕⲣⲱⲙ ⲛⲧⲉ ⲧⲡⲁⲣⲑⲉⲛⲟⲥ ⲙⲡ⊙ ⲛⲧⲁⲃⲁⲡⲧⲓⲍⲉ ⲛⲛⲁⲙⲁⲑⲏⲧⲏⲥ ⲛϩⲏⲧϥ. ϩⲁⲓⲟ ⲥⲱⲧⲙ ⲉⲣⲟï ⲡⲁⲉⲓⲱⲧ ⲡⲓⲱⲧ ⲙⲙⲛⲧⲉⲓⲱⲧ ⲛⲓⲙ ⲡⲁⲡⲉⲣⲁⲛⲧⲟⲥ ⲛ⊙ ⲙⲁⲣⲉⲥⲉⲓ ⲛϭⲓ ⲧⲡⲁⲣⲑⲉⲛⲟⲥ ⲙⲡ⊙ ⲛⲥⲃⲁⲡⲧⲓⲍⲉ ⲛⲛⲁⲙⲁⲑⲏⲧⲏⲥ ϩⲙ ⲡⲃⲁⲡⲧⲓⲥⲙⲁ ⲙⲡⲕⲱϩⲧ ⲛⲥⲕⲱ ⲉⲃⲟⲗ ⲛⲛⲉⲩⲛⲟⲃⲉ ⲁⲩⲱ ⲛⲥⲕⲁⲑⲁⲣⲓⲍⲉ ⲛⲛⲉⲩⲁⲛⲟⲙⲓⲁ ϫⲉ ϯⲉⲕⲓⲕⲁⲗⲉⲓ ⲛⲛⲉⲥⲣⲁⲛ ⲛⲁⲫⲑⲁⲣⲧⲟⲛ ⲉⲧⲉ ⲛⲁⲓ ⲛⲉ ⲍⲟⲑⲱⲟⲍⲁ ⲑⲟⲓⲑⲁⲍⲁⲍⲍⲁⲱⲑ ϩⲁⲙⲏⲛ ϩⲁⲙⲏⲛ ϩⲁⲙⲏⲛ. ϩⲁïⲟ ⲥⲱⲧⲙ ⲉⲣⲟï ⲧⲡⲁⲣⲑⲉⲛⲟⲥ ⲙⲡⲟⲩⲟⲉⲓⲛ ⲧⲉⲕⲣⲓⲧⲏⲥ ⲕⲱ ⲉⲃⲟⲗ ⲛⲛⲛⲟⲃⲉ ⲛⲛⲁⲙⲁⲑⲏⲧⲏⲥ ⲁⲩⲱ ⲕⲁⲑⲁⲣⲓⲍⲉ ⲛⲛⲉⲩⲁⲛⲟⲙⲓⲁ ⲛⲉⲛⲧⲁⲁⲩ ⲉⲩⲥⲟⲟⲩⲛ ⲙⲛ ⲛⲉⲛⲧⲁⲁⲩ ⲉⲛⲥⲉⲥⲟⲟⲩⲛ ⲁⲛ ⲛⲉⲛⲧⲁⲩⲁⲁⲩ ϫⲓⲛ ⲧⲉⲩⲙⲛⲧⲕⲟⲩï ϣⲁ ϩⲣⲁï ⲉⲡⲟⲟⲩ ⲛϩⲟⲟⲩ ⲁⲩⲱ ⲙⲁⲣⲟⲩⲱⲡ ⲉϩⲟⲩⲛ ⲉⲡⲉⲕⲗⲏⲣⲟⲥ ⲛⲧⲙⲛⲧⲉⲣⲟ ⲙⲡⲟⲩⲟⲉⲓⲛ ⲉϣⲱⲡⲉ ϭⲉ ⲡⲁïⲱⲧ ⲁⲕⲕⲱ ⲉⲃⲟⲗ ⲛⲛⲉⲩⲛⲟⲃⲉ ⲁⲩⲱ ⲁⲕϥⲱⲧⲉ ⲉⲃⲟⲗ ⲛⲛⲉⲩⲁⲛⲟⲙⲓⲁ ⲁⲩⲱ ⲁⲕⲧⲣⲉⲩⲱⲡ ⲥⲟⲩϩⲛ

ⲑⲟⲣⲁ, envoie[1] l'eau du baptême de feu de la vierge de la lumière, afin que j'en baptise mes disciples. Écoute-moi encore, ô mon Père, père de toute paternité, lumière infinie : que vienne la vierge de la lumière, qu'elle baptise mes disciples du baptême de feu, qu'elle leur pardonne leurs péchés, les purifie de leurs iniquités, car j'invoque son nom incorruptible, qui est ⲍⲟⲑⲱⲟⲍⲁ ⲑⲟⲓⲑⲁⲍⲁⲍⲍⲁⲱⲑ, amen, amen, amen. Écoute-moi aussi, ô vierge de la lumière, ô juge[2] : remets les péchés de mes disciples, purifie les iniquités qu'ils ont commises avec conscience et celles qu'ils ont commises sans le savoir, celles qu'ils ont commises depuis leur enfance jusqu'à ce jour : qu'ils soient inscrits dans l'héritage du royaume de la lumière. Et si, ô mon Père, tu remets leurs péchés, si tu effaces leurs iniquités, s'ils sont

(1) Il est assez étonnant de voir la parole adressée ici au Père. Dans l'autre formule qui précède, il y a ⲉϥⲉⲉⲓⲛⲉ ⲉⲃⲟⲗ ⲙⲡⲙⲟⲟⲩ, etc., *qu'il apporte l'eau*, etc., ce qui est beaucoup mieux. D'ailleurs, le mot ⲁⲕⲛ signifie « tu as amené ». Il doit y avoir faute de copiste, et il me semble que le texte doit être corrigé comme je viens de le dire, quoique je ne l'aie pas corrigé moi-même.

(2) Je ne sais pas à quoi se rapporte cette appellation de juge, qui se retrouve déjà précédemment. Aussi le sens de ce mot n'est pas très certain.

ⲉⲧⲙⲛⲧⲉⲣⲟ ⲙⲡ⊚ ⲉⲕⲉϯ ⲛⲁⲓ ⲛⲟⲩⲙⲁⲉⲓⲛ ϩⲣⲁï ϩⲙ ⲡⲕⲱϩⲧ ⲛⲛⲉïϣⲟⲩϩⲏⲛⲉ ⲛⲥϯ ⲛⲟⲩϥⲉ. ⲁⲩⲱ ⲛⲧⲉⲩⲛⲟⲩ ⲉⲧⲙⲙⲁⲩ ⲁϥϣⲱⲡⲉ ⲛϭⲓ ⲡⲙⲁⲉⲓⲛ ⲛⲧⲁ ⲓ̅ⲥ̅ ϫⲟⲟϥ ϩⲣⲁï ϩⲙ ⲡⲕⲱϩⲧ. ⲁ ⲓ̅ⲥ̅ ⲃⲁⲡⲧⲓⲍⲉ ⲛⲛⲉϥⲙⲁⲑⲏⲧⲏⲥ ⲁⲩⲱ ⲁϥϯ ⲛⲁⲩ ⲉⲃⲟⲗϩⲛ ⲧⲉⲡⲣⲟⲥⲫⲟⲣⲁ ⲁⲩⲱ ⲁϥⲥⲫⲣⲁⲅⲓⲍⲉ ⲙⲙⲟⲟⲩ ⲉⲧⲉⲩⲧⲉϩⲛⲉ ϩⲛ ⲧⲥⲫⲣⲁⲅⲓⲥ ⲛⲧⲡⲁⲣⲑⲉⲛⲟⲥ ⲙⲡ⊚ ⲧⲁⲓ ⲉϣⲁⲥⲧⲣⲉⲩⲱⲡ ⲉϩⲟⲩⲛ ⲉⲡⲉⲕⲗⲏⲣⲟⲥ[1] ⲛⲙⲛⲧⲉⲣⲟ ⲙⲡⲟⲩⲟⲉⲓⲛ. ⲁⲩⲱ ⲁⲩⲣⲁϣⲉ ⲛϭⲓ ⲙⲙⲁⲑⲏⲧⲏⲥ ϫⲉ ⲁⲩϫⲓ ⲙⲡⲃⲁⲡⲧⲓⲥⲙⲁ ⲙⲡⲉⲭⲣⲱⲙ ⲙⲛ ⲧⲉⲥⲫⲣⲁⲅⲓⲥ ⲉϣⲁⲥⲕⲁ ⲛⲟⲃⲉ ⲉⲃⲟⲗ ⲁⲩⲱ ϫⲉ ⲁⲩⲱⲡ ⲉϩⲟⲩⲛ ⲉⲡⲉⲕⲗⲏⲣⲟⲥ ⲛⲧⲙⲛⲧⲉⲣⲟ ⲙⲡ⊚ ⲧⲁⲓ ⲧⲉ ⲧⲉⲥⲫⲣⲁⲅⲓⲥ

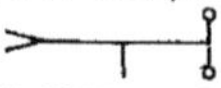

ⲁⲥϣⲱⲡⲉ ϭⲉ ⲙⲛⲛⲥⲁ ⲛⲁï ⲡⲉϫⲉ ⲓ̅ⲥ̅ ⲛⲛⲉϥⲙⲁⲑⲏⲧⲏⲥ ϫⲉ ⲉⲓⲥϩⲏⲏⲧⲉ ⲁⲧⲉⲧⲛϫⲓ ⲙⲡⲃⲁⲡⲧⲓⲥⲙⲁ ⲙⲡⲙⲟⲟⲩ ⲙⲛ ⲡⲃⲁⲡⲧⲓⲥⲙⲁ ⲙⲡⲉⲕⲣⲱⲙ ⲁⲙⲏⲉⲓⲧⲛ ϩⲱⲱϥ ⲛⲧⲁⲧⲛϫⲓⲧⲛ ⲙⲡⲃⲁⲡⲧⲓⲥⲙⲁ ⲙⲡⲉⲡ̅ⲛ̅ⲁ̅ ⲉⲧⲟⲩⲁⲁⲃ ⲁϥⲧⲁⲗⲟ ⲉϩⲣⲁⲓ ⲛⲛϣⲟⲩϩⲏⲛⲉ ⲙⲡⲃⲁⲡⲧⲓⲥⲙⲁ ⲙⲡⲉⲡ̅ⲛ̅ⲁ̅ ⲁϥϯ ⲉϩⲣⲁï ⲛϩⲉⲛ ϣⲉ ⲛⲉⲗⲟⲟⲗⲉ ⲙⲛ ⲟⲩⲁⲣⲕⲉⲩⲑⲓⲥ ⲙⲛ ⲟⲩⲕⲁⲥⲇⲁⲗⲁⲛⲧⲟⲛ ⲙⲛ ⲟⲩⲕⲣⲟⲕⲟⲙⲁⲅⲙⲁⲧⲟⲥ ⲙⲛ ⲟⲩⲙⲁⲥⲧⲓⲭⲓⲛ ⲙⲛ ⲟⲩⲕⲓⲛⲁⲙⲱⲙⲟⲛ

[1] Le texte n'a pas ce mot, qui est cependant nécessaire, et qui se trouve en effet dans les autres formules.

inscrits dans l'héritage du royaume de la lumière, fais-moi un prodige sur le feu de ces encensoirs d'agréable odeur. » Et en ce moment même eut lieu sur le feu le prodige dont Jésus avait parlé. Et Jésus baptisa ses disciples, il leur donna de l'offrande, il imprima sur leurs fronts le sceau de la vierge de la lumière, afin qu'elle les fît inscrire dans l'héritage du royaume de la lumière. Et les disciples se réjouirent de ce qu'ils avaient reçu le baptême de feu et le sceau qui remet les péchés, de ce qu'ils avaient été inscrits dans l'héritage du royaume de la lumière. Voici le sceau : 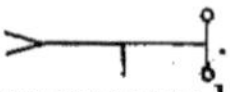 . Il arriva ensuite que Jésus dit à ses disciples : « Voici que vous avez reçu le baptême d'eau et le baptême de feu; venez aussi recevoir le baptême de l'Esprit Saint. » Il disposa les parfums du baptême de l'Esprit; il plaça par-dessus des branches d'olivier, de genévrier, des fleurs de cannellier, du marc de safran,

ⲙⲛ ⲟⲩϣⲁⲗ ⲙⲛ ⲟⲩⲥⲟⲛⲧⲉ ⲛⲛⲟⲩⲉⲃⲓⲱ ⲁⲩⲱ ⲛⲁϥⲕⲱ ⲛⲁⲅⲅⲓⲟⲛ ⲥⲛⲁⲩ ⲛⲏⲣⲡ ⲟⲩⲁ ϩⲓ ⲟⲩⲛⲁⲙ ⲛⲛϣⲟⲩϩⲏⲛⲉ ⲉⲛⲧⲁϥⲧⲁⲗⲟⲟⲩ ⲉϩⲣⲁⲓ̈ ⲁⲩⲱ ⲟⲩⲁ ϩⲓ ϩⲃⲟⲩⲣ. ⲁϥⲕⲁ ϩⲉⲛ ⲟⲉⲓⲕ ⲉϩⲣⲁⲓ̈ ⲕⲁⲧⲁ ⲧⲏⲡⲉ ⲛⲙⲙⲁⲑⲏⲧⲏⲥ ⲁⲩⲱ ⲓ̅ⲥ̅ ⲥⲫⲣⲁⲅⲓⲍⲉ ⲛⲙⲙⲁⲑⲏⲧⲏⲥ ϩⲛ ⲧⲉⲓⲥⲫⲣⲁⲅⲓⲥ ⲡⲁⲓ ⲡⲉ ⲡⲉⲥⲣⲁⲛ ⲍⲁⲕⲍⲱⲍⲁ ⲧⲁⲓ̈ ⲧⲉ ⲧⲉⲥϩⲉⲣⲙⲏⲛⲓⲁ ⲑⲱⲍⲱⲛⲱⲍ. ⲁⲥϣⲱⲡⲉ ϭⲉ ⲛⲧⲉⲣⲉϥⲥⲫⲣⲁⲅⲓⲍⲉ ⲙⲙⲟⲟⲩ ϩⲛ ⲧⲉⲓ̈ⲥⲫⲣⲁⲅⲓⲥ ⲁϥⲁϩⲉⲣⲁⲧϥ ⲛϭⲓ ⲓ̅ⲥ̅ ϩⲓϫⲛ ⲛϣⲟⲩϩⲏⲛⲉ ⲉⲛⲧⲁϥⲧⲁⲗⲟⲟⲩ ⲉϩⲣⲁⲓ̈ ⲁϥⲕⲁ ⲛⲛⲉϥⲙⲁⲑⲏⲧⲏⲥ ϩⲓ ⲑⲏ ⲛϣⲟⲩϩⲏⲛⲉ ⲁϥϭⲟⲟⲗⲟⲩ ⲧⲏⲣⲟⲩ ⲛϩⲃⲟⲟⲥ ⲛⲛⲉⲓⲁⲁⲩ ⲉⲣⲉ ⲧⲉⲯⲏⲫⲟⲥ ⲙⲡⲙ̅ⲥ̅ ⲛⲧ̅ⲍ̅ ⲙⲫⲱⲛⲏ ϩⲛ ⲧⲉⲩϭⲓϫ ⲥⲛⲧⲉ ⲉⲧⲉ ⲡⲁⲓ ⲡⲉ ⲑ̅ⲱ̅ⲟ̅ⲑ̅ ⲯⲓⲥ ⲛϣⲟ ⲁⲩⲱ ⲏ̅ ⲛϣⲉ ⲙⲛ ϣϥⲉⲯⲓⲥ. ⲁϥⲱϣ ⲉⲃⲟⲗ ⲛϭⲓ ⲓ̅ⲥ̅ ⲉϥϫⲱ ⲙⲙⲟⲥ ⲛⲧⲉⲓ̈ϩⲉ ϫⲉ ⲥⲱⲧⲙ ⲉⲣⲟⲓ ⲡⲁⲓⲱⲧ ⲡⲓⲱⲧ ⲙⲙⲛⲧⲉⲓⲱⲧ ⲛⲓⲙ ⲡⲁⲡⲉⲣⲁⲛⲧⲟⲥ ⲙⲡⲟ̅ ϫⲉ ϯⲉⲡⲓⲕⲁⲗⲉⲓ ⲛⲛⲉⲕⲣⲁⲛ ⲛⲁⲫⲑⲁⲣⲧⲟⲥ ⲛⲧⲉ ⲡⲉ▣ ⲙⲡⲟⲩⲟⲉⲓⲛ ⲍⲁⲍⲁⲍⲁⲟⲩ ⲍⲱⲑⲁⲍⲁⲍⲱⲑ ⲑⲱⲍⲁⲍⲁⲍⲱⲑ ⲕⲉⲛⲟⲩⲃⲓⲛⲩⲉ ⲁⲑⲁⲏⲛⲩ ⲱⲍⲏⲱⲍⲁⲏⲱⲍ ⲕⲣⲱⲃⲙⲁⲁⲑ ⲥⲱⲧⲙ ⲉⲣⲟⲓ̈ ⲡⲁⲓⲱⲧ ⲡⲓⲱⲧ ⲙⲙⲛⲧⲉⲓⲱⲧ ⲛⲓⲙ ⲡⲓⲁⲡⲉⲣⲁⲛⲧⲟⲥ ⲛⲟⲩⲟⲉⲓⲛ ϫⲉ ⲁⲓ̈ⲉⲡⲓⲕⲁⲗⲉⲓ

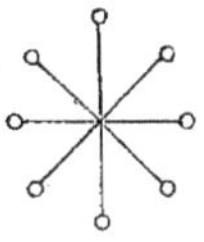

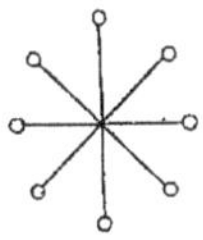

du mastic de lentisque, du cinnamome, de la myrrhe et du baume avec du miel : il plaça deux vases de vin, l'un à droite des parfums qu'il avait disposés, l'autre à gauche : il mit en outre des pains en nombre égal à celui de ses disciples. Jésus imprima alors sur ses disciples ce sceau dont le nom est ⲍⲁⲕⲍⲱⲍⲁ et l'interprétation ⲑⲱⲍⲱⲛⲱⲍ. Il arriva que, lorsqu'il eut imprimé ce sceau, Jésus se tint debout au-dessus des parfums qu'il avait disposés; il plaça ses disciples devant les parfums, il les revêtit tous de vêtements de lin; le chiffre du mystère des sept voix était dans leurs deux mains, c'est 9879, neuf mille huit cent soixante-dix-neuf. Jésus s'écria ainsi en disant : « Écoute-moi, ô mon Père, ô père de toute paternité, lumière infinie; car j'invoque tes noms incorruptibles de l'æon de lumière, ⲍⲁⲍⲁⲍⲁⲟⲩ ⲍⲱⲑⲁⲍⲁⲍⲱⲑ ⲑⲱⲍⲁⲍⲁⲍⲱⲑ ⲕⲉⲛⲟⲩⲃⲓⲛⲩⲉ ⲁⲑⲁⲏⲛⲩ ⲱⲍⲏⲱⲍⲁⲏⲱⲍ ⲕⲣⲱⲙⲃⲁⲁⲑ. Écoute-moi, ô mon Père, ô père de

ⲛⲛⲉⲕⲁⲫⲑⲁⲣⲧⲟⲥ ⲛⲣⲁⲛ ⲛⲧⲉ ⲡⲉ⊡ ⲙⲡ⊚ ⲕⲱ ⲉⲃⲟⲗ ⲛⲛⲛⲟⲃⲉ ⲛⲛⲁⲙⲁⲑⲏⲧⲏⲥ ⲛⲅϥⲱⲧⲉ ⲉⲃⲟⲗ ⲛⲛⲉⲩⲁⲛⲟⲙⲓⲁ ⲛⲉⲛⲧⲁⲩⲁⲁⲩ ⲉⲩⲥⲟⲟⲩⲛ ⲙⲛ ⲛⲉⲛⲧⲁⲩⲁⲁⲩ ⲉⲛⲥⲉⲥⲟⲟⲩⲛ ⲁⲛ ⲛⲉⲛⲧⲁⲩⲁⲁⲩ ϫⲓⲛ ⲧⲉⲩⲙⲛⲧⲕⲟⲩⲓ̈ ϣⲁ ϩⲣⲁⲓ ⲉⲡⲟⲟⲩ ⲛϩⲟⲟⲩ ⲁⲩⲱ ⲉⲕⲉⲧⲣⲉⲩⲱⲡ ⲉϩⲟⲩⲛ ⲉⲡ̄ⲉⲕⲗⲏⲣⲟⲥ ⲛⲧⲙⲛⲧⲉⲣⲟ ⲙⲡ⊚. ⲉϣⲱⲡⲉ ϭⲉ ⲡⲁⲓⲱⲧ ⲁⲕⲕⲱ ⲉⲃⲟⲗ ⲛⲛⲛⲟⲃⲉ ⲛⲛⲁⲙⲁⲑⲏⲧⲏⲥ ⲁⲩⲱ ⲁⲕⲕⲁⲑⲁⲣⲓⲍⲉ ⲛⲛⲉⲩⲁⲛⲟⲙⲓⲁ ⲁⲩⲱ ⲁⲕⲧⲣⲉⲩⲱⲡ ⲉϩⲟⲩⲛ ⲉⲡⲉⲕⲗⲏⲣⲟⲥ ⲛⲧⲙⲛⲧⲉⲣⲟ ⲙⲡⲟⲩⲟⲉⲓⲛ ⲙⲁϯⲛⲁⲓ̈ ⲛⲟⲩⲙⲁⲉⲓⲛ ϩⲛ ⲧⲉⲡⲣⲟⲥⲫⲟⲣⲁ. ⲁⲩⲱ ϩⲛ ⲧⲉⲩⲛⲟⲩ ⲉⲧⲙⲙⲁⲩ ⲁϥϣⲱⲡⲉ ⲛϭⲓ ⲡⲙⲁⲉⲓⲛ ⲛⲧⲁ ⲓ̄ⲥ̄ ϫⲟⲟϥ ⲁⲩⲱ ⲁϥⲃⲁⲡⲧⲓⲍⲉ ⲛⲛⲉϥⲙⲁⲑⲏⲧⲏⲥ ⲧⲏⲣⲟⲩ ϩⲙ ⲡⲃⲁⲡⲧⲓⲥⲙⲁ ⲙⲡⲉ̄ⲡ̄ⲛ̄ⲁ̄ ⲉⲧⲟⲩⲁⲁⲃ ⲁⲩⲱ ⲁϥϯⲛⲁⲩ ⲉⲃⲟⲗϩⲛ ⲧⲉⲡⲣⲟⲥⲫⲟⲣⲁ ⲁϥⲥⲫⲣⲁⲅⲓⲍⲉ ⲛⲧⲉⲩⲧⲉϩⲛⲉ ϩⲛ ⲧⲉⲥⲫⲣⲁⲅⲓⲥ ⲙⲡⲥⲁϣϥⲉ ⲙⲡⲁⲣⲑⲉⲛⲟⲥ ⲙⲡⲟⲩⲟⲉⲓⲛ ⲧⲁⲓ̈ ⲉϣⲁⲥⲧⲣⲉⲩⲱⲡ ⲉϩⲟⲩⲛ ⲉⲡⲉⲕⲗⲏⲣⲟⲥ ⲛⲧⲙⲛⲧⲉⲣⲟ ⲙⲡⲟⲩⲟⲉⲓⲛ. ⲁⲩⲱ ⲁⲩⲣⲁϣⲉ ⲛϭⲓ ⲙⲙⲁⲑⲏⲧⲏⲥ ϩⲛ ⲟⲩⲛⲟϭ ⲛⲣⲁϣⲉ ⲉⲛⲁϣⲱϥ ϫⲉ ⲁⲩϫⲓ ⲙⲡⲃⲁⲡⲧⲓⲥⲙⲁ ⲙⲡⲉ̄ⲡ̄ⲛ̄ⲁ̄ ⲉⲧⲟⲩⲁⲁⲃ ⲙⲛ ⲧⲉⲥⲫⲣⲁⲅⲓⲥ ⲉϣⲁⲥⲕⲁ ⲛⲟⲃⲉ ⲉⲃⲟⲗ ⲁⲩⲱ ⲉϣⲁⲥⲕⲁⲑⲁⲣⲓⲍⲉ ⲛⲛⲉⲩⲁⲛⲟⲙⲓⲁ ⲛⲥⲧⲣⲉⲩⲱⲡ ⲉϩⲟⲩⲛ ⲉⲡⲉⲕⲗⲏⲣⲟⲥ

---

toute paternité, lumière infinie, car j'invoque tes noms incorruptibles de l'æon de lumière. Remets les péchés de mes disciples, efface les iniquités qu'ils ont commises avec conscience et celles qu'ils ont commises sans le savoir, celles qu'ils ont commises depuis leur enfance jusqu'à ce jour : inscris-les dans l'héritage du royaume de la lumière. Et si, ô mon Père, tu remets les péchés de mes disciples, si tu purifies leurs iniquités, si tu les inscris dans l'héritage du royaume de la lumière, accorde-moi un prodige sur l'offrande. » Et en ce moment même eut lieu le prodige dont Jésus avait parlé et il baptisa tous ses disciples du baptême de l'Esprit Saint. Il leur donna de l'offrande, il imprima sur leur front le sceau des sept vierges de la lumière, afin qu'ils fussent inscrits dans l'héritage du royaume de la lumière. Et les disciples se réjouirent, d'une joie grande, grandement, de ce qu'ils avaient reçu le baptême de l'Esprit Saint et le sceau qui remet les péchés et qui purifie leurs ini-

ⲛⲧⲙⲛⲧⲉⲣⲟ ⲙⲡ⊚ ⲧⲁï ⲧⲉ ⲧⲉⲥⲫⲣⲁⲅⲓⲥ ϩⲩⲣ. ⲓ̅ⲥ̅ ⲇⲉ ⲁϥⲉⲓ̂ⲣⲉ ⲙⲡⲉⲓ̈⳩
ⲉⲣⲉ ⲛⲉϥⲙⲁⲑⲏⲧⲏⲥ ⲧⲏⲣⲟⲩ ϭⲟⲟⲗⲉ ⲛϩⲉⲛ ϩⲃⲟⲟⲥ ⲛⲉⲓⲁⲁⲩ ⲉⲩⲥⲧⲉ-
ⲫⲁⲛⲟⲩ ⲙⲙⲟⲣⲥⲩⲛⲏ ⲉⲣⲉ ⲟⲩⲕⲩⲛⲟⲕⲉⲫⲁⲗⲟⲛ ⲛⲧⲉ ⲧⲉⲕⲣⲏⲧⲏ
ⲛϩⲟⲩⲛ ⲛⲣⲱⲟⲩ ⲉⲣⲉ ⲟⲩⲙⲟⲛⲟⲕⲗⲁⲇⲟⲥ ⲛⲁⲣⲧⲉⲙⲓⲥⲓⲁⲥ ϩⲛ ⲛⲉⲩϭⲓϫ
ⲥⲛⲧⲉ ⲁⲩⲱ ⲉⲣⲉ ⲛⲉⲩⲉⲣⲏⲧⲉ ⲕⲟⲗⲗⲁ ⲉⲛⲉⲩⲉⲣⲏⲩ ⲉⲩⲕⲱⲧⲉ ⲙⲙⲟⲟⲩ
ⲉⲡ.ⲇ̅. ⲛⲕⲟⲟϩ ⲙⲡⲕⲟⲥⲙⲟⲥ. ⲁⲥϣⲱⲡⲉ ⲟⲛ ⲙⲛⲛⲥⲁ ⲛⲁï ⲁ ⲓ̅ⲥ̅ ⲧⲁⲗⲟ
ⲉϩⲣⲁï ⲛⲛϣⲟⲩϩⲏⲛⲉ ⲙⲡ⳩ ⲛϥⲓ ⲧⲕⲁⲕⲓⲁ ⲛⲛⲁⲣⲭⲱⲛ ϩⲣⲁï ϩⲛ ⲙⲙⲁⲑⲏⲧⲏⲥ ⲁϥⲧⲣⲉⲩⲕⲱⲧ ⲛⲟⲩϣⲟⲩⲣⲏ ϩⲣⲁï ϩⲓϫⲛ ⲑⲁⲗⲗⲁⲥⲥⲓⲁ (1) ⲁϥϯ ϣⲉ
ⲛⲉⲗⲟⲟⲗⲉ ⲉϩⲣⲁⲓ ϩⲓ ⲁⲣⲕⲉⲩⲑⲓⲥ ϩⲓ ⲙⲁⲗⲁⲃⲁⲑⲣⲟⲛ ϩⲓ ⲕⲟⲩⲱϣ ϩⲓ
ⲁⲙⲓⲁⲛⲧⲟⲛ ⲙⲛ ⲟⲩⲱⲛⲉ ϫⲉ ⲁⲭⲁⲧⲏⲥ ⲙⲛ ⲟⲩⲗⲓⲃⲁⲛⲟⲥ ⲁⲩⲱ ⲁϥⲧⲣⲉ
ⲛⲉϥⲙⲁⲑⲏⲧⲏⲥ ⲧⲏⲣⲟⲩ ϭⲟⲗⲟⲩ ⲛϩⲃⲟⲟⲥ ⲛⲛⲉⲓⲁⲁⲩ ⲁϥⲧⲣⲉⲩⲥⲧⲉ-
ⲫⲁⲛⲟⲩ ⲙⲙⲟⲟⲩ ϩⲛ ⲟⲩⲁⲣⲧⲉⲙⲓⲥⲓⲁⲥ ⲁⲩⲱ ⲁϥⲕⲱ ⲛⲟⲩⲗⲓⲃⲁⲛⲟⲥ
ⲛϩⲟⲩⲛ ⲛⲣⲱⲟⲩ ⲁϥⲕⲱ ⲛⲧⲉⲯⲏⲫⲟⲥ ⲙⲡϣⲱⲣⲡ ⲛϩⲁⲙⲏⲛ ⲛϩⲟⲩⲉⲓⲧⲉ

(1) *Cod.* ⲑⲁⲗⲗⲁⲥⲥⲁ, ce qui n'a pas de sens. Comme il s'agit de fleurs, j'ai pris le nom de la fleur qui se rapproche le plus de ce mot : c'est évidemment ⲑⲁⲗⲗⲁⲥⲥⲓⲁ.

quités, de ce qu'ils avaient été inscrits dans l'héritage du royaume de la lumière. Voici ce sceau : ϩⲩⲣ. Et quand Jésus faisait ce mystère, tous ses disciples étaient revêtus d'habits de lin, couronnés de morsyné : une branche de cynocéphale de Crète était dans leur bouche, et un seul rameau d'armoise dans leurs deux mains. Leurs pieds étaient rapprochés les uns des autres et ils étaient tournés vers les quatre angles du monde. Il arriva ensuite que Jésus disposa les parfums du mystère d'enlever de ses disciples la méchanceté des archons. Il leur fit placer un encensoir sur de l'androsace, il mit des branches de vigne sur du genévrier et des feuilles de cannellier et du roseau (1), avec de l'amiante, une pierre d'agate et de l'encens. Il fit revêtir tous ses disciples de vêtements de lin, il les fit se couronner d'armoise et plaça de l'encens dans leur bouche; il mit le chiffre du premier *amen* dans l'une de

(1) Le mot du texte est ⲕⲁⲩⲱϣ, que je ne connais pas. Je l'ai rapproché de ⲕⲁϣ, qui signifie le roseau du Nil.

ΝΤΕΥϬΙϪ ϹΝΤΕ[1] ΑΥΚΟΛΛΑ ΝΝΕΥΕΡΗΤΕ ΕΝΕΥΕΡΗΥ ΑΥϬΩ ϨΙ ΘΗ ΝΝϢΟΥϨΗΝΕ ΕΝΤΑϤΤΑΛΟΟΥ ΕϨΡΑΪ. Α ΙϹ ϹΦΡΑΓΙΖΕ ΝΝΕϤΜΑΘΗΤΗϹ ϨΝ ΤΕΪϹΦΡΑΓΙϹ ΕΤΕ ΤΑΪ ΤΕ ΠΑΙ ΠΕ ΠΕϹΡΑΝ ΝΤΕ ΑΛΗΘΙΑ ΖΗΖΗΩ ΪΑΖΩΖ ΤΑΙ ΤΕ ΤΕϹϨΕΡΜΗΝΙΑ ΖΩΖΩΖΑΪ. ΝΤΕΡΕ ΙϹ ΟΥΩ ΕϤϹΦΡΑΓΙΖΕ ΝΝΕϤΜΑΘΗΤΗϹ ϨΝ ΤΕΙϹΦΡΑΓΙϹ ΠΑΛΙΝ ΟΝ Α ΙϹ ΑϨΕΡΑΤϤ ϨΙϪΝ ΝϢΟΥϨΗΝΕ ΕΝΤΑϤΤΑΛΟΟΥ ΕϨΡΑΙ ΑϤϪΩ ΝϮΕΥΧΗ ΕϤϪΩ ΜΜΟϹ ΝΤΕΙϨΕ ϪΕ ϹΩΤΜ ΕΡΟΪ ΠΑΙΩΤ ΠΙΩΤ ΝΤΜΝΤΕΙΩΤ ΝΙΜ ΠΑΠΕΡΑΝΤΟϹ ΝΟΥΟΕΙΝ ϪΕ ϮΕΠΙΚΑΛΕΙ ΝΝΕΚΡΑΝ ΝΑΦΘΑΡΤΟΝ ΝΤΕ ΠΕ⊡ ΜΠΟΥΟΕΙΝ ΝΗΡΗΠΗΡ ΖΟΦΟΝΗΡ ΖΟΙΛΘΟΖΟΥΒΑΩ ϪΟΥΒΑΩ

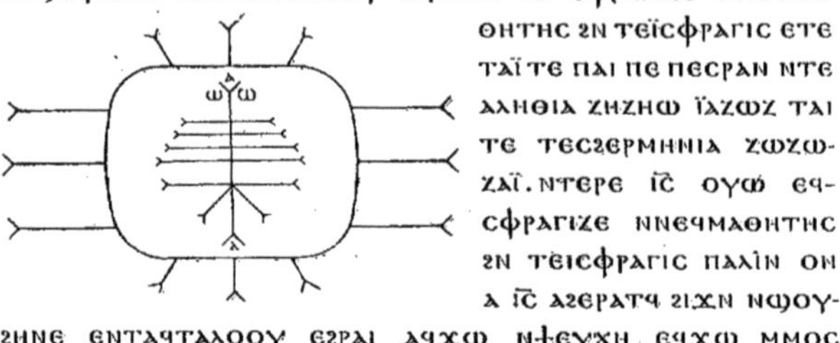

[1] Au lieu de ce mot, la copie de Woïde porte un sigle ϯλ pointillé, et en marge il a mis : *Sic videtur, forte* ϩ *vel* ϵ, ϕλ *vel* ϥιλ. La restitution n'est pas certaine.

leurs mains et ils rapprochèrent leurs pieds les uns des autres : ils restèrent devant les parfums qu'il avait disposés. Jésus imprima sur ses disciples ce sceau, dont le nom de vérité est ΖΗΖΗΩΙΑΖΩΖ et l'interprétation ΖΩΖΩΖΑΙ. Lorsque Jésus imprima ce sceau sur ses disciples, il se tint debout au-dessus des parfums qu'il avait disposés; il fit cette prière, en disant :

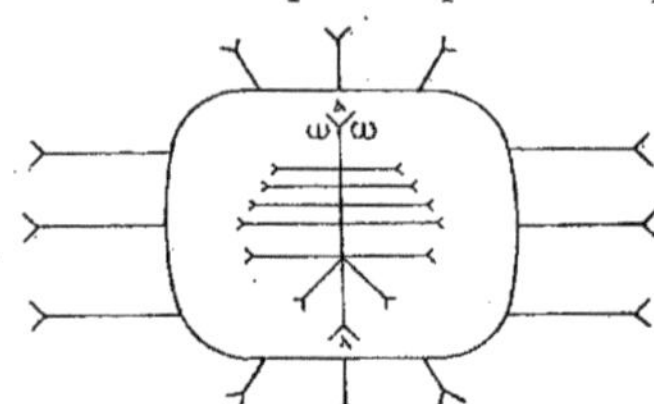

« Écoute-moi, ô mon Père, ô père de toute paternité, lumière infinie, car j'invoque tes noms incorruptibles de l'æon de lumière ΝΗΡΗΤΗΡ ΖΟΦΟΝΗΡ ΖΟΙΛΘΟΖΟΥΒΑΩ ϪΟΥΒΑΩ, amen, amen, amen. Écoute-moi, ô mon Père, ô père de toute paternité, lumière infinie, écoute-

IMPRIMERIE NATIONALE.

ϩⲁⲙⲏⲛ ϩⲁⲙⲏⲛ ϩⲁⲙⲏⲛ. ⲥⲱⲧⲙ ⲉⲣⲟⲓ̈ ⲡⲁⲓⲱⲧ ⲡⲓⲱⲧ ⲙⲙⲛⲧⲉⲓⲱⲧ ⲛⲓⲙ ⲡⲁⲡⲉⲣⲁⲛⲧⲟⲛ ⲛ⊚ ⲥⲱⲧⲙ ⲉⲣⲟⲓ̈ ⲛⲅⲁⲛⲁⲅⲕⲁⲍⲉ ⲛⲥⲁⲃⲁⲱⲑ ⲡⲁⲇⲁⲙⲁⲥ ⲙⲛ ⲛⲁⲣⲭⲏⲅⲟⲥ ⲧⲏⲣⲟⲩ ⲛⲥⲉⲉⲓ ⲛⲥⲉϥⲓ ⲛⲧⲉⲩⲕⲁⲕⲓⲁ ϩⲣⲁⲓ ϩⲛ ⲛⲁⲙⲁⲑⲏⲧⲏⲥ. ⲛⲧⲉⲣⲉϥϫⲱ ⲇⲉ ⲛϯⲉⲩⲭⲏ ⲉϥϫⲱ ⲙⲙⲟⲥ ⲉⲡⲉϥⲧⲟⲩ ⲛⲕⲟⲟϩ ⲙⲡⲕⲟⲥⲙⲟⲥ ⲧⲏⲣϥ ⲛⲧⲟϥ ⲙⲛ ⲛⲉϥⲙⲁⲑⲏⲧⲏⲥ ϥⲥⲫⲣⲁⲁⲅⲓⲍⲉ ⲙⲙⲟⲟⲩ ⲧⲏⲣⲟⲩ ϩⲛ ⲧⲉⲥⲫⲣⲁⲅⲓⲥ ⲙⲡⲙⲉϩⲃ̄ ⲛϩⲁⲙⲏⲛ ⲉⲧⲉ

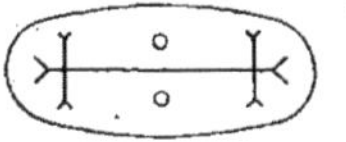

ⲧⲁⲓ̈ ⲧⲉ ⲡⲁⲓ ⲡⲉ ⲡⲉⲥⲣⲁⲛ ⲛⲧⲉ ⲟⲩⲁⲗⲏⲑⲉⲓⲁ ⲍⲁⲗⲱⲍⲁⲕⲱⲍ ⲧⲁⲓ̈ ⲧⲉ ⲧⲉⲥϩⲉⲣⲙⲏⲛⲉⲓⲁ ⲍⲭⲱⲍⲟⲍⲱ. ⲁⲩⲱ ⲛⲧⲉⲣⲉ ⲓ̅ⲥ̅ ⲟⲩⲱ ⲉϥⲥⲫⲣⲁⲅⲓⲍⲉ ⲙⲙⲟⲟⲩ ϩⲛ ⲧⲉⲓ̈ⲥⲫⲣⲁⲅⲓⲥ ⲛⲧⲉⲩⲛⲟⲩ ⲉⲧⲉⲙⲙⲁⲩ ⲁ ⲛⲁⲣⲭⲱⲛ ϥⲓ ⲛⲧⲕⲁⲕⲓⲁ ⲧⲏⲣⲥ ϩⲣⲁⲓ ϩⲛ ⲙⲙⲁⲑⲏⲧⲏⲥ ⲁⲩⲱ ⲁⲩⲣⲁϣⲉ ϩⲛ ⲟⲩⲛⲟϭ ⲛⲣⲁϣⲉ ⲉⲛⲁϣⲱϥ ϫⲉ ⲁ ⲧⲕⲁⲕⲓⲁ ⲧⲏⲣⲥ ⲛⲛⲁⲣⲭⲱⲛ ⲱϫⲛ ϩⲣⲁⲓ̈ ⲛϩⲏⲧⲟⲩ ⲁⲩⲱ ⲛⲧⲉⲣⲉ ⲧⲕⲁⲕⲓⲁ ⲛⲛⲁⲣⲭⲱⲛ ⲱϫⲛ ϩⲣⲁⲓ ⲛϩⲏⲧⲟⲩ ⲁⲩϣⲱⲡⲉ ⲉⲩⲟ ⲛⲁⲑⲁⲛⲁⲧⲟⲥ ⲛϭⲓ ⲙⲙⲁⲑⲏⲧⲏⲥ ⲉⲩⲟⲩⲏϩ ⲛⲥⲁ ⲓ̅ⲥ̅ ϩⲛ ⲧⲟⲡⲟⲥ ⲛⲓⲙ ⲉⲧⲟⲩⲛⲁⲃⲱⲕ ⲉⲣⲟⲟⲩ. ⲓ̅ⲥ̅ ⲇⲉ ⲡⲉϫⲁϥ ⲛⲛⲉϥⲙⲁⲑⲏⲧⲏⲥ ϫⲉ ϯⲛⲁϯ ⲛⲏⲧⲛ ⲛⲧⲁⲡⲟⲗⲟⲅⲓⲁ ⲛⲛⲉⲓ̈ⲧⲟⲡⲟⲥ ⲧⲏⲣⲟⲩ ⲉⲛⲧⲁⲓ̈ϯ ⲛⲏⲧⲛ ⲙⲡⲉⲩⲙ̅ⲣ̅ ⲙⲛ ⲛⲉⲩⲃⲁⲡⲧⲓⲥⲙⲁ ⲙⲛ ⲛⲉⲩⲡⲣⲟⲥⲫⲟⲣⲁ ⲙⲛ

---

moi : oblige Sabaoth Adamas et tous les archons à venir enlever leurs iniquités de mes disciples. » Quand il eut dit cette prière, en la récitant tourné vers les quatre angles du monde, lui et ses disciples, il imprima sur eux le sceau du second *amen*, qui est celui-ci

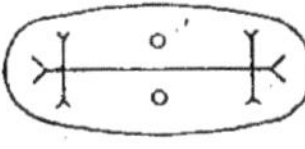

dont le nom de vérité est ⲍⲁⲗⲱⲍⲁⲕⲱⲍ et l'interprétation ⲍⲭⲱⲍⲟⲍⲱ. Et quand Jésus eut fini de leur imprimer ce sceau, en ce moment même les archons enlevèrent des disciples toute iniquité, et ceux-ci se réjouirent, d'une joie grande, grandement, de ce que toute l'iniquité des archons avait cessé (d'exister) en eux. Et lorsque l'iniquité des archons eut cessé d'exister en eux, les disciples qui suivaient Jésus devinrent immortels dans tous les lieux où ils entrèrent. Jésus dit à ses disciples : « Je vous donnerai l'*apologie* de tous ces lieux dont je vous ai donné le mystère et les baptêmes, les offrandes et les sceaux, les ⲡⲁⲣⲁ-

LE PAPYRUS GNOSTIQUE BRUCE.

ⲛⲉⲩⲥⲫⲣⲁⲅⲓⲥ ⲙⲛ ⲛⲉⲩⲡⲁⲣⲁⲗⲏⲙⲡⲧⲱⲣ ⲧⲏⲣⲟⲩ ⲙⲛ ⲛⲉⲩⲯⲏⲫⲟⲥ ⲙⲛ ⲡⲉⲩⲣⲁⲛ ⲛⲧⲉ ⲧⲁⲗⲏⲑⲉⲓⲁ ⲙⲛ ⲛⲉⲩⲁⲡⲟⲗⲟⲅⲓⲁ ⲉⲧⲃⲉ ⲑⲉ ⲛⲉⲡⲓⲕⲁⲗⲉⲓ ⲙⲙⲟⲟⲩ ⲉⲃⲱⲕ ⲉⲛⲉⲩⲧⲟⲡⲟⲥ ⲛⲧⲉⲧⲛⲟⲩⲱⲧⲃ ⲉϩⲟⲩⲛ ⲙⲫⲟⲩⲛ ⲛⲛⲁï ⲧⲏⲣⲟⲩ ϯⲛⲁϫⲱ ⲉⲣⲱⲧⲛ ⲛⲛⲣⲁⲛ ⲛⲛⲉⲩⲁⲡⲟⲗⲟⲅⲓⲁ ⲙⲛ ⲛⲉⲩⲯⲏⲫⲟⲥ ⲧⲉⲛⲟⲩ ϭⲉ ⲥⲱⲧⲙ ⲛⲧⲁϫⲱ ⲉⲣⲱⲧⲛ ⲉⲧⲃⲉ ⲧϭⲓ ⲛⲉⲓ ⲉⲃⲟⲗ ⲛⲧⲉⲧⲛⲯⲩⲭⲏ ⲉⲡⲉⲓⲇⲏ ⲁïϫⲱ ⲉⲣⲱⲧⲛ ⲛⲛⲉï ⲙ̅ⲣ̅ ⲧⲏⲣⲟⲩ ⲙⲛ ⲛⲉⲩⲥⲫⲣⲁⲅⲓⲥ ⲙⲛ ⲛⲉⲩⲣⲁⲛ ⲉⲧⲉⲧⲛϣⲁⲛⲉⲓ ⲉⲃⲟⲗϩⲙ ⲡⲥⲱⲙⲁ ⲧⲉⲧⲛⲉïⲣⲉ ⲛⲉï ⲙ̅ⲣ̅ ⲛⲛⲁⲓⲱⲛ ⲧⲏⲣⲟⲩ ⲙⲛ ⲛⲉⲧⲛϩⲏⲧⲟⲩ ⲧⲏⲣⲟⲩ ⲥⲉⲛⲁⲥⲟⲕⲟⲩ ⲛⲁⲩ ϣⲁⲛⲧⲉⲧⲛⲃⲱⲕ ϣⲁ ⲡⲉïⲛⲟϭ ⲛⲥⲟⲟⲩ ⲛⲛⲁⲓⲱⲛ. ⲡⲁⲗⲓⲛ(1) ⲟⲛ ⲥⲉⲛⲁⲡⲱⲧ ⲉⲡⲉⲙⲛⲧ ⲉϩⲃⲟⲩⲣ ⲙⲛ ⲛⲉⲩⲁⲣⲭⲱⲛ ⲧⲏⲣⲟⲩ ⲙⲛ ⲛⲉⲧⲛϩⲏⲧⲟⲩ ⲧⲏⲣⲟⲩ ⲉⲧⲉⲧⲛϣⲁⲛⲡⲱϩ ⲇⲉ ⲉⲡⲥⲟⲟⲩ ⲛⲛⲁⲓⲱⲛ ⲥⲉⲛⲁⲕⲁⲧⲉⲭⲉ ⲙⲙⲱⲧⲛ ϣⲁⲛⲧⲉⲧⲛϫⲓ ⲙⲡⲙ̅ⲣ̅ ⲙⲡⲕⲁ ⲛⲟⲃⲉ ⲉⲃⲟⲗ ⲉⲃⲟⲗϫⲉ ⲉⲛⲧⲟϥ ⲡⲉ ⲡⲛⲟϭ ⲙ̅ⲣ̅ ⲉⲧϣⲟⲟⲡ ϩⲛ ⲡⲉ⊡ ⲛⲧⲉ ⲡⲥⲁ ⲛϩⲟⲩⲛ ⲛⲧⲉ ⲛⲓⲥⲁ ⲛϩⲟⲩⲛ ⲁⲩⲱ ⲛⲧⲟϥ ⲡⲉ ⲡⲛⲟⲩϩⲙ ⲧⲏⲣϥ ⲛⲧⲉⲯⲩⲭⲏ ⲁⲩⲱ

(1) *Cod.* ⲛⲓⲥϫⲉⲛⲧⲟϥ, ce qui ne peut donner de sens. J'ai remplacé ces mots par ceux que l'on trouve plusieurs fois plus bas.

ⲗⲏⲙⲡⲧⲱⲣ et les chiffres, les noms de vérité et les *apologies*, au sujet de la manière dont (il faut) les invoquer pour entrer dans leurs lieux; afin que vous entriez à l'intérieur de tous ces (lieux), je vous dirai les mots de leurs *apologies* et leurs chiffres. Écoutez donc maintenant, afin que je vous parle de la sortie de votre âme, puisque je vous ai dit tous ces mystères, ainsi que leurs sceaux et leurs noms. Lorsque vous serez sortis du corps et que vous ferez ces mystères à tous les æons et à tous ceux qui sont en eux, ils s'écarteront (devant vous) jusqu'à ce que vous arriviez à ces six grands æons. Ils s'enfuiront à l'occident, à gauche, avec tous leurs archons et tous ceux qui sont en eux. Lorsque vous serez parvenus aux six æons, on vous arrêtera jusqu'à ce que vous ayez reçu le mystère de remettre les péchés, car c'est lui le grand mystère qui est dans l'æon de l'intérieur de ces intérieurs, et c'est le salut de l'âme. Quiconque aura reçu ce mystère surpassera tout dieu et toute seigneurie de tous ces æons, qui sont les douze

LE PAPYRUS GNOSTIQUE BRUCE.

ⲟⲩⲟⲛ ⲛⲓⲙ ⲉⲧⲛⲁϫⲓ ⲙⲡⲙⲩⲥ̅ ⲉⲧⲙⲙⲁⲩ ⲥⲉⲟⲩⲟⲧⲃ ⲉⲛⲟⲩⲧⲉ ⲛⲓⲙ ϩⲓ ⲙⲛⲧϫⲟⲉⲓⲥ ⲛⲓⲙ ⲛⲧⲉ ⲛⲉϊⲁⲓⲱⲛ ⲧⲏⲣⲟⲩ ⲛⲁϊ ⲉⲧⲉ ⲛⲧⲟⲟⲩ ⲛⲉ ⲡⲙⲛⲧⲓ̅ⲃ̅ ⲛⲛⲁⲓⲱⲛ ⲛⲧⲉ ⲡⲁϩⲟⲣⲁⲧⲟⲥ ⲛⲛⲟⲩⲧⲉ ⲉⲃⲟⲗϫⲉ ⲛⲧⲟϥ ⲡⲉ ⲡⲛⲟϭ ⲙⲙⲩⲥ̅ ⲙⲡⲁⲧⲛⲣⲁⲧϥ ⲉⲧϣⲟⲟⲡ ϩⲛ ⲛⲉ⊡ ⲙⲡⲥⲁ ⲛϩⲟⲩⲛ ⲛⲧⲉ ⲛⲓⲥⲁ ⲛϩⲟⲩⲛⲓ ⲉⲧⲃⲉ ⲡⲁϊ ⲣⲱⲙⲉ ⲛⲓⲙ ⲉⲧⲛⲁⲡⲓⲥⲧⲉⲩⲉ ⲉⲡϣⲏⲣⲉ ⲙⲡⲟⲩⲟⲉⲓⲛ ϣϣⲉ ⲉⲣⲟϥ ⲉⲧⲣⲉϥϫⲓ ⲙⲡⲙⲩⲥ̅ ⲙⲡⲕⲁ ⲛⲟⲃⲉ ⲉⲃⲟⲗ ϫⲉⲕⲁⲁⲥ ⲉϥⲉϣⲱⲡⲉ ⲙⲡⲁⲛⲧⲉⲗⲉⲓⲟⲥ ⲁⲩⲱ ⲉϥϫⲏⲕ ⲉⲃⲟⲗ ⲙⲙⲩⲥ̅ ⲛⲓⲙ ⲉⲃⲟⲗϫⲉ ⲛⲧⲟϥ ⲡⲉ ⲡⲙⲩⲥ̅ ⲙⲡⲕⲁ ⲛⲟⲃⲉ ⲉⲃⲟⲗ ⲡⲉⲧⲛⲁϫⲓ ϭⲉ ⲉⲃⲟⲗϩⲛ ⲛⲉⲓⲙⲩⲥ̅ ϣϣⲉ ⲉⲣⲟϥ ⲉⲧⲣⲉϥϫⲓ ⲙⲡⲙⲩⲥ̅ ⲙⲡⲕⲁ ⲛⲟⲃⲉ ⲉⲃⲟⲗ. ⲉⲧⲃⲉ ⲡⲁⲓ ϭⲉ ϯϫⲱ ⲙⲙⲟⲥ ⲛⲏⲧⲛ ϫⲉ ⲉⲧⲉⲧⲛϣⲁⲛϫⲓ ⲙⲡⲙⲩⲥ̅ ⲙⲡⲕⲁ ⲛⲟⲃⲉ ⲉⲃⲟⲗ ⲛⲟⲃⲉ ⲛⲓⲙ ⲉⲛⲧⲁⲧⲉⲧⲛⲁⲁⲩ ⲉⲧⲉⲧⲛⲥⲟⲟⲩⲛ ⲙⲛ ⲛⲉⲛⲧⲁⲧⲉⲧⲛⲁⲁⲩ ⲉⲛⲧⲉⲧⲛⲥⲟⲟⲩⲛ ⲁⲛ ⲛⲉⲛⲧⲁⲧⲉⲧⲛⲁⲁⲩ ϫⲓⲛ ⲧⲉⲧⲛⲙⲛⲧⲕⲟⲩⲓ ϩⲉⲱⲥ ϣⲁ ⲡⲟⲟⲩ ⲛϩⲟⲟⲩ ⲁⲩⲱ ϣⲁ ⲡϫⲱⲕ ⲉⲃⲟⲗ ⲛⲧⲙⲣⲣⲉ ⲛⲧⲥⲁⲣⲝ ⲛⲑⲉⲓⲙⲁⲣⲙⲉⲛⲏ [1] ⲥⲉⲛⲁϥⲟⲧⲟⲩ ⲉⲃⲟⲗ ⲧⲏⲣⲟⲩ ⲉⲃⲟⲗϫⲉ ⲁⲧⲉⲧⲛϫⲓ ⲙⲡⲙⲩⲥ̅ ⲙⲡⲕⲁ ⲛⲟⲃⲉ

[1] *Cod.* ⲛⲑⲓⲙⲁⲣ. Je ne vois que le mot ⲉⲓⲙⲁⲣⲙⲉⲛⲏ qui puisse correspondre à cette abréviation, mot très souvent employé d'ailleurs dans les systèmes gnostiques.

æons du Dieu invisible, parce que c'est le grand mystère de l'Immuable qui est dans les æons de l'intérieur de ces intérieurs. C'est pourquoi tout homme qui croira dans le fils de la lumière doit recevoir le mystère de remettre les péchés, afin qu'il soit parfait et consommé en tout mystère; car c'est le mystère de remettre les péchés. Celui qui recevra ces mystères, il faut qu'il reçoive le mystère de remettre les péchés. C'est pourquoi, je vous dis, à vous, que, si vous avez reçu le mystère de remettre les péchés, tous les péchés que vous aurez commis avec conscience et ceux que vous aurez commis sans le savoir, ceux que vous aurez commis depuis votre enfance jusqu'à ce jour et jusqu'à la consommation de tous les liens de la chair du destin [1], seront effacés, parce que vous aurez reçu le mystère de remettre les péchés. Et quand

[1] Le sens de ce passage n'est pas tout à fait certain.

LE PAPYRUS GNOSTIQUE BRUCE.

ⲉⲃⲟⲗ ⲁⲩⲱ ⲉⲧⲉⲧⲛϣⲁⲛⲉⲓ̈ ⲉⲧⲉⲧⲛⲛⲏⲩ ⲉⲃⲟⲗϩⲙ ⲡⲥⲱⲙⲁ ⲉⲁⲧⲉⲧⲛ-
ⲉⲓ̈ⲣⲉ ⲙⲡⲉⲓⲁ͡ⲣ ⲙⲛ ⲧⲉϥⲕⲉⲁⲡⲟⲗⲟⲅⲓⲁ ϣⲁⲣⲉ ⲛⲁⲓⲱⲛ ⲧⲏⲣⲟⲩ ⲥⲟⲕⲟⲩ
ⲛⲁⲩ ⲙⲛ ⲛⲉⲧⲛϩⲏⲧⲟⲩ ⲧⲏⲣⲟⲩ. ⲡⲁⲗⲓⲛ ⲟⲛ ϣⲁⲩⲡⲱⲧ ⲉⲡⲉⲙⲛⲧ
ⲉϩⲃⲟⲩⲣ ⲉⲃⲟⲗϫⲉ ⲁⲧⲉⲧⲛϫⲓ ⲙⲡⲁ͡ⲣ ⲙⲡⲕⲁ ⲛⲟⲃⲉ ⲉⲃⲟⲗ ⲁⲩⲱ ⲉⲣϣⲁⲛ
ⲛⲁⲓⲱⲛ ⲧⲏⲣⲟⲩ ⲥⲟⲕⲟⲩ ⲛⲁⲩ ϣⲁⲣⲉ ⲡⲟⲩⲟⲉⲓⲛ ⲙⲡⲉ▣ ⲧⲃⲃⲟ ⲙⲡⲙⲉϩ
ⲓ̅ⲃ̅ ⲛⲛⲁⲓⲱⲛ ϫⲉ ⲉⲣⲉ ⲛⲉϩⲓⲟⲟⲩⲉ ⲧⲏⲣⲟⲩ ⲧⲃⲃⲟ ⲉⲧⲉⲧⲛⲛⲏⲩ ⲉϩⲣⲁⲓ̈
ϩⲓⲱⲟⲩ ⲁⲩⲱ ϣⲁϥⲟⲩⲟⲛϩ ⲉⲃⲟⲗ ⲛϭⲓ ⲡⲉ▣ ⲙⲡⲟⲩⲟⲉⲓⲛ ⲁⲩⲱ ⲧⲉⲧⲛⲉ-
ϭⲱϣⲧ ⲉⲧⲡⲉ ϩⲓ ⲡⲉⲥⲏⲧ[1] ⲛⲧⲉⲧⲛⲛⲁⲩ ⲉⲛⲉϩⲓⲟⲟⲩⲉ ⲛⲧⲉ ⲛⲧⲟⲡⲟⲥ
ⲛⲛⲁⲓⲱⲛ ⲧⲏⲣⲟⲩ ⲉⲁⲩⲧⲃⲃⲟ ⲧⲏⲣⲟⲩ ⲉⲃⲟⲗϫⲉ ⲁ ⲛⲁⲓⲱⲛ ⲧⲏⲣⲟⲩ
ⲡⲱⲧ ⲉⲡⲙⲛⲧ ⲉϩⲃⲟⲩⲣ ⲙⲛ ⲛⲉⲧⲛϩⲏⲧⲟⲩ ⲧⲏⲣⲟⲩ. ⲡⲁⲗⲓⲛ ⲟⲛ ⲉⲣϣⲁⲛ
ⲛⲉϩⲓⲟⲟⲩⲉ ⲧⲃⲃⲟ ϯⲛⲁϯ ⲛⲏⲧⲛ ⲙⲡⲁ͡ⲣ ⲙⲡⲕⲁ ⲛⲟⲃⲉ ⲉⲃⲟⲗ ⲙⲛ ⲛⲉϥⲁⲡⲟⲗⲟⲅⲓⲁ ⲙⲛ ⲛⲉϥⲥⲫⲣⲁⲅⲓⲥ ⲙⲛ ⲛⲉⲩⲯⲏⲫⲟⲥ ⲙⲛ ⲛⲉⲩϩⲉⲣⲙⲏⲛⲓⲁ
ⲛⲧⲱⲧⲛ ϩⲱⲧⲧⲏⲩⲧⲛ ⲛⲁⲙⲁⲑⲏⲧⲏⲥ ⲉⲧⲉⲛϣⲁⲛϫⲓ ⲛⲁⲓ̈ ⲛⲧⲉⲧⲛⲉⲓ̈
ⲉⲧⲉⲧⲛⲛⲏⲩ ⲉⲃⲟⲗϩⲛ ⲥⲱⲙⲁ ⲧⲉⲧⲛⲉϣⲱⲡⲉ ⲛϩⲉⲓⲗⲓⲕⲣⲓⲛⲉⲥ ⲛⲟⲩⲟⲉⲓⲛ

[1] *Cod.* ⲉⲧⲡⲉ ϫⲓⲥⲡⲉⲥⲏⲧ. Le mot ϫⲓⲥⲡⲉⲥⲏⲧ n'est pas copte et ne peut présenter de sens. La correction est loin d'être certaine, et par conséquent la traduction.

---

vous irez, après être sortis du corps, et que vous ferez ce mystère et aussi son *apologie,* tous les æons s'écarteront devant vous, ainsi que ceux qui sont en eux : de nouveau ils s'enfuiront à l'occident, à gauche, parce que vous aurez reçu le mystère de remettre les péchés. Et lorsque tous les æons se seront écartés, la lumière de l'æon purifiera le douzième æon, afin que soient pures toutes les voies par lesquelles vous marcherez, et l'æon de lumière se manifestera, et vous regarderez le ciel d'en bas, afin que vous voyiez les voies des lieux de tous les æons toutes purifiées, parce que tous les æons se sont enfuis à l'occident, à gauche, avec tous ceux qui étaient en eux. Ensuite, lorsque les chemins seront purifiés, je vous donnerai le mystère de remettre les péchés, ainsi que ses apologies, ses sceaux, ses chiffres et leurs interprétations. Vous, mes disciples, lorsque vous aurez reçu cela et que vous irez, après être sortis du corps, vous deviendrez une lumière pure, vous vous précipiterez vers l'æon, les uns après les autres, pour entrer dans

ⲉⲧⲉⲧⲛⲃⲱϭⲉ ⲉⲡⲉ⊡[1] ⲛⲥⲁ ⲛⲉⲧⲛⲉⲣⲏⲩ ⲛⲧⲉⲧⲛⲃⲱⲕ ⲉϩⲣⲁï ϩⲛ ⲙⲙⲁ ⲉⲧⲉⲣⲉ ⲛⲁⲓⲱⲛ ⲧⲏⲣⲟⲩ ⲥⲏⲣ ⲉⲃⲟⲗ ⲛϩⲏⲧⲟⲩ ϩⲉⲱⲥ ⲙⲛ ⲗⲁⲁⲩ ϩⲛ ⲛⲉϩⲟⲟⲩⲉ ϣⲁⲛⲧⲉⲧⲛⲡⲱϩ ⲉⲡⲉ⊡ ⲙⲡⲟⲩⲟⲉⲓⲛ. ⲧⲟⲧⲉ ϣⲁⲣⲉ ⲛⲉⲫⲩⲗⲁⲝ ⲙⲡⲩⲗⲏ ⲙⲡ⊡ ⲙⲡⲟⲩⲟⲉⲓⲛ ϣⲁⲩⲛⲁⲩ ⲉⲡ⳩ ⲙⲡⲕⲁ ⲛⲟⲃⲉ ⲉⲃⲟⲗ ⲉⲁⲧⲉⲧⲛⲁⲁϥ ⲙⲛ ⲛⲉϥⲁⲡⲟⲗⲟⲅⲓⲁ ⲙⲛ ⲛⲉϥⲉⲛⲧⲟⲗⲟⲟⲩⲉ ⲧⲏⲣⲟⲩ ⲁⲩⲱ ϣⲁⲩⲛⲁⲩ ⲉⲧⲉⲥⲫⲣⲁⲅⲓⲥ ϩⲓ ⲧⲉⲧⲛⲧⲉϩⲛⲉ ⲁⲩⲱ ϣⲁⲩⲛⲁⲩ ⲉⲧⲉⲯⲏⲫⲟⲥ ⲟ ⲛⲛⲉⲧⲛϭⲓϫ. ⲧⲟⲧⲉ ϣⲁⲣⲉ ⲛⲉⲯⲓⲥ ⲙⲫⲩⲗⲁⲝ ⲟⲩⲱⲛ ⲛⲏⲧⲛ ⲛⲙⲡⲩⲗⲏ ⲙⲡⲉ⊡ ⲙⲡⲟⲩⲟⲉⲓⲛ ⲛⲧⲉⲧⲛⲃⲱⲕ ⲉϩⲟⲩⲛ ⲉⲡⲉ⊡ ⲙⲡ⊙ ϣⲁⲣⲉ ⲛⲉⲫⲩⲗⲁⲝ ϣⲁϫⲉ ⲛⲙⲙⲏⲧⲛ [ⲁⲛ] ⲁⲗⲗⲁ ⲥⲉⲛⲁϯ ⲛⲏⲧⲛ ⲛⲛⲉⲩⲥⲫⲣⲁⲅⲓⲥ ⲙⲛ ⲛⲉⲩ⳩. ⲡⲁⲗⲓⲛ ⲟⲛ ⲉⲧⲉⲧⲛϣⲁⲛⲡⲱϩ ⲉⲧⲧⲁⲍⲓⲥ ⲙⲡϣⲟⲙⲛⲧ ⲛϩⲁⲙⲏⲛ ϣⲁⲣⲉ ⲡⲅ̅ ⲛϩⲁⲙⲏⲛ ϯ ⲧⲉⲩⲥⲫⲣⲁⲅⲓⲥ ⲛⲏⲧⲛ ⲙⲛ ⲡⲉⲩ⳩ ⲁⲩⲱ ⲟⲛ ⲥⲉⲛⲁϯ ⲡⲛⲟϭ ⲛⲣⲁⲛ ⲛⲏⲧⲛ ⲧⲉⲧⲛⲁⲟⲩⲱⲧⲃ ⲟⲛ ⲙⲡⲉⲩϩⲟⲩⲛ ⲉⲧⲉⲧⲛϣⲁⲛⲃⲱⲕ ⲉⲧⲧⲁⲝⲓⲥ ⲙⲡⲁⲗⲟⲩ ⲡⲁⲗⲟⲩ[2] ⲥⲉⲛⲁϯ ⲛⲏⲧⲛ ⲙⲡⲉⲩ⳩ ⲙⲛ

(1) *Cod.* ⲉⲡⲉⲉ, ce qui ne donne aucun sens. La correction n'est cependant pas certaine, quoiqu'elle réponde assez bien au sens général.

(2) *Cod.* ⲙⲡⲁⲗⲟⲩ ⲙⲡⲁⲗⲟⲩ. Il semble bien que ce soit une répétition du même mot, et dans ce cas il ne faut pas la préposition devant le second mot.

---

les lieux où tous les æons sont répandus, si bien qu'il n'y aura personne dans les chemins jusqu'à ce que vous arriviez à l'æon de la lumière. Alors les gardiens des portes de l'æon de la lumière, ayant reçu le mystère de remettre les péchés que vous aurez faits, ses apologies et tous ses commandements, ayant vu le sceau sur votre front et ayant vu le chiffre dans vos mains, alors les neuf gardiens vous ouvriront les portes de l'æon de lumière, afin que vous entriez dans l'æon de lumière. Les gardiens ne vous parleront pas[1], mais ils vous donneront leurs sceaux et leur mystère. Ensuite, lorsque vous serez arrivés à la hiérarchie des trois *amen*, les trois *amen* vous donneront leur sceau et leur mystère; ils vous donneront aussi le grand nom, et vous entrerez dans leur intérieur. Lorsque vous serez arrivés dans la hiérarchie de

(1) Le texte est fautif, il manque évidemment une négation.

ⲧⲉⲩⲥⲫⲣⲁⲅⲓⲥ ⲙⲛ ⲡⲛⲟϭ ⲛⲣⲁⲛ. ⲡⲁⲗⲓⲛ ⲟⲛ ⲧⲉⲧⲛⲁⲃⲱⲕ ⲙⲡⲉⲩϩⲟⲩⲛ ⲉⲧⲉⲧⲛϣⲁⲛⲡⲱϩ ⲉⲧⲧⲁⲝⲓⲥ ⲛⲛϩⲁⲧⲣⲉⲉⲩ[1] ⲛⲥⲱⲣ ⲥⲉⲛⲁϯ ⲛⲏⲧⲛ ⲙⲡⲉⲩⲙ̅ⲣ̅ ⲙⲛ ⲧⲉⲩⲥⲫⲣⲁⲅⲓⲥ ⲙⲛ ⲡⲛⲟϭ ⲛⲥⲁⲃⲁⲱⲑ ⲡⲁ ⲡⲉ⊡ ⲙⲡⲟⲩⲟⲉⲓⲛ ⲉⲧⲉⲧⲛϣⲁⲛⲡⲱϩ ⲉⲧⲉϥⲧⲁⲝⲓⲥ ϥⲛⲁⲥⲫⲣⲁⲅⲓⲍⲉ ⲙⲙⲱⲧⲛ ϩⲓ ⲧⲉϥⲥⲫⲣⲁⲅⲓⲥ ⲁⲩⲱ ϥⲛⲁϯ ⲛⲏⲧⲛ ⲙⲡⲉϥⲙⲩⲥⲧⲏⲣⲓⲟⲛ ⲙⲛ ⲡⲛⲟϭ ⲛⲣⲁⲛ. ⲡⲁⲗⲓⲛ ⲟⲛ ⲧⲉⲧⲛⲁⲃⲱⲕ ⲉϩⲟⲩⲛ ⲙⲧⲉϥϩⲟⲩⲛ ϣⲁ ⲧⲧⲁⲝⲓⲥ ⲙⲡⲛⲟϭ ⲛⲓⲁⲱ ⲡⲁⲅⲁⲑⲟⲥ ⲡⲁ ⲡⲉⲑⲏⲥⲁⲩⲣⲟⲥ ⲙⲡⲟⲩⲟⲉⲓⲛ ϥⲛⲁϯ ⲛⲏⲧⲛ ⲙⲡⲉϥⲙ̅ⲣ̅ ⲙⲛ ⲧⲉϥⲥⲫⲣⲁⲅⲓⲥ ⲙⲛ ⲡⲛⲟϭ ⲛⲣⲁⲛ ⲡⲁⲗⲓⲛ ⲟⲛ ⲧⲉⲧⲛⲁⲃⲱ́ⲕ ⲉϩⲟⲩⲛ ⲙⲡⲉϥϩⲟⲩⲛ ϣⲁ ⲧⲧⲁⲝⲓⲥ ⲙⲡⲥⲁϣϥ ⲛϩⲁⲙⲏⲛ. ⲡⲁⲗⲓⲛ ⲟⲛ ⲥⲉⲛⲁϯ ⲛⲏⲧⲛ ⲙⲡⲉⲩⲙ̅ⲣ̅ ⲙⲛ ⲧⲉⲩⲥⲫⲣⲁⲅⲓⲥ ⲙⲛ ⲡⲛⲟϭ ⲛⲣⲁⲛ ⲡⲁⲗⲓⲛ ⲟⲛ ⲧⲉⲧⲛⲁⲃⲱⲕ ⲉϩⲟⲩⲛ ⲙⲡⲉⲩϩⲟⲩⲛ ϣⲁ ⲧⲧⲁⲝⲓⲥ ⲙⲡϯⲟⲩ ⲛϣⲏⲛ ⲛⲧⲉ ⲡⲉ⊡ ⲙⲡⲟⲩⲟⲉⲓⲛ ⲉⲧⲉ ⲛⲧⲟⲟⲩ ⲛⲉ ⲛϣⲏⲛ ⲛⲁⲥⲁⲗⲉⲩⲧⲟⲥ ⲥⲉⲛⲁϯ ⲛⲏⲧⲛ ⲙⲡⲉⲩⲙ̅ⲣ̅ ⲉⲧⲉ ⲛⲧⲟϥ ⲡⲉ ⲡⲛⲟϭ ⲙ̅ⲣ̅ ⲙⲛ ⲧⲉⲩⲛⲟϭ ⲛⲥⲫⲣⲁⲅⲓⲥ ⲙⲛ ⲡⲛⲟϭ ⲛⲣⲁⲛ ⲙⲡⲉ⊡ ⲙⲡⲟⲩⲟⲉⲓⲛ ⲡⲁï ⲉⲧⲟ ⲛⲣⲣⲟ ⲉϩⲣⲁï ⲉϫⲙ ⲡⲉⲑⲏ-

[1] *Cod.* ϩⲉⲁⲧⲣⲉϩⲩ, ce qui ne donne pas de sens. La correction n'est pas certaine, et je ne peux expliquer le mot qui suit.

chaque *enfant*, ils vous donneront leur mystère, leur sceau et le grand nom; ensuite vous entrerez dans leur intérieur. Lorsque vous serez arrivés à la hiérarchie des jumeaux....., ils vous donneront leur mystère, leur sceau. Et le grand Sabaoth, celui de l'æon de lumière, lorsque vous serez arrivés à sa hiérarchie, vous imprimera son sceau, il vous donnera son mystère et le grand nom. Ensuite vous entrerez dans son intérieur jusqu'à la hiérarchie du grand ⲓⲁⲱ, le bon, celui du trésor de la lumière. Il vous donnera son mystère, son sceau et le grand nom. Ensuite vous entrerez dans son intérieur jusqu'à la hiérarchie des sept *amen*. De nouveau ils vous donneront leur mystère, leur sceau et le grand nom. Ensuite vous entrerez dans leur intérieur jusqu'à la hiérarchie des cinq arbres de l'æon de lumière, qui sont les arbres inébranlables. Ils vous donneront leur mystère, qui est le grand mystère, leur grand sceau et le grand nom de l'æon de la lumière, qui est le roi sur le trésor de la lumière. Ensuite vous entrerez

ⲥⲁⲩⲣⲟⲥ ⲙⲡⲟⲩⲟⲉⲓⲛ. ⲡⲁⲗⲓⲛ ⲟⲛ ⲧⲉⲧⲛⲁⲃⲱⲕ ⲉϩⲟⲩⲛ ⲙⲡⲉⲩϩⲟⲩⲛ ϣⲁ ⲧⲧⲁⲝⲓⲥ ⲛⲧⲥⲁϣϥⲉ ⲙⲫⲱⲛⲏ ⲥⲉⲛⲁϯ ⲛⲏⲧⲛ ⲙⲡⲉⲩⲛⲟϭ ⲙⲁ̅ ⲙⲛ ⲡⲛⲟϭ ⲛⲣⲁⲛ ⲙⲡⲉ⊡ ⲙⲡⲟⲩⲟⲉⲓⲛ ⲙⲛ ⲧⲉⲩⲥⲫⲣⲁⲅⲓⲥ. ⲡⲁⲗⲓⲛ ⲟⲛ ⲧⲉⲧⲛⲁⲃⲱⲕ ⲉϩⲟⲩⲛ ⲙⲡⲉⲩϩⲟⲩⲛ ϣⲁ ⲧⲧⲁⲝⲓⲥ ⲛⲛⲓⲁⲭⲱⲣⲏⲧⲟⲥ ⲥⲉⲛⲁϯ ⲛⲏⲧⲛ ⲙⲡⲉⲩⲁ̅ ⲙⲛ ⲧⲉⲩⲥⲫⲣⲁⲅⲓⲥ ⲙⲛ ⲡⲛⲟϭ ⲛⲣⲁⲛ ⲙⲡⲉ⊡ ⲙⲡⲟⲩⲟⲉⲓⲛ ⲡⲁⲗⲓⲛ ⲟⲛ ⲧⲉⲧⲛⲁⲃⲱⲕ ⲉϩⲟⲩⲛ ⲙⲡⲉⲩϩⲟⲩⲛ ϣⲁ ⲧⲧⲁⲝⲓⲥ ⲛⲛⲓⲁⲡⲉⲣⲁⲛⲧⲟⲥ ⲥⲉⲛⲁϯ ⲛⲏⲧⲛ ⲙⲡⲉⲩⲁ̅ ⲙⲛ ⲧⲉⲩⲥⲫⲣⲁⲅⲓⲥ ⲙⲛ ⲡⲛⲟϭ ⲛⲣⲁⲛ ⲙⲡⲉ⊡ ⲙⲡⲟⲩⲟⲉⲓⲛ. ⲡⲁⲗⲓⲛ ⲟⲛ ⲧⲉⲧⲛⲁⲃⲱⲕ ⲉϩⲟⲩⲛ ⲙⲡⲉⲩϩⲟⲩⲛ ϣⲁ ⲧⲧⲁⲝⲓⲥ ⲛⲛⲉⲡⲣⲟⲩⲡⲉⲣⲁⲭⲱⲣⲏⲧⲟⲥ ⲥⲉⲛⲁϯ ⲛⲏⲧⲛ ⲙⲡⲉⲩⲁ̅ ⲙⲛ ⲧⲉⲩⲥⲫⲣⲁⲅⲓⲥ ⲙⲛ ⲡⲛⲟϭ ⲛⲣⲁⲛ ⲙⲡⲉ⊡ ⲙⲡⲟⲩⲟⲉⲓⲛ. ⲡⲁⲗⲓⲛ ⲟⲛ ⲧⲉⲧⲛⲁⲃⲱⲕ ⲉϩⲟⲩⲛ ⲙⲡⲉⲩϩⲟⲩⲛ ϣⲁ ⲧⲧⲁⲝⲓⲥ ⲛⲛⲉⲡⲣⲟⲩⲡⲉⲣⲁⲡⲉⲣⲁⲛⲧⲟⲥ ⲥⲉⲛⲁϯ ⲛⲏⲧⲛ ⲙⲡⲉⲩⲁ̅ ⲙⲛ ⲧⲉⲩⲥⲫⲣⲁⲅⲓⲥ ⲙⲛ ⲡⲛⲟϭ ⲛⲣⲁⲛ ⲙⲡⲉ⊡ ⲙⲡⲟⲩⲟⲉⲓⲛ. ⲡⲁⲗⲓⲛ ⲟⲛ ⲧⲉⲧⲛⲁⲃⲱⲕ ⲉϩⲟⲩⲛ ⲙⲡⲉⲩϩⲟⲩⲛ ϣⲁ ⲧⲧⲁⲝⲓⲥ ⲛⲛⲉⲁⲙⲓⲁⲛⲧⲟⲥ [ⲥⲉⲛⲁϯ] ⲛⲏⲧⲛ ⲙⲡⲉⲩⲁ̅ ⲙⲛ ⲧⲉⲩⲥⲫⲣⲁⲅⲓⲥ ⲙⲛ ⲡⲛⲟϭ ⲛⲣⲁⲛ ⲙⲡⲉⲑⲏⲥⲁⲩⲣⲟⲥ ⲙⲡ⊙. ⲡⲁⲗⲓⲛ ⲟⲛ ⲧⲉⲧⲛⲁⲃⲱⲕ ⲉϩⲟⲩⲛ ⲙⲡⲉⲩϩⲟⲩⲛ ϣⲁ ⲧⲧⲁⲝⲓⲥ ⲛⲛⲉ-

---

dans leur intérieur jusqu'à la hiérarchie des sept voix. Elles vous donneront leur grand mystère, le grand nom de l'æon de la lumière et leur sceau. Ensuite vous entrerez dans leur intérieur jusqu'à la hiérarchie des ⲁⲭⲱⲣⲏⲧⲟⲥ. Ils vous donneront leur mystère, leur sceau et le grand nom de l'æon de lumière. Ensuite vous entrerez dans leur intérieur jusqu'à la hiérarchie des ⲁⲡⲉⲣⲁⲛⲧⲟⲥ. Ils vous donneront leur mystère, leur sceau et le grand nom de l'æon de la lumière. Ensuite vous entrerez dans leur intérieur jusqu'à la hiérarchie des ⲡⲣⲟⲩⲡⲉⲣⲁⲭⲱⲣⲏⲧⲟⲥ. Ils vous donneront leur mystère, leur sceau et le grand nom de l'æon de lumière. Ensuite vous entrerez dans leur intérieur jusqu'à la hiérarchie des ⲡⲣⲟⲩⲡⲉⲣⲁⲡⲉⲣⲁⲛⲧⲟⲥ. Ils vous donneront leur mystère, leur sceau et le grand nom de l'æon de la lumière. Ensuite vous entrerez dans leur intérieur jusqu'à la hiérarchie des ⲁⲙⲓⲁⲛⲧⲟⲥ. Ils vous donneront leur mystère, leur sceau et le grand nom du trésor de la lumière. Ensuite vous entrerez dans leur inté-

ⲡⲣⲟⲩⲡⲉⲣⲁⲙⲓⲁⲛⲧⲟⲥ ⲥⲉⲛⲁϯ ⲛⲏⲧⲛ ⲙⲡⲉⲩ⳩ ⲙⲛ ⲡⲛⲟϭ ⲛⲣⲁⲛ ⲙⲡⲉ▣ ⲙⲡ◉ ⲙⲛ ⲧⲉⲩⲥⲫⲣⲁⲅⲓⲥ. ⲡⲁⲗⲓⲛ ⲟⲛ ⲧⲉⲧⲛⲁⲃⲱⲕ ⲉϩⲟⲩⲛ ⲉⲡⲉⲩϩⲟⲩⲛ ϣⲁ ⲧⲧⲁⲝⲓⲥ ⲛⲛⲓⲁⲥⲁⲗⲉⲩⲧⲟⲥ ⲥⲉⲛⲁϯ ⲛⲏⲧⲛ ⲙⲡⲉⲩ⳩ ⲙⲛ ⲧⲉⲩⲥⲫⲣⲁⲅⲓⲥ ⲙⲛ ⲡⲛⲟϭ ⲛⲣⲁⲛ ⲙⲡⲉ▣ ⲙⲡⲟⲩⲟⲉⲓⲛ. ⲡⲁⲗⲓⲛ ⲟⲛ ⲧⲉⲧⲛⲁⲃⲱⲕ ⲉϩⲟⲩⲛ ⲙⲡⲉⲩϩⲟⲩⲛ ϣⲁ ⲧⲧⲁⲝⲓⲥ ⲛⲛⲉⲩⲡⲉⲣⲁⲥⲁⲗⲉⲩⲧⲟⲥ ⲉⲧⲉⲧⲛϣⲁⲛⲡⲱϩ ⲉⲧⲧⲁⲝⲓⲥ ⲉⲧⲙⲙⲁⲩ ⲥⲉⲛⲁϯ ⲛⲏⲧⲛ ⲙⲡⲉⲩ⳩ ⲙⲛ ⲧⲉⲩⲥⲫⲣⲁⲅⲓⲥ ⲙⲛ ⲡⲛⲟϭ ⲛⲣⲁⲛ ⲙⲡⲉ▣ ⲙⲡ◉ ⲧⲉⲧⲛⲁⲃⲱⲕ ⲉϩⲟⲩⲛ ⲙⲡⲉⲩϩⲟⲩⲛ ϣⲁ ⲧⲧⲁⲝⲓⲥ ⲛⲛⲉⲁⲡⲁⲧⲱⲣ ⲥⲉⲛⲁϯ ⲛⲏⲧⲛ ⲙⲡⲉⲩ⳩ ⲙⲛ ⲧⲉⲩⲥⲫⲣⲁⲅⲓⲥ ⲙⲛ ⲡⲛⲟϭ ⲛⲣⲁⲛ ⲙⲡⲉ▣ ⲙⲡⲟⲩⲟⲉⲓⲛ. ⲡⲁⲗⲓⲛ ⲟⲛ ⲧⲉⲧⲛⲁⲃⲱⲕ[1] ⲉϩⲟⲩⲛ ⲙⲡⲉⲩϩⲟⲩⲛ ϣⲁ ⲧⲧⲁⲝⲓⲥ ⲛⲛⲉⲓ̈ⲡⲣⲟⲁⲡⲁⲧⲱⲣ ⲥⲉⲛⲁϯ ⲛⲏⲧⲛ ⲙⲡⲉⲩ⳩ ⲙⲛ ⲧⲉⲩⲥⲫⲣⲁⲅⲓⲥ ⲙⲛ ⲡⲛⲟϭ ⲛⲛⲣⲁⲛ ⲙⲡⲉ▣ ⲙⲡⲟⲩⲟⲉⲓⲛ. ⲡⲁⲗⲓⲛ ⲟⲛ ⲧⲉⲧⲛⲁⲃⲱⲕ ⲉϩⲟⲩⲛ ⲙⲡⲉⲩϩⲟⲩⲛ ϣⲁ ⲧⲧⲁⲝⲓⲥ ⲛⲧϯⲉ ⲛⲭⲁⲣⲁⲅⲙⲏ ⲛⲟⲩⲟⲉⲓⲛ ⲥⲉⲛⲁϯ ⲛⲏⲧⲛ ⲙⲡⲉⲩ⳩ ⲙⲛ ⲧⲉⲩⲥⲫⲣⲁⲅⲓⲥ ⲙⲛ ⲡⲛⲟϭ ⲛⲣⲁⲛ ⲙⲡⲉ▣ ⲙⲡⲟⲩⲟⲉⲓⲛ. ⲡⲁ-

[1] *Cod.* ⲧⲉⲧⲛⲉⲃⲱⲕ. J'ai restitué le ⲡⲁⲗⲓⲛ ⲟⲛ de la formule dont l'omission avait frappé Woïde, qui a écrit : *Omissum sic videtur.*

---

rieur jusqu'à la hiérarchie des ⲡⲣⲟⲩⲡⲉⲣⲁⲙⲓⲁⲛⲧⲟⲥ. Ils vous donneront leur mystère, le grand nom de l'æon de la lumière et leur sceau. Ensuite vous entrerez dans leur intérieur jusqu'à la hiérarchie des ⲁⲥⲁⲗⲉⲩⲧⲟⲥ. Ils vous donneront leur mystère, leur sceau et le grand nom de l'æon de la lumière. Ensuite vous entrerez dans leur intérieur jusqu'à la hiérarchie des ⲩⲡⲉⲣⲁⲥⲁⲗⲉⲩⲧⲟⲥ. Lorsque vous serez arrivés à cette hiérarchie, ils vous donneront leur mystère, leur sceau et le grand nom de l'æon de la lumière. Vous entrerez dans leur intérieur jusqu'à la hiérarchie des ⲁⲡⲁⲧⲱⲣ. Ils vous donneront leur mystère, leur sceau et le grand nom de l'æon de la lumière. Ensuite vous entrerez dans leur intérieur jusqu'à la hiérarchie des ⲡⲣⲟⲁⲡⲁⲧⲱⲣ. Ils vous donneront leur mystère, leur sceau et le grand nom de l'æon de la lumière. Ensuite vous entrerez dans leur intérieur jusqu'à la hiérarchie des cinq ⲭⲁⲣⲁⲅⲙⲏ de la lumière. Ils vous donneront leur mystère, leur sceau et le grand nom de l'æon de la lumière. Ensuite vous

ⲗⲓⲛ [ⲟⲛ] ⲧⲉⲧⲛⲁⲃⲱⲕ ⲉϩⲟⲩⲛ ⲙⲡⲉⲩϩⲟⲩⲛ ϣⲁ ⲧⲧⲁⲝⲓⲥ ⲙⲡⲓϣⲟⲙⲛⲧ ⲛⲭⲱⲣⲏⲙⲁ ⲉⲧⲉⲧⲛϣⲁⲛⲡⲱϩ ⲉⲧⲧⲁⲝⲓⲥ ⲉⲧⲙⲙⲁⲩ ⲥⲉⲛⲁϯ ⲛⲏⲧⲛ ⲙⲡⲉⲩ⳩ ⲙⲛ ⲧⲉⲩⲥⲫⲣⲁⲅⲓⲥ ⲙⲛ ⲡⲛⲟϭ ⲛⲣⲁⲛ ⲙⲡⲉ⊡ ⲙⲡⲟⲩⲟⲉⲓⲛ. ⲡⲁⲗⲓⲛ ⲟⲛ ⲧⲉⲧⲛⲁⲃⲱⲕ ⲉϩⲟⲩⲛ ⲙⲡⲉⲩϩⲟⲩⲛ ϣⲁ ⲧⲧⲁⲝⲓⲥ ⲙⲡϯⲟⲩ ⲙⲡⲁⲣⲁⲥⲧⲁⲧⲏⲥ ⲛⲧⲉ ⲡⲉ⊡ ⲙⲡ◎ ⲉⲧⲉⲧⲛϣⲁⲛⲡⲱϩ ⲉⲧⲧⲁⲝⲓⲥ ⲉⲧⲙⲙⲁⲩ ⲥⲉⲛⲁϯ ⲛⲏⲧⲛ ⲙⲡⲉⲩ⳩ ⲙⲛ ⲧⲉⲩⲥⲫⲣⲁⲅⲓⲥ ⲙⲛ ⲡⲛⲟϭ ⲛⲣⲁⲛ ⲙⲡⲉ⊡ ⲙⲡ◎. ⲡⲁⲗⲓⲛ ⲟⲛ ⲧⲉⲧⲛⲁⲃⲱⲕ ⲉϩⲟⲩⲛ ⲙⲡⲉⲩϩⲟⲩⲛ ϣⲁ ⲧⲧⲁⲝⲓⲥ ⲛⲛⲉⲧⲣⲓⲡⲛⲉⲩⲙⲁⲧⲟⲥ ⲙⲡⲉ⊡ ⲙⲡ◎ ⲉⲧⲉⲧⲛϣⲁⲛⲡⲱϩ ⲉⲧⲧⲁⲝⲓⲥ ⲉⲧⲙⲙⲁⲩ ⲥⲉⲛⲁϯ ⲛⲏⲧⲛ ⲙⲡⲉⲩ⳩ ⲙⲛ ⲡⲛⲟϭ ⲛⲣⲁⲛ ⲙⲡⲉ⊡ ⲙⲡ◎ ⲙⲛ ⲧⲉⲩⲥⲫⲣⲁⲅⲓⲥ. ⲡⲁⲗⲓⲛ ⲟⲛ ⲧⲉⲧⲛⲁⲃⲱⲕ ⲉϩⲟⲩⲛ ⲙⲡⲉⲩϩⲟⲩⲛ ϣⲁ ⲧⲧⲁⲝⲓⲥ ⲛⲧⲉⲧⲣⲓⲇⲩⲛⲁⲙⲓⲥ[1] ⲙⲡⲛⲟϭ ⲛⲣⲣⲟ ⲙⲡⲉ⊡ ⲙⲡⲟⲩⲟⲉⲓⲛ ⲥⲉⲛⲁϯ ⲛⲏⲧⲛ ⲙⲡⲉⲩ⳩ ⲙⲛ ⲧⲉⲩⲥⲫⲣⲁⲅⲓⲥ ⲙⲛ ⲡⲛⲟϭ ⲛⲣⲁⲛ ⲙⲡⲉ⊡ ⲙⲡⲟⲩⲟⲉⲓⲛ. ⲡⲁⲗⲓⲛ ⲟⲛ ⲧⲉⲧⲛⲁⲃⲱⲕ ⲉϩⲟⲩⲛ ⲙⲡⲉⲩϩⲟⲩⲛ ϣⲁ ⲧⲧⲁⲝⲓⲥ ⲙⲡⲓϣⲟⲣⲡ ⲛⲧⲱϣ ϥⲛⲁϯ ⲛⲏⲧⲛ ⲙⲡⲉϥ⳩ ⲙⲛ ⲧⲉϥⲥⲫⲣⲁⲅⲓⲥ ⲙⲛ ⲡⲛⲟϭ ⲛⲣⲁⲛ

[1] J'avais cru d'abord que le texte était incorrect, à cause de l'emploi du pluriel dans les mots suivants; mais cet emploi du pluriel peut se justifier par l'idée de collection d'æons qui se trouvent dans chaque hiérarchie.

---

entrerez dans leur intérieur jusqu'à la hiérarchie des trois ⲭⲱⲣⲏⲙⲁ. Lorsque vous serez arrivés à cette hiérarchie, ils vous donneront leur mystère, leur sceau et le grand nom de l'æon de la lumière. Ensuite vous entrerez dans leur intérieur jusqu'à la hiérarchie des cinq *parastates* de l'æon de la lumière. Lorsque vous serez arrivés à cette hiérarchie, ils vous donneront leur mystère, leur sceau et le grand nom de l'æon de la lumière. Ensuite vous entrerez dans leur intérieur jusqu'à la hiérarchie des ⲧⲣⲓⲡⲛⲉⲩⲙⲁⲧⲟⲥ de l'æon de la lumière. Lorsque vous serez arrivés à cette hiérarchie, ils vous donneront leur mystère, le grand nom de l'æon de la lumière et leur sceau. Ensuite vous entrerez dans leur intérieur jusqu'à la hiérarchie de la ⲧⲣⲓⲇⲩⲛⲁⲙⲓⲥ du grand roi de l'æon de la lumière. Ils vous donneront leur mystère, leur sceau et le grand nom de l'æon de la lumière. Ensuite vous entrerez dans leur intérieur jusqu'à la hiérarchie du premier *ordre*.

ⲙⲡⲉ⊡ ⲙⲡⲉ⊡. ⲡⲁⲗⲓⲛ ⲟⲛ ⲧⲉⲧⲛⲁⲟⲩⲱⲧⲃ ⲉϩⲟⲩⲛ ⲉⲡⲉⲩϩⲟⲩⲛ ϣⲁ ⲡⲧⲟⲡⲟⲥ ⲛⲧⲧⲁⲝⲓⲥ ⲛⲧⲉⲕⲗⲏⲣⲟⲛⲟⲙⲓⲁ ⲥⲉⲛⲁϯ ⲛⲏⲧⲛ ⲙⲡⲉⲩⲁ̄ⲣ ⲙⲛ ⲧⲉⲩⲥⲫⲣⲁⲅⲓⲥ ⲙⲛ ⲡⲛⲟϭ ⲛⲣⲁⲛ ⲙⲡⲉ⊡ ⲙⲡⲟⲩⲟⲉⲓⲛ. ⲡⲁⲗⲓⲛ ⲟⲛ ⲧⲉⲧⲛⲁⲃⲱⲕ ⲉϩⲟⲩⲛ ⲙⲡⲉⲩϩⲟⲩⲛ ϣⲁ ⲧⲧⲁⲝⲓⲥ ⲛⲛⲥⲓⲅⲏ[1] ⲙⲛ ⲡⲉϩⲣⲟⲕ ⲉⲧⲉⲧⲛϣⲁⲛⲡⲱϩ ⲉⲧⲧⲁⲝⲓⲥ ⲉⲧⲙⲙⲁⲩ ⲥⲉⲛⲁϯ ⲛⲏⲧⲛ ⲙⲡⲉⲩⲁ̄ⲣ ⲙⲛ ⲧⲉⲩⲥⲫⲣⲁⲅⲓⲥ ⲙⲛ ⲡⲛⲟϭ ⲛⲣⲁⲛ ⲙⲡⲉ⊡ ⲙⲡⲟⲩⲟⲉⲓⲛ ⲧⲉⲧⲛⲁⲟⲩⲱⲧⲃ ⲉϩⲟⲩⲛ ⲙⲡⲉⲩϩⲟⲩⲛ ϣⲁ ⲧⲧⲁⲝⲓⲥ ⲛⲛⲕⲁⲧⲁⲡⲉⲧⲁⲥⲙⲁ ⲉⲧⲥⲏⲕ ⲉⲣⲛ ⲡⲛⲟϭ ⲛⲣⲣⲟ ⲙⲡⲉ⊡ ⲙⲡⲟⲩⲟⲉⲓⲛ ⲥⲉⲛⲁϯ ⲛⲏⲧⲛ ⲙⲡⲉⲩⲛⲟϭ ⲙⲁ̄ⲣ ⲙⲛ ⲧⲉⲩⲥⲫⲣⲁⲅⲓⲥ ⲙⲛ ⲡⲛⲟϭ ⲛⲣⲁⲛ ⲙⲡⲉ⊡ ⲙⲡⲟⲩⲟⲉⲓⲛ ⲁⲩⲱ ⲥⲉⲛⲁⲥⲟⲕⲟⲩ ⲛⲁⲩ ϣⲁⲛⲧⲉⲧⲛϫⲓⲟⲟⲣ ⲉϩⲟⲩⲛ ⲛⲧⲉⲧⲛⲟⲩⲱⲧⲃ ⲙⲙⲟⲟⲩ ⲉϩⲟⲩⲛ ϣⲁⲛⲧⲉⲧⲛⲡⲱϩ ⲉⲡⲛⲟϭ ⲛⲣⲱⲙⲉ ⲉⲧⲉ ⲛⲧⲟϥ ⲡⲉ ⲡⲣⲣⲟ ⲙⲡⲉⲓ̈⊡ ⲛⲟⲩⲟⲉⲓⲛ ⲧⲏⲣϥ ⲡⲁⲓ̈ ⲉⲧⲉ ⲡⲉϥⲣⲁⲛ ⲡⲉ ⲓ̈ⲉⲟⲩ. ⲉⲧⲉⲧⲛϣⲁⲛⲡⲱϩ ⲉⲡⲧⲟⲡⲟⲥ ⲉⲧⲙⲙⲁⲩ ϥⲛⲁⲛⲁⲩ ⲉⲣⲱⲧⲛ ⲉⲁⲧⲉⲧⲛⲉⲓ̈ⲣⲉ ⲙⲡⲁ̄ⲣ ⲙⲡⲉ⊡ ⲙⲡⲟⲩⲟⲉⲓⲛ ⲧⲏⲣϥ ⲙⲛ ⲡⲁ̄ⲣ ⲙⲡⲕⲁ ⲛⲟⲃⲉ ⲉⲃⲟⲗ ⲙⲛ ⲛⲉϥⲁⲡⲟ-

[1] Je mets ici le mot ⲥⲓⲅⲏ, qui se retrouve plus haut à côté de ⲡⲉϩⲣⲟⲕ.

Ils vous donneront leur mystère, leur sceau et le grand nom de l'æon de la lumière. Ensuite vous entrerez dans leur intérieur jusqu'à la hiérarchie de l'*héritage*. Ils vous donneront leur mystère, leur sceau et le grand nom de l'æon de la lumière. Ensuite vous entrerez dans leur intérieur jusqu'à la hiérarchie des silences et de la tranquillité. Lorsque vous serez arrivés à cette hiérarchie, ils vous donneront leur mystère, leur sceau et le grand nom de l'æon de la lumière. (Ensuite) vous entrerez dans leur intérieur jusqu'à la hiérarchie des firmaments qui s'étendent au-dessus du grand roi de l'æon de la lumière. Ils vous donneront leur grand mystère, leur sceau et le grand nom de l'æon de la lumière, et ils s'écarteront jusqu'à ce que vous les traversiez, que vous passiez par leur intérieur, que vous arriviez au grand *homme*, qui est le roi de cet æon de la lumière et dont le nom est ⲓⲉⲟⲩ. Lorsque vous serez arrivés en ce lieu, il verra que vous avez fait le mystère entier de l'æon de la lumière, ainsi que le mystère de

ⲗⲟⲅⲓⲁ ⲙⲛ ⲛⲉϥϣⲟⲩϩⲏⲛⲉ ⲉⲛⲧⲁⲧⲉⲧⲛⲧⲁⲗⲟⲟⲩ ⲉϩⲣⲁⲓ ⲙⲛ ⲛⲉⲓϩⲃⲏⲩⲉ ⲧⲏⲣⲟⲩ ⲁⲩⲱ ϫⲉ ⲁⲧⲉⲧⲛϫⲱⲕ ⲉⲃⲟⲗ ⲛⲉⲛⲧⲟⲗⲏ ⲛⲓⲙ ⲛⲧⲉ ⲡ⳩ ⲙⲛ ⲛⲉϥϩⲃⲏⲩⲉ ⲧⲏⲣⲟⲩ. ⲧⲟⲧⲉ ϥⲛⲁⲣⲁϣⲉ ⲉϩⲣⲁϊ ⲉϫⲛ ⲧⲏⲩⲧⲛ ⲛϭⲓ ⲓⲉⲟⲩ ⲡⲓⲱⲧ ⲙⲡⲉ⊡ ⲙⲡ⊙ ⲛⲧⲟϥ ⲇⲉ ϩⲱⲱϥ ϥⲛⲁϯ ⲛⲏⲧⲛ ⲙⲡⲉϥ⳩ ⲙⲛ ⲧⲉϥⲥⲫⲣⲁⲅⲓⲥ ⲙⲛ ⲡⲛⲟϭ ⲛⲣⲁⲛ ⲙⲡⲉ⊡ ⲙⲡⲟⲩⲟⲉⲓⲛ. ⲡⲁⲗⲓⲛ ⲟⲛ ⲧⲉⲧⲛⲁⲃⲱⲕ ⲉⲡⲧⲟⲡⲟⲥ ⲙⲡⲛⲟϭ ⲛⲟⲩⲟⲉⲓⲛ ⲡⲁϊ ⲉⲧⲕⲱⲧ ⲉⲡⲉ⊡ ⲧⲏⲣϥ ⲙⲡⲟⲩⲟⲉⲓⲛ ⲙⲛ ⲛⲉⲧⲛϩⲏⲧϥ ⲧⲏⲣⲟⲩ ⲉⲧⲉⲧⲛϣⲁⲛⲃⲱⲕ ⲇⲉ ⲉⲡⲧⲟⲡⲟⲥ ⲉⲧⲙⲙⲁⲩ ⲉⲣⲉ ⲓⲉⲟⲩ ⲟⲛ ϩⲙ ⲡⲧⲟⲡⲟⲥ ⲉⲧⲙⲙⲁⲩ ⲛⲧⲟϥ ⲇⲉ ⲡⲛⲟϭ ⲛⲟⲩⲟⲉⲓⲛ ϥⲛⲁϯ ⲛⲏⲧⲛ ⲙⲡⲉϥ⳩ ⲙⲛ ⲧⲉϥⲥⲫⲣⲁⲅⲓⲥ ⲙⲛ ⲡⲛⲟϭ ⲛⲣⲁⲛ ⲙⲡⲉ⊡ ⲙⲡⲟⲩⲟⲉⲓⲛ. ⲡⲁⲗⲓⲛ ⲟⲛ ⲧⲉⲧⲛⲁⲃⲱⲕ ⲉϩⲟⲩⲛ ⲙⲡⲉϥϩⲟⲩⲛ ⲉϫⲛ ⲙⲡⲩⲗⲏ ⲙⲡⲉ⊡ ⲙⲡⲟⲩⲟⲉⲓⲛ ⲡⲁϊ ⲉⲧⲉ ⲡⲙⲉϩ ⲥⲛⲁⲩ ⲡⲉ ⲛ⊡ ⲙⲡⲟⲩⲟⲉⲓⲛ ⲉⲧⲉⲧⲛϣⲁⲛⲡⲱϩ ⲇⲉ ⲉⲛⲉⲫⲩⲗⲁⲝ ⲛⲙⲡⲩⲗⲏ ⲙⲡⲙⲉϩⲃ̄ ⲛ⊡ ⲉⲧⲙⲙⲁⲩ ⲁϫⲓ ⲙ⳩ ⲙⲛ ⲧⲉϥⲁⲡⲟⲗⲟⲅⲓⲁ ⲁⲩⲱ ⲉⲣϣⲁⲛ ⲛⲉⲫⲩⲗⲁⲝ ⲁⲟⲩⲱⲛ[1] :ⲛⲙ-

[1] Le manuscrit porte ⲁⲟⲩⲱⲛ ⲛⲉ ⲡⲁⲏ. Les trois dernières lettres sont pointillées comme incertaines. Je considère les mots ⲛⲉ ⲡⲁⲏ comme inutiles. En effet, s'il fallait les expliquer, on devrait traduire : ils vous ouvriront les cinquante-huit portes; encore faudrait-il corriger le mot ⲛⲙⲡⲩⲗⲏ et enlever l'article pluriel ⲙ. Je considère ces mots comme une leçon fautive du mot suivant ⲛⲙⲡⲩⲗⲏ, que le copiste aura d'abord mal écrit, et qu'il aura ensuite corrigé.

---

remettre les péchés avec ses *apologies* et ses parfums que vous avez disposés, ainsi que toutes les (autres) choses; que vous avez accompli tous les commandements du mystère et toutes ses œuvres. Alors il se réjouira à votre sujet, ⲓⲉⲟⲩ, le père de l'æon de la lumière. Lui aussi, il vous donnera son mystère et son sceau et le grand nom de l'æon de la lumière. Ensuite vous entrerez dans le lieu de la grande lumière qui entoure tout l'æon de la lumière et tous ceux qu'il contient. Lorsque vous serez arrivés en ce lieu-là où se trouve ⲓⲉⲟⲩ, la grande lumière elle-même vous donnera son mystère, son sceau et le grand nom de l'æon de la lumière. Ensuite vous entrerez dans son intérieur par les portes de l'æon de la lumière qui est le second æon de la lumière. Lorsque vous serez arrivés aux gardiens des portes de ce second æon,

ⲡⲩⲗⲏ ⲙⲡⲙⲉϩ̅ⲃ̅ ⲛⲑⲏⲥⲁⲩⲣⲟⲥ ⲙⲡⲟⲩⲟⲉⲓⲛ ⲧⲉⲧⲛⲁⲃⲱⲕ ⲉϩⲟⲩⲛ ⲙⲡⲉⲩϩⲟⲩⲛ ϣⲁ ⲧⲧⲁⲝ̈ⲓⲥ ⲛⲛⲉⲧⲣⲓⲇⲩⲛⲁⲙⲓⲥ ⲙⲡⲟⲩⲟⲉⲓⲛ ⲉⲧⲉⲧⲛϯ ⲛⲟⲩ ⲛⲉⲩⲣⲁⲛ ⲙⲁⲍⲁⲍⲱⲕⲱ... ⲁⲍ̇ⲉⲍⲓⲟⲍⲟ ⲛⲓⲙ ⲏⲱⲍⲁⲍⲱⲍ ⲛⲁï ⲉⲛⲉ (*sic*) ⲛⲣⲁⲛ ⲛⲛⲉⲧⲣⲓⲇⲩⲛⲁⲙⲓⲥ ⲛⲟⲩⲟⲉⲓⲛ ⲛⲧⲉ ⲡⲙⲉϩ̅ⲃ̅ ⲛ⊡ ⲛⲟⲩⲟⲉⲓⲛ. ⲡⲁⲗⲓⲛ ⲟⲛ ⲉⲧⲉⲧⲛϣⲁⲛⲡⲱϩ ⲉⲧⲧⲁⲝⲓⲥ ⲛⲛⲉⲧⲣⲓⲇⲩⲛⲁⲙⲓⲥ ⲛⲟⲩⲟⲉⲓⲛ ⲉⲧⲙⲙⲁⲩ ⲛⲧⲟⲟⲩ ϩⲱⲟⲩ ⲟⲛ ⲥⲉⲛⲁϯ ⲛⲏⲧⲛ ⲙⲡⲉⲩⲛⲟϭ ⲙⲁ͞ⲣ ⲛⲧⲉ ⲡⲙⲉϩ̅ⲃ̅ ⲛ⊡ ⲛⲟⲩⲟⲉⲓⲛ ⲙⲛ ⲧⲉⲩⲥⲫⲣⲁⲅⲓⲥ ⲙⲛ ⲡⲛⲟϭ ⲛⲣⲁⲛ ⲛⲧⲉ ⲡⲙⲉϩ̅ⲃ̅ ⲛⲑⲏⲥⲁⲩⲣⲟⲥ ⲛⲟⲩⲟⲉⲓⲛ. ⲡⲁⲗⲓⲛ ⲟⲛ ⲧⲉⲧⲛⲁⲃⲱⲕ ⲉϩⲟⲩⲛ ⲙⲡⲉⲩϩⲟⲩⲛ ⲉⲧⲧⲁⲝⲓⲥ ⲛⲧⲙⲉϩ ⲓ̅ⲃ̅ ⲛⲧⲁⲝⲓⲥ ⲛⲧⲉ ⲡⲙⲉϩ ⲓ̅ⲃ̅ ⲛⲛⲟϭ ⲛⲇⲩⲛⲁⲙⲓⲥ ⲛⲧⲉ ⲛⲉⲡⲣⲟⲃⲟⲗⲏ ⲙⲡⲛⲟⲩⲧⲉ ⲛⲧⲁⲗⲏⲑⲓⲁ ⲛⲁï ⲉⲛⲧⲁϥⲡⲣⲟⲃⲟⲗⲉ ⲙⲙⲟⲟⲩ ⲉⲃⲟⲗ ⲉⲧⲉⲧⲛϣⲁⲛⲡⲱϩ ⲉⲧⲧⲁⲝⲓⲥ ⲉⲧⲙⲙⲁⲩ ⲁϫⲓ ⲡⲙⲁ͞ⲣ ⲙⲡⲕⲁ ⲛⲟⲃⲉ ⲉⲃⲟⲗ ⲙⲛ ⲧⲉⲩⲁⲡⲟⲗⲟⲅⲓⲁ ⲛⲧⲟⲟⲩ ⲇⲉ ⲛⲁï ⲉⲧⲏⲡ ⲉⲧⲧⲁⲝⲓⲥ ⲉⲧⲙⲙⲁⲩ ⲥⲉⲛⲁϯ ⲛⲏⲧⲛ ϩⲱⲟⲩ ⲟⲛ ⲙⲡⲉⲩⲛⲟϭ ⲙⲁ͞ⲣ ⲙⲛ ⲧⲉⲩⲛⲟϭ ⲛⲁⲡⲟⲗⲟⲅⲓⲁ ⲙⲛ ⲧⲉⲩⲥⲫⲣⲁⲅⲓⲥ ⲛⲧⲟⲟⲩ ⲇⲉ ϩⲱⲟⲩ ⲛⲁⲧⲧⲁⲝⲓⲥ[1] ⲉⲧⲙⲙⲁⲩ ⲉⲧⲉ

LE PAPYRUS GNOSTIQUE BRUCE.

[1] *Cod.* D'après Woïde ϩⲱ..... ⲉⲛⲧⲁⲩⲧⲟⲝⲓⲥ; ce qui ne peut être. Ma correction, sans être certaine, rend compte de toutes les lettres et convient assez bien au sens général.

---

dites le mystère et son *apologie*, et lorsque les gardiens auront ouvert les portes du second trésor de la lumière, vous entrerez dans leur intérieur jusqu'à la hiérarchie des ⲧⲣⲓⲇⲩⲛⲁⲙⲓⲥ de la lumière, vous leur donnerez leurs noms ⲙⲁⲍⲁⲍⲱⲕⲱ... ⲁⲍⲉⲍⲓⲟⲍⲁ ⲛⲓⲙ ⲏⲱⲍⲁⲍⲱⲍ. Ce sont les noms des ⲧⲣⲓⲇⲩⲛⲁⲙⲓⲥ de la lumière du second æon de la lumière. Ensuite, lorsque vous serez arrivés à la hiérarchie des ⲧⲣⲓⲇⲩⲛⲁⲙⲓⲥ de la lumière, elles-mêmes vous donneront aussi leur grand mystère du second æon de la lumière, leur sceau et le grand nom du second trésor de la lumière. Ensuite vous entrerez dans la hiérarchie de la douzième hiérarchie de la douzième grande puissance des émanations du Dieu de la vérité, qu'il a fait émaner. Quand vous serez arrivés à cette hiérarchie, dites le mystère de remettre les péchés et leur *apologie*. Alors ceux qui appartiennent à cette hiérarchie vous donneront aussi leur grand mystère, leur grande *apologie*

ⲛⲧⲟⲟⲩ ⲛⲉ ⲧⲙⲛⲧⲓ̅ⲃ̅ ⲛⲇⲩⲛⲁⲙⲓⲥ ⲙⲡⲛⲟⲩⲧⲉ ⲛⲧⲁⲗⲏⲑⲓⲁ ⲛⲁï ⲛⲉ ⲛⲉⲩⲣⲁⲛ ⲛⲧⲁⲗⲏⲑⲓⲁ ⲟⲩⲛ ⲓ̅ⲃ̅ ⲇⲉ ⲛⲕⲉⲫⲁⲗⲏ ϩⲛ ⲧⲧⲁⲝⲓⲥ ⲉⲧⲙⲙⲁⲩ ⲛⲁï ϭⲉ ⲛⲉ ⲛⲣⲁⲛ ⲛⲧⲧⲁⲝⲓⲥ ⲉⲧⲙⲙⲁⲩ ⲍⲁⲓⲍⲏⲍⲱⲍⲁ ⲍⲱⲍⲉⲍⲁⲍ ⲑⲱⲍⲁⲍⲁⲍ ⲑⲏⲍⲏⲍⲱⲍ ⲁⲍⲱⲏ ⲍⲱⲍⲏⲁ ⲑⲏⲍⲱⲍⲁⲏ ⲏⲍⲱⲏⲍⲁⲍ ⲁⲑⲱⲍⲱⲏⲥ ⲏⲍⲱⲏⲍ ⲍⲏⲏⲏⲯⲱⲍⲍⲁⲍⲱⲍ ⲍⲁⲁⲍⲏⲓⲱⲥ ⲛⲁⲥ ϭⲉ ⲛⲉⲩⲣⲁⲛ ⲛⲧⲉ ⲧⲁⲗⲏⲑⲓⲁ ⲛⲁï ϭⲉ ⲥⲉⲛⲁⲁϩⲉⲣⲁⲧⲟⲩ ⲙⲡⲉⲩⲧⲟⲡⲟⲥ ⲙⲁⲩⲁⲁⲩ ⲛⲥⲉⲉⲡⲓⲕⲁⲗⲉⲓ ⲛⲛⲉⲓⲣⲁⲛ ⲉϩⲟⲩⲛ ⲉⲧⲱⲟⲩ ⲛⲉ ⲛⲧⲁⲗⲏⲑⲓⲁ ⲉⲓϫⲱ ⲙⲙⲟⲥ ϫⲉ ⲥⲱⲧⲙ ⲉⲣⲟⲓ ϭⲉ ⲡⲁïⲱⲧ[1] ⲡⲓⲱⲧ ⲙⲙⲛⲧⲓⲱⲧ ⲛⲓⲙ[2] ⲓⲉ ⲍⲁ..... ⲍⲱ......ⲱⲱⲱⲱⲱⲱ......ⲟⲟⲟⲟⲟⲟⲟⲩⲩⲩⲩⲩⲩⲩⲓⲍⲏⲍⲱⲍⲱⲍⲉⲍⲱⲍⲱⲍⲱⲍⲱⲍⲟïⲉⲍⲱïⲱ ⲉⲓⲁⲡⲧⲉⲁ ⲉⲓⲁⲡⲧⲉⲁ ⲉⲧⲉ ⲡⲁï ⲡⲉ ⲡⲉⲓⲱⲧ ⲙⲙⲛⲧⲉⲓⲱⲧ ⲛⲓⲙ ϫⲉ ⲛⲧⲁ ⲡⲧⲏⲣϥ ⲉï ⲉⲃⲟⲗϩⲛ ⲁⲗⲫⲁ ⲉⲩⲛⲁⲕⲟⲧⲟⲩ

[1] *Cod.* ⲥⲱⲧⲙ ⲉⲣⲟⲛ ⲧⲉ ⲡⲁⲓⲱⲧ. Le pronom pluriel est évidemment fautif, d'après toutes les formules. La correction de ⲧⲉ en ϭⲉ n'est pas certaine.

[2] Tous ces mots étaient plus ou moins effacés dès le temps de Woïde, qui les a tous soulignés et qui n'a pu en lire certaines lettres; mais la formule est connue.

---

et leur sceau. Et eux, ceux de cette hiérarchie, ce sont les douze puissances du Dieu de la vérité. Voici leurs noms de vérité. Il y a douze têtes dans cette hiérarchie. Voici donc les noms de cette hiérarchie : ⲍⲁⲓⲍⲏⲍⲱⲍⲁ, ⲍⲱⲍⲉⲍⲁⲍ, ⲑⲱⲍⲁⲍⲁⲍ, ⲑⲏⲍⲏⲍⲱⲍ, ⲁⲍⲱⲏ, ⲍⲱⲍⲏⲁ, ⲑⲏⲍⲱⲍⲁⲏ, ⲏⲍⲱⲏⲍⲁⲍ, ⲁⲑⲱⲍⲱⲏⲥ, ⲏⲍⲱⲏⲍ, ⲍⲏⲏⲏⲯⲱⲍⲍⲁⲍⲱⲍ, ⲍⲁⲁⲍⲏⲓⲱⲍ. Voilà leurs noms de vérité. Ceux-là donc se tiendront seuls dans leur lieu, afin qu'on invoque ces noms, qui sont ceux de la vérité[1]; je dis : « Écoute-moi, ô mon Père, père de toute paternité, ⲓⲉⲍⲁ.........ⲍⲱ.....ⲱⲱⲱⲱⲱⲱ....... ⲟⲟⲟⲟⲟⲟⲟⲩⲩⲩⲩⲩⲩⲩⲓⲍⲏⲍⲱⲍⲱⲍⲉⲍⲱⲍⲱⲍⲱⲍⲱⲍⲟⲓⲉⲍⲱïⲍⲱ . ⲉⲓⲁⲡⲧⲉⲁ ⲉⲓⲁⲡⲧⲉⲁ, c'est-à-dire : ô père de toute paternité, car tout est

[1] Les mots ⲉϩⲟⲩⲛ ⲉⲧⲱⲟⲩ ⲛⲉ ⲛⲧⲁⲗⲏⲑⲓⲁ m'embarrassent; peut-être y a-t-il une faute. S'il y avait ⲉⲧⲉⲧⲱⲟⲩ ⲛⲉ ⲧⲁⲗⲏⲑⲉⲓⲁ, il faudrait traduire par : à qui appartient la vérité. Je crois bien que c'est le sens; mais la présence du second ⲛ m'embarrasse. La traduction que je donne regarde la lettre ⲉ de ⲉⲧⲱⲟⲩ comme une lettre marquant le participe, mais cette explication n'est rien moins que sûre.

ⲉϩⲣⲁⲓ ⲉⲱ ϫⲉ ⲉϥⲛⲁϣⲱⲡⲉ ⲛϭⲓ ⲡϫⲱⲕ ⲛⲧⲉ ϫⲱⲕ ⲛⲓⲙ ⲉⲛⲉⲡⲓⲕⲁⲗⲉⲓ ϭⲉ ⲛⲛⲉϊⲣⲁⲛ ⲛⲁⲫⲑⲁⲣⲧⲟⲛ ϫⲉⲕⲁⲥ ⲉⲕⲉⲧⲛⲛⲟⲟⲩ ⲉⲃⲟⲗ ⲛⲧⲉⲓⲛⲟϭ ⲛⲇⲩⲛⲁⲙⲓⲥ ⲛⲟⲩⲟⲉⲓⲛ ⲛⲥⲉⲓ̂ ⲛⲥⲁ ⲡⲉϊⲙⲛⲧⲓ̈ⲃ̄ ⲛⲁⲭⲱⲣⲏⲧⲟⲥ ⲉⲧⲉ ⲛⲧⲟⲟⲩ ⲛⲉ ⲡⲙⲛⲧⲓ̈ⲃ̄ ⲙⲙⲁⲑⲏⲧⲏⲥ ⲉⲡⲉⲓⲇⲏ ⲁⲩϫⲓ ⲙⲡⲁⲣ̅ ⲙⲡⲕⲁ ⲛⲟⲃⲉ ⲉⲃⲟⲗ ⲉⲧⲃⲉ ⲛⲁϊ ⲣⲱⲙⲉ ⲛⲁⲧⲕⲁⲧⲉⲭⲉ ⲙⲙⲟⲟⲩ ⲛⲉϩⲱⲛ ⲛ⊡ ⲛⲟⲩⲟⲉⲓⲛ ⲛⲧⲉⲩⲛⲟⲩ ϭⲉ ⲛⲧⲉⲣⲟⲩⲉⲡⲓⲕⲁⲗⲉⲓ ⲛⲛⲉⲓⲣⲁⲛ ⲉⲩⲱϣ ⲉϩⲟⲩⲛ ⲉⲡⲛⲟⲩⲧⲉ ⲛⲧⲁⲗⲏⲑⲉⲓⲁ ⲛⲧⲟϥ ⲇⲉ ϩⲱⲱϥ ⲟⲛ ⲡⲛⲟⲩⲧⲉ ⲛⲧⲁⲗⲏⲑⲉⲓⲁ ⲁϥⲧⲛⲛⲟⲟⲩ ⲉⲃⲟⲗ ⲛⲟⲩⲛⲟϭ ⲛⲇⲩⲛⲁⲙⲓⲥ ⲛⲧⲁⲥ ⲉⲧⲉ ⲡⲁϊ ⲡⲉ ⲡⲉⲥⲣⲁⲛ ⲑⲱⲣⲍⲱⲍⲍⲁⲍⲁⲱⲍ. ⲛⲧⲉⲩⲛⲟⲩ ⲇⲉ ⲉⲧⲙⲙⲁⲩ ⲁⲥⲉⲓ ⲉⲃⲟⲗ ⲛϭⲓ ϯⲛⲟϭ ⲛⲇⲩⲛⲁⲙⲓⲥ ⲛⲟⲩⲟⲉⲓⲛ ⲛⲥⲁ ⲙⲙⲁⲑⲏⲧⲏⲥ ⲁⲩⲱ ⲛⲧⲉⲩⲛⲟⲩ ⲉⲧⲙⲙⲁⲩ ⲥⲉⲛⲁ ⲛⲉ⊡ ⲛⲟⲩⲟⲉⲓⲛ ⲙⲛ ⲛⲉⲩⲧⲁⲝⲓⲥ ⲥⲟⲕⲟⲩ ⲛⲁⲩ ϣⲁⲛⲧⲉⲧⲛⲟⲩⲱⲧⲃ ⲉϩⲟⲩⲛ ⲉⲡⲥⲁ ⲛϩⲟⲩⲛ ⲛⲧⲉⲧⲛⲡⲱϩ ⲉⲡⲉ⊡ ⲙⲡⲛⲟⲩⲧⲉ ⲛⲧⲁⲗⲏⲑⲉⲓⲁ ⲛⲧⲟϥ ϫⲉ ϩⲱⲱϥ ⲟⲛ ⲡⲛⲟⲩⲧⲉ ⲛⲧⲁⲗⲏⲑⲉⲓⲁ ϯⲛⲁϯ ⲛⲏⲧⲛ ⲙⲡⲉϥⲛⲟϭ ⲙⲁⲣ̅ ⲙⲛ ⲧⲉϥⲛⲟϭ ⲛⲥⲫⲣⲁⲅⲓⲥ ⲙⲛ ⲧⲉϥⲛⲟϭ ⲛⲣⲁⲛ ⲡⲁϊ ⲉⲧⲟ ⲛⲣⲣⲟ ⲉϩⲣⲁⲓ ⲉϫⲙ ⲡⲉϥ⊡ ⲡⲁⲗⲓⲛ ⲟⲛ ϥⲛⲁϩⲩⲙⲛⲉⲩⲉ. ⲉϩⲟⲩⲛ ⲉϥⲉⲡⲓⲕⲁⲗⲉⲓ ⲙⲡⲛⲟⲩⲧⲉ ⲡⲓⲁⲧⲛⲣⲁⲧϥ ⲉⲧⲉ ⲛⲧⲟϥ ⲡⲉ ⲡⲉϊ

---

sorti de l'*alpha* pour retourner vers l'*ômega*, afin que soit la perfection de toute perfection; nous invoquons ces noms incorruptibles, afin que tu envoies cette grande puissance de lumière sur les douze Incontenables qui sont les douze disciples, parce qu'ils ont été initiés au mystère de la rémission des péchés pour les hommes qui n'observent pas les lois de l'æon de lumière. » Maintenant donc[1] que ces noms ont été invoqués par les cris (poussés) vers le Dieu de vérité, le Dieu de vérité lui-même a envoyé une grande puissance dont le nom est ⲑⲱⲣⲍⲱⲍⲍⲁⲍⲁⲱⲍ; et en ce moment même la grande puissance de lumière est descendue sur les disciples, et en ce moment même les æons de lumière se sont écartés, afin que vous arriviez dans l'intérieur et que vous parveniez à l'æon du Dieu de vérité. Et ce Dieu de vérité lui-même vous enseignera le grand mystère avec le grand sceau et le grand

[1] Ici le discours devient narratif et s'adresse aux disciples, non plus au Père.

ϣⲱⲡⲉ ⲙⲁⲩⲁⲁϥ ⲛⲧⲟϥ ⲡⲉ ⲡⲛⲟⲩⲧⲉ ⲡⲓⲁⲧⲛⲣⲁⲧϥ ϥⲛⲁⲛⲟⲩϩⲉ ϩⲱⲱϥ ⲛⲟⲩⲇⲩⲛⲁⲙⲓⲥ ⲛⲟⲩⲟⲉⲓⲛ ⲉⲃⲟⲗ ⲛϩⲏⲧϥ ⲛⲥⲉⲓ̂ ϣⲁⲣⲱⲧⲛ ⲉⲡⲧⲟⲡⲟⲥ ⲙⲡⲛⲟⲩⲧⲉ ⲛⲧⲁⲗⲏⲑⲉⲓⲁ ⲛⲥϯ ⲛⲏⲧⲛ ⲙⲡⲉⲭⲁⲣⲁⲕⲧⲏⲣ ⲙⲡⲉ⊡ ⲙⲡⲛⲟⲩⲧⲉ ⲛⲧⲁⲗⲏⲑⲉⲓⲁ ⲁⲩⲱ ⲛⲥϫⲉⲕ ⲧⲏⲩⲧⲛ ⲉⲃⲟⲗ ⲙⲡⲗⲏⲣⲱⲙⲁ ⲛⲓⲙ ⲁⲩⲱ ⲛⲣ̄ ⲧⲏⲩⲧⲛ ⲛⲟⲩⲧⲁⲝⲓⲥ ϩⲙ ⲡⲉ⊡ ⲉⲧⲙⲙⲁⲩ ⲛⲧⲉⲧⲛϯ ⲉⲟⲟⲩ ⲉϩⲟⲩⲛ ⲙⲡⲛⲟⲩⲧⲉ ⲡⲓⲁⲧⲛⲣⲁⲧϥ ⲉⲃⲟⲗ ϫⲉ ⲁⲧⲉⲧⲛϫⲓ ⲙⲡⲣⲁⲛ ⲙⲡⲕⲁ ⲛⲟⲃⲉ ⲉⲃⲟⲗ ϫⲓⲛ ⲉⲧⲛϩⲛ ⲥⲱⲙⲁ ⲛⲧⲉⲧⲛϣⲱⲡⲉ ϩⲙ ⲡⲧⲟⲡⲟⲥ ⲙⲡⲛⲟⲩⲧⲉ ⲛⲧⲁⲁⲏⲑⲉⲓⲁ ⲉⲃⲟⲗ ϫⲉ ⲁⲧⲉⲧⲛϫⲓ ⲙⲡⲣⲁⲛ ⲙⲡⲕⲁ ⲛⲟⲃⲉ ⲉⲃⲟⲗ ⲙⲛ ⲧⲉϥⲁⲡⲟⲗⲟⲅⲓⲁ ⲙⲛ ⲧⲉϥⲥⲫⲣⲁⲅⲓⲥ ⲙⲛ ⲧⲉϥⲯⲏⲫⲟⲥ ⲙⲛ ⲛⲉϥⲉⲛⲧⲟⲗⲟⲟⲩⲉ ⲧⲏⲣⲟⲩ ⲉⲛⲧⲁⲓ̈ϩⲟⲛⲟⲩ ⲉⲧⲟⲧⲧⲏⲩⲧⲛ ⲧⲉⲛⲟⲩ ϭⲉ ⲛⲁⲙⲁⲑⲏⲧⲏⲥ ⲁⲣⲓ ϩⲁⲣⲱ ϩⲏⲧ ⲁⲩⲱ ϯⲛⲁϯ ⲛⲏⲧⲛ ⲙⲡⲕⲉ ⲣⲁⲛ ⲙⲡⲕⲁ ⲛⲟⲃⲉ ⲉⲃⲟⲗ ⲙⲛ ⲛⲉϥⲁⲡⲟⲗⲟⲅⲓⲁ ⲙⲛ ⲧⲉϥⲥⲫⲣⲁⲅⲓⲥ. ⲛⲧⲉⲣⲉ ⲓ̅ⲥ̅ ⲟⲩⲱ ⲉϥϫⲱ ⲛⲛⲁⲓ̈ ⲧⲏⲣⲟⲩ ⲉⲛⲉϥⲙⲁⲑⲏⲧⲏⲥ ⲁⲩⲱ ⲉϥϯⲛⲁⲩ ⲛⲛⲉⲓ̈ ⲣⲁⲛ ⲧⲏⲣⲟⲩ

---

nom de celui qui règne sur son æon. De nouveau il dira un hymne de louanges en invoquant le Dieu immuable, c'est-à-dire celui qui existe seul. C'est ce Dieu immuable qui enverra hors de lui-même une puissance de lumière, afin qu'elle vous conduise jusqu'à l'æon où se trouve le Dieu de vérité, qu'elle vous fasse connaître le caractère de l'æon du Dieu de vérité, qu'elle vous rende parfaits dans tous les Plérômes [1], qu'elle vous constitue comme une hiérarchie dans cet æon [2], afin que vous glorifiiez le Dieu immuable, parce que vous avez été initiés au mystère de la rémission des péchés pendant que vous avez un corps, afin que vous demeuriez dans le monde du Dieu de vérité, parce que vous avez été initiés au mystère de la rémission des péchés, avec son *apologie*, son sceau, son chiffre et tous ses commandements que je

[1] Ceci montre bien qu'il y avait plusieurs Plérômes. Selon moi, il devait y en avoir trois, un dans chaque monde, si l'on comprend par Plérôme la totalité des æons formant un monde; ou bien il y en avait autant que de mondes, ou plutôt d'æons, si le Plérôme s'entend de l'ensemble des émanations d'un monde ou d'un æon.

[2] C'est la promesse faite à tout gnostique, et cette phrase renferme l'eschatologie du système.

ⲉⲛⲧⲁϥⲟⲩⲱ ⲉϥⲉⲓ̈ⲣⲉ ⲙⲙⲟⲟⲩ ⲡⲉϫⲉ ⲓ̅ⲥ̅ ⲛⲛⲉϥⲙⲁⲑⲏⲧⲏⲥ ϫⲉ ϩⲁⲡⲥ ⲅⲁⲣ ⲡⲉ ⲉⲧⲣⲉⲧⲉⲧⲛϫⲓ ⲙⲡⲕⲉ ⳩ ⲙⲡⲕⲁ ⲛⲟⲃⲉ ⲉⲃⲟⲗ ϫⲉⲕⲁⲁⲥ ⲉⲧⲉⲧⲛⲉϣⲱⲡⲉ ⲛϣⲏⲣⲉ ⲛⲧⲉ ⲡⲟⲩⲟⲉⲓⲛ ⲉⲧⲉⲧⲛϫⲏⲕ ⲉⲃⲟⲗϩⲛ ⲙ⳩ ⲧⲏⲣⲟⲩ. ⲛⲧⲉⲣⲉ ⲓ̅ⲥ̅ ⲇⲉ ⲟⲩⲱ ⲉϥϫⲱ ⲛⲛⲁї ⲧⲏⲣⲟⲩ ⲉⲛⲉϥⲙⲁⲑⲏⲧⲏⲥ ⲙⲛ ⲙ⳩ ⲉϥⲧⲥⲁⲃⲟ ⲙⲙⲟⲟⲩ ⲉⲣⲟⲟⲩ ⲡⲉϫⲉ ⲙⲙⲁⲑⲏⲧⲏⲥ ⲛⲓ̅ⲥ̅ ⲛⲁϥ ϫⲉ ⲡⲉⲛϫⲟⲉⲓ̈ⲥ ⲁⲩⲱ ⲡⲉⲛⲥⲁϩ ⲁⲛⲥⲟⲡⲥ ⲙⲙⲟⲕ ϫⲉⲕⲁⲁⲥ ⲉⲕⲉⲕⲱ ⲉⲣⲟⲛ ⲙⲡ⳩ ⲙⲡⲕⲁ ⲛⲟⲃⲉ ⲉⲃⲟⲗ ⲙⲛ ⲛⲉϥⲁⲡⲟⲗⲟⲅⲓⲁ ⲙⲛ ⲧⲉϥⲥⲫⲣⲁⲅⲓⲥ ⲙⲛ ⲧⲉϥⲯⲏⲫⲟⲥ ϫⲉ ⲉⲛⲉϣⲱⲡⲉ ⲛϣⲏⲣⲉ ⲛⲧⲉ ⲡⲟⲩⲟⲉⲓⲛ ⲁⲩⲱ ϫⲉ ⲛⲛⲉⲩⲕⲁⲧⲉⲭⲉ ⲙⲙⲟⲛ ⲛϭⲓ ⲛⲁⲣⲭⲱⲛ ⲛⲛⲁⲓⲱⲛ ⲛⲁⲓ ⲉⲧϣⲟⲟⲡ ⲙⲡⲃⲟⲗ ⲛⲛⲉ⊠ ⲛⲟⲩⲟⲉⲓⲛ ⲁⲩⲱ ϫⲉⲕⲁⲁⲥ ⲉⲛⲉϣⲱⲡⲉ ⲉⲛⲏⲡ ⲉϩⲟⲩⲛ ⲉⲡⲉⲕⲗⲏⲣⲟⲥ ⲛⲧⲙⲛⲧⲉⲣⲟ ⲙⲡ⦾ ⲁⲩⲱ ⲛⲧⲛϣⲱⲡⲉ ⲉⲛϫⲏⲕ ⲉⲃⲟⲗ ϩⲛ ⲛⲉ⳩ ⲧⲏⲣⲟⲩ. ⲡⲉϫⲉ ⲓ̅ⲥ̅ ⲛⲛⲉϥⲙⲁⲑⲏⲧⲏⲥ ϫⲉ ⲛϩⲁⲣϣ ⲛϩⲏⲧ ⲁⲩⲱ ϯⲛⲁϫⲟⲟϥ ⲉⲣⲱⲧⲛ ⲉⲡⲉⲓⲇⲏ ϭⲉ ⲁⲓ̈ⲣ ϣⲣⲡ ⲛϫⲟⲟⲥ ⲛⲏⲧⲛ ϩⲁⲑⲏ ⲉⲙⲡⲁϯ ϯ[ⲙⲡⲉⲓ̈]⳩ ⲛⲏⲧⲛ ϫⲉ ϯⲛⲁϯ ⲛⲏⲧⲛ ⲙⲡ⳩ ⲙⲡⲓ̅ⲃ̅ ⲛⲛⲁⲓⲱⲛ ⲙⲛ ⲛⲉⲩⲥⲫⲣⲁⲅⲓⲥ ⲙⲛ ⲑⲉ ⲛⲉⲡⲓⲕⲁⲗⲉⲓ ⲙⲙⲟⲟⲩ ⲉⲃⲱⲕ ⲉⲛⲉⲩⲧⲟⲡⲟⲥ

---

vous ai donnés à vous-mêmes à accomplir. Maintenant, ô mes disciples, prenez patience et je vous enseignerai un autre mystère de la rémission des péchés avec son apologie et son sceau. » Quand Jésus eut achevé de dire toutes ces choses à ses disciples et qu'il leur eut enseigné tous les mystères qu'il venait d'accomplir, il dit à ses disciples : « Il est nécessaire que vous soyez initiés à un autre mystère de la rémission des péchés, afin que vous deveniez des enfants de lumière et que vous soyez parfaits dans tous les mystères. » Quand Jésus eut fini d'expliquer à ses disciples toutes ces choses et les mystères qu'il leur enseignait, les disciples lui dirent : « Ô notre Seigneur et notre Maître, nous vous en prions, enseignez-nous le mystère de la rémission des péchés avec son apologie, son sceau et son chiffre, afin que nous devenions des enfants de lumière et que nous ne soyons pas soumis aux chefs des æons qui sont en dehors de l'æon de lumière et afin que nous soyons aussi comptés parmi les héritiers du royaume du trésor et que nous devenions parfaits dans tous les mystères. »

ⲥⲱⲧⲙ ϭⲉ ⲧⲉⲛⲟⲩ ⲉⲡⲉⲓⲇⲏ ⲁⲧⲉⲧⲛϫⲓ ⲙⲡ⳩ ⲙⲡⲓ̅ⲃ̅ ⲛⲛⲁⲓⲱⲛ ⲙⲛ ⲡ⳩ ⲙⲡⲃⲁⲡⲧⲓⲥⲙⲁ ⲙⲡⲙⲟⲟⲩ ⲙⲡⲱⲛϩ ⲙⲛ ⲡ⳩ ⲙⲡⲃⲁⲡⲧⲓⲥⲙⲁ ⲙⲡⲉⲕⲣⲱⲙ ⲙⲛ ⲡ⳩ ⲙⲡⲉⲡ̅ⲛ̅ⲁ̅ ⲉⲧⲟⲩⲁⲁⲃ ⲙⲛ ⲡ⳩ ⲛϥⲓ ⲧⲕⲁⲕⲓⲁ ⲛϩⲏⲧⲧⲏⲩⲧⲛ ⲉⲡⲉⲓⲇⲏ ϭⲉ ⲁïϫⲟⲟⲥ ⲉⲣⲱⲧⲛ ϫⲉ ϯⲛⲁϯ ⲛⲏⲧⲛ ⲛⲛⲉⲩⲁⲡⲟⲗⲟⲅⲓⲁ ⲙⲛ ⲑⲉ ⲛ[illegible] ⲉ ⲙⲛ ⲛⲉⲩⲕⲉⲥⲫⲣⲁⲅⲓⲥ. ⲥⲱⲧⲙ ϭⲉ ⲛⲧⲁϫⲱ

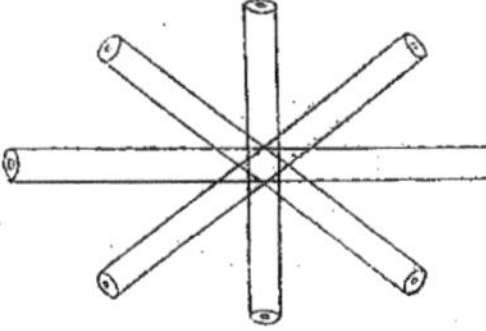

ⲉⲣⲱⲧⲛ ⲛⲛⲉⲩⲁⲡⲟⲗⲟⲅⲓⲁ ⲛⲁï ⲉⲧⲉⲧⲛⲁⲁⲡⲟⲗⲟⲅⲓⲍⲉ ⲛⲁⲩ ⲛϩⲏⲧⲟⲩ ⲉⲧⲉⲧⲛϣⲁⲛⲉⲓ ⲉⲃⲟⲗ ϩⲙ ⲡⲥⲱⲙⲁ ⲉⲧⲉⲧⲛϣⲁⲛⲡⲱϩ ⲉⲡϣⲟⲣⲡ ⲛⲛⲁⲓⲱⲛ ⲛⲥⲉⲉⲓ ⲉⲃⲟⲗ ϩⲁ ⲧⲉⲧⲛϩⲏ ⲛϭⲓ ⲛⲁⲣⲭⲱⲛ ⲙⲡⲁⲓⲱⲛ ⲉⲧⲙⲙⲁⲩ ⲥⲫⲣⲁⲅⲓⲍⲉ ⲙⲙⲱⲧⲛ ⲛⲧⲉⲓⲥⲫⲣⲁⲅⲓⲥ ⲡⲁⲓ ⲡⲉ ⲡⲉⲥⲣⲁⲛ ⲍⲱⲍⲉⲍⲏ ⲁϫⲓϥ ⲛⲟⲩⲥⲟⲡ ⲙⲙⲁⲧⲉ ⲁⲙⲁϩⲧⲉ ⲛⲧⲉⲓⲯⲏⲫⲟⲥ ϩⲛ

Jésus dit à ses disciples : « Prenez patience et je vous le dirai, puisque je vous ai dit d'abord qu'avant de vous enseigner ce mystère, je vous enseignerai celui des douze æons avec leurs sceaux et la manière de les appeler pour entrer dans leurs mondes. Écoutez donc maintenant, car vous allez être initiés au mystère des douze æons, au mystère du

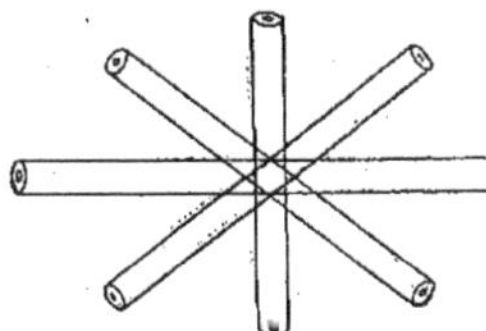

baptême de l'eau de la vie, ainsi qu'à celui du baptême du feu et au mystère de l'Esprit Saint avec le mystère d'effacer vos péchés, car je vous enseignerai leur apologie et la manière de les invoquer, etc., avec leurs autres sceaux. Écoutez donc, afin que je vous apprenne leurs apologies, celles que vous leur direz comme apologie, lorsque vous aurez quitté votre corps, que vous serez arrivés dans le premier æon et que les *chefs* (*archons*)[1] de cet æon viendront au-devant de vous;

[1] Je dois noter ici que dans tout ce passage, le mot *chef* correspond au grec ⲁⲣⲭⲱⲛ, mot typique toujours employé pour désigner les puissances supérieures des æons et de leurs mondes.

ⲧⲉⲧⲛϭⲓϫ ⲥⲛⲧⲉ ⲁ̅ⲣ̅ⲓ̅ⲑ̅ ⲙⲛⲧⲟⲩⲉ ⲛϣⲉ ⲁⲩⲱ ⲙⲛⲧⲯⲓⲥ ⲉⲧⲉⲧⲛϣⲁⲛⲟⲩⲱ ⲉⲧⲉⲧⲛⲥⲫⲣⲁⲅⲓⲍⲉ ⲙⲙⲱⲧⲛ ⲛⲧⲉⲓⲥⲫⲣⲁⲅⲓⲥ ⲁⲩⲱ ⲧⲉⲧⲛⲧⲁⲩⲟ ⲡⲉⲥⲣⲁⲛ ⲛⲟⲩⲥⲟⲡ ⲙⲙⲁⲧⲉ ⲁϫⲓ ⲛⲉⲓⲁⲡⲟⲗⲟⲅⲓⲁ ϩⲱⲱϥ ϫⲉ ⲁⲛⲁⲭⲱⲣⲉⲓ ⲛⲏⲧⲛ ⲡⲣⲟⲧⲉⲓ ⲡⲉⲣⲥⲟⲙⲫⲱⲙ ⲭⲟⲩⲥ ⲛⲁⲣⲭⲱⲛ ⲙⲡϣⲟⲣⲡ ⲛⲛⲁⲓⲱⲛ ϫⲉ ϯⲉⲡⲓⲕⲁⲗⲉⲓ ⲛⲏⲁⲍⲁ ⲍⲏⲱⲍⲁⲍⲍⲱⲍⲉⲱⲍ. ϩⲟⲧⲁⲛ ⲇⲉ ⲉⲣϣⲁⲛ ⲛⲁⲣⲭⲱⲛ ⲙⲡϣⲣⲡ ⲛⲛⲁⲓ̈ⲱⲛ ⲥⲱⲧⲙ ⲛⲉⲓ̈ⲣⲁⲛ ⲥⲉⲛⲁⲣ ϩⲟⲧⲉ ⲉⲙⲁⲧⲉ ⲛⲥⲉⲥⲟⲕⲟⲩ ⲛⲁⲩ ⲛⲥⲉⲡⲱⲧ ⲉⲡⲉⲙⲛⲧ ⲉϩⲃⲟⲩⲣ ⲛⲧⲉⲧⲛⲙⲟⲟϣⲉ ⲉⲧⲡⲉ ⲉⲧⲉⲧⲛϣⲁⲛⲡⲱϩ ⲉⲡⲙⲉϩ ⲃ̅ ⲛⲛⲁⲓⲱⲛ ⲭⲟⲩⲛⲭⲉⲱⲭⲛⲁ ⲉⲓ̂ ⲉⲃⲟⲗ ϩⲁ ⲧⲉⲧⲛϩⲏ ⲥⲫⲣⲁⲅⲓⲍⲉ ⲙⲙⲱⲧⲛ ϩⲛ ⲧⲉⲓⲥⲫⲣⲁⲅⲓⲥ ⲡⲁⲓ ⲡⲉ ⲡⲉⲥⲣⲁⲛ ⲑⲱⲍⲱⲁⲍ ⲁϫⲓϥ ⲛⲟⲩⲥⲟⲡ ⲙⲙⲁⲧⲉ ⲁⲙⲁϩⲧⲉ ⲛⲧⲉⲓⲯⲏⲫⲟⲥ ϩⲛ ⲧⲉⲧⲛϭⲓϫ ⲥⲛⲧⲉ ⲃ̅ⲥ̅ⲓ̅ⲑ̅ ϫⲟⲩⲧⲥⲛⲟⲟⲩⲥ ⲛϣⲉ ⲁⲩⲱ ⲙⲛⲧⲯⲓⲥ. ⲉⲧⲉⲧⲛϣⲁⲛⲟⲩⲱ ⲉⲧⲉⲧⲛⲥⲫⲣⲁⲅⲓⲍⲉ ⲙⲙⲱⲧⲛ ⲛⲧⲉⲓⲥⲫⲣⲁⲅⲓⲥ ⲛⲧⲉⲧⲛⲧⲁⲩⲟ ⲡⲉⲥⲣⲁⲛ ⲛⲟⲩⲥⲟⲡ ⲙⲙⲁⲧⲉ ⲁϫⲓ ⲛⲉⲓ̈ⲁⲡⲟⲗⲟⲅⲓⲁ ϩⲱⲱϥ ϫⲉ ⲁⲛⲁ-

imprimez sur vous ce sceau [1] dont le nom est ⲍⲱⲍⲉⲍⲏ, dites-le une fois [2] seulement; prenez dans vos deux mains ce nombre 1119, mille cent dix-neuf. Lorsque vous aurez achevé d'imprimer sur vous ce sceau et de prononcer son nom une fois seulement, dites aussi ces apologies : « Retirez-vous, ⲡⲣⲟⲧⲉⲓ ⲡⲉⲣⲥⲟⲙⲫⲱⲛ, ⲭⲟⲩⲥ, ô chefs du premier æon, car j'invoque ⲏⲁⲍⲁⲍⲏⲱⲍⲁⲍ ⲍⲱⲍⲉⲱⲍ; » et lorsque les chefs de ce premier æon auront entendu ce nom, ils seront remplis d'une grande frayeur, ils s'écarteront, ils s'enfuiront à l'ouest, vers la gauche, et vous entrerez dans le ciel. Lorsque vous serez arrivés au second æon, ⲭⲟⲩⲛⲭⲉⲱⲭⲛⲁ viendra au-devant de vous : imprimez sur vous ce sceau dont voici le nom que vous prononcerez une fois seulement : ⲑⲱⲍⲱⲁⲍ; prenez dans vos deux mains ce chiffre 2219, deux mille deux cent dix-neuf. Lorsque vous aurez achevé d'imprimer sur vous ce sceau et que vous aurez prononcé son nom une fois seulement, dites aussi ces apologies : « Retire-toi, ⲭⲟⲩⲛⲭⲉⲱⲭ,

(1) Se reporter à la figure de la page précédente.

(2) Je fais comme dans le texte, je mets d'abord le chiffre, puis je l'exprime. La même remarque s'applique aux passages correspondants qui suivent.

ⲭⲱⲣⲉⲓ ⲛⲁⲕ ⲭⲟⲩⲛⲭⲉⲱⲭ ⲡⲁⲣⲭⲱⲛ ⲙⲡⲙⲉϩ ⲥⲛⲁⲩ ⲛⲛⲁⲓⲱⲛ ϫⲉ ϯⲉⲡⲓⲕⲁⲗⲉⲓ ⲛⲏⲍⲁⲱⲍⲍⲱⲏⲍⲁⲍⲱⲟⲍⲁⲍ. ⲡⲁⲗⲓⲛ ⲟⲛ ⲛⲁⲣⲭⲱⲛ ⲙⲡⲙⲉϩ ⲃ̅ ⲛⲁⲓⲱⲛ ⲥⲉⲛⲁⲥⲟⲕⲟⲩ ⲛⲁⲩ ⲛⲥⲉⲡⲱⲧ ⲉⲡⲉⲙⲛⲧ ⲉϩⲃⲟⲩⲣ ⲛⲧⲉⲧⲛⲙⲟⲟϣⲉ ⲉⲧⲡⲉ. ⲉⲧⲉⲧⲛϣⲁⲛⲡⲱϩ ⲉⲡⲙⲉϩ ⲅ̅ ⲛⲛⲁⲓⲱⲛ ⲥⲉⲛⲏⲩ ⲉⲃⲟⲗ ϩⲁ ⲧⲉⲧⲛϩⲏ ⲛϭⲓ ⲓⲁⲗⲇⲁⲃⲁⲱⲑ ⲙⲛ ⲭⲟⲩⲭⲱ ⲥⲫⲣⲁⲅⲓⲍⲉ ⲙⲙⲱⲧⲛ ⲛϯⲥⲫⲣⲁⲅⲓⲥ ⲡⲁï ⲡⲉ ⲡⲉⲥⲣⲁⲛ ⲍⲱⲍⲉⲁⲍ ⲁϫⲓϥ ⲛⲟⲩⲥⲟⲡ ⲙⲙⲁⲧⲉ ⲁⲙⲁϩⲧⲉ ⲛⲧⲉⲓⲯⲏⲫⲟⲥ ϩⲛ ⲛⲉⲧⲛϭⲓϫ ⲅ̅ⲧ̅ⲙ̅ⲑ̅ ⲙⲁⲃ ϣⲟⲙⲧⲉ ⲛϣⲉ ⲁⲩⲱ ϩⲙⲉ ⲯⲓⲥ ⲉⲧⲉⲧⲛϣⲁⲛⲟⲩⲱ ⲉⲧⲉⲧⲛ ⲥⲫⲣⲁⲅⲓⲍⲉ ⲙⲙⲱⲧⲛ ⲛⲧⲉïⲥⲫⲣⲁⲅⲓⲥ ⲉⲁⲧⲉⲧⲛϫⲱ ⲙⲡⲉⲥⲣⲁⲛ ⲛⲟⲩⲥⲟⲡ ⲙⲙⲁⲧⲉ ⲁϫⲓ ⲛⲉïⲁⲡⲟⲗⲟⲅⲓⲁ ϩⲱⲱϥ ϫⲉ ⲁⲛⲁⲭⲱⲣⲉⲓ ⲛⲏⲧⲛ ⲓⲁⲗⲇⲁⲃⲁⲱⲑ ⲙⲛ ⲭⲟⲩⲭⲱ ⲛⲁⲣⲭⲱⲛ ⲙⲡⲙⲉϩ ⲅ̅ ⲛⲛⲁⲓⲱⲛ ϫⲉ ϯⲉⲡⲓⲕⲁⲗⲉⲓ ⲛⲍⲱⲍⲏⲍⲁⲍⲍⲁⲱⲍⲱⲍⲭⲱⲍⲱⲍ. ⲡⲁⲗⲓⲛ ⲟⲛ ⲛⲁⲣⲭⲱⲛ ⲙⲡⲙⲉϩ ⲅ̅ ⲛⲛⲁⲓⲱⲛ ⲛⲁⲥⲟⲕⲟⲩ ⲛⲁⲩ ⲛⲥⲉⲡⲱⲧ ⲉⲡⲉⲙⲛⲧ ⲉϩⲃⲟⲩⲣ ⲛⲧⲉⲧⲛⲙⲟⲟϣⲉ ⲉⲧⲡⲉ. ⲉⲧⲉⲧⲛϣⲁⲛⲡⲱϩ ⲉⲡⲙⲉϩ ⲇ̅ ⲛⲛⲁⲓⲱⲛ ⲥⲉⲛⲏⲩ ⲉⲃⲟⲗϩⲁ ⲧⲉⲧⲛϩⲏ ⲛϭⲓ ⲥⲁⲙⲁⲏⲗⲱ ⲙⲛ ⲭⲱⲭⲱⲭⲟⲩⲭⲁ ⲥⲫⲣⲁⲅⲓⲍⲉ ⲙⲙⲱⲧⲛ ⲛⲧⲉⲓⲥⲫⲣⲁⲅⲓⲥ ⲡⲁï ⲡⲉ ⲡⲉⲥⲣⲁⲛ

---

chef du second æon, car j'invoque ⲏⲍⲁⲱⲍ, ⲍⲱⲏⲍⲁ, ⲍⲱⲟⲍⲁⲍ. » De nouveau les chefs du second æon s'écarteront; ils s'enfuiront à l'ouest, à gauche, et vous entrerez dans le ciel. Lorsque vous serez arrivés au troisième æon et que ⲓⲁⲗⲇⲁⲃⲁⲱⲑ et ⲭⲟⲩⲭⲱ seront venus au-devant de vous, imprimez sur vous ce sceau dont le nom est ⲍⲱⲍⲉⲁⲍ, dites-le une fois seulement, prenez dans vos (deux) mains le chiffre 3349, trois mille trois cent quarante-neuf. Lorsque vous aurez achevé d'imprimer sur vous ce sceau et que vous en aurez dit le nom une fois seulement, dites ces apologies : « Retirez-vous, ⲓⲁⲗⲇⲁⲃⲁⲱⲑ et ⲭⲟⲩⲭⲱ, chefs du troisième æon, car j'invoque ⲍⲱⲍⲏⲍⲁⲍ, ⲍⲁⲱⲍⲱⲍ, ⲭⲱⲍⲱⲍ[1]; » et de nouveau les chefs du troisième æon s'écarteront, ils s'enfuiront à l'ouest, à gauche, et vous entrerez dans le ciel. Lorsque vous serez arrivés au quatrième æon et que ⲥⲁⲙⲁⲏⲗⲱ et ⲭⲱⲭⲱⲭⲟⲩⲭⲁ seront venus au-devant de vous, imprimez sur vous ce sceau dont le nom est ⲁⲍⲱⲍⲏⲱ;

[1] Tout ceci ne doit former, je crois, qu'un seul nom; je mets cependant les séparations qui sont dans le manuscrit.

ⲁⲍⲱⲍⲏⲱ ⲁϫⲓϥ ⲛⲟⲩⲥⲟⲡ ⲙ̀ⲙⲁⲧⲉ ⲁⲙⲁϩⲧⲉ ⲛⲧⲉⲓⲯⲏⲫⲟⲥ ϩⲛ ⲛⲉⲧⲛϭⲓϫ ⲇⲫⲛⲉ ϩⲙⲉ ⲧⲏ ⲛϣⲉ ⲁⲩⲱ ⲧⲁⲓ̈ⲟⲩ ⲙⲛ ϯⲟⲩ
ⲉⲧⲉⲧⲛϣⲁⲛⲟⲩⲱ ⲉⲧⲉⲧⲛⲥⲫⲣⲁⲅⲓⲍⲉ ⲙⲙⲱⲧⲛ ⲛⲧⲉⲓⲥⲫⲣⲁⲅⲓⲥ ⲉⲁⲧⲉⲧⲛⲧⲁⲩⲟ ⲡⲉⲥⲣⲁⲛ ⲛⲟⲩⲥⲟⲡ ⲙⲙⲁⲧⲉ
ⲁϫⲓ ⲛⲉⲓ̈ⲁⲡⲟⲗⲟⲅⲓⲁ ϩⲱⲱϥ ϫⲉ ⲁⲛⲁⲭⲱⲣⲉⲓ ⲛⲏⲧⲛ
ⲥⲁⲙⲁⲏⲗⲱ ⲁⲩⲱ ⲭⲱⲭⲱⲭⲟⲩⲭⲁ ⲛⲁⲣⲭⲱⲛ ⲙⲡⲙⲉϩ
ⲇ̅ ⲛⲁⲓⲱⲛ ϫⲉ ϯⲉⲡⲓⲕⲁⲗⲉⲓ ⲛⲍⲱⲍⲏⲍⲁⲭⲱⲍⲱⲍⲁⲍⲍⲁ-
ⲍⲁⲍⲏⲍⲱ. ⲉⲧⲉⲧⲛϣⲁⲛⲟⲩⲱ ⲉⲧⲉⲧⲛϫⲱ ⲛⲛⲉⲓⲁⲡⲟⲗⲟⲅⲓⲁ ⲛⲁⲣⲭ̀ⲱⲛ ⲙⲡⲙⲉϩ ⲇ̅ ⲛⲛⲁⲓⲱⲛ ⲛⲁⲥⲟⲕⲟⲩ [ⲛⲁⲩ ⲛⲥⲉⲡⲱⲧ]
ⲉⲡⲉⲙⲛⲧ ⲉϩⲃⲟⲩⲣ ⲛⲧⲱⲧⲛ ⲇⲉ ⲙⲟⲟϣⲉ ⲉⲧⲡⲉ. ⲉⲧⲉⲧⲛϣⲁⲛⲡⲱϩ
ⲉⲡⲙⲉϩ ϯⲟⲩ ⲛⲛⲁⲓⲱⲛ ⲥⲉⲛⲏⲩ ⲉⲃⲟⲗϩⲁ ⲧⲉⲧⲛϩⲏ ⲛϭⲓ ⲓ̈ⲁⲗⲑⲱ ⲙⲛ
ⲁⲓⲱⲕⲁ ⲁⲩⲱ ⲛⲥⲱⲁⲗ ⲥⲫⲣⲁⲅⲓⲍⲉ ⲙⲙⲱⲧⲛ ⲛⲧⲉⲓⲥⲫⲣⲁⲅⲓⲥ ⲡⲁ̈ⲓ ⲡⲉ
ⲡⲉⲥⲣⲁⲛ ⲁⲍⲏⲱⲍⲁ ⲁϫⲓϥ ⲛⲟⲩⲥⲟⲡ ⲙⲙⲁⲧⲉ ⲁⲙⲁϩⲧⲉ ⲧⲉⲓ̈-
ⲯⲏⲫⲟⲥ ϩⲛ ⲛⲉⲧⲛϭⲓϫ ⲉⲧ̅ⲍ̅ⲑ̅ ϯⲟⲩ ⲛϣⲉ ⲙⲛ ϣⲙⲧ ϣⲉ
ⲙⲛ ⲥⲉ ⲯⲓⲥ. ⲉⲧⲉⲧⲛ̀ϣⲁⲛⲟⲩⲱ ⲉⲧⲉⲧⲛⲥⲫⲣⲁⲅⲓⲍⲉ ⲙⲙⲱⲧⲛ ⲛⲧⲉⲓ-

---

dites-le une fois seulement, prenez dans vos (deux) mains ce chiffre 4555, quatre mille cinq cent cinquante-cinq. Lorsque vous aurez achevé d'imprimer sur vous ce sceau et que vous en aurez prononcé le nom une fois seulement, dites ces apologies : « Retirez-vous, ⲥⲁⲙⲁⲏⲗⲱ et ⲭⲱⲭⲱⲭⲟⲩⲭⲁ, chefs du quatrième æon, car j'invoque ⲍⲱⲍⲏⲍⲁ, ⲭⲱⲍⲱⲍⲁⲍⲍⲁⲍⲁⲍⲏⲍⲱ[1]. » Lorsque vous aurez fini de dire ces apologies, les chefs du quatrième æon s'écarteront, ils s'enfuiront à l'ouest, à gauche, et vous entrerez dans le ciel. Lorsque vous serez arrivés au cinquième æon et que ⲓⲁⲗⲑⲱ et ⲁⲓⲱⲕⲁ et ⲛⲥⲱⲁⲗ seront venus au-devant de vous, imprimez sur vous ce sceau dont le nom est ⲁⲍⲏⲱⲍⲁ, prononcez-le une fois seulement, prenez dans vos mains ce chiffre 5369, cinq mille trois cent soixante-neuf. Lorsque vous aurez achevé d'imprimer sur vous ce sceau et que vous en aurez prononcé le

(1) Même observation que plus haut : il n'y a qu'un seul nom.

ⲥⲫⲣⲁⲅⲓⲥ ⲉⲁⲧⲉⲧⲛⲧⲁⲩⲉ ⲡⲉⲥⲣⲁⲛ ⲛⲟⲩⲥⲟⲡ ⲙⲙⲁⲧⲉ ⲁϫⲓ ⲛⲉⲓⲁⲡⲟⲗⲟⲅⲓⲁ ϩⲱⲱϥ ϫⲉ ⲁⲛⲁⲭⲱⲣⲉⲓ ⲛⲏⲧⲛ ⲓⲁⲗⲑⲱ ⲁⲓⲱⲭⲁ ⲛⲥⲱⲁⲗ ϫⲉ ϯⲉⲡⲓⲕⲁⲗⲉⲓ ⲛⲍⲱⲙⲁⲏⲱⲍⲁ ϫⲱⲁⲍ ⲡⲱϫⲱⲱⲱⲍⲏ ⲉⲧⲉⲧⲛϣⲁⲛⲟⲩⲱ ⲉⲧⲉⲧⲛϫⲱ ⲛⲛⲉⲓⲁⲡⲟⲗⲟⲅⲓⲁ ⲛⲁⲣⲭⲱⲛ ⲙⲡⲙⲉϩ ⲉ̅ ⲛⲛⲁⲓⲱⲛ ⲛⲁⲥⲟⲕⲟⲩ ⲛⲁⲩ ⲛⲥⲉⲡⲱⲧ ⲉⲡⲉⲙⲛⲧ ⲉϩⲃⲟⲩⲣ ⲛⲧⲱⲧⲛ ⲇⲉ ⲙⲟⲟϣⲉ ⲉⲧⲡⲉ. ⲉⲧⲉⲧⲛϣⲁⲛⲡⲱϩ ⲉⲡⲙⲉϩ ⲋ̅ ⲛⲁⲓⲱⲛ ⲉⲧⲉ ⲛⲧⲟⲥ ⲧⲉ ϣⲁⲩⲙⲟⲩⲧⲉ ⲉⲣⲟⲥ ϫⲉ ⲧⲕⲟⲩï ⲙⲙⲉⲥⲟⲥ ⲉⲥⲏⲡ ⲅⲁⲣ ⲉⲡⲥⲟⲟⲩ ⲛⲁⲓⲱⲛ ⲉⲛⲧⲁⲩⲡⲓⲥⲧⲉⲩⲉ ⲛⲁⲣⲭⲱⲛ ⲇⲉ ⲛⲛⲧⲟⲡⲟⲥ ⲉⲧⲙⲙⲁⲩ ⲟⲩⲛ ⲟⲩⲕⲟⲩⲓ ⲙⲙⲛⲧⲁⲅⲁⲑⲟⲥ ⲛϩⲏⲧⲟⲩ ⲉⲃⲟⲗϫⲉ ⲁⲩⲡⲓⲥⲧⲉⲩⲉ ⲛϭⲓ ⲛⲁⲣⲭⲱⲛ ⲛⲛⲧⲟⲡⲟⲥ ⲉⲧⲙⲙⲁⲩ ⲥⲉⲛⲏⲩ ⲉⲃⲟⲗϩⲁ ⲧⲉⲧⲛϩⲏ ⲛϭⲓ ⲍⲱⲍⲁⲱⲍ[1]

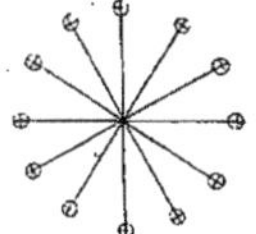

ⲭⲱⲍⲱⲁⲍⲁⲱ ⲱⲃⲁⲱⲑ ⲛⲁⲣⲭⲱⲛ ⲛⲧⲕⲟⲩï ⲙⲙⲉⲥⲟⲥ ⲉⲩⲙⲉⲉⲩⲉ ϫⲉ ⲙⲉϣⲁⲕ ⲙⲡⲉⲧⲛϫⲓ ⲙⲡⲙ̅ⲩ̅ⲣ̅ ⲁϫⲓ ⲡⲙ̅ⲩ̅ⲣ̅ ⲁⲩⲱ ⲥⲫⲣⲁⲅⲓⲍⲉ ⲙⲙⲱⲧⲛ [ϩⲛ] ⲧⲉⲓⲥⲫⲣⲁⲅⲓⲥ ⲉⲧⲉ ⲧⲁⲓ ⲧⲉ ⲡⲁï ⲡⲉ ⲡⲉⲥⲣⲁⲛ ⲍⲁⲭⲱⲱⲱⲙⲁⲍⲟⲍ ⲁϫⲓϥ ⲛⲟⲩⲥⲟⲡ ⲙⲙⲁⲧⲉ ⲁⲙⲁϩⲧⲉ ⲛⲧⲉïⲯⲏⲫⲟⲥ ⲛⲛⲉⲧⲛϭⲓϫ. ⲋ̅ⲫ̅ⲓ̅ⲉ̅ ⲥⲟⲟⲩ ⲛϣⲟ ⲁⲩⲱ ⲯⲓⲥ ⲛϣⲉ ⲁⲩⲱ ⲙⲛⲧⲏ ⲉⲧⲉⲧⲛϣⲁⲛⲟⲩⲱ

[1] La copie de Woïde indique ici une lacune, mais je ne crois pas qu'il y en ait; d'ailleurs, elle ne serait que d'une ou deux lettres, et cela importerait peu pour le nom barbare du chef de l'æon.

---

nom une fois seulement, dites ces apologies : « Retirez-vous, ⲓⲁⲗⲑⲱ, ⲁⲓⲱⲕⲁ, ⲛⲥⲱⲁⲗ, car j'invoque ⲍⲱⲙⲁⲏⲱⲍⲁ ϫⲱⲁⲍ ⲡⲱϫⲱⲱⲱⲍⲏ. » Lorsque vous aurez achevé de dire ces apologies, les chefs du cinquième æon s'écarteront, ils s'enfuiront à l'ouest, à gauche, et vous entrerez dans le ciel. Lorsque vous serez arrivés dans le sixième æon, qu'on a coutume d'appeler le *Petit du milieu* (car il est compté parmi les æons qui ont cru et les chefs de ce monde ont en eux quelque bonté parce qu'ils ont cru), et lorsque ⲍⲱⲍⲁⲱⲍ, ⲭⲱⲍⲱⲁⲍⲁⲱ, ⲱⲃⲁⲱⲑ, chefs du *Petit du milieu*, seront venus au-devant de vous, pensant que peut-être vous ne possédez pas le mystère, dites le mystère et imprimez sur vous ce sceau dont le nom est ⲍⲁⲭⲱⲱⲱⲙⲁⲍⲟⲍ,

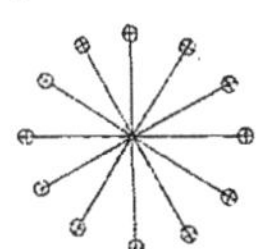

ⲉⲧⲉⲧⲛⲥⲫⲣⲁⲅⲓⲍⲉ ⲙⲙⲱⲧⲛ ⲛⲧⲉⲓ̈ⲥⲫⲣⲁⲅⲓⲥ ⲉⲁⲧⲉⲧⲛⲧⲁⲩⲉ ⲡⲉⲥⲣⲁⲛ ⲛⲟⲩⲥⲟⲡ ⲙⲙⲁⲧⲉ ⲁϫⲓ ⲛⲉⲓ̈ⲁⲡⲟⲗⲟⲅⲓⲁ ϩⲱⲱϥ ϫⲉ ⲁⲛⲁⲭⲱⲣⲉⲓ ⲛⲏⲧⲛ ⲍⲱⲍⲁⲱⲍⲁ ⲭⲱⲍⲱⲁⲍⲁⲱ ⲱⲃⲁⲱⲑ ⲛⲁⲣⲭⲱⲛ ⲛⲧⲕⲟⲩⲓ̈ ⲙⲙⲉⲥⲟⲥ ⲁⲛϫⲓ ⲅⲁⲣ ⲙⲛⲙ̅ⲣ̅ ⲙⲡⲓ̅ⲃ̅ ⲛⲛⲁⲓⲱⲛ ⲙⲛ ⲛⲉⲩⲁⲡⲟⲗⲟⲅⲓⲁ ϫⲉ ⲧⲛⲉⲡⲓⲕⲁⲗⲉⲓ ⲛⲍⲱⲍⲏⲁⲍⲁ ⲭⲱⲍⲁⲉ ⲁⲡⲱⲍⲱⲏⲍ ⲛⲧⲉⲩⲛⲟⲩ ⲟⲛ ⲉⲧⲉⲧⲛⲁϫⲱ[1] ⲛⲛⲉⲓⲕⲉⲣⲁⲛ ⲛⲁⲣⲭⲱⲛ ⲉⲧⲙⲙⲁⲩ ⲛⲁⲥⲟⲕⲟⲩ ⲛⲁⲩ ⲛⲥⲉⲕⲁ ⲧⲉϩⲓⲏ ⲛⲏⲧⲛ ⲛⲥⲉⲧⲙⲁⲙⲁϩⲧⲉ ⲙⲙⲱⲧⲛ ⲉⲛⲧⲁⲩⲉⲓ̂ ⲅⲁⲣ ⲉⲃⲟⲗϩⲁ ⲧⲉⲧⲛϩⲏ ⲉⲩⲙⲉⲉⲩⲉ ϫⲉ ⲙⲉϣⲁⲕ ⲙⲡⲉⲧⲛϫⲓ ⲙⲡⲙ̅ⲣ̅ ⲛⲧⲟⲟⲩ ⲇⲉ ϩⲱⲟⲩ ⲉⲛⲥⲉⲛⲁⲣⲁϣⲉ ⲛⲙⲙⲏⲧⲛ ϩⲛ ⲟⲩⲛⲟϭ ⲛⲣⲁϣⲉ ⲉⲃⲟⲗϫⲉ ⲁⲧⲉⲧⲛϫⲓ ⲙⲡⲙ̅ⲣ̅ ϫⲓⲛ ⲉⲧⲛϩⲛ ⲥⲱⲙⲁ ⲡⲁⲗⲓⲛ ⲟⲛ ⲥⲉⲛⲁⲕⲱϩ ⲉⲣⲱⲧⲛ ⲉⲃⲟⲗ ϫⲉ ⲁⲧⲉⲧⲛⲟⲩⲱⲧⲃ ⲉⲣⲟⲟⲩ. ⲡⲁⲗⲓⲛ ⲟⲛ ⲧⲉⲧⲛⲉⲙⲟⲟϣⲉ ⲉⲧⲡⲉ. ⲉⲧⲉⲧⲛϣⲁⲛⲡⲱϩ ⲉⲡⲙⲉϩⲥⲁϣϥ ⲛⲛⲁⲓⲱⲛ ⲥⲉⲛⲏⲩ ⲉⲃⲟⲗϩⲁ ⲧⲉⲧⲛϩⲏ ⲛⲑⲭⲱ ⲍⲱⲁ ⲍⲁⲭⲱⲓⲁⲍⲱ ⲥⲫⲣⲁⲅⲓⲍⲉ ⲙⲙⲱⲧⲛ ⲛⲧⲉⲓⲥⲫⲣⲁⲅⲓⲥ ⲡⲁⲓ̈ ⲡⲉ ⲡⲉⲥⲣⲁⲛ ⲭⲱⲍⲱⲫⲣⲁⲍⲁⲍ

[1] Le manuscrit porte ⲉⲧⲉⲩⲛⲁϫⲱⲓ, mot qui ne présente aucun sens acceptable dans ce passage.

---

prononcez-le une fois seulement, prenez dans vos mains ce chiffre 6915, six mille neuf cent quinze. Lorsque vous aurez achevé de vous imprimer ce sceau et que vous en aurez prononcé le nom une fois seulement, dites ces apologies: « Retirez-vous, ⲍⲱⲍⲁⲱⲍⲁ, ⲭⲱⲍⲱⲁⲍⲁⲱ, ⲱⲃⲁⲱⲑ, chefs du petit (æon) du milieu, car nous avons reçu le mystère des douze æons et leurs apologies et nous invoquons ⲍⲱⲍⲏⲁⲍⲁ, ⲭⲱⲍⲁⲉⲍ, ⲁⲭⲱⲍⲱⲏⲍ. » Et aussitôt que vous aurez prononcé ces noms, les chefs de cet æon s'écarteront, ils vous laisseront la voie (libre), ils ne s'empareront pas de vous; car ils étaient venus au-devant de vous en pensant que peut-être vous n'aviez pas reçu le mystère; mais ils se réjouiront d'une grande joie, parce que vous avez été initiés au mystère pendant que vous étiez (vivants) dans un corps. Ils vous porteront aussi envie parce que vous vous éloignez d'eux, et alors vous entrerez dans le ciel. Lorsque vous serez arrivés au septième æon et que ⲑⲭⲱⲍⲱⲁ, ⲍⲁⲭⲱ, ⲓⲁⲍⲱ seront venus au-devant de vous, imprimez-vous ce

ⲁϫⲓϥ ⲛⲟⲩⲥⲟⲡ ⲙⲙⲁⲧⲉ ⲁⲙⲁϩⲧⲉ ⲛⲧⲉⲓ̈ⲯⲏⲫⲟⲥ ϩⲛ ⲛⲉⲧⲛϭⲓϫ. ⲍⲱⲡⲑ ⲥⲁϣϥ ⲛϣⲟ ⲁⲩⲱ ϣⲙⲟⲩⲛ ⲛϣⲉ ⲁⲩⲱ ϩⲙⲛⲉ ⲯⲓⲥ.

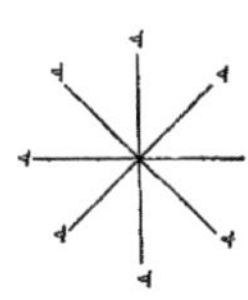

ⲉⲧⲉⲧⲛϣⲁⲛⲟⲩⲱ ⲉⲧⲉⲧⲛⲥⲫⲣⲁⲅⲓⲍⲉ ⲙⲙⲱⲧⲛ ϩⲛ ⲧⲉⲓⲥⲫⲣⲁⲅⲓⲥ ⲉⲁⲧⲉⲧⲛⲧⲁⲩⲉ ⲡⲉⲥⲣⲁⲛ ⲛⲟⲩⲥⲟⲡ ⲙⲙⲁⲧⲉ ⲁϫⲓ ⲛⲉⲓⲁⲡⲟⲗⲟⲅⲓⲁ ϩⲱⲱϥ ϫⲉ ⲁⲛⲁⲭⲱⲣⲉⲓ ⲛⲏⲧⲛ ⲑⲭⲱⲍⲱⲁ ⲍⲁⲕⲱⲓⲁⲍⲱ[1] ϫⲉ ⲧⲛⲉⲡⲓⲕⲁⲗⲉⲓ ⲛⲍⲱⲏⲍⲱ ⲍⲁⲭⲱⲍⲱ ⲍⲏⲁⲍⲱ. ⲡⲁⲗⲓⲛ ⲟⲛ ⲛⲁⲣⲭⲱⲛ ⲙⲡⲙⲉϩ ⲥⲁϣϥ ⲛⲁⲓⲱⲛ ⲛⲁⲥⲟⲕⲟⲩ ⲛⲁⲩ ⲛⲧⲉⲧⲛⲙⲟⲟϣⲉ ⲉⲧⲡⲉ.

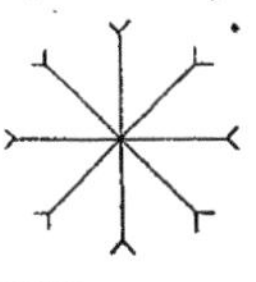

ⲉⲧⲉⲧⲛϣⲁⲛⲡⲱϩ ϫⲉ ⲉⲡⲙⲉϩ ⲏ̅ ⲛⲁⲓⲱⲛ ⲥⲉⲛⲏⲩ ⲉⲃⲟⲗϩⲁ ⲧⲉⲧⲛϩⲏ ⲛϭⲓ ⲛⲁⲣⲭⲱⲛ ⲉⲧⲙⲙⲁⲩ ⲉⲧⲉ ⲛⲁⲓ̈ ⲛⲉ ⲓ̈ⲁⲱ ⲁⲥⲁⲭⲱ ⲁⲱⲏⲱ ⲥⲫⲣⲁⲅⲓⲍⲉ ⲙⲙⲱⲧⲛ ⲛⲧⲉⲓⲥⲫⲣⲁⲅⲓⲥ ⲡⲁⲓ̈ ⲡⲉ ⲡⲉⲥⲣⲁⲛ ⲍⲱϫⲁⲱⲍ ⲁϫⲓϥ ⲛⲟⲩⲥⲟⲡ ⲙⲙⲁⲧⲉ ⲁⲙⲁϩⲧⲉ ⲛⲧⲉⲓ̈ⲯⲏⲫⲟⲥ ϩⲛ ⲛⲉⲧⲛϭⲓϫ. ⲏⲛⲇ ϣⲙⲟⲩⲛ ⲛϣⲟ ⲁⲩⲱ ⲧⲁⲓⲟⲩ ⲧⲁϥⲧⲉ. ⲉⲧⲉⲧⲛϣⲁⲛⲟⲩⲱ ⲉⲧⲉ-

[1] *Cod.* ⲭⲱⲍⲱⲁⲍⲁⲕⲱⲓⲁϩⲱ. La première lettre manque ici d'après la leçon précédente. Il n'y a dans le manuscrit aucun signe de séparation dans ces trois mots, et cependant il doit y avoir deux ou trois chefs dans cet æon comme dans les autres.

---

sceau dont le nom est ⲭⲱⲍⲱⲫⲣⲁⲍⲁⲍ, dites-le une fois seulement, prenez dans vos mains ce nombre 7889, sept mille huit cent quatre-vingt-neuf. Lorsque vous aurez achevé de vous imprimer ce sceau et que vous en aurez prononcé le nom une fois seulement, dites ces apologies : « Retirez-vous, ⲑⲭⲱⲍⲱⲱ, ⲍⲁⲭⲱ, ⲓⲁⲍⲱ, car nous invoquons ⲍⲱⲏⲍⲱ, ⲍⲁⲭⲱⲍⲱ, ⲍⲏⲁⲍⲱ. » Alors les chefs du septième æon s'écarteront et vous entrerez dans le ciel. Lorsque vous serez arrivés dans le huitième æon et que les *chefs* de ce monde seront venus au-devant de vous, à savoir ⲓⲁⲱ, ⲁⲥⲁⲭⲱ, ⲁⲱⲏⲱ, imprimez-vous ce sceau dont le nom est ⲍⲱϫⲁⲱⲍ, dites-le une fois seulement, prenez dans vos mains ce chiffre 8054, huit mille cinquante-quatre. Lorsque vous aurez

LE PAPYRUS GNOSTIQUE BRUCE.

ⲦⲚⲤⲪⲢⲀⲄⲒⲌⲈ ⲘⲘⲰⲦⲚ ⲚⲦⲈⲒⲤⲪⲢⲀⲄⲒⲤ ⲈⲀⲦⲈⲦⲚⲦⲀⲨⲈ ⲠⲈⲤⲢⲀⲚ ⲚⲞⲨⲤⲞⲠ ⲘⲘⲀⲦⲈ ⲀϪⲒ ⲚⲈⲒ̈ⲀⲠⲞⲖⲞⲄⲒⲀ ϨⲰⲰϤ ϪⲈ ⲀⲚⲀⲬⲰⲢⲈⲒ ⲚⲎⲦⲚ ⲒⲀⲰ ⲀⲤⲀⲬⲰ ⲀⲰⲎⲰ ϪⲈ ⲚⲈⲠⲒⲔⲀⲖⲈⲒ ⲚⲌⲀⲀⲀⲌⲰⲌ ⲌⲎⲒⲰ-ⲌⲎⲀⲌ ⲰⲰⲰⲌⲰⲀⲌ. ⲠⲀⲖⲒⲚ ⲞⲚ ⲚⲀⲢⲬⲰⲚ ⲘⲠⲘⲈϨ Ⲏ̄ ⲚⲀⲒⲰⲚ ⲚⲀ-ⲤⲞⲔⲞⲨ ⲚⲀⲨ ⲚⲦⲈⲦⲚⲘⲞⲞϢⲈ ⲈⲦⲠⲈ . ⲈⲦⲈⲦⲚϢⲀⲚⲠⲰϨ ⲈⲠⲘⲈϨ ⲮⲒⲤ ⲚⲀⲒⲰⲚ ⲤⲈⲚⲎⲨ ⲈⲂⲞⲖϨⲀ ⲦⲈⲦⲚϨⲎ ⲚϬⲒ ⲂⲰⲌⲎⲰⲐ ⲎⲌⲀⲒ ⲎⲌⲀⲚⲀⲐⲀ ⲚⲀⲢⲬⲰⲚ ⲘⲠⲘⲈϨ Ⲑ̄ ⲚⲀⲒⲰⲚ ⲤⲪⲢⲀⲄⲒⲌⲈ ⲘⲘⲰⲦⲚ ϨⲚ ⲦⲈⲒⲤⲪⲢⲀⲄⲒⲤ ⲠⲀⲒ̈ ⲠⲈ ⲠⲈⲤⲢⲀⲚ ⲌⲰⲪⲢⲀⲔⲀⲤ ⲀϪⲒϤ ⲚⲞⲨⲤⲞⲠ ⲘⲘⲀⲦⲈ ⲔⲰ ⲚⲦⲈⲒⲮⲎⲪⲞⲤ ϨⲚ ⲚⲈⲦⲚϬⲒϪ Ⲃ̄Ϣ̄Ⲡ̄Ⲑ̄ ϪⲞⲨⲰⲦ ϢⲘⲎⲚ ⲚϢⲈ ⲀⲨⲰ ϨⲘⲚⲈ ⲮⲒⲤ . ⲈⲦⲈ-ⲦⲚϢⲀⲚⲞⲨⲰ ⲆⲈ ⲈⲦⲈⲦⲚⲤⲪⲢⲀⲄⲒⲌⲈ ⲘⲘⲰⲦⲚ ⲚⲦⲈⲒ̈ⲤⲪⲢⲀⲄⲒⲤ ⲈⲀ-ⲦⲈⲦⲚⲦⲀⲨⲈ ⲠⲈⲤⲢⲀⲚ ⲚⲞⲨⲤⲞⲠ ⲘⲘⲀⲦⲈ ⲀϪⲒ ⲚⲈⲒⲀⲠⲞⲖⲞⲄⲒⲀ ϨⲰⲰϤ ϪⲈ ⲀⲚⲀⲬⲰⲢⲈⲒ ⲚⲎⲦⲚ ⲂⲰⲌⲎⲰⲐ ⲎⲌⲀⲒ ⲎⲌⲀⲚⲀⲐⲀ ϪⲈ ⲦⲚⲈⲠⲒⲔⲀⲖⲈⲒ ⲚⲌⲰⲎⲌⲰⲌⲀ. ⲎⲎⲌⲎⲌⲰⲌ ⲬⲰⲌⲰⲎⲌ. ⲠⲀⲖⲒⲚ ⲞⲚ ⲚⲀⲢⲬⲰⲚ ⲘⲠⲘⲈϨ Ⲑ̄ ⲚⲀⲒⲰⲚ ⲚⲀⲤⲞⲔⲞⲨ ⲚⲀⲨ ⲚⲦⲈⲦⲚⲘⲞⲞϢⲈ ⲈⲦⲠⲈ. ⲈⲦⲈⲦⲚϢⲀⲚⲠⲰϨ

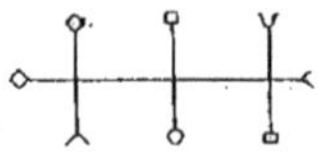

---

achevé d'imprimer sur vous ce sceau et que vous en aurez prononcé le nom une fois seulement, dites aussi ces apologies : « Retirez-vous, ⲒⲀⲰ, ⲀⲤⲀⲬⲰ, ⲀⲰⲎⲰ, car nous invoquons ⲌⲀⲀⲀⲌⲰⲌ, ⲌⲎⲒⲰ-ⲌⲎⲀⲌ, ⲰⲰⲰⲌⲰⲀⲌ. Alors les archons du huitième æon se retireront et vous entrerez dans le ciel. Lorsque vous serez arrivés au neuvième æon et que seront venus au-devant de vous ⲂⲰⲌⲎⲰⲐ, ⲎⲌⲀⲒ, ⲎⲌⲀⲚⲀⲐⲀ, archons du neuvième æon, imprimez sur vous ce sceau dont le nom est ⲌⲰⲪⲢⲀⲔⲀⲤ, dites-le une fois seulement, prenez dans vos mains ce chiffre 2889, deux mille huit cent quatre-vingt-neuf. Lorsque vous aurez achevé d'imprimer sur vous ce sceau et que vous en aurez prononcé le nom une fois seulement, dites aussi ces apologies : « Retirez-vous, ⲂⲰⲌⲎⲰⲐ, ⲎⲌⲀⲒ, ⲎⲌⲀⲚⲀⲐⲀ; car nous invoquons ⲌⲰⲎⲌⲰⲌ, ⲎⲎⲌⲎⲌⲰⲌ, ⲬⲰⲌⲰⲎⲌ. » Alors ces archons du neuvième æon se retireront, et vous entrerez dans le ciel. Lorsque vous serez arrivés au dixième æon et que seront venus au-devant de vous les

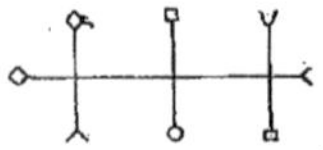

IMPRIMERIE NATIONALE.

LE PAPYRUS GNOSTIQUE BRUCE.

ϫⲉ ⲉⲡⲙⲉϩ ⲙⲏⲧ ⲛⲁⲓⲱⲛ ⲥⲉⲛⲏⲩ ⲉⲃⲟⲗϩⲁ ⲧⲉⲧⲛϩⲏ ⲛϭⲓ ⲱⲃⲁⲑⲱⲓ ⲑⲱⲥⲁⲱⲣ ⲑⲱⲓⲁⲍ ⲛⲁⲣⲭⲱⲛ ⲙⲡⲁⲓⲱⲛ ⲉⲧⲙⲙⲁⲩ ⲥⲫⲣⲁⲅⲓⲍⲉ ⲙⲙⲱⲧⲛ ⲛⲧⲉⲓⲥⲫⲣⲁⲅⲓⲥ ⲉⲧⲉ ⲧⲁϊ ⲧⲉ ⲡⲁⲓ ⲡⲉ ⲡⲉⲥⲣⲁⲛ ⲑⲱⲍⲁⲱⲍ ⲁϫⲓϥ ⲛⲟⲩⲥⲟⲡ ⲙⲙⲁⲧⲉ ⲕⲱ ⲛⲧⲉⲓⲯⲏⲫⲟⲥ ϩⲛ ⲛⲉⲧⲛϭⲓϫ ⲇⲫⲛⲑ ϩⲙⲉ ⲧⲏⲛϣⲉ ⲁⲩⲱ ⲧⲁⲓⲟⲩ ⲯⲓⲥ. ⲉⲧⲉⲧⲛϣⲁⲛⲟⲩⲱ ⲉⲧⲉⲧⲛⲥⲫⲣⲁⲅⲓⲍⲉ ⲙⲙⲱⲧⲛ ⲛⲧⲉϊⲥⲫⲣⲁⲅⲓⲥ ⲉⲁⲧⲉⲧⲛⲧⲁⲩⲉ ⲡⲉⲥⲣⲁⲛ ⲛⲟⲩⲥⲟⲡ ⲙⲙⲁⲧⲉ (ⲉⲁⲧⲉⲧⲛⲥⲫⲣⲁⲅⲓⲍⲉ ⲙⲙⲱⲧⲛ ⲛⲟⲩⲥⲟⲡ ⲙⲙⲁⲧⲉ)[1] ⲁϫⲓ ⲛⲉⲓⲁⲡⲟⲗⲟⲅⲓⲁ ϩⲱⲱϥ ϫⲉ ⲁⲛⲁⲭⲱⲣⲉⲓ ⲛⲏⲧⲛ ⲱⲃⲁⲑⲱⲓ ⲑⲱⲥⲁⲱⲣ ⲑⲱⲓⲁⲍ ϫⲉ ⲧⲛⲉⲡⲓⲕⲁⲗⲉⲓ ⲛⲍⲏⲱⲍⲁⲍⲓ ⲱⲱⲱⲍⲱⲁⲍ ⲭⲱⲍⲱⲁⲍ. ⲡⲁⲗⲓⲛ ⲟⲛ ⲛⲁⲣⲭⲱⲛ ⲙⲡⲙⲉϩ ⲙⲏⲧ ⲛⲁⲓⲱⲛ ⲛⲁⲥⲟⲕⲟⲩ ⲛⲁⲩ ⲛⲧⲉⲧⲛⲙⲟⲟϣⲉ ⲉⲧⲡⲉ. ⲉⲧⲉⲧⲛϣⲁⲛⲡⲱϩ ⲉⲡⲙⲉϩ ⲙⲛⲧⲟⲩⲉ ⲛⲁⲓⲱⲛ ⲥⲉⲛⲏⲩ ⲉⲃⲟⲗϩⲁ ⲧⲉⲧⲛϩⲏ ⲛϭⲓ ⲁⲅⲉⲱⲛⲉ ⲍⲱⲧⲉⲱⲍ ⲍⲏⲥⲉⲱⲛ ⲛⲁⲣⲭⲱⲛ ⲙⲡⲁⲓⲱⲛ ⲉⲧⲙⲙⲁⲩ ⲥⲫⲣⲁⲅⲓⲍⲉ ⲙⲙⲱⲧⲛ ⲛⲧⲉϊⲥⲫⲣⲁⲅⲓⲥ ⲡⲁⲓ ⲡⲉ ⲡⲉⲥⲣⲁⲛ ⲍⲱϩⲁⲍⲏ ⲁϫⲓϥ ⲛⲟⲩⲥⲟⲡ ⲙ-

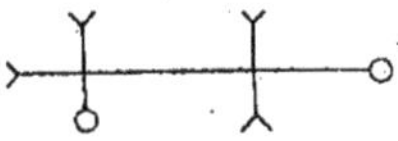

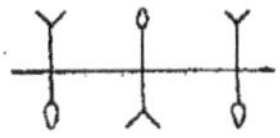

[1] Les mots entre parenthèses me semblent une répétition inutile et manquent dans les autres passages correspondants.

archons de cet æon, ⲱⲃⲁⲑⲱⲓ, ⲑⲱⲥⲁⲱⲣ, ⲑⲱⲓⲁⲍ, imprimez sur vous ce sceau dont le nom est ⲑⲱⲍⲁⲱⲍ, dites-le une fois seulement et prenez dans vos mains ce chiffre 4559, quatre mille cinq cent cinquante-neuf. Lorsque vous aurez achevé d'imprimer sur vous ce sceau et que vous en aurez prononcé le nom une fois seulement, en l'imprimant sur vous une fois seulement, dites aussi ces apologies : « Retirez-vous, ⲱⲃⲁⲑⲱⲓ, ⲑⲱⲥⲁⲱⲣ, ⲑⲱⲓⲁⲍ; car nous invoquons ⲍⲏⲱⲍⲁⲍⲓ, ⲱⲱⲱⲍⲱⲁⲍ, ⲭⲱⲍⲱⲁⲍ. » Et alors les archons du dixième æon se retireront et vous entrerez dans le ciel. Lorsque vous serez arrivés au onzième æon et que seront venus au-devant de vous les archons de cet æon, ⲁⲅⲉⲱⲛⲉ, ⲍⲱⲧⲉⲱⲍ, ⲍⲏⲥⲉⲱⲛ, imprimez sur vous ce sceau dont le nom est ⲍⲱϩⲁⲍⲏ, dites-le une fois seulement, prenez dans vos mains

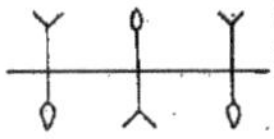

LE PAPYRUS GNOSTIQUE BRUCE.

ⲙⲁⲧⲉ ⲁⲙⲁϩⲧⲉ ⲛⲧⲉⲓⲯⲏⲫⲟⲥ ϩⲛ ⲛⲉⲧⲛϭⲓϫ ⲉ̅ⲫ̅ⲛ̅ⲏ̅ ϯⲟⲩ ⲛϣⲟ ⲙⲛ ϯⲟⲩ ⲛϣⲉ ⲙⲛ ⲧⲁⲓ̈ⲟⲩ ϣⲙⲛ . ⲉⲧⲉⲧⲛϣⲁⲛⲟⲩⲱ ⲉⲧⲉⲧⲛⲥⲫⲣⲁⲅⲓⲍⲉ ⲙⲙⲱⲧⲛ ⲛⲧⲉⲓ̈ⲥⲫⲣⲁⲅⲓⲥ ⲉⲁⲧⲉⲧⲛⲧⲁⲩⲉ ⲡⲉⲥⲣⲁⲛ ⲛⲟⲩⲥⲟⲡ ⲙⲙⲁⲧⲉ ⲁϫⲓ ⲛⲉⲓ̈ⲁⲡⲟⲗⲟⲅⲓⲁ ϩⲱⲱϥ ϫⲉ ⲁⲛⲁⲭⲱⲣⲉⲓ ⲛⲏⲧⲛ ⲏⲛⲏⲍⲱ ⲁⲩⲧⲟⲍⲱⲭ ⲡⲓⲁⲧⲛⲍⲁⲭⲱ[1] ϫⲉ ⲧⲛⲉⲡⲓⲕⲁⲗⲉⲓ ⲛⲏⲱⲁⲍⲁⲏ ⲍⲁⲏⲍⲱⲍ ⲭⲱⲍⲁⲙⲁⲱ. ⲡⲁⲗⲓⲛ ⲟⲛ ⲛⲁⲣⲭⲱⲛ ⲙⲡⲙⲉϩ ⲓ̅ⲁ̅ ⲛⲁⲓⲱⲛ ⲛⲁⲥⲟⲕⲟⲩ ⲛⲁⲩ ⲛⲧⲉⲧⲛⲙⲟⲟϣⲉ ⲉⲧⲡⲉ ⲉⲧⲉⲧⲛϣⲁⲛⲡⲱϩ ⲇⲉ ⲉⲡⲙⲉϩ ⲙⲛⲧⲓ̅ⲃ̅ ⲛⲁⲓⲱⲛ ⲉϥϣⲟⲟⲡ ϩⲙ ⲡⲧⲟⲡⲟⲥ ⲉⲧⲙⲙⲁⲩ ⲛϭⲓ ⲡⲁϩⲟⲣⲁⲧⲟⲥ ⲛⲛⲟⲩⲧⲉ ⲙⲛ ⲧⲃⲁⲣⲃⲏⲗⲟⲥ ⲙⲛ ⲡⲓⲁⲅⲉⲛⲛⲏⲧⲟⲥ ⲛⲛⲟⲩⲧⲉ ⲉⲣⲉ ⲡⲁϩⲟⲣⲁⲧⲟⲥ ⲛⲛⲟⲩⲧⲉ ϣⲟⲟⲡ ϩⲛ ⲟⲩⲧⲟⲡⲟⲥ ⲙⲁⲩⲁⲁϥ ϩⲣⲁⲓ̈ ϩⲙ ⲡⲙⲉϩ ⲓ̅ⲃ̅ ⲛⲁⲓⲱⲛ ⲉⲣⲉ ϩⲉⲛ ⲕⲁⲧⲁⲡⲉⲧⲁⲥⲙⲁ ⲥⲏⲕ ⲉⲣⲱϥ ⲥⲉϣⲟⲟⲡ ⲅⲁⲣ ϩⲙ ⲡⲁⲓⲱⲛ ⲉⲧⲙⲙⲁⲩ ⲛϭⲓ ϩⲉⲛ ⲕⲉⲙⲏⲏϣⲉ ⲛⲛⲟⲩⲧⲉ ⲛⲁⲓ̈ ⲉϣⲁⲩⲙⲟⲩⲧⲉ ⲉⲣⲟⲟⲩ ϩⲙ ⲡⲉ⊞ ⲙⲡⲟⲩⲟⲉⲓⲛ ϫⲉ ⲛⲁⲣⲭⲱⲛ. ⲉⲧⲉⲛⲧⲟⲟⲩ ⲛⲉ ⲛⲛⲟϭ ⲛⲁⲣⲭⲱⲛ ⲉⲧⲁⲣⲭⲉⲓ ⲉϫⲛ ⲛⲁⲓⲱⲛ ⲧⲏⲣⲟⲩ ⲛⲧⲟⲟⲩ ⲛⲉⲧϣⲙϣⲉ ⲙⲡⲁϩⲟⲣⲁⲧⲟⲥ ⲛⲛⲟⲩⲧⲉ ⲙⲛ ⲧⲃⲁⲣⲃⲏⲗⲟⲥ ⲙⲛ ⲡⲓⲁⲅⲉⲛⲛⲏⲧⲟⲥ ⲡⲁⲗⲓⲛ

[1] Ces trois derniers noms sont tout à fait différents des trois autres noms qui précèdent. Je n'ai pas osé les remplacer par les trois premiers, car il est évidemment impossible de les ramener les uns aux autres.

ce chiffre 5558, cinq mille cinq cent cinquante-huit. Lorsque vous aurez achevé de vous imprimer ce sceau et que vous en aurez prononcé le nom une fois seulement, dites ces apologies : « Retirez-vous, ⲏⲛⲏⲍⲱ, ⲁⲩⲧⲟⲍⲱⲭ, ⲡⲓⲁⲧⲛⲍⲁⲭⲱ; car nous invoquons ⲏⲱⲁⲍⲁⲏ, ⲍⲁⲏⲍⲱⲍ, ⲭⲱⲍⲁⲙⲁⲱ. » Et alors les archons du onzième æon se retireront et vous entrerez dans le ciel. Lorsque vous serez arrivés dans le douzième æon, où se trouve le Dieu invisible, avec Barbîlos et le Dieu non engendré, le Dieu invisible est en un lieu solitaire dans le douzième æon et il y a des firmaments (voiles) devant lui, car dans cet æon il y a des multitudes d'autres dieux que l'on nomme archons dans l'æon de lumière. Ce sont les grands archons qui commandent à tous les æons : pour eux, ils sont au service du Dieu

LE PAPYRUS GNOSTIQUE BRUCE.

ⲞⲚ ⲤⲈⲚⲎⲨ ⲈⲂⲞⲖϨⲀ ⲦⲈⲦⲚϨⲎ ⲚϬⲒ ⲚⲀⲢⲬⲰⲚ ⲘⲠⲀⲒⲰⲚ ⲈⲦⲘⲘⲀⲨ ⲈⲦⲈ ⲚⲀЇ ⲚⲈ ⲚⲈⲨⲢⲀⲚ ⲬⲀⲢⲂⲨⲰⲐⲰ ⲀⲢⲌⲰⲌⲀ ⲌⲀⲌⲀⲌⲀⲰⲐ ⲤⲪⲢⲀⲄⲒⲌⲈ Ⲙ-

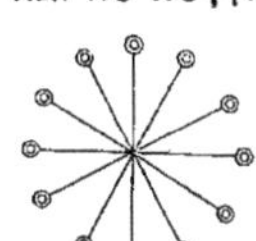

ⲘⲰⲦⲚ ⲚⲦⲈⲒⲤⲪⲢⲀⲄⲒⲤ ⲠⲀⲒ ⲠⲈ ⲠⲈⲤⲢⲀⲘ ⲌⲀⲢⲢⲔⲀ...Ⲁ ⲀϪⲒϤ ⲚⲞⲨⲤⲞⲠ ⲘⲘⲀⲦⲈ ⲀⲘⲀϨⲦⲈ ⲚⲦⲈЇⲮⲎⲪⲞⲤ ϨⲚ ⲚⲈⲦⲚϬⲒϪ Ⲑ̅Ⲱ̅Ⲡ̅Ⲉ̅ ⲮⲒⲤ ⲚϢⲞ ⲀⲨⲰ ϢⲘⲞⲨⲚ ⲚϢⲈ ϨⲘⲚⲈ ⲦⲎ. ⲈⲦⲈⲦⲚϢⲀⲚⲞⲨⲰ ⲆⲈ ⲈⲦⲈⲦⲚⲤⲪⲢⲀⲄⲒⲌⲈ ⲘⲘⲰⲦⲚ ⲚⲦⲈⲒⲤⲪⲢⲀⲄⲒⲤ ⲈⲀⲦⲈⲦⲚⲦⲀⲨⲈ ⲠⲈⲤⲢⲀⲚ ⲚⲞⲨⲤⲞⲠ ⲘⲘⲀⲦⲈ ⲀϪⲒ ⲚⲈⲒⲀⲠⲞⲖⲞⲄⲒⲀ ϨⲰⲰϤ ϪⲈ ⲀⲚⲀⲬⲰⲢⲈⲒ ⲚⲎⲦⲚ ⲌⲀⲘⲎⲰ ⲖⲒⲈⲰⲚⲒⲌⲀ ⲂⲀⲢⲂⲰⲎⲨ ϪⲈ ⲦⲚⲈⲠⲒⲔⲀⲖⲈⲒ ⲚⲌⲎⲎⲌⲰ ⲌⲀⲰⲌⲬⲰⲌⲰⲀⲌ[1] ⲀⲬⲀⲌⲰⲎ. ⲠⲀⲖⲒⲚ ⲞⲚ ⲤⲈⲚⲀⲤⲞⲔⲞⲨ ⲚⲀⲨ ⲚϬⲒ ⲚⲀⲢⲬⲰⲚ ⲚⲠⲘⲈϨ Ⲓ̅Ⲃ̅ ⲚⲀⲒⲰⲚ ⲚⲦⲈ ⲠⲀϨⲞⲢⲀⲦⲞⲤ ⲚⲚⲞⲨⲦⲈ ⲈⲂⲞⲖϪⲈ ⲀⲦⲈⲦⲚϪⲒ ⲚⲦⲒ̅Ⲃ̅ ⲚⲀⲠⲞⲖⲞⲄⲒⲀ ⲘⲠⲘⲚⲦⲒ̅Ⲃ̅ ⲚⲀⲒⲰⲚ ⲠⲀⲖⲒⲚ ⲞⲚ ⲚⲦⲈⲦⲚⲘⲞⲞϢⲈ ⲈⲦⲠⲈ. ⲈⲦⲈⲦⲚϢⲀⲚⲠⲰϨ ⲈⲠⲘⲈϨ Ⲓ̅Ⲅ̅ ⲚⲚⲀⲒⲰⲚ ⲈϤⲘⲘⲀⲨ ⲚϬⲒ ⲠⲚⲞϬ

[1] D'après la copie de Woïde, il y aurait quatre noms, ⲌⲀⲰⲌⲬⲰⲌⲰⲀⲌ en formant deux, ⲌⲀⲰⲌ et ⲬⲰⲌⲰⲀⲌ; cependant il n'en faut que trois. Je prie donc mes lecteurs de ne voir, dans les trois noms que j'ai réunis, qu'une simple conjecture.

invisible, etc., Barbîlos et du Dieu non engendré. Et lorsque seront venus au-devant de vous les archons de cet æon, dont les noms sont

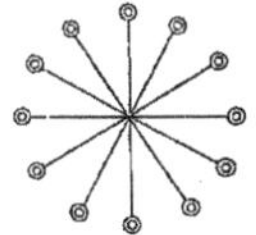

ⲬⲀⲢⲂⲨⲰⲐⲰ, ⲀⲢⲌⲰⲌⲀ, ⲌⲀⲌⲀⲌⲀⲰⲐ, imprimez sur vous ce sceau dont le nom est ⲌⲀⲢⲢⲔⲀ...Ⲁ, dites-le une fois seulement, prenez dans vos mains ce chiffre 9845, neuf mille huit cent quarante-cinq. Lorsque vous aurez achevé de vous imprimer ce sceau et que vous en aurez prononcé le nom une fois seulement, dites aussi ces apologies : « Retirez-vous, ⲌⲀⲘⲎⲰ, ⲖⲒⲈⲰⲚⲒⲌⲀ, ⲂⲀⲢⲂⲰⲎⲨ, car nous invoquons ⲌⲎⲎⲌⲰ, ⲌⲀⲰⲌⲬⲰⲌⲰⲀⲌ, ⲀⲬⲀⲌⲰⲐ. » Et alors les archons du douzième æon du Dieu invisible s'écarteront, parce que vous possédez les douze apologies des douze æons, et alors vous entrerez dans le ciel. Quand vous serez arrivés dans le treizième æon, où se trouvent le grand Dieu invisible et la grande vierge de l'esprit et les vingt-

ⲛⲁϩⲟⲣⲁⲧⲟⲥ ⲛⲛⲟⲩⲧⲉ ⲙⲛⲧⲛⲟϭ ⲙⲡⲁⲣⲑⲏⲛⲓⲕⲏ ⲙⲡⲡ̄ⲛ̄ⲁ ⲁⲩⲱ ⲡ...ⲉ...ⲧ ϫⲟⲩⲧⲁϥⲧⲉ ⲙⲡⲣⲟⲃⲟⲗⲏ ⲛⲧⲉ ⲡⲁϩⲟⲣⲁⲧⲟⲥ ⲛⲛⲟⲩⲧⲉ ⲉⲩϣⲟⲟⲡ ϩⲙ ⲡⲧⲟⲡⲟⲥ ⲉⲧⲙⲙⲁⲩ ⲥⲉⲛⲏⲩ ⲇⲉ ⲉⲃⲟⲗϩⲁ ⲧⲉⲧⲛϩⲏ ⲛϭⲓ ⲕ̄ⲇ̄ ⲙⲡⲣⲟⲃⲟⲗⲏ ⲛⲧⲉ ⲡⲁϩⲟⲣⲁⲧⲟⲥ ⲛⲛⲟⲩⲧⲉ ⲉⲩⲟⲩⲉϣ ⲉⲁⲙⲁϩⲧⲉ ⲙⲙⲱⲧⲛ ⲉⲧⲃⲉ ⲙⲙⲩⲥⲧⲏⲣⲓⲟⲛ ⲉⲛⲧⲁⲧⲉⲧⲛϫⲓⲧⲟⲩ ⲛⲁⲓ̈ ⲛⲉ ⲛⲣⲁⲛ ⲛⲁⲫⲑⲁⲣⲧⲟⲛ ⲛⲕ̄ⲇ̄ ϩⲙ ⲡⲣⲟⲃⲟⲗⲏ ⲛⲁⲓ ⲉⲧⲛⲏⲩ ⲉⲃⲟⲗϩⲁ ⲧⲉⲧⲛϩⲏ ⲧϣⲟⲣⲡ ⲧⲉ ⲁⲩⲧⲟⲅⲉⲑⲱ ⲧⲙⲉϩ ⲃ̄ ⲁⲩⲧⲟⲭⲱⲗ ⲧⲙⲉϩ ⲅ̄ ⲁⲅⲉⲛⲏⲍⲱ ⲧⲙⲉϩ ⲇ̄ ⲁⲏⲗⲁ ⲧⲙⲉϩ ⲉ̄ ⲱⲥⲱ ⲧⲙⲉϩ ⲋ̄ ⲓⲉⲱ ⲧⲙⲉϩ ⲍ̄ ⲱⲓⲁ ⲧⲙⲉϩ ⲏ̄ ⲥⲁⲱⲉⲃⲱ ⲧⲙⲉϩ ⲑ̄ ⲙⲁⲥⲱ ⲧⲙⲉϩ ⲓ̄ ⲥⲁⲥⲱⲑⲱⲉⲥ ⲧⲙⲉϩ ⲓ̄ⲁ̄ ⲁⲗⲑⲱⲍⲱ ⲧⲙⲉϩ ⲓ̄ⲃ̄ ⲓⲱⲁⲃⲱⲏ ⲧⲙⲉϩ ⲓ̄ⲅ̄ ⲑⲁⲓⲥⲁⲃⲱ ⲧⲙⲉϩ ⲓ̄ⲇ̄ ⲛⲁⲱⲓ ⲧⲙⲉϩ ⲓ̄ⲉ̄ ⲓⲁⲱⲥⲁⲏ ⲧⲙⲉϩ ⲓ̄ⲋ̄ ⲁⲓⲥⲱⲣⲁ ⲧⲙⲉϩ ⲓ̄ⲍ̄ ⲓⲁⲁⲉⲱⲥ ⲧⲙⲉϩ ⲙⲛⲧⲏ̄...ⲁⲱ ⲧⲙⲉϩ ⲙⲛⲧⲯⲓⲧⲉ ⲉϩⲁⲃ ⲧⲙⲉϩ ϫⲟⲩⲱⲧⲉ ⲃⲁϩⲁⲱ ⲧⲙⲉϩ ⲕ̄ⲁ̄ ⲁⲗⲁⲉⲃⲁ ⲧⲙⲉϩ ⲕ̄ⲃ̄ ⲭⲁ... ⲧⲙⲉϩ ⲕ̄ⲅ̄ ⲁⲣⲓⲣⲁ... ⲧⲙⲉϩ ⲕ̄ⲇ̄ ⲁⲗ...ⲃ... ⲛⲁⲓ̈ ⲛⲉ ⲛⲣⲁⲛ ⲛⲧϫⲟⲩⲧⲁϥⲧⲉ ⲙⲡⲣⲟⲃⲟⲗⲏ ⲛⲧⲉ ⲡⲁϩⲟⲣⲁⲧⲟⲥ ⲛⲛⲟⲩⲧⲉ ⲉⲧⲉ ⲛⲉⲛⲧⲁⲓ̈ⲟⲩⲱ ⲛⲉ ⲉⲓ̈ϫⲱ ⲙⲙⲟⲟⲥ ⲥⲉⲛⲏⲩ ⲉⲃⲟⲗϩⲁ ⲧⲉⲧⲛϩⲏ ⲉⲩⲟⲩⲱϣ ⲉⲁⲙⲁϩⲧⲉ

---

quatre émanations du Dieu invisible qui se trouvent en ce lieu, les vingt-quatre émanations du Dieu invisible viendront au-devant de vous dans le dessein de vous saisir à cause des mystères que vous avez reçus. Voici les noms incorruptibles des vingt-quatre émanations qui viendront au-devant de vous : la première est ⲁⲩⲧⲟⲅⲉⲑⲱ, la seconde ⲁⲩⲧⲱⲭⲱⲭⲱⲗ, la troisième ⲁⲅⲉⲛⲏⲍⲱ, la quatrième ⲁⲏⲗⲁ, la cinquième ⲱⲥⲱ, la sixième ⲓⲉⲱ, la septième ⲱⲓⲁ, la huitième ⲥⲁⲱⲉⲃⲱ, la neuvième ⲙⲁⲥⲱ, la dixième ⲥⲁⲥⲱⲑⲱⲉⲥ, la onzième ⲁⲗⲑⲱⲍⲱ, la douzième ⲓⲱⲁⲃⲱⲏ, la treizième ⲑⲁⲓⲥⲁⲃⲱ, la quatorzième ⲛⲁⲱⲓ, la quinzième ⲓⲁⲱⲥⲁⲏ, la seizième ⲁⲓⲥⲱⲣⲁ, la dix-septième ⲓⲁⲁⲉⲱⲥ, la dix-huitième ...ⲁⲱ, la dix-neuvième ⲉϩⲁⲃ, la vingtième ⲃⲁϩⲁⲱ, la vingt et unième ⲁⲗⲁⲉⲃⲁ, la vingt-deuxième ⲭⲁ..., la vingt-troisième ⲁⲣⲓⲣⲁ..., la vingt-quatrième ⲁⲗ...ⲃ... Tels sont les noms des vingt-quatre émanations du Dieu invisible que je viens de vous nommer. Elles viendront vers vous dans l'intention de vous saisir et vous portant envie à cause de ces mystères

LE PAPYRUS GNOSTIQUE BRUCE.

ⲙⲙⲱⲧⲛ ⲉⲩⲕⲱϩ ⲉⲣⲱⲧⲛ ⲉⲧⲃⲉ ⲛⲉïⲯ ⲉⲛⲧⲁⲧⲉⲧⲛϫⲓⲧⲟⲩ ⲁϫⲓ ⲛⲉïⲁⲡⲟⲗⲟⲅⲓⲁ ϫⲉ ⲁⲛⲁⲭⲱⲣⲉⲓ ⲛⲏⲧⲛ ⲧⲕ̄ⲇ̄ ⲙⲡⲣⲟⲃⲟⲗⲏ ⲛⲧⲉ ⲡⲁ-

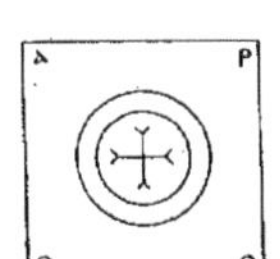

ϩⲟⲣⲁⲧⲟⲥ ⲛⲛⲟⲩⲧⲉ. ⲛⲧⲉⲧⲛⲧⲁⲩⲉ ⲡⲉⲩⲣⲁⲛ ⲛⲧⲕ̄ⲇ̄ ⲥⲫⲣⲁⲅⲓⲍⲉ ⲙⲙⲱⲧⲛ ⲛⲧⲉⲓⲥⲫⲣⲁⲅⲓⲥ ⲡⲁï ⲡⲉ ⲡⲉⲥⲣⲁⲛ ⲍⲁⲍⲁⲣⲁⲣⲁⲥ ⲁϫⲓϥ ⲛⲟⲩⲥⲟⲡ ⲙⲙⲁⲧⲉ· ⲁⲩⲱ ⲕⲱ ⲛ-ⲧⲉïⲯⲏⲫⲟⲥ ϩⲛ ⲛⲉⲧⲛϭⲓϫ ⲏ̄ⲱ̄ⲛ̄ⲉ̄ ϣⲙⲟⲩⲛ ⲛϣⲟ ⲁⲩⲱ ϣⲙⲟⲩⲛ ⲛϣⲉ ⲙⲛ ⲧⲁïⲟⲩ ⲧⲏ. ⲉⲧⲉⲧⲛϣⲁⲛ-ⲟⲩⲱ ⲉⲧⲉⲧⲛⲥⲫⲣⲁⲅⲓⲍⲉ ⲙⲙⲱⲧⲛ ⲛⲧⲉⲓⲥⲫⲣⲁⲅⲓⲥ ⲉⲁⲧⲉⲧⲛⲧⲁⲩⲉ ⲡⲉⲥⲣⲁⲛ ⲛⲟⲩⲥⲟⲡ ⲙⲙⲁⲧⲉ ⲁϫⲓ ⲛⲉïⲁⲡⲟⲗⲟⲅⲓⲁ ϩⲱⲱϥ ϫⲉ ⲧⲛⲉⲡⲓⲕⲁⲗⲉⲓ ⲥⲁⲍⲁⲍⲁ ⲁⲓⲱⲱⲍⲁⲏⲍⲏ ⲍⲱⲍⲱ ⲙⲁⲍⲁ ⲑⲣⲱⲍⲱⲉⲍ ⲁⲭⲱⲍⲏⲱ ⲍⲱⲏ ⲍⲁⲏ ⲱⲱⲱⲱⲱⲱⲱⲱⲱⲱⲱⲱⲏⲏⲏⲏⲏⲏⲏⲏⲏⲏⲏⲏⲉⲉⲉ ⲍⲁⲏⲍⲱⲁⲍ ⲍⲏⲱⲍⲱⲉ ⲍⲏⲍⲏ ⲍⲏⲱⲍ ⲍⲱⲉⲍⲏ ⲭⲱⲍⲱⲉⲍⲱ ⲍⲏⲉⲍⲱ ⲉⲧⲉ-ⲧⲛϣⲁⲛⲟⲩⲱ ⲇⲉ ⲉⲧⲉⲧⲛⲉⲡⲓⲕⲁⲗⲉⲓ ⲛⲛⲉⲓⲣⲁⲛ ⲙⲡⲥⲉ⊡ ⲙⲡ◎[1] ⲁϫⲓⲥ ϩⲱⲱϥ ϫⲉ ⲁⲛⲁⲭⲱⲣⲉⲓ ⲛⲏⲧⲛ ⲕ̄ⲇ̄ ⲙⲡⲣⲟⲃⲟⲗⲏ ⲛⲧⲉ ⲡⲁϩⲟⲣⲁⲧⲟⲥ ⲛ-

[1] La copie de Woïde porte ici ⲛⲧⲉ ⊡ ⲙ ⊡. Ce texte est incompréhensible, et de plus, remarquons-le bien, il serait incorrect, puisque l'article manque devant le mot ⲁⲓⲱⲛ, représenté par le sigle ⊡. J'ai corrigé ce passage d'après celui qui vient quelques lignes plus bas et qui porte bien ⲙⲡⲉ ⊡ ⲙⲡ ◎.

que vous avez reçus. Dites ces apologies : « Retirez-vous, ô vingt-quatre émanations du Dieu invisible; » puis prononcez leurs vingt-quatre

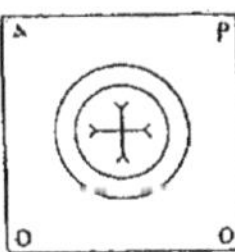

noms, imprimez sur vous ce sceau dont le nom est ⲍⲁⲍⲁⲣⲁⲣⲁⲥ, dites-le une fois seulement et prenez dans vos mains ce chiffre 8855, huit mille huit cent cinquante-cinq. Lorsque vous aurez achevé de vous imprimer ce sceau et que vous en aurez prononcé le nom une fois seulement, dites aussi ces apologies : « Nous invoquons ⲥⲁⲍⲁⲍⲁ, ⲁⲓⲱⲱⲍⲁⲏⲍⲏ, ⲍⲱⲍⲱⲙⲁⲍⲁ, ⲑⲣⲱⲍⲱⲉⲍ, ⲁⲭⲱⲍⲏⲱ, ⲍⲱⲏ, ⲍⲁⲏ, ⲱⲱⲱⲱⲱⲱⲱⲱⲱⲱⲱⲱⲏⲏⲏⲏⲏⲏⲏⲏⲏⲏⲏⲏⲉⲉⲉ ⲍⲁⲏⲍⲱⲁⲍ, ⲍⲏⲱⲍⲱⲉ, ⲍⲏⲍⲏ, ⲍⲏⲱⲍ, ⲍⲱⲉⲍⲏ, ⲭⲱⲍⲱⲉⲍⲱ, ⲍⲏⲉⲍⲱ. » Et lorsque vous aurez achevé d'invoquer les noms de l'æon du trésor, dites aussi : « Retirez-vous, ô vingt-quatre émanations du

ⲚⲞⲨⲦⲈ ⲚⲀⲒ̈ ⲈⲚⲦⲀⲚⲞⲨⲰ ⲈⲚⲦⲀⲨⲈ ⲘⲠⲈⲨⲢⲀⲚ ϪⲒⲚ ϢⲞⲢⲠ. ⲚⲦⲈⲨⲚⲞⲨ ⲆⲈ ⲈⲦⲞⲨⲚⲀⲞⲨⲰ ⲈⲚⲢⲀⲚ ⲘⲠⲈ⊡ ⲘⲠ⊚ ⲘⲚ ⲚⲈⲨⲀⲠⲞⲖⲞⲄⲒⲀ ⲤⲈⲚⲀⲤⲞⲔⲞⲨ ⲚⲀⲨ ⲚⲦⲈⲦⲚⲘⲞⲞϢⲈ ⲈⲦⲠⲈ. ⲈⲦⲈⲦⲚϢⲀⲚⲠⲰϨ ⲆⲈ ⲈⲠⲘⲈϨ ⲒⲆ̄ ⲚⲚⲀⲒⲰⲚ ⲈϤⲘⲘⲀⲨ ⲚϬⲒ ⲘⲠⲈϨ Ⲃ̄ ⲚⲚⲞϬ ⲚⲀϨⲞⲢⲀⲦⲞⲤ ⲚⲚⲞⲨⲦⲈ ⲀⲨⲰ ⲈϤⲘⲘⲀⲨ ⲚϬⲒ ⲠⲚⲞϬ ⲚⲚⲞⲨⲦⲈ ⲠⲀⲒ̈ ⲈⲦⲞⲨⲘⲞⲨⲦⲈ ⲈⲢⲞϤ ϨⲚ ⲠⲘⲈϨ ⲒⲆ̄ ⲚⲀⲒⲰⲚ ϪⲈ ⲠⲚⲞϬ ⲚⲬⲢ[1] ⲚⲚⲞⲨⲦⲈ ⲈⲞⲨⲆⲨⲚⲀⲘⲒⲤ ϨⲰⲰϤ ⲠⲈ ⲚⲦⲈ ⲠⲈⲒ̈Ⲅ̄ ⲚⲀⲢⲬⲰⲚ ⲚⲦⲈ Ⲡ⊚ ⲚⲀⲒ̈ ⲈⲦⲘⲪⲞⲨⲚ ⲚⲚⲀⲒⲰⲚ ⲦⲎⲢⲞⲨ ⲈⲦⲈ ⲚⲦⲞⲞⲨ ⲚⲈ Ⲡ̄Ⲅ̄ ⲚⲚⲞⲨⲦⲈ ⲈⲦⲘⲂⲞⲖ ⲚⲚⲈ⊡ ⲘⲠ⊚ ⲞⲨⲚ ⲞⲨⲘⲎⲎϢⲈ ⲄⲀⲢ ⲚⲆⲨⲚⲀⲘⲒⲤ ϨⲚ ⲠⲀⲒⲰⲚ ⲈⲦⲘⲘⲀⲨ ⲀⲖⲖⲀ ⲚⲤⲈⲞϢ ⲀⲚ ⲚⲐⲈ ⲚⲚⲈⲦϢⲞⲞⲠ ϨⲚ ⲚⲀⲒⲰⲚ ⲈⲦⲘⲠⲈⲤⲀ ⲚⲂⲞⲖ ⲤⲈⲚⲎⲨ ⲆⲈ ⲈⲂⲞⲖ ϨⲀ ⲦⲈⲦⲚϨⲎ ⲚϬⲒ ⲚⲆⲨⲚⲀⲘⲒⲤ ⲈⲦⲘⲘⲀⲨ ⲈⲨⲞⲨⲰϢ ⲈⲀⲘⲀϨⲦⲈ ⲘⲘⲰⲦⲚ ⲈⲨⲔⲰϨ ⲈⲢⲰⲦⲚ ⲈⲦⲂⲈ Ⲙ⳩ ⲈⲚⲦⲀⲦⲈⲦⲚϪⲒⲦⲞⲨ ϪⲈⲔⲀⲀⲤ ⲈⲨⲈⲔⲀⲦⲈⲬⲈ ⲘⲘⲰⲦⲚ ⲚⲦⲈⲦⲚⲢ ⲚⲈⲒ⳩ ϨⲚ ⲚⲈⲨⲦⲞⲠⲞⲤ ϪⲈⲔⲀⲀⲤ ⲈⲨⲈϪⲒ

[1] Cette lacune empêche malheureusement de savoir quel est ce nom; mais il est probable qu'il faut lire ⲭⲣⲓⲥⲧⲟⲥ ou plutôt ⲭⲣⲥ, ce que semble bien indiquer la barre des abréviations. Cependant, comme ce n'est qu'une probabilité et non une certitude, je n'ai mis dans ma traduction que les lettres du texte.

Dieu invisible, dont nous venons de prononcer les noms depuis le premier (jusqu'au dernier). » Et aussitôt que les noms de l'æon du trésor auront été prononcés ainsi que leurs apologies, les émanations s'écarteront et vous entrerez dans le ciel. Et lorsque vous serez arrivés au quatorzième æon, où se trouve la deuxième grande puissance du Dieu invisible et où se trouve (aussi) le grand que dans le quatorzième æon l'on nomme le grand Chr... Dieu, qui est lui-même une puissance de ces trois archons du trésor qui sont à l'intérieur de tous les æons, et ce sont les trois dieux qui sont à l'extérieur de l'æon du trésor, car il y a une foule de puissances dans cet æon; mais elles ne sont pas aussi nombreuses que celles qui sont dans les æons extérieurs; alors ces puissances viendront au-devant de vous dans le dessein de se saisir de vous, vous portant envie à cause des mystères que vous avez reçus, afin de vous empêcher de

ⲇⲩⲛⲁⲙⲓⲥ ϩⲱⲟⲩ ϩⲛ ⲛⲇⲩⲛⲁⲙⲓⲥ ⲙⲡⲉ⊡ ⲙⲡⲟⲩⲟⲉⲓⲛ ⲁⲛⲟⲕ ⲇⲉ ϯϫⲱ ⲙⲙⲟⲥ ⲛⲏⲧⲛ ϫⲉ ⲥⲫⲣⲁⲅⲓⲍⲉ ⲙⲙⲱⲧⲛ ⲛⲧⲉⲓⲥⲫⲣⲁⲅⲓⲥ ⲡⲁⲓ ⲡⲉ ⲡⲉⲥⲣⲁⲛ ⲍⲱⲉⲍⲱⲍⲏⲓⲁⲍⲁⲍ ⲁϫⲓϥ ⲛⲟⲩⲥⲟⲡ ⲙⲙⲁⲧⲉ ⲁⲩⲱ ⲕⲁ ϯⲯⲏⲫⲟⲥ ϩⲛ ⲛⲉⲧⲛϭⲓϫ ⲏⲱϫⲉ ϣⲙⲟⲩⲛ ⲛϣⲟ ⲙⲛ ϣⲙⲟⲩⲛ ⲛϣⲉ ⲙⲛ ⲥⲉ ⲯⲓⲥ ⲡⲁⲗⲓⲛ ⲟⲛ ⲁϫⲓⲥ ϫⲉ ⲁⲛⲁⲭⲱⲣⲉⲓ ⲛⲏⲧⲛ ⲛⲇⲩⲛⲁⲙⲓⲥ ⲧⲏⲣⲟⲩ ⲙⲡⲙⲉϩ ⲉ̄[1] ⲛⲁϩⲟⲣⲁⲧⲟⲥ ⲛⲛⲟⲩⲧⲉ ϫⲉ ϯⲛⲉⲡⲓⲕⲁⲗⲉⲓ ⲛⲍⲱⲱⲍⲏⲁⲍ ⲁⲭⲱⲏⲍⲱ ⲍⲏⲏⲏⲍⲱⲁⲍⲏⲍ ⲁⲩⲱ[2] ⲥⲉⲛⲁⲥⲟⲕⲟⲩ ⲛⲁⲩ ⲛϭⲓ ⲛⲇⲩⲛⲁⲙⲓⲥ ⲙⲡⲁⲓⲱⲛ ⲉⲧⲙⲙⲁⲩ ⲁⲩⲱ ⲛⲧⲉⲧⲛⲙⲟⲟϣⲉ ⲉⲧⲡⲉ. ⲉⲧⲉⲧⲛϣⲁⲛⲡⲱϩ ⲇⲉ ⲉⲡⲉⲓⲣⲁⲛ ⲙⲡⲉⲓⲅ̄ ⲛⲁⲣⲭⲱⲛ ⲉⲧⲙⲫⲟⲩⲛ ⲛⲛⲉⲓ̈ⲁϩⲟⲣⲁⲧⲟⲥ ⲧⲏⲣⲟⲩ ⲉⲧⲉ ⲛⲧⲟⲟⲩ ⲛⲉ ⲛⲛⲟⲩⲧⲉ ⲙⲡⲉ⊡ ⲙⲡ◎ ⲉⲧⲉ ⲛⲧⲟⲟⲩ ⲛⲉ ⲛⲁⲣⲭⲱⲛ ⲙⲡⲟⲩⲟⲉⲓⲛ ⲥⲉ ⲙⲫⲟⲩⲛ ⲅⲁⲣ ⲛⲛⲁⲓⲱⲛ ⲧⲏⲣⲟⲩ ⲛϭⲓ ⲡ̄ⲅ̄ ⲛⲁⲣⲭⲱⲛ ⲉⲧⲙⲙⲁⲩ ⲁⲩⲱ ⲛⲧⲟⲟⲩ ⲟⲛ

[1] Ce chiffre n'est pas certain; déjà Woïde avait conçu quelques soupçons à cet égard.

[2] Si l'on en juge par les formules ordinaires, il doit y avoir en cet endroit plusieurs lignes d'omises; cependant l'auteur a très bien pu s'écarter pour une fois de ces formules.

faire ces mystères dans leurs lieux, afin qu'elles aussi prennent puissance parmi les puissances de l'æon de la lumière. Pour moi, je vous dis : « Imprimez sur vous ce sceau dont le nom est ⲍⲱⲉⲍⲱⲍⲏⲓⲁⲍⲁⲍ, dites-le une fois seulement et placez dans vos mains ce chiffre 8869, huit mille huit cent soixante-neuf, » et dites encore : « Retirez-vous toutes, vous, puissances du cinquième (?) Dieu invisible; car nous invoquons ⲍⲱⲱⲍⲏⲁⲍ, ⲁⲭⲱⲏⲍⲱ, ⲍⲏⲏⲏⲍⲱⲁⲍⲏⲍ. » Et alors les puissances de cet æon s'écarteront et vous entrerez dans le ciel. Et lorsque vous aurez achevé ces noms des trois archons qui se trouvent à l'intérieur de tous ces invisibles et qui sont les dieux à triple puissance qui se trouvent à l'extérieur de l'æon du trésor; et ce sont les archons de la lumière, car à l'intérieur de tous les æons se trouvent ces trois archons, et ce sont eux qui sont

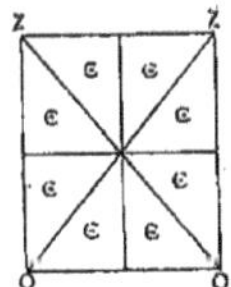

ⲚⲦⲢⲒⲆⲨⲚⲀⲘⲞⲤ ⲈⲦⲘⲠⲂⲞⲖ ⲈⲦⲘⲠⲂⲞⲖ ⲚⲚⲈ⊡ ⲦⲎⲢⲞⲨ ⲤⲈⲞⲨⲞⲦⲂ ⲈⲚⲞⲨⲦⲈ ⲚⲒⲘ ⲈⲦϨⲚ ⲚⲀⲒⲰⲚ ⲦⲎⲢⲞⲨ. ⲈⲦⲈⲦⲚϢⲀⲚⲠⲰϨ ⲆⲈ ⲈⲠⲦⲞⲠⲞⲤ ⲈⲦⲘⲘⲀⲨ ⲤⲈⲚⲀⲚⲀⲨ ⲈⲢⲰⲦⲚ ⲈⲀⲦⲈⲦⲚϪⲒ ⲚⲈⲒ̈ⲘⲢ̅ ⲚⲦⲞⲞⲨ ϨⲰⲞⲨ ⲞⲚ ⲀⲨϪⲒ ⲘⲘⲢ̅ ⲘⲠⲈ⊡ ⲘⲠⲞⲨⲞⲈⲒⲚ ⲈⲂⲞⲖϪⲈ ⲚⲦⲈⲢⲈⲤⲈⲒ ⲈⲂⲞⲖ ⲚϬⲒ ⲦⲆⲨⲚⲀⲘⲒⲤ ⲚϨⲞⲨⲈⲒ̈ⲦⲈ ⲚϢⲞⲢⲠ ⲚⲈ ⲚⲀⲒ̈ ⲚⲦⲀⲨϬⲰ ⲚϨⲎⲦⲤ ⲀⲨⲰ ⲞⲚ ⲚⲦⲈⲢⲞⲨⲈⲒ̈ ⲈⲠⲈⲤⲎⲦ ⲀⲨⲔⲎⲢⲨⲤⲤⲈ ⲚⲀⲨ ⲚⲦⲘⲚⲦⲈⲢⲞ ⲘⲠⲞⲨⲞⲈⲒⲚ ⲀⲒϮ ⲚⲀⲨ ϨⲰ ⲞⲚ ⲚⲚⲈⲒ̈ⲘⲢ̅ ⲈⲚⲦⲀⲒ̈ⲦⲀⲀⲨ ⲚⲎⲦⲚ ⲀⲖⲖⲀ ⲘⲠⲒϮ ⲚⲀⲨ ⲘⲘⲢ̅ ⲘⲠⲔⲀ ⲚⲞⲂⲈ ⲈⲂⲞⲖ ⲈⲦⲂⲈ ⲠⲀⲒ̈ ⲘⲠⲀⲦⲞⲨϪⲒⲦⲞⲨ ⲈϨⲞⲨⲚ ⲈⲠⲈⲐⲎⲤⲀⲨⲢⲞⲤ ⲘⲠⲞⲨⲞⲈⲒⲚ ϪⲈ ⲘⲠⲀⲦⲞⲨϪⲒ ⲘⲠⲘⲢ̅ ⲘⲠⲔⲀ ⲚⲞⲂⲈ ⲈⲂⲞⲖ ⲈⲦⲂⲈ ⲠⲀⲒ ϬⲈ ϮϪⲰ ⲘⲘⲞⲤ ⲚⲎⲦⲚ ϪⲈ ⲈⲒϢⲀⲚⲈⲒ ⲘⲠⲂⲞⲖ[1] ⲚⲚⲀⲒⲰⲚ ⲦⲎⲢⲞⲨ ϮⲚⲀϮ ⲘⲠⲘⲢ̅ ⲘⲠⲔⲀ ⲚⲞⲂⲈ ⲈⲂⲞⲖ ⲘⲠⲈⲒ̈Ⲅ̅ ⲚⲀⲢⲬⲰⲚ ⲚⲦⲈ ⲠⲞⲨⲞⲈⲒⲚ ⲚⲀⲒ ⲈⲦϢⲞⲞⲠ ⲘⲪⲀⲈ ⲚⲚⲀⲒⲰⲚ ⲦⲎⲢⲞⲨ ⲈⲂⲞⲖϪⲈ ⲀⲨⲠⲒⲤⲦⲈⲨⲈ ⲈⲠⲘⲢ̅ ⲚⲦⲘⲚⲦⲈⲢⲞ ⲘⲠⲞⲨⲞⲈⲒⲚ. ⲈⲦⲈⲦⲚϢⲀⲚⲠⲰϨ ⲆⲈ ⲈⲠⲦⲞⲠⲞⲤ ⲈⲦⲘⲘⲀⲨ ⲤⲈⲚⲀⲚⲀⲨ ⲈⲢⲰⲦⲚ

LE PAPYRUS GNOSTIQUE BRUCE.

[1] Ces trois lettres ont semblé incertaines à Woïde, qui a écrit ⲉⲓⲛ ϭⲱⲗ. La restitution est certaine, mais peut-être faut-il lire simplement ⲉⲓ ⲛⲃⲟⲗ.

à l'extérieur de tous les æons, supérieurs à tous les dieux qui sont dans tous les æons; lorsque vous serez arrivés en ce lieu, ils verront que vous avez reçu ces mystères : eux aussi, ils ont reçu le mystère de l'æon de la lumière; car, lorsque tout d'abord la première puissance descendit, ce furent eux qui demeurèrent en elle; et, lorsqu'ils descendirent aussi, on leur annonça le royaume de la lumière. Je leur donnai aussi ces mystères que je vous ai faits; mais je ne leur donnai pas le mystère de remettre les péchés. C'est pourquoi ils n'avaient pas été reçus dans le trésor de la lumière, parce qu'ils n'avaient pas reçu le mystère de remettre les péchés. C'est pourquoi je vous dis que, lorsque je serai hors de tous les æons, je donnerai le mystère de remettre les péchés à ces trois archons de la lumière qui sont les derniers de tous les æons, parce qu'ils ont cru au mystère du royaume de la lumière. Et lorsque vous serez arrivés en ce lieu et qu'ils auront vu que vous possédez tous ces mystères, à l'ex-

IMPRIMERIE NATIONALE.

ⲉⲁⲧⲉⲧⲛϫⲓ ⲛⲛⲉⲓⲙⲩ̄ⲥ̄ ⲧⲏⲣⲟⲩ ϣⲁⲧⲛ ⲡⲙⲩ̄ⲥ̄ ⲙⲡⲕⲁ ⲛⲟⲃⲉ ⲉⲃⲟⲗ ⲥⲉⲛⲁⲁⲙⲁϩⲧⲉ ⲙⲙⲱⲧⲛ ϩⲙ ⲡⲧⲟⲡⲟⲥ ⲉⲧⲙⲙⲁⲩ ⲉⲃⲟⲗϫⲉ ⲉⲙⲡⲁⲧⲟⲩϫⲓ ⲙⲡⲙⲩ̄ⲥ̄ ⲙⲡⲕⲁ ⲛⲟⲃⲉ ϫⲉⲕⲁⲁⲥ ⲉⲧⲉⲧⲛⲉⲓⲣⲉ ⲛⲙⲙⲁⲩ[1]... ⲛⲛⲉϊⲙⲩ̄ⲥ̄ ⲉⲛⲧⲁⲧⲉⲧⲛϫⲓⲧⲟⲩ. ⲉⲧⲃⲉ ⲡⲁϊ ϭⲉ ϯϫⲱ ⲙⲙⲟⲥ ⲛⲏⲧⲛ ϫⲉ ⲙⲛ ϣϭⲟⲙ ⲉⲧⲣⲉⲧⲛⲃⲱⲕ ⲉⲡⲉⲩϩⲟⲩⲛ ϣⲁⲛⲧⲉⲧⲛϫⲓ ⲙⲡⲙⲩ̄ⲥ̄ ⲙⲡⲕⲁⲛⲟⲃⲉ ⲉⲃⲟⲗ ⲛϣⲟⲣⲡ. ⲙⲡⲣⲣ ϩⲟⲧⲉ ϭⲉ ϫⲉ ⲁⲓϫⲟⲟⲥ ⲛⲏⲧⲛ ϫⲉ ⲙⲛ ϣϭⲟⲙ ⲉⲧⲣⲉⲧⲛⲃⲱⲕ ⲉⲡⲉⲛⲙⲡⲟⲩⲟⲉⲓⲛ ϣⲁⲛⲧⲉⲧⲛϫⲓ ⲙⲡⲙⲩ̄ⲥ̄ ⲙⲡⲕⲁ ⲛⲟⲃⲉ ⲉⲃⲟⲗ ⲁⲗⲗⲁ ⲥⲉⲛⲁⲕⲁⲧⲉⲭⲉ ⲙⲙⲱⲧⲛ ϩⲙ ⲡⲧⲟⲡⲟⲥ ⲙⲡϣⲟⲙⲛⲧ ⲛⲁⲣⲭⲱⲛ ⲛⲧⲉ ⲡⲟⲩⲟⲉⲓⲛ ⲉⲧⲉ ⲡⲁϊ ϭⲉ ϯϫⲱ ⲙⲙⲟⲥ ⲛⲏⲧⲛ ϫⲉ ⲙⲛ ⲕⲟⲗⲁⲥⲧⲏⲣⲓⲟⲛ ϩⲛ ⲛⲧⲟⲡⲟⲥ ⲉⲧⲙⲙⲁⲩ ⲉⲃⲟⲗϫⲉ ⲁⲩϫⲓ ⲙⲡⲙⲩ̄ⲥ̄ ⲛϭⲓ ⲛⲁ ⲡⲧⲟⲡⲟⲥ ⲉⲧⲙⲙⲁⲩ ⲟⲩⲇⲉ ⲙⲛ ϣϭⲟⲙ ⲉⲧⲣⲉⲩⲕⲟⲗⲁⲍⲉ ⲙⲙⲱⲧⲛ ϩⲛ ⲛⲧⲟⲡⲟⲥ ⲉⲧⲙⲙⲁⲩ ⲁⲗⲗⲁ ⲉⲩⲛⲁⲁⲙⲁϩⲧⲉ ⲙⲙⲱⲧⲛ ϩⲛ ⲛⲧⲟⲡⲟⲥ ⲉⲧⲙⲙⲁⲩ ϣⲁⲛⲧⲉⲧⲛϫⲓ ⲙⲡⲙⲩ̄ⲥ̄ ⲙⲡⲕⲁ ⲛⲟⲃⲉ ⲉⲃⲟⲗ ⲥⲫⲣⲁⲅⲓⲍⲉ ⲙⲙⲱⲧⲛ ⲛⲧⲉϊ-

[1] Le texte porte seulement ⲛⲙⲙⲁ... Je ne crois pas me tromper en ajoutant le suffixe de la troisième personne du pluriel, que le sens semble exiger, car les trois æons doivent faire exécuter aux gnostiques les mystères en question, afin de s'assurer que ceux-ci les ont effectivement reçus.

ception du mystère de remettre les péchés, ils se saisiront de vous en ce lieu parce que vous n'avez pas reçu le mystère de remettre les péchés, afin que vous leur fassiez ces mystères que vous avez reçus. C'est pourquoi je vous dis que vous ne pouvez pas entrer en l'intérieur de leur (æon) jusqu'à ce que vous ayez reçu le mystère de remettre les péchés auparavant. Ne craignez pas si je vous ai dit que vous ne pouvez pas entrer dans le lieu de la lumière avant d'avoir reçu le mystère de remettre les péchés; mais vous resterez dans le lieu des trois archons de la lumière, et je vous dis qu'il n'y a dans ces lieux aucun châtiment, parce que ceux qui habitent ce lieu ont reçu les mystères, et ils ne peuvent point vous faire endurer de tourments en ce lieu; mais ils vous retiendront en ce lieu jusqu'à ce que vous ayez reçu le mystère de remettre les péchés. Imprimez sur

ⲤⲪⲢⲀⲄⲒⲤ ⲠⲀЇ ⲠⲈ ⲠⲈⲤⲢⲀⲚ ⲌⲰⲰⲈⲌⲰⲎⲌⲀⲒⲰ ⲀϪⲒϤ ⲚⲞⲨⲤⲞⲠ ⲘⲘⲀⲦⲈ

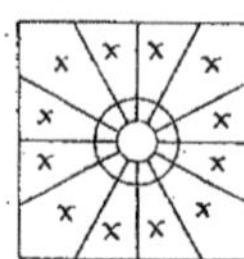

ⲀⲨⲰ ⲀⲘⲀϨⲦⲈ ⲚⲦⲈⲒⲮⲎⲪⲞⲤ ϨⲚ ⲚⲈⲦⲚϬⲒϪ ⲈⲪⲚⲈ ⲈⲦⲈⲦⲚϢⲀⲚⲞⲨⲰ ⲆⲈ ⲈⲦⲈⲦⲚⲤⲪⲢⲀⲄⲒⲌⲈ ⲘⲘⲰⲦⲚ ⲚⲦⲈⲒⲤⲪⲢⲀⲄⲒⲤ ⲈⲀⲦⲈⲦⲚⲦⲀⲨⲈ ⲠⲈⲤⲢⲀⲚ ⲚⲞⲨⲤⲞⲠ ⲘⲘⲀⲦⲈ ⲀϪⲒ ⲚⲈЇⲀⲠⲞⲖⲞⲄⲒⲀ ϨⲰⲰϤ ϪⲈ ⲦⲚⲈⲠⲒⲔⲀⲖⲈⲒ ⲘⲘⲰⲦⲚ ⲌⲰⲈⲌⲎⲀⲌⲈⲬⲰⲈⲌⲰⲎ ⲰⲈⲌⲎⲀⲌ ⲈⲒⲰⲌⲎⲀⲰ ⲌⲀⲌⲎⲰ ⲌⲀⲌⲎⲰⲌⲰ. ⲈⲦⲈⲦⲚϢⲀⲚⲞⲨⲰ ⲈⲦⲈⲦⲚⲈⲠⲒⲔⲀⲖⲈⲒ ⲚⲚⲈЇⲢⲀⲚ ϢⲀⲨⲤⲞⲨⲚ ⲦⲎⲨⲦⲚ ⲚϬⲒ ⲘⲠⲀⲢⲀⲖⲎⲘⲠⲦⲰⲢ ⲚⲚⲦⲞⲠⲞⲤ ⲈⲦⲘⲘⲀⲨ ⲚⲤⲈϢⲈⲠ ⲦⲎⲨⲦⲚ ⲈⲢⲞⲞⲨ ⲈⲂⲞⲖ ϪⲈ ⲀⲦⲈⲦⲚ

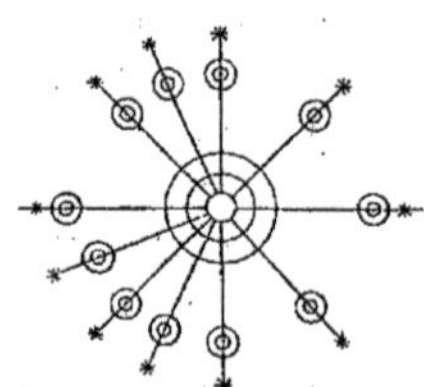

. . . .

. . . . ⲦⲀЇ ⲦⲈ[1] ⲦⲈⲤⲪⲢⲀⲄⲒⲤ ⲠⲀⲖⲒⲚ ⲞⲚ ⲀϪⲒ ⲠⲈⲒⲔⲈⲢⲀⲚ ϨⲰⲰϤ ⲚϢⲞⲘⲚⲦ ⲚⲤⲞⲠ ⲎⲎⲌⲞⲘⲀⲌⲀ ⲌⲰⲀⲖⲀⲰⲌⲀⲎⲌⲀⲨⲰ ϢⲀⲢⲈ ⲚⲦⲀⲜⲒⲤ ⲘⲚ ⲚⲔⲀⲦⲀ-

[1] Il y a ici une lacune dont je ne peux indiquer l'importance, car il n'y a aucun moyen de l'apprécier.

---

vous ce sceau dont le nom est ⲌⲰⲰⲈⲌⲰⲎⲌⲀⲒⲰ, dites-le une fois seulement, prenez dans vos mains ce chiffre 5555, cinq mille cinq cent cinquante-cinq. Lorsque vous aurez achevé d'imprimer sur vous ce sceau et que vous en aurez prononcé le nom une fois seulement, dites aussi ces apologies : « Nous vous invoquons ⲌⲰⲈⲌⲎⲀⲌⲈⲬⲰⲈⲌⲰⲎ, ⲰⲈⲌⲀⲎⲀⲌ, ⲈⲒⲰⲌⲎⲀⲰ, ⲌⲀⲌⲎⲰ, ⲌⲀⲌⲎⲰⲌⲰ. »

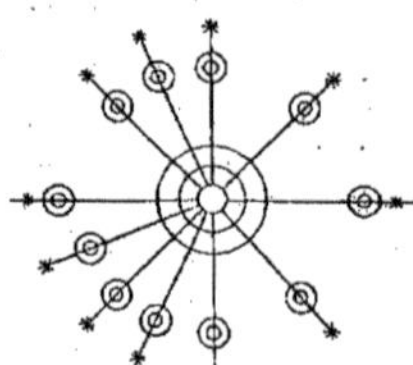

Lorsque vous aurez achevé d'invoquer ces noms, les ⲠⲀⲢⲀⲖⲎⲘⲠⲦⲰⲢ de ces lieux vous connaîtront et vous recevront à eux parce que vous avez . . . .

. . . . Voici le sceau : dites aussi trois fois cet autre nom ⲎⲎⲌⲀⲘⲀⲌⲀⲰⲀⲖⲀⲰⲌⲎⲎⲌ, et les hiérarchies et le

ⲡⲉⲧⲁⲥⲙⲁ ⲥⲟⲕⲟⲩ ⲛⲁⲩ ϣⲁⲛⲧⲉⲧⲛⲃⲱⲕ ⲉⲡⲧⲟⲡⲟⲥ ⲙⲡⲉϊⲱⲧ ⲛϥϯ ⲧⲟ ⲛⲧⲉⲧⲛⲙⲟⲟϣⲉ ⲉϩⲟⲩⲛ ϣⲁⲛⲧⲉⲧⲉⲛⲡⲱϩ ⲉⲧⲡⲩⲗⲏ ⲛϩⲟⲩⲛ ⲙⲡⲉⲩⲑⲏⲥⲁⲩⲣⲟⲥ ⲛⲧⲉ ⲛⲉⲫⲩⲗⲁⲝ ⲉⲧⲙⲙⲁⲩ ⲛⲥⲉⲛⲁⲩ ⲉⲧⲉⲥⲫⲣⲁⲅⲓⲥ ⲙⲡⲉⲩⲉⲓⲱⲧ ⲛⲥⲉⲥⲟⲕⲟⲩ ⲛⲁⲩ ϫⲉ ⲁⲩⲥⲟⲩⲱⲛⲥ ϣⲁⲛⲧⲉⲧⲛⲕⲱ ⲡⲕⲉⲧⲟⲡⲟⲥ ⲉⲧⲙⲡⲉϥϩⲟⲩⲛ. . . ⲡⲁϊ ϭⲉ ⲡⲉ ⲡϭⲓ ⲛⲕⲱ ⲉϩⲣⲁϊ ⲙⲡⲉⲓⲑⲏⲥⲁⲩⲣⲟⲥ ⲙⲛ ⲛⲉⲧⲛϩⲏⲧϥ ⲭⲱⲣⲓⲥ ⲛⲉⲧⲛⲁ ϣⲱⲡⲉ ⲛϩⲏⲧϥ. ⲉⲓⲥϩ[ⲏ]ⲏⲧⲉ ϭⲉ ⲁϊϫⲱ ⲉⲣⲱⲧⲛ ⲙⲡⲕⲱ ⲉϩⲣⲁϊ ⲛⲛⲉⲑⲏⲥⲁⲩⲣⲟⲥ ⲧⲏⲣⲟⲩ ϫⲓⲛ ⲡⲉⲑⲏⲥⲁⲩⲣⲟⲥ ⲙⲡⲛⲟⲩⲧⲉ ⲛⲧⲁⲗⲏⲑⲓⲁ ⲉⲧⲉ ⲡⲉϥⲣⲁⲛ ⲡⲉ ⲡⲁϊ ⲓⲟⲁⲓⲉⲱⲑⲱⲩⲓⲭⲱⲁⲙⲓⲱ ϣⲁ ⲡⲉⲑⲏⲥⲁⲩⲣⲟⲥ ⲛⲱⲁⲍⲁⲏⲍⲱ ⲉⲓⲥϩⲏⲏⲧⲉ ϭⲉ ⲁϊϫⲉ ⲡⲉⲩⲕⲱ ⲉϩⲣⲁϊ ⲉⲣⲱⲧⲛ ⲧⲏⲣⲟⲩ ⲭⲱⲣⲓⲥ ⲛⲉⲧⲛⲁϣⲱⲡⲉ ⲛϩⲏⲧⲟⲩ ⲧⲏⲣⲟⲩ ⲉⲩϣⲁⲛϩⲩⲙⲛⲉⲩⲉ ⲉⲡⲁⲉⲓⲱⲧ ⲉⲧⲣⲉϥϯ ⲇⲩⲛⲁⲙⲓⲥ ⲛⲟⲩⲟⲉⲓⲛ ⲛⲁⲩ. ⲧⲟⲧⲉ ⲡⲉϫⲉ ⲙⲙⲁⲑⲏⲧⲏⲥ ⲛⲓ̅ⲥ̅ ⲛⲁϥ ϫⲉ ⲡⲉⲛϫⲟ[ⲉ]ïⲥ ⲉïⲉ ⲛⲧⲁ ⲛⲉⲓⲧⲟⲡⲟⲥ ⲧⲏⲣⲟⲩ ϣⲱⲡⲉ ⲉⲧⲃⲉ

---

firmament[1] s'écarteront (devant vous), jusqu'à ce que vous arriviez au lieu où se trouve le père qui vous accordera d'entrer jusqu'à l'ouverture[2] de la porte de leur trésor. Lorsque les gardiens qui sont en cet endroit auront vu le sceau de leur père, ils se retireront, car ils le connaissent, jusqu'à ce que vous quittiez aussi le lieu qui se trouve à l'intérieur. Telle est la description de ce trésor et de ceux qui l'habitent, en faisant exception de ceux qui l'habiteront plus tard. Voici que je vous ai dit la description de tous les trésors, depuis le trésor du Dieu de vérité, dont le nom est ⲓⲟⲁⲓⲉⲱⲑⲱⲩⲓⲭⲱⲁⲙⲓⲱ, jusqu'au trésor ⲱⲁⲍⲁⲏⲍⲱ; voici que je vous ai dit leur description à tous sans compter ceux qui y seront (dans la suite), s'ils chantent un hymne à la louange de mon Père, afin qu'il leur donne la puissance lumineuse. »

(1) Pour les gnostiques, ainsi que pour une grande partie des philosophes et des peuples de l'antiquité, le firmament n'était qu'un voile étendu au-dessus de la terre. Lorsque l'auteur du psaume 103 dit : « Le Seigneur a étendu le firmament comme une tente, » il n'emploie pas seulement une image poétique, mais il exprime les idées cosmographiques ayant cours de son temps.

(2) Mot à mot : la scission de la porte, ce qui est évidemment l'ouverture.

ⲟⲩ ⲏ ⲙⲙⲟⲛ ⲛⲧⲁ ⲛⲉⲓ̈ⲙⲛⲧⲉⲓⲱⲧ ⲉⲧⲛϩⲏⲧⲟⲩ ϣⲱⲡⲉ ⲉⲧⲃⲉ ⲟⲩ ⲙⲛ ⲛⲉⲩⲕⲉⲧⲁⲝⲓⲥ ⲧⲏⲣⲟⲩ ⲛⲧⲁⲩϣⲱⲡⲉ ⲉⲧⲃⲉ ⲟⲩ ⲛϩⲱⲃ ⲏ ⲙⲙⲟⲛ ⲁⲛⲟⲛ ⲛⲧⲁⲛⲁϩⲉⲣⲁⲧⲛ ⲉⲧⲃⲉ ⲟⲩ ⲛϩⲱⲃ. ⲡⲉϫⲉ ⲓ︦ⲥ︦ ⲛⲁⲩ ϫⲉ ⲛⲧⲁⲩϣⲱⲡⲉ ⲉⲧⲃⲉ ⲡⲉⲓ̈ⲕⲟⲩⲓ̈ ⲙⲙⲉⲉⲩⲉ ⲉⲧⲁ ⲡⲓⲱⲧ ϣⲟϫⲡϥ ⲉⲡⲁϩⲟⲩ ⲉⲙⲡϥⲥⲟⲕϥ ⲉⲣⲟϥ ⲁϥⲥⲟⲕϥ ⲉⲣⲟϥ ⲧⲏⲣϥ ⲙⲁⲧⲛ ⲡⲉⲓ̈ⲕⲟⲩⲓ̈ ⲙⲙⲉⲉⲩⲉ ⲉⲛⲧⲁϥⲕⲁⲁϥ ⲉⲡⲁϩⲟⲩ ⲉⲙⲡϥⲥⲟⲕϥ ⲉⲣⲟϥ ⲁⲓ̈ⲃⲟⲩⲃⲟⲩ ϩⲣⲁⲓ̈ ϩⲙ ⲡⲉⲓ̈ⲕⲟⲩⲓ̈ ⲙⲙⲉⲉⲩⲉ ⲉⲩⲉⲃⲟⲗϩⲓⲧⲛ ⲡⲁⲓ̈ⲱⲧ ⲡⲉ ⲁⲓ̈ⲃⲣⲃⲣ ⲁⲩⲱ ⲁⲓ̈ⲡⲱⲛⲉ ϩⲣⲁⲓ̈ ⲛϩⲏⲧϥ ⲁⲓ̈ⲃⲟⲩⲃⲟⲩ ϩⲣⲁⲓ̈ ⲛϩⲏⲧϥ ⲁϥⲡⲣⲟⲃⲁⲗⲗⲉ ⲙⲙⲟⲓ̈ ⲉⲃⲟⲗ ⲉⲁⲛⲟⲕ ⲡⲉ ⲡϣⲟⲣⲡ ⲙⲡⲣⲟⲃⲟⲗⲏ ⲉⲃⲟⲗ ⲛϩⲏⲧϥ ⲉⲁⲛⲟⲕ ⲡⲉ ⲡⲉϥⲉⲓⲛⲉ ⲧⲏⲣϥ ⲙⲛ ⲧⲉϥϩⲉⲓⲕⲱⲛ ⲉⲁϥⲡⲣⲟⲃⲁⲗⲗⲉ ⲙⲙⲟⲓ̈ ⲉⲃⲟⲗ ⲁⲓ̈ⲁϩⲉⲣⲁⲧ ⲙ-

---

Alors les disciples dirent à Jésus : « Ô notre Seigneur, pourquoi donc existent tous ces lieux ? ou plutôt ces *paternités* qui sont en eux, pourquoi existent-elles? ainsi que toutes les hiérarchies qui s'y trouvent, pourquoi existent-elles? ou nous-mêmes, pourquoi existons-nous? » Jésus leur répondit : « Ce qui existe à cause de cette petite Pensée [1], le Père l'a laissé en arrière, il ne l'a point attiré vers lui ; il a attiré tout à lui à l'exception de [2] cette petite Pensée, qu'il a laissée en arrière et qu'il n'attire pas : j'ai resplendi dans cette petite Pensée, qui était restée en dehors de mon Père, je me suis élancé comme un jet d'eau, je me suis tourné vers elle, j'ai resplendi en elle, elle m'a fait émaner et je suis la première des émanations sorties d'elle. Je suis son image et sa ressemblance, puisqu'elle m'a fait émaner d'elle-même. Je me

[1] Woïde a ⲟⲩⲁ ⲡⲓⲱⲧ. Peut-être y a-t-il une lacune ou le texte est-il fautif. La lacune n'est pas indiquée sur la copie de Woïde, et le papyrus n'est ici d'aucun secours. Dans l'un ou l'autre cas, qu'il y ait lacune ou que le texte soit fautif, je ne me rends pas très bien compte de la présence et du rôle du mot ⲟⲩⲁ. La correction doit être bonne.

[2] Je rends par *à l'exception de* le mot ⲙⲁⲧ suivi de la préposition ⲛ. Si le texte n'est pas fautif, ce mot ne se trouve pas dans les lexiques. Je le rapproche du mot ⲙⲁⲩⲁⲁⲧ, seul. Le sens demande évidemment que l'on fasse une exception pour cette petite Pensée, qui seule n'est pas attirée, parce qu'elle ne peut pas l'être, n'étant pas dépendante, étant seulement un peu inférieure, en tant que principe passif en présence du principe actif.

ⲡⲉϥⲙⲧⲟ ⲉⲃⲟⲗ. ⲡⲁⲗⲓⲛ ⲁ ⲡⲉⲓ̈ⲕⲟⲩⲓ̈ ⲙⲙⲉⲉⲩⲉ ⲛⲁϥⲃⲟⲩⲃⲟⲩ ⲉϩⲣⲁⲓ̈ ⲁϥϯ ⲛⲕⲉϩⲣⲟⲟⲩ ⲉⲃⲟⲗ ⲉⲧⲉ ⲛⲧⲟϥ ⲡⲉ ⲡⲙⲉϩ ⲃ̅ ⲛϩⲣⲟⲟⲩ ⲁϥϣⲱⲡⲉ ⲛⲛⲉⲓ̈ⲧⲟⲡⲟⲥ ⲧⲏⲣⲟⲩ ⲙⲛⲛⲥⲱⲥ ⲉⲧⲉ ⲛⲧⲟⲥ ⲧⲉ ⲧⲙⲉϩ ⲥⲛⲧⲉ ⲙⲡⲣⲟⲃⲟⲗⲏ. ⲡⲁⲗⲓⲛ ⲟⲛ ⲁⲥⲙⲟⲟϣⲉ ⲉⲃⲟⲗ ⲛⲥⲁ ⲛⲉⲥⲉⲣⲏⲩ ⲁⲥϣⲱⲡⲉ ⲛⲛⲉⲓ̈ⲧⲟⲡⲟⲥ ⲧⲏⲣⲟⲩ ⲉⲩⲙⲟⲟϣⲉ ⲉⲃⲟⲗ ⲛⲥⲁ ⲛⲉⲩⲉⲣⲏⲩ ⲁϥⲧⲣⲉⲩϣⲱⲡⲉ ⲛⲛⲉⲓ̈ⲧⲟⲡⲟⲥ ⲧⲏⲣⲟⲩ. ⲡⲁⲗⲓⲛ ⲛⲁϥϯ ⲙⲡⲙⲉϩ ⲅ̅ ⲛϩⲣⲟⲟⲩ ⲉⲃⲟⲗ ⲁϥⲧⲣⲉⲥⲕⲓⲙ ⲉⲧϭⲟⲙ ⲛⲛⲉ▣ ⲁϥⲧⲣⲉⲩϣⲱⲡⲉ ⲛⲛⲉⲓ̈ⲁⲡⲏⲩⲉ ⲧⲏⲣⲟⲩ ⲕⲁⲧⲁ ⲧⲟⲡⲟⲥ ⲁⲩⲁϩⲉⲣⲁⲧⲟⲩ ⲕⲁⲧⲁ ⲛⲧⲟⲡⲟⲥ ⲧⲏⲣⲟⲩ ϫⲓⲛ ⲙⲡϣⲟⲣⲡ ϣⲁ ϩⲣⲁⲓ̈ ⲉⲫⲁⲉ ⲙⲙⲟⲟⲩ ⲧⲏⲣⲟⲩ. ⲛⲧⲟϥ ϩⲱⲱϥ ⲟⲛ ⲡⲁⲓ̈ⲱⲧ ⲁϥⲕⲓⲙ ⲉⲛⲉⲓ̈ⲁⲡⲏⲩⲉ ⲧⲏⲣⲟⲩ ⲁϥⲧⲣⲉ ⲡⲟⲩⲁ ⲡⲟⲩⲁ ⲡⲣⲟⲃⲁⲗⲗⲉ ⲉⲃⲟⲗ ⲙⲓ̅ⲃ̅ ⲙⲡⲣⲟⲃⲟⲗⲏ ⲁϥⲥⲟⲣⲟⲩ ⲉⲃⲟⲗϩⲛ ⲛⲉⲓ̈ⲧⲟⲡⲟⲥ ϫⲓⲛ ⲙⲡϣⲟⲣⲡ ϣⲁ ϩⲣⲁⲓ̈ ⲉⲫⲁⲉ ⲙⲙⲟⲟⲩ ⲧⲏⲣⲟⲩ ⲛⲛⲉⲑⲏⲥⲁⲩⲣⲟⲥ. ⲛⲧⲱⲧⲛ ϩⲱⲧⲧⲏⲩⲧⲛ ⲛⲁⲙⲁⲑⲏⲧⲏⲥ ⲁⲓ̈ϥⲓ ⲧⲏⲩⲧⲛ ϩⲣⲁⲓ̈ ϩⲛ ⲛⲧⲟⲡⲟⲥ ⲛⲛⲁ ⲡⲥⲁ ⲛϩⲟⲩⲛ ⲉⲧⲉ ⲛⲟ (*sic*) ⲛⲟⲩⲧⲁⲝⲓⲥ ϫⲉⲕⲁⲁⲥ ⲉⲧⲉⲧⲛⲙⲟⲟϣⲉ ⲛⲙⲙⲁⲓ̈ ϩⲛ ⲧⲟⲡⲟⲥ ⲉⲧ-

---

tins en sa présence. De nouveau, la petite Pensée resplendit; elle fit entendre un autre cri, qui est le second : ce cri se fit entendre dans tous les mondes, et ensuite se fit la seconde émanation. A son tour, cette seconde émanation sortit elle-même à la suite de ses semblables; elle exista dans tous les mondes qui étaient sortis à la suite de leurs semblables. La petite Pensée fit exister tous ces mondes. De nouveau elle poussa un troisième cri, elle fit mouvoir l'émanation vers la vertu des æons, elle fit exister tous les princes selon le monde (auquel ils devaient appartenir), et tous se tinrent dans leurs mondes respectifs, depuis le premier jusqu'au dernier d'entre eux. Mon Père lui-même mit en mouvement tous ces chefs : une à une, il fit émaner les douze émanations et les distribua dans les mondes depuis le premier jusqu'au dernier de tous les trésors [1]. Vous-mêmes, ô mes disciples, je vous ai

[1] Ce passage permettrait peut-être de déterminer le sens qu'a dans notre texte le mot trésor : ce mot ne signifierait rien autre chose que les hiérarchies contenues dans les trois mondes, ou simplement dans le monde supérieur de chaque æon. Les paroles qui suivent semblent en effet le supposer.

ⲁⲓⲛⲁⲃⲱⲕ (*sic*) ⲉⲣⲟⲟⲩ ⲉⲧⲣⲉⲧⲉⲧⲛⲇⲓⲁⲕⲟⲛⲉⲓ ⲛⲁï ϩⲛ ⲛⲧⲟⲡⲟⲥ ⲧⲏⲣⲟⲩ ⲉϯⲛⲁⲃⲱⲕ ⲉⲣⲟⲟⲩ ⲛⲧⲁⲙⲟⲩⲧⲉ ⲉⲣⲱⲧⲛ ϫⲉ [ⲛⲁ]ⲙⲁⲑⲏⲧⲏⲥ. ⲧⲉⲛⲟⲩ ϭⲉ ⲉⲧⲉⲧⲛϣⲁⲛⲉî ⲉⲃⲟⲗϩⲛ ⲛⲉïⲧⲟⲡⲟⲥ ⲧⲏⲣⲟⲩ ⲁϫⲓ ⲛⲉⲓⲣⲁⲛ ⲉⲛⲧⲁⲓ ϫⲟⲟⲥ ⲉⲣⲱⲧⲛ ⲙⲛ ⲛⲉⲩⲥⲫⲣⲁⲅⲓⲥ ⲉⲧⲣⲉⲧⲛⲥⲫⲣⲁⲅⲓⲍⲉ ⲙⲙⲱⲧⲛ ⲙⲙⲟⲟⲩ ⲁⲩⲱ ⲛⲧⲉⲧⲛϫⲓ ⲙⲡⲣⲁⲛ ⲛⲛⲉⲥⲫⲣⲁⲅⲓⲥ ⲉⲣⲉ ⲧⲉⲩⲯⲏⲫⲟⲥ ϩⲛ ⲧⲉⲧⲛϭⲓϫ ⲁⲩⲱ ϣⲁⲣⲉ ⲛⲉⲫⲩⲗⲁⲝ ⲙⲛ ⲛⲧⲁⲝⲓⲥ ⲙⲛ ⲛⲕⲁⲧⲁⲡⲉⲧⲁⲥⲙⲁ ϣⲁⲩⲥⲟⲕⲟⲩ ⲛⲁⲩ ϣⲁⲛⲧⲉⲧⲛⲃⲱⲕ ⲉⲡⲧⲟⲡⲟⲥ ⲙⲡⲉⲩⲉîⲱⲧ ⲡⲁⲗⲓⲛ ⲟⲛ ⲛⲧⲉⲧⲛϫⲓⲟⲟⲣ ⲙⲙⲟⲟⲩ ⲉϩⲟⲩⲛ ⲧⲏⲣⲟⲩ ⲉⲛⲧⲟⲡⲟⲥ ⲛⲛⲁ ⲡⲥⲁ ⲛϩⲟⲩⲛ ϩⲉⲱⲥ ϣⲁⲛⲧⲉⲧⲛⲃⲱⲕ ⲉⲡⲧⲟⲡⲟⲥ ⲙⲡⲛⲟⲩⲧⲉ ⲛⲧⲁⲗⲏⲑⲉⲓⲁ ⲧⲁⲓ ϭⲉ ⲧⲉ ⲧϭⲓ ⲛⲕⲱ ⲉϩⲣⲁⲓ ⲧⲏⲣⲥ ⲛⲛⲉⲑⲏⲥⲁⲩⲣⲟⲥ ⲉⲛⲧⲁïⲟⲩⲱ ⲉïⲥⲱⲣ ⲙⲙⲟⲟⲩ ⲛⲏⲧⲛ ⲉⲃⲟⲗ. ⲧⲟⲧⲉ ⲡⲉϫⲉ ⲙⲙⲁⲑⲏⲧⲏⲥ ⲛⲭⲣⲓⲥⲧⲟⲥ ⲛⲁϥ ϫⲉ ⲡϫⲟⲉⲓⲥ ⲉⲡⲉⲓⲇⲏ ⲁⲛϫⲟⲟⲥ ⲉⲣⲟⲕ ⲉⲛϫⲱ

---

pris des lieux intérieurs, c'est-à-dire d'une hiérarchie (?), afin que vous me suiviez dans tous les lieux où j'entrerai, afin que vous me serviez dans tous les lieux où j'irai, afin que je vous nomme mes disciples. Maintenant donc, si vous passez par tous ces lieux, dites les noms que je vous ai appris, avec les sceaux dont vous vous signerez vous-mêmes [1], et prenez le nom des sceaux en tenant leur chiffre [2] dans votre main; et les gardiens, les hiérarchies et les firmaments s'écarteront jusqu'à ce que vous entriez dans le lieu de leur paternité, que vous les traversiez tous à l'intérieur, jusqu'à ce que vous arriviez au monde où est le Dieu de vérité, c'est-à-dire à la perfection des trésors que j'ai fini de vous faire connaître. » Alors les disciples du Christ lui dirent : « Seigneur, lorsque nous vous avons dit : Donnez-nous un nom qui suffise

[1] Il y a ici un jeu de phrase que je ne peux pas rendre plus exactement. D'ailleurs entre le mot sceau et le mot signer il y a un rapprochement de sens qui rend à très peu de chose près les mots grecs employés dans la version copte.

[2] Le mot que je rends par *chiffre* est le mot grec ⲯⲏⲫⲟⲥ. Tout ceci est de la pure fantasmagorie. Il semble que l'auteur ait eu ici en vue ces personnages des représentations égyptiennes, divinités ou rois, qui tiennent dans la main la croix ansée ☥. Il s'agit ici de véritables amulettes de sauvegarde, et la croix ansée était l'une des amulettes les plus fréquentes et les plus puissantes de l'ancienne Égypte.

ⲙⲙⲟⲥ ϫⲉ ⲙⲁ ⲛⲁⲛ ⲛⲟⲩⲣⲁⲛ ⲙⲙⲁⲧⲉ ⲛϥⲣⲱϣⲉ ⲉⲛⲧⲟⲡⲟⲥ ⲧⲏⲣⲟⲩ
ⲧⲟⲧⲉ ⲁⲕϫⲟⲟⲥ ⲛⲁⲛ ϫⲉ ϣⲁⲛϯⲟⲩⲛ ⲛⲛⲧⲟⲡⲟⲥ ⲧⲏⲣⲟⲩ ⲉⲓ̈ⲧⲣⲉ-
ⲧⲉⲧⲛⲙⲟⲩϣⲧ ⲙⲙⲟⲟⲩ ⲁⲩⲱ ϯⲛⲁϫⲟⲟϥ ⲉⲣⲱⲧⲛ ⲉⲓⲥϩⲏⲏⲧⲉ ⲁⲛ-
ⲙⲟϣⲧⲟⲩ ⲧⲏⲣⲟⲩ ⲙⲛ ⲛⲉⲧⲛϩⲏⲧⲟⲩ ⲧⲏⲣⲟⲩ ⲁⲩⲱ ⲁⲕϫⲱ ⲉⲣⲟⲛ
ⲙⲡⲉⲩⲣⲁⲛ ⲙⲛ ⲡⲣⲁⲛ ⲛⲛⲉⲩⲥⲫⲣⲁⲅⲓⲥ ⲙⲛ ⲛⲉⲩⲯⲏⲫⲟⲥ ⲧⲏⲣⲟⲩ ⲉⲧⲣⲉ
ⲛⲧⲟⲡⲟⲥ ⲧⲏⲣⲟⲩ ⲥⲟⲕⲟⲩ ⲛⲁⲩ ϫⲓⲛ ⲙⲡϣⲟⲣⲡ ϣⲁ ϩⲣⲁⲓ ⲉⲫⲁⲉ ⲙ-
ⲙⲟⲟⲩ ⲧⲏⲣⲟⲩ ⲧⲉⲛⲟⲩ ϭⲉ ⲙⲁ ⲛⲁⲛ ⲙⲡⲣⲁⲛ ⲉⲛⲧⲁⲕϫⲟⲟϥ ⲛⲁⲛ
ϫⲉ ⲉⲓ̈ϣⲁⲛⲟⲩⲱ ⲉⲓ̈ⲧⲣⲉⲧⲉⲛⲙⲟⲩϣⲧ ⲙⲙⲟⲟⲩ ϯⲛⲁϫⲟⲟϥ ⲉⲣⲱⲧⲛ
ⲧⲉⲛⲟⲩ ϭⲉ ⲡⲉⲛϫⲟⲉⲓⲥ ⲁϫⲓϥ ⲉⲣⲟⲛ ϫⲉⲕⲁⲁⲥ ⲉⲛⲉϫⲟⲟϥ ⲛⲛⲛⲧⲟ-
ⲡⲟⲥ ⲧⲏⲣⲟⲩ ⲛⲛⲉ⊡ ⲛⲥⲉⲥⲟⲕⲟⲩ ⲛⲁⲩ ϫⲓⲛ ⲙⲡϣⲟⲣⲡ ϣⲁ ϩⲣⲁⲓ ⲉⲫⲁⲉ
ⲙⲙⲟⲟⲩ ⲧⲏⲣⲟⲩ. ⲧⲟⲧⲉ ⲡⲉϫⲉ ⲓ̅ⲥ̅ ⲛⲁⲩ ϫⲉ ⲥⲱⲧⲙ ⲛⲧⲁϫⲟⲟϥ
ⲉⲣⲱⲧⲛ ⲛⲧⲉⲧⲛⲕⲁⲁϥ ϩⲙ ⲡⲉⲧⲛϩⲏⲧ ⲛⲧⲉⲧⲛϩⲁⲣⲉϩ ⲉⲣⲟϥ. ⲧⲟⲧⲉ
ⲡⲉϫⲁⲩ ⲛⲁϥ ϫⲉ ⲛⲧⲟϥ ⲡⲉ ⲡⲛⲟϭ ⲛⲣⲁⲛ ⲛⲧⲉ ⲡⲉⲕⲉⲓ̂ⲱⲧ ⲉⲧϣⲟⲟⲡ
ϫⲓⲛ ⲛϣⲟⲣⲡ ⲏ ⲉⲧⲧⲁⲓⲏⲩ ⲉⲣⲟϥ. ⲡⲉϫⲉ ⲭⲣⲓⲥⲧⲟⲥ ϫⲉ ⲙⲙⲟⲛ ⲁⲗⲗⲁ
ⲡⲣⲁⲛ ⲛⲧⲛⲟϭ ⲛⲇⲩⲛⲁⲙⲓⲥ ⲉⲧϩⲛ ⲛⲧⲟⲡⲟⲥ ⲧⲏⲣⲟⲩ ⲉⲓ̈ϣⲁⲛϫⲟⲟϥ

---

pour tous les mondes, alors vous nous avez répondu : Lorsque je serai passé par tous les mondes et que je vous les aurai fait parcourir tous, alors je vous le dirai. — Voici que nous les avons tous parcourus et que nous avons vu tout ce qu'ils renferment, (voici) que vous nous avez appris leur nom et le nom de leurs sceaux, ainsi que leur chiffre, afin que tous ils s'écartent devant nous, depuis le premier jusqu'au dernier : apprenez-nous donc maintenant le nom dont vous nous avez parlé en disant : Lorsque j'aurai fini de vous les faire parcourir, je vous le dirai. — Dites-le-nous donc maintenant, ô Seigneur, afin que nous le disions dans tous nos mondes des æons et qu'ils s'écartent devant nous, depuis le premier jusqu'au dernier d'entre eux. » Alors Jésus leur dit : « Écoutez ce que je vais vous dire, placez-le dans votre cœur et gardez-le. » Alors ils lui dirent : « Est-ce le grand nom de votre Père qui existe depuis le commencement, ou un plus grand? » Le Christ dit : « Point du tout; mais c'est le nom de la grande Force qui est dans tous les mondes. Si je vous le dis, tous les mondes se soumettront, (tous)

ϣⲁⲣⲉ ⲛⲧⲟⲡⲟⲥ ⲧⲏⲣⲟⲩ ⲥⲟⲕⲟⲩ ⲛⲁⲩ ⲉⲧϩⲛ ⲛⲉ[illegible] ϫⲓⲛ ⲙⲡϣⲟⲣⲡ ϣⲁ ϩⲣⲁï ⲉⲫⲁⲉ ⲙⲙⲟⲟⲩ ⲧⲏⲣⲟⲩ ϣⲁ ⲡⲉⲑⲏⲥⲁⲩⲣⲟⲥ ⲙⲡⲛⲟⲩⲧⲉ ⲛⲧⲁⲗⲏⲑⲉⲓⲁ ⲛⲉⲫⲩⲗⲁⲝ ⲙⲛ ⲛⲧⲁⲝⲓⲥ ⲙⲛ ⲛⲕⲁⲧⲁⲡⲉⲧⲁⲥⲙⲁ ϣⲁⲩⲥⲟⲕⲟⲩ ⲛⲁⲩ ⲧⲏⲣⲟⲩ ⲡⲁï ⲡⲉ ⲡⲣⲁⲛ ⲉϣⲁïϫⲟⲟϥ ⲁⲁⲁⲱⲱⲱⲍⲉⲍⲱⲣⲁⲍⲁⲍⲍⲍⲁïⲉⲱⲍⲁⲍⲁⲉⲉⲉⲓⲓⲍⲁⲓⲉⲱⲍⲱⲁⲭⲱⲉⲟⲟⲟⲩⲩⲩⲑⲱⲏⲍⲁⲟⲍⲁⲉⲍⲏⲏⲏⲍⲍⲏⲏⲍⲁⲟⲍⲁⲭⲱⲍⲁⲏⲭⲉⲩⲉⲓⲧⲩⲝⲁⲁⲗⲉⲑⲟⲩⲭ ⲡⲁï ϭⲉ ⲡⲉ ⲡⲣⲁⲛ ⲉⲧⲉⲧⲛⲉî ⲉⲧⲉⲧⲛⲉϫⲟⲟϥ ⲉⲧⲉⲧⲛϩⲙ ⲡⲧⲟⲡⲟⲥ ⲛⲛⲁ ⲡⲥⲁ ⲛϩⲟⲩⲛ ⲡⲧⲟ-

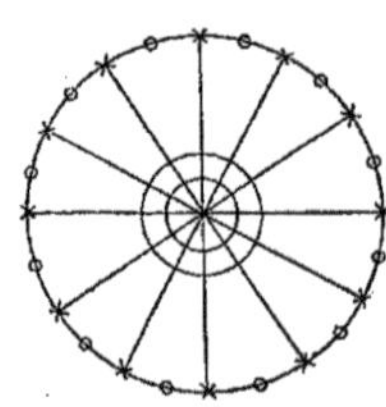

ⲡⲟⲥ ⲙⲡⲛⲟⲩⲧⲉ ⲛⲧⲁⲗⲏⲑⲉⲓⲁ ⲉⲛⲁ ⲛⲧⲟⲡⲟⲥ ⲛⲛⲁ ⲡⲥⲁ ⲛⲃⲟⲗ ⲁϩⲉⲣⲁⲧ ⲧⲏⲩⲧⲛ ϩⲙ ⲡⲧⲟⲡⲟⲥ ⲛⲛⲁ ⲡⲥⲁ ⲛⲃⲟⲗ ⲛⲧⲉⲧⲛⲟⲛⲟⲙⲁⲍⲉ ⲙⲙⲟϥ ⲁⲩⲱ ⲥⲫⲣⲁⲅⲓⲍⲉ ⲙⲙⲱⲧⲛ ϩⲛ ⲧⲉⲓⲥⲫⲣⲁⲅⲓⲥ ⲉⲧⲉ ⲧⲁï ⲧⲉ ⲡⲁï ⲡⲉ ⲡⲉⲥⲣⲁⲛ ⲍⲍⲏⲏⲱⲱⲭⲁⲁⲁⲏⲍⲁⲍⲁ ⲁϫⲓϥ ⲛϣⲟⲣⲡ ϩⲁ ⲑⲏ ⲙⲡⲁⲧⲉⲧⲛⲁⲙⲁϩⲧⲉ ⲛⲧⲉⲓⲯⲏⲫⲟⲥ ϩⲛ ⲧⲉⲧⲛϭⲓϫ ⲍ̄ⲱ̄ⲛ̄ϛ̄ ⲉⲧⲉⲧⲛϣⲁⲛⲉî ⲉⲧⲉⲧⲛⲉⲟⲛⲟⲙⲁⲍⲉ ⲙⲙⲟϥ ⲁϫⲓ ⲡⲁï ⲛϣⲟⲣⲡ ⲙⲛⲛⲥⲱⲥ ⲕⲱⲧⲉ ⲙⲙⲱⲧⲛ ⲉⲡⲉϥ-

---

ceux qui sont dans les æons depuis le premier jusqu'au dernier d'eux tous, jusqu'au trésor du Dieu de vérité. Les gardiens, les hiérarchies, les firmaments s'écarteront tous (devant vous); voici le nom que je dois vous dire : ⲁⲁⲁⲱⲱⲱⲍⲱⲣⲁⲍⲁⲍⲍⲍⲁïⲉⲱⲍⲁⲍⲁⲉⲉⲉⲓⲓⲍⲁⲓⲉⲱⲍⲱⲁⲭⲱⲉⲟⲟⲟⲩⲑ ⲱⲏⲍⲁⲟⲍⲁⲉ ⲍⲏⲏⲏⲍⲍⲏⲏⲍⲁⲟⲍⲁⲭ ⲱⲍⲁⲏⲭ ⲉⲩⲉⲓⲧⲩⲝⲁⲁⲗⲉⲑⲟⲩⲭ. C'est le nom que vous direz (?), (lorsque) vous (serez) dans le monde intérieur : le monde du Dieu de vérité est un monde extérieur.

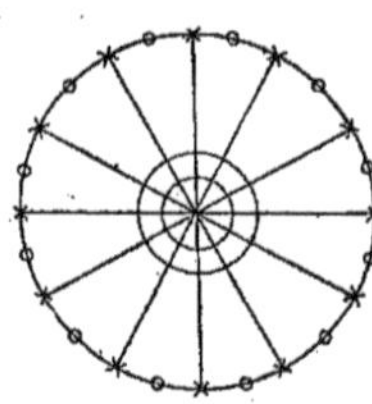

Demeurez dans le monde extérieur, prononcez son nom, et imprimez-vous ce sceau dont le nom est ⲍⲍⲏⲏⲱⲱⲭⲁⲁⲁⲏⲍⲁⲍⲁ. Dites-le d'abord avant de prendre en main ce chiffre ⲍ̄ⲱ̄ⲛ̄ϛ̄. Lorsque vous serez arrivés, prononcez ce nom, dites le d'abord et ensuite tournez-vous vers les quatre angles du trésor où vous serez, imprimez-vous ce sceau, dites le nom dont vous aurez le chiffre dans vos mains, ensuite

ⲧⲟⲩ ⲕⲟⲟϩ ⲙⲡⲉⲑⲏⲥⲁⲩⲣⲟⲥ ⲉⲧⲉⲧⲛⲛϩⲏⲧϥ ⲥⲫⲣⲁⲅⲓⲍⲉ ⲙⲙⲱⲧⲛ ϩⲛ ⲧⲉϊⲥⲫⲣⲁⲅⲓⲥ ⲁϫⲓ ⲡⲉⲥⲣⲁⲛ ⲉⲣⲉϯ ⲯⲏⲫⲟⲥ ϩⲛ ⲧⲉⲧⲛϭⲓϫ ⲙⲛⲛⲥⲱϥ ⲁϫⲓ ⲡⲉⲓⲣⲁⲛ ⲉϩⲣⲁϊ ϩⲙ ⲡⲙⲉϩ ϯⲟⲩ ⲛⲁⲓⲱⲛ ⲉⲧⲉ ⲡⲉϥⲣⲁⲛ ⲛⲁⲫⲑⲁⲣⲧⲟⲛ ⲡⲉ ⲡⲁϊ ⲯⲁⲙⲁⲍⲉⲍ ⲥⲱⲧⲉⲙ ⲙⲉⲗⲟⲥ ⲛⲓⲙ ⲉⲛⲧⲁϊ ⲉⲧϫⲟⲟⲣⲉ ⲉⲃⲟⲗ ϫⲓⲛ ⲧⲕⲁⲧⲁⲃⲟⲗⲏ ⲙⲡⲕⲟⲥⲙⲟⲥ ⲉϩⲣⲁⲓ ϩⲛ ⲛⲁⲣⲭⲱⲛ ⲧⲏⲣⲟⲩ ⲙⲛ ⲛⲇⲉⲕⲁⲛⲟⲥ ⲙⲛ ⲛⲗⲓⲧⲟⲩⲣⲅⲟⲥ ⲙⲡⲙⲉϩ ϯⲟⲩ ⲛⲁⲓⲱⲛ ⲁⲩⲱ ⲛⲅⲥⲟⲟⲩϩⲟⲩ ⲧⲏⲣⲟⲩ ⲉϩⲟⲩⲛ ⲛⲅϫⲓⲧⲟⲩ ⲉⲡⲟⲩⲟⲉⲓⲛ. ⲥⲱⲧⲙ ⲉⲣⲟϊ ⲉⲓϩⲩⲙⲛⲉⲩⲉ ⲉⲣⲟⲕ ⲡⲓϣⲣⲡ ⲙⲙⲩⲥⲧⲏⲣⲓⲟⲛ ⲡⲁⲓ ⲉⲛⲧⲁϥⲃⲟⲩⲃⲟⲩ ⲙⲡⲉϥⲙⲩⲥⲧⲏⲣⲓⲟⲛ ⲁϥⲧⲣⲉ ϊⲉⲟⲩ ⲥⲙⲓⲛⲉ ⲙⲡⲙⲉϩ ⲥⲟⲟⲩ ⲛⲁⲓⲱⲛ ⲁⲩⲱ ⲁϥⲕⲁⲑⲓⲥⲧⲁ ⲛϩⲉⲛ ⲁⲣⲭⲱⲛ ⲙⲛ ⲛⲇⲉⲕⲁⲛⲟⲥ ⲙⲛ ϩⲛ ⲗⲓⲧⲟⲩⲣⲅⲟⲥ ϩⲣⲁⲓ ϩⲙ ⲡⲙⲉϩ ⲥⲟⲟⲩ ⲛⲁⲓⲱⲛ ⲉⲧⲉ ⲡⲉϥⲣⲁⲛ ⲛⲁⲫⲑⲁⲣⲧⲟⲛ ⲡⲉ ⲡⲁⲓ ⲍⲁⲟⲩⲍⲁ. ⲥⲱⲧⲉⲙ ⲙⲉⲗⲟⲥ ⲛⲓⲙ ⲛⲧⲁⲓ ⲛⲁⲓ ⲉⲧϫⲟⲟⲣⲉ ⲉⲃⲟⲗ ϫⲓⲛ ⲧⲕⲁⲧⲁⲃⲟⲗⲏ ⲙⲡⲕⲟⲥⲙⲟⲥ ϩⲣⲁϊ ϩⲛ ⲛⲁⲣⲭⲱⲛ ⲙⲛ ⲛⲇⲉⲕⲁⲛⲟⲥ ⲙⲛ ⲛⲗⲓⲧⲟⲩⲣⲅⲟⲥ ⲙⲡⲙⲉϩ ⲥⲟⲟⲩ ⲛⲁⲓⲱⲛ ⲥⲟⲟⲩϩⲟⲩ ⲧⲏⲣⲟⲩ ⲉϩⲟⲩⲛ ⲛⲅϫⲓⲧⲟⲩ ⲉⲡⲟⲩⲟⲉⲓⲛ. ⲥⲱⲧⲙ ⲉⲣⲟϊ ⲉϊϩⲩⲙⲛⲉⲩⲉ ⲉⲣⲟⲕ ⲡⲓϣⲣⲡ ⲙⲙⲩⲥⲧⲏⲣⲓⲟⲛ ⲡⲁϊ ⲉⲛⲧⲁϥⲃⲟⲩⲃⲟⲩ ⲉⲡⲉϥⲙⲩⲥⲧⲏⲣⲓⲟⲛ ⲁϥⲧⲣⲉ ϊⲉⲟⲩ ⲥⲙⲓⲛⲉ ⲙⲡⲙⲉϩ ⲥⲁϣϥ ⲛⲁ[ⲓⲱⲛ ⲁⲩⲱ] ⲁϥⲕⲁⲑⲓⲥⲧⲁ ⲛϩⲉⲛ ⲁⲣⲭⲱⲛ ⲙⲛ ϩⲉⲛ ⲇⲉⲕⲁⲛⲟⲥ ⲙⲛ ϩⲉⲛ ⲗⲓⲧⲟⲩⲣⲅⲟⲥ ϩⲣⲁⲓ

---

dites ce nom dans le cinquième æon, dont le nom incorruptible est ⲯⲁⲙⲁⲍⲉⲍ. Écoute tous les chants que j'ai répandus depuis le commencement du monde parmi les archons, les décans et les liturges du cinquième æon : rassemble-les tous à l'intérieur et reçois-les à la lumière. — Écoute-moi, je chante un hymne en ton honneur, ô premier mystère, celui qui a brillé dans son mystère et qui a fait former par ⲓⲉⲟⲩ le sixième æon, et il a établi des archons, des décans et des liturges dans ce sixième æon, dont le nom incorruptible est ⲍⲁⲟⲩⲍⲁ. Écoute tous les chants que j'ai répandus depuis le commencement du monde parmi les archons, les décans et les liturges du sixième æon : rassemble-les tous à l'intérieur et reçois-les à la lumière. — Écoute-moi, je chante un hymne en ton honneur, ô premier mystère, celui qui a brillé dans son mystère et qui a fait former par ⲓⲉⲟⲩ le septième æon, et il a établi des archons, des décans et des liturges dans

LE PAPYRUS GNOSTIQUE BRUCE.

ⲙⲡⲙⲉϩ ⲥⲁϣϥ ⲛⲁⲓⲱⲛ ⲉⲧⲉ ⲡⲉϥⲣⲁⲛ ⲛⲁⲫⲑⲁⲣⲧⲟⲛ ⲡⲉ ⲡⲁ̈ⲓ ⲁⲍⲁⲃⲣⲁⲱⲍⲁ ⲥⲱⲧⲉⲙ ⲙⲉⲗⲟⲥ ⲛⲓⲙ ⲛⲧⲁ̈ⲓ ⲛⲁ̈ⲓ ⲉⲧϫⲟⲟⲣⲉ ⲉⲃⲟⲗ ϫⲓⲛ ⲧⲕⲁⲧⲁⲃⲟⲗⲏ ⲙⲡⲕⲟⲥⲙⲟⲥ ϩⲣⲁⲓ ϩⲛ ⲛⲁⲣⲭⲱⲛ ⲙⲛ ⲛⲇⲉⲕⲁⲛⲟⲥ ⲙⲛ ⲛⲗⲓⲧⲟⲩⲣⲅⲟⲥ ⲙⲡⲙⲉϩ ⲥⲁϣϥ ⲛⲁⲓⲱⲛ ⲥⲟⲟⲩϩⲟⲩ ⲧⲏⲣⲟⲩ ⲉϩⲟⲩⲛ ⲛⲅϫⲓⲧⲟⲩ ⲉⲡⲟⲩⲟⲉⲓⲛ. ⲥⲱⲧⲙ ⲉⲣⲟ̈ⲓ ⲉⲓϩⲩⲙⲛⲉⲩⲉ ⲉⲣⲟⲕ ⲡϣⲣⲡ ⲙⲁ̄ ⲡⲁ̈ⲓ ⲉⲛⲧⲁϥⲃⲟⲩⲃⲟⲩ ϩⲙ ⲡⲉϥⲙⲁ̄ ⲁϥⲧⲣⲉ ⲓ̈ⲉⲟⲩ ⲥⲙⲓⲛⲉ ⲙⲡⲙⲉϩ ϣⲙⲟⲩⲛ ⲛⲁⲓⲱⲛ ⲁϥⲕⲁⲑⲓⲥⲧⲁ ⲛϩⲉⲛ ⲁⲣⲭⲱⲛ ⲙⲛ ϩⲉⲛ ⲇⲉⲕⲁⲛⲟⲥ ⲙⲛ ϩⲉⲛ ⲗⲓⲧⲟⲩⲣⲅⲟⲥ ϩⲣⲁⲓ ϩⲛ ⲡⲙⲉϩ ϣⲙⲟⲩⲛ ⲛⲁⲓⲱⲛ ⲉⲧⲉ ⲡⲉϥⲣⲁⲛ ⲛⲁⲫⲑⲁⲣⲧⲟⲛ ⲡⲉ ⲡⲁ̈ⲓ ⲃⲁⲛⲁⲍⲁ. ⲥⲱⲧⲉⲙ ⲙⲉⲗⲟⲥ ⲛⲓⲙ ⲛⲧⲁ̈ⲓ ⲛⲁ̈ⲓ ⲉⲧϫⲟⲟⲣⲉ ⲉⲃⲟⲗ ϫⲓⲛ ⲧⲕⲁⲧⲁⲃⲟⲗⲏ ⲙⲡⲕⲟⲥⲙⲟⲥ ϩⲣⲁ̈ⲓ ϩⲛ ⲛⲁⲣⲭⲱⲛ ⲧⲏⲣⲟⲩ ⲙⲛ ⲛⲇⲉⲕⲁⲛⲟⲥ ⲙⲛ ⲛⲗⲓⲧⲟⲩⲣⲅⲟⲥ ⲙⲡⲙⲉϩ ϣⲙⲟⲩⲛ ⲛⲁⲓⲱⲛ ⲥⲟⲟⲩϩⲟⲩ ⲧⲏⲣⲟⲩ ⲉϩⲟⲩⲛ ⲛⲅϫⲓⲧⲟⲩ ⲉⲡⲟⲩⲟⲉⲓⲛ. ⲥⲱⲧⲙ ⲉⲣⲟ̈ⲓ ⲉ̈ⲓϩⲩⲙⲛⲉⲩⲉ ⲉⲣⲟⲕ ⲡϣⲣⲡ ⲙⲁ̄ ⲡⲁ̈ⲓ ⲉⲛⲧⲁϥⲃⲟⲩⲃⲟⲩ ϩⲙ ⲡⲉϥⲙⲁ̄ ⲁϥⲧⲣⲉ ⲓ̈ⲉⲟⲩ ⲥⲙⲓⲛⲉ ⲙⲡⲙⲉϩ ⲯⲓⲥ ⲛⲁⲓⲱⲛ ⲁⲩⲱ ⲁϥⲕⲁⲑⲓⲥⲧⲁ ⲛⲛⲁⲣⲭⲱⲛ ⲙⲛ ϩⲉⲛ ⲇⲉⲕⲁⲛⲟⲥ ⲙⲛ ⲛⲗⲓⲧⲟⲩⲣⲅⲟⲥ ϩⲣⲁⲓ ϩⲙ ⲡⲙⲉϩ ⲯⲓⲥ ⲛⲁⲓⲱⲛ ⲉⲧⲉ ⲡⲉϥⲣⲁⲛ ⲛⲁⲫⲑⲁⲣⲧⲟⲛ ⲡⲉ ⲡⲁ̈ⲓ ⲇⲁⲍⲁⲱⲍⲁ. ⲥⲱⲧⲙ ⲙⲉⲗⲟⲥ ⲛⲓⲙ ⲛⲧⲁⲓ

---

ce septième æon, dont le nom incorruptible est celui-ci : ⲕⲁⲍⲁⲃⲣⲁⲱⲍⲁ. Écoute tous les chants que j'ai répandus depuis l'établissement du monde parmi les archons, les décans et les liturges du septième æon : rassemble-les tous à l'intérieur et reçois-les à la lumière. — Écoute-moi, je chante un hymne en ton honneur, ô premier mystère, celui qui a brillé dans son mystère et qui a fait former par ⲓⲉⲟⲩ le huitième æon, et il a établi des archons, des décans et des liturges dans ce huitième æon, dont le nom incorruptible est celui-ci : ⲃⲁⲛⲁⲍⲁ. Écoute tous les chants que j'ai répandus depuis l'établissement du monde parmi tous les archons, les décans et les liturges du huitième æon, rassemble-les tous à l'intérieur, reçois-les à la lumière. — Écoute-moi, je chante un hymne en ton honneur, ô premier mystère, celui qui a brillé dans son mystère et qui a fait former par ⲓⲉⲟⲩ le neuvième æon, et il a établi des archons, des décans et des liturges dans ce neuvième æon, dont le nom incorruptible est ⲍⲁⲍⲁⲱⲍⲁ. Écoute tous les chants

ⲛⲁⲓ̈ ⲉⲧϫⲟⲟⲣⲉ ⲉⲃⲟⲗ ϫⲓⲛ ⲧⲕⲁⲧⲁⲃⲟⲗⲏ ⲙⲡⲕⲟⲥⲙⲟⲥ[1] ϩⲣⲁⲓ ⲛⲁⲣⲭⲱⲛ ⲙⲛ ⲛⲇⲉⲕⲁⲛⲟⲥ ⲙⲛ ⲛⲗⲓⲧⲟⲩⲣⲅⲟⲥ ⲙⲡⲙⲉϩ ⲯⲓⲥ ⲛⲁⲓⲱⲛ ⲥⲟⲟⲩϩⲟⲩ ⲧⲏⲣⲟⲩ ⲉϩⲟⲩⲛ ⲛⲅϫⲓⲧⲟⲩ ⲉⲡⲟⲩⲟⲉⲓⲛ. ⲥⲱⲧⲙ ⲉⲣⲟⲓ̈ ⲉⲓϩⲩⲙⲛⲉⲩⲉ ⲉⲣⲟⲕ ⲡⲓϣⲣⲡ ⲙⲙⲁ͞ⲣ ⲡⲁⲓ ⲉⲛⲧⲁϥⲃⲟⲩⲃⲟⲩ ϩⲙ ⲡⲉϥⲙⲁ͞ⲣ ⲁϥⲧⲣⲉ ⲓ̈ⲉⲟⲩ ⲥⲙⲓⲛⲉ ⲙⲡⲙⲉϩ ⲙⲏⲧ ⲛⲁⲓⲱⲛ ⲁϥⲕⲁⲑⲓⲥⲧⲁ ⲛϩⲉⲛ ⲁⲣⲭⲱⲛ ⲙⲛ ϩⲉⲛ ⲇⲉⲕⲁⲛⲟⲥ ⲙⲛ ϩⲉⲛ ⲗⲓⲧⲟⲩⲣⲅⲟⲥ ϩⲣⲁⲓ ϩⲙ ⲡⲙⲉϩ ⲙⲏⲧ ⲛⲁⲓⲱⲛ ⲉⲧⲉ ⲡⲉϥⲣⲁⲛ ⲛⲁⲫⲑⲁⲣⲧⲟⲛ ⲡⲉ ⲡⲁⲓ ⲧⲁⲛⲟⲩⲁⲍ. ⲥⲱⲧⲙ ⲙⲉⲗⲟⲥ ⲛⲧⲁϥ (*sic*) ⲉⲧϫⲟⲟⲣⲉ ⲉⲃⲟⲗ ϫⲓⲛ ⲧⲕⲁⲧⲁⲃⲟⲗⲏ ⲙⲡⲕⲟⲥⲙⲟⲥ ϩⲣⲁⲓ̈ ϩⲛ ⲛⲁⲣⲭⲱⲛ ⲧⲏⲣⲟⲩ ⲙⲛ ⲛⲇⲉⲕⲁⲛⲟⲥ ⲙⲛ ⲛⲗⲓⲧⲟⲩⲣⲅⲟⲥ ⲙⲡⲙⲉϩ ⲙⲏⲧ ⲛⲁⲓⲱⲛ ⲥⲟⲟⲩϩⲟⲩ ⲧⲏⲣⲟⲩ ⲉϩⲟⲩⲛ ⲛⲅϫⲓⲧⲟⲩ ⲉⲡⲟⲩⲟⲉⲓⲛ. ⲥⲱⲧⲙ ⲉⲣⲟⲓ̈ ⲉⲓϩⲩⲙⲛⲉⲩⲉ ⲉⲣⲟⲕ ⲡⲓϣⲣⲡ ⲙⲙⲁ͞ⲣ ⲡⲁⲓ ⲛⲧⲁϥⲃⲟⲩⲃⲟⲩ ϩⲙ ⲡⲉϥⲙⲁ͞ⲣ ⲁϥⲧⲣⲉ ⲓ̈ⲉⲟⲩ ⲥⲙⲓⲛⲉ ⲙⲡⲙⲉϩ ⲙⲛⲧⲟⲩⲉ ⲛⲁⲓⲱⲛ ⲁϥⲕⲁⲑⲓⲥⲧⲁ ⲛϩⲉⲛ ⲁⲣⲭⲱⲛ ⲙⲛ ϩⲉⲛ ⲇⲉⲕⲁⲛⲟⲥ ⲙⲛ ⲛⲗⲓⲧⲟⲩⲣⲅⲟⲥ ϩⲣⲁⲓ̈ ϩⲙ ⲡⲙⲉϩ ⲙⲛⲧ-

[1] Ce mot, qui est évidemment nécessaire, a été omis par le scribe.

---

que j'ai répandus depuis le commencement du monde parmi les archons, les décans et les liturges du neuvième æon : rassemble-les tous à l'intérieur et reçois-les à la lumière. — Écoute-moi, je chante un hymne en ton honneur, ô premier mystère, celui qui a brillé dans son mystère et qui a fait former par ⲓⲉⲟⲩ le dixième æon, et il a établi des archons, des décans et des liturges dans le dixième æon, dont le nom incorruptible est celui-ci : ⲧⲁⲛⲟⲩⲁⲍ. Écoute le chant qu'il a répandu[1], depuis le commencement du monde, parmi tous les archons et les décans et les liturges du dixième æon : rassemble-les tous à l'intérieur et reçois-les à la lumière. — Écoute-moi, je chante un hymne en ton honneur, ô premier mystère, celui qui a brillé dans son mystère et qui a fait former par ⲓⲉⲟⲩ le onzième æon, et il a

[1] Je ne suis pas bien sûr qu'il faille ici la troisième personne : plus haut, en effet, on trouve la première. Tous ces passages sont corrompus. La répétition continuelle des mêmes formules a été cause que le scribe a apporté moins d'attention à sa copie, et qu'ainsi il a commis un plus grand nombre de fautes.

ⲟⲩⲉ ⲛⲁⲓⲱⲛ ⲉⲧⲉ ⲡⲉϥⲣⲁⲛ ⲛⲁⲫⲑⲁⲣⲧⲟⲛ ⲡⲉ ⲡⲁï ⲡⲗⲟⲓⲍⲁⲁⲁ. ⲥⲱⲧⲉⲙ ⲙⲉⲗⲟⲥ ⲛⲓⲙ ⲛⲧⲁⲓ ⲉⲧϫⲟⲟⲣⲉ ⲉⲃⲟⲗ ϫⲓⲛ ⲧⲕⲁⲧⲁⲃⲟⲗⲏ ⲙⲡⲕⲟⲥⲙⲟⲥ ϩⲣⲁï ϩⲛ ⲛⲁⲣⲭⲱⲛ ⲧⲏⲣⲟⲩ ⲙⲛ ⲛⲇⲉⲕⲁⲛⲟⲥ ⲙⲛ ⲛⲗⲓⲧⲟⲩⲣⲅⲟⲥ ⲙⲡⲙⲉϩ ⲙⲛⲧⲟⲩⲉ ⲛⲁⲓⲱⲛ ⲥⲟⲟⲩϩⲟⲩ ⲧⲏⲣⲟⲩ ⲉϩⲟⲩⲛ ⲛⲅϫⲓⲧⲟⲩ ⲉⲡⲟⲩⲟⲉⲓⲛ. ⲥⲱⲧⲙ ⲉⲣⲟï ⲉïϩⲩⲙⲛⲉⲩⲉ ⲉⲣⲟⲕ ⲡⲓϣⲣⲡ ⲙⲩ︦ⲥ︦ ⲡⲁï ⲉⲛⲧⲁϥⲃⲟⲩⲃⲟⲩ ϩⲙ ⲡⲉϥⲙⲩ︦ⲥ︦ ⲁϥⲧⲣⲉ ïⲉⲟⲩ ⲥⲙⲓⲛⲉ ⲙⲡⲙⲉϩ ⲙⲛⲧⲥⲛⲟⲟⲩⲥ ⲛⲁⲓⲱⲛ ⲁϥⲕⲁⲑⲓⲥⲧⲁ ⲛϩⲉⲛ ⲁⲣⲭⲱⲛ ⲙⲛ ϩⲉⲛ ⲇⲉⲕⲁⲛⲟⲥ ⲙⲛ ϩⲉⲛ ⲗⲓⲧⲟⲩⲣⲅⲟⲥ ϩⲣⲁï ϩⲙ ⲡⲙⲉϩ ⲙⲛⲧⲥⲛⲟⲟⲩⲥ ⲛⲁⲓⲱⲛ ⲉⲧⲉ ⲡⲉϥⲣⲁⲛ ⲛⲁⲫⲑⲁⲣⲧⲟⲛ ⲡⲉ ⲡⲁï ⲡⲁⲣⲛⲁⲍⲁ..... ⲥⲱⲧⲙ ⲙⲙⲉⲗⲟⲥ ⲛⲓⲙ ⲛⲧⲁï ⲉⲧϫⲟⲟⲣⲉ ⲉⲃⲟⲗ ϫⲓⲛ ⲧⲕⲁⲧⲁⲃⲟⲗⲏ ⲙⲡⲕⲟⲥⲙⲟⲥ ϩⲣⲁï ϩⲛ ⲛⲁⲣⲭⲱⲛ ⲧⲏⲣⲟⲩ ⲙⲛ ⲛⲇⲉⲕⲁⲛⲟⲥ ⲙⲛ ⲛⲗⲓⲧⲟⲩⲣⲅⲟⲥ ⲙⲡⲙⲉϩ ⲙⲛⲧⲥⲛⲟⲟⲩⲥ ⲛⲁⲓⲱⲛ ⲥⲟⲟⲩϩⲟⲩ ⲧⲏⲣⲟⲩ ⲉϩⲟⲩⲛ ⲛⲅϫⲓⲧⲟⲩ ⲉⲡⲟⲩⲟⲉⲓⲛ. ⲥⲱⲧⲙ ⲉⲣⲟï ⲉⲓϩⲩⲙⲛⲉⲩⲉ ⲉⲣⲟⲕ ⲡⲓϣⲣⲡ ⲙⲩ︦ⲥ︦ ⲡⲁï ⲉⲛⲧⲁϥⲃⲟⲩⲃⲟⲩ ϩⲙ ⲡⲉϥⲙⲩ︦ⲥ︦ ⲁϥⲧⲣⲉ ïⲉⲟⲩ ⲥⲙⲓⲛⲉ ⲙⲡⲧⲟⲡⲟⲥ ⲙⲡϫⲟⲩⲧⲁϥⲧⲉ ⲙⲡⲣⲟⲃⲟⲗⲏ ⲛⲁϩⲟⲣⲁⲧⲟⲥ ϩⲣⲁï ϩⲛ ⲟⲩⲧⲁⲝⲓⲥ ⲙⲡⲙⲉϩ ⲙⲛⲧϣⲟⲙⲧⲉ ⲛⲁⲓⲱⲛ ⲙⲛ ⲛⲉⲩⲁⲣⲭⲱⲛ ⲙⲛ ⲛⲉⲩⲛⲟⲩⲧⲉ ⲙⲛ ⲛⲉⲩϫⲟⲉⲓⲥ ⲙⲛ ⲛⲉⲩⲁⲣⲭⲁⲅⲅⲉⲗⲟⲥ

établi des archons, des décans et des liturges dans le onzième æon, dont le nom incorruptible est celui-ci : ⲡⲗⲟⲓⲍⲁⲁⲁ. Entends tous les chants que j'ai répandus depuis l'établissement du monde parmi les archons, les décans et les liturges du onzième æon : rassemble-les tous à l'intérieur et reçois-les à la lumière. — Écoute-moi, je chante un hymne en ton honneur, ô premier mystère, celui qui a brillé dans son mystère et qui a fait former par ⲓⲉⲟⲩ le douzième æon, et il a placé des archons, des décans et des liturges dans ce douzième æon, dont le nom incorruptible est ⲡⲁⲣⲛⲁⲍⲁ... Entends tous les chants que j'ai répandus depuis l'établissement du monde parmi tous les archons, les décans et les liturges du douzième æon : rassemble-les tous à l'intérieur et reçois-les à la lumière. — Écoute-moi, je chante un hymne en ton honneur, ô premier mystère, celui qui a brillé dans son mystère et qui a fait former par ⲓⲉⲟⲩ le lieu des vingt-quatre émanations invisibles dans une hiérarchie du treizième æon, avec leurs archons,

ⲙⲛ ⲛⲉⲩⲁⲅⲅⲉⲗⲟⲥ ⲙⲛ ⲛⲉⲩⲇⲉⲕⲁⲛⲟⲥ ⲙⲛ ⲛⲉⲩⲗⲓⲧⲟⲩⲣⲅⲟⲥ ⲉⲧⲉ ⲡⲉϥⲣⲁⲛ ⲛⲁⲫⲑⲁⲣⲧⲟⲛ ⲡⲉ ⲡⲏ ⲱⲁⲍⲁⲛⲁⲍⲁⲱ. ⲥⲱⲧⲉⲙ ⲙⲉⲗⲟⲥ ⲛⲓⲙ ⲛⲧⲁⲓ̈ ⲛⲁⲓ̈ ⲉⲧϫⲟⲟⲣⲉ ⲉⲃⲟⲗ ϫⲓⲛ ⲧⲕⲁⲧⲁⲃⲟⲗⲏ ⲙⲡⲕⲟⲥⲙⲟⲥ ϩⲣⲁⲓ̈ ϩⲛ ϫⲟⲩⲧⲁϥⲧⲉ ⲙⲡⲣⲟⲃⲟⲗⲏ ⲛⲁϩⲟⲣⲁⲧⲟⲥ ⲙⲛ ⲛⲉⲩⲁⲣⲭⲱⲛ ⲙⲛ ⲛⲉⲩⲛⲟⲩⲧⲉ ⲙⲛ ⲛⲉⲩϫⲟⲉⲓⲥ ⲙⲛ ⲛⲉⲩⲁⲣⲭⲁⲅⲅⲉⲗⲟⲥ ⲙⲛ ⲛⲉⲩⲁⲅⲅⲉⲗⲟⲥ ⲙⲛ ⲛⲉⲩⲇⲉⲕⲁⲛⲟⲥ ⲙⲛ ⲛⲉⲩⲗⲓⲧⲟⲩⲣⲅⲟⲥ ⲁⲩⲱ ⲛⲅⲥⲟⲟⲩϩⲟⲩ ⲧⲏⲣⲟⲩ ⲉϩⲟⲩⲛ ⲛⲅϫⲓⲧⲟⲩ ⲉⲡⲟⲩⲟⲉⲓⲛ. ⲥⲱⲧⲙ ⲉⲣⲟⲓ̈ ⲉⲓϩⲩⲙⲛⲉⲩⲉ ⲉⲣⲟⲕ ⲡϣⲟⲣⲡ ⲙⲩⲥⲧⲏⲣⲓⲟⲛ ⲡⲁⲓ ⲉⲛⲧⲁϥⲃⲟⲩⲃⲟⲩ ϩⲙ ⲡⲉϥⲙⲩⲥⲧⲏⲣⲓⲟⲛ ⲁϥⲧⲣⲉ ⲓ̈ⲉⲟⲩ ⲥⲙⲓⲛⲉ[1] ⲙⲡⲙⲉϩ ⲙⲛⲧϣⲟⲙⲧⲉ ⲛⲁⲓⲱⲛ ⲁⲩⲱ ⲁϥⲕⲁⲑⲓⲥⲧⲁ ⲙⲡϣⲟⲙⲛⲧ ⲛⲛⲟⲩⲧⲉ ⲙⲛ ⲡⲁϩⲟⲣⲁⲧⲟⲥ ϩⲣⲁⲓ̈ ϩⲙ ⲡⲙⲉϩ ⲙⲛⲧϣⲟⲙⲧⲉ ⲛⲁⲓⲱⲛ ⲉⲧⲉ ⲡⲉϥⲣⲁⲛ ⲛⲁⲫⲑⲁⲣⲧⲟⲛ ⲡⲉ ⲡⲁⲓ̈ ⲗⲁⲍⲁⲍⲁⲁⲁ. ⲥⲱⲧⲉⲙ ⲙⲉⲗⲟⲥ ⲛⲓⲙ ⲛⲧⲁⲓ̈ ⲉⲧϫⲟⲟⲣⲉ ϩⲣⲁⲓ̈ ϩⲙ ⲡϣⲟⲙⲛⲧ ⲛⲛⲟⲩⲧⲉ ⲙⲛ

(1) Le manuscrit porte ⲗϥⲗϥⲛⲉ. Woïde a pointillé le second ⲗϥ comme douteux. Plus loin, comme je le ferai observer, il a lu ⲗϥϣⲛⲉ, ce qui ne donne pas de sens convenable. Le mot écrit sur le papyrus est évidemment ⲥⲙⲓⲛⲉ. J'ai corrigé le texte d'après les formules si souvent répétées.

leurs dieux, leurs seigneurs, leurs archanges, leurs anges, leurs décans et leurs liturges; son nom incorruptible est celui-ci : ⲱⲱⲍⲁⲛⲁⲍⲁⲱ. Entends tous les chants que j'ai répandus depuis le commencement du monde parmi les vingt-quatre émanations invisibles, avec leurs archons, leurs dieux, leurs seigneurs, leurs archanges, leurs anges, leurs décans et leurs liturges : rassemble-les tous à l'intérieur et reçois-les à la lumière. — Écoute-moi, je chante un hymne en ton honneur, ô premier mystère, celui qui a brillé dans son mystère et qui a fait former par ⲓⲉⲟⲩ le treizième æon, et il a établi trois dieux et l'Invisible dans ce treizième æon, dont le nom incorruptible est ⲗⲁⲍⲁⲍⲁⲁⲁ. Écoute tous les chants que j'ai répandus[1] parmi les trois dieux de l'Invisible : rassemble-les tous à l'intérieur et re-

(1) Il devrait y avoir : depuis le commencement du monde; mais le scribe a omis ces mots.

LE PAPYRUS GNOSTIQUE BRUCE.

ⲡⲁϩⲟⲣⲁⲧⲟⲥ ⲁⲩⲱ ⲛ̄ⲅⲥⲟⲟⲩϩⲟⲩ ⲧⲏⲣⲟⲩ ⲉϩⲟⲩⲛ ⲛ̄ⲅϫⲓⲧⲟⲩ ⲉⲡⲟⲩⲟⲉⲓⲛ. ⲥⲱⲧⲙ ⲉⲣⲟï ⲉïϩⲩⲙⲛⲉⲩⲉ ⲉⲣⲟⲕ ⲡⲓϣⲣⲡ ⲙ̅ⲣ̅ ⲡⲁï ⲉⲛⲧⲁϥⲃⲟⲩⲃⲟⲩ ϩⲙ ⲡⲉϥⲙ̅ⲣ̅ ⲁⲩⲱ ⲁϥⲥⲙⲓⲛⲉ ⲛ̄ⲛⲁⲣⲭⲱⲛ ⲧⲏⲣⲟⲩ ⲙⲛ ïⲁⲃⲣⲁⲱⲑ ⲛⲁï ⲉⲛⲧⲁⲩⲡⲓⲥⲧⲉⲩⲉ ⲉⲡⲙⲛⲧⲉⲣⲟ ⲙⲡⲟⲩⲟⲉⲓⲛ ϩⲣⲁï ϩⲛ ⲟⲩⲧⲟⲡⲟⲥ ⲛⲁⲏⲣ ⲉϥⲥⲟⲧϥ ⲉⲧⲉ ⲡⲉϥⲣⲁⲛ ⲛⲁⲫⲑⲁⲣⲧⲟⲛ ⲡⲉ ⲡⲏ ⲭⲁⲭⲁⲍⲁⲱⲣⲁⲍⲁ. ⲥⲱⲧⲉⲙ ⲙⲉⲗⲟⲥ ⲛⲓⲙ ⲛⲧⲁï ⲉⲧϫⲟⲟⲣⲉ ⲉⲃⲟⲗ ϫⲓⲛ ⲧⲕⲁⲧⲁⲃⲟⲗⲏ ⲙⲡⲕⲟⲥⲙⲟⲥ ϩⲣⲁï ϩⲛ ⲛⲁⲣⲭⲱⲛ ⲧⲏⲣⲟⲩ ⲙⲛ ⲛⲇⲉⲕⲁⲛⲟⲥ ⲙⲛ ⲛⲗⲓⲧⲟⲩⲣⲅⲟⲥ ⲁⲩⲱ ⲛ̄ⲅⲥⲟⲟⲩϩⲟⲩ ⲧⲏⲣⲟⲩ ⲉϩⲟⲩⲛ ⲛ̄ⲅϫⲓⲧⲟⲩ ⲉⲡⲟⲩⲟⲉⲓⲛ ϩⲁⲙⲏⲛ ϩⲁⲙⲏⲛ ϩⲁⲙⲏⲛ[1]..........

....

ⲡ....... ⲉⲣⲟϥ ⲅ° ⲉⲧⲉⲧⲛϣⲁⲛⲉï ϭⲉ ⲉⲡⲉⲓⲧⲟⲡⲟⲥ ⲥⲫⲣⲁⲅⲓⲍⲉ ⲙⲙⲱⲧⲛ ϩⲛ ⲧⲉïⲥⲫⲣⲁⲅⲓⲥ ⲡⲁⲓ ⲡⲉ ⲡⲉⲥⲣⲁⲛ ⲍⲁⲓⲉⲱⲭⲁⲍ ⲉⲣⲉϯ ⲯⲏⲫⲟⲥ ϩⲛ ⲧⲉⲧⲛϭⲓϫ ⲩ̅ⲧ̅ⲗ̅ⲁ̅ ⲁϫⲓ ⲡⲉⲓⲣⲁⲛ ⲟⲛ ⲛ̄ⲅ̄ ⲛⲥⲟⲡ ⲗⲁⲓⲱⲉⲱⲍⲁⲍ ⲁⲩⲱ ϣⲁⲣⲉ ⲛⲉⲫⲩⲗⲁⲝ ⲙⲛ ⲛⲕⲁⲧⲁⲡⲉⲧⲁⲥⲙⲁ

(1) Il y a ici une lacune fort considérable.

çois-les à la lumière. — Écoute-moi, je chante un hymne en ton honneur, ô premier mystère, celui qui a brillé dans son mystère et qui a établi[1] tous les archons avec ⲓⲁⲃⲣⲁⲱⲑ, ceux qui ont cru dans le royaume de la lumière, dans un lieu aérien (et) pur dont le nom incorruptible est celui-ci : ⲭⲁⲭⲁⲍⲁⲱⲣⲁⲍⲁ. Écoute tous les chants que j'ai répandus depuis l'établissement du monde parmi tous les archons, les décans et les liturges : rassemble-les tous à l'intérieur et reçois-les à la lumière, amen, amen, amen.

....

.... qui l'entourent, etc. Lorsque vous serez arrivés vers ce lieu, imprimez sur vous ce sceau dont le nom est ⲍⲁⲓⲉⲱⲍⲁⲍ, ayez dans vos mains ce chiffre 400331 (?). Dites ce nom

(1) Le texte en cet endroit est fautif, je crois : il devrait y avoir ici la formule ordinaire ⲁϥⲧⲣⲉ ⲓⲉⲟⲩ ⲥⲙⲓⲛⲉ ⲙⲡⲙⲉϩ, etc.; cependant, comme le texte peut être bon, s'il y a véritablement un écart de la formule, je l'ai conservé tel qu'il est.

LE PAPYRUS GNOSTIQUE BRUCE.

ⲁⲩⲥⲟⲕⲟⲩ ⲛⲁⲩ ϣⲁⲛⲧⲉⲧⲛⲃⲱⲕ ⲉⲡⲧⲟⲡⲟⲥ ⲙⲡⲉⲩⲉⲓⲱⲧ ⲛϥϯ ⳁ ⲛⲧⲉⲧⲛϫⲓⲟⲟⲣ ⲉϩⲟⲩⲛ ⳁ ⲡⲁⲓ ⲡⲉ ⲡⲉⲧϭⲓ ⲛⲕⲱ ⲉϩⲣⲁï ⲙⲡⲉï⊡ ⲡⲁⲗⲓⲛ ⲟⲛ ⲁⲛⲉî ⲉⲃⲟⲗ ⲉⲡⲙⲉϩ ⲛ̅ⲋ̅[1] ⲛ⊡ ⲛⲧⲉ ⲁⲱⲍⲁⲍⲏ ⲁⲛⲟⲕ ⲙⲛ ⳁ. ⲡⲉϫⲉ ⲙⲙⲁⲑⲏⲧⲏⲥ ⲛⲓ̅ⲥ̅ ⲛⲁϥ ϫⲉ ⲉïⲉ ⲧⲙⲉϩ ⲟⲩⲏⲣ ⲛⲧⲁⲝⲓⲥ ⲧⲉ ⲧⲁï ⲁⲛⲉî ⲉⲃⲟⲗ ⲉⲣⲟⲥ ⲛⲙⲙⲛⲧⲉⲓⲱⲧ. ⲡⲉϫⲁϥ ⲇⲉ ⲧⲁï ⲧⲉ ⲧⲙⲉϩ ⲃ̅ ⲛⲧⲁⲝⲓⲥ ⲛⲑⲏⲥⲁⲩⲣⲟⲥ ⲛⲧⲉ ⲛⲁ ⲡⲥⲁ ⲛⲃⲟⲗ ⲉⲣⲉ ⲥⲛⲧⲉ ⲛⲧⲁⲝⲓⲥ ⲙⲙⲛⲧⲉⲓⲱⲧ ϩⲓ ϩⲟⲩⲛ ⲁⲩⲱ ⲟⲩⲉⲓ ϩⲛ ⲧⲙⲏⲧⲉ ⲁⲩⲱ ⲥⲛⲧⲉ ϩⲓ ⲃⲟⲗ ⲉⲧⲃⲉ ⲡⲁⲓ ϭⲉ ⲉⲓⲥϩⲏⲏⲧⲉ ⲁⲛⲉⲓ ⲉⲃⲟⲗ ⲉⲧⲥⲛⲧⲉ ⲛⲛⲁ ⲡⲥⲁ ⲛⲃⲟⲗ ⲉⲣⲉ ϯ ⲛⲧⲁⲝⲓⲥ ⲙⲙⲛⲧⲉïⲱⲧ ϩⲛ ⲧⲙⲏⲧⲉ ⲉⲥϣⲟⲟⲡ ϩⲛ ⲛⲧⲟⲡⲟⲥ ⲙⲡⲛⲟⲩⲧⲉ ⲉⲧⲙⲧⲙⲏⲧⲉ ⲙⲡⲧⲏⲣϥ ⲉⲧⲃⲉ ⲡⲁï ⲁïⲕⲁ ⲥⲛⲧⲉ ϩⲓ ⲃⲟⲗ ⲁⲩⲱ ⲥⲛⲧⲉ ϩⲓ ϩⲟⲩⲛ ⲉⲣⲉ ⲡⲉⲩⲉîⲛⲉ ⲟⲛ ϩⲓ ϩⲟⲩⲛ ⲧⲏⲣⲟⲩ ⲁϫⲗⲁⲏ[2] ϣⲁⲩⲥⲟⲣⲟⲩ ⲉⲃⲟⲗ

(1) Le texte a seulement ⲋ̅, c'est-à-dire le sixième; cependant la suite montre que nous sommes dans une série et l'æon suivant est le 57e. J'ai donc corrigé. On peut voir ainsi combien la lacune est considérable, puisqu'elle embrasse au moins 55 æons.

(2) Ce mot tout entier est marqué comme douteux dans la copie de Woïde : évidemment c'est une mauvaise lecture, mais je ne saurais retrouver le mot du texte, quoique le sens soit assez clair. Les éléments des lettres s'opposent à toute restitution que je pourrais faire.

trois fois : ⲁⲁⲓⲱⲉⲱⲁⲍ, et les gardiens, avec les firmaments[1], s'écarteront devant vous jusqu'à ce que vous arriviez au lieu où leur père se trouve, qu'il vous donne, etc., que vous traversiez vers, etc. Telle est la disposition de cet æon. Ensuite nous allâmes vers le cinquante-sixième æon de ⲁⲱⲍⲁⲍⲏ, moi et, etc. » Les disciples de Jésus lui dirent : « Quelle est la hiérarchie vers laquelle nous allons, et la paternité ? » Il leur dit : « C'est la seconde hiérarchie du trésor de ceux qui sont en dehors. Il y a deux hiérarchies de paternités à l'intérieur, une au milieu et deux à l'extérieur. Voilà pourquoi nous sommes arrivés aux deux (hiérarchies) de ceux qui sont à l'extérieur : il y a une hiérarchie de paternités au milieu, elle se trouve dans le lieu du Dieu qui est au milieu de toutes choses. C'est pourquoi j'en ai placé deux

(1) Il doit manquer ici la mention des hiérarchies.

LE PAPYRUS GNOSTIQUE BRUCE.

ϣⲁïⲕⲁ ⲥⲛⲧⲉ ⲙⲡⲉϥⲃⲟⲗ ⲁⲩⲱ ⲥⲛⲧⲉ ⲙⲡⲉϥϩⲟ ⲛⲉⲣⲉ ⲟⲩⲉî ϩⲛ ⲧⲙⲏⲧⲉ ⲧⲁï ⲧⲉ ⲧϭⲓ ⲛⲁϩⲉⲣⲁⲧⲟⲩ ⲛⲛⲉïⲧⲁⲝⲓⲥ ⲙⲛ ⲧϭⲓ ⲛ[ⲱ]ⲛϩ ⲛⲛⲉïⲧⲟⲡⲟⲥ[1]. ⲥⲱⲧⲙ ϭⲉ ⲧⲉⲛⲟⲩ ⲉⲧϭⲓ ⲛⲕⲱ ⲉϩⲣⲁⲓ ⲙⲡⲉï⊡ ⲉⲧⲉⲧⲛϣⲁⲛⲉⲓ ⲉⲃⲟⲗ ⲉⲡⲉⲓ⊡ ⲥⲫⲣⲁⲅⲓⲍⲉ ⲙⲙⲱⲧⲛ ϩⲛ ⲧⲉïⲥⲫⲣⲁⲅⲓⲥ[2] ⲉⲧⲉ ⲧⲁï ⲧⲉ ⲡⲁⲓ ⲡⲉ ⲡⲉⲥⲣⲁⲛ ⲍⲱⲍⲁⲉⲍⲱⲍ ⲁϫⲓϥ ⲛⲟⲩⲥⲟⲡ ⲙⲙⲁⲧⲉ ⲉⲣⲉ ϯⲯⲏⲫⲟⲥ ϩⲛ ⲧⲉⲧⲛϭⲓϫ ⲭ̄ⲫ̄ⲓ̄ⲉ̄ ⲁⲩⲱ ⲁϫⲓ ⲡⲉⲓⲣⲁⲛ ⲛ̄ⲅ̄ ⲛⲥⲟⲡ ⲱⲱⲓⲉⲏⲍⲁⲍⲁⲙⲁⲍⲁ ⲁⲩⲱ ϣⲁⲣⲉ ⲛⲉⲫⲩⲗⲁⲝ ⲙⲛ ⲛⲧⲁⲝⲓⲥ ⲙⲛ ⲛⲕⲁⲧⲁⲡⲉⲧⲁⲥⲙⲁ ϣⲁⲩⲥⲟⲕⲟⲩ ⲛⲁⲩ ϣⲁⲛⲧⲉⲧⲛⲃⲱⲕ ⲉ⳥ ⲡⲁï ϭⲉ ⲡⲉⲧϭⲓ ⲛⲕⲱ ⲉϩⲣⲁï ⲙⲡⲉï⊡ ⲙⲛ ⲛⲉⲧⲛϩⲏⲧϥ ⲧⲏⲣⲟⲩ. ⲡⲁⲗⲓⲛ ⲟⲛ ⲁⲛⲉî ⲉⲃⲟⲗ ⲉⲡⲙⲉϩ ⲛ̄ⲉ̄ ⲛ⊡[3]

[1] Ces mots, ⲙⲙⲛⲧϭⲓⲛⲛϩ ⲛⲛⲉⲓⲧⲟⲡⲟⲥ, ainsi que Woïde les a écrits, n'ont aucun sens. Le premier est bien ⲙⲛ, malgré la présence d'un premier ⲙ, qui est de trop; puis viennent l'article et le préfixe de formation substantivale ϭⲓⲛ; il reste comme racine ⲛϩ, racine tout à fait inconnue, s'il n'y a pas de faute. Woïde doit avoir mal lu et il devait y avoir ⲧϭⲓⲛⲱⲛϩ; et c'est ainsi que j'ai corrigé.

[2] Il manque ici une figure que n'a pas copiée Woïde et qui est maintenant disparue; peut-être l'était-elle dès le temps où fut faite la copie du papyrus.

[3] *Cod.* ⲁⲛⲉⲓ ⲉⲃⲟⲗ ⲛϭⲓ ⲛ⊡. Ces mots n'offrent aucun sens; le copiste a évidemment omis le mot ⲉⲡⲙⲉϩ, qui indique le nombre cardinal; de plus, la suite montre que nous devons trouver ici le cinquante-sixième ⲛ̄ⲉ̄ æon.

en dehors et deux en dedans, et leur ressemblance se trouve dans tous les mondes épars[1]. J'en ai placé deux à l'extérieur, deux à l'intérieur et une au milieu. Tel est l'état de ces hiérarchies et la vie de ces lieux. Écoutez maintenant la disposition de cet æon. Lorsque vous serez arrivés à cet æon, imprimez sur vous ce sceau dont le nom est ⲍⲱⲍⲁⲉⲍⲱⲍ; dites-le une fois seulement, ayant dans vos mains ce chiffre 600515 (?), et dites aussi ce nom trois fois : ⲱⲱⲓⲉⲏⲍⲁⲍⲁⲙⲁⲍⲁ; et les gardiens, avec les hiérarchies et les firmaments, s'écarteront devant vous jusqu'à ce que vous arriviez à, etc. Telle est la disposition de cet æon et de tous ceux qu'il renferme. Ensuite nous arrivâmes au cinquante-sixième æon de ⲏⲉⲓⲱⲱⲍⲍⲓⲟⲗ, moi

[1] Cette traduction n'est qu'approximative, le texte n'étant pas certain.

IMPRIMERIE NATIONALE.

ⲛⲧⲉ ⲏⲉⲓⲱⲱⲍⲍⲓⲑⲁ ⲁⲛⲟⲕ ⲙⲛ ⲧⲁⲧⲁⲝⲓⲥ ⲉⲧⲕⲱⲧⲉ ⲉⲣⲟⲓ̈ ⲡⲉϫⲁⲓ̈ ϫⲉ ⲥⲱⲧⲙ ⲉⲧϭⲓ ⲛⲕⲱ ⲉϩⲣⲁⲓ ⲙⲡⲉⲓ̈⊡ ⲙⲛ ⲛⲉⲧⲛϩⲏⲧϥ ⲧⲏⲣⲟⲩ ⲉⲣⲉ ⲋ̅ ⲛⲧⲟⲡⲟⲥ ⲕⲱⲧⲉ ⲉⲣⲟϥ ⳩ ⲉⲧⲉⲧⲛϣⲁⲛⲉⲓ ⲉⲡⲉⲓⲧⲟⲡⲟⲥ ⲥⲫⲣⲁⲅⲓⲍⲉ ⲙⲙⲱⲧⲛ ϩⲛ ⲧⲉⲓ̈ⲥⲫⲣⲁⲅⲓⲥ[(1)]. ⲡⲁⲓ̈ ⲡⲉ ⲡⲉⲥⲣⲁⲛ ⲁϫⲓϥ ⲛⲟⲩⲥⲟⲡ ⲙⲙⲁⲧⲉ ⲍⲱⲁⲍⲉⲟⲧⲉ ⲉⲣⲉ ⲧⲉⲓ̈ⲯⲏⲫⲟⲥ ϩⲛ ⲧⲉⲧⲛϭⲓϫ ϥ̅ⲩ̅ⲓ̅ ⲁⲩⲱ ⲁϫⲓ ⲡⲉⲓ̈ⲣⲁⲛ ⲛⲅ̅ ⲛⲥⲟⲡ ϫⲉ ⲟⲩⲉⲓⲉⲍⲱⲁⲍ ⲁⲩⲱ ϣⲁⲣⲉ ⲛⲉⲫⲩⲗⲁⲝ ⲙⲛ ⲛⲧⲁⲝⲓⲥ ⲙⲛ ⲛⲕⲁⲧⲁⲡⲉⲧⲁⲥⲙⲁ ϣⲁⲩⲥⲟⲕⲟⲩ ⲛⲁⲩ ϣⲁⲛⲧⲉⲧⲛⲃⲱⲕ ⲉⲡⲧⲟⲡⲟⲥ ⲙⲡⲉⲩⲉⲓⲱⲧ ⲛϥϯ ⳩ ⲛⲧⲉⲧⲛϫⲓⲟⲟⲣ ⲉ⳩. ⲡⲁⲓ̈ ϭⲉ ⲧϭⲓ ⲛⲕⲱ ⲉϩⲣⲁⲓ ⲙⲡⲉⲓ̈ⲑⲏⲥⲁⲩⲣⲟⲥ. ⲡⲁⲗⲓⲛ ⲟⲛ ⲁⲛⲉⲓ̂ ⲉⲃⲟⲗ ⲉⲡⲙⲉϩ ⲛ̅ⲍ̅ ⲛⲑⲏⲥⲁⲩⲣⲟⲥ ⲁⲛⲟⲕ ⲙⲛ ⲧⲁⲧⲁⲝⲓⲥ [sceau] ⲁⲛⲉⲓ̂ ⲉⲡⲧⲟⲡⲟⲥ ⲥⲓⲱⲍⲱⲱ... ⲥⲱⲧⲙ ϭⲉ ⲧⲉⲛⲟⲩ ⲉⲧⲣⲉϥϭⲓ ⲛⲥⲱⲣ ⲉⲃⲟⲗ ⲙⲛ ⲛⲉⲧⲛϩⲏⲧϥ ⲧⲏⲣⲟⲩ ⲉⲣⲉ ⲋ̅ ⲛⲧⲟⲡⲟⲥ ⲕⲱⲧⲉ ⲉⲣⲟϥ ⲉⲧⲉⲛϣⲁⲛⲉⲓ̂ ⲉⲡⲉⲓ̈ⲧⲟⲡⲟⲥ ⲥⲫⲣⲁⲅⲓⲍⲉ ⲙⲙⲱⲧⲛ ϩⲛ ⲧⲉⲓ̈ⲥⲫⲣⲁⲅⲓⲥ ⲡⲁⲓ̈ ⲡⲉ ⲡⲉⲥⲣⲁⲛ ⲓⲉⲁⲍⲱⲏⲏⲍⲁⲥⲁⲉⲍ ⲁϫⲓϥ ⲛⲟⲩⲥⲟⲡ ⲙⲙⲁⲧⲉ ⲉⲣⲉ ϯⲯⲏⲫⲟⲥ ϩⲛ ⲧⲉⲧⲛϭⲓϫ ϥ̅ⲩ̅ⲓ̅ⲉ̅ ⲁⲩⲱ ⲁϫⲓ ⲡⲉⲓ̈ⲣⲁⲛ ϩⲱϥ

(1) Il manque un sceau.

---

et la hiérarchie qui m'entourait. Je dis : Écoutez la disposition de cet æon et de tous ceux qu'il renferme : six lieux l'entourent, etc. Lorsque vous serez arrivés à ce lieu, imprimez sur vous ce sceau dont le nom est ⲍⲱⲁⲍⲉⲟⲧⲉ; dites-le une fois seulement; ayez dans vos mains ce chiffre 90410; dites trois fois ce nom ⲟⲩⲉⲓⲉⲍⲱⲁⲍ, et les gardiens, avec les hiérarchies et les firmaments, s'écarteront devant vous, jusqu'à ce que vous arriviez au lieu où se trouve leur père, qu'il vous donne, etc., et que vous traversiez, etc. Telle est la disposition de ce trésor. Ensuite nous arrivâmes au cinquante-septième trésor, moi et ma hiérarchie, etc.; nous arrivâmes au lieu de ⲥⲓⲱⲍⲱⲱ... Écoutez maintenant sa disposition et (celle de) tous ceux qui s'y trouvent : six lieux l'entourent. Lorsque vous serez à ce lieu, imprimez sur vous ce sceau dont le nom est ⲓⲉⲁⲍⲱⲏⲏⲍⲁⲥⲁⲉⲍ; dites-le une fois seulement; ayez dans vos mains ce chiffre 90415 (?) et dites par trois fois

ν̄γ̄ νσοπ ζωζωζωιεηζωα αυω ϣαρε νεφυλαξ μν νταξις μν νκαταπετασμα ϣαυσοκου ναυ ϣαντετνβωκ ϣα πευειωτ

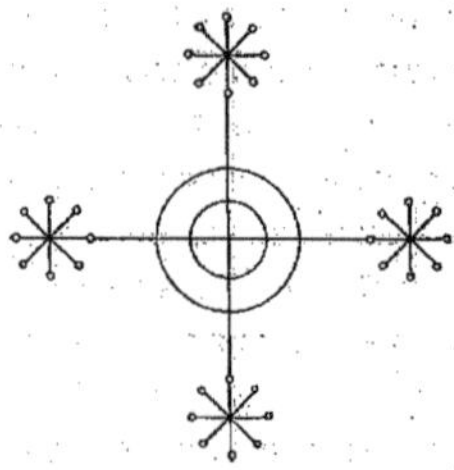

νϥϯ ⳨ ντετνϫιοορ εϩουν ε︦ παϊ ϭε πε τϭι νκω εϩραϊ μπει θησαυρος μν νετνϩητϥ. παλιν ον ανεϊ εβολ επμεϩ ν̄η̄ ν▣ νζεωζεωζα ανοκ μν ⳨ πεϫαϊ ϫε σωτμ ϭε τενου ετβε τϭι νκω εϩραϊ μπεϊθησαυρος μν νετνϩητϥ τηρου ερε ϛ̄ ντοπος κωτε εροϥ ετετνϣανεϊ επεϊτοπος σφραγιζε μμωτν ϩν τεϊσφραγις παϊ πε πεσραν ζααιυζωαζ αϫιϥ νουσοπ μματε ερε ϯψηφος ϩν τετνϭιϫ ῡρ̄κ̄β̄ αυω αϫι πεϊραν ϩωωϥ ν̄γ̄ νσοπ εεεειεηζηωζααιζε αυω ϣαρε νεφυλαξ μν νταξις μν νκαταπετασμα ϣαυσοκου ναυ ϣαντετνβωκ

---

ce nom : ζωζωζωιεηζωα; et les gardiens, avec les hiérarchies et les firmaments, s'écarteront jusqu'à ce que vous arriviez à leur père,

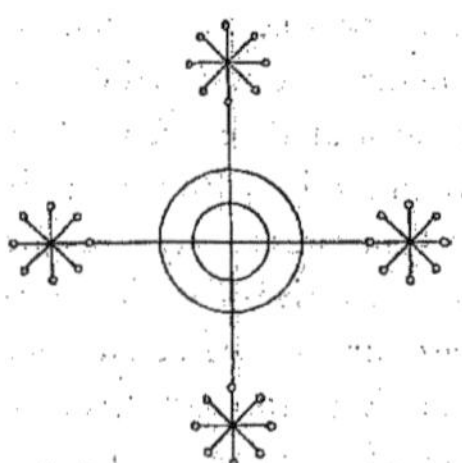

qu'il vous donne, etc., et que vous traversiez l'intérieur vers, etc. Telle est la disposition de ce trésor et de ceux qu'il renferme. De nouveau nous allâmes aussi vers le cinquante-huitième æon de ζααιυζωαζ, moi avec, etc. Je dis : Écoutez maintenant la disposition de ce trésor et de tous ceux qui s'y trouvent. Six lieux l'entourent. Lorsque vous serez arrivés à ce lieu, imprimez sur vous ce sceau dont le nom est ζααιυζωαζ, et dites-le une fois seulement; ayez dans vos mains ce chiffre 400122 (?), et dites aussi par trois fois ce nom : εεεειεηζηωζααιζε. Alors les gardiens, les hiérarchies et les firmaments s'écarteront devant vous jusqu'à ce que vous entriez dans le lieu où est leur

ⲉⲡⲧⲟⲡⲟⲥ ⲙⲡⲉⲩⲉⲓⲱⲧ ⲁϥϯ ⳨ ⲛⲧⲉⲧⲛϫⲓⲟⲟⲣ ⲉ⳨. ⲡⲁï ϭⲉ ⲡⲉ ⲧϭⲓ ⲛⲕⲱ ⲉϩⲣⲁï ⲙⲡⲉï⊡ ⲙⲛ ⲛⲉⲧⲛϩⲏⲧϥ ⲧⲏⲣⲟⲩ. ⲡⲁⲗⲓⲛ ⲟⲛ ⲁⲛⲉï ⲉⲃⲟⲗ ⲉⲡⲙⲉϩ ⲛ̄ⲑ̄ ⲛⲑⲏⲥⲁⲩⲣⲟⲥ ⲛⲧⲉ ⲟⲩⲓⲏⲍⲁⲍⲱⲏ ⲁⲛⲟⲕ ⲙⲛ ⳨ ⲡⲉϫⲁï ϫⲉ ⲥⲱⲧⲙ ϭⲉ ⲧⲉⲛⲟⲩ ⲉⲧϭⲓ ⲛⲕⲱ ⲉϩⲣⲁï ⲙⲡⲉï⊡ ⲙⲛ ⲛⲉⲧⲛϩⲏⲧϥ ⲧⲏⲣⲟⲩ ⲉⲣⲉ ⲋ̄ ⲛⲧⲟⲡⲟⲥ ⲕⲱⲧⲉ ⲉⲣⲟϥ ⳨ ⲉⲧⲉⲧⲛϣⲁⲛⲉï ϭⲉ ⲉⲡⲉïⲧⲟⲡⲟⲥ ⲥⲫⲣⲁⲅⲓⲍⲉ ⲙⲙⲱⲧⲛ ϩⲛ ⲧⲉⲓⲥⲫⲣⲁⲅⲓⲥ ⲉⲧⲉ ⲧⲁï ⲧⲉ ⲡⲁï ⲡⲉ ⲡⲉⲥⲣⲁⲛ ⲍⲏⲏⲁⲱⲉⲍⲱⲁⲍ ϫⲓϥ ⲛⲟⲩⲥⲟⲡ ⲙⲙⲁⲧⲉ ⲉⲣⲉ ⲧⲉïⲯⲏⲫⲟⲥ ϩⲛ ⲧⲉⲧⲛϭⲓϫ ϥⲣ̄ⲡ̄ⲍ̄ ⲡⲁⲗⲓⲛ ⲟⲛ ⲟⲛⲟⲙⲁⲍⲉ ⲙⲡⲉⲓⲣⲁⲛ ⲛ̄ⲅ̄ ⲛⲥⲟⲡ ⲍⲱⲟⲟⲓⲩⲱⲏⲍⲁ ⲁⲩⲱ ϣⲁⲣⲉ ⲛⲉⲫⲩⲗⲁⲝ ⲙⲛ ⲛⲧⲁⲝⲓⲥ ⲙⲛ ⲛⲕⲁⲧⲁⲡⲉⲧⲁⲥⲙⲁ ϣⲁⲩⲥⲟⲕⲟⲩ ⲛⲁⲩ ϣⲁⲛⲧⲉⲧⲛⲃⲱⲕ ⲉⲡⲧⲟⲡⲟⲥ ⲙⲡⲉⲩⲉⲓⲱⲧ ⲛϥϯ ⳨ ⲛⲧⲉⲧⲛϫⲓⲟⲟⲣ

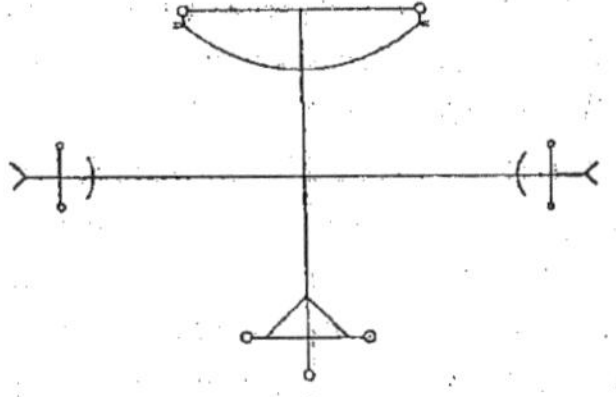

---

père, qu'il vous donne, etc., et que vous traversiez, etc. Telle est la disposition de cet æon et de tous ceux qui s'y trouvent. De nouveau nous allâmes au cinquante-neuvième trésor de ⲟⲩⲓⲏⲍⲁⲍⲱⲏ, moi et, etc. Je dis : Écoutez maintenant la disposition de cet æon et de tous ceux qui s'y trouvent : six lieux l'entourent, etc. Lorsque vous serez arrivés à ce lieu, imprimez sur vous ce sceau dont le nom est ⲍⲏⲏⲱⲉⲍⲱⲁⲍ; dites-le une fois seulement en ayant dans vos mains ce chiffre 90 1 97 (?). De nouveau prononcez aussi ce nom trois fois : ⲍⲱⲟⲟⲓⲩⲱⲍⲏⲁ; et les gardiens, avec les hiérarchies et les firmaments, s'écarteront devant vous jusqu'à ce que vous arriviez au lieu où se trouve leur père, qu'il vous donne, etc., et que vous traversiez vers, etc. Telle est la disposition de cet æon. Ensuite nous allâmes

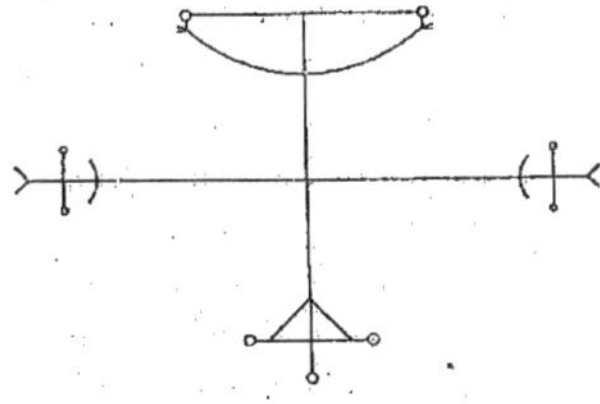

ⲉ⳨ ⲡⲁⲓ̈ ϭⲉ ⲡⲉ ⲧϭⲓ ⲛⲕⲱ ⲉϩⲣⲁⲓ̈ ⲙⲡⲉⲓ̈▣. ⲡⲁⲗⲓⲛ ⲟⲛ ⲁⲛⲉⲓ̂ ⲉⲃⲟⲗ ⲉⲡⲙⲉϩ ⲥⲉ ⲛⲑⲏⲥⲁⲩⲣⲟⲥ ⲛⲱⲁⲍⲁⲏⲍⲱ . . . . . ⲕ[1] ϩ ⲡⲉϫⲁⲓ ⲛⲛⲁⲙⲁⲑⲏⲧⲏⲥ ϫⲉ ⲥⲱⲧⲙ ⲉⲧⲃⲉ ⲧϭⲓ ⲛⲕⲱ ⲉϩⲣⲁⲓ ⲙⲡⲉⲓ̈▣ ⲉⲣⲉ ⲥⲟⲟⲩ ⲛⲧⲟⲡⲟⲥ ⲕⲱⲧⲉ ⲉⲣⲟϥ ⲉⲣⲉ ⲱⲁⲍⲁⲏⲍⲱ ⲛϩⲟⲩⲛ ϩⲛ ⲧⲉⲩⲙⲏⲧⲉ ⲡⲉⲓϣⲱⲗϩ ⲥⲛⲁⲩ ⲉⲧⲉ ⲁϩⲉⲣⲁⲧⲟⲩ ⲛⲛⲉⲩⲧⲟⲡⲟⲥ ⲛⲧⲉⲓϩⲉ ▭ ⲛⲧⲟⲟⲩ ⲛⲉ ⲡⲉⲓⲛⲉ ⲛⲛⲉϥⲧⲟⲡⲟⲥ ⲉⲧϥⲁϩⲉⲣⲁⲧϥ ⲛϩⲏⲧⲟⲩ ⲡⲉⲓⲕⲉϣⲱⲗϩ ⲥⲛⲁⲩ ⲉⲣⲉ ⲛⲉⲓ̈ ⲁⲗⲫⲁ ⲛϩⲏⲧⲟⲩ ⲙⲡⲉⲓⲧⲩⲡⲟⲥ ϫⲉ ⲥⲛⲁⲩ ϩⲓ ⲧⲡⲉ ⲁⲩⲱ ⲥⲛⲁⲩ ϩⲓ ⲡⲉⲥⲏⲧ ⲛⲧⲟⲟⲩ ⲛⲉ ⲛⲉϩⲓⲟⲟⲩⲉ ⲙⲙⲟⲟϣⲉ ⲛⲛⲁⲃⲱⲕ ⲉⲣⲁⲧϥ ⲙⲡⲓⲱⲧ ⲉⲡⲉϥⲧⲟⲡⲟⲥ ⲁⲩⲱ ⲙⲡⲉϥϩⲟⲩⲛ ⲛⲉⲓ ⲁⲗⲫⲁ ϩⲱⲟⲩ ⲛⲧⲟⲟⲩ ⲛⲉ ⲛⲕⲁⲧⲁⲡⲉⲧⲁⲥⲙⲁ ⲉⲧⲥⲏⲕ ⲉⲣⲟϥ ⲡⲁⲗⲓⲛ ⲟⲛ ⲉⲣⲉ ⲓ̅ⲃ̅ ⲛⲧⲟⲡⲟⲥ ϩⲙ ⲡⲉϥⲑⲏⲥⲁⲩⲣⲟⲥ ⲉⲩⲛ ⲙⲛⲧ ⲓ̅ⲃ̅ ⲛⲁⲡⲉ ϩⲙ ⲡⲧⲟⲡⲟⲥ ⲡⲧⲟⲡⲟⲥ ⲉⲡⲉⲩⲣⲁⲛ ⲙⲙⲟⲟⲩ ⲛⲉ ⲙⲡⲓ̅ⲃ̅ ⲉⲩⲛ ⲓ̅ⲃ̅ ⲛⲧⲁⲝⲓⲥ ⲙⲡⲉϥⲑⲏⲥⲁⲩⲣⲟⲥ ⲉⲩⲛ ϩⲉⲛ ⲕⲉⲗⲁϣ . . . [2] ⲛⲧⲁⲝⲓⲥ ⲛⲁϣⲱⲡⲉ ϩⲙ ⲡⲉⲓⲑⲏⲥⲁⲩⲣⲟⲥ ⲛⲃⲁⲗ

(1) Il y a une lacune marquée par des points, puis un intervalle, non pointillé, entre les deux lettres ⲕ et ϩ.

(2) Après ⲗⲁϣ, la copie de Woïde porte ⲕⲉ en lettres pointillées, ce qui signifie qu'il les regardait comme douteuses. Je crois qu'il devait y avoir ⲕⲉ sur le papyrus, et c'est une redondance inutile.

aussi au soixantième trésor d'ⲱⲁⲍⲁⲏⲍⲱ . . . Je dis[1] à mes disciples : Écoutez la disposition de cet æon. Six lieux l'environnent : ⲱⲁⲍⲁⲏⲍⲱ est au milieu d'eux; dans leurs lieux sont deux lignes disposées de cette manière ▭ : c'est la ressemblance des lieux où il se tient. Ces deux autres lignes où sont ces deux *alphas* disposés ainsi : deux en haut et deux en bas, ce sont les voies et chemins[2] par lesquels tu iras jusqu'au Père dans son lieu et dans son intérieur. Ces *alphas* sont aussi les voiles qui s'étendent devant lui. Il y a encore douze lieux dans son trésor, et dans chaque lieu il y a douze chefs qui tous les douze ont douze noms[3]. Il y a dans son trésor douze hiérarchies et en sus de

(1) Sens peu certain.

(2) Mot à mot : des voies de marches.

(3) Le texte est peu clair. On pourrait traduire aussi bien : « et tous les douze ont des noms, » comme je l'avais fait d'abord. Mais on note expressément plus bas que les neuf gardiens n'ont qu'un nom chacun; cette observation m'a fait traduire comme je l'ai fait : « qui tous les douze ont douze noms. »

LE PAPYRUS GNOSTIQUE BRUCE.

ⲛⲛⲁⲓ̈ ⲛⲥⲉⲧⲣⲉ ⲟⲩⲁⲡⲉ ⲁⲣⲭⲉⲓ ⲉϫⲱⲟⲩ ⲛⲥⲉⲙⲟⲩⲧⲉ ⲉⲣⲟϥ ϫⲉ ⲡϣⲟⲣⲡ ⲛⲧⲱϣ ⲁⲩⲱ ⲡϣⲟⲣⲡ ⲙⲁⲣ ⲡⲁⲗⲓⲛ ⲟⲛ ⲉⲩⲛ ⲟⲩⲡⲩⲗⲏ ⲙⲙⲁⲧⲉ ϩⲓ ϩⲟⲩⲛ ⲙⲡⲉⲓ̈⊡ ⲡⲁⲗⲓⲛ ⲟⲛ ⲙⲡⲉϥⲃⲟⲗ ⲉⲧⲉϩⲓ ⲉⲃⲟⲗ ⲙⲙⲟϥ ⲡⲉ ⲟⲩⲛ ⲅ̄ ⲙⲡⲩⲗⲏ ⲙⲙⲟϥ ⲉⲣⲉ ⲑ̄ ⲙⲫⲩⲗⲁⲝ ϩⲓ ⲣⲱⲟⲩ ⲉⲩⲛ ⲅ̄ ϩⲓⲣⲛ ⲧⲡⲩⲗⲏ ⲧⲡⲩⲗⲏ ⲥⲟⲩⲱⲧ ⲡⲣⲁⲛ ⲙⲡⲟⲩⲁ ⲡⲟⲩⲁ ⲙⲙⲟⲟⲩ ⲧⲉⲛⲟⲩ ϭⲉ ⲉⲧⲉⲧⲛϣⲁⲛⲉⲓ̈ ⲉⲡⲉⲓ̈ⲧⲟⲡⲟⲥ ⲥⲫⲣⲁⲅⲓⲍⲉ ⲙⲙⲱⲧⲛ ϩⲛ ⲧⲉⲓ̈ⲥⲫⲣⲁⲅⲓⲥ ⲉⲧⲉ ⲧⲁⲓ ⲧⲉ ⲡⲁⲓ̈ ⲡⲉ ⲡⲉⲥⲣⲁⲛ ⲍⲁⲍⲁⲫⲁⲍⲁⲍⲱⲍⲁⲏ ⲁϫⲓϥ ⲛⲟⲩⲥⲟⲡ ⲉⲣⲉ ⲧⲉⲓ̈ⲯⲏⲫⲟⲥ ϩⲛ ⲧⲉⲧⲛϭⲓϫ ⲇ̄ⲱ̄ⲡ̄ⲉ̄[1] . . . . ⲁϥⲡⲣⲟⲃⲁⲗⲉ ⲙⲙⲟϥ ⲉⲃⲟⲗ ⲉϥⲟ ⲙⲡⲉⲓⲧⲩⲡⲟⲥ ϩⲩⲗⲉⲟⲟ†ⲧⲕ†ⲓ ⲡⲁⲓ ⲡⲉ ⲡⲛⲟⲩⲧⲉ ⲛⲧⲁⲗⲏⲑⲉⲓⲁ ϥⲛⲁⲧⲁϩⲟϥ ⲉⲣⲁⲧϥ ⲙⲡⲉⲓ̈ⲧⲩⲡⲟⲥ ⲛⲁⲡⲉ ⲥⲉⲛⲁⲙⲟⲩⲧⲉ ⲉⲣⲟϥ ϫⲉ ⲓⲉⲟⲩ ⲙⲛⲛⲥⲱⲥ ϥⲛⲁⲕⲓⲙ ⲉⲣⲟϥ ⲛϭⲓ ⲡⲁⲓⲱⲧ ⲛϥⲧⲁⲩⲟ ⲉⲃⲟⲗ ⲛϩⲉⲛ ⲕⲉⲡⲣⲟⲃⲟⲗⲏ ⲛⲥⲉⲙⲁϩ ⲛⲛⲉⲓⲧⲟⲡⲟⲥ ⲡⲁⲓ ⲡⲉ ⲡⲉϥⲣⲁⲛ ϩⲱⲱϥ ⲕⲁⲧⲁ ⲛⲉⲑⲏⲥⲁⲩⲣⲟⲥ ⲉⲧⲛⲃⲟⲗ ⲧⲁⲓ ⲥⲉⲛⲁⲙⲟⲩⲧⲉ ⲉⲣⲟϥ ⲙⲡⲉⲓ̈ⲣⲁⲛ ϫⲉ ⲓⲟⲉⲓⲁⲱⲑⲱⲩⲓ̈ⲭⲱⲗⲙⲓⲱ

[1] Il y a ici une nouvelle lacune que je ne saurais apprécier.

celles-là une multitude d'autres hiérarchies en ce trésor, commandées par un seul chef que l'on nomme le premier commandement et le premier mystère. Il y a aussi une seule porte pour entrer dans cet æon; mais, à l'extrémité pour sortir, il y a trois portes et neuf gardiens pour elles, trois pour chaque porte, et il n'y a qu'un nom pour chacun d'eux[1]. Lors donc que vous serez arrivés à ce lieu, imprimez sur vous ce sceau dont le nom est ⲍⲁⲍⲁⲫⲁⲍⲁⲍⲱⲍⲁⲏ; dites-le une fois seulement, pendant que ce chiffre est dans vos mains : 4885 (?) . . . . il le fit émaner, étant selon le type ϩⲩⲗⲉⲟⲟ†ⲧⲕ†. C'est le Dieu de la vérité; il l'établira chef selon ce type; on le nommera *Ieou*. Ensuite mon Père l'excitera à produire d'autres émanations, afin qu'elles remplissent ces lieux. Voici aussi son nom selon les trésors qui sont sortis de là; on le nommera de ce nom ⲓⲟⲉⲓⲁⲱⲑⲱⲩⲓⲭⲱⲗⲙⲓⲱ, c'est-à-dire le Dieu

[1] On pourrait aussi bien traduire : « pour chacune d'elles (des portes); » mais il doit bien s'agir des gardiens.

ⲉⲧⲉ ⲛⲧⲟϥ ⲡⲉ ⲡⲛⲟⲩⲧⲉ ⲛⲧⲁⲗⲏⲑⲉⲓⲁ ϥⲛⲁⲧⲁϩⲟϥ ⲉⲣⲁⲧϥ ⲙⲡⲉⲓ̈ⲧⲩⲡⲟⲥ ⲛⲁⲡⲉ ⲉϫⲛ ⲛⲉ⊡ ⲉⲧⲛⲃⲟⲗ ⲧⲁï ⲡⲁï ⲡⲉ ⲡⲧⲩⲡⲟⲥ ⲛⲛⲉⲑⲏⲥⲁⲩⲣⲟⲥ ⲉⲧϥⲛⲁⲕⲁⲁϥ ⲛⲁⲡⲉ ⲉϩⲣⲁï ⲉϫⲱⲟⲩ ⲁⲩⲱ ⲧⲁï ⲧⲉ ⲑⲉ ⲉⲧⲉⲣⲉ ⲛⲉⲑⲏⲥⲁⲩⲣⲟⲥ ⲥⲏⲣ ⲉⲃⲟⲗ ⲙⲙⲟⲥ ⲉϥⲟ ⲛⲁⲡⲉ ⲉⲣⲟⲟⲩ ⲡⲁⲓ ⲡⲉ ⲡⲧⲩⲡⲟⲥ ⲉⲧϥⲕⲏ ⲉϩⲣⲁⲓ ⲙⲙⲟϥ ⲉⲙⲡⲁⲧⲟⲩⲕⲓⲙ ⲉⲣⲟϥ ⲉⲧⲣⲉϥⲧⲁ[ⲩⲉ] ⲡⲣⲟⲃⲟⲗⲏ ⲉⲃⲟⲗ ⲡⲁⲗⲓⲛ ⲟⲛ ⲥⲉⲛⲁⲙⲟⲩⲧⲉ ⲉⲣⲟϥ ϫⲉ ⲓⲉⲟⲩ ϥⲛⲁϣⲱⲡⲉ

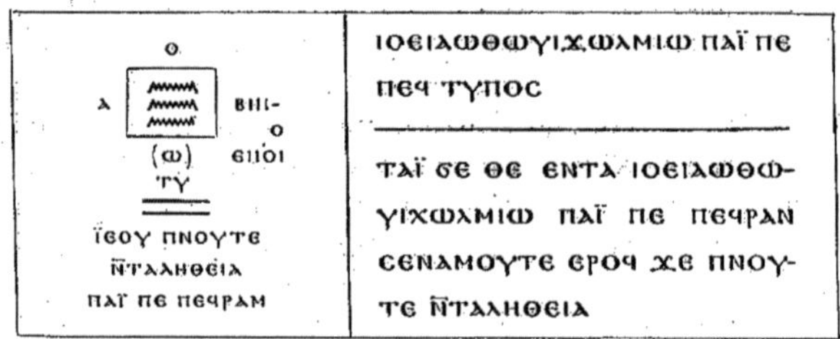

ⲛⲉⲓⲱⲧ ⲛⲟⲩⲙⲏⲏϣⲉ ⲙⲡⲣⲟⲃⲟⲗⲏ ⲁⲩⲱ ⲟⲩⲛ ⲟⲩⲙⲏⲏϣⲉ ⲙⲡⲣⲟ-

---

de la vérité. Il l'établira selon ce type chef sur les æons sortis de là. C'est le type des trésors qu'il établira chefs sur eux. C'est la manière dont les trésors émaneront, lui étant leur chef. C'est le type selon lequel il était constitué avant qu'il fût excité à produire des émanations.

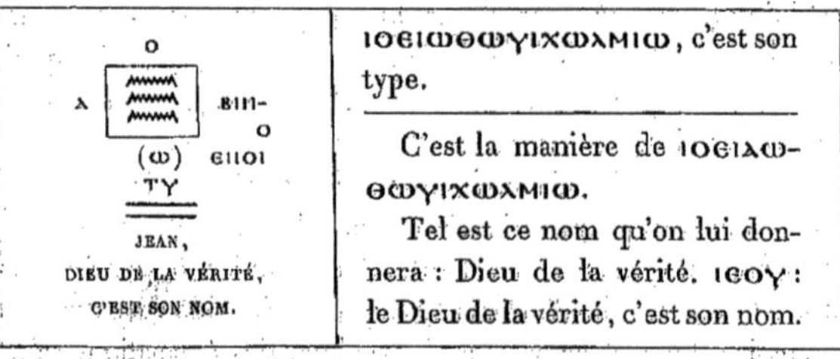

En outre on le nommera *Ieou :* il sera le père d'une multitude d'éma-

ⲃⲟⲗⲏ ⲛⲏⲩ ⲉⲃⲟⲗ ⲛϩⲏⲧϥ ϩⲓⲧⲛ ⲧⲕⲉⲗⲉⲩⲥⲓⲥ ⲙⲡⲁⲓ̈ⲱⲧ ⲛⲥⲉϣⲱⲡⲉ
ⲛⲉⲓⲱⲧ ϩⲱⲟⲩ ⲛⲛⲉⲑⲏⲥⲁⲩⲣⲟⲥ ⲟⲩⲛ ⲟⲩⲙⲏⲏϣⲉ ⲉⲓⲛⲁⲕⲁⲁⲩ ⲛⲁⲡⲉ
ϩⲣⲁⲓ ⲉϫⲱⲟⲩ ⲛⲥⲉⲙⲟⲩⲧⲉ ⲉⲣⲟⲟⲩ ϫⲉ ⲓ̈ⲉⲟⲩ ⲡⲛⲟⲩⲧⲉ ⲛⲧⲁⲗⲏⲑⲉⲓⲁ
ⲛⲧⲟϥ ⲡⲉⲧⲛⲁϣⲱⲡⲉ ⲛⲉⲓⲱⲧ ⲛⲛⲓⲉⲟⲩ ⲧⲏⲣⲟⲩ ⲉⲧⲃⲉ ϫⲉ ⲟⲩⲡⲣⲟ-
ⲃⲟⲗⲏ ⲡⲉ ⲛⲧⲉ ⲡⲁⲓ̈ⲱⲧ ⲡⲉⲧⲉⲣⲉ ⲡⲛⲟⲩⲧⲉ ⲛⲧⲁⲗⲏⲑⲉⲓⲁ ⲛⲁⲡⲣⲟⲃⲁⲗⲉ
ⲙⲙⲟϥ ϩⲓⲧⲛ̇ ⲧⲕⲉⲗⲉⲩⲥⲓⲥ ⲙⲡⲁⲓⲱⲧ ⲛⲧⲟϥ ⲡⲉⲧⲛⲁⲣ ⲁⲡⲉ ⲉϩⲣⲁⲓ̈
ⲉϫⲱⲟⲩ ϥⲛⲁⲕⲓⲙ ⲉⲣⲟⲟⲩ ⲟⲩⲛ ⲟⲩⲙⲏⲏϣⲉ ⲙⲡⲣⲟⲃⲟⲗⲏ ⲛⲏⲩ ⲉⲃⲟⲗϩⲛ ⲛⲓⲉⲟⲩ ⲧⲏⲣⲟⲩ ⲉⲃⲟⲗϩⲓⲧⲛ ⲧⲕⲉⲗⲉⲩⲥⲓⲥ ⲙⲡⲁⲓⲱⲧ ⲉϥϣⲁⲛⲕⲓⲙ
ⲉⲣⲟⲟⲩ ⲛⲥⲉⲙⲟⲩϩ ⲛⲛⲉⲑⲏⲥⲁⲩⲣⲟⲥ ⲧⲏⲣⲟⲩ ⲛⲥⲉⲙⲟⲩⲧⲉ ⲉⲣⲟⲟⲩ
ⲛⲉⲛⲧⲁⲝⲓⲥ ⲛⲛⲉⲑⲏⲥⲁⲩⲣⲟⲥ ⲛⲟⲩⲟⲉⲓⲛ ⲟⲩⲛ ϩⲉⲛ ⲧⲃⲁ ⲛⲧⲃⲁ ϣⲱⲡⲉ
ⲉⲃⲟⲗ ⲛϩⲏⲧⲟⲩ ⲡⲁⲓ̈ ϭⲉ ⲡⲉ ⲡⲧⲩⲡⲟⲥ ⲉⲧⲉⲣⲉ ⲡⲛⲟⲩⲧⲉ ⲛⲧⲁⲗⲏⲑⲉⲓⲁ
ⲕⲏ ⲉϩⲣⲁⲓ ⲙⲙⲟϥ ⲉⲩⲛⲁⲧⲁϩⲟϥ ⲉⲣⲁⲧϥ ⲛⲁⲡⲉ ⲉϩⲣⲁⲓ ⲉϫⲛ ⲛⲉⲑⲏⲥⲁⲩⲣⲟⲥ ⲉⲙⲡⲁⲧϥⲧⲁⲩⲉ ⲡⲣⲟⲃⲟⲗⲏ ⲉⲃⲟⲗ ⲉϩⲣⲁⲓ ⲉϫⲛ ⲛⲉⲑⲏⲥⲁⲩⲣⲟⲥ
ⲉⲙⲡⲁⲧϥⲧⲁⲩⲉ ⲡⲣⲟⲃⲟⲗⲏ ⲉⲃⲟⲗ ϫⲉ ⲙⲡⲁⲧⲉ ⲡⲁⲓⲱⲧ ⲕⲓⲙ ⲉⲣⲟϥ
ⲉⲧⲣⲉϥⲧⲁⲩⲉ [ⲡⲣⲟ]ⲃⲟⲗⲏ ⲛϥⲧⲁⲟⲩⲟ ⲉϩⲣⲁⲓ̈ ⲡⲁⲓ ⲡⲉ ⲡⲉϥⲧⲩ[ⲡⲟⲥ]

---

nations, et une multitude d'émanations sortiront de lui par l'ordre de mon Père afin qu'elles soient aussi pères des trésors. Il y en a une foule que je placerai chefs sur eux et qu'on nommera Ieou. Le Dieu de la vérité sera le père de tous les Ieou, parce qu'il est une émanation de mon Père, que le Dieu de la vérité fera émaner par l'ordre de mon Père. C'est lui qui sera leur chef; ils seront mus par lui : une foule d'émanations sortiront de tous les Ieou par l'ordre de mon Père, lorsqu'il les aura mus à remplir tous les trésors, à les appeler les hiérarchies des trésors de lumière : des myriades de myriades sortiront d'eux. Voilà la manière dont le Dieu de la vérité est constitué : on le placera chef sur les trésors avant qu'il ait fait émaner des émanations sur les trésors; car, avant que mon Père l'eût mû à produire des émanations, il n'en avait pas produit. C'est son type que je viens de vous divulguer : c'est aussi le type d'après lequel il produira des émanations : c'est le type du Dieu de la vérité d'après la manière qu'il est constitué. Ces

ⲉⲛⲧⲁⲓ̈ⲟⲩⲱ ⲉⲓ̈ⲥⲱⲣ ⲙⲙⲟϥ ⲉⲃⲟⲗ ⲡⲁⲓ ⲡⲉ ⲡⲉϥⲧⲩⲡⲟⲥ ϩⲱⲱϥ ⲉϥⲛⲁⲧⲁⲩⲉ ⲡⲣⲟⲃⲟⲗⲏ ⲉϩⲣⲁⲓ ⲡⲁⲓ̈ ⲡⲉ ⲡⲧⲩⲡⲟⲥ ⲙⲡⲛⲟⲩⲧⲉ ⲛⲧⲁⲗⲏⲑⲉⲓⲁ ⲛⲑⲉ ⲉⲧϥⲕⲏ ⲉϩⲣⲁⲓ ⲙⲙⲟⲥ ⲡⲉⲓ̈ ϣⲟⲙⲛⲧ ⲛϣⲱⲗϩ ⲉⲧⲟ ⲛⲧⲉⲓϩⲉ ⲛⲧⲟⲟⲩ ⲛⲉ ⲛⲉϥⲫⲱⲛⲏ ⲉⲧϥⲛⲁⲧⲁⲁⲩ ⲉⲩϣⲁⲛⲕⲉⲗⲉⲩⲉ ⲛⲁϥ ⲉⲧⲣⲉ ϩⲩⲙⲛⲉⲩⲉ ⲉϩⲟⲩⲛ ⲉⲡⲓⲱⲧ ϫⲉⲕⲁⲥ ⲉϥⲉⲧⲁⲩⲉ[1] ⲡⲣⲟⲃⲟⲗⲏ ⲉϩⲣⲁⲓ ϩⲱⲱϥ ⲁⲩⲱ ⲛϥⲡⲣⲟⲃⲁⲗⲉ ϩⲱⲱϥ ⲡⲁⲓ ⲡⲉ ⲡⲧⲩⲡⲟⲥ ⲉⲧϥⲣ ⲙⲙⲟⲥ ⲧⲁⲓ ⲧⲉ

ⲡⲁⲓ ⲡⲉ ⲡⲉϥⲧⲩⲡⲟⲥ ϩⲱⲱϥ
ⲉϥϣⲁⲛⲧⲁⲩⲟ ⲉⲃⲟⲗ

ⲑⲉ ϩⲱⲱϥ ⲉⲧⲉⲣⲉ ⲡⲛⲟⲩⲧⲉ ⲛⲧⲁⲗⲏⲑⲉⲓⲁ ⲕⲏ ⲉϩⲣⲁⲓ ⲙⲙⲟϥ ⲉϥⲛⲁⲡⲣⲟⲃⲁⲗⲉ ⲉⲃⲟⲗ ⲛϩⲉⲛ ⲡⲣⲟⲃⲟⲗⲏ ⲉⲩϣⲁⲛⲕⲓⲙ ⲉⲣⲟϥ ⲉⲃⲟⲗϩⲓⲧⲙ ⲡⲁⲓⲱⲧ ⲉⲧⲣⲉϥⲧⲁⲩⲉ ⲡⲣⲟⲃⲟⲗⲏ ⲉⲃⲟⲗϩⲓⲧⲛ ⲧⲕⲉⲗⲉⲩⲥⲓⲥ ⲙⲡⲁⲓⲱⲧ ⲉⲧⲉϥⲧⲁϩⲟⲟⲩ ⲉⲣⲁⲧⲟⲩ ⲛⲁⲡⲉ ⲉϩⲣⲁⲓ ⲉϫⲛ ⲛⲏ ⲉⲧⲟⲩⲛ ⲟⲩⲙⲏⲏϣⲉ

(1) *Cod.* ⲉⲉϥⲉⲧⲁⲩⲟ.

trois caractères, qui sont ainsi, sont les trois voyelles qu'il fera entendre lorsqu'on lui commandera de chanter un hymne dans le Père, afin qu'il fasse aussi sortir des émanations et qu'il fasse aussi émaner. Voici le type selon lequel il le fit. C'est le type lorsqu'il fait émaner. Voici aussi la manière dont est constitué le Dieu de la vérité : il fera émaner des émanations, s'il est excité par mon Père à produire des émana-

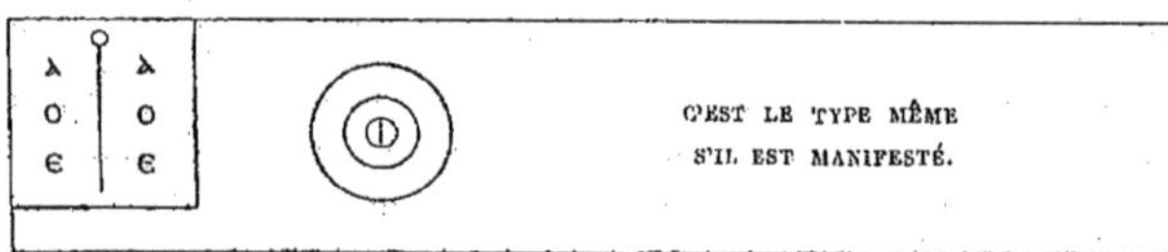

tions selon l'ordre de mon Père, et il les établira chefs sur ceux qui forment une multitude sortant d'eux-mêmes, pour remplir tous les tré-

IMPRIMERIE NATIONALE.

ⲛⲏⲩ ⲉⲃⲟⲗ ⲛϩⲏⲧⲟⲩ ⲛⲥⲉⲙⲟⲩϩ ⲛⲛⲉⲑⲏⲥⲁⲩⲣⲟⲥ ⲧⲏⲣⲟⲩ ⲉⲃⲟⲗϩⲓⲧⲛ ⲧⲕⲉⲗⲉⲩⲥⲓⲥ ⲙⲡⲁⲓⲱⲧ ⲉⲧⲣⲉⲩϣⲱⲡⲉ ⲡⲓⲣⲟⲩ ⲥⲉⲛⲁⲙⲟⲩⲧⲉ ⲉⲡⲛⲟⲩⲧⲉ ⲛⲧⲁⲗⲏⲑⲉⲓⲁ ϫⲉ ⲓⲉⲟⲩ ⲡⲓⲱⲧ ⲛⲛⲓⲉⲟⲩ ⲧⲏⲣⲟⲩ ⲡⲁⲓ ⲉⲧⲉ ⲡⲉϥⲣⲁⲛ ⲡⲉ ⲡⲁ̈ⲓ ϩⲛ ⲧⲁⲥⲡⲉ ⲙⲡⲁⲓⲱⲧ ⲓⲟⲉⲓⲁⲱⲑⲱⲟⲩⲓⲕⲱⲗⲙⲓⲱ. ϩⲱⲧⲁⲛ ⲇⲉ ⲉⲩϣⲁⲛⲧⲁϩⲟϥ ⲉⲣⲁⲧϥ ⲛⲁⲡⲉ ⲉϩⲣⲁⲓ ⲉϫⲉⲛ ⲛⲉⲑⲏⲥⲁⲩⲣⲟⲥ ⲧⲏⲣⲟⲩ ⲉⲧⲣⲉϥⲡⲣⲟⲃⲁⲗⲉ ⲉⲣⲟⲟⲩ ⲡⲉϥⲧⲩⲡⲟⲥ ϭⲉ ⲡⲉ ⲡⲁⲓ ⲛⲧⲁⲓⲟⲩⲱ ⲉⲓⲥⲱⲣ ⲙⲙⲟϥ ⲉⲃⲟⲗ

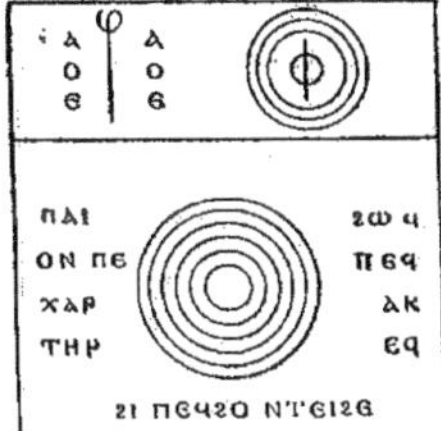

ⲥⲱⲧⲙ ϭⲉ ϩⲱⲱϥ ⲉⲡⲧⲩⲡⲟⲥ ⲛⲛⲉⲑⲏⲥⲁⲩⲣⲟⲥ ⲛⲑⲉ ⲉⲧⲟⲩⲉⲣⲡ ⲉⲃⲟⲗ ⲙⲙⲟⲥ ⲉϥⲛⲁⲣ ⲁⲡⲉ ⲉϩⲣⲁⲓ ⲉϫⲱⲟⲩ ⲛⲧⲉ̈ⲓϩⲉ ϩⲁⲑⲏ ⲙⲡⲁⲧϥⲡⲣⲟⲃⲁⲗⲉ ⲉⲃⲟⲗ ⲉⲣⲟⲟⲩ ⲉⲧⲉ ⲡⲁⲓ ⲡⲉ ⲡⲉϥⲧⲩⲡⲟⲥ ⲛⲑⲉ ⲧⲉϥⲕⲏ ⲉϩⲣⲁⲓ ⲙⲙⲟⲥ ⲉⲛⲉϥⲟ ϭⲉ ⲙⲡⲉⲓⲧⲩⲡⲟⲥ ⲡⲉ ⲛϭⲓ ⲡⲛⲟⲩⲧⲉ ⲛⲧⲁⲗⲏⲑⲉⲓⲁ. ⲁⲛⲟⲕ ⲇⲉ ⲁⲓⲉⲡⲓⲕⲁⲗⲉⲓ ⲙⲡⲣⲁⲛ ⲙⲡⲁⲓⲱⲧ ⲉⲧⲉ ⲡⲁ̈ⲓ ⲡⲉ ϫⲉ ⲉϥⲉⲕⲓⲙ ⲉⲡⲛⲟⲩⲧⲉ ⲛⲧⲁⲗⲏⲑⲉⲓⲁ ϫⲉⲕⲁⲥ ⲉϥⲉⲡⲣⲟⲃⲁⲗⲉ ⲉⲃⲟⲗ ⲛⲧⲟϥ ⲇⲉ

---

sors, par l'ordre de mon Père, pour faire exister leur génération (?). On appellera le Dieu de la vérité *Ieou*, le père de tous les *Ieou*... Voici son nom dans la langue de mon Père : ⲓⲟⲉⲓⲁⲱⲑⲱⲟⲩⲓⲕⲱⲗⲙⲓⲱ. Mais lorsqu'on l'aura établi chef sur tous les trésors qu'il aura fait émaner, son type sera celui que je viens de vous divulguer. Écoutez aussi le type des trésors, la manière dont ils ont émané. Il sera ainsi chef sur eux avant de les avoir fait émaner.

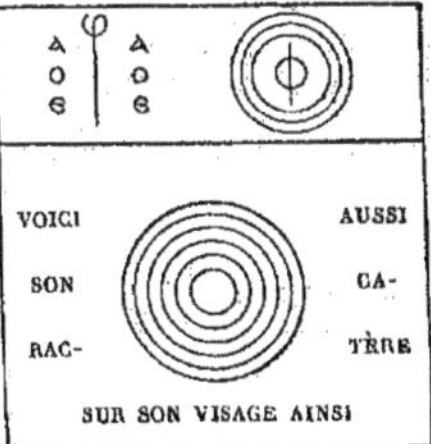

Tel est le type de la manière dont est constitué le Dieu de la vérité, qui est certes selon le type. J'invoque le nom de mon Père, afin qu'il meuve le Dieu de la vérité à produire des émanations. C'est lui aussi qui a fait sortir une pensée de ses trésors. Cette cachette est son caractère, qui est ainsi sur son visage. Une Puissance de mon Père mut

ϨΩΩϤ ΟΝ ΑϤΤΡΕ ΟΥΜΕΕΥΕ ΕΪ ΕΒΟΛ ϨΝ ΝΕϤΘΗϹΑΥΡΟϹ. Α ΟΥΔΥΝΑΜΙϹ ΝΤΕ ΠΑΪΩΤ ΑϹΚΙΜ ΕΠΝΟΥΤΕ ΝΤΑΛΗΘΕΙΑ ΑϹΒΟΥΒΟΥ ϨΡΑΙ ΝϨΗΤϤ ΕΒΟΛϨΙΤΜ ΠΕÏΚΟΥΙ ΜΜΕΕΥΕ ΕΝΤΑϤΕΪ ΕΒΟΛϨΝ ΝΕ-

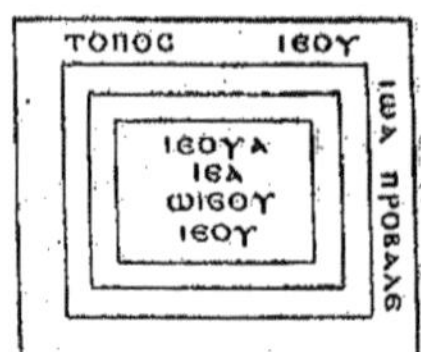

ΘΗϹΑΥΡΟϹ ΜΠΑΙΩΤ ΑϹΒΟΥΒΟΥ ϨΡΑΪ ϨΜ ΠΝΟΥΤΕ ΝΤΑΛΗΘΕΙΑ Α ΟΥΜΥϹΤΗΡΙΟΝ ΚΙΜ ΕΡΟϤ ϨΙΤΜ ΠΑΙΩΤ ΑϤϮ ΝΟΥϨΡΟΟΥ ΕΒΟΛ ΝϬΙ ΠΝΟΥΤΕ ΝΤΑΛΗΘΕΙΑ ΕϤϪΩ ΜΜΟϹ ΝΤΕΙϨΕ ϪΕ ΙΕ ΙΕ ΙΕ ΑΥΩ ΝΤΡΕϤϮ ΝΟΥϨΡΟΟΥ ΕΒΟΛ ΑϹΕΪ ΕΒΟΛ ΝϬΙ ΤΕÏΦΩΝΗ ΕΤΕ ΝΤΟϹ ΤΕ ΤΕΠΡΟΒΟΛΗ ΑϹϢΩΠΕ ΜΠΕΙΤΥΠΟϹ ΕϹΜΟΟϢΕ ΕΒΟΛ ΝϹΑ ΝΕϹΕΡΗΥ ΝΘΗϹΑΥΡΟϹ ΘΗϹΑΥΡΟϹ. ΠϢΟΡΠ ΝϨΡΟΟΥ ΠΕ ΠΑΙ ΕΝΤΑϤΜΟΥΤΕ ΜΜΟϤ ΝϬΙ ΙΕΟΥ ΠΝΟΥΤΕ ΝΤΑΛΗΘΕΙΑ ΕΤΕ ΠΑÏ ΠΕ ΝΤΑϤΕΙ ΕΒΟΛ ΜΜΟϤ ΠΗ ΝΤΠΕ. ΠΑΙ ΠΕ ΠΕϤΧΑΡΑΚΤΗΡ. ΟΥΝ ΟΥΤΑΞΙϹ ΕϤΝΑΤΑϨΟϹ ΕΡΑΤϹ ΚΑΤΑ ΘΗϹΑΥΡΟϹ ΕϤΝΑΚΑΑϹ ΜΦΥΛΑΞ ΕΡΝ ΤΠΥΛΗ ΝΝΕΘΗϹΑΥΡΟϹ ΕΤΕ ΝΑÏ ΝΕ

---

le Dieu de la vérité; elle brilla en lui par le moyen de cette petite *Pensée* qui est sortie des trésors de mon Père : elle brilla dans le Dieu de la vérité. Un mystère le mut par le moyen de mon Père. Le Dieu

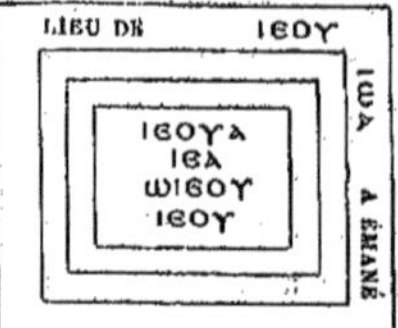

de la vérité poussa un cri en disant : ΙΕ, ΙΕ, ΙΕ, et lorsqu'il eut poussé un cri, cette voix sortit, qui est l'émanation. Elle fut selon ce type, marchant vers ses compagnes dans chaque trésor. Le premier cri est celui que fit entendre Ieou, le Dieu de la vérité, c'est-à-dire celui qui sortit de lui, celui du ciel. Voici son caractère. Il y a une hiérarchie qu'il placera dans chaque trésor; il en fera des gardiens à la porte du trésor : ce sont les trois qu'il a placés à la porte. Ceci est le Dieu de la vérité. Lorsque le Dieu de la vérité eut produit des émanations, voici quel fut son type, afin que la grandeur fût établie dans les æons avant que les hiérarchies existassent.

ⲈⲦⲀϨⲈⲢⲀⲦⲞⲨ ⲘⲠϢⲞⲘⲚⲦ ⲒⲒⲒ ϨⲚ ⲦⲠⲨⲖⲎ ⲠⲀЇ ⲠⲈ ⲠⲚⲞⲨⲦⲈ ⲚⲦⲀⲖⲎⲐⲈⲒⲀ. ⲚⲦⲈⲢⲈϤⲠⲢⲞⲂⲀⲖⲈ ⲈⲂⲞⲖ ⲚϬⲒ ⲠⲚⲞⲨⲦⲈ ⲚⲦⲀⲖⲎⲐⲈⲒⲀ ⲠⲀЇ ⲠⲈ

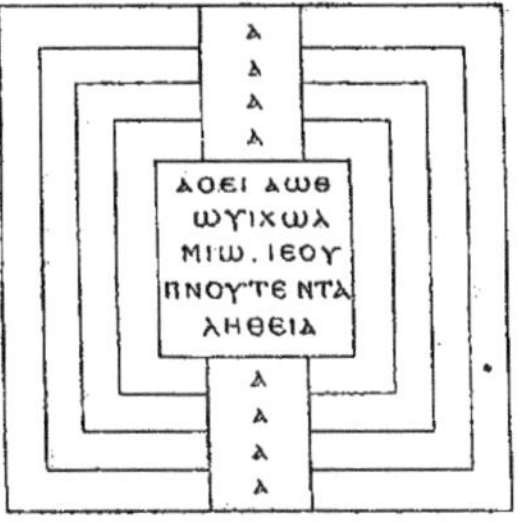

ⲠⲈϤⲦⲨⲠⲞⲤ. ⲚⲦⲈ ϮⲘⲚⲦⲚⲞϬ ⲀϨⲈⲢⲀⲦⲤ ϨⲚ ⲚⲈ⊡ ⲚⲈⲘⲠⲀⲦⲈ ⲦⲀⲜⲒⲤ ϢⲰⲠⲈ ⲀⲒⲀϨⲈⲢⲀⲦ ⲀЇⲈⲠⲒⲔⲀⲖⲈⲒ ⲘⲠⲢⲀⲚ ⲘⲠⲀЇⲰⲦ ϪⲈⲔⲀⲀⲤ ⲈϤⲈⲦⲢⲈ ϨⲈⲚ ⲔⲈⲠⲢⲞⲂⲞⲖⲎ ϢⲰⲠⲈ ϨⲚ ⲚⲈⲐⲎⲤⲀⲨⲢⲞⲤ. ⲚⲦⲞϤ ⲆⲈ ϨⲰⲰϤ ⲞⲚ ⲀϤⲦⲢⲈ ⲞⲨϬⲞⲘ [1] ⲚⲦⲀϤⲔⲒⲘ ⲈⲠⲚⲞⲨⲦⲈ ⲚⲦⲀⲖⲎⲐⲈⲒⲀ ⲚϢⲞⲢⲠ ⲀϤⲦⲢⲈⲤⲂⲞⲨⲂⲞⲨ ϨⲢⲀЇ ⲚϨⲎⲦϤ ϪⲈⲔⲀⲀⲤ ⲈϤⲈⲔⲒⲘ ⲈⲚⲈϤⲠⲢⲞⲂⲞⲖⲞⲞⲨⲈ ϨⲚ ⲚⲈⲐⲎⲤⲀⲨⲢⲞⲤ ⲚⲤⲈⲦⲀⲨⲞ ⲠⲢⲞⲂⲞⲖⲎ ϨⲰⲞⲨ ⲈⲂⲞⲖ ⲈⲦⲈ ⲚⲀЇ ⲚⲈ ⲈⲚⲦⲀϤⲔⲀⲀⲨ ⲚⲀⲠⲈ ⲈϨⲢⲀЇ ⲈϪⲰⲞⲨ. ⲚⲦⲞϤ ⲆⲈ ⲠⲚⲞⲨⲦⲈ ⲚⲦⲀⲖⲎⲐⲈⲒⲀ ⲀϤⲠⲢⲞⲂⲀⲖⲈ ⲚⲚⲀЇ ⲈⲂⲞⲖϨⲚ ⲠⲈϤⲦⲞⲠⲞⲤ ⲚϢⲞⲢⲠ ⲈⲦⲂⲈ ⲠⲀЇ ⲀϤϮ ⲚⲞⲨϨⲢⲞⲞⲨ ⲈⲂⲞⲖ ⲚⲦⲈⲢⲈ ϬⲞⲘ ⲂⲞⲨⲂⲞⲨ ϨⲢⲀⲒ ⲚϨⲎⲦϤ ⲦⲀЇ ⲦⲈ ⲦϢⲞⲢⲠ ⲚⲤⲘⲎ ⲈⲚⲦⲀϤⲦⲀⲀⲤ ⲀϤⲔⲒⲘ ⲈⲚⲈϤⲠⲢⲞⲂⲞⲖⲞⲞⲨⲈ ϢⲀⲚⲦⲞⲨⲠⲢⲞⲂⲀⲖⲈ ⲈⲂⲞⲖ

[1] *Cod.* ⲞⲨⲔⲒⲘ. Cette leçon pourrait avoir un sens, mais plus loin on trouve ϬⲞⲘ au lieu de ⲔⲒⲘ. D'ailleurs, ⲔⲒⲘ serait du masculin, et les pronoms sont du féminin.

Je me suis tenu debout; j'ai invoqué le nom de mon Père afin qu'il fît exister d'autres émanations. Mais lui-même fit qu'une de ses Puis-

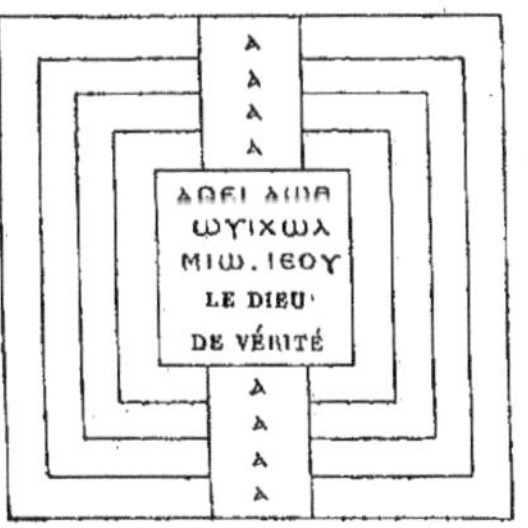

sances mût d'abord le Dieu de la vérité; il la fit resplendir en lui, afin d'exciter ses émanations dans les trésors à produire aussi des émanations; ce sont celles dont il a fait des chefs sur eux. Mais lui, le Dieu de la vérité, il produisit ces (æons) de son lieu d'abord. C'est pourquoi il fit entendre un cri lorsque la Puissance resplendit en lui : c'est le premier cri qu'il fit entendre. Il mut ses émanations à produire des émanations,

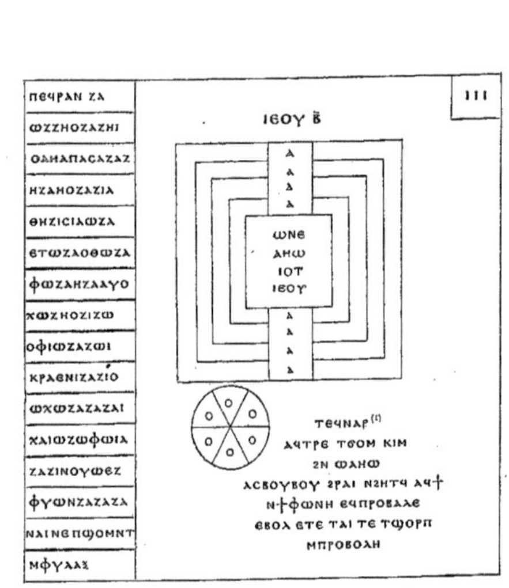

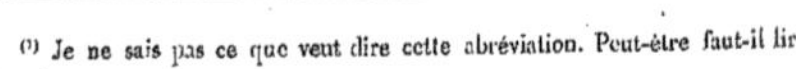

(1) Je ne sais pas ce que veut dire cette abréviation. Peut-être faut-il lire simplement ⲠⲈϤⲬⲀⲢⲀⲔⲦⲎⲢ.

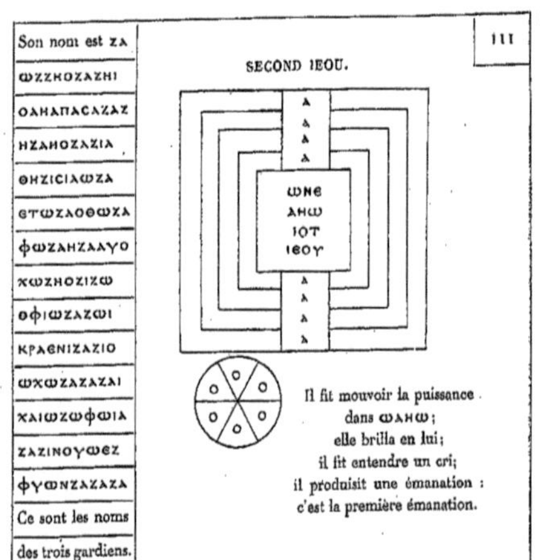

(1) Régulièrement il devrait y avoir deux portes à chaque æon : une pour entrer, l'autre pour sortir; mais, soit par la faute du copiste, soit pour une autre cause, dans les premiers æons, il n'y a pas de porte ou il n'y en a qu'une d'indiquée. Je conserve l'apparence du manuscrit telle qu'elle nous est parvenue par la copie de Woïde; mais le lecteur observera que la symétrie n'y existe pas. Ces portes sont d'ailleurs marquées très régulièrement dans les æons qui suivent.

ⲛⲁⲓ̈ ⲛⲉ ⲛⲧⲁⲝⲓⲥ ⲉⲛⲧⲁϥⲧⲣⲉⲩⲡⲣⲟⲃⲁⲗⲉ ⲙⲙⲟⲟⲩ ⲉⲃⲟⲗ ⲉⲩⲟ ⲙⲙⲛⲧⲓ̅ⲃ̅ ⲛⲧⲁⲝⲓⲥ ⲕⲁⲧⲁ ⲑⲏⲥⲁⲩⲣⲟⲥ ⲛⲁⲓ̈ ⲛⲉ ⲡⲉⲩⲧⲩⲡⲟⲥ ⲥⲟⲟⲩ ⲛⲁⲡⲉ ⲛⲥⲁ ⲡⲓⲥⲁ ⲁⲩⲱ[1] ⲛⲥⲁ ⲡⲁⲓ ⲉⲩⲕⲱⲧⲉ ⲉϩⲟⲩⲛ ⲉⲣⲟⲟⲩ ⲟⲩⲛ ⲟⲩⲙⲏⲏϣⲉ ⲛⲧⲁⲝⲓⲥ ⲛⲁⲁϩⲉⲣⲁⲧⲟⲩ ⲛϩⲏⲧⲟⲩ ⲛⲃⲗ ⲛⲁⲓ̈. ⲉⲓ̈ⲛⲁϫⲟⲟⲩ ⲧⲏⲣⲟⲩ. ⲟⲩⲛ ⲙⲛⲧⲥⲛⲟⲟⲩⲥ ⲛⲁⲡⲉ ϩⲛ ⲧⲧⲁⲝⲓⲥ ⲧⲧⲁⲝⲓⲥ ⲉⲡⲓⲣⲁⲛ ⲙⲙⲟⲟⲩ ⲡⲉ ⲧⲏⲣⲟⲩ ⲕⲁⲧⲁ ⲧⲁⲝⲓⲥ ⲉⲡⲉⲓ̈ⲣⲁⲛ ⲙⲙⲟⲟⲩ ⲡⲉ ⲙⲡⲙⲛⲧⲥⲛⲟⲟⲩⲥ ⲉⲩⲛ ⲙⲛⲧⲥⲛⲟⲟⲩⲥ ⲛⲁⲡⲉ ϩⲛ ⲧⲧⲁⲝⲓⲥ ⲧⲧⲁⲝⲓⲥ ⲡⲉϥⲣⲁⲛ ⲡⲉ ⲡⲁⲓ̈ ⲟⲏⲁⲍⲱⲍⲁⲓ.

ⲟ ⲟ ⲟ ⲟ ⲟ ⲟ ⲟ ⲟ ⲟ ⲟ ⲟ ⲟ ⲟ

ⲑⲱⲛⲁⲍⲁⲍⲁ
ⲭⲱⲓⲱⲍⲁⲓⲱ
ⲱⲁⲍⲁⲍⲓⲱⲁⲓ
ⲫⲱⲍⲁⲝⲁⲱ ⲱⲝⲁⲓⲱⲝⲁ
ⲑⲱⲝⲁⲓⲱ ⲡϣⲟⲙⲛⲧ
ⲙⲫⲩⲗⲁⲝ ⲉⲧⲉ ⲛⲁⲓ ⲛⲉ
ⲑⲗⲩ

ⲱⲙⲉⲗⲗⲱⲍⲁ
ⲱⲭⲱⲏⲱⲍⲁⲱⲍⲱⲁⲍⲱ ⲙⲁⲍⲟ
ⲱⲍⲁⲍⲓⲱⲁ
ⲫⲱⲛⲁⲍⲁ
ⲑⲱⲏⲍⲁⲓ
ⲫⲁⲍⲱⲁⲱ

[1] *Cod.* S, sigle qui, dans les souscriptions des scribes, à la fin des manuscrits, est mis pour ⲁⲩⲱ ou ⲟⲩⲟϩ, selon les dialectes.

Voici les hiérarchies qu'il fit produire par émanation, qui sont au nombre de douze hiérarchies par trésor; dont voici le type : six chefs de ce côté et six de l'autre, qui les environnent. Il y a une foule de hiérarchies en eux outre celles-ci. Je les dirai. Il y a douze chefs dans chaque hiérarchie, qui ont toutes ce nom : les Douze. Il y a douze chefs dans chaque hiérarchie : son nom est ⲟⲏⲁⲍⲱⲍⲁⲓ.

ⲟ ⲟ ⲟ ⲟ ⲟ ⲟ ⲟ ⲟ ⲟ ⲟ ⲟ ⲟ ⲟ

ⲑⲱⲛⲁⲍⲁⲍⲁ
ⲭⲱⲓⲱⲍⲁⲓⲱ
ⲱⲁⲍⲁⲍⲓⲱⲁⲓ
ⲫⲱⲍⲁⲝⲁⲱ ⲱⲝⲁⲓⲱⲝⲁ
ⲑⲱⲝⲁⲓⲱ ⲡϣⲟⲙⲛⲧ
ⲙⲫⲩⲗⲁⲝ ⲉⲧⲉ ⲛⲁⲓ ⲛⲉ
ⲑⲗⲩ

ⲱⲙⲉⲗⲗⲱⲍⲁ
ⲱⲭⲱⲏⲱⲍⲁⲱⲍⲱⲁⲍⲱ ⲙⲁⲍⲟ
ⲱⲍⲁⲍⲓⲱⲁ
ⲫⲱⲛⲁⲍⲁ
ⲑⲱⲏⲍⲁⲓ
ⲫⲁⲍⲱⲁⲱ

ⲑⲏⲁⲍⲱⲍⲁⲓ ⲧϣⲟⲣⲡ ϭⲉ ⲛⲧⲁⲝⲓⲥ ⲙⲡⲉⲑⲏⲥⲁⲩⲣⲟⲥ ⲧⲉϩⲟⲩⲉⲓⲧⲉ

ⲓⲉⲟⲩ ⲅ̅ ⲡⲉ

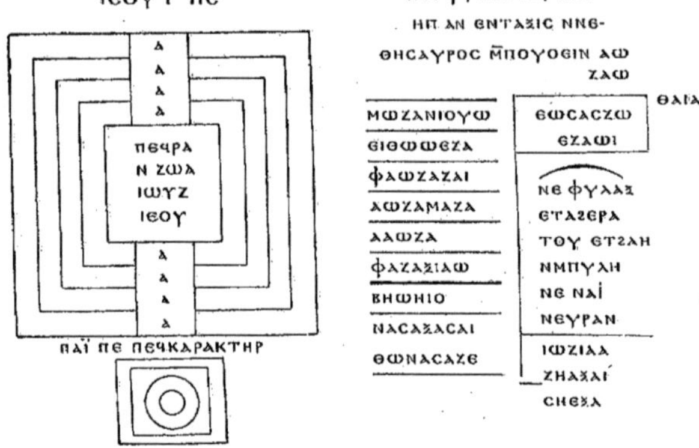

La première hiérarchie du trésor, la première qu'il ait fait émaner,

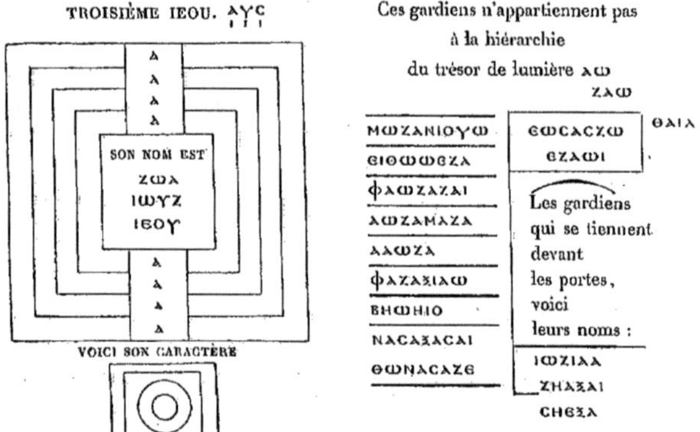

ⲚⲦⲀϤⲦⲀⲀⲤ ⲘⲠⲢⲞⲂⲞⲖⲎ ϯⲚⲀϤⲒ ⲚⲀЇ[1] ⲘⲘⲚⲦⲤⲚⲞⲞⲨⲤ ⲈⲂⲞⲖϨⲚ ⲚⲦⲀⲜⲒⲤ ⲈⲦⲘⲘⲀⲨ ⲚⲦⲀⲔⲀⲀⲨ ⲚⲀЇ ⲈⲦⲆⲒⲀⲔⲞⲚⲈⲒ ⲚⲀⲨ[2].

ⲈⲞⲨⲘⲚⲦⲤⲚⲞⲞⲨⲤ ⲚⲀⲠⲈ ϨⲘ ⲠⲦⲞⲠⲞⲤ ⲠⲦⲞⲠⲞⲤ ⲚⲚⲦⲀⲜⲒⲤ ⲘⲠⲈⲐⲎⲤⲀⲨⲢⲞⲤ ⲠⲈⲐⲎⲤⲀⲨⲢⲞⲤ ⲈⲦⲈ ⲚⲈЇⲢⲀⲚ ⲚⲈ ⲈⲦϨⲚ ⲚⲦⲞⲠⲞⲤ ⲚⲈЇⲢⲀⲚ ⲬⲰⲢⲒⲤ ⲚⲈⲦⲚⲀϢⲰⲠⲈ ⲚϨⲎⲦⲞⲨ ⲚⲀЇ ⲚⲈ ⲠⲄ̅ ⲘⲫⲨⲖⲀⲜ ⲰⲨⲀ ⲫⲀⲒⲰ ______ ⲰⲌⲀⲀⲒⲰ ⲌⲰⲀⲰⲢ.

ⲚⲀЇ ⲚⲈ ⲚⲦⲀ ⲌⲰⲀⲒⲰⲨⲒ ⲀϤⲠⲢⲞⲂⲀⲖⲈ (*sic*) ⲘⲘⲞⲞⲨ ⲈⲂⲞⲖ ⲚⲦⲈⲢⲈ ⲦϬⲞⲘ ⲂⲞⲨⲂⲞⲨ ϨⲢⲀЇ ⲚϨⲎⲦϤ ⲀϤⲠⲢⲞⲂⲀⲖⲈ ⲈⲂⲞⲖ ⲘⲘⲚⲦⲒ̅Ⲃ̅ ⲘⲠⲢⲞⲂⲞⲖⲎ ⲈⲦⲈ ⲚⲀⲒ ⲚⲈ ⲦⲈϤⲘⲚⲦⲤⲚⲞⲞⲨⲤ ⲚⲀⲠⲈ ϨⲚ ⲦⲈⲠⲢⲞⲂⲞⲖⲎ ⲦⲈⲠⲢⲞⲂⲞⲖⲎ ⲈⲠⲈⲒⲢⲀⲚ ⲘⲘⲞⲞⲨ ⲠⲈ ⲚⲘⲚⲦⲒ̅Ⲃ̅ ⲔⲀⲦⲀ ⲦⲞⲨⲒ ⲦⲞⲨⲒ

[1] Je ne me rends pas compte de la présence de ce mot ici, si l'on doit y voir la forme du régime indirect du pronom de la première personne. Si c'est l'ajectif déterminatif, il faudrait ⲚⲀⲒⲘⲚⲦⲤⲚⲞⲞⲨⲤ.

[2] Je ne sais à quoi faire rapporter ce pronom. Peut-être doit-on lire ⲚⲈⲒ.

---

je prendrai ces douze (chefs) de cette hiérarchie, afin que je me place ceux qui les servent[1].

Ces gardiens n'appartiennent pas aux hiérarchies des trésors de la lumière, ⲀⲰⲌⲀⲰ, etc. Des gardiens qui sont établis devant la dernière porte, voici les noms : ⲒⲰⲌⲒⲀⲀ, ⲌⲎⲀⲜⲀⲒ ⲤⲎⲈⲌⲀ. Il y a douze chefs dans chaque lieu des hiérarchies de chaque trésor : ce sont les noms qui sont dans les lieux, sans (compter) ceux qui existeraient en eux. Voici les trois gardiens : ⲰⲨⲀⲫⲀⲒⲰ, ______ ⲰⲀⲌⲀⲀⲒⲰ, ⲌⲰⲀⲰⲢ.

Ce sont ceux que ⲌⲰⲀⲒⲞⲨⲒ a fait émaner lorsque la Puissance a brillé en lui; il a fait émaner douze émanations, qui sont ses douze chefs dans chaque émanation; elles ont pour nom les Douze dans

[1] L'incertitude du texte entraîne nécessairement l'incertitude de la traduction.

ⲚⲚⲦⲀⲜⲒⲤ ⲈⲦⲈ ⲚⲀⲒ ⲚⲈ Ⲛ▣[1] ⲘⲠⲂⲞⲖ ⲚⲞⲨⲈⲒ̂ ⲦⲘ̄ ⲠⲤⲞⲠ [ⲈⲢⲈ ⲞⲨⲈⲒ ⲘⲠⲂⲞⲖ] ⲚⲀⲒ̈ ⲚⲈ ⲚⲢⲀⲚ ⲚⲚⲈⲠⲢⲞⲂⲞⲖⲎ. . . . .

. . . .

. . . .

. . . .

LE PAPYRUS GNOSTIQUE BRUCE.

(1) *Cod.* ⲚⲈ▣. Le sigle ▣ n'est pas certain. Woïde a écrit en marge : *sic videtur*; mais la comparaison avec la suite montre que le texte doit être fautif. Ma traduction rétablit ce qu'il devait y avoir.

---

chacune des hiérarchies, qui sont les æons extérieurs, chacune étan à l'extérieur de l'autre trois cent quarante fois. Voici les noms des émanations[1] . . . .

. . . .

. . . .

. . . .

(1) Woïde a dédaigné les noms, qui sont maintenant illisibles, et a écrit ici et dans tous les æons qui suivent : *nomina barbara.*

LE PAPYRUS GNOSTIQUE BRUCE.

ⲓⲉⲟⲩ ⲁ̄

ⲗⲩⲉ

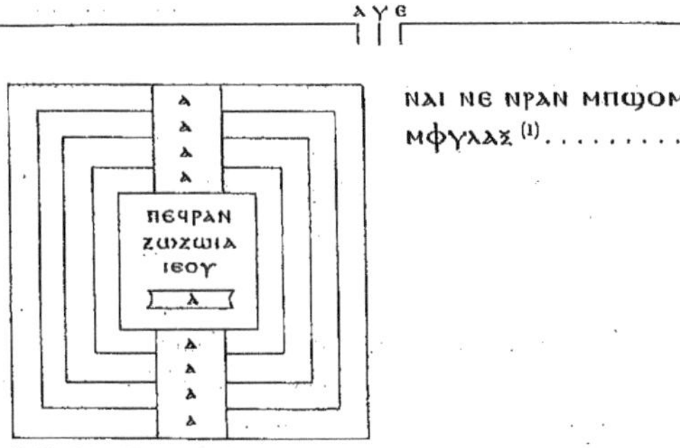

ⲛⲁⲓ ⲛⲉ ⲛⲣⲁⲛ ⲙⲡϣⲟⲙⲛⲧ ⲙⲫⲩⲗⲁⲝ [1]...........

ⲡⲉϥⲭⲁⲣⲁⲕⲧⲏⲣ ⲡⲉ ⲡⲁⲓ

ⲁ/ⲟ (1) ⲁ/ⲟ

ⲉⲩⲛ ⲙⲛⲧⲓ̄ⲃ̄ ⲛⲁⲡⲉ ϩⲙ ⲡⲧⲟⲡⲟⲥ ⲙⲡⲉⲑⲏⲥⲁⲩⲣⲟⲥ ⲛⲧⲉ ⲛⲉϥⲧⲁⲝⲓⲥ ⲉⲧⲉ ⲛⲉⲓⲣⲁⲛ ⲉⲧϩⲙⲡⲧⲟⲡⲟⲥ ⲡⲧⲟⲡⲟⲥ ⲉⲟⲩⲙⲛⲧⲓ̄ⲃ̄ ϩⲛ ⲧⲧⲁⲝⲓⲥ ⲧⲧⲁⲝⲓⲥ ⲉⲡⲉⲓⲣⲁⲛ ⲙⲙⲟⲟⲩ ⲛⲉ ⲙⲙⲛⲧⲓ̄ⲃ̄ ⲭⲱⲣⲓⲥ ⲛⲉⲧⲛⲁϣⲱⲡⲉ ⲛϩⲏⲧⲟⲩ ⲉⲩϣⲁⲛϩⲩⲙⲛⲉⲩⲉ ⲉⲡⲁⲓⲱⲧ ⲉⲧⲣⲉϥϯ ⲇⲩⲛⲁⲙⲓⲥ ⲛⲟⲩⲟⲉⲓⲛ ⲛⲁⲩ. ⲛⲁⲓ ⲛⲉ ⲛⲧⲁ ⲍⲟⲍⲱⲁⲓ̈ ⲡⲣⲟⲃⲁⲗⲉ ⲙⲙⲟⲟⲩ ⲉⲃⲟⲗ ⲛⲧⲉⲣⲉ ⲧϭⲟⲙ ⲃⲟⲩⲃⲟⲩ ϩⲣⲁⲓ̈ ⲛϩⲏⲧϥ ⲁϥⲡⲣⲟⲃⲁⲗⲉ ⲉⲃⲟⲗ ⲙⲙⲛⲧⲓ̄ⲃ̄ ⲙⲡⲣⲟⲃⲟⲗⲏ ⲉⲧⲉ ⲛⲁⲓ̈ ⲛⲉ ⲓ̄ⲃ̄ ⲛⲁⲡⲉ ϩⲛ ⲧⲉⲡⲣⲟⲃⲟⲗⲏ ⲧⲉⲡⲣⲟⲃⲟⲗⲏ ⲉⲡⲉⲓⲣⲁⲛ ⲙⲙⲟⲟⲩ ⲡⲉ ⲙⲙⲛⲧⲥ̣ⲛⲟⲟⲩⲥ ⲕⲁⲧⲁ ⲧⲟⲩⲓ ⲧⲟⲩⲓ ⲛⲛⲧⲁⲝⲓⲥ ⲉⲧⲉ ⲛⲁⲓ ⲛⲉ ⲟⲩⲉⲓ ⲙⲡⲃⲟⲗ ⲛⲟⲩⲉⲓ ⲧ̄ⲙ̄ ⲡⲥⲟⲡ ⲭⲱⲣⲓⲥ ⲛⲉⲩⲫⲩⲗⲁⲝ. ⲛⲣⲁⲛ ⲙⲡ̄ⲅ̄ ⲙⲫⲩⲗⲁⲝ ⲱⲭⲏⲓⲱⲍ ⲟⲩⲁⲓⲉⲁⲗⲁⲓ̈ⲱⲁⲝ ⲁⲓⲱ.

ⲗⲁ

[1] *Cod.* ⲉⲙⲫⲁⲛ. Les trois lettres du milieu ne sont pas certaines, de même la restitution.

QUATRIÈME IEOU.

ⲁⲩⲥ

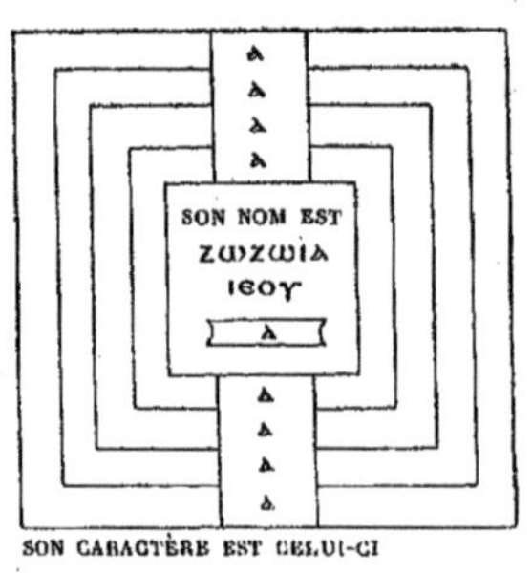

Voici les noms des trois gardiens [1].

Il y a douze chefs dans le lieu du trésor de ses hiérarchies : ce sont les noms qui sont dans chaque lieu. Il y en a une douzaine dans chaque hiérarchie, nommés les Douze, sans compter ceux qui y existeront s'ils chantent un hymne en l'honneur de mon Père afin qu'il leur donne une Puissance de lumière.

Voici ceux que ⲍⲟⲍⲱⲁⲓ a fait émaner lorsque la Puissance resplendit en lui : il fit émaner douze émanations, qui sont les douze chefs dans chaque émanation et dont le nom est les Douze, dans chacune des hiérarchies : ce sont celles de l'extérieur, une à la fois, sous leurs gardiens. Noms des trois gardiens : ⲱⲭⲏⲓⲱⲍ, ⲟⲩⲁⲓⲉⲁⲁⲓⲱⲍⲁ, ⲁⲓⲱ.

ⲓⲁⲓ

[1] Ces noms ont été omis.

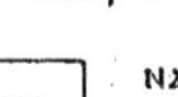

ΙΕΟΥ Ε̄ (1)

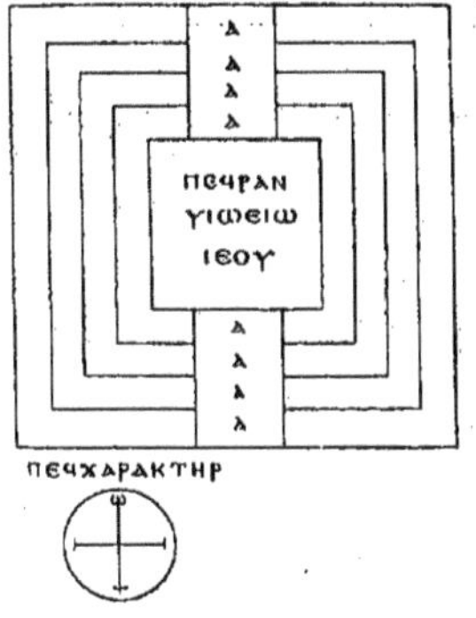

ΝΑΪ ΝΕ ΠΓ̄ ΜΦΥΛΑΞ
ΛΙΕΞϹ ΩΑΑΥ ΙΟΕΧΑ (2) ......

ΕΥΝ ΜΝΤϹΝΟΟΥϹ ΝΑΠΕ ϨΜ ΠΤΟΠΟϹ ΠΤΟΠΟϹ ΝΝΕΘΗϹΑΥΡΟϹ ΝΤΕ ΝΕϤΤΑΞΙϹ ΕΤΕ ΝΕΪΡΑΝ ΝΕ ΕΤϨΝ ΝΤΟΠΟϹ ΕΥΝ ΙΒ̄ ϨΝ ΤΤΑΞΙϹ ΤΤΑΞΙϹ ΕΠΪΡΑΝ ΜΜΟΟΥ ΝΕ ΜΠΙΒ̄ ΧΩΡΙϹ ΝΕΤΝΑϢΩΠΕ ΝϨΗΤΟΥ ΕΥϢΑΝϨΥΜΝΕΥΕ ΕΠΑΕΙΩΤ ΕΤΡΕϤϮ ΔΥΝΑΜΙϹ ΝΟΥΟΕΙΝ. ΑΥΩ ΝΑΪ ΝΕ ΝΤΑ ΪΩΘΙΩ ΠΡΟΒΑΛΕ ΜΜΟΟΥ ΕΒΟΛ ΝΤΕΡΕ ΤϬΟΜ ΜΑΪΩΤ ΒΟΥΒΟΥ ϨΡΑΙ ΝϨΗΤϤ ΑϤΠΡΟΒΑΛΕ ΕΒΟΛ ΜΙΒ̄ ΜΠΡΟΒΟΛΗ ΕΡΕ ΜΙΒ̄ (3) ΝΑΠΕ ϨΝ ΤΕΠΡΟΒΟΛΗ ΤΕΠΡΟΒΟΛΗ ΕΠΕΪΡΑΝ ΜΜΟΟΥ ΝΕ ΜΠΜΝΤΙΒ̄ ΕΥΝ ΜΝΤϹΝΟΟΥϹ ΚΑΤΑ ΤΟΥΕΙ ΤΟΥΕΙ ΝΝΤΑΞΙϹ ΕΡΕ ΟΥΕΪ ΜΠΒΟΛ ΝΟΥΕΙ ΤΜ̄ ΠϹΟΠ ΧΩΡΙϹ ΝΕΦΥΛΑΞ ΜΠϢΟΜΝΤ ΜΠΥΛΗ ΙΑΑΩΗ ΙΑΕΑΙ ΕΑΕ.

ΛΛΕ

(1) La porte d'entrée manque.

(2) Suivaient des noms, maintenant illisibles, et que Woïde n'a pas copiés, se contentant d'écrire : *nomina barbara.*

(3) La lettre Μ devant ΙΒ vient de ce qu'on prononçait le nombre et que ce nombre commençait par Μ : ΜΝΤϹΝΟΟΥϹ.

CINQUIÈME IEOU.

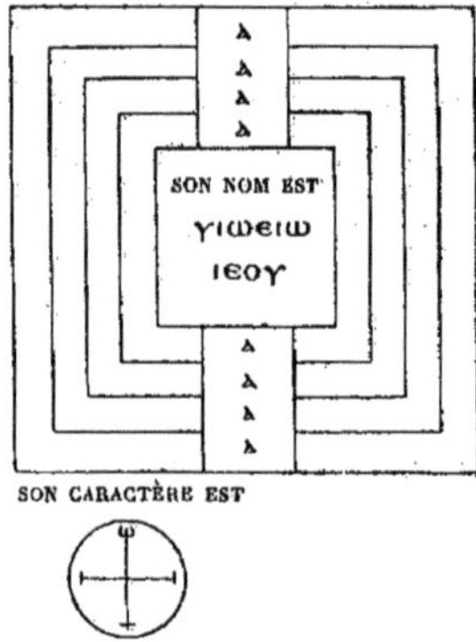

Voici les noms des trois gardiens : ⲁⲓⲉⲍⲥ ⲱⲁⲁⲩ ⲓⲟⲉⲭⲑ (1)......

Il y a douze chefs dans chaque lieu des trésors de ses hiérarchies : ce sont les noms qui sont dans les lieux. Ils sont douze dans chaque hiérarchie et leur nom est les Douze, sans compter ceux qui existeront en eux s'ils chantent un hymne à mon Père afin qu'il leur donne la Puissance de lumière. Voici ceux que ⲓⲱⲑⲓⲱ (*sic*) a fait émaner, lorsque la Puissance de mon Père resplendit en lui. Il fit émaner douze émanations, qui sont les douze chefs dans chaque émanation et dont le nom est les Douze : il y en a douze dans chacune des hiérarchies; il y en a une à l'extérieur de chacune à la fois, sans compter les gardiens. Les trois gardiens sont ⲓⲁⲁⲱⲏ, ⲓⲁⲉⲁⲓ, ⲉⲁⲉ.

ⲁ ⲁ ⲉ

(1) Les noms des émanations ont été omis dans la copie de Woïde comme étant des noms barbares.

ΙΕΟΥ Ϛ̅

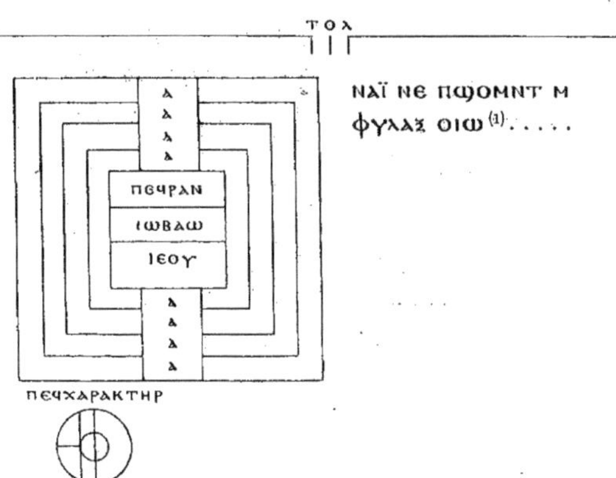

ΝΑΪ ΝΕ ΠϢΟΜΝΤ Μ ϕΥΛΑΞ ΟΙΩ [1].....

ΕΥΝ ΜΝΤΙΒ ΝΑΠΕ ϨΜ ΠΕΘΗϹΑΥΡΟϹ ΠΕΘΗϹΑΥΡΟϹ ΕΤΕ ΝΕϤΤΑΞΙϹ ΝΕ ΕΤΕ ΝΕΙΡΑΝ ΝΕ ΕΤϨΝ ΝΤΟΠΟϹ ΕΥΝ ΜΝΤΙ̅Β̅ ϨΝ ΤΤΑΞΙϹ ΤΤΑΞΙϹ ΕΠΕΙΡΑΝ ΜΜΟΟΥ ΝΕ ΜΠΙ̅Β̅ ΧΩΡΙϹ ΝΕΤΝΑϢΩΠΕ ΝϨΗΤΟΥ ΕΥϢΑΝϨΥΜΝΕΥΕ ΕΠΑΙΩΤ ΕΤΡΕϤϮ ΔΥΝΑΜΙϹ ΝΟΥΟΕΙΝ ΝΑΥ. ΝΑΙ ΝΕ ΝΤΑ ΙΩΒΑΩ ΠΡΟΒΑΛΕ ΜΜΟΟΥ ΕΒΟΛ ΝΤΕΡΕ ΤϬΟΜ ΜΠΑΪΩΤ ΒΟΥΒΟΥ ϨΡΑΙ ΝϨΗΤϤ ΑϤΠΡΟΒΑΛΕ ΕΒΟΛ ΜΙ̅Β̅ ΜΠΡΟΒΟΛΗ ΕΠΙΡΑΝ ΜΜΟΟΥ ΝΕ ΜΙ̅Β̅ ΕΥΝ ΜΝΤΙ̅Β̅ ΚΑΤΑ ΤΟΥΕΙ̂ ΤΟΥΕΙ̂ ΝΝΤΑΞΙϹ ΕΤΕ ΝΑΪ ΝΕ ΕΡΕ ΟΥΕΙ ΜΠΒΟΛ ΝΟΥΕΙ Τ̅Μ̅ ΝϹΟΠ ΧΩΡΙϹ ΝΕΥϕΥΛΑΞ ΝΝΕΠΥΛΗ ΜΠΓ̅ ΜϕΥΛΑΞ ΟΥΕϹΑ ΘΥΩ ΕΑΩΖΑΪ.

(1) Le reste des noms n'a pas été copié.

SIXIÈME IEOU.

ΤΟΛ

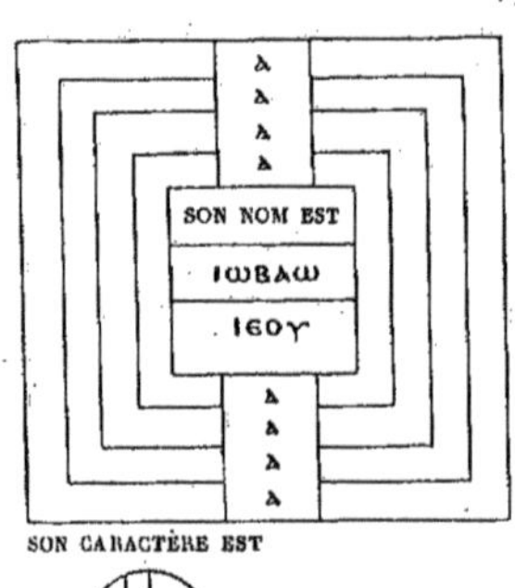

Voici les noms des trois gardiens : ΟΙΩ....

Il y a douze chefs dans chaque trésor, qui sont ses hiérarchies, dont les noms sont dans les lieux : ils sont douze dans chaque hiérarchie ; leur nom est les Douze, sans compter ceux qui existeront en eux s'ils chantent un hymne à mon Père afin qu'il leur donne la Puissance de lumière.

Voici ceux que ΙΩΒΑΩ fit émaner lorsque la Puissance de lumière resplendit en lui. Il fit émaner douze émanations dont le nom est les Douze. Ils sont douze dans chacune des hiérarchies, c'est-à-dire qu'il y en a une à l'extérieur de l'autre trois cent quarante fois [1], sans compter les gardiens des portes. Les trois gardiens sont : ΟΥΕϹΑ, ΘΥΩ, ΕΛΩΖΑΪ.

[1] Ce nombre est très embarrassant. La copie de Woïde porte ΤΜΠϹΟΠ, ce qui n'offre aucun sens. Mais, d'un autre côté, le nombre 340 est nouveau, et je le donne sous toute réserve. Le texte est évidemment fautif.

ⲓⲉⲟⲩ ⲍ̄

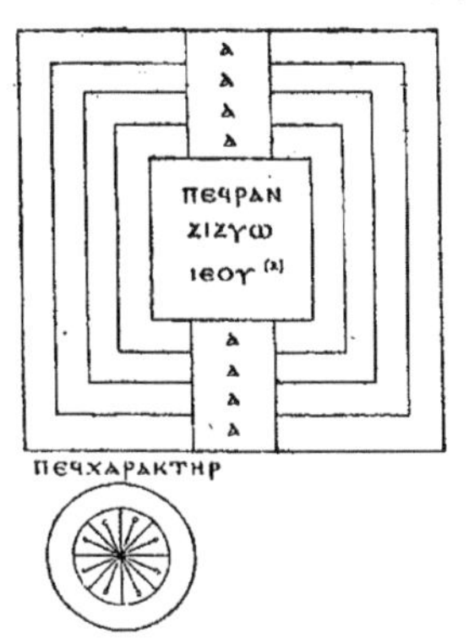

ⲡ̄ⲅ̄ ⲙ̄ⲫⲩⲗⲁⲝ ⲓⲱⲓⲁⲉⲱⲉⲩⲁⲓ [(2)]...

ⲉⲩⲛ ⲙⲛⲧⲥⲛⲟⲟⲩⲥ ⲛⲁⲡⲉ ϩⲙ ⲡⲉⲑⲏⲥⲁⲩⲣⲟⲥ ⲡⲉⲧⲉ ⲛⲉⲩⲧⲁⲝⲓⲥ ⲛⲉ ⲉⲧⲉ ⲛⲣⲁⲛ ⲛⲉ ⲉⲧϩⲛ ⲛⲧⲟⲡⲟⲥ ⲉⲩⲛ ⲙⲛⲧⲥⲛⲟⲟⲩⲥ ϩⲛ ⲧⲧⲁⲝⲓⲥ ⲧⲧⲁⲝⲓⲥ ⲉⲡⲓⲣⲁⲛ ⲙⲙⲟⲟⲩ ⲛⲉ ⲛⲙⲛⲧⲓ̄ⲃ̄ ⲭⲱⲣⲓⲥ ⲛⲉⲧⲛⲁϣⲱⲡⲉ ⲛϩⲏⲧⲟⲩ ⲉⲩϣⲁⲛϩⲩⲙⲛⲉⲩⲉ ⲉⲡⲁⲓⲱⲧ ⲉⲧⲣⲉϥϯ ⲇⲩⲛⲁⲙⲓⲥ ⲛⲟⲩⲟⲉⲓⲛ ⲛⲁⲩ.

ⲛⲁⲓ ⲛⲉ ⲛⲧⲁ ⲍⲓⲍⲩⲱ ⲡⲣⲟⲃⲁⲗⲉ ⲙⲙⲟⲟⲩ ⲉⲃⲟⲗ ⲛⲧⲉⲣⲉ ⲧϭⲟⲙ ⲙⲡⲁϊⲱⲧ ⲃⲟⲩⲃⲟⲩ ϩⲣⲁϊ ⲛϩⲏⲧϥ ⲁϥⲡⲣⲟⲃⲁⲗⲉ ⲉⲃⲟⲗ ⲙⲙⲛⲧⲓ̄ⲃ̄ ⲙⲡⲣⲟⲃⲟⲗⲏ ⲉⲩⲛ ⲙⲛⲧⲓ̄ⲃ̄ ⲛⲁⲡⲉ ϩⲛ ⲧⲉⲡⲣⲟⲃⲟⲗⲏ ⲧⲉⲡⲣⲟⲃⲟⲗⲏ ⲉⲡⲉϊⲣⲁⲛ ⲙⲙⲟⲟⲩ ⲡⲉ ⲙⲡⲓⲃ̄ ⲉⲩⲛ ⲙⲛⲧⲓ̄ⲃ̄ ⲕⲁⲧⲁ ⲧⲟⲩⲉⲓ̂ ⲧⲟⲩⲉⲓ ⲛⲛⲧⲁⲝⲓⲥ ⲉⲣⲉ ⲟⲩⲉⲓ̂ ⲙⲡⲃⲟⲗ ⲛⲟⲩⲉⲓ̂ ⲧ̄ⲙ̄ ⲛⲥⲟⲡ. ⲉⲧⲉ ⲛⲁϊ ⲛⲉ ⲛⲣⲁⲛ ⲛⲛⲉⲡⲣⲟⲃⲟⲗⲟⲟⲩⲉ ⲭⲱⲣⲓⲥ ⲛⲉⲩⲫⲩⲗⲁⲝ ⲡ̄ⲅ̄ ⲙ̄ⲫⲩⲗⲁⲝ ⲛⲁⲩⲍⲁⲓⲟⲩⲉⲉⲁⲓ [(3)] ⲉⲕⲱⲕⲓⲕ.

(1) Le nom de cet ⲓⲉⲟⲩ n'a pas été écrit, mais il se trouve plus bas.

(2) Les autres noms n'ont pas été écrits.

(3) Ce mot doit en former deux, mais je ne sais où le séparer. Ma séparation est arbitraire dans la traduction.

SEPTIÈME IEOU.

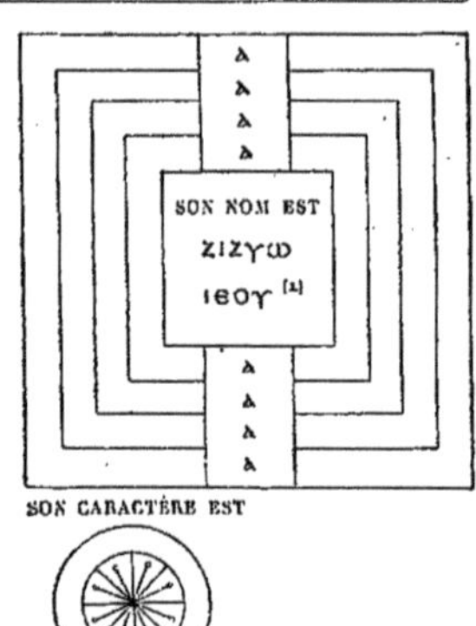

Les trois gardiens sont : ⲓⲱⲓⲁⲉ, ⲱⲉⲩⲁⲓ[1].....

Il y a douze chefs dans chaque trésor, c'est-à-dire leurs hiérarchies, qui sont les noms qui se trouvent dans les lieux. Il y en a douze dans chaque hiérarchie, dont le nom est les Douze, sans compter ceux qui existeront en eux s'ils chantent un hymne à mon Père afin qu'il leur donne la Puissance de lumière. Voici ceux que ⲍⲓⲍⲩⲱ a fait émaner lorsque la Puissance de mon Père resplendit en lui : il fit émaner douze émanations, qui sont les douze chefs dans chaque émanation et dont le nom est les Douze. Ils sont douze dans chacune des hiérarchies, l'une à l'extérieur de l'autre trois cent quarante fois. Ce sont les noms des émanations sous leurs gardiens. Les trois gardiens (sont) : ⲛⲁⲩⲍⲁⲓⲟⲩⲉⲉⲁⲓ, ⲉⲕⲱⲕⲓⲕ.

(1) Suivaient les noms des autres émanations, omis par Woïde comme étant barbares.

ⲒⲈⲞⲨ Ⲏ̄

ⲔⲈⲨ

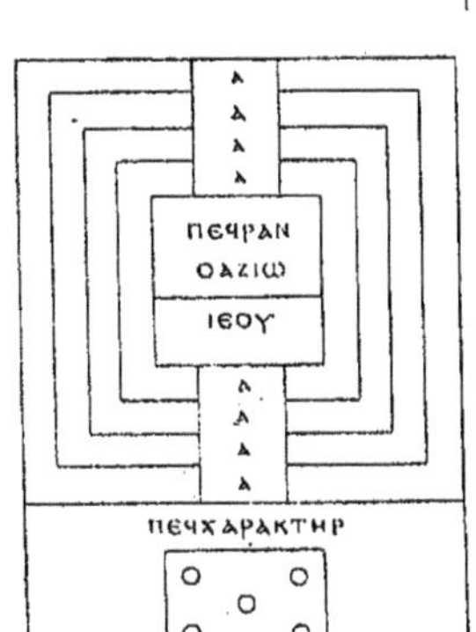

ⲚⲀЇ ⲚⲈ ⲚⲢⲀⲚ ⲚⲚⲈⲠⲢⲞⲂⲞⲖⲞⲞⲨⲈ ⲬⲰⲢⲒⲤ ⲚⲈⲨⲪⲨⲖⲀⲜ ⲠⲄ̄ ⲘⲪⲨⲖⲀⲜ [1]. . . . .

ⲈⲨⲚ ⲘⲚⲦⲤⲚⲞⲞⲨⲤ ⲚⲀⲠⲈ ϨⲘ ⲠⲈϤⲐⲎⲤⲀⲨⲢⲞⲤ ⲈⲦⲈ ⲚⲈϤⲦⲀⲜⲒⲤ ⲚⲈ ⲈⲦⲈ ⲚⲢⲀⲚ ⲚⲈ ⲈⲦϨⲚ ⲚⲦⲞⲠⲞⲤ ⲈⲨⲚ ⲘⲚⲦⲒ̈Ⲃ̄ ϨⲚ ⲦⲦⲀⲜⲒⲤ ⲦⲦⲀⲜⲒⲤ ⲈⲠⲈЇⲢⲀⲚ ⲘⲘⲞⲞⲨ ⲚⲈ ⲘⲠⲒⲂ ⲬⲰⲢⲒⲤ ⲚⲈⲦⲚⲀϢⲰⲠⲈ ⲚϨⲎⲦⲞⲨ ⲈⲨϢⲀⲚϨⲨⲘⲚⲈⲨⲈ ⲈϨⲞⲨⲚ ⲈⲠⲀⲒⲰⲦ ⲈⲦⲢⲈϤϮ ⲆⲨⲚⲀⲘⲒⲤ ⲚⲞⲨⲞⲈⲒⲚ ⲚⲀⲨ. ⲚⲀЇ ⲚⲈ ⲚⲦⲀ ⲞⲀⲌⲒⲰ ⲠⲢⲞⲂⲀⲖⲈ ⲘⲘⲞⲞⲨ ⲈⲂⲞⲖ ⲚⲦⲈⲢⲈ ⲦϬⲞⲘ ⲘⲠⲀⲒⲰⲦ ⲂⲞⲨⲂⲞⲨ ϨⲢⲀЇ ⲚϨⲎⲦϤ ⲀϤⲠⲢⲞⲂⲀⲖⲈ ⲈⲂⲞⲖ ⲘⲘⲚⲦⲤⲚⲞⲞⲨⲤ ⲘⲠⲢⲞⲂⲞⲖⲎ. ⲈⲨⲚ ⲘⲚⲦⲒ̈Ⲃ̄ ⲚⲀⲠⲈ ϨⲚ ⲦⲈⲠⲢⲞⲂⲞⲖⲎ ⲦⲈⲠⲢⲞⲂⲞⲖⲎ ⲈⲠⲈЇⲢⲀⲚ ⲘⲘⲞⲞⲨ ⲠⲈ ⲘⲠⲒ̈Ⲃ̄ ⲈⲨⲚ ⲘⲚⲦⲒ̈Ⲃ̄ ⲔⲀⲦⲀ ⲦⲞⲨⲈⲒ̂ ⲦⲞⲨⲈⲒ̂ ⲚⲚⲦⲀⲜⲒⲤ ⲈⲢⲈ ⲞⲨⲈⲒ̂ ⲘⲠⲂⲞⲖ ⲚⲞⲨⲈⲒ̂ Ⲧ̄Ⲙ̄ ⲚⲤⲞⲠ. ⲠⲢⲀⲚ ⲘⲠϢⲞⲘⲚⲦ ⲘⲪⲨⲖⲀⲜ ⲞⲀⲀⲌⲪⲨⲈ ⲰⲈϨⲎⲀⲒ ⲀⲐⲀⲔⲈⲒ.

[1] Les noms n'ont pas été copiés.

HUITIÈME IEOU.

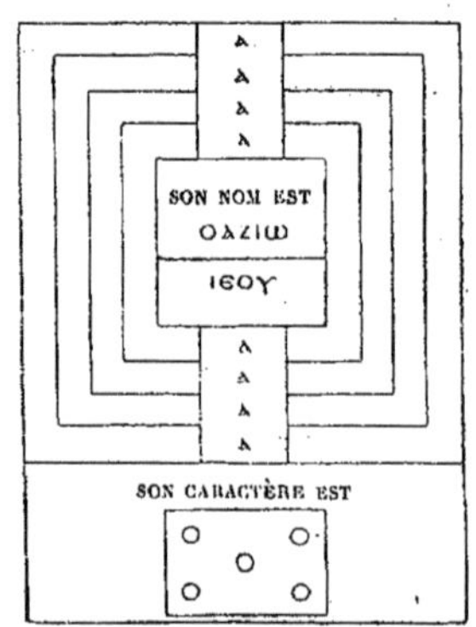

Voici les noms des émanations sans leurs gardiens.

Les trois gardiens . . . . .

Il y a douze chefs dans son trésor, c'est-à-dire sa hiérarchie : ce sont les noms qui sont dans les lieux. Il y en a douze dans chaque hiérarchie et leur nom est les Douze, sans compter ceux qui existeront en eux s'ils chantent un hymne à mon Père afin qu'il leur donne la Puissance de lumière. Voici ceux que ΟΑΖΙω a fait émaner, lorsque la Puissance de mon Père resplendit en lui. Il fit émaner douze émanations, qui sont les douze chefs dans chaque émanation et dont le nom est les Douze. Ils sont douze dans chaque hiérarchie, l'un à l'extérieur de l'autre trois cent quarante fois. Noms des trois gardiens : ΟΛΑΖΦΥΕ, ωΕϨΗΛΙ, ΛΘΛΚΕΙ.

ⲓⲉⲟⲩ ⲑ̄

ⲩⲉⲁ

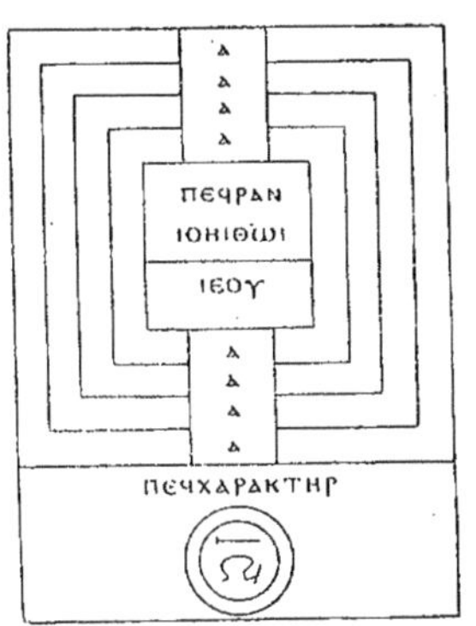

ⲛⲁⲓ ⲛⲉ ⲛⲣⲁⲛ ⲙⲡⲅ̄ ⲙⲫⲩⲗⲁⲝ
ⲉⲓⲁⲉⲁⲉ ⲱⲉⲃⲉⲓⲁ ⲑⲓⲉⲅⲭⲱⲛ
ⲛⲁï ⲛⲉ ⲛⲣⲁⲛ ⲛⲛⲉⲡⲣⲟⲃⲟⲗⲏ
ⲭⲱⲣⲓⲥ ⲛⲉⲩⲫⲩⲗⲁⲝ (1)......

ⲉⲩⲛ ⲙⲛⲧⲓⲃ ⲛⲁⲡⲉ ϩⲙ ⲡⲧⲟⲡⲟⲥ ⲡⲧⲟⲡⲟⲥ ⲉⲧⲉ ⲛⲉϥⲧⲁⲝⲓⲥ ⲛⲉ ⲉⲧⲉ ⲛⲣⲁⲛ ⲛⲉ ⲉⲧϩⲛ ⲛⲧⲟⲡⲟⲥ ⲉⲩⲛ ⲙⲛⲧⲓ̄ⲃ̄ ϩⲛ ⲧⲧⲁⲝⲓⲥ ⲧⲧⲁⲝⲓⲥ ⲉⲡⲉïⲣⲁⲛ ⲙⲙⲟⲟⲩ ⲛⲉ ⲙⲡⲙⲛⲧⲓ̄ⲃ̄ ⲭⲱⲣⲓⲥ ⲛⲉⲧⲛⲁϣⲱⲡⲉ ⲛϩⲏⲧⲟⲩ ⲉⲩϣⲁⲛϩⲩⲙⲛⲉⲩⲉ ⲉⲡⲁⲓⲱⲧ ⲉⲧⲣⲉϥϯ ⲇⲩⲛⲁⲙⲓⲥ ⲛⲟⲩⲟⲉⲓⲛ ⲛⲁⲩ.

ⲛⲁï ⲛⲉ ⲛⲧⲁ ⲓⲑⲏⲓⲑⲱⲓ (2) ⲡⲣⲟⲃⲁⲗⲉ ⲙⲙⲟⲟⲩ ⲉⲃⲟⲗ ⲛⲧⲉⲣⲉ ⲧϭⲟⲙ ⲙⲡⲁⲓⲱⲧ ⲃⲟⲩⲃⲟⲩ ϩⲣⲁï ⲛϩⲏⲧϥ ⲁϥⲡⲣⲟⲃⲁⲗⲉ ⲉⲃⲟⲗ ⲙⲓ̄ⲃ̄ ⲙⲡⲣⲟⲃⲟⲗⲏ ⲉⲩⲛ ⲙⲛⲧⲓ̄ⲃ̄ ⲛⲁⲡⲉ ⲟⲩⲛ ⲧⲉⲡⲣⲟⲃⲟⲗⲏ ⲧⲉⲡⲣⲟⲃⲟⲗⲏ ⲉⲡⲉⲓⲣⲁⲛ ⲙⲙⲟⲟⲩ ⲛⲉ ⲙⲡⲓ̄ⲃ̄ ⲉⲩⲛ ⲙⲛⲧⲓⲃ ⲕⲁⲧⲁ ⲧⲟⲩⲉⲓ̂ ⲧⲟⲩⲉⲓ̂ ⲛⲛⲧⲁⲝⲓⲥ ⲉⲣⲉ ⲟⲩⲉⲓ ⲕⲱⲧⲉ ⲟⲩⲉⲓ̂ ⲧ̄ⲙ̄ ⲛⲥⲟⲡ ⲡ̄ⲅ̄ ⲙⲫⲩⲗⲁⲝ ⲉⲓϯⲝⲁⲱ ⲉⲓⲍⲁⲏ ⲑⲱⲓⲉⲓ.

(1) Les noms ont été omis par Woïde. — (2) Ce nom est le même que le précédent il y a la différence de ⲑ pour ⲟ. Je ne sais pas quelle est la véritable leçon.

NEUVIÈME IEOU.

ⲧⲉⲗ

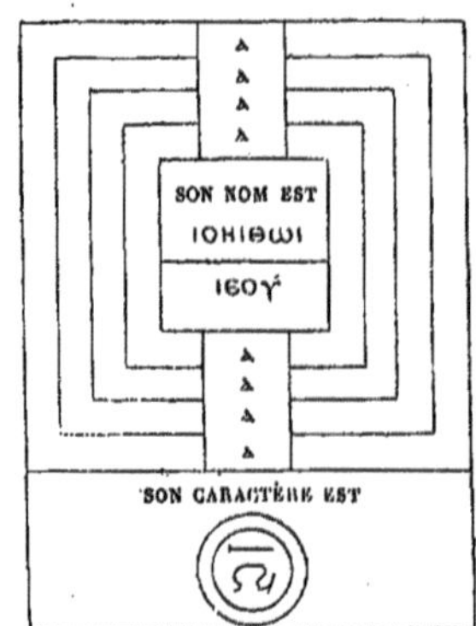

Voici les noms des trois gardiens : ⲉⲓⲗⲉⲗⲉ, ⲱⲉⲃⲉⲓⲗ, ⲑⲓⲉⲣⲭⲱⲛ. Voici les noms des émanations, sans leurs gardiens.....

Il y a douze chefs dans chaque lieu, qui sont ses hiérarchies : ce sont les noms qui sont dans les lieux. Ils sont douze dans chaque hiérarchie et c'est leur nom dans les Douze [1], sans compter ceux qui existeront en eux s'ils chantent un hymne à mon Père afin qu'il leur donne la Puissance de lumière. Voici ceux que ⲓⲟⲏⲓⲑⲱⲓ fit émaner lorsque la Puissance de mon Père resplendit en lui : il fit émaner douze émanations, qui sont les douze chefs dans chaque émanation; ce qui est leur nom parmi les douze. Ils sont douze dans chaque hiérarchie : l'une entoure l'autre trois cent quarante fois. Les trois gardiens (sont) : ⲉⲓϯⲍⲁⲱ, ⲉⲓⲍⲁⲏ, ⲑⲱⲓⲉⲓ.

[1] On remarquera que ces textes qui devraient se ressembler, sauf le nom de l'æon chef, offrent un assez grand nombre de variantes qui proviennent de l'incurie des scribes ou du copiste européen, ou encore de l'état du manuscrit.

LE PAPYRUS GNOSTIQUE BRUCE.

ⲓⲉⲟⲩ ⲓ̄

ⲉⲛⲩ

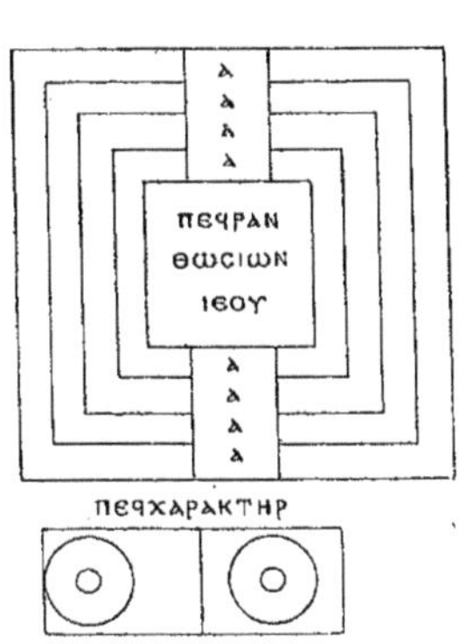

ⲡⲅ ⲙⲫⲩⲗⲁⲝ[1] . . . . .

ⲉⲩⲛ ⲙⲛⲧⲓ̈ⲃ̄ ⲛⲁⲡⲉ ϩⲙ ⲡⲧⲟⲡⲟⲥ ⲡⲧⲟⲡⲟⲥ ⲉⲧⲉ ⲛⲉϥⲧⲁⲝⲓⲥ ⲛⲉ ⲉⲧⲉ ⲛⲣⲁⲛ ⲛⲉ ⲉⲧϩⲛ ⲛⲧⲟⲡⲟⲥ ⲉⲩⲛ ⲙⲛⲧⲓ̈ⲃ̄ ϩⲛ ⲧⲧⲁⲝⲓⲥ ⲧⲧⲁⲝⲓⲥ ⲉⲡⲉⲓ̈ⲣⲁⲛ ⲙⲙⲟⲟⲩ ⲛⲉ ⲙⲡⲙⲛⲧⲓ̈ⲃ̄ ⲭⲱⲣⲓⲥ ⲛⲉⲧⲛⲁϣⲱⲡⲉ ⲛϩⲏⲧⲟⲩ ⲉⲩϣⲁⲛϩⲩⲙⲛⲉⲩⲉ ⲉⲡⲁⲓⲱⲧ ⲉⲧⲣⲉϥϯ ⲇⲩⲛⲁⲙⲓⲥ ⲛⲟⲩⲟⲉⲓⲛ ⲛⲁⲩ. ⲛⲁⲓ̈ ⲛⲉ ⲛⲧⲁ ⲑⲓⲥⲓⲱⲛ[2] ⲡⲣⲟⲃⲁⲗⲉ ⲙⲙⲟⲟⲩ ⲉⲃⲟⲗ ⲛⲧⲉⲣⲉ ⲧϭⲟⲙ ⲙⲡⲁⲓⲱⲧ ⲃⲟⲩⲃⲟⲩ ϩⲣⲁⲓ̈ ⲛϩⲏⲧϥ ⲁϥⲡⲣⲟⲃⲁⲗⲉ ⲉⲃⲟⲗ ⲙⲓ̈ⲃ̄ ⲙⲡⲣⲟⲃⲟⲗⲏ ⲉⲩⲛ ⲙⲛⲧⲓ̈ⲃ̄ ⲛⲁⲡⲉ ϩⲛ ⲧⲉⲡⲣⲟⲃⲟⲗⲏ ⲧⲉⲡⲣⲟⲃⲟⲗⲏ ⲉⲡⲉⲓⲣⲁⲛ ⲙⲙⲟⲟⲩ ⲛⲉ ⲙⲡⲓ̈ⲃ̄ ⲉⲩⲛ ⲙⲛⲧⲓ̈ⲃ̄ ⲕⲁⲧⲁ ⲧⲟⲩⲉⲓ̂ ⲧⲟⲩⲉⲓ̂ ⲛⲛⲧⲁⲝⲓⲥ ⲉⲣⲉ ⲟⲩⲉⲓ ⲕⲱⲧⲉ ⲟⲩⲉⲓ̂ ⲧ̄ⲙ ⲛⲥⲟⲡ. ⲡⲅ ⲙⲫⲩⲗⲁⲝ ⲑⲏⲟⲥⲁⲓⲉ ⲏⲥⲁⲉ ⲭⲁⲣⲥⲁⲥⲁ.

ⲧⲉⲗ

[1] Les noms n'ont pas été copiés. — [2] Il y a encore ici une différence dans les deux exemples du même nom.

DIXIÈME IEOU.

ⲉⲛⲩ

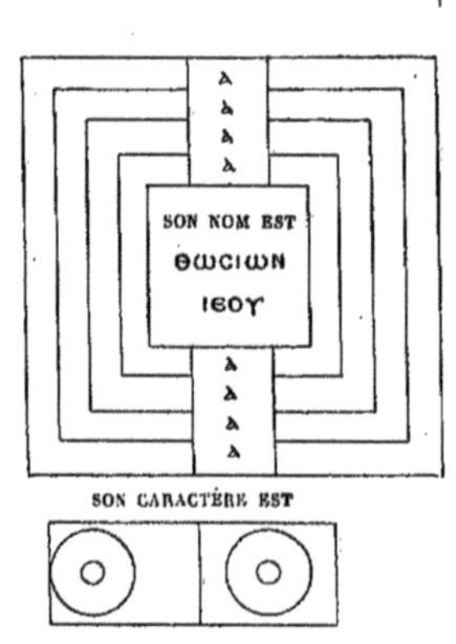

Les trois gardiens. . . . .

Il y a douze chefs dans chaque lieu, qui sont ses hiérarchies : ce sont les noms qui se trouvent dans les lieux. Ils sont douze dans chaque hiérarchie et leur nom est Douze, sans compter ceux qui resteront en eux s'ils chantent un hymne à mon Père afin qu'il leur donne la Puissance de lumière. Voici ceux que ⲑⲓⲥⲓⲱⲛ a fait émaner lorsque la Puissance de mon Père a resplendi en lui : il a fait émaner douze émanations, qui sont les douze chefs dans chaque émanation : leur nom est les Douze. Ils sont douze dans chaque hiérarchie : l'une entoure l'autre trois cent quarante fois. Les trois gardiens sont : ⲑⲏⲟⲥⲁⲓⲉ, ⲏⲥⲁⲉ, ⲭⲁⲣⲥⲁⲥⲁ.

ⲧⲉⲁ

ⲓⲉⲟⲩ ⲓ̅ⲁ̅

ⲟ ⲓ ⲉ

ⲡϣⲟⲙⲛⲧ ⲛⲫⲩⲗⲁⲝ [1].....

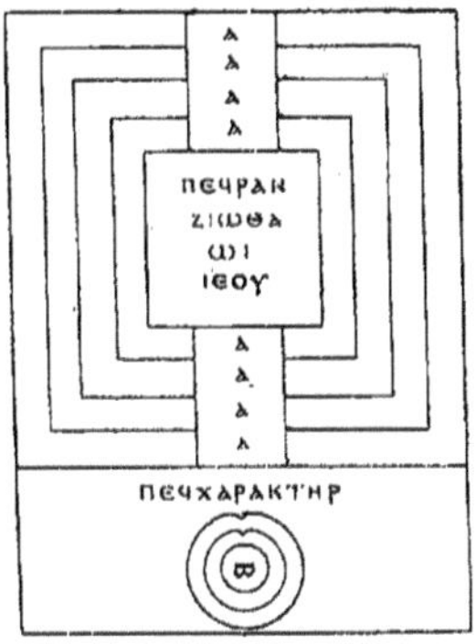

ⲁ ⲁ ⲁ ⲁ

ⲡⲉϥⲣⲁⲛ
ⲍⲓⲱⲑⲁ
ⲱⲓ
ⲓⲉⲟⲩ

ⲁ ⲁ ⲁ ⲁ

ⲡⲉϥⲭⲁⲣⲁⲕⲧⲏⲣ

ⲃ

ⲛⲁⲓ̈ [2] ⲛⲉ ⲛⲧⲁ ⲍⲓⲱⲑⲁⲱⲓ ⲡⲣⲟⲃⲁⲗⲉ ⲙⲙⲟⲟⲩ ⲉⲃⲟⲗ ⲛⲧⲉⲣⲉ ⲧϭⲟⲙ ⲙⲡⲁⲓ̈ⲱⲧ ⲃⲟⲩⲃⲟⲩ ϩⲣⲁⲓ ⲛϩⲏⲧϥ ⲁϥⲡⲣⲟⲃⲁⲗⲉ ⲉⲃⲟⲗ ⲙⲙⲛⲧⲓ̈ⲃ̅ ⲙⲡⲣⲟⲃⲟⲗⲏ ⲉⲩⲛ ⲙⲛⲧⲥⲛⲟⲟⲩⲥ ⲛⲁⲡⲉ ϩⲛ ⲧⲉⲡⲣⲟⲃⲟⲗⲏ ⲧⲉⲡⲣⲟⲃⲟⲗⲏ ⲉⲡⲉⲓ̈ⲣⲁⲛ ⲙⲙⲟⲟⲩ ⲛⲉ ⲙⲡⲙⲛⲧⲓ̈ⲃ̅. ⲉⲩⲛ ⲙⲛⲧⲓ̈ⲃ̅ ⲕⲁⲧⲁ ⲧⲟⲩⲉⲓ̂ ⲧⲟⲩⲉⲓ̂ ⲛⲛⲧⲁⲝⲓⲥ ⲉⲣⲉ ⲟⲩⲉⲓ̂ ⲙⲡⲃⲟⲗ ⲛⲟⲩⲉⲓ̂ ⲧ̅ⲙ̅ ⲛⲥⲟⲡ ⲉⲧⲉ ⲛⲁⲓ̈ ⲛⲉ ⲛⲉⲩⲣⲁⲛ ⲭⲱⲣⲓⲥ ⲛⲉⲩⲫⲩⲗⲁⲝ. ⲡ̅ⲅ̅ ⲙⲫⲩⲗⲁⲝ ⲛⲱⲱⲱⲱⲉⲓⲉⲁ ⲱⲛⲓⲁ ⲁⲩⲍⲉⲉⲓⲉ ⲉⲩⲛ ⲙⲛⲧⲥⲛⲟⲟⲩⲥ ⲛⲁⲡⲉ ϩⲙ ⲡⲉϥⲑⲏⲥⲁⲩⲣⲟⲥ ⲉⲧⲉ ⲛⲉϥⲧⲁⲝⲓⲥ ⲛⲉ ⲉⲧⲉ ⲛⲣⲁⲛ ⲛⲉ ⲛⲁⲓ ⲉⲧϩⲛ ⲛⲧⲟⲡⲟⲥ ⲉⲩⲛ ⲙⲛⲧⲥⲛⲟⲟⲩⲥ ϩⲛ ⲧⲧⲁⲝⲓⲥ ⲧⲧⲁⲝⲓⲥ ⲉⲡⲉⲓ̈ⲣⲁⲛ ⲙⲙⲟⲟⲩ ⲛⲉ ⲙⲡⲙⲛⲧⲥⲛⲟⲟⲩⲥ ⲭⲱⲣⲓⲥ ⲛⲉⲧⲛⲁϣⲱⲡⲉ ⲛϩⲏⲧⲟⲩ ⲉⲩϣⲁⲛϩⲩⲙⲛⲉⲩⲉ ⲉⲡⲁⲓⲱⲧ ⲉⲧⲣⲉϥϯ ⲇⲩⲛⲁⲙⲓⲥ ⲛⲟⲩⲟⲉⲓⲛ ⲛⲁⲩ.

ⲩ ⲟ ⲛ

[1] Les noms n'ont pas été copiés. — [2] Il y a interversion des deux parties de la formule consacrée à chaque Ieou : je ne sais pourquoi.

ONZIÈME IEOU.

ⲟ ⲓ ⲉ

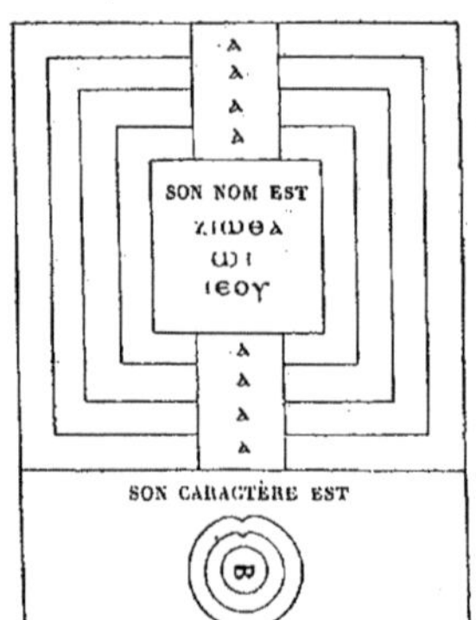

Les trois gardiens...

Voici ceux que ⲍⲓⲱⲑⲁⲱⲓ a fait émaner lorsque la Puissance de mon Père a resplendi en lui : il a fait émaner douze émanations, qui sont les douze chefs dans chaque émanation; leur nom est les Douze. Ils sont douze dans chaque hiérarchie : l'une entoure l'autre trois cent quarante fois. Ce sont leurs noms, sans compter leurs gardiens. Les trois gardiens sont : ⲛⲱⲱⲱⲱⲉⲓⲉⲁ, ⲱⲛⲓⲁ, ⲁⲩⲍⲉⲉⲓⲉ. Ils sont douze chefs dans son trésor, qui sont ses hiérarchies : ce sont les noms qui se trouvent dans les lieux. Ils sont douze dans chaque hiérarchie : leur nom est les Douze, sans compter ceux qui existeront en eux s'ils chantent un hymne à mon Père afin qu'il leur donne la Puissance de lumière.

ⲩ ⲟ ⲛ

IMPRIMERIE NATIONALE.

ⲓⲉⲟⲩ ⲓ̅ⲃ̅

ⲉⲓⲟ

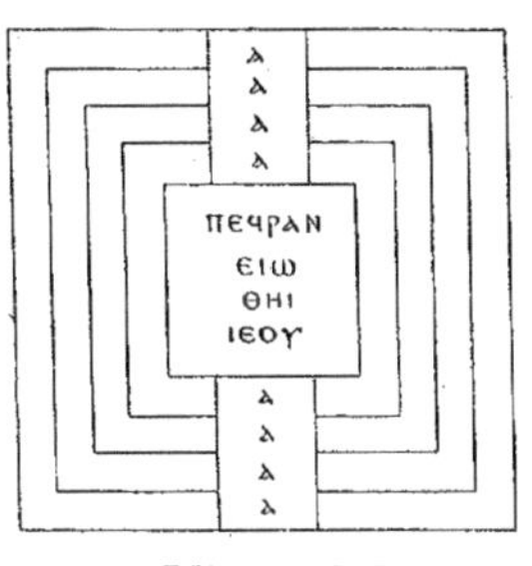

ⲡϣⲟⲙⲛⲧ ⲙⲫⲩⲗⲁⲝ
ⲱⲓⲉ ⲉⲁⲓⲍⲓⲱⲩⲉ ⲟⲍⲏⲟⲓⲉⲥ
ⲡⲓ̅ⲃ̅ ⲙⲡⲣⲟⲃⲟⲗⲏ
. . . . . ⲏⲍⲱⲓⲁ ⲱⲓⲉⲍⲁⲓⲉ
. . . . . ⲍⲉⲓⲉⲉ ⲟⲕⲍⲁⲍⲉⲓ
. . . . . ⲛⲉⲍⲁⲓⲉ ⲱⲍⲉⲓⲍⲉⲟⲍⲓ
. . . . . ⲍⲁⲍⲱⲓ ⲍⲏⲉⲱⲍⲉ
. . . . . ⲍⲓⲍⲁ ⲙⲓⲍⲱⲍⲁⲍⲁ
. . . . . ⲡⲁⲓⲉⲟⲏ ⲍⲉⲍⲁⲱ [1]

ⲡⲉϥⲭⲁⲣⲁⲕⲧⲏⲣ

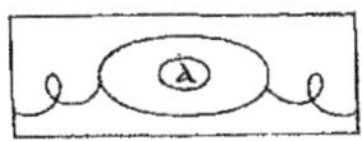

ⲛⲁⲓ̈ ⲛⲉ ⲛⲧⲁ ⲉⲓⲱⲑⲏⲓ ⲡⲣⲟⲃⲁⲗⲉ ⲙⲙⲟⲟⲩ ⲉⲃⲟⲗ ⲛⲧⲉⲣⲉ ⲧϭⲟⲙ ⲙⲡⲁⲓ̈ⲱⲧ ⲃⲟⲩⲃⲟⲩ ϩⲣⲁⲓ ⲛϩⲏⲧϥ ⲁϥⲡⲣⲟⲃⲁⲗⲉ ⲉⲃⲟⲗ ⲙⲙⲛⲧⲓ̅ⲃ̅ ⲙ-ⲡⲣⲟⲃⲟⲗⲏ ⲉⲩⲛ ⲙⲛⲧⲥⲛⲟⲟⲩⲥ ⲛⲁⲡⲉ ϩⲛ ⲧⲉⲡⲣⲟⲃⲟⲗⲏ ⲧⲉⲡⲣⲟⲃⲟⲗⲏ ⲉⲡⲉⲓ̈ⲣⲁⲛ ⲙⲙⲟⲟⲩ ⲛⲉ ⲙⲡⲙⲛⲧⲓ̅ⲃ̅ ⲉⲩⲛ ⲙⲛⲧⲓ̅ⲃ̅ ⲕⲁⲧⲁ ⲧⲟⲩⲉⲓ̈ ⲧⲟⲩⲉⲓ̈ ⲛⲛⲧⲁⲝⲓⲥ ⲉⲣⲉ ⲟⲩⲉⲓ̈ ⲙⲡⲃⲟⲗ ⲛⲟⲩⲉⲓ̈ ⲧ̅ⲙ̅ ⲛⲥⲟⲡ ⲉⲧⲉ ⲛⲁⲓ̈ ⲛⲉ ⲛⲉⲩ-ⲣⲁⲛ ⲭⲱⲣⲓⲥ ⲛⲉⲩⲫⲩⲗⲁⲝ. ⲡⲅ̅ ⲙⲫⲩⲗⲁⲝ ⲑⲣⲏⲉⲥⲏⲗ ⲁⲥⲍⲁⲍⲁⲏ ⲟⲓⲍⲓⲁⲍ ⲉⲩⲛ ⲙⲛⲧⲥⲛⲟⲟⲩⲥ ⲛⲁⲡⲉ ϩⲙ ⲡⲉϥⲑⲏⲥⲁⲩⲣⲟⲥ ⲉⲧⲉ ⲛⲉϥⲧⲁⲝⲓⲥ ⲛⲉ ⲉⲧⲉ ⲛⲣⲁⲛ ⲛⲉ ⲛⲁⲓ ⲉⲧϩⲛ ⲛⲧⲟⲡⲟⲥ ⲉⲩⲛ ⲙⲛⲧⲥⲛⲟⲟⲩⲥ ϩⲛ ⲧⲧⲁⲝⲓⲥ ⲧⲧⲁⲝⲓⲥ ⲉⲡⲉⲓ̈ⲣⲁⲛ ⲙⲙⲟⲟⲩ ⲛⲉ ⲙⲡⲙⲛⲧⲥⲛⲟⲟⲩⲥ ⲭⲱⲣⲓⲥ ⲛⲉⲧⲛⲁϣⲱⲡⲉ ⲛϩⲏⲧⲟⲩ ⲉⲩϣⲁⲛϩⲩⲙⲛⲉⲩⲉ ⲉⲡⲁⲓⲱⲧ ⲉⲧⲣⲉϥϯ ⲇⲩ-ⲛⲁⲙⲓⲥ ⲛⲟⲩⲟⲉⲓⲛ ⲛⲁⲩ.

ⲑⲟⲉ

[1] Comme je ne suis pas sûr de la manière dont il faut séparer ces noms, je m'abstiens de le faire. Il semble, en effet, qu'il y en avait deux par ligne. Mais le commencement de chaque ligne manque.

DOUZIÈME IEOU.

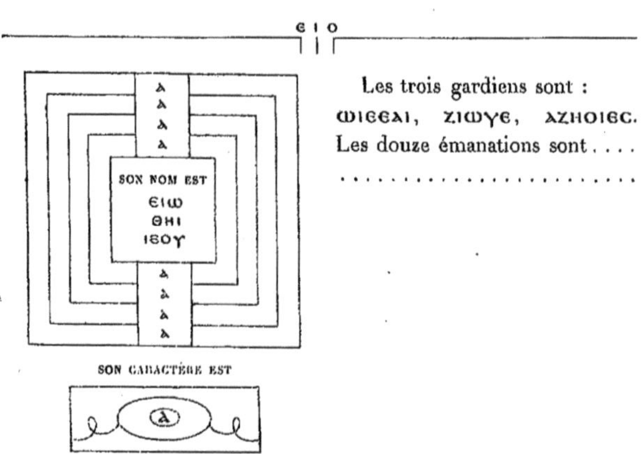

Les trois gardiens sont : ѠIЄЄΛI, ZIѠΥЄ, ΛZHOIЄC. Les douze émanations sont. . . .

. . . .

Voici ceux que ЄIѠΘHI a fait émaner, lorsque la Puissance de mon Père resplendit en lui : il a fait émaner douze émanations, qui sont les douze chefs dans chaque émanation; leur nom est les Douze. Ils sont douze dans chaque hiérarchie; l'une entoure l'autre trois cent quarante fois. Ce sont leurs noms, sans compter ceux de leurs gardiens. Les trois gardiens sont : ΘPHЄCHΛ, CΛZΛZΛH, OIZIΛZ [1]. Il y a douze chefs dans son trésor, qui sont ses hiérarchies: ce sont les noms qui sont dans les lieux. Ils sont douze dans chaque hiérarchie. Leur nom est les Douze, sans compter ceux qui existeront en eux s'ils chantent un hymne à mon Père afin qu'il leur donne une Puissance de lumière.

ΘOЄ

[1] Ces trois noms n'offrent aucune séparation. Ma séparation n'est pas sûre.

ΙΕΟΥ Ι̅Δ̅

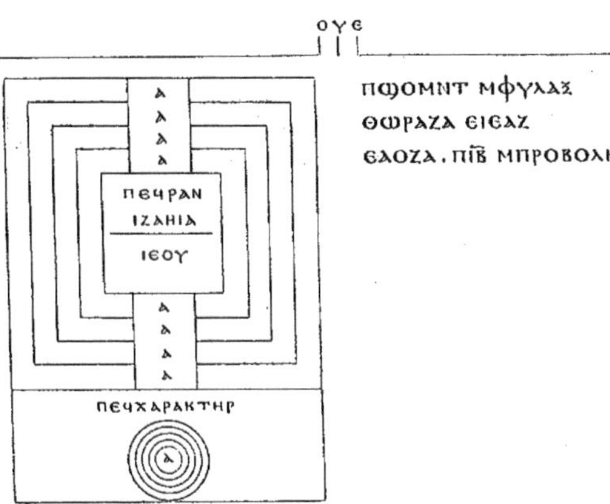

ΝΑΪ ΝΕ ΝΤΑ ΙΖΑΗΙΑ ΕΝΤΑϤΠΡΟΒΑΛΕ (*sic*) ΜΜΟΟΥ ΕΒΟΛ ΝΤΕΡΕ ΤϬΟΜ ΜΠΑΪΩΤ ΒΟΥΒΟΥ ϨΡΑΙ ΝϨΗΤϤ ΑϤΠΡΟΒΑΛΕ ΕΒΟΛ ΜΜΝΤΙ̅Β̅ ΜΠΡΟΒΟΛΗ ΕΥΝ ΜΝΤϹΝΟΟΥϹ ΝΑΠΕ ϨΝ ΤΕΠΡΟΒΟΛΗ ΤΕΠΡΟΒΟΛΗ ΕΠΕΪΡΑΝ ΜΜΟΟΥ ΝΕ ΜΠΜΝΤΙ̅Β̅ ΕΥΝ ΜΝΤΙ̅Β̅ ΚΑΤΑ ΤΟΥΕΪ ΤΟΥΕΪ ΝΝΤΑΞΙϹ ΕΡΕ ΟΥΕΪ ΜΠΒΟΛ ΝΟΥΕΪ Τ̅Μ̅ ΝϹΟΠ ΕΤΕ ΝΑΪ ΝΕ ΝΕΥΡΑΝ ΧΩΡΙϹ ΝΕΥΦΥΛΑΞ. ΠΓ̅ ΜΦΥΛΑΞ ΥΩΖΑΙ ΕΙΖΑΖΑ ΕΙΕΟΥ. ΕΥΝ ΜΝΤϹΝΟΟΥϹ ΝΑΠΕ ϨΜ ΠΕϤΘΗϹΑΥΡΟϹ ΕΤΕ ΝΕϤΤΑΞΙϹ ΝΕ ΕΤΕ ΝΡΑΝ ΝΕ ΝΑΙ ΕΤϨΝ ΝΤΟΠΟϹ ΕΥΝ ΜΝΤϹΝΟΟΥϹ ϨΝ ΤΤΑΞΙϹ ΤΤΑΞΙϹ ΕΠΕΙΡΑΝ ΜΜΟΟΥ ΝΕ ΜΠΜΝΤϹΝΟΟΥϹ ΧΩΡΙϹ ΝΕΤΝΑϢΩΠΕ ΝϨΗΤΟΥ ΕΥϢΑΝϨΥΜΝΕΥΕ ΕΠΑΙΩΤ ΕΤΡΕϤϮ ΔΥΝΑΜΙϹ ΝΟΥΟΕΙΝ ΝΑΥ.

(3)

(1) Il manque ici un æon ou Ieou tout entier. Woïde ne l'a pas copié. Il est facile de suppléer ce qui manque, sauf les noms particuliers.

(2) Les autres noms n'ont pas été copiés.

(3) Cette porte n'a pas les trois lettres qui désignent évidemment les trois gardiens.

QUATORZIÈME IEOU.

ⲟⲩⲉ

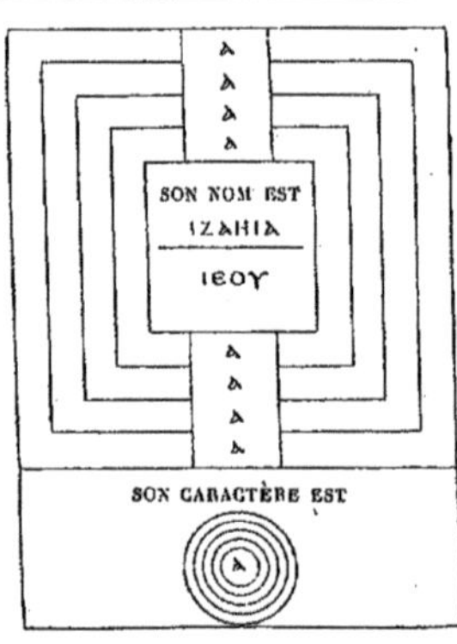

Les trois gardiens (sont) : ⲑⲱⲣⲁⲍⲁ, ⲉⲓⲉⲁⲍ, ⲉⲁⲟⲍⲁ.

Les douze émanations......

....

Voici ceux que ⲓⲍⲁⲏⲓⲁ a fait émaner lorsque la Puissance de mon Père a resplendi en lui : il fit émaner douze émanations, qui sont les douze chefs dans chaque émanation, et leur nom est les Douze. Ils sont tous dans chacune des hiérarchies, l'une entourant l'autre trois cent quarante fois. Ce sont leurs noms, sans compter ceux de leurs gardiens. Les trois gardiens sont : ⲩⲱⲍⲁⲓ, ϩⲓⲍⲁⲍⲁ, ⲉⲓⲉⲟⲩ. Il y a douze chefs dans son trésor, qui sont ses hiérarchies : ce sont les noms qui se trouvent dans les lieux. Ils sont douze dans chaque hiérarchie, et leur nom est les Douze, sans compter ceux qui existeront en eux s'ils chantent un hymne à mon Père afin qu'il leur donne une Puissance de lumière.

ⲓⲉⲟⲩ ⲓ̅ⲉ̅

ⲉⲁⲍ

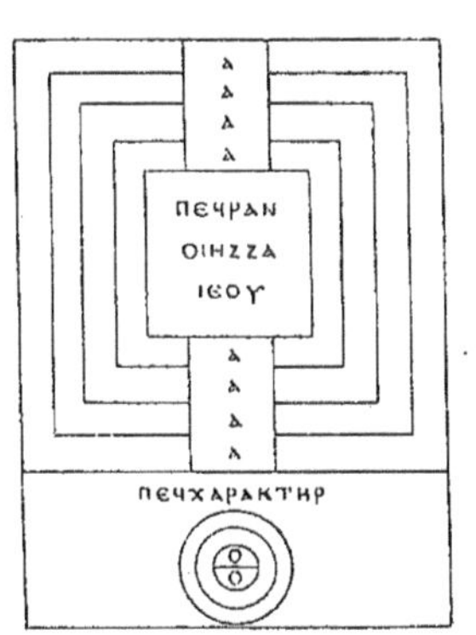

ⲡ̅ⲅ̅ ⲙⲫⲩⲗⲁⲝ ⲛⲁⲉⲓⲉⲟ
ⲁⲓⲁⲍⲁ ⲁⲓⲟⲱ
ⲓ̅ⲃ̅ ⲙⲡⲣⲟⲃⲟⲗⲏ.....

ⲛⲁⲓ̈ ⲛⲉ ⲛⲧⲁ ⲟⲓⲏⲍⲍⲁ ⲡⲣⲟⲃⲁⲗⲉ ⲙⲙⲟⲟⲩ ⲉⲃⲟⲗ ⲛⲧⲉⲣⲉ ⲧϭⲟⲙ ⲙⲡⲁⲓ̈ⲱⲧ ⲃⲟⲩⲃⲟⲩ ϩⲣⲁⲓ ⲛϩⲏⲧϥ ⲁϥⲡⲣⲟⲃⲁⲗⲉ ⲉⲃⲟⲗ ⲙⲙⲛⲧⲓ̅ⲃ̅ ⲙⲡⲣⲟⲃⲟⲗⲏ ⲉⲩⲛ ⲙⲛⲧⲥⲛⲟⲟⲩⲥ ⲛⲁⲡⲉ ϩⲛ ⲧⲉⲡⲣⲟⲃⲟⲗⲏ ⲧⲉⲡⲣⲟⲃⲟⲗⲏ ⲉⲡⲉⲓ̈ⲣⲁⲛ ⲙⲙⲟⲟⲩ ⲛⲉ ⲙⲡⲙⲛⲧⲓ̅ⲃ̅ ⲉⲩⲛ ⲙⲛⲧⲓ̅ⲃ̅ ⲕⲁⲧⲁ ⲧⲟⲩⲉⲓ̂ ⲧⲟⲩⲉⲓ̂ ⲛⲛⲧⲁⲝⲓⲥ ⲉⲣⲉ ⲟⲩⲉⲓ̂ ⲙⲡⲃⲟⲗ ⲛⲟⲩⲉⲓ̂ ⲧ̅ⲙ̅ ⲛⲥⲟⲡ ⲉⲧⲉ ⲛⲁⲓ̈ ⲛⲉ ⲛⲉⲩⲣⲁⲛ ⲭⲱⲣⲓⲥ ⲛⲉⲩⲫⲩⲗⲁⲝ. ⲡ̅ⲅ̅ ⲙⲫⲩⲗⲁⲝ ⲛⲁⲱⲱⲍⲁⲓⲉ ⲱⲁⲟⲍ ⲉⲧⲁⲍⲉⲓ. ⲉⲩⲛ ⲙⲛⲧⲥⲛⲟⲟⲩⲥ ⲛⲁⲡⲉ ϩⲙ ⲡⲉϥⲑⲏⲥⲁⲩⲣⲟⲥ ⲉⲧⲉ ⲛⲉϥⲧⲁⲝⲓⲥ ⲛⲉ ⲉⲧⲉ ⲛⲣⲁⲛ ⲛⲉ ⲛⲁⲓ ⲉⲧϩⲛ ⲛⲧⲟⲡⲟⲥ ⲉⲩⲛ ⲙⲛⲧⲥⲛⲟⲟⲩⲥ ϩⲛ ⲧⲧⲁⲝⲓⲥ ⲧⲧⲁⲝⲓⲥ ⲉⲡⲉⲓ̈ⲣⲁⲛ ⲙⲙⲟⲟⲩ ⲛⲉ ⲙⲡⲙⲛⲧⲥⲛⲟⲟⲩⲥ ⲭⲱⲣⲓⲥ ⲛⲉⲧⲛⲁϣⲱⲡⲉ ⲛϩⲏⲧⲟⲩ ⲉⲩϣⲁⲛϩⲩⲙⲛⲉⲩⲉ ⲉⲡⲁⲓⲱⲧ ⲉⲧⲣⲉϥϯ ⲇⲩⲛⲁⲙⲓⲥ ⲛⲟⲩⲟⲉⲓⲛ ⲛⲁⲩ.

QUINZIÈME IEOU.

ⲈⲀⲌ

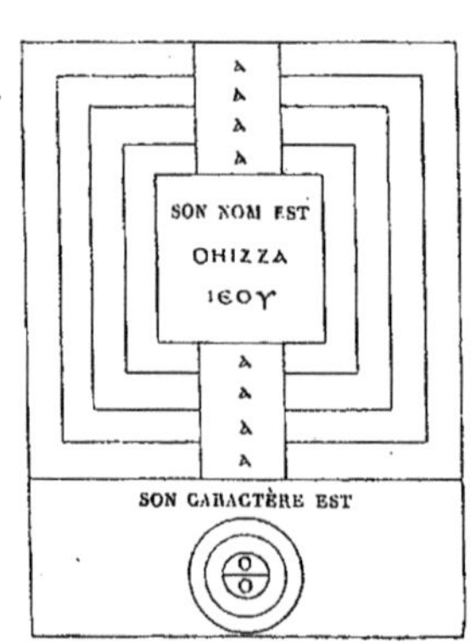

Les trois gardiens (sont) : ⲚⲀⲈⲒⲈⲞ, ⲀⲒⲀⲌⲀ, ⲀⲒⲞⲰ.

Les douze émanations. . . . . .

. . . .

Voici ceux que ⲞⲒⲎⲌⲌⲀ fit émaner lorsque la Puissance de mon Père resplendit en lui : il fit émaner douze émanations, qui sont les douze chefs dans chaque émanation, et leur nom est les Douze. Ils sont douze dans chaque hiérarchie, l'une entourant l'autre trois cent quarante fois. Ce sont leurs noms, sans compter ceux de leurs gardiens. Les trois gardiens sont : ⲚⲀⲰⲰⲜⲀⲒⲈ, ⲰⲀⲀⲌ, ⲈⲦⲀⲌⲈⲒ. Il y a douze chefs dans son trésor, qui sont ses hiérarchies : ce sont les noms qui se trouvent dans les lieux. Ils sont douze dans chaque hiérarchie, et leur nom est les Douze, sans compter ceux qui existeront en eux s'ils chantent un hymne à mon Père afin qu'il leur donne une Puissance de lumière.

ⲓⲉⲟⲩ ⲓ̅ⲋ̅

ϕⲉⲉ

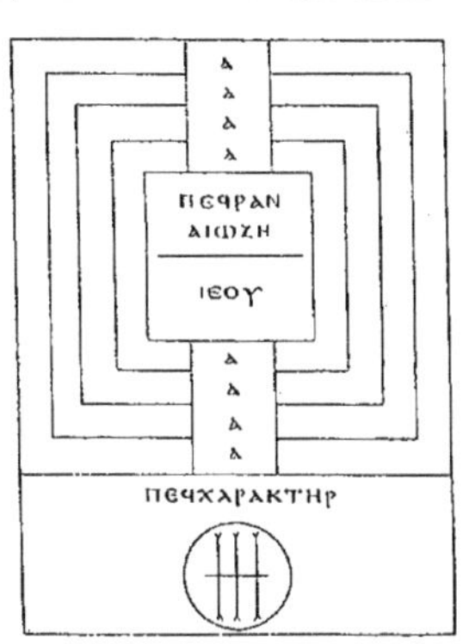

ⲡϣⲟⲙⲛⲧ ⲙϕⲩⲗⲁⲝ ⲱϕⲩⲍⲁⲓ ⲝⲁⲓⲉ ϕⲩⲝⲁⲓⲍⲁⲓ. ⲡⲓ̅ⲃ̅ ⲙⲡⲣⲟⲃⲟⲗⲏ (1). . . .

ⲛⲁï ⲛⲉ ⲛⲧⲁ ⲁⲓⲱⲍⲏ ⲡⲣⲟⲃⲁⲗⲉ ⲙⲙⲟⲟⲩ ⲉⲃⲟⲗ ⲛⲧⲉⲣⲉ ⲧϭⲟⲙ ⲙⲡⲁïⲱⲧ ⲃⲟⲩⲃⲟⲩ ϩⲣⲁⲓ ⲛϩⲏⲧϥ ⲁϥⲡⲣⲟⲃⲁⲗⲉ ⲉⲃⲟⲗ ⲙⲙⲛⲧⲓ̅ⲃ̅ ⲙⲡⲣⲟⲃⲟⲗⲏ ⲉⲩⲛ ⲙⲛⲧⲥⲛⲟⲟⲩⲥ ⲛⲁⲡⲉ ϩⲛ ⲧⲉⲡⲣⲟⲃⲟⲗⲏ ⲧⲉⲡⲣⲟⲃⲟⲗⲏ ⲉⲡⲉïⲣⲁⲛ ⲙⲙⲟⲟⲩ ⲛⲉ ⲙⲡⲙⲛⲧⲓ̅ⲃ̅ ⲉⲩⲛ ⲙⲛⲧⲓ̅ⲃ̅ ⲕⲁⲧⲁ ⲧⲟⲩⲉï ⲧⲟⲩⲉï ⲛⲛⲧⲁⲝⲓⲥ ⲉⲣⲉ ⲟⲩⲉï ⲛⲡⲃⲟⲗ ⲛⲟⲩⲉï ⲧ̅ⲙ̅ ⲛⲥⲟⲡ ⲉⲧⲉ ⲛⲁï ⲛⲉ ⲛⲉⲩⲣⲁⲛ ⲭⲱⲣⲓⲥ ⲛⲉⲩϕⲩⲗⲁⲝ. ⲡⲅ̅ ⲙϕⲩⲗⲁⲝ ⲱⲓⲁⲝⲁⲁ ⲁⲍⲁⲍⲁ ⲍⲁⲍⲁⲓ. ⲉⲩⲛ ⲙⲛⲧⲥⲛⲟⲟⲩⲥ ⲛⲁⲡⲉ ϩⲙ ⲡⲉϥⲑⲏⲥⲁⲩⲣⲟⲥ ⲉⲧⲉ ⲛⲉϥⲧⲁⲝⲓⲥ ⲛⲉ ⲉⲧⲉ ⲛⲣⲁⲛ ⲛⲉ ⲛⲁⲓ ⲉⲧϩⲛ ⲛⲧⲟⲡⲟⲥ ⲉⲩⲛ ⲙⲛⲧⲥⲛⲟⲟⲩⲥ ϩⲛ ⲧⲧⲁⲝⲓⲥ ⲧⲧⲁⲝⲓⲥ ⲉⲡⲉïⲣⲁⲛ ⲙⲙⲟⲟⲩ ⲛⲉ ⲙⲡⲙⲛⲧⲥⲛⲟⲟⲩⲥ ⲭⲱⲣⲓⲥ ⲛⲉⲧⲛⲁϣⲱⲡⲉ ⲛϩⲏⲧⲟⲩ ⲉⲩϣⲁⲛϩⲩⲙⲛⲉⲩⲉ ⲉⲡⲁⲓⲱⲧ ⲉⲧⲣⲉϥϯ ⲇⲩⲛⲁⲙⲓⲥ ⲛⲟⲩⲟⲉⲓⲛ ⲛⲁⲩ.

ⲱⲟⲱ

(1) Les autres noms n'ont pas été copiés.

SEIZIÈME IEOU.

ϕεε

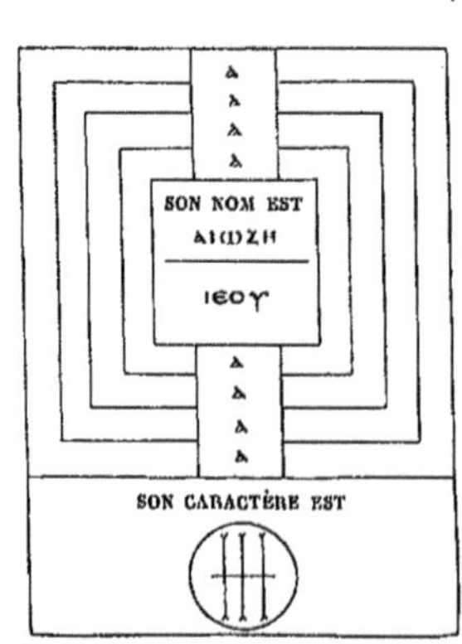

Les trois gardiens (sont) : ωϕυζαι, ϩαιε, ϕυϩαιζαι.
Les douze émanations. . . . . .
. . . .

Voici ceux que αιωζη a fait émaner lorsque la Puissance de mon Père resplendit en lui : il fit émaner douze émanations, qui sont les douze chefs dans chaque émanation, et leur nom est les Douze. Ils sont douze dans chaque hiérarchie, l'une entourant l'autre trois cent quarante fois. Ce sont leurs noms, sans compter ceux de leurs gardiens. Les trois gardiens sont : ωιαϩαα, αζαζα, ζαζαι. Il y a douze chefs dans son trésor, qui sont ses hiérarchies ; ce sont les noms qui sont dans les lieux. Ils sont douze dans chaque hiérarchie, et leur nom est les Douze, sans compter ceux qui existeront en eux s'ils chantent un hymne à mon Père afin qu'il leur donne une Puissance de lumière.

ωοω

IMPRIMERIE NATIONALE.

ιεου ιζ̄

υ ι ε

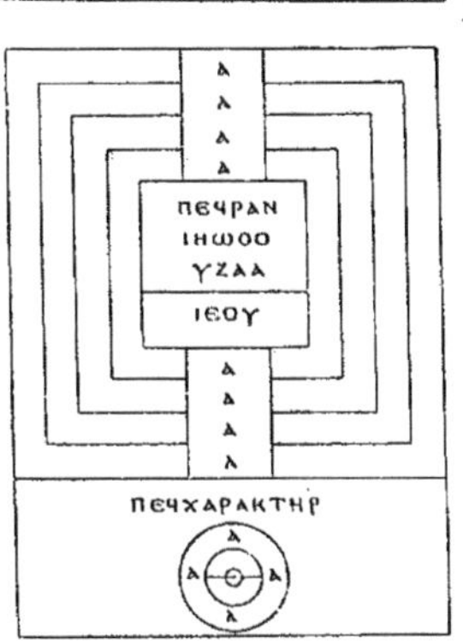

πϣομντ μφυλαξ
φωζα ζω-ωζα ξαθωζαι.
πιβ̄ μπροβολη [1].....

ναΐ νε ντα ιηωοουζαα προβαλε μμοου εβολ ντερε τϭομ μπαΐωτ βουβου ϩραι νϩητϥ αϥπροβαλε εβολ μμντιβ μπροβολη ευν μντςνοους ναπε ϩν τεπροβολη τεπροβολη επεΐραν μμοου νε μπμντιβ̄ ευν μντιβ̄ κατα τουεΐ τουεΐ νντaξις ερε ουεΐ μπβολ νουεΐ τ̄μ̄ νςοπ ετε ναΐ νε νευραν χωρις νευφυλαξ. πϣομντ μφυλαξ ωξηλ ιουξαι ξαζααι ευν μντςνοους ναπε ϩμ πεϥθησαυρος ετε νεϥταξις νε ετε νραν νε ναι ετϩν ντοπος ευν μντςνοους ϩν ττaξις ττaξις επεΐραν μμοου νε μπμντςνοους χωρις νετναϣωπε νϩητου ευϣανϩυμνευε επαιωτ ετρεϥϯ δυναμις νου-οειν ναυ.

ηγ

[1] Les autres noms n'ont pas été copiés.

DIX-SEPTIÈME IEOU.

ⲩⲓⲉ

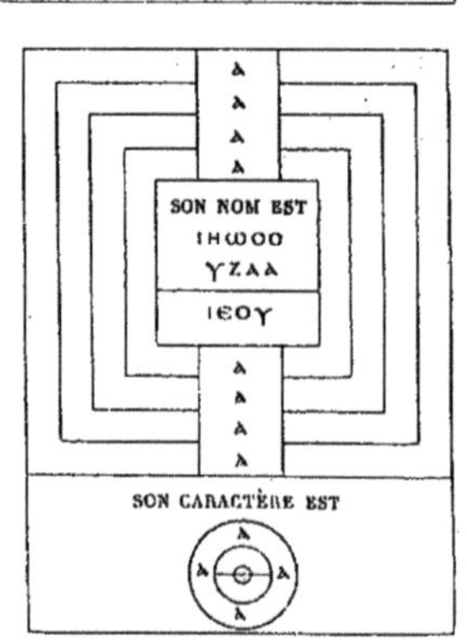

Les trois gardiens (sont) : ⲫⲱⲍⲁⲍⲱ, ⲓⲱⲍⲁϫⲁ, ⲑⲱϫⲁⲓ.

Les douze émanations......

....

Voici ceux que ⲓⲏⲱⲟⲟⲩⲍⲁⲁ a fait émaner lorsque la Puissance de mon Père resplendit en lui : il fit émaner douze émanations, qui sont les douze chefs dans chaque émanation, et leur nom est les Douze. Ils sont douze dans chaque hiérarchie, l'une entourant l'autre trois cent quarante fois. Ce sont leurs noms, sans compter ceux de leurs gardiens. Les trois gardiens (sont) : ⲱϫⲏⲁ, ⲓⲟⲩϫⲁⲓ, ϫⲁⲍⲁⲁⲓ. Il y a douze chefs dans son trésor, qui sont ses hiérarchies : ce sont les noms qui se trouvent dans les lieux. Ils sont douze dans chaque hiérarchie, et leur nom est les Douze, sans compter ceux qui existeront en eux s'ils chantent un hymne à mon Père afin qu'il leur donne une Puissance de lumière.

ⲏⲅ

ⲓⲉⲟⲩ ⲓ̅ⲏ̅

ⲓⲟⲩ

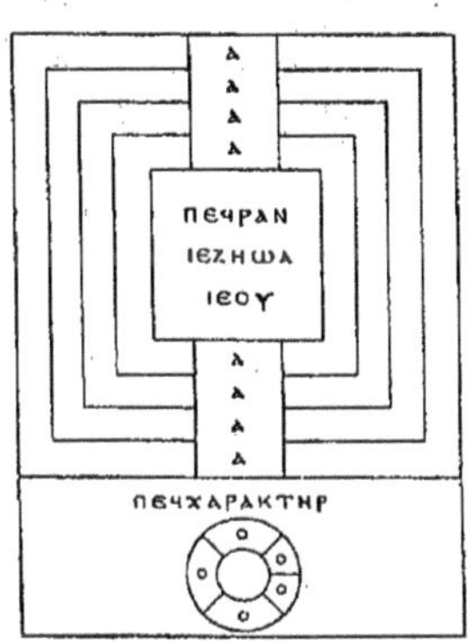

ⲡⲅ̅ ⲙⲫⲩⲗⲁⲝ ⲫⲁⲍⲁⲍⲁ
ⲉⲏⲟⲓⲁⲥ ⲏⲝⲁⲩⲓⲥⲓ
ⲡⲓ̅ⲃ̅ ⲙⲡⲣⲟⲃⲟⲗⲏ (1). . . . .

ⲛⲁï ⲛⲉ ⲛⲧⲁ ⲓⲉⲍⲏⲱⲁ (2) ⲡⲣⲟⲃⲁⲗⲉ ⲙⲙⲟⲟⲩ ⲉⲃⲟⲗ ⲛⲧⲉⲣⲉ ⲧϭⲟⲙ ⲙⲡⲁïⲱⲧ ⲃⲟⲩⲃⲟⲩ ϩⲣⲁⲓ ⲛϩⲏⲧϥ ⲁϥⲡⲣⲟⲃⲁⲗⲉ ⲉⲃⲟⲗ ⲙⲙⲛⲧⲓ̅ⲃ̅ ⲙⲡⲣⲟⲃⲟⲗⲏ ⲉⲩⲛ ⲙⲛⲧⲥⲛⲟⲟⲩⲥ ⲛⲁⲡⲉ ϩⲛ ⲧⲉⲡⲣⲟⲃⲟⲗⲏ ⲧⲉⲡⲣⲟⲃⲟⲗⲏ ⲉⲡⲉïⲣⲁⲛ ⲙⲙⲟⲟⲩ ⲛⲉ ⲙⲡⲙⲛⲧⲓ̅ⲃ̅ ⲉⲩⲛ ⲙⲛⲧⲓ̅ⲃ̅ ⲕⲁⲧⲁ ⲧⲟⲩⲉî ⲧⲟⲩⲉî ⲛⲛⲧⲁⲝⲓⲥ ⲉⲣⲉ ⲟⲩⲉï ⲙⲡⲃⲟⲗ ⲛⲟⲩⲉï ⲧ̅ⲙ̅ ⲛⲥⲟⲡ ⲉⲧⲉ ⲛⲁï ⲛⲉ ⲛⲉⲩⲣⲁⲛ ⲭⲱⲣⲓⲥ ⲛⲉⲩⲫⲩⲗⲁⲝ. ⲡϣⲟⲙⲛⲧ ⲙⲫⲩⲗⲁⲝ ⲟⲩⲝⲁⲃⲉ ⲉⲝⲁⲁⲍⲁⲓ ⲁⲍⲏⲓⲝⲁⲓ ⲉⲩⲛ ⲙⲛⲧⲥⲛⲟⲟⲩⲥ ⲛⲁⲡⲉ ϩⲙ ⲡⲉϥⲑⲏⲥⲁⲩⲣⲟⲥ ⲉⲧⲉ ⲛⲉϥⲧⲁⲝⲓⲥ ⲛⲉ ⲉⲧⲉ ⲛⲣⲁⲛ ⲛⲉ ⲛⲁⲓ ⲉⲧϩⲛ ⲛⲧⲟⲡⲟⲥ ⲉⲩⲛ ⲙⲛⲧⲥⲛⲟⲟⲩⲥ ϩⲛ ⲧⲧⲁⲝⲓⲥ ⲧⲧⲁⲝⲓⲥ ⲉⲡⲉïⲣⲁⲛ ⲙⲙⲟⲟⲩ ⲛⲉ ⲙⲡⲙⲛⲧⲥⲛⲟⲟⲩⲥ ⲭⲱⲣⲓⲥ ⲛⲉⲧⲛⲁϣⲱⲡⲉ ⲛϩⲏⲧⲟⲩ ⲉⲩϣⲁⲛϩⲩⲙⲛⲉⲩⲉ ⲉⲡⲁⲓⲱⲧ ⲉⲧⲣⲉϥϯ ⲇⲩⲛⲁⲙⲓⲥ ⲛⲟⲩⲟⲉⲓⲛ ⲛⲁⲩ.

ⲃⲗⲓ

(1) Les noms n'ont pas été copiés. — (2) *Cod.* ⲉⲍⲏⲙⲁ. La lettre ⲙ est incertaine d'après Woïde; c'est ⲓⲉⲍⲏⲱⲁ qu'il faut lire, comme plus haut.

LE PAPYRUS GNOSTIQUE BRUCE.

DIX-HUITIÈME IEOU.

ΙΟΥ

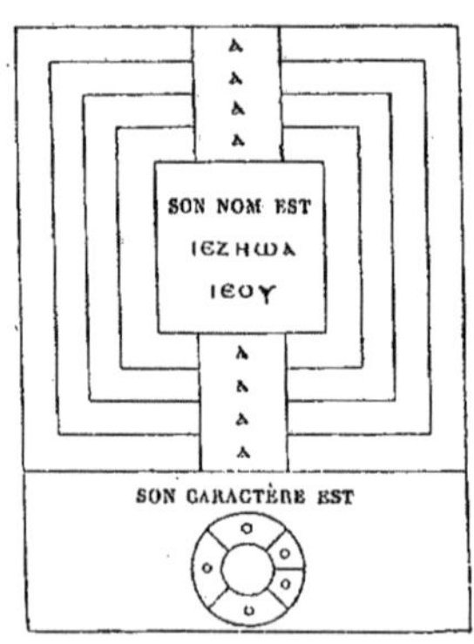

Les trois gardiens (sont) : ⲫⲁⲍⲁⲍⲁ, ⲉⲏⲟⲓⲁⲥ, ⲏⲝⲟⲩⲓⲥⲓ. Les douze émanations......

Voici ceux qu'a fait émaner ⲓⲉⲍⲏⲱⲁ lorsque la Puissance de mon Père resplendit en lui : il fit émaner douze émanations qui sont les douze chefs dans chaque émanation, et leur nom est les Douze. Ils sont douze dans chaque hiérarchie, l'une entourant l'autre trois cent quarante fois. Ce sont leurs noms, sans compter ceux de leurs gardiens. Les trois gardiens sont : ⲟⲩⲝⲁⲃⲉ, ⲉⲝⲁⲁⲍⲁⲓ, ⲁⲍⲏⲓⲝⲁⲓ. Il y a douze chefs dans son trésor, qui sont ses hiérarchies : ce sont les noms qui se trouvent dans les lieux. Ils sont douze dans chaque hiérarchie, et leur nom est les Douze, sans compter ceux qui existeront en eux s'ils chantent un hymne à mon Père afin qu'il leur donne la Puissance de lumière.

ΒΑΙ

ⲒⲈⲞⲨ Ⲓ̅Ⲑ̅

ⲒⲞⲨ

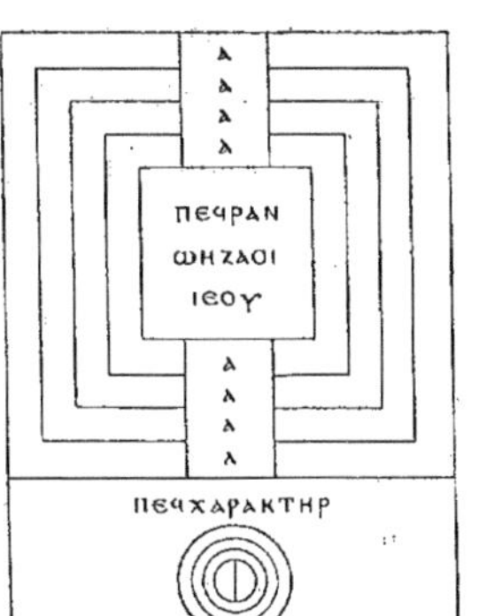

ⲠⲄ̅ ⲘⲪⲨⲖⲀⲜ ⲌⲀⲌⲀⲌⲀⲌ
ⲀⲎⲜⲞⲐⲀⲪ ⲚⲀⲜⲨⲀⲒⲈ.
ⲠⲒⲂ̅ ⲘⲠⲢⲞⲖⲞⲖⲎ[1] . . . . .

ⲚⲀⲒ̈ ⲚⲈ ⲚⲦⲀ ⲰⲎⲌⲀⲞⲒ ⲠⲢⲞⲂⲀⲖⲈ ⲘⲘⲞⲞⲨ ⲈⲂⲞⲖ ⲚⲦⲈⲢⲈ ⲦϬⲞⲘ ⲘⲠⲀⲒ̈ⲰⲦ ⲂⲞⲨⲂⲞⲨ ϨⲢⲀⲒ ⲚϨⲎⲦϤ ⲀϤⲠⲢⲞⲂⲀⲖⲈ ⲈⲂⲞⲖ ⲘⲘⲚⲦⲒ̅Ⲃ̅ ⲘⲠⲢⲞⲂⲞⲖⲎ ⲈⲨⲚ ⲘⲚⲦⲤⲚⲞⲞⲨⲤ ⲚⲀⲠⲈ ϨⲚ ⲦⲈⲠⲢⲞⲂⲞⲖⲎ ⲦⲈⲠⲢⲞⲂⲞⲖⲎ ⲈⲠⲈⲒ̈ⲢⲀⲚ ⲘⲘⲞⲞⲨ ⲚⲈ ⲘⲠⲘⲚⲦⲒ̅Ⲃ̅ ⲈⲨⲚ ⲘⲚⲦⲒ̅Ⲃ̅ ⲔⲀⲦⲀ ⲦⲞⲨⲈⲒ̂ ⲦⲞⲨⲈⲒ̂ ⲚⲚⲦⲀⲜⲒⲤ ⲈⲢⲈ ⲞⲨⲈⲒ̂ ⲘⲠⲂⲞⲖ ⲚⲞⲨⲈⲒ̂ Ⲧ̅Ⲙ̅ ⲚⲤⲞⲠ ⲈⲦⲈ ⲚⲀⲒ̈ ⲚⲈ ⲚⲈⲨⲢⲀⲚ ⲬⲰⲢⲒⲤ ⲚⲈⲨⲪⲨⲖⲀⲜ. ⲠⲄ̅ ⲘⲪⲨⲖⲀⲜ ⲤⲨⲌⲀⲈ ⲈⲨⲐⲞⲌⲀⲒⲈ ⲌⲀⲒⲈⲨ. ⲈⲨⲚ ⲘⲚⲦⲒ̅Ⲃ̅ ⲚⲀⲠⲈ ϨⲘ ⲠⲈϤⲐⲎⲤⲀⲨⲢⲞⲤ ⲈⲦⲈ ⲚⲈϤⲦⲀⲜⲒⲤ ⲚⲈ ⲈⲦⲈ ⲚⲢⲀⲚ ⲚⲈ ⲚⲀⲒ ⲈⲦϨⲚ ⲚⲦⲞⲠⲞⲤ ⲈⲨⲚ ⲘⲚⲦⲤⲚⲞⲞⲨⲤ ϨⲚ ⲦⲦⲀⲜⲒⲤ ⲦⲦⲀⲜⲒⲤ ⲈⲠⲈⲒ̈ⲢⲀⲚ ⲘⲘⲞⲞⲨ ⲚⲈ ⲘⲠⲘⲚⲦⲤⲚⲞⲞⲨⲤ ⲬⲰⲢⲒⲤ ⲚⲈⲦⲚⲀϢⲰⲠⲈ ⲚϨⲎⲦⲞⲨ ⲈⲨϢⲀⲚϨⲨⲘⲚⲈⲨⲈ ⲈⲠⲀⲒⲰⲦ ⲈⲦⲢⲈϤϮ ⲆⲨⲚⲀⲘⲒⲤ ⲚⲞⲨⲞⲈⲒⲚ ⲚⲀⲨ.

ⲒⲞⲨ

(2) Les autres noms n'ont pas été copiés.

LE PAPYRUS GNOSTIQUE BRUCE.

DIX-NEUVIÈME IEOU.

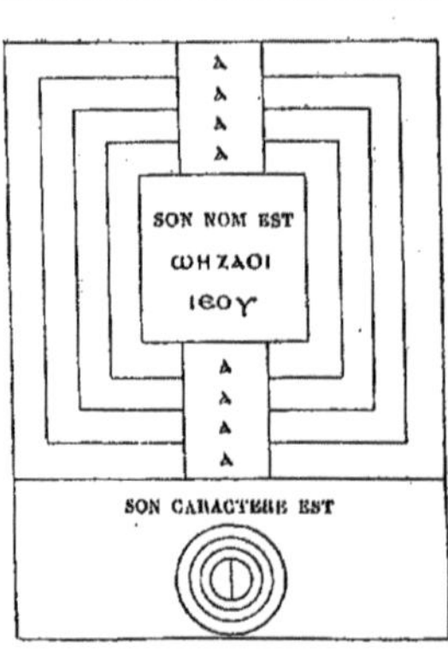

Les trois gardiens sont : ⲍⲁⲍⲁⲍⲁⲍ, ⲁⲏⲍⲟⲑⲁⲫ, ⲛⲁⲍⲩⲁⲓⲉ.

Les douze émanations......

Voici ceux que ⲱⲏⲍⲁⲟⲓ a fait émaner lorsque la Puissance de mon Père a resplendi en lui : il fit émaner douze émanations, qui sont les douze chefs dans chaque émanation, et leur nom est les Douze. Ils sont douze dans chaque hiérarchie, l'une entourant l'autre trois cent quarante fois. Ce sont leurs noms, sans compter ceux de leurs gardiens. Les trois gardiens (sont) : ⲥⲩⲍⲁⲉ, ⲉⲩⲑⲟⲍⲁⲥⲉ, ⲍⲁⲓⲉⲩ. Il y a douze chefs dans son trésor, qui sont ses hiérarchies : ce sont les noms qui se trouvent dans les lieux. Ils sont douze dans chaque hiérarchie, et leur nom est les Douze, sans compter ceux qui existeront en eux s'ils chantent un hymne à mon Père afin qu'il leur donne une Puissance de lumière.

ⲓⲟⲩ

LE PAPYRUS GNOSTIQUE BRUCE.

ⲓⲉⲟⲩ ⲕ̄

100

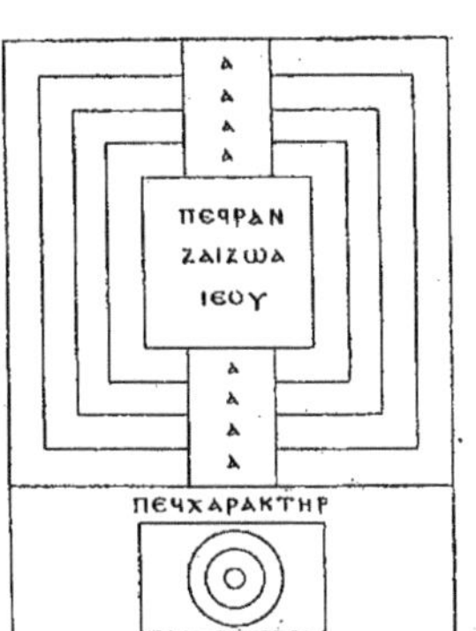

ⲡⲅ̄ ⲙⲫⲩⲗⲁⲝ ⲫⲓⲑⲉⲝⲁⲓⲍⲁ
ⲩⲩⲝⲓⲩⲁⲓ ⲗⲓⲑⲍⲁⲍ.
ⲡⲓ̈ⲃ̄ ⲙⲡⲣⲟⲃⲟⲗⲏ[1] . . . . .

ⲛⲁⲓ̈ ⲛⲉ ⲛⲧⲛⲧⲁ (*sic*) ⲍⲁⲓⲍⲱⲁ ⲡⲣⲟⲃⲁⲗⲉ ⲙⲙⲟⲟⲩ ⲉⲃⲟⲗ ⲛⲧⲉⲣⲉ ⲧϭⲟⲙ ⲙⲡⲁⲓ̈ⲱⲧ ⲃⲟⲩⲃⲟⲩ ϩⲣⲁⲓ ⲛϩⲏⲧϥ ⲁϥⲡⲣⲟⲃⲁⲗⲉ ⲉⲃⲟⲗ ⲙⲙⲛⲧⲓ̈ⲃ̄ ⲙⲡⲣⲟⲃⲟⲗⲏ ⲉⲩⲛ ⲙⲛⲧⲥⲛⲟⲟⲩⲥ ⲛⲁⲡⲉ ϩⲛ ⲧⲉⲡⲣⲟⲃⲟⲗⲏ ⲧⲉⲡⲣⲟⲃⲟⲗⲏ ⲉⲡⲉⲓ̈ⲣⲁⲛ ⲙ̇ⲙⲟⲟⲩ ⲛⲉ ⲙⲡⲙⲛⲧⲓ̈ⲃ̄ ⲉⲩⲛ ⲙⲛⲧⲓ̈ⲃ̄ ⲕⲁⲧⲁ ⲧⲟⲩⲉⲓ̈ ⲧⲟⲩⲉⲓ̈ ⲛⲛⲧⲁⲝⲓⲥ ⲉⲣⲉ ⲟⲩⲉⲓ̈ ⲙⲡⲃⲟⲗ ⲛⲟⲩⲉⲓ̈ ⲧⲙ̄ ⲛⲥⲟⲡ ⲉⲧⲉ ⲛⲁⲓ̈ ⲛⲉ ⲛⲉⲩⲣⲁⲛ ⲭⲱⲣⲓⲥ ⲛⲉⲩⲫⲩⲗⲁⲝ. ⲡⲅ̄ ⲙⲫⲩⲗⲁⲝ ϣⲓⲁⲥⲁⲉ ⲁⲍⲟⲑⲱⲍⲁⲥ ⲓⲱⲝⲓⲁ ⲉⲩⲛ ⲙⲛⲧⲥⲛⲟⲟⲩⲥ ⲛⲁⲡⲉ ϩⲙ ⲡⲉϥⲑⲏⲥⲁⲩⲣⲟⲥ ⲉⲧⲉ ⲛⲉϥⲧⲁⲝⲓⲥ ⲛⲉ ⲉⲧⲉ ⲛ̈ⲣⲁⲛ ⲛⲉ ⲛⲁⲓ ⲉⲧϩⲛ ⲛⲧⲟⲡⲟⲥ ⲉⲩⲛ ⲙⲛⲧⲥⲛⲟⲟⲩⲥ ϩⲛ ⲧⲧⲁⲝⲓⲥ ⲧⲧⲁⲝⲓⲥ ⲉⲡⲉⲓ̈ⲣⲁⲛ ⲙⲙⲟⲟⲩ ⲛⲉ ⲙⲡⲙⲛⲧⲥⲛⲟⲟⲩⲥ ⲭⲱⲣⲓⲥ ⲛⲉⲧⲛⲁϣⲱⲡⲉ ⲛϩⲏⲧⲟⲩ ⲉⲩϣⲁⲛϩⲩⲙⲛⲉⲩⲉ ⲉⲡⲁⲓⲱⲧ ⲉⲧⲣⲉϥϯ ⲇⲩⲛⲁⲙⲓⲥ ⲛⲟⲩⲟⲉⲓⲛ ⲛⲁⲩ.

101

[1] Les autres noms n'ont pas été copiés.

VINGTIÈME IEOU.

160

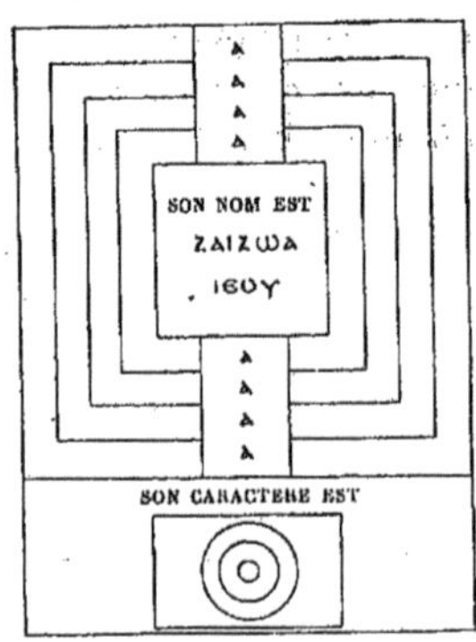

Les trois gardiens (sont) : ⲫⲓⲑⲉⲍⲁⲓⲍⲁ, ⲩⲩⲍⲓⲩⲁⲓ, ⲗⲓⲑⲍⲁⲍ. Les douze émanations........ ....

Voici ceux que ⲍⲁⲓⲍⲱⲁ a fait émaner lorsque la Puissance de mon Père a resplendi en lui : il fit émaner douze émanations, qui sont les douze chefs dans chaque émanation, et leur nom est les Douze. Ils sont douze dans chaque hiérarchie, l'une entourant l'autre trois cent quarante fois. Ce sont leurs noms, sans compter ceux de leurs gardiens. Les trois gardiens (sont) : ⲱⲓⲁⲥⲁⲉ, ⲁⲍⲟⲑⲱⲍⲁⲥ, ⲓⲱⲍⲓⲁ. Ils sont douze chefs dans son trésor, qui sont ses hiérarchies : ce sont les noms qui se trouvent dans les lieux. Ils sont douze dans chaque hiérarchie, et leur nom est les Douze, sans compter ceux qui existeront en eux s'ils chantent un hymne à mon Père afin qu'il leur donne une Puissance de lumière.

101

IMPRIMERIE NATIONALE.

ⲓⲉⲟⲩ ⲕ̅ⲁ̅

ⲉⲟⲩ

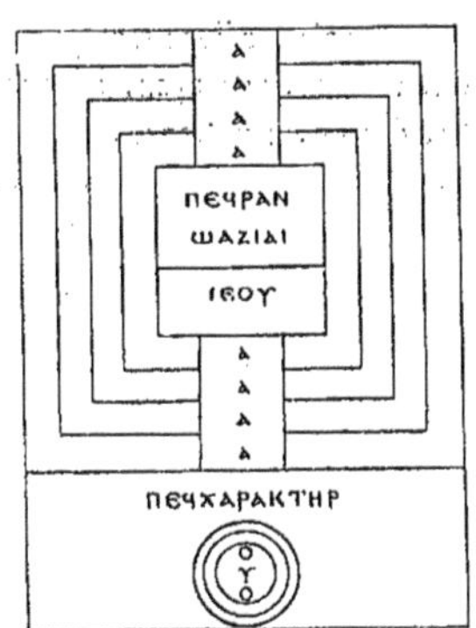

ⲡϣⲟⲙⲛⲧ ⲛⲫⲩⲗⲁⲝ
ⲱⲥⲉⲁⲉⲍ ⲉⲱⲏⲥⲁ ⲍⲁⲓⲩⲉⲥ
ⲡⲓ̅ⲃ̅ ⲙⲡⲣⲟⲃⲟⲗⲏ [1].....

ⲛⲁⲓ̈ ⲛⲉ ⲛⲧⲁ ⲱⲁⲍⲓⲁⲓ ⲡⲣⲟⲃⲁⲗⲉ ⲙⲙⲟⲟⲩ ⲉⲃⲟⲗ ⲛⲧⲉⲣⲉ ⲧϭⲟⲙ ⲙⲡⲁⲓ̈ⲱⲧ ⲃⲟⲩⲃⲟⲩ ϩⲣⲁⲓ ⲛϩⲏⲧϥ ⲁϥⲡⲣⲟⲃⲁⲗⲉ ⲉⲃⲟⲗ ⲙⲙⲛⲧⲓ̅ⲃ̅ ⲙⲡⲣⲟⲃⲟⲗⲏ ⲉⲩⲛ ⲙⲛⲧⲥⲛⲟⲟⲩⲥ ⲛⲁⲡⲉ ϩⲛ ⲧⲉⲡⲣⲟⲃⲟⲗⲏ ⲧⲉⲡⲣⲟⲃⲟⲗⲏ ⲉⲡⲉⲓ̈ⲣⲁⲛ ⲙⲙⲟⲟⲩ ⲛⲉ ⲙⲡⲙⲛⲧⲓ̅ⲃ̅ ⲉⲩⲛ ⲙⲛⲧⲓ̅ⲃ̅ ⲕⲁⲧⲁ ⲧⲟⲩⲉⲓ̂ ⲧⲟⲩⲉⲓ̂ ⲛⲛⲧⲁⲝⲓⲥ ⲉⲣⲉ ⲟⲩⲉⲓ̂ ⲙⲡⲃⲟⲗ ⲛⲟⲩⲉⲓ̂ ⲧ̅ⲙ̅ ⲛⲥⲟⲡ ⲉⲧⲉ ⲛⲁⲓ̈ ⲛⲉ ⲛⲉⲩⲣⲁⲛ ⲭⲱⲣⲓⲥ ⲛⲉⲩⲫⲩⲗⲁⲝ. ⲡϣⲟⲙⲛⲧ ⲙⲫⲩⲗⲁⲝ ⲩⲍⲱⲓ ⲍⲱⲟⲓⲝⲁ ⲓⲉⲁⲟⲍⲑⲉϥ. ⲉⲩⲛ ⲙⲛⲧⲓ̅ⲃ̅ ⲛⲁⲡⲉ ϩⲙ ⲡⲉϥ▣ ⲉⲧⲉ ⲛⲉϥⲧⲁⲝⲓⲥ ⲛⲉ ⲉⲧⲉ ⲛⲣⲁⲛ ⲛⲉ ⲛⲁⲓ ⲉⲧϩⲛ ⲛⲧⲟⲡⲟⲥ ⲉⲩⲛ ⲙⲛⲧⲥⲛⲟⲟⲩⲥ ϩⲛ ⲧⲧⲁⲝⲓⲥ ⲧⲧⲁⲝⲓⲥ ⲉⲡⲉⲓ̈ⲣⲁⲛ ⲙⲙⲟⲟⲩ ⲛⲉ ⲙⲡⲙⲛⲧⲥⲛⲟⲟⲩⲥ ⲭⲱⲣⲓⲥ ⲛⲉⲧⲛⲁϣⲱⲡⲉ ⲛϩⲏⲧⲟⲩ ⲉⲩϣⲁⲛϩⲩⲙⲛⲉⲩⲉ ⲉⲡⲁⲓⲱⲧ ⲉⲧⲣⲉϥϯ ⲇⲩⲛⲁⲙⲓⲥ ⲛⲟⲩⲟⲉⲓⲛ ⲛⲁⲩ.

ⲓⲟⲉ

[1] Les autres noms n'ont pas été copiés.

VINGT ET UNIÈME IEOU.

ⲉⲟⲩ

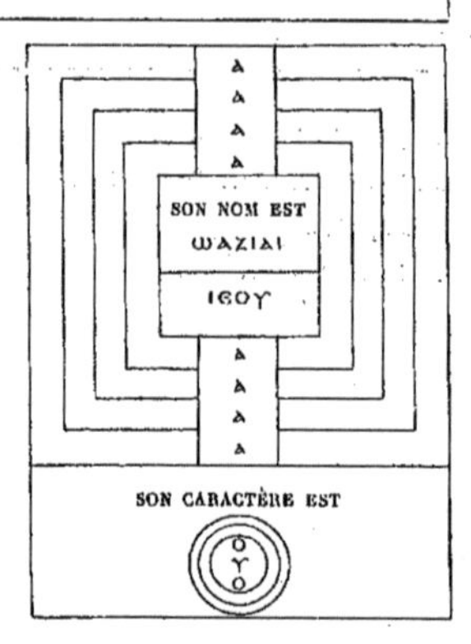

Les trois gardiens (sont) : ⲱⲍⲥⲉⲁⲉⲍ, ⲉⲱⲥⲏⲁ, ⲍⲁⲓⲩⲉⲥ. Les douze émanations . . . .
. . . .

Voici ceux qu'a fait émaner ⲱⲁⲍⲓⲁⲓ lorsque la Puissance de mon Père resplendit en lui : il fit émaner douze émanations, qui sont les douze chefs dans chaque émanation, et leur nom est les Douze. Ils sont douze dans chaque hiérarchie, l'une entourant l'autre trois cent quarante fois. Ce sont leurs noms, sans compter ceux de leurs gardiens. Les trois gardiens sont : ⲩⲍⲱⲓ, ⲍⲱⲟⲓⲍⲁ, ⲓⲉⲁⲟⲍⲟⲉϥ. Il y a douze chefs dans son æon[1], qui sont ses hiérarchies : ce sont les noms qui se trouvent dans les lieux. Ils sont douze dans chaque hiérarchie, et leur nom est les Douze, sans compter ceux qui existeront en eux s'ils chantent un hymne à mon Père afin qu'il leur donne une puissance de lumière.

ⲓⲟⲉ

[1] Le texte, d'après Woïde, contient bien ⲁ͞ⲓ͞ⲱ, c'est-à-dire æon. Cependant on trouve plus loin le mot écrit en toutes lettres ⲑⲏⲥⲁⲩⲣⲟⲥ. Peut-être y avait-il dans le papyrus ⲑ͞ⲥ, que Woïde aura pris pour ⲁ͞ⲓ͞ⲱ. En tout cas, qu'il s'agisse d'*æon* proprement dit ou de *trésor*, la différence n'est pas bien grande, puisque ces deux mots sont la plupart du temps à peu près synonymes.

LE PAPYRUS GNOSTIQUE BRUCE.

ⲒⲈⲞⲨ ⲔⲂ

ⲀⲦⲞ

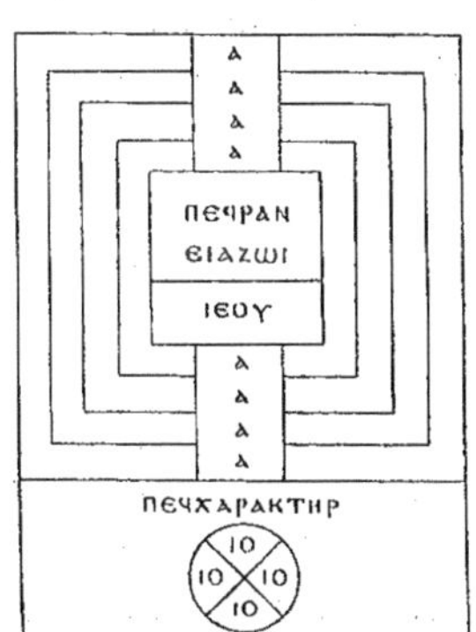

ⲠϢⲞⲘⲚⲦ ⲘⲪⲨⲖⲀⲜ
ϪⲰⲤⲞⲀⲌⲈⲀⲐⲎ ⲞⲞⲨⲤⲀⲒⲈ
ⲞⲌⲀⲨⲈⲌⲀ
ⲒⲂ ⲘⲠⲢⲞⲂⲞⲖⲎ [1]. . . . .

ⲚⲀⲒ̈ ⲚⲈ ⲚⲦⲀ ⲈⲒⲀⲌⲰⲒ ⲠⲢⲞⲂⲀⲖⲈ ⲘⲘⲞⲞⲨ ⲈⲂⲞⲖ ⲚⲦⲈⲢⲈ ⲦϬⲞⲘ ⲚⲠⲀⲒ̈ⲰⲦ ⲂⲞⲨⲂⲞⲨ ϨⲢⲀⲒ ⲚϨⲎⲦϤ ⲀϤⲠⲢⲞⲂⲀⲖⲈ ⲈⲂⲞⲖ ⲘⲘⲚⲦⲒⲂ ⲘⲠⲢⲞⲂⲞⲖⲎ ⲈⲨⲚ ⲘⲚⲦⲤⲚⲞⲞⲨⲤ ⲚⲀⲠⲈ ϨⲚ ⲦⲈⲠⲢⲞⲂⲞⲖⲎ ⲦⲈⲠⲢⲞⲂⲞⲖⲎ ⲈⲠⲈⲒ̈ⲢⲀⲚ ⲘⲘⲞⲞⲨ ⲚⲈ ⲘⲠⲘⲚⲦⲒ̈Ⲃ ⲈⲨⲚ ⲘⲚⲦⲒ̈Ⲃ ⲔⲀⲦⲀ ⲦⲞⲨⲈⲒ̂ ⲦⲞⲨⲈⲒ̂ ⲚⲚⲦⲀⲜⲒⲤ ⲈⲢⲈ ⲞⲨⲈⲒ̂ ⲘⲠⲂⲞⲖ ⲚⲞⲨⲈⲒ̂ ⲦⲘ ⲚⲤⲞⲠ ⲈⲦⲈ ⲚⲀⲒ̈ ⲚⲈ ⲚⲈⲨⲢⲀⲚ ⲬⲰⲢⲒⲤ ⲚⲈⲨⲪⲨⲖⲀⲜ. ⲠⲄ ⲘⲪⲨⲖⲀⲜ ⲒⲈⲀⲐⲀⲒⲈ ⲐⲰⲌⲀⲌⲀⲪⲀ ⲰⲒⲤⲀⲜⲈ ⲈⲨⲚ ⲘⲚⲦⲤⲚⲞⲞⲨⲤ ⲚⲀⲠⲈ ϨⲘ ⲠⲈϤ... ⲈⲦⲈ ⲚⲈϤⲦⲀⲜⲒⲤ ⲚⲈ ⲈⲦⲈ ⲚⲢⲀⲚ ⲚⲈ ⲚⲀⲒ ⲈⲦϨⲚ ⲚⲦⲞⲠⲞⲤ ⲈⲨⲚ ⲘⲚⲦⲤⲚⲞⲞⲨⲤ ϨⲚ ⲦⲦⲀⲜⲒⲤ ⲦⲦⲀⲜⲒⲤ ⲈⲠⲈⲒ̈ⲢⲀⲚ ⲘⲘⲞⲞⲨ ⲚⲈ ⲘⲠⲘⲚⲦⲤⲚⲞⲞⲨⲤ ⲬⲰⲢⲒⲤ ⲚⲈⲦⲚⲀϢⲰⲠⲈ ⲚϨⲎⲦⲞⲨ ⲈⲨϢⲀⲚϨⲨⲘⲚⲈⲨⲈ ⲈⲠⲀⲒⲰⲦ ⲈⲦⲢⲈϤϯ ⲆⲨⲚⲀⲘⲒⲤ ⲚⲞⲨⲞⲈⲒⲚ ⲚⲀⲨ.

[2]

[1] Les autres noms n'ont pas été copiés. — [2] Les lettres indicatrices qui se trouvent au-dessus de chaque porte manquent ici.

VINGT-DEUXIÈME IEOU.

ⲁⲧⲟ

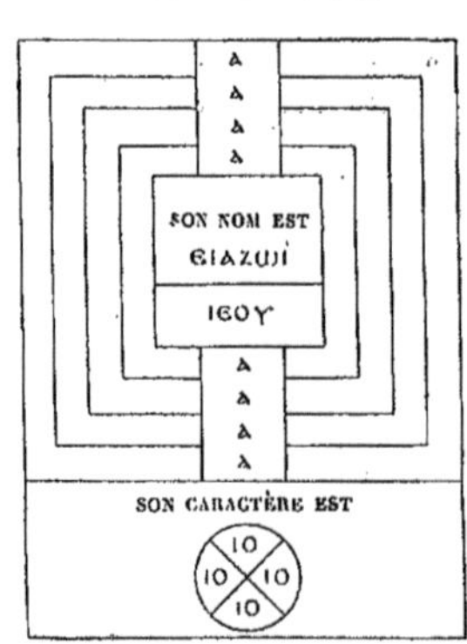

Les trois gardiens (sont) : ϫⲱⲥⲟⲁⲍⲉⲁⲑⲏ, ⲟⲟⲩⲥⲁⲉⲓ, ⲟⲍⲁⲩⲉⲍⲁ.
Les douze émanations........

Voici ceux que ⲉⲓⲁⲍⲱⲓ a fait émaner lorsque la Puissance de mon Père resplendit en lui : il fit émaner douze émanations, qui sont les douze chefs dans chaque émanation, et leur nom est les Douze. Ils sont douze dans chaque hiérarchie, l'une entourant l'autre trois cent quarante fois. Ce sont leurs noms, sans compter ceux de leurs gardiens. Les trois gardiens sont : ⲓⲉⲁⲑⲁⲓⲉ, ⲑⲱⲍⲁⲍⲁⲫⲁ, ⲱⲓⲥⲁⲍⲉ. Il y a douze chefs dans son æon, qui sont ses hiérarchies : ce sont les noms qui se trouvent dans les lieux, et leur nom est les Douze, sans compter ceux qui existeront en eux s'ils chantent un hymne à mon Père afin qu'il leur donne une Puissance de lumière.

ⲓⲉⲟⲩ ⲕ̄ⲅ̄

ⲉ ⲓ ⲁ

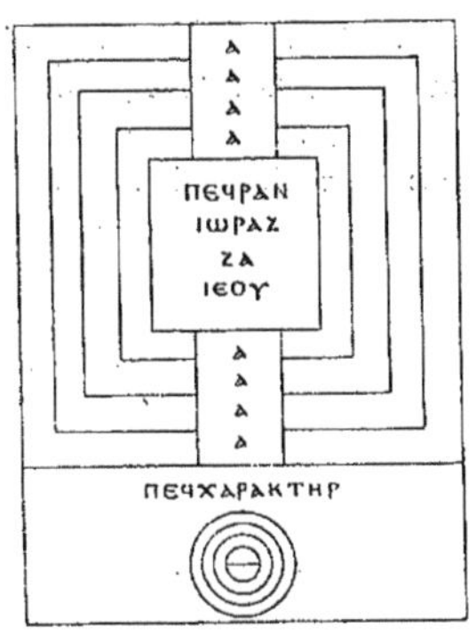

ⲡϣⲟⲙⲛⲧ ⲙⲫⲩⲗⲁⲝ
ⲉⲥⲁⲝⲁⲥⲁ ⲓⲱⲉ ⲁⲥⲁⲉⲱⲍⲁⲉⲥⲁ
ⲡⲓ̄ⲃ̄ ⲙⲡⲣⲟⲃⲟⲗⲏ [1]. . . . .

ⲛⲁⲓ̈ ⲛⲉ ⲛⲧⲁ ⲓⲱⲣⲁⲍⲍⲁ ⲡⲣⲟⲃⲁⲗⲉ ⲙⲙⲟⲟⲩ ⲉⲃⲟⲗ ⲛⲧⲉⲣⲉ ⲧϭⲟⲙ ⲙⲡⲁⲓ̈ⲱⲧ ⲃⲟⲩⲃⲟⲩ ϩⲣⲁⲓ ⲛϩⲏⲧϥ ⲁϥⲡⲣⲟⲃⲁⲗⲉ ⲉⲃⲟⲗ ⲙⲙⲛⲧⲓ̈ⲃ̄ ⲙⲡⲣⲟ-ⲃⲟⲗⲏ ⲉⲩⲛ ⲙⲛⲧⲥⲛⲟⲟⲩⲥ ⲛⲁⲡⲉ ϩⲛ ⲧⲉⲡⲣⲟⲃⲟⲗⲏ ⲧⲉⲡⲣⲟⲃⲟⲗⲏ ⲉⲡⲉⲓ̈ⲣⲁⲛ ⲙⲙⲟⲟⲩ ⲛⲉ ⲙⲡⲙⲛⲧⲓ̈ⲃ̄ ⲉⲩⲛ ⲙⲛⲧⲓ̈ⲃ̄ ⲕⲁⲧⲁ ⲧⲟⲩⲉⲓ̈ ⲧⲟⲩⲉⲓ̈ ⲛⲛⲧⲁⲝⲓⲥ ⲉⲣⲉ ⲟⲩⲉⲓ̈ ⲙⲡⲃⲟⲗ ⲛⲟⲩⲉⲓ̈ ⲧ̄ⲙ̄ ⲛⲥⲟⲡ ⲉⲧⲉ ⲛⲁⲓ̈ ⲛⲉ ⲛⲉⲩⲣⲁⲛ ⲭⲱⲣⲓⲥ ⲛⲉⲩⲫⲩⲗⲁⲝ. ⲡⲅ̄ ⲙⲫⲩⲗⲁⲝ ⲱⲥⲁⲩ ⲉⲍⲑⲓⲉ ⲥⲁⲱⲥⲁⲟⲉⲥ. ⲉⲩⲛ ⲙⲛⲧⲥⲛⲟⲟⲩⲥ ⲛⲁⲡⲉ ϩⲙ ⲡⲉϥⲑⲏⲥⲁⲩⲣⲟⲥ ⲉⲧⲉ ⲛⲉϥⲧⲁⲝⲓⲥ ⲛⲉ ⲉⲧⲉ ⲛⲣⲁⲛ ⲛⲉ ⲛⲁⲓ ⲉⲧϩⲛ ⲛⲧⲟⲡⲟⲥ ⲉⲩⲛ ⲙⲛⲧⲥⲛⲟⲟⲩⲥ ϩⲛ ⲧⲧⲁⲍⲓⲥ ⲧⲧⲁⲝⲓⲥ ⲉⲡⲉⲓ̈ⲣⲁⲛ ⲙⲙⲟⲟⲩ ⲛⲉ ⲙⲡⲙⲛⲧⲥⲛⲟⲟⲩⲥ ⲭⲱⲣⲓⲥ ⲛⲉⲧⲛⲁ-ϣⲱⲡⲉ ⲛϩⲏⲧⲟⲩ ⲉⲩϣⲁⲛϩⲩⲙⲛⲉⲩⲉ ⲉⲡⲁⲓⲱⲧ ⲉⲧⲣⲉϥϯ ⲇⲩⲛⲁⲙⲓⲥ ⲛⲟⲩⲟⲉⲓⲛ ⲛⲁⲩ.

ⲩ ⲓ ⲟ

(1) Les autres noms n'ont pas été copiés.

VINGT-TROISIÈME IEOU.

ⲉⲓⲁ

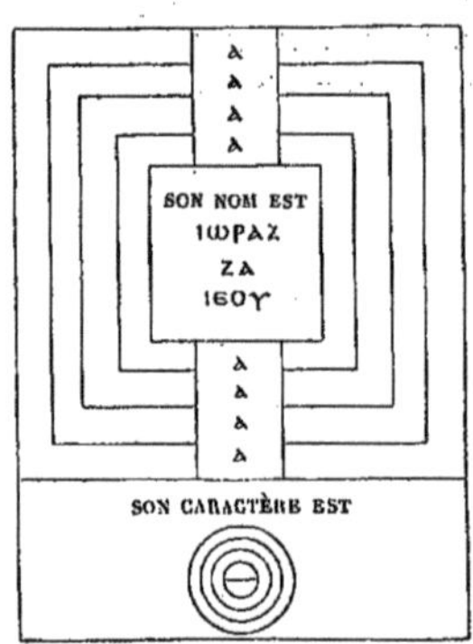

Les trois gardiens (sont) : ⲉⲥⲁϫⲁⲥⲁ, ⲓⲱⲉ, ⲁⲥⲁⲉⲱⲍⲁⲉⲥⲁ. Les douze émanations........

Voici ceux que ⲓⲱⲣⲁⲍⲍⲁ a fait émaner lorsque la Puissance de mon Père resplendit en lui : il fit émaner douze émanations, qui sont les douze chefs dans chaque émanation, et leur nom est les Douze. Ils sont douze dans chaque hiérarchie, l'une entourant l'autre trois cent quarante fois. Ce sont leurs noms, sans compter ceux de leurs gardiens. Les trois gardiens (sont) : ⲱⲥⲁⲩ, ⲉⲍⲑⲉⲓ, ⲥⲁⲱⲥⲁⲟⲉⲥ. Il y a douze chefs dans son æon, qui sont ses hiérarchies : ce sont les noms qui se trouvent dans les lieux. Ils sont douze dans chaque hiérarchie, et leur nom est les Douze, sans compter ceux qui existeront en eux s'ils chantent un hymne à mon Père afin qu'il leur donne une Puissance de lumière.

ⲩⲓⲟ

ⲓⲉⲟⲩ ⲕ̄ⲇ̄

ⲉ ⲟ ⲓ

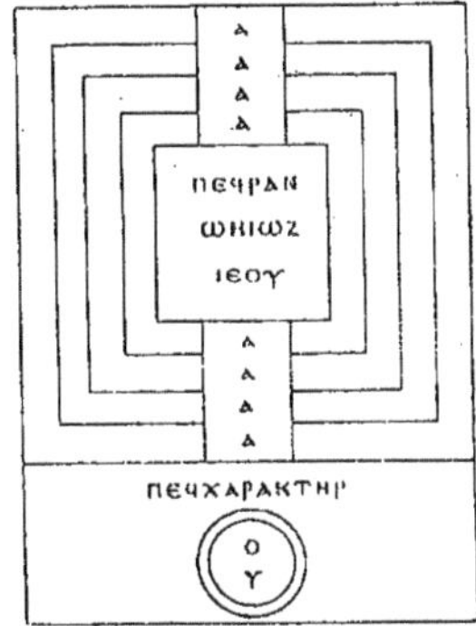

ⲡ̄ⲅ̄ ⲙ̄ⲫⲩⲗⲁⲝ ⲑⲱⲉⲍⲁⲓ
ⲥⲱⲟⲍⲁⲉⲁ ⲍⲱⲍⲁⲉ
ⲡ̄ⲓ̄ⲃ̄ ⲙ̄ⲡⲣⲟⲃⲟⲗⲏ[1] . . . . .

ⲛⲁⲓ̈ ⲛⲉ ⲛ̄ⲧⲁ ⲱⲏⲓⲱⲍ[2] ⲡⲣⲟⲃⲁⲗⲉ ⲙ̄ⲙⲟⲟⲩ ⲉⲃⲟⲗ ⲛ̄ⲧⲉⲣⲉ ⲧϭⲟⲙ ⲙ̄ⲡⲁⲓ̈ⲱⲧ ⲃⲟⲩⲃⲟⲩ ϩⲣⲁⲓ ⲛ̄ϩⲏⲧϥ ⲁϥⲡⲣⲟⲃⲁⲗⲉ ⲉⲃⲟⲗ ⲙ̄ⲙⲛ̄ⲧ̄ⲓ̄ⲃ̄ ⲙ̄ⲡⲣⲟⲃⲟⲗⲏ ⲉⲩⲛ̄ ⲙⲛ̄ⲧⲥⲛⲟⲟⲩⲥ ⲛⲁⲡⲉ ϩⲛ̄ ⲧⲉⲡⲣⲟⲃⲟⲗⲏ ⲧⲉⲡⲣⲟⲃⲟⲗⲏ ⲉⲡⲉⲓ̈ⲣⲁⲛ ⲙ̄ⲙⲟⲟⲩ ⲛⲉ ⲙ̄ⲡⲙⲛ̄ⲧ̄ⲓ̄ⲃ̄ ⲉⲩⲛ̄ ⲙⲛ̄ⲧ̄ⲓ̄ⲃ̄ ⲕⲁⲧⲁ ⲧⲟⲩⲉⲓ̂ ⲧⲟⲩⲉⲓ̂ ⲛ̄ⲛ̄ⲧⲁⲝⲓⲥ ⲉⲣⲉ ⲟⲩⲉⲓ̂ ⲙ̄ⲡⲃⲟⲗ ⲛⲟⲩⲉⲓ̂ ⲧ̄ⲙ̄ ⲛ̄ⲥⲟⲡ ⲉⲧⲉ ⲛⲁⲓ̂ ⲛⲉ ⲛⲉⲩⲣⲁⲛ ⲭⲱⲣⲓⲥ ⲛⲉⲩⲫⲩⲗⲁⲝ. ⲡ̄ⲅ̄ ⲛ̄ⲫⲩⲗⲁⲝ ⲉⲓⲝⲁⲥⲁⲱ ⲁⲏⲁⲥ ⲑⲱⲟⲍⲁⲓ̈. ⲉⲩⲛ̄ ⲙⲛ̄ⲧⲥⲛⲟⲟⲩⲥ ⲛⲁⲡⲉ ϩⲙ̄ ⲡⲉϥⲑⲏⲥⲁⲩⲣⲟⲥ ⲉⲧⲉ ⲛⲉϥⲧⲁⲝⲓⲥ ⲛⲉ ⲉⲧⲉ ⲛ̄ⲣⲁⲛ ⲛⲉ ⲛⲁⲓ ⲉⲧϩⲛ̄ ⲛ̄ⲧⲟⲡⲟⲥ ⲉⲩⲛ̄ ⲙⲛ̄ⲧⲥⲛⲟⲟⲩⲥ ϩⲛ̄ ⲧⲧⲁⲝⲓⲥ ⲧⲧⲁⲝⲓⲥ ⲉⲡⲉⲓ̈ⲣⲁⲛ ⲙ̄ⲙⲟⲟⲩ ⲛⲉ ⲙ̄ⲡⲙⲛ̄ⲧⲥⲛⲟⲟⲩⲥ ⲭⲱⲣⲓⲥ ⲛⲉⲧⲛⲁϣⲱⲡⲉ ⲛ̄ϩⲏⲧⲟⲩ ⲉⲩϣⲁⲛϩⲩⲙⲛⲉⲩⲉ ⲉⲡⲁⲓⲱⲧ ⲉⲧⲣⲉϥϯ ⲇⲩⲛⲁⲙⲓⲥ ⲛⲟⲩⲟⲉⲓⲛ ⲛⲁⲩ.

ⲓ ⲁ ⲥ

(1) Les autres noms n'ont pas été copiés. — (2) *Cod.* ⲛⲧⲁ ⲁⲱⲏⲓⲱⲍ. Je mets une leçon uniforme, sans savoir quelle est la vraie; cependant la répétition de la lettre ⲁ vient peut-être du mot ⲛⲧⲁ.

VINGT-QUATRIÈME IEOU.

ⲉ ⲟ ⲓ

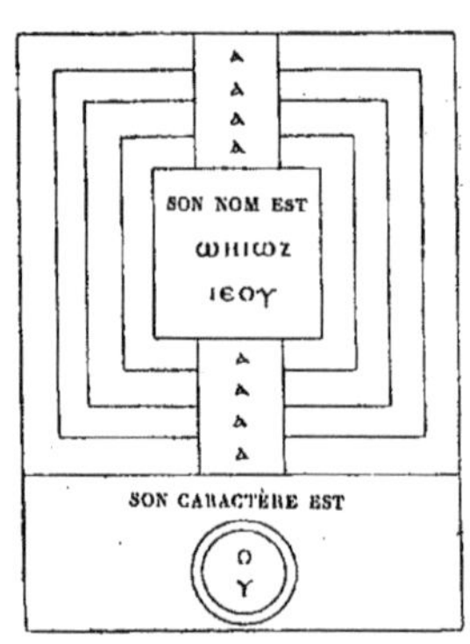

Les trois gardiens (sont) : ⲑⲱⲉⲍⲁⲓ, ⲥⲱⲟⲍⲁⲉⲁ, ⲍⲱⲍⲁⲉ. Les douze émanations........
....

Voici ceux que ⲱⲏⲓⲱⲍ a fait émaner lorsque la Puissance de mon Père resplendit en lui : il fit émaner douze émanations, qui sont les douze chefs dans chaque émanation, et leur nom est les Douze. Ils sont douze dans chaque hiérarchie, l'une entourant l'autre trois cent quarante fois. Ce sont leurs noms, sans compter ceux de leurs gardiens. Les trois gardiens (sont) : ⲉⲓϫⲁⲥⲁⲱ, ⲁⲏⲁⲥ, ⲑⲱⲟⲍⲁⲓ. Il y a douze chefs dans son trésor, qui sont ses hiérarchies. Ce sont les noms qui se trouvent dans les lieux. Ils sont douze dans chaque hiérarchie, et leur nom est les Douze, sans compter ceux qui existeront en eux s'ils chantent un hymne à mon Père afin qu'il leur donne une Puissance de lumière.

ⲓ ⲁ ⲥ

IMPRIMERIE NATIONALE.

LE PAPYRUS GNOSTIQUE BRUCE.

ΙΕΟΥ Κ̅Ε̅

ΙΟΥ

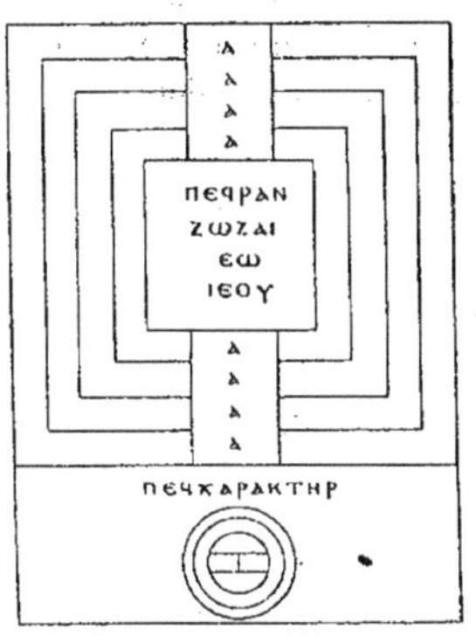

ΠΓ̅ ΜΦΥΛΑΞ
ΜΟΡΞΑΙΑΕϹ ΕΙΑΖΑ ΑΖΑΖΕ
Ι̅Β̅ ΜΠΡΟΒΟΛΗ [1]. . . . .

ΝΑΪ ΝΕ ΝΤΑ ΖΩΖΑΙΕΩ ΠΡΟΒΑΛΕ ΜΜΟΟΥ ΕΒΟΛ ΝΤΕΡΕ ΤϬΟΜ ΜΠΑΪΩΤ ΒΟΥΒΟΥ ϨΡΑΙ ΝϨΗΤϤ ΑϤΠΡΟΒΑΛΕ ΕΒΟΛ ΜΜΝΤΙ̅Β̅ ΜΠΡΟΒΟΛΗ ΕΥΝ ΜΝΤϹΝΟΟΥϹ ΝΑΠΕ ϨΝ ΤΕΠΡΟΒΟΛΗ ΤΕΠΡΟΒΟΛΗ ΕΠΕΪΡΑΝ ΜΜΟΟΥ ΝΕ ΜΠΜΝΤΙ̅Β̅ ΕΥΝ ΜΝΤΙ̅Β̅ ΚΑΤΑ ΤΟΥΕΙ̂ ΤΟΥΕΙ̂ ΝΝΤΑΞΙϹ ΕΡΕ ΟΥΕΙ̂ ΜΠΒΟΛ ΝΟΥΕΙ̂ Τ̅Μ̅ ΝϹΟΠ ΕΤΕ ΝΑΪ ΝΕ ΝΕΥΡΑΝ ΧΩΡΙϹ ΝΕΥΦΥΛΑΞ. ΠΓ̅ ΜΦΥΛΑΞ ΔΑΥΖΑΕΟΥϹ ΕΖΒΑΘΩΖ ΤΩΕΑ ΕΥΝ ΜΝΤΙ̅Β̅ ΝΑΠΕ ϨΜ ΠΕϤΘΗϹΑΥΡΟϹ ΕΤΕ ΝΕϤΤΑΞΙϹ ΝΕ ΕΤΕ ΝΡΑΝ ΝΕ ΝΑΙ ΕΤϨΝ ΝΤΟΠΟϹ ΕΥΝ ΜΝΤϹΝΟΟΥϹ ϨΝ ΤΤΑΞΙϹ ΤΤΑΞΙϹ ΕΠΕΪΡΑΝ ΜΜΟΟΥ ΝΕ ΜΠΜΝΤϹΝΟΟΥϹ ΧΩΡΙϹ ΝΕΤΝΑϢΩΠΕ ΝϨΗΤΟΥ ΕΥϢΑΝϨΥΜΝΕΥΕ ΕΠΑΙΩΤ ΕΤΡΕϤϮ ΔΥΝΑΜΙϹ ΝΟΥΟΕΙΝ ΝΑΥ.

ΤΟΤ

[1] Les autres noms n'ont pas été copiés.

LE PAPYRUS GNOSTIQUE BRUCE.

VINGT-CINQUIÈME IEOU.

ΙΟΥ

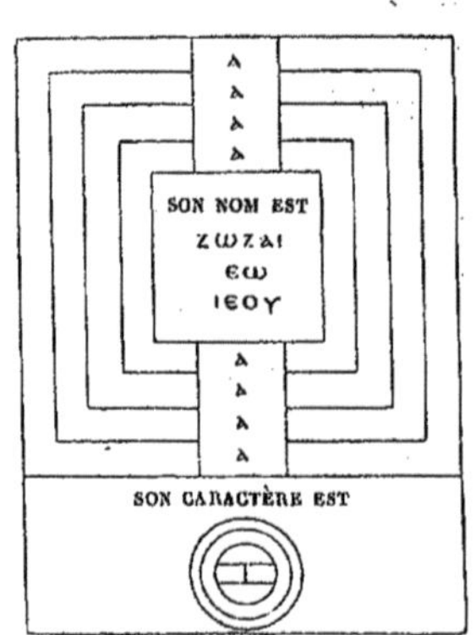

Les trois gardiens (sont) : ⲙⲟⲣⲍⲁⲓⲁⲉⲥ, ⲉⲓⲁⲍⲁ, ⲁⲍⲁⲍⲉ. Les douze émanations........
....

Voici ceux que ⲍⲱⲍⲁⲓⲉⲱ a fait émaner lorsque la Puissance de mon Père resplendit en lui : il fit émaner douze émanations, qui sont les douze chefs dans chaque émanation, et leur nom est les Douze. Ils sont douze dans chaque hiérarchie, l'une entourant l'autre trois cent quarante fois. Ce sont leurs noms, sans compter ceux de leurs gardiens. Les trois gardiens (sont) : ⲁⲁⲩⲍⲁⲉⲟⲩⲥ, ⲉⲍⲃⲁⲑⲱⲍ, ⲧⲱⲉⲁ. Il y a douze chefs dans son trésor, qui sont ses hiérarchies : ce sont les noms qui se trouvent dans les lieux. Ils sont douze dans chaque hiérarchie, et leur nom est les Douze, sans compter ceux qui existeront en eux s'ils chantent un hymne à mon Père afin qu'il leur donne une Puissance de lumière.

ΤΟΤ

ⲓⲉⲟⲩ ⲕ̅ⲋ̅ [1]

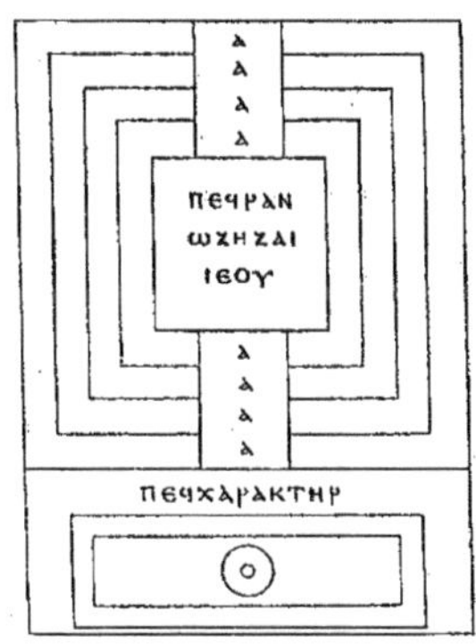

ⲡ̅ⲅ̅ ⲙⲫⲩⲗⲁⲝ
ⲱⲍⲓⲟⲍⲏ ⲍⲁⲟⲓ [2]. . .
ⲓ̅ⲃ̅ ⲙⲡⲣⲟⲃⲟⲗⲏ [3]. . . . .

ⲛⲁⲓ̈ ⲛⲉ ⲛⲧⲁ ⲱⲍⲏⲍⲁⲓ ⲡⲣⲟⲃⲁⲗⲉ ⲙⲙⲟⲟⲩ ⲉⲃⲟⲗ ⲛⲧⲉⲣⲉ ⲧϭⲟⲙ ⲙⲡⲁⲓ̈ⲱⲧ ⲃⲟⲩⲃⲟⲩ ϩⲣⲁⲓ ⲛϩⲏⲧϥ ⲁϥⲡⲣⲟⲃⲁⲗⲉ ⲉⲃⲟⲗ ⲙⲙⲛⲧⲓ̅ⲃ̅ ⲙⲡⲣⲟⲃⲟⲗⲏ ⲉⲩⲛ ⲙⲛⲧⲥⲛⲟⲟⲩⲥ ⲛⲁⲡⲉ ϩⲛ ⲧⲉⲡⲣⲟⲃⲟⲗⲏ ⲧⲉⲡⲣⲟⲃⲟⲗⲏ ⲉⲡⲉⲓ̈ⲣⲁⲛ ⲙⲙⲟⲟⲩ ⲛⲉ ⲙⲡⲙⲛⲧⲓ̅ⲃ̅ ⲉⲩⲛ ⲙⲛⲧⲓ̅ⲃ̅ ⲕⲁⲧⲁ ⲧⲟⲩⲉⲓ̂ ⲧⲟⲩⲉⲓ̂ ⲛⲛⲧⲁⲝⲓⲥ ⲉⲣⲉ ⲟⲩⲉⲓ̂ ⲙⲡⲃⲟⲗ ⲛⲟⲩⲉⲓ̂ ⲧ̅ⲙ̅ ⲛⲥⲟⲡ ⲉⲧⲉ ⲛⲁⲓ̈ ⲛⲉ ⲛⲉⲩⲣⲁⲛ ⲭⲱⲣⲓⲥ ⲛⲉⲩⲫⲩⲗⲁⲝ. ⲡ̅ⲅ̅ ⲙⲫⲩⲗⲁⲝ ⲁⲩⲥⲁⲉ ⲁⲏⲍⲉⲁⲓ ⲟⲩⲣⲥⲁⲍⲟⲁⲥ [4]. ⲉⲩⲛ ⲙⲛⲧⲓ̅ⲃ̅ ⲛⲁⲡⲉ ϩⲙ ⲡⲉϥⲑⲏⲥⲁⲩⲣⲟⲥ ⲉⲧⲉ ⲛⲉϥⲧⲁⲝⲓⲥ ⲛⲉ ⲉⲧⲉ ⲛⲣⲁⲛ ⲛⲉ ⲛⲁⲓ ⲉⲧϩⲛ ⲛⲧⲟⲡⲟⲥ ⲉⲩⲛ ⲙⲛⲧⲥⲛⲟⲟⲩⲥ ϩⲛ ⲧⲧⲁⲝⲓⲥ ⲧⲧⲁⲝⲓⲥ ⲉⲡⲉⲓ̈ⲣⲁⲛ ⲙⲙⲟⲟⲩ ⲛⲉ ⲙⲡⲙⲛⲧⲥⲛⲟⲟⲩⲥ ⲭⲱⲣⲓⲥ ⲛⲉⲧⲛⲁϣⲱⲡⲉ ⲛϩⲏⲧⲟⲩ ⲉⲩϣⲁⲛϩⲩⲙⲛⲉⲩⲉ ⲉⲡⲁⲓⲱⲧ ⲉⲧⲣⲉϥϯ ⲇⲩⲛⲁⲙⲓⲥ ⲛⲟⲩⲟⲉⲓⲛ ⲛⲁⲩ.

ⲁ ⲓ ⲟ

[1] Les lettres indicatrices placées au-dessus de chaque porte manquent encore ici. — [2] La dernière lettre de ce mot est incertaine; c'est ou un ı ou un c. — [3] Les noms des émanations n'ont pas été copiés. — [4] La séparation n'est pas certaine.

VINGT-SIXIÈME IEOU.

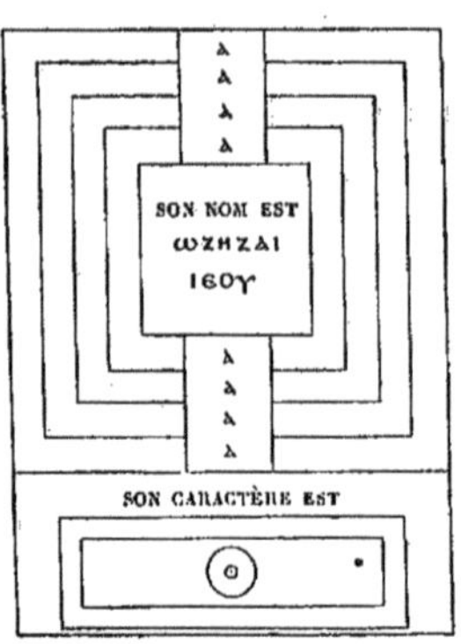

Les trois gardiens (sont) :
ⲱⲍⲓⲥⲍⲏ ⲍⲁⲟⲓ........
Les douze émanations........
....

Voici ceux que ⲱⲍⲏⲍⲁⲓ a fait émaner lorsque la Puissance de mon Père resplendit en lui : il fit émaner douze émanations, qui sont les douze chefs dans chaque émanation, et leur nom est les Douze. Ils sont douze dans chaque hiérarchie, l'une entourant l'autre trois cent quarante fois. Ce sont leurs noms, sans compter ceux de leurs gardiens. Les trois gardiens (sont) : ⲁⲩⲥⲁⲗⲉ, ⲁⲏⲍⲉⲁⲓ, ⲟⲩⲣⲥⲁⲍⲟⲁⲥ. Il y a douze chefs dans son trésor, qui sont ses hiérarchies. Ce sont les noms qui se trouvent dans les lieux. Ils sont douze dans chaque hiérarchie; leur nom est les Douze, sans compter ceux qui existeront en eux s'ils chantent un hymne à mon Père afin qu'il leur donne une Puissance de lumière.

ⲁⲓⲟ

LE PAPYRUS GNOSTIQUE BRUCE.

ⲓⲉⲟⲩ ⲕ̅ⲍ̅ (1)

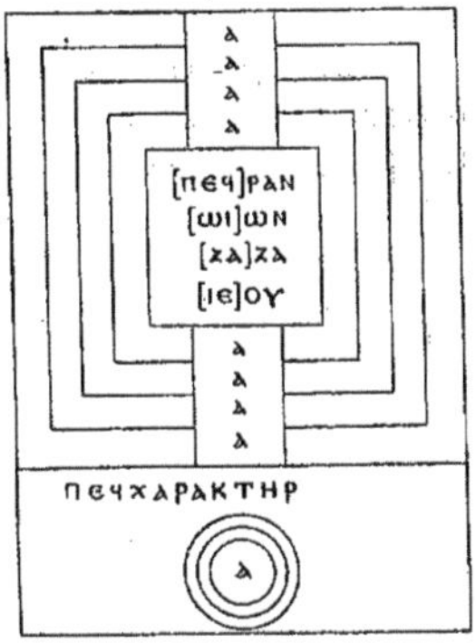

ⲁ ⲁ ⲁ ⲁ
[ⲡⲉϥ]ⲣⲁⲛ
[ⲱⲓ]ⲱⲛ
[ⲍⲁ]ⲍⲁ
[ⲓⲉ]ⲟⲩ
ⲁ ⲁ ⲁ ⲁ
ⲡⲉϥⲭⲁⲣⲁⲕⲧⲏⲣ
ⲁ

ⲡϣⲟⲙⲛⲧ ⲙⲫⲩⲗⲁⲝ (2)
. . . .
ⲡⲓ̈ⲃ̅ ⲙⲡⲣⲟⲃⲟⲗⲏ (3).

ⲛⲁⲓ̈ ⲛⲉ ⲛⲧⲁ ⲱⲓⲱⲛⲍⲁⲍⲁ ⲡⲣⲟⲃⲁⲗⲉ ⲙⲙⲟⲟⲩ ⲉⲃⲟⲗ ⲛⲧⲉⲣⲉ ⲧϭⲟⲙ ⲙⲡⲁⲓ̈ⲱⲧ ⲃⲟⲩⲃⲟⲩ ϩⲣⲁⲓ ⲛϩⲏⲧϥ ⲁϥⲡⲣⲟⲃⲁⲗⲉ ⲉⲃⲟⲗ ⲙⲙⲛⲧⲓ̈ⲃ̅ ⲙⲡⲣⲟⲃⲟⲗⲏ ⲉⲩⲛ ⲙⲛⲧⲥⲛⲟⲟⲩⲥ ⲛⲁⲡⲉ ϩⲛ ⲧⲉⲡⲣⲟⲃⲟⲗⲏ ⲧⲉⲡⲣⲟⲃⲟⲗⲏ ⲉⲡⲉⲓ̈ⲣⲁⲛ ⲙⲙⲟⲟⲩ ⲛⲉ ⲙⲡⲙⲛⲧⲓ̈ⲃ̅ ⲉⲩⲛ ⲙⲛⲧⲓ̈ⲃ̅ ⲕⲁⲧⲁ ⲧⲟⲩⲉⲓ̂ ⲧⲟⲩⲉⲓ̂ ⲛⲛⲧⲁⲝⲓⲥ ⲉⲣⲉ ⲟⲩⲉⲓ̂ ⲙⲡⲃⲟⲗ ⲛⲟⲩⲉⲓ̂ ⲧ̅ⲙ̅ ⲛⲥⲟⲡ ⲉⲧⲉ ⲛⲁⲓ̈ ⲛⲉ ⲛⲉⲩⲣⲁⲛ ⲭⲱⲣⲓⲥ ⲛⲉⲩⲫⲩⲗⲁⲝ. ⲡⲅ̅ ⲙⲫⲩⲗⲁⲝ . . . . . ⲣⲁⲍⲁⲓⲛⲁ ⲗⲁⲧⲙⲏⲓ (4) ⲉⲩⲛ ⲙⲛⲧⲥⲛⲟⲟⲩⲥ ⲛⲁⲡⲉ ϩⲙ ⲡⲉϥⲑⲏⲥⲁⲩⲣⲟⲥ ⲉⲧⲉ ⲛⲉϥⲧⲁⲝⲓⲥ ⲛⲉ ⲉⲧⲉ ⲛⲣⲁⲛ ⲛⲉ ⲛⲁⲓ ⲉⲧϩⲛ ⲛⲧⲟⲡⲟⲥ ⲉⲩⲛ ⲙⲛⲧⲥⲛⲟⲟⲩⲥ ϩⲛ ⲧⲧⲁⲝⲓⲥ ⲧⲧⲁⲝⲓⲥ ⲉⲡⲉⲓ̈ⲣⲁⲛ ⲙⲙⲟⲟⲩ ⲛⲉ ⲙⲡⲙⲛⲧⲥⲛⲟⲟⲩⲥ ⲭⲱⲣⲓⲥ ⲛⲉⲧⲛⲁϣⲱⲡⲉ ⲛϩⲏⲧⲟⲩ ⲉⲩϣⲁⲛⲣϩⲩⲙⲛⲉⲩⲉ ⲉⲡⲁⲓⲱⲧ ⲉⲧⲣⲉϥ·|· ⲇⲩⲛⲁⲙⲓⲥ ⲛⲟⲩⲟⲉⲓⲛ ⲛⲁⲩ. (5)

ⲩⲅ

(1) Les lettres indicatrices placées au-dessus de chaque porte manquent encore ici.

(2) Les noms des gardiens n'ont pas été copiés, sans doute parce qu'ils étaient illisibles.

(3) Les autres noms n'ont pas éte copiés.

(4) Ces deux noms de gardiens ne sont pas séparés d'une manière certaine.

(5) Il manque la première des trois lettres qui se trouvent d'ordinaire au-dessus de chaque porte.

VINGT-SEPTIÈME IEOU.

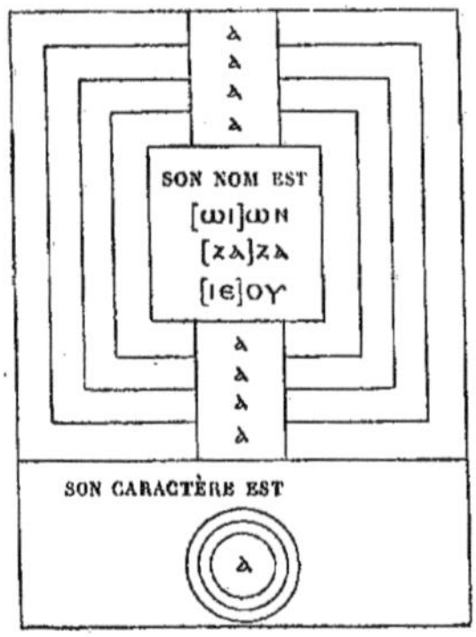

Les trois gardiens.........
Les douze émanations........
....

ⲁ
ⲁ
ⲁ
ⲁ

SON NOM EST
[ⲱⲓ]ⲱⲛ
[ⲍⲁ]ⲍⲁ
[ⲓⲉ]ⲟⲩ

ⲁ
ⲁ
ⲁ
ⲁ

SON CARACTÈRE EST

ⲁ

Voici ceux que ⲱⲓⲱⲛⲍⲁⲍⲁ a fait émaner lorsque la Puissance de mon Père resplendit en lui : il fit émaner douze émanations qui sont les douze chefs dans chaque émanation, et leur nom est les Douze. Ils sont douze dans chaque hiérarchie, l'une entourant l'autre trois cent quarante fois. Ce sont leurs noms, sans compter ceux de leurs gardiens. Les trois gardiens (sont) : .... ⲣⲁⲍⲁⲓⲛⲁ, ⲁⲁⲧⲙⲏⲓ. Il y a douze chefs dans son trésor, qui sont ses hiérarchies : ce sont les noms qui se trouvent dans les lieux. Ils sont douze dans chaque hiérarchie, et leur nom est les Douze, sans compter ceux qui existeront en eux s'ils chantent un hymne à mon Père afin qu'il leur donne une Puissance de lumière.

ⲓⲉⲟⲩ ⲕ̄ⲏ̄

(1)

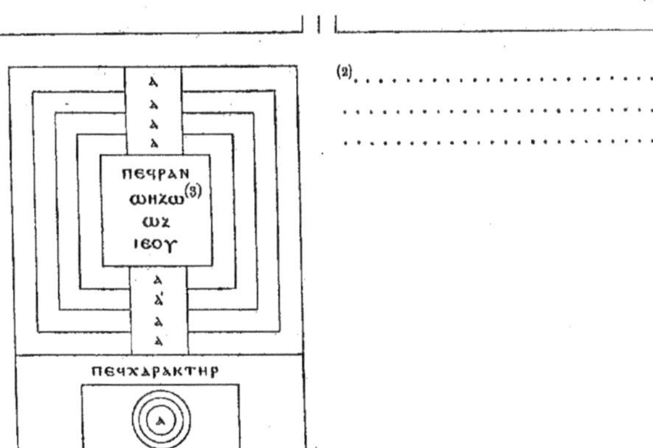

(2). . . . .
. . . .
. . . .

ⲛⲁⲓ̈ ⲛⲉ ⲛⲧⲁ ⲱⲏⲍⲱⲱⲍ ⲡⲣⲟⲃⲁⲗⲉ ⲙⲙⲟⲟⲩ ⲉⲃⲟⲗ ⲛⲧⲉⲣⲉ ⲧϭⲟⲙ ⲙⲡⲁⲓ̈ⲱⲧ ⲃⲟⲩⲃⲟⲩ ϩⲣⲁⲓ ⲛϩⲏⲧϥ ⲁϥⲡⲣⲟⲃⲁⲗⲉ ⲉⲃⲟⲗ ⲙⲙⲛⲧⲓ̈ⲃ̄ ⲙⲡⲣⲟⲃⲟⲗⲏ ⲉⲩⲛ ⲙⲛⲧⲥⲛⲟⲟⲩⲥ ⲛⲁⲡⲉ ϩⲛ ⲧⲉⲡⲣⲟⲃⲟⲗⲏ ⲧⲉⲡⲣⲟⲃⲟⲗⲏ ⲉⲡⲉⲓ̈ⲣⲁⲛ ⲙⲙⲟⲟⲩ ⲛⲉ ⲙⲡⲙⲛⲧⲓ̈ⲃ̄ ⲉⲩⲛ ⲙⲛⲧⲓ̈ⲃ̄ ⲕⲁⲧⲁ ⲧⲟⲩⲉⲓ̈ ⲧⲟⲩⲉⲓ̈ ⲛⲛⲧⲁⲝⲓⲥ ⲉⲣⲉ ⲟⲩⲉⲓ̈ ⲙⲡⲃⲟⲗ ⲛⲟⲩⲉⲓ̈ ⲧ̄ⲙ̄ ⲛⲥⲟⲡ ⲉⲧⲉ ⲛⲁⲓ̈ ⲛⲉ ⲛⲉⲩⲣⲁⲛ ⲭⲱⲣⲓⲥ ⲛⲉⲩⲫⲩⲗⲁⲝ. ⲡⲅ̄ ⲙⲫⲩⲗⲁⲝ (4). . . . . ⲉⲩⲛ ⲙⲛⲧⲓ̈ⲃ̄ ⲛⲁⲡⲉ ϩⲙ ⲡⲉϥⲑⲏⲥⲁⲩⲣⲟⲥ ⲉⲧⲉ ⲛⲉϥⲧⲁⲝⲓⲥ ⲛⲉ ⲉⲧⲉ ⲛⲣⲁⲛ ⲛⲉ ⲛⲁⲓ ⲉⲧϩⲛ ⲛⲧⲟⲡⲟⲥ ⲉⲩⲛ ⲙⲛⲧⲥⲛⲟⲟⲩⲥ ϩⲛ ⲧⲧⲁⲝⲓⲥ ⲧⲧⲁⲝⲓⲥ ⲉⲡⲉⲓ̈ⲣⲁⲛ ⲙⲙⲟⲟⲩ ⲛⲉ ⲙⲡⲙⲛⲧⲥⲛⲟⲟⲩⲥ ⲭⲱⲣⲓⲥ ⲛⲉⲧⲛⲁϣⲱⲡⲉ ⲛϩⲏⲧⲟⲩ ⲉⲩϣⲁⲛϩⲩⲙⲛⲉⲩⲉ ⲉⲡⲁⲓⲱⲧ ⲉⲧⲣⲉϥϯ ⲇⲩⲛⲁⲙⲓⲥ ⲛⲟⲩⲟⲉⲓⲛ ⲛⲁⲩ.

ⲡⲟⲗ

(1) Les lettres indicatrices qui sont au-dessus de chaque porte ont disparu. — (2) Tous les noms ont disparu ou ont été omis. — (3) Les lettres ⲱⲏⲍⲱ ont disparu. — (4) Les noms des gardiens ont disparu.

VINGT-HUITIÈME IEOU.

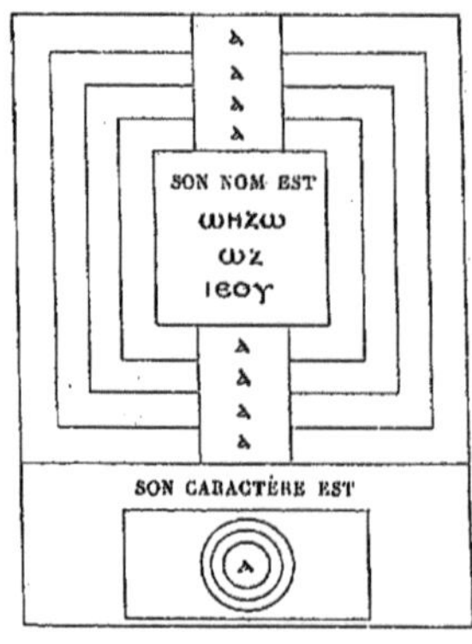

Les trois gardiens sont :

. . . .

Les douze émanations sont : . . .

Voici ceux que ωηζωωζ a fait émaner lorsque la Puissance de mon Père resplendit en lui : il fit émaner douze émanations qui sont les douze chefs dans chaque émanation, et leur nom est les Douze. Ils sont douze dans chaque hiérarchie, l'une entourant l'autre trois cent quarante fois. Ce sont leurs noms, sans compter ceux de leurs gardiens. Les trois gardiens. Il y a douze chefs dans son trésor, qui sont ses hiérarchies : ce sont les noms qui se trouvent dans les lieux. Ils sont douze dans chaque hiérarchie, et leur nom est les Douze, sans compter ceux qui existeront en eux s'ils chantent un hymne à mon Père afin qu'il leur donne une Puissance de lumière.

ποχ

IMPRIMERIE NATIONALE.

www.ingramcontent.com/pod-product-compliance
Ingram Content Group UK Ltd.
Pitfield, Milton Keynes, MK11 3LW, UK
UKHW020448200726
13857UKWH00002B/624